地方财政改革与发展问题研究

——2016年度河北省财政科研课题优秀成果选

河北省财政科学与政策研究所　编

中国财经出版传媒集团
中国财政经济出版社

图书在版编目（CIP）数据

地方财政改革与发展问题研究：2016 年度河北省财政科研课题优秀成果选 / 河北省财政科学与政策研究所编．—北京：中国财政经济出版社，2017．11

ISBN 978－7－5095－7796－7

Ⅰ．①地… Ⅱ．①河… Ⅲ．①地方财政－经济体制改革－河北－文集 Ⅳ．①F812．722－53

中国版本图书馆 CIP 数据核字（2017）第 252620 号

责任编辑：郭爱春　　　　责任校对：徐艳丽
封面设计：王　颖　　　　版式设计：录文通

中国财政经济出版社 出版

URL：http：//ckfz．cfeph．cn

E－mail：cfeph@ cfeph．cn

社址：北京市海淀区阜成路甲 28 号　邮政编码：100142

营销中心电话：88190406

天猫网店：中国财政经济出版社旗舰店

网址：https：//zgczjjcbs．tmall．com

北京财经印刷厂印刷　各地新华书店经销

787×1092 毫米　16 开　36．75 印张　861 000 字

2017 年 12 月第 1 版　2017 年 12 月北京第 1 次印刷

定价：150．00 元

ISBN 978－7－5095－7796－7

（图书出现印装问题，本社负责调换）

本社质量投诉电话：010－88190744

打击盗版举报热线：010－88190414　QQ：447268889

目 录

第一部分 财政管理改革系列研究

第二部分　支持经济强省建设系列研究

第三部分 支持美丽河北建设系列研究

第四部分 支持民生事业发展系列研究

第五部分 支持三农发展系列研究

第六部分　其他研究

第一部分
财政管理改革系列研究

财政部门法律风险控制研究

2016年度河北省财政科研课题成果二等奖

2015年5月起，新修订的《行政诉讼法》正式实施，对行政机关立即产生了深刻影响，行政复议和行政诉讼案件随即出现大幅度增加，行政机关当被告成为新常态，这对各级行政机关首先要保证本部门自身各项工作都要做到依法行政，其次作为本部门行政复议办理机关，“善化解”“能应对”“经得起”行政复议和行政应诉都提出了新的要求。本文面对行政机关依法行政面临的新形势进行了深度思考，并从财政部门各项实际工作出发，逐项梳理了财政部门各项业务办理中的风险点，并对如何控制、防范和积极应对可能存在的法律风险进行了认真研究，提出了具体举措。

一、新时期行政机关依法行政面临的形势

（一）新《行政诉讼法》推动行政机关依法行政驶入快车道

2014年11月，第十二届全国人大常委会通过《关于修改行政诉讼法的决定》，标志着《行政诉讼法》在24年之后完成首次大修。这次大修直接体现和贯彻了中共中央《关于全面深化改革若干重大问题的决定》和《关于全面推进依法治国若干重大问题的决定》关于司法体制改革，特别是行政诉讼体制机制改革的顶层设计，推动行政机关依法行政驶入快车道。

新《行政诉讼法》最重要的一个变化是修订了立法目的，删去了原法第一条中的“维护行政机关行使职权”，从“维护行政机关行使职权”和“保护公民法人和其他组织的合法权益”的二元目的，修改为趋向于“解决行政争议、保护公民法人和其他组织的合法权益”的一元目的，这样修改的目的就是致力于全面实现依法治国，通俗来讲，就是如果公民习惯于采用“非法治轨道”“非法治方式”解决问题，各方当事人表达诉求的方式就容易陷入非理性，甚至暴力维权、集体信访，矛盾纠纷会倾向于激化失控而不是化解解决，国家治理更多的体现为应急性、善后性，如同消防队，等火着起来再去被动地灭火。而通过修订《行政诉讼法》，就是要尽最大的努力，将各种社会矛盾如官民矛盾、行政纠纷等，尽可能地都纳入行政复议、行政诉讼的法治轨道，用“法治思维”“法治方式”，引导和支持各方当事人理性地表达诉求，再由客观中立的第三方，依法定程序公正、及时地审理行政案件，依照法律规定公正及时地作出处理结果，确保各方争议得到妥善解决，

从而实质性地化解矛盾、解决行政争议，依法维护权益，有效定纷止争。行政复议制度、行政诉讼制度，正是将官民矛盾、行政争议等各种社会矛盾全部纳入法治轨道，进而以法治思维、法治方式化解官民矛盾，是解决行政争议的关键。

在将官民矛盾、行政纠纷纳入行政复议和行政诉讼的法治轨道的目标模式之下，新《行政诉讼法》作为一部“民告官”的法律，构造了一幅“公民和行政机关对簿公堂、法院居中裁判”的法治图景。这不但是对传统官民关系的重塑、对国家机构体系的重构，代表了国家治理方式的转变，体现了全面推进依法治国的战略部署，也对行政机关依法行政提出了新的更高的要求。

（二）行政机关面临被复议和诉讼的法律风险大大增加

新修改的《行政诉讼法》，在实行立案登记制度、扩展行政诉讼受案范围、确立行政机关负责人出庭应诉制度、完善行政诉讼证据制度、建立对规范性文件附带审查制度、设立简易程序制度、强化行政诉讼执行等方面体现了改革亮点。这意味着《行政诉讼法》颁布实施后，行政诉讼案件从立案到审理各个环节都发生了重大变化，进一步强化了对公民、法人的救济。《行政诉讼法》颁布实施后，行政诉讼案件发生了显著增长，针对行政机关行政行为的法律风险也在显著地增加。

根据河北省政府法制办的统计：2015年各级法制机构提供的行政诉讼，各级行政机关应诉案件6677件（民告官），比2014年2508件增长4169件，增长166.2%，其中作出原具体行政行为机关应诉的5347件，增长80.1%，复议机关应诉356件，增长5.3%，共同被告974件，增长14.6%。而作为财政部门，由于涉及政府、市场、社会各个层面的利益关系，社会各方面对财政关注度和期望值也越来越高，要求也越来越严，在新修改的《行政诉讼法》颁布实施后，使得财政工作面临的风险越来越多。涉及财政的复议诉讼事件，正在以“井喷”势头增长，2014年以前，省财政厅每年行政复议诉讼、涉法事件基本上不超过1件，2015年实际发生的行政复议和行政诉讼案件则增加到3件，可能发酵为行政诉讼的涉法事件达到11件。而2015年上半年，行政复议、行政诉讼事件就已经出现4件，涉法事件也已达到12件。据了解，全国范围内财政系统也都面临着类似情况，江苏省财政厅2015年一季度发生行政复议案件4起、行政诉讼案件5起。

（三）严格控制和积极应对财政部门法律风险

关于法律风险，是指单位及个人在履行行政职责、实施行政行为的过程中，未能遵循有关法律、法规、规章等规定，从而引发法律不利后果的可能性。

为积极应对财政部门依法行政面临的新形势，切实防范和及时化解财政部门行政管理行为中的法律风险，避免财政部门被复议、诉讼，财政干部个人被追究法律责任，本文结合财政部门工作实际，按照财政部门各项业务性质分类，将财政部门法律风险的种类及内部控制分为四种：一是一般制度建设法律风险防控，即财政部门制定财政规范性文件；二是一般行政制度实施法律风险防控；三是财政制度实施法律风险防控；四是执行监督法律风险防控。结合各项业务办理流程和特点，从中梳理出财政管理工作中的一些重要的法律风险点，同时针对这些风险点就如何防控分别进行分析，提出风险防控措施，积极推进依法行政和依法理财，努力将财政管理纳入法治化轨道规范运行。

二、积极应对制度建设法律风险

制度建设法律风险防控，对于财政部门来讲，主要体现在依照相关法律法规及三定方案等，制定财政规范性文件方面的法律风险。

新修订的《行政诉讼法》的一大亮点是将“具体行政行为”修改为“行政行为”，受案及审查范围扩大，规范性文件可一并审查，这就对我们制度建设提出了更高的要求，同时制度建设中的风险也更大：原《行政诉讼法》规定，审查对象只是具体行政行为参与的主体，实施程序以及造成的后果，而不包括对作出具体行政行为所依据的规范性文件的审查。而在实践中，有些具体行政行为侵犯公民的合法权益，是因为行政机关所制定的规范性文件违法造成的，因此为从根本上减少违法行为，新《行政诉讼法》规定，公民、法人或者其他组织认为行政行为所依据的国务院部门和地方人民政府及其部门制定的规范性文件不合法，在对行政行为提起诉讼时，可以一并请求对该规范性文件进行审查。具体表述的修改体现为：在原《行政诉讼法》第二条中规定：公民、法人或者其他组织认为行政机关和行政机关工作人员的具体行政行为侵犯其合法权益，有权依照本法向人民法院提起诉讼；修改后的新《行政诉讼法》第二条则规定：公民、法人或者其他组织认为行政机关和行政机关工作人员的行政行为侵犯其合法权益，有权依照本法向人民法院提起诉讼；原《行政诉讼法》第五条规定：人民法院审理行政案件，对具体行政行为是否合法进行审查；修改后的新《行政诉讼法》第六条则规定：人民法院审理行政案件，对行政行为是否合法进行审查。在这两条中，都把具体行政行为，修改为行政行为，去掉“具体”二字后，公民可提起诉讼、法院依法予以审理的范围就扩大了，即诉讼范围不仅包括原法规定的具体行政行为，还包括原法没有规定的、不可诉的抽象行政行为，即规范性文件。同时，在第五十三条还进一步规定：公民、法人或者其他组织认为行政行为所依据的国务院部门和地方人民政府及其部门制定的规范性文件不合法，在对行政行为提起诉讼时，可以一并请求对该规范性文件进行审查。人民法院经审查认为该规范性文件不合法的，不作为认定行政行为合法的依据，并向制定机关提出处理建议。这意味着公民、法人或者其他组织可以间接对规范性文件提出审查要求，从而在一定程度上实现法院对抽象行政行为的审查。

最高法院2015《行政诉讼法适用解释》第二十一条规定：规范性文件不合法的，人民法院不作为认定行政行为合法的依据，并在裁判理由中予以阐明。有裁判权的人民法院应当向规范性文件的制定机关提出处理建议，并可以抄送制定机关的同级人民政府或者上一级行政机关。这说明行政机关制定“规范性文件”，不是行政机关盖章后就至高无上丝毫不能质疑了，如果不合法，法院可以不作为依据、可以向制定机关提出质疑意见，还可以向同级政府或上一级行政机关报告情况。

财政制度除很一小部分以法律、法规、规章的形式出台外，绝大部分以规范性文件的形式存在，亦即部门按照法定职责和规定程序单独或会同部门制定的，具有普遍约束力并能够反复适用，作为财政管理依据的“红头文件”，大量的“红头文件”是具体落实财政法律、法规、政策，规定财政资金管理办法，规定支出标准和资产配置标准，规定预算编制和资金拨付程序的步骤、时限、方式、方法的重要途径和载体。在法律风险防控措施不到位的情况下，有些规范性文件在制订过程中可能存在制作程序简单随意、内容违法等问题，而规范性文件在一定时期内针对各种不特定对象反复适用，其危害性或负面影响更大，容易引发行政争议。财政部门制定规范性文件过程中的法律风险点：一是违规创设财政资金征收、使用范围；二是违反上位法；三是违反财政厅相关制度规定，且没有相应的解决方案；四是违法设定行政审批（许可）、行政处罚和行政强制措施；五是超越财政厅职责权限；六是未按规定征求有关方面意见或征求意见范围不全；七是送审的规范性文件未经起草单位集体讨论。

在实际工作中，因积极行政而越权制定财政规范性文件的事件时有发生。作者在规范性文件审核中曾遇到过一个典型案例：某省财政厅为进一步构建政府采购信用体系，提高政府采购供应商（特别是中小企业）竞争力，降低政府采购投标和履约成本，节约政府采购资金，2012年起草《关于在政府采购活动中引入信用担保模式的通知》，文件起草依据，第一，《政府采购法实施条例》（以下简称《条例》）第三十三条规定："招标文件要求投标人提交投标保证金的，投标保证金应当以支票、汇票、本票或者金融机构、担保机构出具的保函等非现金形式提交，投标人未按照招标文件要求提交投标保证金的，投标无效"；第四十八条规定："采购文件要求中标或者成交供应商提交履约保证金的，供应商应当以支票、汇票、本票或者金融机构、担保机构出具的保函等非现金形式提交"。第二，2011年9月财政部发布《财政部关于开展政府采购信用担保试点工作的通知》（财库［2011］124号），决定从2012年1月1日起在中央本级和北京等8省（市）开展暂定为期2年的政府采购信用担保试点工作。文件起草的背景，第一，由于供应商特别是中小企业参与政府采购活动往往因融资能力不足，难以提供和出具"支票、汇票、本票"，而影响投标能力和履约能力。第二，在政府采购活动中，由于担保机构出具保函风险很大，仅仅只是一张纸，采购人和代理机构在采购文件中一般都不接受供应商提供的、由担保机构出具保函形式提供的非现金形式的投标保证金和履约保证金，致使《条例》这两条规定难落实。

在这些背景下，某省财政厅拟出台相关政策，目的是充分发挥政府采购信用作用，对信用良好的供应商，由担保机构为它提供投标保证和履约保证，解决其融资需求的问题。增强供应商，特别是中小企业参加政府采购市场的竞争能力，从而支持和促进中小企业发展，推进政府采购诚信体系建设。文件内容主要是：省财政设定担保机构注册资金门槛、信誉度、运营情况、营利能力等一系列条件，组织担保机构报名，通过专家评审程序，选出几个担保机构，这些经财政厅审核正式认定的担保机构，那么文件就明确要求采购人，在中标供应商提交投标保证金、提交履约保证金时，必须要认可这几个担保机构出具的担保函。制定并出台这个文件的法律风险在于：本来接受不接受担保机构出具的担保函是采购人和供应商以及担保机构之间的问题，与政府采购监管部门（省财政部门）并无关系，而由于财政部门本着积极行政的目的出台这个文件后，一旦发生纠纷，如"未经财政部门认定的担保机构"为供应商出具了担保函，采购人拒不接受，那么"未经财政部门认定的担保机构"一旦对采购人这种具体行政行为进行行政复议或者诉讼，就必然把制定文件的财政厅一起卷进来，而由于财政部并未授权，财政部门败诉的可能性很大；或者经财政部门“审核、认定的担保机构”出具的担保函出现债务纠纷，也必然把财政厅一起卷进来，财政厅进退失据。

党的十八届四中全会指出：依法全面履行政府职能。完善行政组织和行政程序法律制度，推进机构、职能、权限、程序、责任法定化。行政机关要坚持法定职责必须为、法无授权不可为，不得法外设定权力，没有法律法规依据不得作出减损公民、法人和其他组织合法权益或者增加其义务的决定。推行政府权力清单制度，坚决消除权力设租寻租空间。国务院《法制政府建设实施纲要（2015—2020）》也明确指出：“简政放权、放管结合、优化服务”，“最大程度减少生产经营活动的许可。最大幅度减少对各类机构及其活动的认定。严格控制新设行政许可，推行权利清单制度，各类市场主体可依法进入清单之外的领域”。所以，虽然省财政厅意图通过积极行政，采用为采购人筛选优秀的“担保机构”的方式帮助中小企业融资，支持中小企业发展壮大的本意是好的，但通过制发这个文件，在无任何明确的法律授权和文件依据的情况下，在权利清单之外给自己设立“审核认定担保机构”的行政权力，明显是不当行为。

还有一个越权制定规范性文件的案例：2013 年某省建设厅等部门联合某省财政厅报请某省政府办公厅以政府办公厅文件发布《关于建立解决建设领域拖欠农民工工资问题长效机制的意见》，其中规定：落实欠薪应急周转金制度，发生欠薪时先由所在地财政部门动用应急周转金垫付工资，再由所在地财政部门依法向欠薪企业和个人予以追偿。在该文件中值得我们思考的是：一是根据省政府三定方案，财政部门并无追偿欠薪的法定职责，用什么合法手段追偿恶意欠薪？二是财政部门垫付后如不能及时追偿，如何应对长期挂账带来的审计追责？三是该条规定为财政部门因渎职而被追责埋下了隐患，如果最终追偿无果，如何化解形成国家代偿事实的难题？如何应对造成国家资金损失的渎职追责？

以上是“违法设定行政审批”和“超越财政部门职责权限”的两个例子，由此可见，法律风险就隐藏在规范性文件制定过程中。虽然各处室业务不同，但都可以此为戒，检查梳理我们在制定各类规范性文件过程中是否有超越本部门职责权限的情况，同时通过建立风险防控机制，落实风险防控措施，从而尽力避免违法和越权行为。为防范制定各类规范性文件的法律风险，可制定以下措施予以防控：第一，要建立起草单位集体研究机制。起草规范性文件的，起草单位应召开处务会研究讨论，并由起草单位主要负责人签署送审稿，送条法处审核。条法处要严格按照《规范性文件制定规定》程序和要求对文件进行合法性审核，对存在的问题及时提出修改建议。条法处在审核工作中发现制度文件文稿存在法律风险的，可将文稿退回起草单位修改。第二，在起草阶段未征求有关方面意见或征求意见范围不全的制度文件文稿，条法处可在审核阶段要求起草单位补充征求意见。第三，对于规范性文件涉及重大问题不能达成一致意见的，条法处将各方面意见及理由上报厅领导裁决。第四，在程序方面进行控制，如未按照规定经条法处审核的规范性文件，办公室不予核稿，厅领导不予签发。

三、积极应对一般行政制度实施法律风险

一般行政制度实施是指财政部门在法定职责权限范围内，依法实施行政处罚和行政许

可等具体行政行为，如依据《会计法》办理会计师事务所的设立审批等。

根据《行政诉讼法》第十二条规定，省财政部门在实施行政处罚和行政许可等具体行政行为方面，可能引发行政诉讼，诉讼风险来源于在办理过程中，可能存在行政越权和行政失职。其中行政越权指超越法定职权、超越级别职权，超越地域管辖以及超出法定幅度等情形，即不该做的做了，行政失职指明确拒绝履行法定职责，消极履行法定职责，部分履行法定职责，无正当理由逾期仍不履行以及拖延履行法定职责等，即该做的没有做或没有做好。

新《行政诉讼法》对于行政机关行政行为的审查强度加大。体现在：旧《行政诉讼法》对合理性审查标准的适用范围予以严格限定，仅在第五十四条第四项规定："行政处罚显失公正的，可以判决变更。"而新《行政诉讼法》第七十条规定：行政行为"主要证据不足的；适用法律、法规错误的；违反法定程序的；超越职权的；滥用职权的；明显不当的"，人民法院均可判决撤销或者部分撤销，并可以判决被告重新做出行政行为。由此可以得出结论：第一，原《行政诉讼法》中关于合理性审查的标准只在行政处罚案件中适用，而新《行政诉讼法》则将合理性审查标准的适用范围扩展到所有行政行为，将行政自由裁量权也纳入司法审查，更加有利于通过行政诉讼实质性解决行政争议。第二，增加了"明显不当"的情形，并将其列入了合法性审查范围，也作为认定行政行为违法的标准，并可以予以撤销，从而大大拓展了合法性审查的范围和强度。使省财政部门在实施行政制度、办理行政许可、行政处罚等行政行为中，自由裁量权受到更多的监督和约束。第三，诉讼时效、审理期限均由原3个月改为6个月，诉讼时效延长强化了对行政管理相对人的救济权利，诉讼审理期限延长意味着审查标准更为严格，审查事项更为细致，对于原有程序中不予审查或形式审查的事项将会进行全面审查或实质审查。

在行政许可事项办理中，行政越权和行政失职的具体表现在：未依法公布行政许可实施的依据，未按法定权限、条件受理申请，未依法及时做出受理或不受理决定，在审查环节未依法核实申请材料，在受理、审查、决定行政许可过程中未向申请人、利害关系人履行法定告知义务，审查程序不合法，对依法应当听证的事项未按照法律规定的要求举行听证，未依法做出许可或不予许可决定，未依法公开行政许可的实施和结果情况，擅自改变已生效的行政许可，未按法定期限实施行政许可，擅自收取许可费用，为防范办理行政许可的法律风险，可制定以下措施予以防控：第一，加强制度建设。完善行政许可实施的配套制度与单项许可事项的具体管理制度，明确实施条件、程序、期限、需要提交的全部材料等要求，减少办理人员裁量权。第二，建立健全行政许可退出机制。对行政许可实施情况、效果等定期开展评估，并根据评估结果就是否继续保留提出意见。第三，健全权力运行制约机制。经办单位实行2人共同审查，做出许可决定建议后经处领导集体决策确定。第四，加大信息公开力度。制定《行政权力清单制度实施方案》并实行动态管理，依法公开行政许可事项目录及实施的法律依据、实施条件、数量、程序、期限及需要提交的全部材料目录和申请书示范文本等内容；依法公开行政许可受理情况及其结果。第五，利用技术手段防控风险。建设网络审批平台，实现行政许可办理全过程有迹可查并可进行实时监督。

在行政处罚办理中，行政越权和行政失职的具体表现在：将未公布的规定作为行政处罚的依据，未按法定权限、条件立案，未依法实施调查、取证，做出行政处罚决定之前未履行法定告知义务，应当依法听证的未按法律规定举行听证，依法应当移送而未移送，在决定环节违反法定职责、权限和程序做出行政处罚，做出的行政处罚认定事实不清、证据不足，做出的行政处罚认定适用法律错误，行政处罚措施不当。为防范办理行政处罚的法律风险，可制定以下防控措施：第一，完善行政处罚自由裁量权制度，细化行政处罚标准，即财政厅 2011 冀财法 4 号《行政裁量权基准制度》。第二，健全权力运行制约机制。经办单位实行 2 人共同审查，讨论做出处罚决定建议，经处领导集体决策确定；行政处罚项目涉及多个处室职能的，会签相关处室。按照执法岗位分解、细化执法程序和内容，明确和规范具体岗位或事项的工作要求。第三，加强责任追究，依法对滥用职权等违法行为进行处理。

四、积极应对财政制度实施法律风险

财政制度实施中的法律风险主要归纳为以下几种：一是税收管理法律风险防控；二是非税收入管理法律风险防控；三是预算管理法律风险防控；四是政府采购法律风险防控；五是债务管理法律风险防控；六是资产管理法律风险防控；七是会计管理法律风险防控；八是行业管理法律风险防控。

（一）税收管理方面的法律风险

根据《立法法》规定，我国税收立法权限分为两个层次：专属立法和授权立法，即税收立法是全国人大的专属立法权，只能由全国人大行使；部分授权国务院立行政法规。《立法法》第八条规定“税种的设立、税率的确定和税收征收管理等税收基本制度只能制定法律”。第九条规定：“本法第八条规定的事项尚未制定法律的，全国人大及常委会有权做出决定，授权国务院可以根据实际需要，对其中的部分事项先制定行政法规。授权立法事项，经过实践检验，制定法律的条件成熟，由全国人大及其常委会及时制定法律，法律制定后，相应的立法事项的授权终止。”目前，全国人大自己制定了一小部分税收法律，把很大一部分税收的立法权授予了国务院。《税收征管法》之外，目前实际征收的 18 个税种，只有《个人所得税法》、《企业所得税法》和《车船税法》3 部是全国人大法律，其余 15 部都是全国人大授权国务院制定的行政法规，如《增值税暂行条例、消费税暂行条例、营业税暂行条例》等。也就是税收的立法权只有全国人大和国务院有，其他行政机关全都没有税收的立法权。而且未经全国人大授权，任何机关均不得介入税收立法，省级人大及国家各部委都没有税收政策的创设权。

在税收管理方面，财政部门有以下权力：根据《税收征管法》及单行法律、行政法规的规定，财政部有部分税收减免权，省政府有规定部分地方税税率及税额标准的确定权和部分地方税临时减免权，如自然灾害减免、困难减免等，省政府又通过“三定”方案，将单行法律、行政法规授权给省政府的上述事项的建议权授给了财政厅，即在税收管理方面，财政厅的权力体现在部分地方税的税率建议权、税额减免建议权，财政厅提出建议后，经省政府批准后施行。也就是说，国务院和省政府将税收政策的调整权和建议权配置给了省级财政部门。

如 2011 年随着机动车保有量急剧上升，全国人大修改了原来行政法规《车船税暂行条例》，出台了《车船税法》，其中第二条规定："车船的适用税额依照本法所附《车船税税目税额表》执行，车辆的具体适用税额由省级人民政府依照本法所附《车船税税目税额表》规定的税额幅度和国务院的规定确定"，这就是全国人大对省政府的授权。经河北省财政厅认真起草和实地调研，河北省财政厅起草了《河北省车船税实施办法》草案，拟定了适合河北省的车船税适用税额，2011 年年底河北省政府第 99 次常务会审议通过并以省政府令印发，自 2012 年 1 月 1 日起开征新的车船税。

在税收管理法律风险事件中的风险体现在：一是越权制定税收政策；二是超越法律法规规章授权提出税率调整、减免建议；三是违反规定提出税收政策调整方案；四是违规减免税。即凡不经省政府批准，财政部门擅自出台税收政策的，均属于重大风险。

（二）非税收入管理方面的法律风险

政府非税收入，是指国家机关、事业单位和社会团体为履行或代行政府职能，依据国家法律、法规和具有法律效力的规章而收取、提取和安排使用的，未纳入国家预算管理的各种财政性资金，据统计，2015 年河北省地方一般公共预算中的政府非税收入 714 亿元，政府性基金 1377 亿元，两项合计共 2091 亿元，已超过一般公共预算中的税收收入。但由于涉及各部门利益，至今如此庞大的预算外资金尚未立法，只是根据 1994 年《预算法》第 76 条的授权，1996 年国务院出台了《关于加强预算外资金管理的决定》（国发（1996）29 号），这是关于预算外资金的最高的一个具有行政法规性质的文件。这次新《预算法》修改，要求所有财政收支全部纳入政府预算，接受人大审查监督，这一实践符合现代预算完整性的要求，体现了建立全口径预算的改革方向。非税收入管理法律风险点，根据《国务院关于加强预算外资金管理的决定》（国发（1996）29 号文）、《财政部关于加强政府非税收入管理的通知》（财综（2004）53 号）、《财政票据管理办法》（财政部令 70 号）、《行政事业性收费项目审批管理暂行办法》（财综（2004）100 号）以及《河北省非税收入管理规定》（省政府令（2011）8 号）等梳理，主要包括：违规设定行政事业性收费、基金项目，设定行政事业性收费的程序不合法，违反规定的范围、标准、对象和期限等征收非税收入，违规减免非税收入，违规办理非税收入缴库、退库，违规印制、发放、使用财政票据。

（三）预算管理法律风险防控

预算管理是财政部门的最主要业务工作，新《预算法》第二十五条规定："地方各级政府财政部门具体编制本级预算、决算草案；具体组织本级总预算的执行；提出本级预算预备费动用方案；具体编制本级预算的调整方案；定期向本级政府和上一级政府财政部门报告本级总预算的执行情况。"河北省财政部门的绝大部分内设机构均围绕部门预算管理开展工作。

根据新《预算法》规定的财政部门管理职责梳理，财政部门在预算管理中的法律风险点主要包括：预算法律、法规、规章授权财政厅规定的事项，未及时做出规定，转移支付制度缺失，违法设定专项转移支付，未依法编制预算草案，未依法报送预算草案，未依法编制预算调整方案，未依法报送预算调整方案，未依法编制决算草案，未依法报送决算草案，未依法对全省和省本级财政预算报告及报表进行公开和说明，未依法对财政厅部门预算报告及报表进行公开和说明，未依法对全省和省本级财政决算报告及报表进行公开和说明，未依法对财政厅部门决算报告及报表进行公开和说明，未依法使用预算预备费、预算周转金，未依法动用预算稳定调节基金、超收收入、结余结转资金，未按规定时间、程序下达转移支付，未依法拨付预算支出资金，违法开设财政专户。

（四）政府采购法律风险防控

作为引领公共财政支出管理改革的“三驾马车”之一，我国的政府采购制度在推进社会主义市场经济体制和公共财政体制建设的历史背景下应运而生，2002 年出台了《政府采购法》，2014 年出台《政府采购法实施条例》，突出亮点是“扩大社会监督渠道，提高政府采购透明度”，把采购置于阳光之下，同时“细化相关主体的违法情形及法律责任，保证责任追究有法可依”，也使政府采购程序更加有可操作性。

由于政府采购具有专业性强、金额高等特点，且直接涉及供应商利益，因此成为供应商复议诉讼的焦点。特别是随着政府采购规范化程度的提高，越来越多的发达地区供应商参与河北省采购活动，在带来先进市场经济经验的同时，也带来维权过度的不良行为，由于对政府采购结果进行质疑、投诉、复议和诉讼活动近乎“零成本”，供应商一旦未中标即认为自身权益受到侵害，往往通过法律渠道发泄不满，呈现“争议纠纷多，滥诉情况多”的局面。2015 年以来某省财政部门共受理政府采购投诉 14 件，不仅数量较以往年度出现倍增态势，而且维权过度投诉也时有发生。各级财政部门承担着依法审批政府采购方式、监督政府采购活动、处理政府采购投诉案件的法定职责，并负责对政府采购活动投诉做出评判，因此财政部门做出的投诉处理决定将对采购活动行为及政府采购各方利益产生巨大影响，财政部门一旦认定某采购行为合法，就要驳倒投诉人的请求，为被投诉采购行为合法背书，承担相应的复议和诉讼法律风险；一旦认定不合法，将推翻整个政府采购活动，令中标者失去既得利益，也将承担相应的被复议和诉讼的法律风险。因此，财政部门作为法定监管部门，无论做出什么决定，都需要有确凿的证据和准确的法律适用，而且在整个审批和监管过程中，务必要确保公平、公开、公正。

2015 年某县政府常务会决定违规采用竞争性谈判方式完成一项政府采购工作。因采购过程不规范，政府采购资金被骗取。检察机关对财政部门工作人员提起诉讼的原因是：未依法审批政府采购方式，未对整个采购活动依法尽职履行监督职责，导致财政资金被骗取。

2015 年某省直部门在采购某项目时，第一轮招标结束后，杭州某公司中标，北京某未中标公司向采购中心质疑招标程序存在瑕疵，经省采购办认定属实，予以废标。随即，杭州被撤销公司也举报北京某公司招标文件提供虚假材料。在第二轮杭州某公司又继续中标后，仍然继续通过信访、纪检等途径要求省财政部门处理北京未中标公司的违法行为，双方矛盾不断激化，财政部门被置于法律纠纷的风口浪尖。

政府采购法律风险点，根据《政府采购法》、《政府采购法实施条例》逐项梳理，具体包括政府采购具体管理制度缺失，不利于政府采购法的贯彻落实，未依法开展政府采购监督检查，未依法处理政府采购投诉，未依法对集中采购机构的业绩进行考核，未依法审批政府采购方式等。

（五）债务管理法律风险

新《预算法》修改前，从来没有赋予地方政府举借债务的权力，原《预算法》规定："地方各级预算按照量入为出、收支平衡的原则编制，不列赤字。"按照依法行政"法无授权不可为"的要求，地方政府是不能借债的。但现实情况是，很多地方政府由于财政体制问题、转移支付不足问题、自身财力不足问题，出于自身发展需要，在面临严重的资金缺口时，采取各种变通方式融资，已经形成较大规模的地方政府债务。新《预算法》按照疏堵结合、"开前门、堵后门、筑围墙"的改革思路，在第三十五条增加了允许地方政府举借债务的新规定，同时从五个方面做出了限制性规定：一是限制主体，经国务院批准的省级政府可以举借债务；二是限制用途，举借债务只能用于公益性资本支出，不得用于经常性支出；三是限制规模，举借债务的规模，总规模由国务院报全国人大或者全国人大常委会批准，省级政府再在国务院下达的限额内举借债务，列入省本级预算调整方案，报本级人大常委会批准；四是限制方式，举借债务只能采取发行地方政府债券的方式，不得采取其他方式筹措，把融资平台、租赁、回购全部取消，除法律另有规定外，不得为任何单位和个人的债务以任何方式提供担保；政府也不得通过企业事业单位，直接、变相举借政府债；五是控制风险，举借债务应当有偿还计划和稳定的偿还资金来源，国务院建立地方政府债务风险评估和预警机制、应急处置机制以及责任追究制度。这些规定把地方政府在举借债务开闸的同时，为政府举债的风险能够控制在合理区间套上了法律的"紧箍咒"，对政府债务"怎么借""怎么管""怎么还"都作了规定，又明确禁止以法律规定之外的其他方式举债，在第九十四条明确规定了违法举债的法律责任："政府各部门、各单位违反本法规定举借债务或者为他人债务提供担保的，责令改正，对负有直接责任的主管人员和其他直接责任人员给予撤职、开除的处分。"关于债务管理的法律风险点，从《预算法》第三十五条、九十四条，以及《担保法》关于国家机关不得为保证人等相关规定梳理，主要包括：违法举借债务，发债违反规定的程序，违法提供担保，未依法下达国际金融组织和外国政府贷款、赠款，债务或担保合同不完善导致债务方逃避债务。因此，各级财政部门在政府债务管理中，一定要牢记"法无授权不可为"，决不能越雷池半步。

（六）资产管理法律风险

《行政单位国有资产管理暂行办法》（财政部令 35 号）规定："各级财政部门是政府负责行政单位国有资产管理的职能部门，对行政单位国有资产实行综合管理。"《事业单位国有资产管理暂行办法》（财政部令 36 号）规定："各级财政部门是政府负责事业单位国有资产管理的职能部门，对事业单位的国有资产实施综合管理。"《企业财务通则》规定："各级财政部门应当加强对企业财务的指导、管理、监督。"

财政部门在资产管理中的法律风险点，根据《行政单位国有资产管理暂行办法》，《事业单位国有资产管理暂行办法》，以及《企业财务通则》等梳理，法律风险点主要包括：违反法律规定的权限、程序与内容制定资产和财务管理制度，违规占有、使用、处置国有资产，未依法履行国有资产监督管理职责等。

（七）会计管理法律风险防控

《会计法》规定：“财政部门对各单位的下列情况实施监督：是否依法设置会计账簿；会计凭证、会计账簿、财务会计报告和其他会计资料是否真实、完整；会计核算是否符合本法和国家统一的会计制度的规定；从事会计工作的人员是否具备从业资格。”

会计管理法律风险点，根据《会计法》梳理，主要包括：违反法律规定的权限、程序与内容，制定会计人员管理制度，未依法履行会计管理职责，未依法组织实施会计信息质量检查。

（八）行业管理法律风险防控

《注册会计师法》规定：“国务院财政部门和省、自治区、直辖市人民政府财政部门，依法对注册会计师、会计师事务所和注册会计师协会进行监督、指导。”《资产评估机构审批和监督管理办法》（财政部令第64号）规定：“财政部是资产评估行业主管部门，制定资产评估机构管理制度，负责全国资产评估机构的审批和监督管理。各省、自治区、直辖市财政厅（局）负责本地区资产评估机构的审批和监督管理。”

行业管理法律风险点，根据《注册会计师法》、《资产评估机构审批和监督管理办法》（财政部令第64号）梳理，包括：违反法律规定的权限、程序与内容制定注册会计师行业管理制度，违反法律、行政法规规定的权限、程序与内容制定资产评估行业管理制度，未依法对会计师事务所进行备案审查，未依法对注册会计师行业开展管理，未依法开展注册会计师行业执业质量检查，未依法对资产评估行业开展监督，查处其违法行为，未依法对代理记账机构开展监督，查处其违法行为，在行业管理中违反保密规定，导致泄密。

综上所述，在税收管理、非税收入管理、预算管理、政府采购管理、债务管理、资产管理、会计管理、行业管理等财政制度实施过程中，可制定以下法律风险防控措施予以防范：

第一，建立财政工作制度台账，预防财政制度执行风险。一是各单位按照财政管理事项编制财政工作制度台账，台账内容为法律、法规、规章及其他制度文件对该项工作的具体规定，财政工作制度台账应当根据财政制度建设情况实时更新；二是各单位的财政工作制度台账应当由主要负责人审核后在内网公开，供相关单位办理业务参考；财政工作制度台账需报内控办备案；三是其他单位认为台账需要调整的，可以提出书面意见；意见不能达成一致的，由内控办研究提出处理意见，报内控委决定；四是业务经办人和业务经办单位领导应当严格审核业务办理的内容、程序是否符合台账；五是监督检查局依据财政工作制度台账进行日常监督与内审。

第二，编制开放式法律风险清单，监测财政制度执行风险。一是各单位根据财政工作制度台账编制法律风险清单，作为业务经办处领导与处（室）领导审核业务办理情况的参考；法律风险清单根据财政工作制度台账与工作实际实时更新；二是各单位编制的法律风险清单经主要负责人审核后送内控办备案，并抄送条法处；三是内控办参考法律风险清单内容，开展定期检查和不定期检查；四是条法处可根据财政法制工作中发现的问题提请相关单位调整法律风险清单内容；五是各单位对于制度缺失造成的法律风险，应当根据制度类型启动相关制度建设工作；六是需要制定、修改、废止规范性文件的，相关单位按照《河北省财政厅规范性文件制定管理办法》的规定，启动相关工作；七是对于未严格执行制度造成的法律风险，应当严格内部责任追究；八是监督检查局牵头负责财政制度执行的监督检查。财政制度执行过程中出现重大法律风险、影响恶劣的，内控办会同有关单位开展专项检查，对责任人员提出处理意见报内控委决定后交有关单位执行。

五、积极应对执行监督法律风险

行政复议和行政诉讼都是解决行政争议、对行政机关进行监督、对行政相对人受不法侵害给予救济的法律制度，特别是行政复议，由于程序简便、费用低廉，逐渐成为行政纠纷解决的主要渠道。新《行政诉讼法》为重新树立公民对行政复议制度的信心，引导公民用法治方式解决问题，做出以下修改：第一，对诉讼程序进行调整，特别是对立案登记做出调整，确立了立案登记制，即法院在接到起诉状时不再对起诉状进行审查，对符合《行政诉讼法》规定的起诉条件的，实行登记立案。即复议申请人如对复议结果仍不满意，即可向法院提起诉讼，行政机关从此卷入诉讼，由法院依法裁决。第二，对复议机关为共同被告做出调整，增加“复议机关决定维持原行政行为的，做出原行政行为的行政机关和复议机关是共同被告”的规定。也就是说，根据新的《行政诉讼法》，复议机关无论是做出维持原具体行政行为的决定，还是做出改变原具体行政行为的决定，在这两种情况下复议机关都有可能成为被告。这个修改一方面加大了救济相关当事人的力度，另一方面也倒逼复议机关认真履行职责，认真做出行政复议决定，同时这也增加了复议机关在办理行政复议案件时的法律风险。

行政复议案件办理的法律风险点，包括：在受理阶段，对复议申请无正当理由不予受理。未依法转送申请人对抽象行政行为的审查申请，未当场记录申请人口头提出的行政复议申请，在案件审理环节，未在法定时间内将行政复议申请书副本发送被申请人，无正当理由拒绝申请人、第三人的阅卷请求，在做出决定环节，未按照规定时间、形式做出行政复议决定，未按规定准许申请人与被申请人的和解协议。

为防范办理行政复议过程中的法律风险，可制定以下措施予以防控：第一，行政复议案件办理单位不得提前介入可能引发争议的业务办理工作，确保案件办理客观公正。第二，完善案件办理决策机制，重大疑难案件及时引入集体讨论与律师服务，降低决策风险。第三，规范证据采集与保存，健全案件文书管理，降低程序风险。

除行政复议案件办理面对的法律风险外，如果财政部门作为被告，在行政诉讼、裁决案件中也要积极应对和防控可能存在的法律风险，主要包括未按法律要求时限举证、答辩、出庭应诉（参加听证）和上诉，未严格履行法院的生效判决、裁定，逾期未向法院申请强制执行。为防范办理被诉讼、裁决过程中的法律风险，可制定以下措施予以防控：第一，行政诉讼、裁决案件所涉单位应当指派专人全程参与，并出庭应诉或参加听证。第二，重大疑难案件应当及时提请集体讨论并聘请专业律师提供服务。第三，规范证据采集与保存，健全案件文书管理，降低程序风险。第四，条法处协助、督促相关单位依法履行法院的生效判决、裁定，按照相关单位要求，向法院申请强制执行。

党的十八大和十八届四中全会以来，按照全面深化改革和全面依法治国的总体部署，全国人大、国务院启动了一轮立法和修法热潮，这些新修订出台的法律、法规的一个共同特点是权威性增强。这次新《预算法》在罚则部分集中对各种违法违纪行为进行了全面的梳理，对不同程度的违法行为，规定了降级、撤职、开除等不同的法律责任，还规定："本法第九十二条、第九十三条、第九十四条、第九十五条所列违法行为，其他法律对其处理、处罚另有规定的，依照其规定。违反本法规定，构成犯罪的，依法追究刑事责任"，同时新《行政诉讼法》也删去了原法第一条"维护行政机关行使职权"的表述，可见新形势下行政机关面临的法律风险非常严峻，为了适应新形势，避免法律风险，财政部门工作人员必须牢记"法定职责必须为，法无规定不可为"，在日常财政管理工作中，凡事都要用这两把尺子量一量，是否在依法履职尽责？是否在法律框架内行权？经常自检自省，才能保障自身安全，保障财政机关安全。

（省财政厅条法处　黄振平　杨慧卿　李占玖　葛大海　许湘林　张兴红）

如何有效防范财政运行风险研究

2016 年度河北省财政科研课题成果二等奖

新常态下的经济增速减缓、经济结构转型、经济增长动力转化与地方政府支大于收矛盾必然会带来地方财政运行的风险。特别是承德市属经济欠发达地区，资源型经济结构偏重，产业单一，财源基础薄弱。2015 年，受经济下行、主要产品价格大幅下跌、国家政策性减收增支等因素影响，承德市财政收入出现“断崖式”下滑。进入 2016 年以来，面对下行压力依然较大的宏观经济形势，承德市紧紧围绕年初确定的预期目标，狠抓财税调度，严格财税征管，全市财政收入应收尽收，应入尽入。但是，受自身长期积累的结构性矛盾影响，企业效益下滑，重点行业减收，全部财政收入自 2016 年 6 月份起连续 4 个月出现负增长，而且下行压力仍在持续，未见明显好转迹象。本文拟通过对承德市 2016 年 1—9 月份财政运行状况及存在的问题进行分析，进而构建科学稳定的财政收入增长机制，对促进承德市财政的健康运行有积极的意义。

一、财政运行基本情况

2016 年 1—9 月份，承德市全部财政收入累计完成 124.5 亿元，占预算的 73.2%，同比下降 6.7%，减收 8.9 亿元，承德市公共财政预算收入累计完成 74.9 亿元，占预算的 74%，同比下降 2%，减收 1.5 亿元。其中，税收收入占公共财政预算收入比重为 66.5%。

分税种看：增值税和营业税完成 47.8 亿元，同比下降 9%；企业所得税完成 18.2 亿元，同比下降 14.2%；个人所得税完成 5.9 亿元，同比下降 4.6%；城市维护建设税完成 2.8 亿元，同比下降 5.0%；契税完成 3.3 亿元，同比下降 8.2%；消费税完成 3.4 亿元，同比增长 36.4%；资源税完成 5.9 亿元，同比增长 12.7%；其他税种完成 11.7 亿元，同比增长 9.8%。

二、财政运行中存在的主要问题

（一）重点行业挖潜空间有限，主要税源行业降幅较大

受市场因素影响，部分重点行业难以实现持续稳定增长。从 2016 年 1—9 月份情况

看，12 个主要行业税收呈下降态势，已减收 9 亿元，影响全部财政收入增幅 6.7 个百分点。其中，制造业完成 16.79 亿元，同比减收 1.72 亿元，下降 9.3%；电力、热力、燃气及水的生产和供应业完成 5.85 亿元，同比减收 0.83 亿元，下降 12.4%；交通运输、仓储和邮政业完成 1.49 亿元，同比减收 0.25 亿元，下降 14.3%；住宿和餐饮业完成 0.6 亿元，同比减收 0.46 亿元，下降 43.5%；信息传输、软件和信息技术服务业完成 1.06 亿元，同比减收 0.39 亿元，下降 26.8%。特别是冶金矿山业，近几年占全部税收的比重始终保持在 40% 左右。受上游市场需求不足、产品价格低迷、利润大幅下滑等因素影响，企业大多处于停产、半停产状态，行业税收大幅减收。目前，承德市共有铁矿企业 435 户，其中开工、半开工企业仅 51 户（均未达到全面满负荷生产），开工率只有 11.7%。由于国家化解钢铁过剩产能持续加力，冶金矿山业短期内难以反弹，预计 2016 年全年减收 7 亿元左右。

（二）政策性减收因素较多，税收制度改革对承德影响较大

主要包括实施“营改增”、矿产品资源税从价计征等改革以及减轻企业负担等因素，预计税收减收超过 15.3 亿元。其中，受建筑业、房地产业、金融业和生活服务业等四个行业实施“营改增”影响，预计减收超 11.5 亿元；矿产品资源税推行从价计征改革，预计减收 1.5 亿元；落实扩大小微企业所得税减半征收优惠政策范围、固定资产加速折旧、去房地产库存税收等优惠政策减收 2 亿元；电信服务业因增值税预征率调整减收约 0.3 亿元。同时，受国家和省、市相继出台减费和缓免征政策以及省级探矿权、采矿权价款政策调整等影响，承德市非税收入预计减收 5.7 亿元。

（三）财政收支矛盾加剧，县区“三保”支出压力较大

目前，县区的个人支出部分占可用财力比重超过 80%，有些县区自身组织的可用财力已不能满足工资发放需求，加之受收入短收、国家出台新的增支政策等因素影响，承德市各县区普遍出现当年财力不能保障“三保”支出问题，将严重冲击财政平稳运行。另外，市本级虽能满足基本“三保”支出需求，但本级财源已呈不断萎缩趋势，收支矛盾亦十分突出，双峰寺水库、承德机场、冰球馆、城市道路建设和老旧小区改善项目等均需要资金支持，2016 年收支形势不容乐观。

（四）债务风险总体可控，部分县区债券支出进度较慢

个别县区债务风险警戒值被列入风险提示区，债务风险应予以高度重视。同时，在确保债券资金依法合规使用、债券资金零损失浪费的前提下，不断加大置换项目债务资金审核力度，未出具决算审计报告的项目、未经债权、债务人、财政部门签订置换协议的项目暂不予拨付置换资金，因此导致部分债券资金暂时滞留，支出较慢。

三、存在问题的成因

（一）产业结构不合理，短期内不可扭转收入下滑趋势

承德市产业结构偏重，冶金矿山市场持续低迷的现实尚未扭转。长期以来冶金矿山业

经济在承德的发展过程中发挥了重要作用，“十一五”以来的 10 年间，冶金矿山一直是承德市经济增长的“主力”，对 GDP、规模以上工业、财政收入贡献最高的年份分别达到 35.3%、80.2% 和 52.1%。这样重的结构受国家政策因素、外部经济环境影响和产业产品自身缺陷的多重作用，导致近年市场持续下滑，2015 年出现了断崖式下滑。加之未来 5 年河北省钢铁产能将压减到 2 亿吨以内，这意味着将有 60% 的钢铁企业面临关停重组。特别是承德市真正有实力的钢铁企业还不多，有竞争力的产品所占市场份额还很少，大量供给集中在产业链低端，下一步生存的空间更加狭窄。

（二）产业链条过短，产品附加值较低

第二产业在承德市税收产业结构中的比重一直在 60% 以上。但是其产业链条过短、产品附加值较低的问题却非常明显，增收潜力一直没有被挖掘出来。承德市的矿产资源以钒钛磁铁矿为主，生产出的铁精粉中含有钒、钛、磷等稀有金属，其中大部分没有进行稀有金属的冶炼。即使进行了冶炼，也仅限于粗加工层面。特别是在钒、钛产业上，承德还没有形成复合型材料产能。这种状况在造成巨大资源浪费的同时，也使其在市场竞争中发展停滞，财源萎缩。

（三）第三产业财政贡献率低，城市发展战略短期内不能对财源提供足够的支撑

承德市以“生态强市、魅力承德”为载体建设国际旅游城市，核心是在中心区大力发展第三产业、推动城镇化进程。这一战略符合承德京津绿色屏障和历史文化名城的市情。但旅游产业链条的延伸、市场营销的扩展、一季游向四季游的转变，直至城市品牌效应的形成都需要相当长的时间，在这个过程中，整个行业对财政收入的贡献只能是缓慢增长的过程，尚不足以成为财源体系中的支柱。

四、防范财政运行风险的对策建议

（一）全力以赴抓好收入组织工作

第一，按照“以旬保月、以月保季、以季保年”的要求，坚持“日报告、旬调度、月通报”制度，每月将县区财政收入完成情况在市级媒体通报，层层向下传导压力。第二，进一步完善财税部门联席会制度，密切关注经济运行态势，加强对重点税种、重点行业和重点地区收入的分析调度，及时研究解决财政收入中存在的突出问题。实行市级领导包片督导责任制，对各县区和重点企业逐月进行督导，切实解决具体组织收入工作中的实际问题。

（二）全力以赴抓好财源培植

第一，对 2016 年新开工的 205 个重点项目，采取现场督导、联席会商等措施，积极落实建设条件，确保快建设、出成效，形成更多的实物工作量。特别是要落实好宽城新通源微晶系列产品等 60 个增长点项目投产条件，确保全年新增规模以上企业 50 家。第二，

对 2016 年年底前 55 个计划新开工和 128 个计划竣工的重点产业项目，逐一进行调度，落实建设条件，抢时间，争速度，力争早开工、早竣工。第三，加快构建现代绿色产业体系，重点支持文化旅游与健康养生、清洁能源、钒钛新材料、绿色大数据、节能环保、绿色产品及生物医药、天然山泉水、新型建材、先进装备制造、现代物流等十大绿色主导产业加快发展，加快战略新兴产业加速成长，不断优化财源基础。

（三）全力以赴提高资金使用效益

重点做好“一加快、两减少”三项工作。“一加快”，就是加快预算执行进度。及时下达基础设施建设、工业企业技术改造等生产建设性资金，保证支出的均衡性和科学性，为保证经济稳定增长，拉动财政增收做出积极贡献。“两减少”，就是减少资金滞留和结余结转。对上级财政下达的转移支付资金，已经明确到具体项目的，随到随办，立即拨付；需要分配下达的资金，主动会同有关部门提前做好分配预案和项目遴选等准备工作。开辟财政拨款和投资评审绿色通道，缩短政府采购时间。对重点和大额支出项目，审核后要跟踪后续进展，尽量减少资金滞留。对财政结转结余资金进行分类处理，逐一制定盘活措施；继续组织市直机关事业单位账户及资金余额有关事项核查，彻底摸清政府家底。

（四）全力以赴提升财政调控水平

第一，努力控制和化解政府性债务风险。研究利用好置换债券、一般债券、专项债券政策，最大限度筹集化债资金和发展建设资金；加快组建国控集团，力争近期取得实质性进展。第二，挖掘潜力破难题。进一步完善政府性资金存放实绩导向机制，继续落实县域金融机构涉农贷款增量奖励及农村金融机构定向费用补贴政策，持续推动“银政企”三方合作，增加银行贷款供给，帮助企业解决融资难题。

（承德市财政局　王宇　丁福志　贺立冬）

浅谈在经济新常态下深入推进县级财政管理的几点思考

2016 年度河北省财政科研课题成果二等奖

当前我国已经步入经济发展新常态，正面临增长速度换挡、发展方式转变、经济结构调整、增长动力转换的新形势，与以往财政管理的低效率会被经济发展的高速度所掩盖的情况截然不同，在当前经济增速显著放缓的新常态下，财政体制的种种缺陷和弊端将逐渐暴露，并在累积风险的作用下发酵膨胀，财政管理面临着前所未有的压力与挑战。深入推进财政体制改革作为深化改革的重要内容，将在推进供给侧结构改革、大众创业万众创新、经济结构转型方面发挥重大作用。

一、在经济新常态下财政管理面临严峻挑战

认识新常态、适应新常态、引领新常态，是当前和今后一个时期我国经济发展的大逻辑，是综合分析世界经济周期和我国发展阶段性特征及其相互作用做出的重大判断。一方面我国经济发展基本面是好的，潜力大，韧性强，回旋余地大；另一方面也面临着很多困难和挑战，特别是结构性产能过剩比较严重。在经济新常态下财政工作上的挑战集中体现为以下三个方面。

（一）收支矛盾持续加大

考虑到财政收入低速增长常态化，机制改革和实行减税降费造成减收，特殊增收措施抬高基数，未来几年财政收入增幅较低，且存量资金不断减少。与此同时，财政支出刚性增长的趋势没有改观，稳增长、调结构、惠民生、防风险、促改革都需要相应财力保障，如企业退休人员基本养老金提标，城镇居民医保和新农合政府补助提标等，对财政支出的需求仍然较大，加上支出结构僵化固化、财政资金使用效益不高问题仍然突出，投入多、见效少，缺乏评估、调整和退出机制，人口老龄化加重了养老、医疗负担，财政中长期可持续发展面临严峻挑战。

以河北省迁安市为例，该市借助 21 世纪初期首钢外迁及钢铁行业迅猛发展的强大发展动力，经济得到迅猛发展，在 10 年间城市建设和发展取得辉煌成绩，财力水平也得到显著提升，连续 9 年位居河北省县域经济实力之首，2012 年达到迁安市收入峰值，2013—

2014 年，财政收入连续两年负增长，2015 年财政收入实现止跌回升。在承受增收的巨大压力的同时，又面临持续增长的支出压力。2015 年，迁安市公共财政预算收入为 35.17 亿元，较 2014 年增长 0.2%，公共预算财政支出为 58.93 亿元，增幅达到了 21.4%，收支矛盾异常尖锐。

表 1　　迁安市 2006—2015 年财政收支重点情况一览表　　单位：亿元

指标名称	2006 年	2007 年	2008 年	2009 年	2010 年	2011 年	2012 年	2013 年	2014 年	2015 年
全部财政收入	35.40	49.25	65.66	64.65	56.91	78.22	91.05	76.26	64.71	61.86
公共财政预算收入	13.84	18.14	20.10	22.39	21.73	30.82	39.04	37.16	35.09	35.17
非税收入	2.65	2.31	2.78	4.06	3.54	5.81	8.51	6.92	7.74	9.67
政府性基金收入	4.95	4.52	3.49	6.97	19.40	32.10	27.53	45.74	57.58	6.61
社保基金收入	1.05	1.25	2.05	3.20	4.33	5.25	5.84	6.14	6.67	6.39
全部财政支出	24.96	31.61	37.32	41.54	54.84	84.36	86.33	102.82	106.63	72.87
公共预算财政支出	18.92	25.67	31.56	34.28	32.58	45.28	53.27	50.10	48.53	58.93

注：表格数据摘自迁安市历年收入报表。

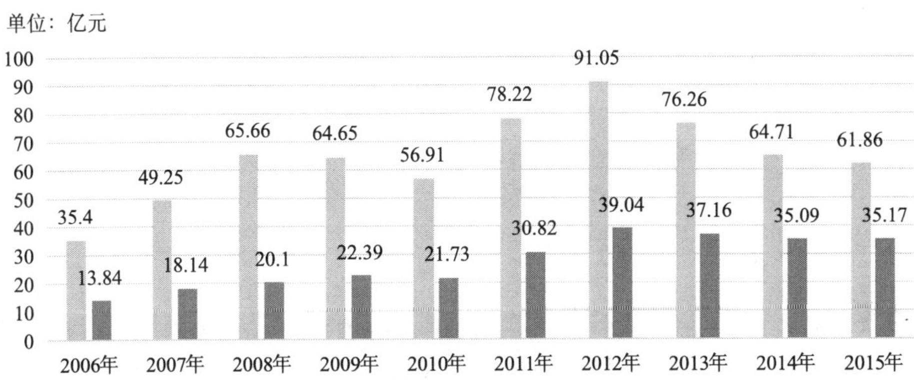

图 1　迁安市 2006—2015 年财政收入走势

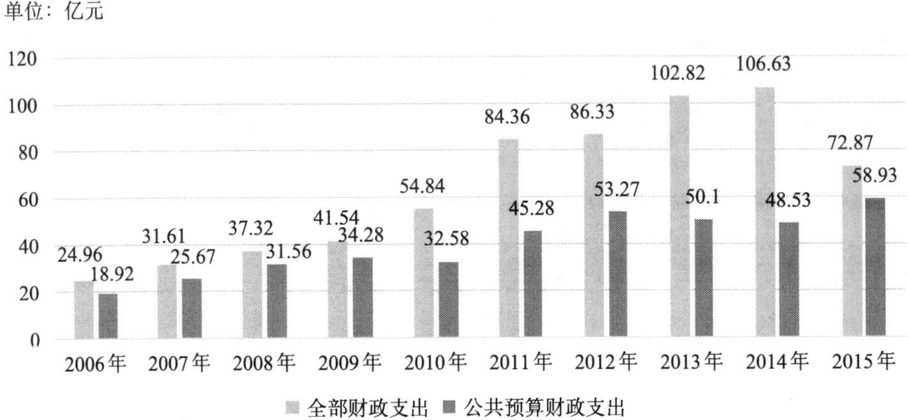

图 2　迁安市 2006—2015 年财政支出走势

（二）财政运行风险加剧

一方面，随着财政收入增速下降，各级政府可支配财力显著减少，而在支出方面，却因为长期以来的摊子铺得越来越大而难以压减。在过去10年间，各级财政积累了巨额债务，目前已进入还债高峰期；另一方面，地方政府的盲目投资进一步加剧了债务风险。地方政府出于经济发展需要，主动或被动地采取多种方式融资，已经形成较大规模的地方政府债务。在土地增值的态势下，地方政府更加热衷于基础设施投入，进行规模庞大的基建投入、园区建设，以期得到城市经济快速发展，社会建设随之实现跨越式发展。但现实情况是，受资源、区位、交通等条件限制，很多产业园区难以吸引优质企业和项目进驻，造成厂房闲置、基础设施投资浪费，前期举债投入并不能获得预期收益，而在地方财力有限的矛盾之下，只能再次通过大量举债的方式解决资金缺口，从而进一步加重了地方债务负担，形成恶性循环。更为严峻的是，这些债务多数未纳入预算管理，脱离中央和同级人大监督，存在一定的风险隐患。

在城市建设进程中，政府举借债务难以避免，虽然在长期来看，这些债务能够带动城市发展，形成收入，但在短期来看，政府债务规模过于庞大则会造成风险累积。以迁安市为例，自2010年实施“四五”转型攻坚计划以来，先后建设了迁安经济开发区、迁安高新技术产业开发区、滦河文化旅游产业园、北方钢铁物流产业园四个省级园区，这些园区的基础投入在200亿元以上，政府财力范围之外的资金全部来源于举借债务，直接造成了迁安市的巨额债务压力。与此同时，财政体制变化严重影响了地方可用财力，在河北省激励性财政体制情况下，发展较好的县市将获得返还财力，支持经济发展，取消激励性财政体制后，返还财力不复存在，相当于变相减少了政府的可用财力。2013年迁安市完成全部财政收入（含基金收入）101亿元，比2012年增加10亿元，但根据新实行的财政体制2013年迁安市可用财力不增反降，仅为44.9亿元，比原体制计算减少4.7亿元。2014年、2015年则面临着财政减收、基数返还减少、财政支出刚性增长多重压力，激励性财政体制的取消对一个县级财政每年减少几亿元的可用财力，无疑是让本就捉襟见肘的地方财政实施更加雪上加霜。

（三）财政监督机制弱化

第一，是体制不健全、方式方法跟不上形势发展的需要。财政收入、分配、监督本应是财政管理活动中的三驾马车，并驾齐驱，但在现实的管理活动中，监督的基本模式是事后检查，由此造成监督与管理长期脱节，被动监督的模式直接导致难以形成财政资金全程动态监管和督察机制，监督检查方法以突击性、专项性检查为主，没有真正把日常监督与专项监督、对内监督与对外监督有机结合起来，导致很多财政违法违纪问题既成事实后才被发现，财政监督与防范作用得不到有效发挥；第二，是监督成果表面化的问题，主要表现为成果转化运用不充分，存在“查出问题容易，处理问题难”“大事化小，小事化了”“犯了罚，罚了犯”现象。财政监督的结果不能有效运用到财政资金的拨付和管理之中，财政违法违纪问题不能在资金分配和管理链条的各环节上得不到有效的制裁，达不到“防患于未然”的目的，隔靴搔痒，加剧了财政监督走过场的尴尬。此外，监督检查的主体是财政部门，客体为同等行政级别的国家机关、企事业单位、社会团体等，难免遇到“小马拉大车”的尴尬。

二、在经济新常态下深入推进财政体制改革

（一）加大积极的财政政策实施力度

推进供给侧结构改革，是适应和引领经济发展新常态的重大创新，是适应国际金融危机发生后综合国力竞争新形势的主动选择，是适应我国经济发展新常态的必然要求。在适度扩大总需求的同时，去产能、去库存、去杠杆、降成本、补短板，提高供给体系质量和效率，提高投资有效性，加快培育新的发展动能，改造提升传统比较优势，增强持续增长动力，都需要加大积极财政政策力度，包括实行减税政策，阶段性提高财政赤字率，在适当增加必要的财政支出和政府投资的同时，弥补降税带来的财政减收，保障政府应该承担的支出责任。具体而言，财政在营改增、支持创新创业、压减过剩产能、助推农业产业化等方方面面都要找准发力点，推动形成新的增长点，激发企业和市场活力，形成政策合力，全面推动经济结构转型升级，2015 年，迁安市投入教育资金 13.4 亿元，占全部支出的 22.8%，同比增长 16%；投入 4726 万元用于科学技术事业，同比增长 155.9%；此外，财政投入 500 万资金助力中小企业科技创新，“10 万元”小额创业贷款担保政策拉动创业贷款 2500 万元，投入 8200 万元用于现代农业产业化相关项目，各项政策叠加共同推进城市创新创业，激发城市发展活力。同时确保社会政策托底，把重点放在兜底上，保障群众基本生活，保障基本公共服务，2015 年，迁安市投入社会保障资金 6 亿元，占全部支出的 10.2%，同比增长 29%，守住了民生底线，充分发挥社会保障的社会稳定器作用。

（二）进一步完善转移支付制度

按照“十二五”财税体制改革目标，省级应该继续加大对市县财政的转移支付力度，增加县级可用财力，这对于缓解县级财政收支矛盾、保障县级财力需求、化解基层财政运行风险、加快全局经济全方位发展、衔接京津冀经济发展具有重大意义。一方面，要进一步完善转移支付制度，继续提高一般性转移支付规模和比例。过去几年，全国一般性转移支付预算占比由 2012 年的 53.3% 提高到 2015 年的 57.6%，在中央层面，财政部将专项转移支付项目由 2013 年的 220 个压减到 2014 年的 150 个左右，2015 年压减到了 100 个左右，省级层面在精简、合并和规范原有专项转移支付的同时，明确一律不新增专项，而且对专项资金的分配更多地采取竞争的方式。一般性转移支付规模和比例的提高，有利于下级政府集中力量办大事，更好利用财政蛋糕；2015 年，迁安市争取转移支付资金 14.9 亿元，比 2014 年增长 58%，其中海绵城市和美丽乡村建设资金 40564 万元，为项目建设提供了充足的资金保障；另一方面，要建立健全专项转移支付定期评估和退出机制。市场竞争机制能够有效调节的事项不得设立专项转移支付，除按照国务院规定应当由上下级政府共同承担的事项外，上级政府在安排专项转移支付时不得要求下级政府承担配套资金。上

级政府应当提前下达转移支付预计数，地方各级政府应当将上级提前下达的预计数编入本级预算。

（三）创新财政监管

总结“十二五”以来的财政监督工作实践，可以得出这个结论：财政监督工作要以财经工作为中心，履行监督职责；要坚持服务深化财税体制改革大局、保障重大政策落实，提高监督效能；要坚持内外联动、回应百姓关切，有效发挥监督作用、树立监督权威；要依法行政、依法监督，加强队伍建设，进一步提高监督水平。一方面，要强化财政监管职能。从财政资金使用流程入手，建立健全预算绩效管理工作可将事前目标管理、事中跟踪监控、事后绩效评价三项工作作为抓手，提高财政资金使用效益。县级财政部门要将本级各类项目支出和上级下达的转移支付资金全部纳入监管范围，并将所有到乡镇以下的财政资金全部告知财政所，由乡镇财政所就地开展绩效监督和评价，县乡两级各部门要共同履行监管责任，巩固财政“大监督”机制；另一方面，要注重整改落实和成果运用，提高监督检查效能，财政监督的价值最终体现在财政监督结果的运用上。财政监督应立足为预算管理服务，遵循“目标导向”和“结果导向”，对预算绩效、预算标准、补贴方式等提出科学建议，当财政监督的建议在财政改革和预算管理中被采纳时，财政监督价值将得到高度升华。

（四）妥善化解地方债务风险

第一，积极争取并合理运用政府债券。新预算法允许地方政府有条件地发行政府债券，地方政府须尽力争取政府债券，妥善处理和化解存量债务，防止资金链断裂。但值得注意的是，“借新还旧”的同时务必要规范管理新增债务，避免雪球越滚越大。第二，积极推进地方税改革。积极推进地方收入体系建设，根据中央税制改革精神，以“补减项、建体系”为目标，尽快建立起以主体税种为主导、辅助税种为补充的相对完整的地方税税种体系，改进和加强收入组织管理，并科学划分省以下政府间收入。地方债务风险的化解最终还是要依赖于地区经济增长和税收收入增加，从这个意义上讲，加大税收制度改革首当其冲，尤其是加大对资本收入征税来构建更加健康的地方财政收支体系显得格外重要。第三，通过市场化手段逐步化解地方债务风险。有研究指出，近 10 年我国基础设施投资年增长速度在 25% 以上，远超过同期 GDP 增长速度，基础设施建设快速增长对于更好吸引企业，促进未来经济增长是有积极作用的。所以，深入推进供给侧改革，通过市场化手段将前期政府投入化为产出，变基础设施建设为产业发展动力，撬动经济增长，也是化解地方债务的应有之义。第四，在创收的同时，也要进行相应地节支。财政支出方面，进行结构优化，以保障民生为中心，将教育、医疗、社保、住房、基础设施等作为公共财政的支出重点，削减经济建设方面的开支，减少财政供养人员，规范“三公经费”，降低行政成本。

财政部部长楼继伟在解读深化财税体制改革时说：“如果说 1994 年财税改革的目标是建立‘与社会主义市场经济体制相适应’的体制框架，那么，新一轮财税体制改革的目标就是建立‘与国家治理体系和治理能力现代化相适应’的制度基础。”深化财税体制改革不是政策上的修修补补，更不是扬汤止沸，而是一场关系国家治理现代化的深刻变革，是一次立足全局、着眼长远的制度创新和系统性重构。在经济新常态下，推进财政体制改革正可谓是“雄关漫道真如铁，而今迈步从头越”，经济由高速增长转为6%—7%的中高速增长，财政收入转为中低速增长的经济条件，城市产能过剩、结构僵化、资源过度开发等客观因素，全面建成小康社会各类社会保障亟待提标的现实需求，凡此种种赋予财政事业极大的工作挑战和历史使命，务必牢牢把握稳中求进主基调，主动适应经济发展新常态，以积极财政政策全面推动供给侧结构改革、促进创新创业、服务经济社会转型发展。

（迁安市财政局　孔祥会　李东林　林铁柱　张春光　叶文利）

加强机关后勤保障绩效管理研究

2016年度河北省财政科研课题三等奖

机关后勤人员因其岗位的特殊性，对其进行绩效考核是机关考核的难点。因此，完善机关后勤绩效考核制度，加强后勤人员绩效考核工作，最大限度激发后勤人员的工作积极性，才能促使后勤人员不断提高自身素质和能力，明确工作职责，从而有效提高后勤服务的整体工作效能。

一、机关后勤服务中绩效管理的实施途径

当前机关后勤服务管理中实施绩效管理，大多只是通过考核来进行打分，然后根据分数来给予员工奖励，此种方式将考核和员工的薪酬联系在一起，虽然此种方法是正确的，但需要注意的是绩效考核的目标是多重的，所以在实际应用考核结果的过程中，应该将其和员工培训、薪酬等工作结合在一起，并将其运用到人力资源管理系统中，从而全方位地发挥绩效考核的作用。通过绩效考核，可以发现现有的后勤人员是否符合后勤服务工作的岗位要求，还可以发现和了解现有工作人员所具备的专业素质以及技能等和后勤工作所需要人才之间存在的差距，同时还能够应用财务方式来对其进行奖励，通过对优秀员工进行表扬，采取晋升等方式来激发员工工作的积极性，进而推动机关后勤服务的发展。

（一）机关后勤绩效管理实施的流程

在机关后勤服务实施绩效管理的过程中，应该按照以下流程进行：第一，培训。在此环节中，应该对绩效考核的负责人员进行培训，所谓的负责人员，就是指参与绩效考核工作的相关工作人员，如绩效考核工作的直接上级、下级或者是被考核者本人等，只有将相关人员进行明确的划分，并对其进行具有针对性的培训，才能提高相关人员的综合素质，从而促进绩效考核技能的牢固掌握并熟练运用。第二，对岗位、部门以及流程的实际需求进行分析。当被考核对象明确之后，应该考虑选择何种方法来获取最真实有效的绩效信息，通常来说，确定考核方法是根据工作岗位的性质来决定的，所以在进行实际考核的过程中，应该根据不同的情况选择具有针对性的考核方法，从而确保考核的准确性。第三，操作准备。在此环节中，需要对确定绩效衡量指标。可以用来明确考核结果的指标是非常多的，所以在实际进行考核的过程中，应该找出能够驱动价值创造的绩效目标，然后依据此目标来对考核结果对部门工作的影响进行分析。第四，收集信息资料。在进行考核中，

需要使用到一些基础信息，所以为了保证考核的准确性，就必须确保收集的信息都是真实有效的，只有这样才能使得考核结果更加真实。第五，总结。当考核工作完成后，相关人员需要对考核的结论、考核中存在的问题等内容进行分析总结，从而提出更加有效的考核方法。

（二）机关后勤绩效管理的反馈沟通

当绩效考核人员完成相关的工作之后，需要将绩效考核结果告知员工，在这一过程中，考核人员应该和员工之间进行紧密的联系，了解员工对于考核结果的意见等，然后和员工一起进行沟通交流，找出其中存在的问题，并提出具有针对性的解决对策。进行反馈沟通，增强组织人文关怀，并且实现后勤部门互惠互利。反馈沟通，可以让工作人员体会到对其的关心，这样工作人员就会产生一种强烈的归属感，在日常工作中就会更加努力，同时，有效的反馈沟通，还可以帮助员工找到自身工作效率不高的原因，对其中存在的问题进行改正，就能够提高工作效率，取得更好的考核结果。在反馈沟通的过程中，还需要和工作人员一起来制定周期计划，这样可以有效地激发员工工作的积极性，促使员工更加积极地投入到工作中。

（三）机关后勤绩效管理考核结果的有效应用

在机关后勤服务工作中开展绩效管理，想要取得更好地管理的效果，就需要对其进行有效的应用，所以说，考核结果的应用和绩效管理的效果有着直接的联系。因此，将考核结果要应用到以下两方面：一方面是绩效奖惩。相关人员可以根据考核结果对员工的工资、奖金等进行适当的调整，并根据考核的结果来进行职位的晋升等，以此来促使员工认识到绩效考核的重要性；另一方面是绩效提升。后勤部门需要结合考核结果来对周期计划进行调整，让两者相辅相成，从而充分发挥考核结果的作用。因此，在应用绩效考核结果的过程中，应该将以上两方面进行综合应用，如将其应用到薪酬调整中，和薪酬制度联系在一起；将其和职位晋升相结合；将考核结果记录到员工档案中，为员工制定职业生涯发展规划提供依据。同时，考核人员和被考核人员应该对没有达到绩效标准的原因进行深入的分析，并找出相应的措施，考核人员还应该对被考核人员实施绩效改进指导，通过对其进行有效的培训等来促使被考核人员可以符合绩效标准，从而充分发挥其作用，推动机关后勤服务的发展。

二、当前机关后勤实行绩效管理存在的问题

事业单位的传统考核模式，注重以“德、能、勤、绩、廉”等几项指标来考核后勤服务人员工作，考核内容多是抽象的硬性指标，考核内容形式单一，且难以将考核内容具体量化。

（一）绩效考核机制不完善

由于后勤部门大多承担机关一线服务工作，大多采用主观评判的方法对后勤服务人员

进行考核，绩效考核工作没有受到过多的关注和重视，考核工作只局限在简单的打分上，致使绩效考核逐渐形式化，导致考核结果不真实、不准确。

（二）考核内容、操作中存在一定的可变性因素

机关后勤人员的绩效考核内容与机关其他人员的考核内容不同，绩效考核则主要根据当月职责履行情况、工作完成情况、劳动纪律及品质素养等方面的表现。不同性质的后勤人员工作内容不同，人员的级别、资历、专长等也存在差异，可以进行定量考核内容比较少，另外，由于后勤临时性工作比较多，考核者在判断后勤人员在团队中的工作表现时难度比较大，而且由于受人为、政策等因素的影响比较大，在考核内部和实际操作上造成一定的困难。

（三）指标设置不够科学合理、方法单一

机关后勤人员绩效考核标准设置的是否科学合理，对考核目标能否顺利实现有着重要的影响，大部分机关的后勤考核主要以人员的业绩、能力、态度等进行考核，综合性较强，导致指标不明确，考核指标的可比性不高，考核标准设置缺乏相关数据支持，影响了考核结果和质量。

（四）人员覆盖不够全面

由于后勤工作不同于其他处室，非正式在编人员较多，且承担着机关运行较大比例的工作任务，没有把非正式人员纳入后勤统一绩效考核，导致考核工作难以涵盖后勤工作全部。

（五）绩效结果运用不充分，考核激励作用不明显

大部分机关后勤在绩效考核结束后，没有将考核结果及时反馈给相关人员，无法调动其积极性，考核的目的无法实现，考核工作流于形式，不能有效发挥绩效考核应有的作用。

三、进一步深化对标准化绩效管理的认识

打铁先要自身硬，在新形势下做好后勤绩效管理还有一些方面需进一步深化认识。

（一）深化对绩效管理的本质的认识

在任何一个体系或系统中，机制都起着基础性、根本性的作用，也只有阐明或者理解其机制，才意味着对它的认识从表象深入到了本质。标准化绩效管理不只是解决一些突出问题的工具和抓手，也不只是一个管理的平台和展现的舞台，而是激励引导广大干部向上向善的一整套机制，是一种符合改革方向和管理发展规律的现代管理模式。概括来讲，这套机制既包括实现组织目标的机制，又包括实现个人发展的机制，更包括形成良好环境和文化的机制。这些机制在日常管理中协调共振，正在广泛聚合起各种积极因素，自动发挥

出越来越大的作用，激励引导每名干部职工做正确的事、正确地做事、把事做正确，培养每名干部职工逐渐养成良好的思维习惯、工作习惯、生活习惯，进而形成向上向善、积极进取的价值理念和绩效文化，把个人理想落在岗位，让大家干事感到舒心，最终实现每个人的自我管理、自我提升、全面发展。

（二）深化对绩效管理的关键点的把握

不仅知道标准化绩效管理的架构是什么，流程是什么，还要准确把握每一环节的关键点，真正做到知其然，更知其所以然。标准化绩效管理体系可概括为“一基础、四环节、一主线、一支撑、一保障”，即“以标准化为基础，以绩效计划、绩效监控、绩效考评、绩效改进为主要环节，以绩效沟通为主线，以信息化为支撑，以结果应用为保障”。

（三）深化对绩效管理的实践的理解

管理是一种实践，其本质不在于知，而在于行。标准化绩效管理正是一种融合现代公共管理理论、方法及技术和传统优秀文化中“仁、义、忠、恕”等思想因素，以及我国行政管理改革发展经验的实践活动。每名干部职工都要牢固树立参与意识、团队意识，积极投入到标准化绩效管理的各项具体工作中来，更要将标准化绩效管理的价值理念内化于心，形成个人的价值取向，即以任劳任怨、勤勤恳恳、履职尽责、追求卓越为基础，融入思想，化为立场；外化于形，热爱自己的岗位，明确自己的目标，制定自己的计划，并与组织达成“契约”，主动而为、自觉而为，向上向善、积极进取，最终实现组织、团队和个人发展的共赢。

四、做好机关后勤绩效考核工作的有效对策

（一）完善考核模式，减少人为因素的影响

为了实现绩效考核的公平、科学、合理，就需要对整个绩效考核体系进行有效的调整，减少主观因素比例，保证考核的客观真实。对于定量的考核，可以通过考核小组采集数据，如工作效率、工作质量等，由考核小组对后勤人员进行考评，定性的考核可以采用访问、谈话的方式进行。可以针对后勤人员的不同岗位内容，利用问卷调查的方式，增加其他相关处室以及其他层面人员意见，如物业维修服务一线的服务满意度、及时性、投诉次数等内容。还可以进行不定期的绩效考核方式，对后勤人员的工作进行随机的抽查，更加全面反映行政后勤人员的工作情况，提高绩效考核的客观真实性以及公平性。

（二）增强可操作性，建立具体化的指标考核体系

由于后勤人员的各项工作内容及工作任务比较烦琐，多数指标难以量化，所以在制定绩效指标时，注重以岗位为依据来设置指标，并根据岗位性质、岗位任务变动等增加相应的动态评估，尽可能实现绩效考核的量化工作，不能量化的工作事项要增加具体的描述性

岗位说明，以增加绩效考核的可操作性，建立具体化的考核指标体系。

（三）细化考核标准，构建覆盖后勤全员的指标体系

将后勤全部人员纳入绩效考核，细化考核标准，不断提高全员参与的积极性，让后勤所有人员积极参与到绩效工作中来，提高后勤人员对绩效管理的认识，实现考核的公正、公平、民主，减少人为存在因素的干扰，使评估更具有客观性。

（四）充分运用考核结果，将考核结果与奖惩相结合

为所有人员建立完整的奖励激励机制，将绩效考核与工资待遇、职称评定、晋升等挂钩，对于工作中长期消极怠工的工作人员要给予惩罚，使后勤人员认识到绩效考核的重要性，能够在日常工作中严格要求自己。

（五）建立有效的沟通机制

在制定绩效计划时要认真收集数据资料，并将绩效考核的内容和标准传达到后勤每一位人员，同时了解和收集人员意见和建议，进一步加强人员之间的协作，营造良好氛围，充分发挥绩效考核的积极作用。

五、对财政厅后勤服务实行绩效管理的建议

结合财政厅后勤工作实际，建议财政厅后勤绩效管理按照“统筹设计、目标导向、兼顾公平、有效沟通”的原则组织进行。

（一）完善中心内部绩效管理系统，实现各环节协调发展

绩效计划的实施要根据被考核的后勤人员每天工作指标的开展情况进行有效指导，以达到能够协助高效完成工作的目标。要兼顾后勤人员的具体工作任务，在确保把工作质量及效率纳入到考核评估范围内，同时，也要把工作态度、表现、与其他部门协调度、团队协作等因素进行全面评价。

（二）加强绩效管理相关理论培训

使中心每名职工了解绩效管理的必要性和重要性，转变思想观念，认可这一管理模式，充分调动广大职工的积极性、主动性和创造性。

（三）构建覆盖中心全员的绩效体系

将招聘、临聘人员一并纳入中心绩效管理体系，精准设置目标任务，将工作分解到所有人员，形成具体工作流程，制定岗位说明书，防止出现岗位职责模糊不清、交叉重叠导致的人员覆盖不全的问题。

（四）充分运用考核结果

将绩效考核结果同薪酬调整、晋升等方面相结合，并根据考核结果对绩效计划进行调整，充分发挥绩效考核的作用，推动机关后勤服务的发展。

（河北省财政厅机关服务中心　崔盼来　李香玉　薛霖　翟佳星　孟繁斐）

基层国库管理工作的研究

2016 年度河北省财政科研课题成果三等奖

国库集中收付制度的实施，是建立公共财政体系的重要保障。社会主义市场经济迅速发展对我国社会和经济的影响日益加深，建立和完善国库集中收付制度有着十分重要的意义。

一、国库集中收付的重要性

1. 有利于有效管理和全面监督实行国库集中收付，可以促进整个财政管理的规范化、法制化、科学化。完善的国库集中收付制度下，财政资金的分配、管理权限及操作程序都有严格的制度规定，增强了财政工作的透明度、公开性和约束力，有利于全面监督，加强了对不合理的财政支出的监控，强化了预算约束和预算执行管理，财政资金从筹集到使用，都处于政府财政的有效监督管理之下，对于预算单位和财政部门来说资金的使用双向透明。在现行的财政资金收付管理体制下，缺乏对财政资金使用的事前监督，在支付、采购等环节存在资金截留、挪用、挤占等问题。

2. 有利于政府宏观调控，提高资源配置的合理性实行国库集中收付，财政资金实行了统一的管理和调度，细化了资金使用情况，保证了信息的准确性、及时性，为政府部门决策提供及时准确的信息。财政资金集中存放，一方面政府可以灵活调度库款，集中财力办大事；另一方面提高了政府抗风险能力，有利于政府宏观调控，实现资源优化配置。

3. 有利于减少财政负担，提高资金使用效益，国库集中收付是建立国库单一账户体系，把财政资金统一集中在国库单一账户内，预算单位按规定使用资金。国库资金集中保管，从根本上解决了过去财政资金层层拨付、环节过多、效率低下的问题，加快了资金拨付速度，提高了资金的使用效率和运行效率，加快了资金流通；而且可以减少债券发行量，减轻财政负担，提高了资金的使用效益，对稳定金融和经济发展有着积极的作用。

4. 有利于严格各单位财务管理，严格预算编制现行的财政资金收付方式下，一般预算单位不太重视预算管理，预算编制基础工作薄弱，预算执行不严格，项目使用资金有挤占、挪用等现象。实行国库集中收付后，收入直接进入国库，支出是按财政批复的预算使用财政资金，划拨到预算单位，严格预算执行，突出了预算执行的刚性和严肃性。

二、国库集中收付制度实施存在的问题

在西方市场经济发达的国家，国库集中收付制度已普遍实行，但我国国库集中收付制度在具体的运行过程中还存在很多问题需要解决和完善。存在的问题有：

1. 基层部门预算编制不完善，国库集中收付制度中规定："各支付单位的每项经济业务必须根据当年批准的预算收支计划向财政部门按用途提出用款申请。"也就是说，编制部门预算，建立明晰的财政资金支付预算，有利于实现财政直接支付和财政授权支付和顺利实施国库单一账户体系。但是，目前我国的国库集中收付制度是预算内资金的集中收付，不符合真正意义上的未区分预、外资金的国库集中收付。因此，必须完善基层部门的预算编制，减少预算资金的流失，及时批复预算，全面进行预算监督。

2. 预算监督不力。目前，国库对财政拨款的监督停留在事前监督，而对资金拨出后运作效益监督不力。没有有效的监督，必然干扰正常的经济秩序。目前的分散支付制度下，预算资金一旦拨付，就脱离了财政的监督，存在严重的挪用、截留、克扣现象。财政资金拨付程序烦琐、到位慢，财政资金容易造成大量资金沉淀，资金使用效率低。如有些项目建设资金，特别是一些专项资金，经过若干个部门之后落实到具体项目上的资金很少，这容易引起基层单位上报的预算支出不符合实际，存在多报现象；资金到位慢，影响工程进度，使得建设项目质量不高，"豆腐渣"工程的产生与此不无关系。

3. 基础设施薄弱，人员效率低下。我国目前国库集中收付实施的基础设施很薄弱，适用于国库集中收付制度的"金财工程"尚未完全建立，还不能完全脱离手工记账，而细化的部门预算、方便快捷的银行清算系统、"金财工程"等配套措施，是保证国库集中收付制度顺利实施的保证。基础设施的薄弱，大大增加了人员的工作量，增加了预算单位及时准确报账的难度，降低了工作效率，不利于国库集中收付制度的全面推进。

4. 相关法律法规不完善。国库集中收付制度改革要求国库加强资金的监管、预测和分析，目前的法律法规及管理办法并未真正为国库的资金监管权提供确切的依据。《中华人民共和国预算法》规定，"各级政府财政部门负责监督检查本级各部门及其所属各单位预算的执行"，但并未明确指出财政部门有权实时监控预算单位的零余额单位账户发生的资金变动；而且目前的一些文件，如《财政国库管理制度改革试点方案》、《中央单位财政国库管理制度改革试点资金银行支付清算办法》，只能称其为制度，还没有上升到法律形式，不具有法律的权威性，与国外成熟的市场经济国家相比还有很大的差距，亟须健全和完善相关法律、法规。

5. 具体实施中，个别部门和单位对制度认识不足。国库集中收付制度改革的过程中，对于个别部门、单位的利益有所触动，有的人对改革方案、管理办法理解不深，还在等待与观望；有些人的观念与改革的要求不一致，出于一己私利考虑，不愿意改革；有的人习惯于传统的管理方式，不愿意去熟悉、掌握新的管理方式。这些个别部门和单位人员的种种认识都制约着国库集中收付制度向纵深发展。

三、如何完善国库集中收付制度

实施国库集中收付制度对提高财政资金使用效益、推进财政管理的规范化、防止产生腐败等都有重要的作用。在实施过程中，要根据实际情况及存在的问题，采取有效的对策。

1. 完善管理体制，建立和完善国库集中收付制度，可以从根本上改变财政资金分散、财政资金管理控制困难的局面。严格的国库集中收付运行程序是规范、合理、安全和高效使用资金的重要保证。要建立和完善国库集中收付制度，必须要建立一套有效的集中管理组织体制。根据我国实际，设置专门负责管理国库集中收付的机构非常必要。制定相应配套的法律法规，严格国库集中收付行为和程序，在实际操作中做到有法可依、有章可循。同时，要对预算科目和预算批复时间进行全面合理的改革。借鉴国外先进经验，结合我国实际，与现行的科目体系衔接，适应市场经济体制的要求。

2. 通过业务培训，改变传统观念，提高人员素质，财政公共支出管理改革对财会人员来说是全新的思想观念和业务素质的改革，特别是编制部门预算（包括政府采购预算）、实行国库集中支付制度以及财政管理信息系统建设都需要财会人员有较强的技术性和操作能力。因此，必须加强财会人员业务培训。通过业务培训，使从事该项工作的人员充分了解改革的实质、意义，熟悉制度规定、管理办法，改变传统的观念，掌握具体操作程序，以保障改革的有效实施；同时，注重工作人员政治素质、业务素质的提高，培养严谨务实的工作作风、团队意识、正确的理财观念等，建立一支过硬的业务人员队伍，全面推进国库集中收付制度改革。

3. 规范收入缴纳和支出拨付程序。各项财政收入，一般均采用直接缴库方式。经征收机关审核无误后，区别收入性质，由缴纳义务人将应缴收入直接缴入国库单一账户或预算外资金财政专户；也可按法律特殊规定采用集中汇缴方式；纳入“收支两条线”“收缴分离、银行代收”的非税收入，通过代理银行归集，分别划归国库单一账户和预算资金财政专户。根据支出管理需要将预算单位的支出划分为工资支出、购买支出、零星支出、转移支出四类，分别实行财政直接支付和财政授权支付方式。对预算单位的统发工资支出和集中采购、购买支出，实行财政直接支付方式；对预算单位的转移支出，实行财政直接支付方式。

4. 完善相应配套措施。国库集中收付制度改革是一项复杂的系统工程，涉及财政管理体制和国库管理体制的变革及相互间协同配合、信息沟通等问题，必须运用先进的财政收付信息系统，充分利用现有商业银行的网络系统，按照市场经济原则，引进竞争机制；尽快制定相关规定和办法，做好国库收付制度的前后衔接，明确各预算单位的会计主体责任和义务，有效防止各预算单位转嫁财务违规风险。

5. 严格监督控制。要加强对国库集中收付中心、会计集中核算中心、政府采购中心工作人员的约束和监管，不断完善和规范各项管理制度；搞好与预算单位账务的衔接，设置相关的辅助账，与会计核算中心定期对账；强化预算约束。严格收支审批权限，控制和管理好资金的收支；实行财务公开，提高财务管理的透明度的同时要建立全面的内外部监督机制，建立科学有效的监督网络。

6. 完善相应法律、法规。根据实际，深入调查，综合分析研究制定相应法律法规、管理办法、实施细则，为国库集中收付的运作提供有效的法律保障。这项改革涉及《预算法》、《金库条例细则》、财政总预算、会计制度等相应的修订；还应建立一些相应配套的新的管理办法，如《财政资金支付管理办法》、《收入管理办法》、《收入退库管理办法》等一系列的配套法律、法规。

（定州市财政局　侯芳　胡亚坤　秦楠）

基层财政投资评审存在的问题及对策研究

2016 年度河北省财政科研课题成果三等奖

党的十八大报告明确指出，要加快财税体制改革，完善基本公共服务均等化和主体功能区建设的公共财政体系，新预算法也要求政府预算必须全面规范，硬化了预算对政府支出的约束。新形势下，基层（主要指县级）财政部门作为当地政府治理的重要支柱，其投资评审工作的重要性日渐凸显。围绕加强财政管理、为基层政府投资管理服务的目标，分析、研究制约基层财政投资评审发展的“瓶颈”，提出具有建设性的意见、建议，充分发挥财政资金的经济效益和社会效益，具有很强的实践指导意义。

一、当前河北省基层财政投资评审工作的新发展

财政投资评审是财政职能的重要组成部分，财政部门根据国家法律法规、制度规定等，通过运用专业技术手段和项目预算审核方法，对财政支出项目进行专业技术性的审核与评价，对财政投资效果和财政资源配置质量的审核与评价，从而达到财政资金合理有效使用、财政资源公平分配、高效配置的目的。2001 年，河北省财政厅成立了投资评审中心，各级财政部门也顺应改革要求，相继设立财政投资评审机构，截至 2015 年，河北省基层财政评审机构人员达到 1000 余人，其中专业技术人员占比达到 90%。建制齐全的机构、业务精通的专业工程造价人员，为做好投资评审工作打下了坚实基础。近年来，由于政府在基层的投资规模不断增大，投资领域逐步拓展，基层财政投资评审机构成为河北省财政投资评审的主力，并且形成了一些共同的新特征。

（一）积极扩展财政投资评审新职责

随着政府投资规模的不断扩大，基层财政投资评审业务量迅速增长，评审职责范围也逐步扩展，从最初的基建工程逐步扩展到信息、园林、土地整理、农业综合开发、PPP 项目、专项资金绩效评价等多个领域。同时，推进投资评审“关口”前移，将投资评审提前到预算编制、招标控制阶段，一些县（市）预算、招标控制评审金额占到年度评审总额的一半以上，从源头上避免财政资金的损失，取得了明显成效。

（二）建立财政投资评审管理新机制

许多县级政府部门高度重视投资评审工作，进一步明确财政部门是财政投资评审工作

的行政主管部门，各项目主管部门和项目建设单位要积极配合财政部门开展财政投资评审工作。一些基层财政部门还健全了“四先四后”评审机制，即先评审后招标、先评审后拨款、先审批后变更、先评审后资产移交，健全了管理新机制，确保投资评审工作扎实开展。

（三）创新引入社会中介机构新模式

按照“小政府、大服务”的改革方向，近年来，一些基层评审机构委托第三方中介机构进行评审的项目逐渐增加，即评审机构“管”“评”分离，用编制内人员从事项目组织、质量把关、协调机构管理等工作，具体技术性评审业务委托第三方中介机构承担，通过公开招标组建政府投资项目管理中介机构库，使社会力量和专业人员更好地服务于财政投资评审工作，有效解决了评审任务多、专业技术人员少的尖锐矛盾。

（四）积极营造规范投资评审新环境

完善的制度是财政投资评审工作健康、有序发展的根本保障。基层财政部门逐步加强评审制度化建设，部分县（市）先后以政府名义印发了财政投资评审管理办法，其他大部分财政部门印发了评审管理办法和操作规程，从评审内容、质量控制和内部管理等方面积极探索，逐步实现了投资评审工作的制度化、规范化，为公正、公开、公平评审营造了良好环境。

二、基层财政投资评审工作存在的主要问题

河北省基层财政投资评审机构成立时间早、业务发展快、节支增效明显，对其基层财政投资评审工作的调查研究，具有一定代表性。通过调研发现，基层财政部门面临一些亟待解决的问题，主要表现在：

（一）专业技术力量亟待加强

这主要表现在：受人员编制、经费限制，基层财政投资评审机构的人员配备和专业技术力量明显不足，许多县级评审中心只有4、5个在编人员，面对送审项目相对集中、评审时间紧急等情形时，加大了投资评审的管理风险；随着投资评审领域的不断拓展，信息化项目、PPP项目等需要更多专业投资评审人员进行评审，现有基层评审人员往往难以胜任；许多项目评审聘请中介机构进行，财政评审机构要审查社会中介机构的审计报告，需要有较高业务能力的工程造价、财务会计等专业技术人才，目前基层评审机构人员远远不足。

（二）相关部门的职责划分模糊

主要是与审计部门监督的职责划分不明确，各地受历史原因、技术力量等影响，财政部门评审机构和审计部门的关系五花八门，还未形成统一的模式，一定程度上造成评审的“缺位”和“重复”并存，提高了政府公共支出成本。例如，有的地方按照项目实施过程，财政部门评审中心、审计局分别在不同环节介入；有的地方按照货物、工程、服务等划分，由评审中心、审计局分别管理、监督；有的地方实行“双评审”，即评审中心、审

计局分别对相同项目进行评审，综合两方评审结论确定资金安排金额。此外，基层财政部门评审机构与项目主管部门、公共资源交易中心等职责划分，也存在模糊不清的问题。

（三）投资评审管理有待进一步加强

财政投资评审政策性强、责任重大，特别是利用社会中介机构力量开展投资评审，对财政投资评审的风险控制提出了更高要求，必须高度重视内部控制制度建设。调研发现，个别基层财政评审机构存在内部管理不规范问题，例如，有的没有制定完善的内部控制制度，三级复核流于形式；有的对中介机构缺乏有效的管理，稽核工作把关不严；有的评审档案不完整，缺少评审人员签章等，极大增加了投资评审风险。

（四）评审信息化建设水平普遍较低

随着信息技术在各个行业的不断普及，应用信息技术提升管理效率已成为投资评审发展的重要课题。将信息技术融入财政投资评审管理中，可以实现评审全过程跟踪留痕，建立材料设备价格信息库，绩效信息数据库，为项目稽核、制定统一支出标准提出可靠的数据支撑。但大部分基层财政部门评审机构信息化建设水平不高，极大地限制了投资评审管理效能。

三、加强基层财政投资评审的建议

新的财政管理改革任务，赋予财政投资评审工作新的定位，各基层投资评审机构要在加强预算管理、规范预算编制、提高资金使用绩效等方面发挥更加重要的作用，需要着力做好以下工作：

（一）完善制度建设，进一步拓展财政评审范围

新预算法亮点之一就是预算审核重点转向支出预算和政策，并且在改进预算控制方式、硬化预算支出约束、开展绩效评价等方面都做出了明确规定。这些规定为转变财政评审职能，拓展评审工作范围提供了新的契机和空间。基层财政投资评审机构评审要积极推动评审制度创新，使评审的新职能、评审的新内容、评审的组织方式、评审的结果运用、信息公开都有法可依、有章可循。同时，按照政府政务公开的要求将评审工作职责、业务操作规程、规章制度等全面公开，自觉接受社会各界的监督。

（二）评审关口前移，厘清与相关部门关系

实践证明，实施项目预算评审，财政部门更具有主动性，可以在前期发现项目编制纰漏，有效避免“木已成舟”、浪费无法避免的问题。基层财政评审的关口要前移，要年度预算“实施前”、项目预算“追加前”进行评审。审计部门监督重点放在事后，主要进行决（结）算审计，形成财政监管、审计监督互为补充、有序发展的局面。同时，加强协调沟通，实现信息共享、结果互用，有效提高公共支出监督效率。

（三）增强业务培训，大力提升评审队伍素质

要加大基层财政投资评审机构投入，吸引高素质人才、专家加入评审队伍。要加强对

基层财政投资评审机构人员培训力度，除不断更新业务技术知识外，还要培训法律、财政经济理论等知识，做到理论扎实，业务熟练，努力成为评审业务的行家里手。要注重组织、协调等综合管理素质的培养，全面提升发现问题、认识问题、分析问题、解决问题的能力。同时，调动广大财政投资评审干部和专业技术人员学习的积极性，使对新生事物、新生技能的学习成为一种习惯，增强学习的主动性、自觉性、针对性。

（四）加强内部控制，不断提高财政评审质量

由于各地实际情况不同，具体的评审模式、方式、范围等不宜完全统一，要鼓励各地因地制宜，创新评审机制、制度。但都要将评审风险防控作为管理重点，查找薄弱环节，堵塞管理漏洞，真正做到高效评审、廉洁评审。一是要完善内部控制，通过不相容岗位相互分离、授权控制、流程控制等措施，在管理流程、职责设置等方面实现决策、执行、监督相互制约，“管”“评”分离，有效减低评审风险；二是加强评审质量控制，要建立评审审核、稽核把关、专家会审三级审核机制，通过加强内部稽核和外部监督，最大限度消除风险隐患，规避评审风险；三是实行项目分类管理。对不同类别的财政评审项目，制定相应的评审规则，由专门的技术人员进行评审，并加强内部信息沟通，确保同类项目评审量、价、取费口径的一致，做到评审标准规范、统一，评审结论科学、合理。

（五）加强信息化建设，促进评审信息全面公开

为进一步提升投资评审管理水平，提高投资评审信息化程度，基层财政投资评审机构要加强信息化建设，目的是以过程管理为核心，对评审过程中的每一个环节留痕，利用现代化信息手段实现管理流程标准化、档案存储电子化、价格采集透明化，全面提升投资评审组织管理水平。

1. 实现财政部门内部信息公开。可以实时跟踪评审项目进展，全面记录项目评审结果和运用情况，及时了解项目评审情况，将评审结果作为安排预算的重要依据。

2. 实现评审价格信息公开。通过建立材料设备价格信息库，方便评审人员检索查阅相关价格信息，并上传项目询价信息，可以对历史评审材料价格进行追溯，为考核评审质量提供可靠的数据支撑。

3. 推进评审信息向社会公开。可以统计、汇总评审规章制度、评审项目资料等信息，通过权限设置、数据分类采集等手段，逐步实现评审信息向社会全面公开。

（河北省财政投资评审中心　牛凌云　贾牧霖）

如何切实强化绩效监督评价研究

2016年度河北省财政科研课题成果三等奖

财政支出的绩效管理，是通过对财政支出的投入计划、投入规模、投入过程、投入效益以及投入风险等方面的综合管理和财政调控，提高财政资金安排科学性、促进财政支持社会经济目标实现的重要保证。广平县跨入十三个五年计划，以“打造开放广平，建设幸福鹅城”总体布局统领经济社会发展的新时期，创新财政支出的绩效管理，充分保障和提高财政资金的使用效益，实现财政支出绩效的最大化，对于服务经济社会发展大局，促进广平县域经济社会的实现具有很强的现实意义。

一、开展财政支出绩效管理的重要意义

财政支出绩效管理是对政府满足社会公共需要而进行的资源配置活动成效的客观反映，它可以更好地体现政府配置资源在人民群众参与社会生活中取得实际效果。对于进一步提高资源配置的合理性和资源使用的有效性发挥着重要作用。

（一）规范财政支出，依法为国理财

财政部门的基本职责就是为国理财，具有公共性、公众性和公益性。开展和推行财政支出绩效管理，就是制定出统一的评价标准，运用科学、规范的绩效管理手段。切实发挥好财政职能作用，正确处理好财政支出与社会、财政支出与市场、财政支出与效益的关系。扎实推进财税体制改革，提高财政支出管理的经济性、效率性和有效性。实现依法行政、依法理财，推动社会全要素生产率的提高。

（二）强调全局观念，实现过程控制

财政支出要具有“跳出财政看财政”的宏观意识，从全局和战略高度来观察形势，从经济社会发展大局出发，兼顾当前，着眼长远，在全局治理的框架下统筹计划，设计出适应县情的财政支出的有关政策。科学、客观、公正地对财政支出的行为过程、支出成本及其产生的最终效果进行衡量比较和综合评估，使财政资金支出和使用得到事前、事中和事后全过程控制。

（三）增加支出透明度，提高政府公信力

随着财政预算和支出体制改革的进一步深入，建立与完善了国库集中支付、政府采

购、财政执法和监督约束等一系列管理制度。财政支出绩效管理可以进一步增加财政支出的透明度，正确引导和规范财政资金监督与管理，提高财政资金使用效益，提高公众对政府的信任度。

（四）便于信息沟通，促进项目管理

为了把有限的资金用于最需要的重点项目建设、需要及时获取有效的信息，合理配置财力资源。通过财政支出绩效管理，可以使政府决策者有效地规避投资风险及短期行为，节约财政资金，缓解供求矛盾，促进重点项目的建设与投入使用。

（五）接轨国际惯例，迎接全球经济一体化

最近，人民币加入特别提款权（SDR）货币篮子和亚洲基础设施投资银行的成立，标志着我国经济的发展越来越国际化、全球化。开展财政支出绩效管理在国际上已经相当普遍。在一个更为开放的经济体系中，我国财政管理的发展趋势正朝着越来越适应世界经济一体化与全球化的要求发展。具体到广平县，要主动适应世界经济一体化与全球化的发展大趋势，紧抓京津冀一体化发展战略重要机遇，这就更看出高起点地开展财政支出绩效管理，以便更好地迎接传统的宏观和微观经济学在经济全球化条件下面临的新挑战。

二、财政支出绩效管理要处理的几个关系

财政支出绩效管理追求的最终目标是社会福利的最大化。其支出绩效的评价方法上，既反映为定量的经济效益，又反映为定性的社会效益和政治效益。在投入产出的分析计算上，也不仅限于直接的、有形的和现实的指标，而且还要对间接的、无形的、预期的投入与产出指标进行计算和分析。所以它有异于某个企业等级微观经济组织的绩效管理，应该着重处理好以下几个关系：

（一）全局性与局部性的关系

财政支出内容非常广泛，涉及意识形态、经济基础、城乡建设、司法行政、生态环境、科技创新、文化教育、医疗卫生等社会发展的多个领域，决定了其绩效的表现的差异性和多样性特征。经济效益和社会效益、直接效益和间接效益、整体效益和局部效益、短期效益和长期效益互相交织、互相结合，所追求的效益也各有侧重。如果想实现对财政支出绩效的有效管理，就必须处理好全局性与局部性的关系，客观公正地全面衡量、分门别类地综合分析，从多种效益的相互结合中找到实现社会福利最大化目标的综合绩效结果。

（二）统一性和差异性的关系

财政支出绩效管理的方法，在国际上流行的有“逻辑框架”“有无对比”“前后对比”“成功度”等多种方法，每个方法都有其固定的数学模型框架，都有严格的分析标准、指标输入和管理程序。考虑到广平县财政支出绩效的表现形式和多样化特点，在推行绩效管理时，必须设计和规定一套统一的管理框架；建立统一的财政支出绩效管理体系；制定出

规范统一的评价标准和管理程序，基于统一的管理平台，结合各个地区的差别性，通过个别指标的调整来处理好统一性和差异性的关系，充分发挥管理框架的功能特性，以保障绩效管理和评价的准确性。

（三）定量分析和定性分析的关系

定量分析就是“以数据说话”，对一系列反映财政支出效益的客观数据，运用统一的计算方法，进行分析和评定；定性分析则是对财政支出产生的社会效益、政治影响、外溢效益和公众的满意度进行主观评判。在进行财政支出的绩效管理时，要处理好定量分析和定性分析的关系，采用定量计算和定性分析的有机结合，避免单纯使用定量或定性的方法所带来的有失客观公正的影响。

（四）眼前效益与长远效益的关系

有的领导急功近利，大搞政绩工程，如河北省前些年在城市建设方面大力推动“三年大变样”，口号是“大拆促大建，大建促大变，三年大变样”。于是乎，城中村、老城区成为大拆大建的重点。开发商高息贷款导致民间集资的空前猖獗，2014年秋季，由于资金链的突然断裂，一大批楼盘停建，成为拖延至今的烂尾工程。以上情况在广平县也不同程度的存在，不仅极大地影响了城市形象，而且使许多搬迁户无家可归；参与集资的家庭血本无归，极大地伤害了老百姓的心，也降低了政府在人民群众心中的公信力。所以，财政支出的绩效就是处理好眼前效益与长远效益的关系，搞好城市基础设施建设，循序渐进地实现财政支出绩效。

三、财政支出绩效管理的建议

针对如何推行和搞好财政支出的绩效管理，提出如下建议：

（一）科学界定财政支出的近期和长远目标

财政支出绩效管理要目标明确。财政部门要根据财政支出的特点，科学界定出财政支出的列报范围。突出有关民生的财政支出，把“五有”“三农”、文化传媒等人民群众可以切身感受的财政直接支出列为近期管理目标。把生态治理、环境保护、城市基础设施建设改造、公共交通和物流运输等与人民群众物质文化生活密切相关的财政支出项目作为长远目标。

（二）优化重点项目财政支出结构

财政支出绩效管理要讲求经济效益。重点项目是社会发展进步和人民生活水平提高的重要支撑，也是经济效益的重要来源。在市场经济条件下，市场机制对资源配置起基础性作用，财政部门要按照构建公共财政体系的要求，优化重点项目的建设和投入使用。

（三）强化财政支出的民生服务职能

财政支出绩效管理要在民生项目上倾注力量，合理看待财政民生支出的占比和增长。

加大文化教育、社会保险、医疗保健、生态环保、安置就业等民生支出，促进全民素质的提高和社会风气的转好，提高社会劳动生产率。

（四）注重生态环境支出的潜性绩效

财政用于整治国土、改良土壤、防止水土流失；治理大气污染、消除雾霾、化雪除冰；保护古籍、开发旅游景点、兴建街区公园；保护野生动植物、恢复自然界的生态平衡等有利于改善人类生存环境的项目，是一种非货币化的长远或者潜性效益。是不能用近期的绩效来评价和考核的。但是，用财政支出为子孙后代留下青山绿水，则功在当代，利在千秋。

财政支出的严格管理，事关从严治党、依法治国和“四个全面”战略的协调推进、事关经济社会的良性协调和可持续发展、事关最广大人民群众的根本利益、事关“两个一百年”和中国梦的奋斗目标的实现。从广平县层面来讲，事关“打造开放广平，建设幸福鹅城”的进展速度和成功与否，这就要求我们要从制度创新入手，通过财政支出的绩效管理，积极整合财力资源，用好用足财政投资的每一分钱，集中财力办实事，不断增加财政支出绩效管理的客观性、科学性和透明度，力求在经济绩效、社会绩效、生态绩效和政治绩效方面获得超值回报。

（广平县财政局　王书华　邵希运　尹运峰　周瑞红　李娅娟）

如何有效防范评审风险

2016 年度河北省财政科研课题成果三等奖

由于财政投资评审工作还处于探索发展阶段，一些潜在风险正在转变为现实压力，使财政投资评审工作面临更大的挑战。风险控制是评审工作组织管理环节中的一项重要内容，如何在实际工作中既充分发挥好评审职能，又有效规避风险，已成为当前财政投资评审工作亟待解决的重大课题。为此，我们通过组织研讨会、深入市县两级评审机构调研等形式，了解财政投资评审机构的风险来源、形成原因、防范措施等情况，在深入调查的基础上，认真分析当前河北省财政投资评审风险防范工作中存在的共性问题，并围绕财政投资评审风险控制有针对性的提建议、定措施，力求形成职责清晰、运转高效的评审工作机制，有效防控评审风险，切实发挥财政投资评审职能作用。

一、河北省各级评审机构风险防控工作的现状（经验做法）

近年来，河北省各级财政投资评审机构按照加强财政评审风险防控工作的有关要求，结合工作实际，积极开展评审风险防范工作，通过查找风险环节、分析风险要素、建立防控措施等途径，逐步探索建立评审风险防控机制，在促进财政投资评审科学化精细化管理方面取得了一定的成效。

（一）抓制度建设，形成较为完善规范的财政投资评审制度体系

各级评审机构都十分重视制度建设，根据各自工作实际，制定了诸如：评审工作管理办法、稽核管理办法、质量控制办法、内部操作规程、廉洁自律准则等规章制度，力求通过制度建设，规范评审工作程序，减少人为因素干扰评审结果，使评审的整个过程、每个环节都有明确的标准、要求，确保财政投资评审的各项活动有法可依、有章可循。突出实用性和可操作性，着力建立规范有序、公开透明的评审运行机制，有效的控制评审风险，保证评审结果的公开、公平、公正。其主要特点是：

1. 明确各方主体责任。对财政部门、建设单位的责任进行重新界定。围绕厘清项目主管单位、建设单位、中介机构等评审参与方的责任，尤其是对充分发挥项目主管单位和建设单位的主体责任做出明确规定，着力建立权责明晰、配套完善的责任约束机制；如“财政部门负责组织实施评审工作，出具评审报告；建设单位负责组织进行设计前的现场勘查、编制项目预算以及在规定时间内向评审机构提供评审所需的相关资料，并对所提供

资料的真实性、完整性、合法性、准确性负责。”通过对各方责任的进一步明确，避免个别建设单位将建设项目风险转嫁到评审环节，增加评审难度。

2. 加强对变更签证的管理。第一，严格控制工程变更。要求建设项目严格按照批准的设计文件、施工图纸进行施工。对擅自扩大投资规模，提高建设标准，由此形成的增量造价，在竣工决算评审时不予认可，资金由建设单位自筹解决；同时上报同级政府，追究当事人的责任。第二，严格履行变更审批手续。项目在实施过程中，属客观原因确需变更的，按照“先审批，后变更评审”的原则，由建设单位或建设单位主管部门及时向同级政府提交变更申请（包括变更的详细原因、变更方案以及涉及的资金额度、对总投资的影响程度等），经政府同意后，方可向财政申请变更预算评审。同时，变更项目需调整概算的，应按规定程序履行相关审批手续，未履行申报程序的，不予开展评审工作。

3. 制定标准化工作文件。针对评审中容易出现问题和风险的关键环节，如补充资料环节、现场踏勘环节、交换意见环节、分歧问题的处理环节分别制定严格的工作流程规范，确保关键环节工作不随意；对存在重大争议事项，采取评审协调会、主任办公会、专家评审会等必要的工作程序，建立科学的评审决策机制。

4. 实行重大项目回访制度。坚持定期回访与随时回访相结合，对已评审完的重大项目，随机抽取项目对建设单位回访，了解评审人员是否按规定程序进行评审，交换意见是否充分，廉洁自律情况等，努力营造一个清正廉洁的评审环境。

（二）抓委托监管，促进社会中介机构提供更加优质高效的服务

近年来，随着评审业务的不断增加，各级评审机构工作负荷越来越大，人员和工作量的矛盾越发突出，因此很多地方都采取了政府购买服务的方式，利用社会中介机构从事财政投资评审业务。而中介机构聘用、管控评审质量、规避评审风险，一直是委托评审方式面临的风险点。调研中发现，各地在使用中介机构参与评审业务时，均比较注重对中介机构的监督管理。

1. 优化中介机构选取分配制度。通过以公开招标方式择优建立中介机构资格入围库，涉及财政委托中介相关服务业务，均通过评审管理机构以抽取、竞价等方式实施委托择优选定机构，并明确付费和考核责罚标准，促进了购买中介机构服务的制度化、规范化。

2. 优化评审质量管控制度。一方面提升评审监管水平，强化技术力量，借调行业专家参与评审结论的审核；另一方面是通过多年积累建立评审指标数据库，进行相关数据指标对比分析和查验，以减少评审失误问题。

3. 优化中介机构业务考核制度。采取单项考核与综合考核等方式，强化对中介评审项目的质量考核，对机构人员素质、效率与质量评价，动态考核管理，并将考核结果与评审付费挂钩，对成绩突出的中介机构在项目安排上予以优先考虑，最大限度的激励中介机构提高评审能力和水平的积极性。

4. 优化评审项目付费制度。结合市场情况，通过基本付费及追加审减付费方式，调动机构评审积极性。同时，在评审付费保障方面，由本级财政预算安排专项经费，保障了评审工作顺利开展。

（三）抓队伍建设，通过加强业务学习和廉政教育提升能力素质

各地区在抓队伍建设上不尽相同、各有特色，如承德市采取举办培训班、外派学习、组织专题研讨、经验交流等多种方式的培训，使评审人员能够不断拓展工作思路，更好的熟悉业务知识和政策法规，熟练掌握新的政策措施，廉洁自律，适应评审业务发展的需要。唐山市为使全体评审人员在工作中既有尽责之心，又有履职之力，坚持开展“基本理论、基本业务、基本技能”三项基本功训练，提高评审人员综合素质，营造勤廉兼优、优质高效的评审环境。第一，业务素质提升经常抓，抓经常。坚持每月开办一次“评审讲堂”，把评审工作中遇到的难点问题作为教材，大家既当老师又当学生，各抒已见，实现评审业务人人讲。第二，组织编写投资评审工具书。先后编写了《唐山市财政投资评审中心制度汇编》、《财政投资评审指南》和《财政投资评审案例》等。第三，坚持“一岗双责”。在抓好评审工作的同时抓好廉政建设，定期开展勤政廉政教育、责任意识教育、爱岗敬业教育等，培养讲廉洁、树正气的工作作风。石家庄市坚持学习教育和业务培训。每月制定学习计划，每周五下午安排不低于一小时的学习时间，组织评审中心和中介机构人员进行政治理论学习和评审业务培训，引导大家进一步坚定理想信念，进一步统一思想、形成共识，进一步讲政治、重品行、塑形象。同时开展教育整顿。通过改进工作作风、提高服务质量承诺公示活动，组织中介机构和工作人员签订廉洁自律承诺书，引导评审人员算好“三笔账”，一要算“经济账”，二要算“法纪账”，三要算“良心账”。警醒大家倍加珍惜现有的评审工作岗位，知足节欲、知荣明耻、知恩图报，为防范评审风险奠定思想基础。

二、评审风险防控方面存在的共性问题

通过调研，我们发现各级评审机构面对的风险情况虽各有特点，但也存在以下几个方面的共性问题：

（一）评审业务类风险

1. 基建项目程序风险。一个建设项目从决策立项、勘察设计、招投标、工程施工到竣工验收的全过程中，根据基本建设的客观规律和工程特点，各项工作应该一环扣一环，紧密联系。但现实中有的项目单位为赶进度、树形象，不同程度存在着可行性研究深度不够、外部配套条件不落实、方案不够优化等问题，甚至存在边设计边施工现象，为工程变更和投资控制留下隐患，增加了评审风险。

2. 部门送审资料风险。财政评审涉及的项目资料很多，由于有关各方主观意愿或客观原因等因素影响，面临着送审资料真实性、合法性、完备性和时效性等各种风险。

3. 评审时效性风险。根据《预算法》支出进度方面相关要求和现行评审管理制度规定，工作任务急剧增加和评审机构人员配置不相适应的矛盾逐步显现，长时间大批量的评审任务延压，可能会影响项目建设后续环节的工作，招致相关部门的抱怨和不满，一旦影响支出进度，还将面临法律的惩罚。

4. 材料价格不透明。材料价格受时间、地域、规模档次、生产厂家等因素的影响，价格弹性区间较大，水分较多且价格市场不透明，造成财政投资项目询价定价困难。如某些特殊工程建设项目中，其采购的材料设备均为专用设备，市场可询价范围小，全国能生产的公司不过两三家，且其生产厂家对产品价格形成一定的价格保护，这就导致其询价、定价困难。

（二）评审从业人员风险

1. 评审人员技能风险。评审人员由于缺乏相应知识、工作经验不足而造成错误或者主观失误所承担的风险。造价从业人员受制于专业背景、案例经验等局限，并非都能完全胜任各种类型项目的评审任务，而且对于不同行业、类型和用途的项目，在规模、功能和建设标准等方面有限性规定的，还需要熟悉国家投资政策和行业文件，形成技术和政策双重风险。

2. 从业人员职业道德风险。从业人员工作责任心不强，自律意识淡薄，职业道德水准不高，对应该审减的事项不核减或少核减，应该揭示的问题隐瞒不报，评审中介机构或专家的道德风险会传导给作为委托人和管理者的财政部门形成评审质量隐患和工作风险。

（三）中介机构监管风险

虽然各地评审机构都从制度和程序上对中介机构管理进行了规范，但是作为评审从业人员，中介机构从业人员的职业道德风险要明显高于评审机构内部人员。由于付费办法一般都与审减金额有一定的勾稽关系，而中介机构本质上是为了“赚钱”，他们并不关心是否节约了财政资金，也不关心给出的评审金额是否可以保障工程顺利完成，即便评审机构作为监管部门完善了结果评价机制，也不能确保中介机构是否存在私下串通被评审单位，通过补充资料，出具说明等方式，在合理范围内提高评审金额，事后“吃回扣”现象时有发生。

三、财政投资评审风险的后果和影响

如果不注重控制投资评审风险，一旦潜在风险爆发，会造成十分严重的后果：

（一）造成建设项目投资失控

财政投资评审的重点是投资控制，一旦把关不严或者疏于管理，造成投资增加，都有可能加重财政负担甚至演变成部门和政府的债务风险。

（二）误导财政管理投资决策

财政投资评审报告作为预算控制、工程招标、款项拨付、办理财务决算的依据，如果质量不高，会误导和影响财政资金的分配和管理，甚至干扰区政府和部门领导的投资决策。

（三）滋生腐败损害评审公信力

没有约束的权力容易滋生腐败，财政投资评审本身就是对建设单位投资管理工作的外部监督和约束，必须保持工作的客观性和独立性，如果在评审中发生权力寻租，搞权钱交易，评审质量就难以保证，将损害财政部门形象和投资评审的社会公信力。

（四）引起法律诉讼和经济赔偿

由于评审人员的故意或过失影响了评审结论的准确性，给建设单位、施工单位等相关利益方造成直接经济损失和社会声誉损害的，会面临民事诉讼、行政处罚、经济赔偿等法律后果，触犯刑律构成犯罪的，还将被追究刑事责任。

因此，我们一定要加强投资评审风险防控意识，扎紧制度“笼子”，把评审风险约束在可控范围内，确保其不引发系统性风险。

四、对评审风险防控工作的建议

（一）加强内部业务监管，促进投资评审稽核工作

建立事前、事中、事后全过程稽核机制，及时纠偏、纠错。重点抓三个环节，一是事前稽核。重点审查送审资料，评价是否具备评审条件；二是事中稽核。参与主审工程师的现场踏勘、交换意见等关键环节，对主审工程师提出的审减（增）事项进行“数量复核”和“定性复核”；三是事后稽核。对评审结果全面复核，重大项目必要时聘请第三方监督、复核，对评审中出现的问题及时纠偏，确保评审结论的真实、准确。

（二）增进工作交流沟通，赢得被评审单位的理解

评审工作中，由于被审单位自我保护造成的障碍，既增加评审工作风险又增加成本，化解和降低工作中的障碍带来的风险将贯穿于评审工作的始终。评审中指出被审单位管理中的问题、核减投资额，被审单位不可能愉快接受，需要有诉说和解释的渠道。具体做法：第一，从收集资料开始，步步为营，分步盖章确认，尤其是工程财务决算评审，量、价分别盖章确认，掌握足够资料，倒逼被审单位不得不认可评审结论。第二，对于被审单位要求在评审报告中反映他们的意见时，属于原则问题不能让步，单位的实际困难要反映。合理合规要认定，合理不合规要说明。说明的目的是为日后决策部门政策修订提供依据。实现评审工作成果满足度的最大化，不仅能够满足决策部门的需要，同时也能提高社会认可度，处理好各种利益关系，有效减少障碍。第三，对于批量项目，同一类问题，必须按同类处理意见处理该类项目。被审单位对评审结论往往会互相通气，如处理意见不一样，被审单位会质疑，而且可能会反映给决策部门造成评审工作的被动。

（三）切实用好评审结果，健全评审结果应用机制

可以说，评审结果的应用，是评审工作的生命力所在。当前，从全国范围看，财政评

审结果应用机制还不健全，评审结果缺乏权威性和强制性，亟须健全财政评审结果的应用机制。在预算评审中，如果能够切实按照评审结果调减部门预算，对于预算执行的刚性是一种有效地加强。同时也可以促进部门在编制预算时，更深入地了解市场行情，对编制预算的精细化、合理化，增加预算编制的绩效性也有促进作用。

（四）提升信息管理水平，促进评审信息全面公开

基层财政投资评审机构要加强信息化建设，提高投资评审信息化程度，目的是以过程管理为核心，对评审过程中的每一个环节留痕，利用现代化信息手段实现管理流程标准化、档案存储电子化、价格采集透明化，全面提升投资评审组织管理水平。通过信息管理水平的提升，逐步实现评审信息“三公开”，以公开促公平保公正。

1. 实现财政部门内部信息公开。可以实时跟踪评审项目进展，全面记录项目评审结果和运用情况，及时了解项目评审情况，将评审结果作为安排预算的重要依据。

2. 实现评审价格信息公开。通过建立材料设备价格信息库，方便评审人员检索查阅相关价格信息，并上传项目询价信息，可以对历史评审材料价格进行追溯，为考核评审质量提供可靠的数据支撑。

3. 推进评审信息向社会公开。可以统计、汇总评审规章制度、评审项目资料等信息，通过权限设置、数据分类采集等手段，逐步实现评审信息向社会全面公开。

（五）推进评审队伍建设，防止评审廉政风险发生

加强党风廉政建设，制订切实可行的廉政制度和措施，实行廉政建设一票否决制，建立一支务实高效、廉洁自律的评审队伍。评审人员在评审工作中是最为直接的风险接触者，要牢固树立为人民服务的理念，时刻谨记“权为民用”的宗旨，严格执行相关廉政建设方面的制度规定，正确行使职责权利，做到严于律己，克己奉公。要不断完善操作规程，从制约措施上防止廉政风险的发生。第一，要完善相关工作制度，建立健全内部监督机制，积极推行财政投资评审相关机制和项目库建设，建立健全综合考核考评制度。第二，定期补充完善内部操作规范，保证各项财政投资评审活动有规可依、有章可循。第三，要建立健全评审项目专题决策机制，做到阳光评审，使评审结论经得起验证。第四，要加强与被评审单位、有关部门的沟通配合，了解评审人员的工作态度和服务水平，营造一个风清气正、清正廉洁的评审环境。

（河北省财政投资评审中心　王占虎　牛凌云　贾牧霖　秦臻）

如何切实强化绩效监督评价研究

2016 年度河北省财政科研课题成果三等奖

《预算法》（2014 年修订案）第十二条规定：各级预算应当遵循统筹兼顾、勤俭节约、量力而行、讲求绩效和收支平衡的原则。第五十一条规定：政府各部门、各单位应当对预算支出情况开展绩效评价。首次以法律形式明确了绩效管理和绩效评价的地位和作用。绩效监督评价是指财政部门和预算部门根据设定的绩效目标，运用科学合理的绩效监督评价指标、评价标准和评价方法，对部门预算为实现其职能所确定的绩效目标的实现程度，以及为实现这一目标所安排预算的执行结果，即财政的经济性、效率性和效益性进行的综合、客观、公正的评价，从而提出进一步提高资金安全和效益的建议和方法，将绩效评价结果作为财政资金分配的重要依据。财政绩效监督评价贯穿于财政安排和实施的全过程，是对财政效益、管理水平、投入风险等方面的综合评价，是发挥财政调控功能、提高财政资金安排科学性、促进财政社会经济目标实现的重要保证，已经成为财政管理体制的重要组成部分。切实强化财政绩效监督研究，化解当前地方财政困境，提高财政管理效率、资金使用效益和公共财政服务水平，成为摆在财政部门面前的一个现实课题。

一、强化绩效监督评价研究的现实意义

强化绩效监督评价研究，源于当前绩效监督工作的重要性和紧迫性，是为了解决财政监督管理领域中的实际问题。

（一）转变公共财政职能的需要

公共财政是国家为市场经济提供公共服务而进行的政府分配行为，其收支活动主要通过公共财政预算来体现。今后财政资金使用重点放在公共事业领域，如社会事业发展、基础设施、社会保障等方面，因此，财政资金的使用必须符合政府公共管理的要求，符合人民群众的利益，在实际运行过程中，以高效的方式进行分配和利用。对财政资金进行绩效监督评价，可以及时有效改变财政资金使用过程中出现的不良现象，提高财政支出分配与使用情况透明度，较好地控制资金支出，提高财政管理水平；可以了解单位预算编制是否科学、合理，预算执行是否符合规定，及时发现问题，采取措施，避免或减少实际工作中可能出现的偏差；可以反映单位财务活动是否认真执行财务制度和财经纪律，有无违法违纪行为，促进单位财务管理工作健康、有序地开展。积极研究财政绩效监督评价，有利于

优化公共财政资源配置，提高财政资金的使用效益，用有限的财力最大限度地满足公共管理需要，解决好事关人民群众切身利益的根本问题。

（二）提高财政资金使用效益的需要

财政资金特别是财政专项资金用于项目建设，是引导社会资源有效配置的重要手段，其投入的科学性和合理性，直接关系到财政在经济社会发展中的作用，客观上需要一套科学规范的评价体系来衡量财政资金的使用效益，即绩效监督评价，通过强化财政绩效监督评价的研究，确保对财政专项资金的经济性、效率性和有效性进行科学评价，不仅可以提高项目本身的绩效和配置效率，还可以促进部门和单位树立使用财政资金的绩效理念，强化财政资金的使用效益，从而使财政资金更好地发挥“四两拨千斤”的作用，优化社会资源的合理配置。

（三）深化财政改革的需要

随着我国社会主义市场经济体制的不断完善，在各级财政部门积极推进部门预算、国库集中支付、政府采购和收支两条线改革逐步深化的背景下，各方面对财政预算编制、执行和财政决算的科学性、合理性和公开性要求越来越高的情况下，积极开展财政绩效监督研究，对资金投入的具体效益进行分析和评估，不只是盯着完成了什么工作，工作量是多少，而更多的是关注其效果如何，从而使财政改革从形式上进一步推向实质，有助于从制度上遏制政绩工程和短期行为的发生，避免决策失误、管理不科学等造成的重大经济损失和浪费，从而有效提升和检验财政管理水平与财政改革成效。

（四）补充合规性监督的需要

长期以来，财政监督侧重财务合规性检查，忽视对绩效的监督，对资金的分配效果、资金使用率以及产出结果缺乏监督和考核，存在预算约束软化、项目投资失控、资金运行效率低下等问题，造成大量低效和无效投资。一些盲目投资，低绩效投资所带来的损失，一定程度上比财务违规造成的损失大得多。所有这些急需引入绩效监督评价理念，强化绩效监督评价研究，可以更加敏锐而不是机械地去监督财政支出状况。

二、当前绩效监督评价存在问题探析

党中央、国务院高度重视绩效监督工作，多次强调要深化预算制度改革，加强预算绩效管理，提高预算资金的使用效益和政府工作效率，党的十六届三中全会提出建立预算绩效评价体系，2009 年 6 月下发了《财政支出绩效评价管理暂行办法》（财预〔2009〕76 号），并于 2011 年 4 月，对 76 号文件进行了修订，下发《财政支出绩效评价管理暂行办法》（财预〔2011〕285 号），2011 年 7 月出台《关于推进预算绩效管理的指导意见》（财预〔2011〕416 号），2011 年 8 月出台《绩效评价工作考核暂行办法》（财预〔2011〕433 号）。近年来，各级财政部门和预算单位按照党中央、国务院的要求和部署，积极研究探索预算绩效管理工作，开展预算支出绩效评价试点，取得积极进展。但从总体上看，我国的预算绩效管理工作仍处于起步阶段，绩效监督环境基础还不完善，制度建设相对滞后，与党中央、国务院对加强预算绩效管理的要求，以及与发达国家成熟实践相比，还有一定的差距。切实加强绩效监督评价研究，分析当前绩效监督评价工作中存在的问题，从而积极探索行之有效的绩效评价方式方法，努力推进绩效监督评价深入发展显得格外重要。

（一）绩效监督评价的理念还需进一步确立

传统的观念限制思维的创新，长期以来，合规性财政监督检查开展的历史相对较长，已有一套相对成熟的操作体系，而绩效监督评价起步较晚，在国际上也只有几十年的历史，各级都普遍缺乏绩效监督的实践经验。部分部门和单位对绩效评价工作的重要性和意义没有引起足够的重视，还没有形成绩效评价的理念，在财政资金分配和使用过程中，存在“重安排、轻管理、重使用、轻绩效”等问题。部分单位还存在着“会哭的孩子有奶喝”的习惯性思维，有很多项目没有按照时间进度开展项目的实施，部分项目资金没有严格按照规定的用途使用。

（二）绩效监督评价标准难以规范

绩效标准是管理部门或检查人员对实际效果进行衡量和评价的基础，绩效监督评价指标是衡量被监督单位或项目绩效高低的尺度。而政府财政资金投入的目标趋于多元化，很多内容难以量化，导致绩效指标和标准很难设定，即使设定了又由于具体项目的多样性而操作性不强，如何从科学角度，综合考虑经济发展水平、专业技术、理念认知和主观决策等因素的限制，建立一套科学、系统和完整的绩效监督指标体系和评价标准，综合评价财政资金使用的经济效益、社会效益、环境效益等绩效情况，是财政监督评价研究的重要内容。

（三）财政绩效监督评价质量有待提高

实施绩效监督评价与其他检查工作一样，必须在检查、调查取证的基础上，进行项目绩效分析和评价。但在具体的绩效监督评价实践中，被监督单位往往因为绩效理念树得不牢，自评工作流于形式，资料往往不齐全，绩效问题界定不清等问题，造成评价质量不是很高，分析评价的客观性、公正性，有赖于监督检查与被监督检查双方证据资料、数据的真实性和完整性，有赖于监督检查人员自身的知识水平、分析判断能力的提高，有赖于科学、完善的指标体系的建立。此外，缺乏绩效评价结果的应用和问责制度，绩效评价的质量制约了评价结果的应用，没有明确的结果应用方式，绩效评价结果仅仅停留在工作层面本身，部门和相关工作人员的责任意识得不到提升和强化，无法有效对预算单位绩效管理进行监督。

（四）绩效监督评价队伍有待加强

绩效监督工作涉及面广，具有较强的技术性和专业性，需要相关工作人员既熟悉财政方面的法规政策，有较强的综合分析能力，又要深入地掌握一定的宏观经济决策、经济管理以及与财政资金投入相关行业等方面的专业知识。目前大部分财政管理部门的人员尤其是财政监督人员虽然对财务会计实务知识了解较多，合规性监督检查业务比较熟悉，但是对绩效监督评价方面的理论基础薄弱，缺乏管理、生产技术等方面的专业知识，对绩效监督评价的理念较为陌生，部分人员的知识结构、专业素质、工作能力与开展绩效监督的要求还有很大差距。

三、切实强化绩效监督评价研究的思考

财政部《关于完善和推进地方部门预算改革的意见》明确要求各地探索建立预算绩效监督评价体系。由于绩效监督评价是一项全新工作，起步晚、难度大，还处于发展阶段，需要认真总结经验做法，加强理论研究，不断创新工作方法，努力推进财政绩效监督评价工作向深入发展。

（一）进一步强化绩效管理理念

随着经济社会快速发展，财政规模不断扩大，财政支出效益成为社会关注的焦点，财政管理部门应当结合工作实际，并借鉴国内外经验做法，研究制定出台一系列绩效监督评价制度机制，加强绩效评价理念宣传，提高被监督单位的绩效理念和支持配合力度，形成多方共同推进的合力，创造良好的外部环境，同时加强机构建设和人员培训，发挥各级财政部门和预算部门的能动性，将预算绩效评价结果与来年预算相结合，实现预算绩效评价结果的良好应用，从投入导向型向绩效导向型转变。

（二）合理构建和完善绩效评价指标

评价指标作为绩效监督标准，应当分层级、分行业地逐步建立。一是从责任、控制、发展来确定绩效指标，增强公共支出的责任性；二是把握好相关性，使绩效评价指标设计与被评价对象的绩效目标有直接联系，与部门战略规划相关，与设定目标优先顺序保持一致；三是要考虑可行性，设计的绩效评价指标要简便易行，突出可操作性，同时也要避免由于数据收集复杂或分布广泛而导致绩效评价成本过高；四是注重可比性，设计的绩效评价指标要体现对相同或类似评价对象的统一衡量，方便评价结果的相互比较，能突出评价对象的优劣并反映其原因所在；五是要考虑共性和个性的相互区别和统一，对于能确定的共同范围要界定清晰，不能一概而论的个性指标尽量给出一定的参考原则。

（三）加强绩效监督评价人员培训

主要包括三个方面：一是绩效预算方面的培训，绩效预算与绩效监督密不可分，绩效监督是为预算目标服务，从事绩效检查工作人员必须认识到这一实质，才能正确评价和妥善处理实施监督过程中遇到的问题；二是对实施绩效分析方法的培训，开展绩效监督的方法较多，如成本收益法、最小成本法、历史比较法等，实施人员要根据监督对象的具体情况及其所具备的条件，选择适宜的方法，完成绩效监督工作；三是对绩效监督报告的培训，由于此项工作还在探索的过程中，缺乏统一的规范，这就要求实施人员在检查前通过深入细致的研究，确定绩效监督报告中包括的内容、结构、格式等，力求完整、客观、公

正地反映被查单位的绩效水平。

（四）积极转化绩效监督评价成果

开展的绩效监督评价，要用于财政支出管理的工作实际，才能充分体现其价值所在，要应用激励和约束机制，对优良等级以上的评价项目，财政部门和业务主管部门应肯定其成果，推广和应用于预算编制与执行的实际工作。对优良等级以下的评价项目，应引起高度重视，对被评价单位予以一定制约，并在年度预算安排上从严控制。一是提炼综合性指标，作为连续性项目下一年度预算的绩效目标；二是积极迅速地将绩效监督成果反馈给相关管理者，加强项目预算动态调整；三是在下一年度安排对本年度绩效监督检查项目单位的跟踪回访，落实绩效责任；四是建立流动的宏观绩效分析模型，实现对财政支出绩效的即时监控，及时反映财政支出的效果和效益；五是对于普遍性的绩效问题，做到举一反三，在制度层面有效完善，提高财政支出的效率和效果。

（定州市财政局　贾玉姝　王学军　张军）

如何有效防范财政运行风险研究

2016 年度河北省财政科研课题成果三等奖

财政风险已经直接或间接的存在于各级财政运行之中，并引起中央和地方政府特别是财政部门的高度关注，如何防范和化解地方财政风险，是当前摆在政府和财政部门面前的一项十分紧迫的重大课题，作者从河北省临漳县出发，对地方财政风险的表现、成因进行分析，并提出解决财政风险问题的应对措施。

一、财政运行风险成因分析

（一）财政风险的基本状况

通过调查研究，目前地方财政风险主要包括财政收入风险、财政支出风险、债务风险等。

1. 财政收入风险——集中体现为收入结构单一，财政增长乏力，财政收入的不稳定性。主要表现在以下几个方面：

（1）受“农业型财政”的制约，县级财政发展后劲不足。邯郸市临漳县作为河北省农业大县，临漳县是个典型的农业大县、工业小县、财政弱县。2015 年临漳县总支出达到 20.8 亿元，其中来自上级的转移支付和各项补助为 11.89 亿元，占总支出的 57.2%；上级拨付的项目专款为 5.28 亿元，占总支出的 25.4%；来自县级收入提供的财力为 2.88 亿元，仅占总支出的 13.9%。

（2）财政收入占 GDP 的比重偏低，财政收入总量增长缓慢。

2. 财政支出风险——集中表现在财政负担较重，支出压力大，收支矛盾突出。临漳县 2015 年全县财政收入占 GDP 的比重为 4.18%，来自第二、第三产业的税收达到 3.81 亿元，占财政总收入的比重为 85%；税收占财政收入的比重、财政收入占 GDP 的比重都没有达到河北省的平均值。

3. 债务风险——集中表现在债务负担逐年增多，偿债能力较差，从而引发财政风险。截至 2015 年年底，临漳县财政直接债务有 2.74 亿元。其中，农金会举债 1661 万元、世行贷款 533 万元、农发资金借款 371 万元。目前处于偿债高峰期，还款压力很大。

（二）地方财政风险的成因分析

财政风险既是一种经济风险，也是一种政治风险；既是历史遗留问题，也是现实问题。财政风险的成因是多方面的，是政策、体制、机制、管理等缺陷的综合性产物。临漳县为农业大县，工业基础薄弱，第二、第三产业比重低，财政缺乏稳固的财源基础；支柱性骨干企业不多。全县财源支撑点相对较少，2015年纳税额在百万元以上的企业仅有47家，年上缴税金25275万元；年纳税额在50—100万元的企业只有51家，年上缴税金3428万元；新上项目对财政的贡献还未充分显现。尽管近年来临漳县把增加财力的着眼点放在上项目、求发展上，先后引进建设了邯钢后延加工、五粮液集团等一大批项目，但上述项目有的正在试生产，有的正在建设，对财政的贡献还没有完全到位；财政刚性支出增长较快。近几年来，公教人员政策性增支较快，社会保障、民生工程、“三农”、教育、医疗卫生等投入力度加大，进一步加剧了收支矛盾。具体分析包括：

1. 政策因素。

第一，减收增支政策多。近年来，国家出台一系列改革政策，如村级一事一议、美丽乡村建设等，虽然上级有一定的转移支付资金，但县乡依然无法弥补支出缺口；为落实积极财政政策，扩大内需，中央又相继出台了减免国家重点项目的耕地占用税、农机具补贴、良种补贴等；多次调整工资，实行职务与职级并行、发放乡镇补助；义务教育化、美丽乡村建设等使各级财政背上了财政包袱，形成了较大的资金缺口。第二，法定支出政策多。当前，教育、科技、农业等方面的法律和卫生、环保、文化宣传等方面的规章，都就其支出安排对财政做了限定性规定，支出增长要求达到一定比例或者高于财政收入增幅，而没有同《预算法》对财政平衡的规定相衔接。有些地方“法定支出”与可用财力的比例已超过100%。第三，资金配套政策多。世界银行贷款项目、农业综合开发项目等要求地方财政按比例进行资金配套。这些项目大部分只有社会效益，没有经济效益，资金回收异常困难，财政不得不借新债还老债。据初步统计，每年每县财政政策性配套支出需要一亿元。

2. 体制因素。

突出的表现是财政与事权不对称，财力向本级集中，支出缺口向下转移，县乡作为基层政权，承担大量的事务，财权却显得相对单薄。第一，上级集中财力过多。当前“保上紧下”的思想严重，在财力分配上存在“层层往上集中”的局面。收入多、增长潜力大的税种全部或高比例地上缴，如营改增后，中央收入分享75%，省级分享50%，县级分享省级返还的35%，收入大头被上级拿走，使地方财力增长较为困难。第二，负担下移过重。目前，县乡政府需要承担义务教育、公共卫生、基础设施、社会治安、环境保护、行政管理等诸多责任，许多还是主要责任和“无限”责任，且下放的职能和责任通常是刚性强、支出大、经常性的事项，对县乡财政来说无异于雪上加霜。

3. 机制因素。

第一，干部任免机制缺陷。当前，乡镇党政领导人事任免、升迁变动过于频繁，一些干部为了提拔调动，不惜大上政绩工程、形象工程，不切实际地举债搞建设，或者把本来吃饭用的资金用于搞建设，短期行为非常突出。第二，决策机制缺陷。决策缺乏科学有力的约束、规范，往往导致财政负担加重，诱发财政风险。

4. 管理因素。

第一，债务管理不力。债务的分散、交叉管理比较突出，谁都在管，谁都没有管住，缺乏统一的协调管理和有效的责任约束，最终导致偿债责任人缺失。第二，预算约束不严。依法理财意识淡薄，财政财务管理制度不健全，支出程序控制不严，资金使用上随意性大。同时，财政包揽过多，供给范围宽泛，加重了财政负担。第三，项目投向不准。如公益性、社会性项目只有社会效益而很少有经济效益，债务偿还缺乏有效来源。

二、防范和化解财政风险的对策建议

财政风险已经不仅仅停留在理论的层面，而且是现实的存在。地方政府和财政部门特别是各级领导同志，必须充分认识财政风险的危害性和防范财政风险的重要性，树立危机意识和忧患意识，针对本地实际，加紧研究制定和组织实施防范化解财政风险的有效措施，坚决消除风险隐患。

（一）坚持工业立县不动摇，持续加大项目建设力度，大力度培植财源

在2016年实行“统收统支加激励”财政体制的基础上，进一步充分调动各级上项目的积极性；加大对现有产业和企业的扶持力度，培植骨干企业和支柱产业；坚持开放总揽，持续加大招商引资力度，做好无中生有文章；充分发挥财税体制、政策、资金的调控作用，对照上级政策要求，进一步完善财政贴息、担保、奖励、补助等扶持措施，推进重大项目建设；在项目安排上，突出抓好能够为财政做贡献的工业性项目，优化经济结构，努力培植稳固的财源基础。

（二）加大招商引资力度，大力争取上级资金，缓解县级支出压力

深入研究上级政策，及时捕捉信息，谋划筛选符合上级政策资金投向和具有发展前景的大项目、好项目，充实和完善项目库，夯实基础，随时对接，努力争取上级更多的资金支持；发挥河北省财政直管县体制效应，抓住机遇，强化联系，多汇报临漳县工作，争取得到河北省财政更大支持，缓解财政困难局面。同时要引进如交通运输、金融保险等投资小、见效快的项目，努力培植财源，增加财政收入。

（三）加大组织财税收入力度，杜绝跑冒漏滴，努力做到应收尽收

建议临漳县政府对现有生产企业税收情况进行全面督导检查，贯彻“加强征管、堵塞漏洞、惩治腐败、清缴欠税”的方针，依法治税管费，强化部门协作，加强经济运行和收入预测分析，切实做好财税收入组织工作；完善税源动态监控机制和财税收入激励机制，积极推进综合治税，进一步强化征管责任，切实搞好全行业调查监控和全税种征管清理，提高税收及非税收入征管质量和效率，挖掘增收潜力，确保征收到位。

（四）优化支出结构，严格预算执行，突出保障临漳县各项重点支出

坚持依法理财和过紧日子思想，严格按照人大批准的年度预算，严把预算关口、严控经费支出、严压专项支出，以保证紧迫的必保支出需要；坚持厉行节约，勤俭办一切事业，进一步优化支出结构，加强财力调配，强化资金调度，下力控制和压缩一般性支出，

集中财力确保临漳县重点支出需要，保工资和津补贴发放、保正常运转、保社会稳定、保法定支出增长，更好地服务经济社会发展。

（五）相关建议

第一，建议减少县级资金配套比例。2012—2014 年，临漳县共实施涉农项目 116 个，总投资 4.92 亿元，除中央和省级下达资金外，需要县级配套资金分别为：1684 万元、2139 万元、2632 万元。随着投资额度不断加大，需要县级财政配套资金也在加大。由于临漳县是财政困难县，2014 年财政总收入完成 3.93 亿元，地方财政收入 2.6 亿元。据测算，养老金并轨、职务职级并行、乡镇人员工资提标等调资政策，临漳县每年需新增支出 2.6 亿元，其中省级补助 8500 万元，县级财力需配套 1.75 亿元左右，但临漳县每年财政收入增长有限，根本满足不了各项增支需要，这也严重制约了涉农工程项目的顺利推进。因此，建议省厅减少民生工程项目建设县级资金配套比例。

第二，建议加大政府公益性债务化解力度。中央出台的地方存量债务置换债券政策是按市场化原则在银行发行，并鼓励符合条件的机构投资者和个人购买的。但临漳县政府财政性债务大都是工程建设和公益投入欠款，因此，建议省厅在政府投资公益性项目方面，进一步加大投入资金倾斜力度，缓解财政困难县压力。

第三，建议健全资金分配管理机制，解决财政有限资金监管，责任无限大的问题。随着当前对各类财政资金的监管愈发严格，一方面是强调财政监督责任的重要，另一方面赋予财政部门的知情权、决策权不到位，这就形成了财政监督的责权不相匹配。因此，建议省厅进一步明确财政与部门之间资金拨付与使用责任，解决财政有限资金监管，责任无限大的问题。

（临漳县财政局　刘志勇）

县乡财政问题研究——以河北省鸡泽县为例

2016 年度河北省财政科研课题成果三等奖

1994 年实行分税制改革，分级财政管理体制初步理顺了中央与省级之间的财力分配关系，上级集中的财力相对较多，中央财政调控能力明显增强。但同时出现许多地方县乡财政困难现象，财政收支矛盾尖锐，政府债务负担沉重，财政风险膨胀，这不仅影响了县乡协调发展，而且严重影响了地方的社会稳定和政府权威。1994 年分税制改革后，县乡财政困难成为一个普遍性问题。近两年，在全国经济下行的大背景下，鸡泽县工业企业和房地产行业税收减收较为明显，再加上“营改增”等结构性减税，使本就拮据的县乡财政更是雪上加霜。而且，新修订《预算法》的实施，限制了地方举债，县乡财政遇到前所未有的困境。因此，当前县乡财政困难是一个有关政基稳定的问题，是一个各级政府都需要高度重视的问题，是一个迫切需要解决的问题。

一、县乡财政困难现状

鸡泽县位于河北省南部，邯郸市东北部，辖 3 镇 4 乡，169 个行政村，全县总面积 337 平方千米，东西距 21 千米，南北距 23 千米，人口 29. 7 万人，其中农业人口 23. 8 万人。多年来一直靠政策性补贴过日子，2011 年成为河北省扶贫开发重点县，2015 年脱贫出列。

（一）收入总量小，结构不合理

1. 财政规模小。1994 年，国家实行分税制改革，税收成为国家财政收入的主要形式，鸡泽县财政增长速度明显加快，2002 年全县全部财政收入突破 5000 万元，2009 年全县财政收入首次“破”亿；2015 年全部财政收入完成 3. 98 亿元，是 2010 年的 2. 6 倍，“十二五”期间年均增长 21. 6%。在 2014 年河北省县域经济综合实力排位中，鸡泽县由 2011 年的 88 位上升到 76 位，晋升了 12 个位次。令人振奋的数字，印证了鸡泽县经济逐步发展壮大、不断迈上新台阶的历史进程。近年来，鸡泽县历届县委政府坚持“工业立县”战略，突出招商引资、项目建设，在税源培植、经济建设上与自我相比，取得长足发展，保持高速增长，但是因不具备资源和区位先天优势，一直靠后天努力，财政总量至今仍未突破 5 亿。河北省有 135 个县，2014 年年底，河北省有 35 个县全部财政收入在 5 亿以下，占河北省的 25. 9%。县乡财政收入总量小是河北省的一个普遍性问题，财政规模偏小，难以支撑经济发展。

2. 税源结构单一。2015 年纳税 100 万元及以上的工业企业 29 家，贡献税收 5741 万元。从行业看，铸造及装备制造业 6 家，纳税 2594 万元，占 29 家工业企业纳税总额的 42.5%；纺织行业 20 家，纳税 2683 万元，占 29 家工业企业纳税总额的 46.7%。年纳税 500 万元及以上的工业企业 3 家，全是铸造企业。2015 年铸造及装备制造、纺织行业纳税完成 13693 万元，占鸡泽县税收总额的 41.9%。税源结构比较单一，存在潜在的经济增长风险，增加了组织收入的结构性风险。后续财源短期难以形成新的稳定税收支柱，制约了财政收入的增长。

（二）自有财力少，政府债务重

由于鸡泽县本级财力匮乏、财政紧张，只能靠上级补助过日子。1996 年，河北省实行“两项工程”，鸡泽县被列为财政困难县，从 1996 年至今，鸡泽县财政一直靠上级转移支付补助过日子。2015 年接收上级转移支付补助 10.02 亿元，其中财力性转移支付 4.1 亿元，加上自有财力 2.2 亿元，政府实际可支配的财力仅为 6.3 亿元。当年实际支出完成 14.69 亿元，自有财力仅占总支出的 14.98%。

2015 年年底，鸡泽县本级及所属 7 个乡镇政府性债务余额 52122.3 万元，其中县本级债务余额 37900 万元，乡镇债务余额 14222.3 万元。鸡泽县政府性债务余额远大于目前全县全部财政收入，还款压力较大。

（三）经费严重不足，勉强维持运转

长期以来，鸡泽县把财力主要用于工资发放、低标准公用经费和社会保障等需要上，绝大部分用于“人头费”。2015 年，鸡泽县全年可支配财力为 6.3 亿元，处于河北省较后位次。其中，个人必保工资部分支出 44804 万元，必要公用支出 9981 万元，保民生等支出 8751 万元。如按基本财力保障标准计算应支出 92170 万元。

1. 人员经费不足。个人部分支出，除工资津贴按国家省市出台的标准兑现外，住房公积金、医疗保险、工会经费、福利费、职工教育费等工资性附加支出，全年应安排 61564 万元，实际支出 44804 万元。如工会经费、福利费按政策应分别按工资总额的 2%、2.5% 计提，应支出 720 万元，而鸡泽县实际以 30 万元包干方式支出，全年工会经费、福利费比标准支出少 690 万元。住房公积金单位缴存部分最高为工资的 15%，全年应支出 2199 万元，而鸡泽县执行最低标准为 5%，全年支出为 733 万元。

2. 运转经费不足。2009 年以前，鸡泽县对行政事业单位公用经费实行包干经费管理办法，各单位公用经费水平苦乐不均，主要保障的是教育经费。2010 年通过财政改革与管理综合示范县创建活动的开展，初步建立了公用经费定额标准体系。实现了公用经费低标准、部门全覆盖，人年均公用经费标准在 2300 元左右，只能维持部门基本运转的需要。而县乡两级要做到正常运转，公用经费年人均要在 4000 元以上。职工取暖费按所在邯郸市最低标准执行，科级及以下每人每年 920 元，邯郸市直及市区同等级别每人每年执行标准为 1200 元。

3. 配套资金不足。教育支出考核要求达到“三个增长”，科技支出要求占全年总支出

的1.1%以上，文化支出要求逐年增长，再加各项配套等支出，鸡泽县财力有限，从严格意义上讲很难达到要求，县级投入部分多靠争取政府债券来弥补。

正因如此，致使许多该办的事情不能办，用于公益事业发展的资金很少，用于发展经济、培植财源的资金则更是微不足道。

（四）财政保障能力弱，公共服务不均等

据调查，广大居民在就学、就医方面存在一个普遍现象——“上求一级”。例如，为让孩子享受更为优越的就学条件，乡村常住户想法让孩子到县城学校上学；县城常住户想法让孩子到市级学校上学。就医时，也是如此。这一不易统计量化但实际存在的社会现象，从一个侧面反映出基层公共服务不均等。

1. 教育不均等。县乡教育不均等主要表现为教学设施条件和师资力量配备上的差距。第一，教育设施的差距。据调查统计，现在部分乡村小学，音乐、体育、美术、科学等学科的教具或器材不齐全。“普九”达标验收后，各乡镇辖区内规模相对较大的中心小学或联办小学，才提升到基本标准的层次。与县直小学相比仍有很大差距。第二，师资力量的差距。由于交通、生活等条件的差异，边远乡村学校一般留不住正规院校毕业生。长期坚守在边远乡村任教的教师，多是本村或是邻近村人，教育从业渠道多是民办转正或是临时代课。鸡泽县500余名“民转公”教师，大部分在基层工作。边远学校因为欠缺专业教师，音、体、美课基本未开讲，即使开课，课堂效果可想而知。第三，学前教育的差距。目前，鸡泽县公办幼儿园56所，容纳幼儿5000余人，其中标准化幼儿园只有23所；民办幼儿园160余所，容纳幼儿6800余人。说明政府投入学前教育不足，满足不了幼儿学前教育的需求。

2. 医疗不均等。从2013年开始，河北省推进标准化卫生室建设，每个卫生室补助6万元，目前，鸡泽县169个村均建有标准化卫生室。但是，农村医务从业人员职业素养差、医疗水平低。鸡泽县村卫生室从业人员169人，其中34%是“赤脚医生”，在为患者治疗上多是开药、扎针、点滴，几乎不具备动手术的条件和水平。最常用的医疗设备是体温表、听诊器、血压计、血糖仪等，化验血常规、尿常规的仪器一般没有，更不要说B超、X光、内窥镜等设备了。鸡泽县乡镇卫生院从业人员共计260人，中专、大专学历较多，与村卫生室的医疗水平相比明显提高，但与县级相比仍有较大差距。基层的医疗条件满足不了最基本医疗需求。

3. 文化休闲不均等。上级不断加大村“两室”建设，但是村文化室虽然配备了图书、报刊以及桌椅等，因为多种原因，开放率和利用率不高，没有充分发挥出基层文化阵地的作用，多成为迎接上级检查的摆设。目前，村村修建了文化广场，安装的健身器材，但是保护不到位，损坏严重。村民想发家致富的多，但想通过读书、看报、研究种养科技，达到致富目的的少；为别人打工的多，自主创业的少。爱好文化、从事文化的人才少，组织宣传社会正能量的文化活动少，部分农村还存在聚众赌博、迷信、淫秽表演等现象。

二、县乡财政困难原因分析

导致县乡财政困难的原因不外乎主观和客观两个方面，从主观上分析，由于地方领导

受政绩观驱使，存在负债发展的倾向；在激发县乡村经济发展上，还需要从体制、机制上研究出新路子、好路子。从客观上分析，主要是分税制体制问题，上级集中税收“大头”，而县乡承担支出责任较多，造成“财力”与“事权”不协调、不匹配。具体讲，有以下三个方面情况。

（一）县乡经济发展水平低

1. 从三产结构看，第三产业发展滞后。鸡泽县三次产业比例由 2010 年的 24. 5:50. 2:25. 3 调整到 2015 年的 20. 3:46. 2:33. 5，经济结构相对进一步优化。第一、第二产业比重逐年下降，第三产业稳步增长。但是，第二产业比重较大，第三产业有待发展，三次产业比重排序是二、三、一，尚未调整到国际公认的三、二、一标准。如 2015 年三次产业在鸡泽县整体税收收入总量中的比重分别为：第一产业创造税收 416. 6 万元，占全部税收的 1. 28%；第二产业创造税收 20166 万元，占全部税收的 61. 8%；第三产业创造税收 12071. 2 万元，占全部税收的 36. 97%。鸡泽县税收一半以上来自第二产业，是典型的工业经济。“十二五”时期，鸡泽县第三产业比重不断提高，但是税收贡献率仍未占据主导地位，发展第三产业的空间还很大。

2. 从纳税大户看，存在“三少”特征。2015 年，鸡泽县年纳税 100 万元及以上的大户 41 家，其中工业企业 29 家，贡献税收 5741 万元；非工业企业 12 家，贡献税收 9149 万元。如表 1 所示。

表 1　　41 家纳税大户分类情况表　　单位：万元

行业类型	铸造及装备制造	纺织	房地产	建材	建筑安装	电力	化工	通讯	金融保险
企业个数	6	20	6	1	1	1	2	1	3
纳税合计	2594	2683	4719	129	282	1285	333	248	2617

支柱型企业少。目前，鸡泽县没有一家上市公司，纳税前三名的工业企业均是铸造企业，年纳税最多的只有 838 万元。纺织行业呈典型的“小规模、大群体”特征，20 家企业年纳税共计 2683 万元，税收立县企业少。

科技型企业少。县内几乎没有国家提倡的已成规模的信息、电子、生物工程、新材料、新能源方面的科技型企业，绝大多数企业没有自己的研发中心，没有核心技术，仍以传统工业和工艺为主。如铸造及纺织等行业，投资上马门槛要求低，只要有钱投资都可以干，产品附加值低、市场竞争能力弱，正因为如此，鸡泽县内企业为抢客商、抢销售，存在自我压价恶性竞争行为，制约产业做大做强。

后续财源少。税收来源以工业企业为主，房地产是鸡泽县新兴产业，虽然税收贡献率较大，但属一次性收入，随着商品房市场的饱和及购买力下降，前景不广阔，税源不稳固。自我培育的如商贸、物流三产类企业，目前还不具规模，税收贡献率较低，后续财源少。

（二）财政体制不尽合理

1. 上级集中财力过多。1994 年分税制和 2002 年四税改革财政体制实施后，四税上划中央和省，增收的绝大部分被上级财政拿走。分税制体制的不规范使“分税、分级、分管”的体制格局难以形成，容易征收的税种、大额的税种上级财政上划和共享，留给县级的都是零星税种。零星税种是税基不稳固的税种，其征管难度大、征收成本高、结算复杂，因此县乡基本上没有固定收入。相比其他税种，营业税可称得上是地方的主体税种，但是马上就要全面实行“营改增”，致使地方可用财力增长难度更大。2015 年鸡泽县税收完成 3.27 亿，按照“四税”分享比例测算后，县级仅能够分享到全部税收的 1/4 强。（如表 2 所示）。

表 2　　2015 年鸡泽县税收收入分级次完成情况表　　单位：万元

级次	中央级收入	省级收入	县级收入
税收金额	20959	3089	8606
占税收比重	64.2%	9.5%	26.4%
同比增减	49.3%	23.5%	-46.8%

鸡泽县是财政直管县，市级不再分享税收。

2. “财力”与“事权”脱节。地方财政主要承担本地区政权机关运转所需支出以及本地区经济、事业发展所需支出。具体包括：地方行政管理费，公检法支出，部分武警经费，民兵事业费，地方统筹的基本建设投资，地方企业的技术革新和新产品试制经费，支农支出，城市维护和建设经费，地方文化、教育、卫生等各项事业费，价格补贴支出以及其他支出。目前，对财政体制有着决定性影响的事权界定与政府职能定位不明晰，造成了财政能力与财政支出责任脱节。县乡财政在各级财政中是最困难的，但却承担着两级政权运转、事业发展和社会保障等重大责任。义务教育是全社会受益的事业，这项开支不应该主要由县乡财政负担，而且还要求达到“三个增长”。

3. 转移支付不规范。第一，项目繁多、资金分散。现行转移支付项目制度是改革的产物，许多转移支付项目的设立均与中央政府出台的相关政策衔接。例如，因取消农业税设立的农村税费改革转移支付，因“营改增”设立的转移支付，推行新农合、新农保设立的转移支付等。据统计，鸡泽县每年接收上级转移支付 100 多项，大到几千万元，小到三五万元，多而碎，散而乱。第二，一般性转移支付比重较小。2015 年鸡泽县接收上级各类转移支付共计 10.02 亿元，其中一般性转移支付为 4.1 亿元，占 40.9%；专项转移支付为 5.92 亿元，占 59.1%。财力性转移支付少，不利于基层财政自我调控。第三，配套资金难落实。鸡泽县针对上级转移支付配套，多是靠争取上级债券资金来弥补，很难足额配套。

（三）政府债务转嫁，加重财政负担

近年来，鸡泽县通过举借政府性债务推进各项事业加快发展，为当地居民教育、就医、出行带来很大的便利，居住环境、生产条件也有了很大的改观。审计发现，形成鸡泽县政府性债务的因素很多，既有促进地方经济发展、政绩效应的主观需求，也有落实国家积极财政政策客观的一面。归纳起来，大概可以分为以下两方面原因：

1. 民生债务。经济社会发展的大量资金需求与地方政府有限财力之间的矛盾是债务

问题形成的直接原因。近几年来，国家提出了“保增长”“保民生”等战略要求，鸡泽县为实现战略目标，抢抓战略机遇，谋划实施了多项民生、市政和交通工程项目。鸡泽县政府负有偿还责任的债务中，用于学校、交通、自来水、农电改造、水利设施、医疗卫生建设、市政建设等公益事业支出的债务高达46900万元，占鸡泽县债务总额的90%。而在公益事业建设债务来源构成中，拖欠其他单位和个人34400万元，占年度债务的66%，是债务的主体。造成拖欠工程款的原因，地方财力有限，造成公益事业建设在资金不足的情况下，存在借款和拖欠工程款现象。

2. 遗留债务。上级经济结构调整和改革深入推进，部分政策风险转嫁成为地方政府财政负担。国企改革遗留问题负担较重，主要有粮棉企业政策性亏损挂账，国有企业改制兜底；义务教育“普九”达标负债。

三、缓解县乡财政困难的对策及建议

（一）大力发展县乡经济，积极开拓和培育财源

1. 做大产业园区，培育税收增长极。

（1）做强工业园区支撑力。重点在完善基础设施建设上用力，加快新兴工业园区北扩东延和小寨铸造园区南延，推进渠北路西延、铁西大街南延等路网工程；进行水电管网、绿化亮化、天然气管网铺设等配套设施建设，通过完善基础设施和服务提升，吸引更多项目入驻。同时，大力推进产城融合，围绕服务园区搞活城市经济，实现互动发展，构建产业之城。

（2）提升农业园区辐射力。加快推进全国绿色农业特产示范基地试点县建设工作，大力发展高端、设施化现代农业，依托绿色辣椒、绿色葡萄、绿色果蔬三大示范基地，积极开展绿色产地认定，鼓励经营主体开展绿色产品认证，扩大“三品一标”产品总量和产业规模。

（3）打造文化旅游线路。积极争取广府旅游专线延伸至鸡泽，沿线重点实施中华毛氏文化园、诗经湿地公园、唐朝考古遗址公园等一批亮点工程，形成具有鸡泽文化特色的旅游线路；将历史文化融入环城水系各个节点，并结合农业精品园区，把特色农业生态观光纳入其中，打造文化旅游观光带。通过实施文化精品开发、包装宣传等，形成以毛遂文化为主，辣椒文化、生态旅游相得益彰的鸡泽旅游大格局。

2. 鼓励全民创业，做大经济摊点。

（1）开展“双带双创”活动。充分发挥村“两委”干部作用，带头创业、带领群众创办经济实体，形成一批创业典型，让更多村创办集体经济实体，形成人人争先创业、各业竞相发展的崭新局面。

（2）推动二次创业。加快小铸造、小纺织集中整合，鼓励小微企业通过合股经营、入驻创业辅导基地等形式进行二次创业。同时，引导鼓励骨干企业与自身配套的小企业、小作坊合作，帮助其做大做强。

（3）优化创业环境。建立宽领域、多层次的创业培训和指导体系，为城乡劳动力提供

创业指导和职业技能培训；加强与大专院校沟通联系，加强创业人才的引进和培养；加快创业辅导基地建设，为全民创业提供平台支撑；组建项目服务中心，为全民创业提供一站式服务；开展“创业标兵”评选活动，激发全民创业热情。

3. 发展乡村经济，补足乡村短板。鸡泽县是农业县，人口多数在农村，主要是农民，发展的短板和潜力也在于此，只有把这些人的积极性调动起来，才能加快脱贫致富，最有效、最快捷地培育一大批市场主体。

（1）规划要实。结合小城镇战略、“美丽乡村”建设和现有产业基础，高起点制定乡镇、村空间布局规划和产业发展规划，突出产城融合，突出和谐发展，突出一乡一业、一村一品。

（2）体制要活。第一，要强化机构人员保障。整合乡镇现有机构和人员，统筹设置服务经济、促进发展、维护稳定的办公机构，把主要精力集中到经济发展上来。第二，要完善财政体制。结合县乡实际情况，指导和完善县乡财政体制，逐步扩大“分税制”乡镇范围，对条件暂不具备的乡镇继续实行“统收统支加激励”模式，探索建立增量返还、利益共享的有效机制，加强对乡级财政收入的考核，调动乡村两级上项目、抓收入的积极性。第三，要育强主导产业。以县域特色产业为主导，以建设具有特色的小微产业园为基础，以财政收入合理划分为激励，打破行政区划限制，发展“飞地经济”，培育产业集群。

（3）权限要放。实施“扩权强乡镇”政策，在项目引进建设、城乡规划发展、社会事务管理等方面赋予乡镇更多的自主权，进一步激发乡镇发展经济的积极性和主动性。对于与乡镇经济发展直接相关的，如建设项目选址、用地规划、环境影响评价审批、固定资产投资审批、安全生产行政处罚约 37 项权限，直接下放到乡镇；将设施农用地审批、临时用地审批、建设项目用地预审、土地出让金收取、企业设立登记、名称核准等 11 项权限下放到乡镇派出机构。每个乡镇都要设立村民服务中心，集中办理审批事项；每村要设立代办机构和代办员，委托办理审批手续，减少创业审批程序和环节。

（4）考核要严。要在乡村两级确立经济为先的发展理念，把工作重心从社会事务转移到发展经济上来，拿出绝大部分的人员和精力，坚定不移、持之以恒地发展镇村经济。按照分级分类考核的原则，科学设置指标体系、权重分值和评价标准，切实加大对乡镇村两级发展经济的考核力度，并严格奖惩措施，传导发展压力。尤其在考核指标上，要结合实际，直观、具体、量化，便于操作。

（二）完善财政体制，为财政脱困提供体制保障

进一步完善财政直管体制，明确制定关于河北省财政与市、县财政在政府间收支划分、转移支付等方面的指导意见，理顺省与市县、市与区县之间的财政关系。河北省政府及其财政主管部门应以强化基层财力保障能力、提高县级民生保障水平、均衡地区间财力差异为出发点，加大一般性转移支付力度。为此，提出以下三点建议：

1. 合理划分政府间事权。按照建立公共财政框架的基本要求，应合理界定各级政府的事权范围，明确各级政府的财政支出责任，科学合理的划分中央与地方、省与市县的事权。凡属下级政府承担的事项，中央、省不再直接安排。

2. 规范转移支付制度。第一，整合转移支付。把中央对地方纷繁复杂的转移支付补

助进行合并，凡已形成下级长期支出，中央又必须长期补助的统一进入一般转移支付，减少转移支付类型，简化转移支付形式。第二，提高一般转移支付的比重，减少专项转移支付。转移支付应以提高地方公共服务水平为目标，应尽可能避免对地方事权的干预。调整优化转移支付结构，消减专项补助，增加一般转移支付，建立一般转移支付为主、专项转移支付为辅的财政转移支付体系。同时，可以依据人均财力，制定地方分档配套标准，实事求是地确定和降低财政困难县的配套资金比例，甚至免除地方配套。第三，公式化分配转移支付。参照西方国家的做法，中央政府综合考虑多项因素，并通过事先确定的因素公式计算和确定对地方政府的转移支付，尽量减少人为干预，减少转移支付的盲目性。对财政困难县给予重点倾斜，进一步加大对财政困难县的转移支付力度，逐步减少和弥补县级财政支出的缺口，理想的目标是地方政府根据公式可测算上级的转移支付额。上级能给多少转移支付，下级提前就可预知，有利于统筹安排财力。

3. 建立地方税收体系。第一，提高“四税”地方留成比例。营业税是地方留成比例相对较高一个大税种，“营改增”后营业税退出历史舞台，地方将缺乏能提供稳定收入的主体税种，直接造成地方财政减少。虽然上级将通过转移支付弥补“营改增”造成的减收，但是简单地增加对地方的一般性转移支付是不能解决所有问题的。建议中央和省级政府，根据地方财政收入总量和人均财力，分档提高财政困难县“三税”地方留成比例（取消了营业税），有效提高地方财力。以鸡泽县2015年税收数据测算，全年增值税完成1.36亿元，占全部税收的41.7%，县级留成部分每提高一个百分点，县级就会增加136万元税收。第二，加快培育以房地产税为代表的地方主体税种。从长远来看，房地产税是铁定要开征的。按照税收法定的原则，只有尽快完成立法，地方才能开征房地产税。目前，房地产相关税收主要在建设、交易环节，但是对抑制投机、稳定房价发挥作用并不明显，建议未来房地产税要增加房地产保有环节的税负，改变过去以历史成本作为计税依据的做法，以房地产的市场评估值为征税依据，逐步将房地产税培育成为地方政府财政收入的重要来源。第三，培育资源税作为地方税补充。一方面，全面实施资源税从价计征改革，确保地方政府税收收入随经济发展和物价增长而稳定增长；另一方面，实施“清费立税”改革。例如，将目前《政府收支分类科目》中以非税形式存在的水资源费，改变成以税收的形势进行规范征收，进一步提高税收到位率。同时，建议政府相关部门加快环境保护税法修订完善，进行环境保护税立法。本法施行后，必将促进社会节能减排，推进环境保护和改善，同时开辟了新的税源，可以逐渐提高环境保护税在地方财政收入中的比重，并从法律层面规范环境治理费用的取得。

（三）强化政府债务管理，减轻财政负担

按照新修订《预算法》的要求，在政府债务管理上坚持“疏堵结合”的原则，规范举债渠道，限额举借债务，消化存量债务，做到“借、用、还”统一管理。

1. 堵偏门，加强政府债务管理。地方政府要切实担负起加强地方政府性债务管理、防范化解财政金融风险的责任，财政部门要进一步强化地方政府性债务归口管理部门的职能作用，加强本级债务管控，除通过省级发行债券的渠道外，监管好辖区不再搞变相举债。要严格债务限额管理，县级只能在限额内由省级代为举债。加强政府债务的运行监测

和评估，防范债务风险。

2. 开正门，积极申请债券资金。目前，我国地方政府债券包括置换债券和新增债券。通过强化项目梳理和筛选，积极争取上级债券资金，分清轻重缓急，把有限的债券资金用在最急需的领域。争取新增债券用于政府新建公益性项目。对原有的政府性存量债务，转为 PPP 项目，从而降低政府债务风险。针对利率相对较高的地方政府存量债务，通过申请政府债券置换，以降低利息成本，腾出更多资金用于重点项目建设。

3. 慢消化，逐年化解存量债务。县政府要将政府存量债务还本付息纳入预算管理，并建立健全政府债务限额及债务收支情况随同预算公开的常态机制。制订中长期债务风险化解规划，通过控制项目规模、压缩公用经费、处置存量资产、引入社会资本等方式，多渠道筹资，消化存量债务，实现政府债务“借、用、还”相统一。

（四）创新财政支持方式，为财政脱困提供资金支撑

面对有限财力与无限支出需求的矛盾，地方政府要积极创新财政支持方式，重新界定政府与市场的关系，逐步放开对一些政府垄断行业的准入管制，让民间资本和社会其他资本能够顺利地进入更多领域，发挥好财政有限资金的杠杆撬动、资金引导的乘数效应，拉动经济社会发展，助推财政脱困。

1. 推进 PPP 模式运作。目前，各级政府已对 PPP 模式有所了解，正着手项目谋划或签约。针对当前 PPP 工作存在的问题，要加大 PPP 示范推广和项目落地力度，加快项目组织实施。第一，强化组织。在条件成熟的情况下争设专门办事机构，并配备咨询专家，专门从事 PPP 项目管理工作。第二，精选项目。以有稳定现金流的成熟项目做试点，选择合作伙伴，合理确定双方权利义务，增强社会资本的积极性，以点带面，加快推进政府与社会资本广泛合作。第三，防范风险。抓好物有所值评价、财政未来承受能力论证、政府采购社会资本等重要环节，从财政中长期可持续发展、项目全生命周期的角度考虑问题，将项目风险纳入中期财政风险控制。财政部门要进一步加强 PPP 项目管理，切实把好项目方案审核关和项目运作监督关，防止通过保底承诺、回购安排、明股实债等方式进行变相融资。

2. 设立政府引导基金。据了解，目前河北省已设立基金 18 支，将推动更多的财政专项资金，通过基金方式运作。引导基金的设立改变了以往财政对企业单纯采取补贴、奖励、贴息等“一次投入、一次使用”的形式，转为以股权投资的形式对企业进行支持，与企业共享收益，共担风险，资金的使用将更高效。县级层面，要积极研究设立产业发展政府引导基金，通过财政投入、利用贷款等方式，组建各类发展基金，吸收金融资本、社会资本入股做大母基金规模，支持重点领域建设。条件差些的要争取省、市基金在本地设立子基金，加快各类财政性投资引导基金运作，尽快形成有效投资。加强基金管理，创新运作方式，尽量引导社会资本投向初创期的成长型中小企业，为县域产业发展和转型升级提供支持，将有力地促进县域经济的转型发展。

3. 推进政府购买服务。第一，强化组织建设。争取设立政府购买服务专门办事机构，将本级政府向社会力量购买服务指导性目录中项目资金全部归口统一管理，方便项目推进和与项目主管部门沟通。第二，强化预算管理。在编制年度预算时，同步编制购买服务政

府采购预算，政府购买服务必须按照批准的政府购买服务预算、政府购买服务实施计划执行。将政府购买服务范围扩大到全部适宜领域，确保政府购买服务项目占已安排公共服务项目资金的30%以上，在保证公共服务质量和效率的前提下，从养人向管事转变，切实降低管理成本，减轻财政负担。第三，强化绩效评价。积极引进第三方评审，开展过程评审、结果评审等，确保评审工作的全面性、客观性和科学性，将评审结果作为以后选择政府购买服务承接主体的依据。

（五）提升财政管理，为财政脱困提供制度保障

围绕财政脱困，从“聚财、节财、用财”三方面入手做细文章，坚持穷日子紧过，把有限的资金花出大效益。

1.“聚财”抓征管。加大综合治税力度，坚持抓大不放小原则，对各个行业有关数据进行摸排，与综合治税各成员单位之间联网，做到收入征管不留死角；由国、地税、乡镇、电力、工商等部门组织联合核查小组，对小规模企业核查产量、产值，凡是达到标准的，纳入一般纳税人管理，堵塞税收漏洞；由乡镇政府和税务部门共同摸清辖区税源家底，理顺征管机制；对一些规模较大、生产效益看好，但缴税明显不到位的企业，通过以电核产、以工核产等方面测算产值和税额，依法征收到位。加强非税收入管理，杜绝罚没资金收支环节变成灰色地带。税收和非税收入一起抓，力争应收尽收，提高收入到位率。

2.“节财”抓评审和采购。在财政资金支出的上游环节重点把好项目预算评审和政府采购两道关，有效节约财政资金。从合理调度资金、加强资金监管的角度出发，延伸财政管理的触角，从工程投资源头挤水分，堵漏洞，运用定额测算法、市场查询法、现场勘测法，力争做到审“量”和审“价”有机结合，由“被动买单”转为“主动控制”，提高财政资金使用效益。加强政府采购预算管理，做到先编制后采购，减少随意采购行为；对定点供应商引入竞争考核机制，细化量化考核内容；加大对政府采购代理机构的监管，重点治理政府采购过程中领导干预、串标、围标等违规行为，由采购业主说了算变为综合考核结果说了算，提高政府采购透明度和公信度，切实降低采购成本。

3.“用财”抓绩效。完善全过程绩效预算体系和管理机制，真正将绩效管理贯穿预算编制、执行、监督全过程。实现项目绩效评价全覆盖，对重大投资项目进行重点评价和第三方评价，保证评价行为的客观性。将预算执行情况与下年度预算编制相挂钩。以当前正在开展的“一问责八清理”专项行动为契机，重点清理财政资金挪用、浪费等问题，以监督检查促进财政管理水平和资金使用效益的提升。

（邯郸市财政局　于素云　郝皓　代利周　冯伟）

如何有效防范财政运行风险研究

2016 年度河北省财政科研课题成果三等奖

近年来，随着基础设施投入不断增加，地方经济社会发展迅速，地方政府也纷纷采取举债的方式筹集资金。地方政府通过举债所筹集的资金，虽然在改善城市基础设施，维护社会稳定，促进农业和农村经济的发展，拉动地区经济增长等方面起到了重要的促进作用，但由此引发的还款压力也给地方财政带来了一定的风险。截至 2015 年年底，馆陶县政府性债务余额已达 55005 万元。债务资金使用如何，举债方式是否科学，风险状况如何，成了近期政府和社会关注的热点问题。面对这一情况，就如何规避地方政府性债务风险从而更好地规避财政风险提上了重要日程，我们就此也开展了初步的有益探索。

一、政府债务管理的现状及存在问题

（一）规模庞大

近年来，地方政府债务规模呈不断增大趋势。根据 2015 年年底统计数据，馆陶县 2015 年年底债务总额为 55005 万元，其中政府债务 52640 万元，占全部债务 95.7%，占比较大，或有债务 2365 万元，占债务总额的 4.3%。

（二）借债主体多元化

近年来，地方政府性债务主体不仅包括各级政府，还包括其所属职能部门和事业单位以及一些公益性单位，如学校、医院等，甚至还包括一些具有政府背景的中小企业如垃圾处理厂、污水处理厂。举债主体的多元化，增加了管理难度，不利于控制债务风险。

（三）偿还压力增大

受宏观调控政策和金融危机影响的双重作用，土地出让金收入难以像以往那样快速增长，税收收入用于保民生、保运转已经十分紧张，而地方政府特别是县级政府的偿债准备金普遍不足。地方政府存在较大的还本付息压力，财政资金偿债能力不足，债务还款压力已显现，也加剧了地方政府的财政风险。

（四）管理欠规范

重借轻管，借款时未建立一套科学的管理体系。对债务未进行归口管理，未根据国民经济和社会发展的需要以及政府的财力状况制定本地区政府债务举借规划，未系统建立政府性债务风险预警和风险控制机制等。

二、政府债务的成因

要做好地方性政府性债务的风险控制，还需要对地方政府性债务的成因进行分析，目前地方政府性债务成因主要有以下几个方面：

（一）发展因素

经济社会发展的大量资金需求与地方政府有限财力之间的矛盾是债务问题形成的直接原因。近几年来，国家提出了“保增长”“保民生”等战略要求，实施了一系列促进社会发展的等战略举措，进行了扩内需等决策部署和政策措施。各地为圆满实现战略目标，抢抓战略机遇，于是普遍加大了基础设施投入，努力占据发展先机。而地方财力有限，特别在日常运转支出因素日益增多的情况下（如教师实行绩效工资、医保体系进一步健全等），可用于基础公益性项目的财力与实际需求相差甚远。馆陶县可用财力，除了保工资、保运转、保民生等必须支出外，几乎没有剩余财力可用于基础设施建设投入。

（二）体制因素

现行财政体制和投融资体制中的某些欠缺是形成债务问题的根本原因。我国财政体制在分税制改革之后，财政的集中度大幅提高，但相对应的中央与地方的事权科学划分没有能很好地实现，大量事权下沉，地方财政刚性支出项目不断增多，形成事权与财权不匹配的状态，在这样的情况下要求保运转、保发展，便产生了举债行为的内在压力。在现有投融资体制下，城市建设投入主要依靠政府，在财政拨款较为有限的情况下，资金筹集主要依赖融资渠道。而地方政府不允许发行公债，地方政府缺乏必要的正规融资渠道，只得成立融资平台进行举债。

（三）机制因素

现行党政干部考核机制是推动债务问题形成的内在因素。现行党政干部考核机制中存在“重视政绩考核、轻视债务考核”“重视资金投入、轻视效益评价”的倾向，如政府领导班子业绩考核中仅有生产总值、财政收入、固定资产投资、工业增加值及居民人均可支配收入等指标，未将债务数额及风险情况纳入考核范围。在政府债务与领导者的业绩及升迁联系不紧密且政府债务期限远远超过领导人任期的情况下，较多关注经济增长而轻视债务规模与风险防范。

（四）管理因素

政府主导发展模式是债务问题产生的深层次的原因。目前地方经济发展的管理模式依然是政府主导的发展模式，许多应有市场进行投入发展的领域还是由政府来挑大梁。过多的职能需要相应的资金来支撑，就现今的地方财力根本就无法满足，例如馆陶县从 2009

年开始筹建新型化工园区，而园区的道路、水电等基础设施建设都须要政府来掏钱，举债是“全能政府”必然要走的道路。

三、防范政府性债务风险的对策

对于地方政府举债，既要看到其刺激内需、促进发展的作用，也要看到其规模偏大、风险加剧的隐患；既要看到债务资金已成为地方发展资金链中的重要一环，又要看到目前债务问题较多、亟须规范的事实。基于以上分析，为防范风险，提高债务资金使用效益，馆陶县在加强政府债务管理，提高资金使用绩效方面，探索了几个主要对策。

（一）科学确定债务规模，遏制债务快速发展势头

近年来债务扩张速度迅猛，虽然有其政策因素，但要注意控制其“惯性”行为，今后应遵循放贷政策，严格贷款条件，控制债务膨胀。考虑到债务资金在现有地方发展资金链中的重要地位，调控政策应对现有项目贷款和新增项目贷款分类实施，对新增项目贷款要从紧，对现有项目要注意结合实际情况采取适当的调控力度。同时中央也应采取加大代发地方债券等措施配合调控政策的实施。

（二）大力发展地方特色经济，寻找新的经济增长点

发展经济，壮大财力，增加财政收入是化解债务的根本出路。这些年来形成的政府债务，都是围绕“改善发展环境”这个主题举借的，地方政府应根据当地实际情况，咬定“打基础、管长远”这个主线，积极支持适合地方发展的产业，开发有地方特色的经济增长点，用现代产业的经济模式发展地方特色资源，使资源优势变成产业优势，增强自身“造血”功能，达到经济增效、财政增收的目的。

（三）完善地方政府债务管理制度，加强三个环节的监督

地方政府完善监管制度，要从举债、使用、偿还三个环节进行监督管理：第一，在举债环节，举债规模要与国民经济发展状况和可支配财力相适应，正确处理投入与举债规模、偿债能力之间的关系。举债计划要结合当地经济发展规划及偿债能力进行认真评估，经有关部门严格审核并报人大批准，控制新债量力而行抵御风险。第二，在使用环节，县财政局、县发改局与县审计局等有关部门加强对债务使用情况进行监督，对经批准的项目，任何单位不得擅自扩大建设规模，提高标准，不得以任何理由、任何方式截留或挪用，否则要限期整改并追究有关人员责任。第三，在偿还环节，推行“谁举债，谁偿还”原则，强化责任追究，并将债务情况列入领导干部经济责任审计范围内进行考核；建立政府偿债准备金，年度偿还计划等多种方式、多种渠道筹集资金，确保按时偿还债务，财政部门要及时向本级人大报告负债使用及偿还情况。

（四）对地方政府债务全面清理，建立政府债务预警机制

所有政府债务要进行清理，对政府债务的债权债务关系、借贷时间、借款数额及用

途、还款期限、利率约定、偿还情况等进行全面核实，登记造册，建立债务会计核算和报告制度，完善政府债务管理信息系统，及时、全面、系统反映政府债务情况。根据清理数据，运用负债率、债务率、偿债率等监督指标设置警戒线，建立监测政府债务的指标体系和预警机制，监控债务规模和风险，对本级债务规模进行跟踪监控，将债务风险控制在可承受的范围内，切实维护财政经济稳定发展。

（五）强化审计监督

加强上级审计机关对下级政府的财政决算审计，开展地方政府债务规模与结构、偿债机制与偿债风险、债务资金管理与使用绩效等方面的专项审计调查，全程跟进，保证举债资金使用效益。审计部门要对举债项目事前、事中、事后全程跟踪审计：在举债计划审批时，审查举债项目的决策是否符合国家政策和经济发展趋势；审查举债部门信誉情况、项目审批手续的完整性及审批程序的合规性，是否有违规操作现象。在举债项目实施时，对举债项目的招投标过程、合同签订及内容进行审计，是否存在不规范竞争和不规则的运作；审查资金的筹措、使用情况，是否有截留挪用套取资金现象；察看项目进展情况，是否高质高效按计划进行。项目完成后，审查后续配套措施是否到位；对整个项目展开绩效审计，全面审查项目的财务效益、国民经济效益及社会效益情况。审计全程跟进，确保举债计划合理、举债资金有效、举债项目有益。揭露问题，预防风险的扩大；加强政府性资产审计，分析资产质量、结构和偿债能力，进一步全面认识地方政府债务风险，进一步加强债务管理。

（六）深化公共财政改革

严格按照新预算法的要求，对预算编制、审批、执行和监督用科学的规定，以保证预算的完整性、统一性和约束性。应对地方政府债务问题用原则规定，明确地方政府编制债务预算的要求并作为政府年度预算的组成部分，对债务规模、资金使用方向和偿债资金来源等内容做出原则规定，改变法律规定禁止地方政府编制赤字预算而存在大量政府债务的现状。应在法律框架内合理划分中央和地方政府的事权与财权，按照财权、事权和责任对等的原则，完善中央与地方以及上下级政府间财力分配体制，构建规范的财政转移支付制度，扭转地方政府财权与事权脱节的现象，为加强财政风险管理奠定体制基础。

（馆陶县财政局　张岩　武京建　吴文芳）

省直管县行政体制下县级财政体制改革

2016年度河北省财政科研课题成果三等奖

从2002年起，河北、河南、辽宁、湖北、江西、广东等省份先后开始了“强县扩权”的改革，把地级市的经济管理权限下放到一些重点县，在经济管理方面形成了近似于“省管县”的格局。2005年6月，国务院总理温家宝同志在农村税费改革工作会议上明确提出：“在具备条件的地方，可以推进‘省直管县’试点。”2009年，中央又在出台的1号文件中，明确提出“推进省直接管理县（市）财政体制改革，可以将粮食、油料、棉花和生猪生产大县全部纳入改革范围，稳步推进扩权强县改革试点，鼓励有条件的省份率先减少行政层次，依法探索省直接管理县（市）的体制”。由以上的政策可以分析看出，实施“省直管县”的行政管理体制，推动“省直管县”的财政体制改革是我国今后一段时期内，行政体制改革和财政体制改革的一项重要内容。实施“省直管县”体制改革有无必要？这一体制改革的实施有可行的现实基础吗？体制改革一旦成功推行，将会对现有的县级政府职能和财政管理体制造成怎样的影响？在这种体制下，县级财政体制的改革工作应采取怎样的措施来应对等问题，是我们在推行“省直管县”体制过程中不得不面对的重要问题，本文从以上角度试述“省直管县”体制推行后，县级财政管理体制改革的相关问题。

一、省直管县体制推行的必要性和可行性分析

推行“省直管县”行政管理体制，是适应行政管理体制改革的需要，是实现高效的服务型政府有效途径。推进这一体制，不但有迫切的现实需求，还有坚实的现实基础，主要表现在以下方面：

（一）高效、和谐发展迫切需要实行省直管县体制

1. 实行“省直管县”体制是减少行政层级、压缩管理层次、提高管理效能的需要。根据管理学研究理论可知，组织在其他条件不变的前提下，管理层次和管理幅度一般是呈反比的关系，即管理层次减少则管理幅度增大，而管理层次增多则管理幅度变小。组织管理幅度的大小，取决于科学技术、组织成员能力、工作任务、管理目的和管理理念等条件。在现代社会，通信技术的高度发达和交通出行方式的便捷化，一方面极大地提高了组织的控制手段和控制能力，另一方面也为扩大组织的控制幅度提供了强有力的技术支撑和

保障。而今，组织扁平化已成为西方发达国家和我国企业及政府组织变革所追求的目标。因为扁平化结构优点突出，具体表现为：减少了组织的行政管理层级，使不必要的机构与人员得到了真正意义上的精简；扩大了组织的管理幅度，使组织内部控制更加严密和舒缓，有效地调动了组织成员的积极性和主动性，保证了组织内部信息传递的通畅；降低了组织的管理成本，极大地提高了工作效率。“省直管县”体制的实施和推动，是行政管理体制扁平化改革的一个突破口，一方面可以减少市级这个中间的行政管理环节，使我国政府管理层级由现在的五级变为四级；另一方面使省以下的财政分配关系更加优化，初步构筑了省以下以省、市（县）两级财政管理为主的更为直接高效的财政管理模式，这必定可以提高我国政府的行政管理效率，更好地满足人民群众的要求。

2. 实行“省直管县”体制是经济关系变革的需要。在传统的计划经济体制下，生产要素的分配服从计划调配，尤其受到行政区划范围的限制影响。在这种经济体制下，就使得经济区域的范围依附于行政区域的范围。区域经济往往处于自身封闭状态。在实行“市管县”体制以后，这种行政区域对经济区域的束缚和控制在一定程度上得以缓解和突破，经济资源和生产要素开始在市县间逐步流动。但从本质上讲，经济区域的形成最终还得依靠生产要素间的自由流通，靠市场机制的自发调节，而不能由行政区域来界定，更不能完全靠行政权力来推动，因此，在当今社会主义市场经济体制下，“市管县”体制已经逐步不适应发展的需要。推行“省直管县”体制，可以使城乡之间冲破行政建制的上下级关系，而逐步实现城乡间的平等关系。

3. 实行“省直管县”体制是扩大县的自主权，推动县域经济发展，进而实现城乡协调发展的重要举措。在现行的“市管县”的行政体制下，虽然县与市之间本身存在着明确的隶属关系和等级关系，但在市场经济的体制下，双方又都是相对独立的经济利益主体，各自都有自身的发展规划和核心利益。在社会经济发展过程中，如果两者间一旦产生分歧或者牵涉彼此利益关系，市级或中心城区往往会利用其自身有利的地理优势和行政地位，或者其他方式方法来侵占、夺取县一级的利益。例如，在国家或省的资源分配计划执行中，市一级往往从考虑自身利益出发，对国家或省下达的资金、物资等，采取中间截留的方式，甚至有的直接用行政命令的方式来侵占县一级的利益。久而久之，在这种行政体制下，县会普遍认为，市对市区和县有亲疏之分、远近之别。“市管县”不是市帮助和引领县的发展，而是侵占、截留、压迫县的资源和发展，这样会严重挫伤和打压县发展的主动性和积极性，制约县域经济的发展。这也是城乡发展不协调的一个重要的体制性原因。为贯彻落实科学发展观，实现城乡协调可持续发展，我们就必须要克服这一严重的体制障碍，推行“省直管县”体制的实施。

4. 实行“省直管县”体制是缓解县级财政困难的现实举措。县级财政收入入不敷出和县域经济发展滞后是目前我国大多数县的现状和经济发展面临的共性问题。推行“省直管县”体制最现实和最根本的出发点就是要解决这一问题。实行“省直管县”体制后，县市的财政资金每年通过省财政直接结算，这种体制模式一方面避免了市级对县级财力的侵占和截留，另一方面又可以将县级财政的困难和存在问题直接反馈到省级，使省财政能够及时和集中调度资金，有效的缓解县级财政的困难。此外，随着“强县扩权”和“省直管县”体制的不断深入，县级政府的事权必定比现在要有所扩大，相应的也要扩大县级政府的财政收入源泉，这样就可以从根本上解除县级财政的困难。

（二）推行省直管县体制具有坚实的现实基础

1．“省直管县”体制具有历史渊源和法律依据。自从我国建立奴隶制王朝开始，在几千年的时间里，我国的地方政权层级一般为二到三级，很少有过四级政权。例如，历史上，唐朝初期实行的是“道—府（州）—县”制，后期变为“道—节度使—府（州）—县”制。到了宋朝，改道为路，最基本的是“路—州—县”三级行政区划，州级又有府、州、军、监。清朝时期各地情况不同，概括来说是“省—府/直隶州/直隶厅—散厅/散州/县”三级区划。从这个角度讲，推行“省直管县”体制，减少政权层级，在我国有历史渊源，也有历史经验可以借鉴。1982 年 12 月 4 日，第五届全国人民代表大会第五次会议通过的《中华人民共和国宪法》（以下简称想《宪法》）第三十条规定：“中华人民共和国的行政区域划分如下：（一）全国分为省、自治区、直辖市；（二）省、自治区分为自治州、县、自治县、市；（三）县、自治县分为乡、自治乡、镇。直辖市和较大的市分为区、县。自治州分为县、自治县、市。”

2．推行“省直管县”体制，民众和政府官员（尤其是县级政府成员）广泛支持，有现实可靠的群众基础。市管县体制推行的几十年来，弊端突出，县级政府积怨很深，迫切希望改变市县不平等的状况。市管县体制下，县域经济发展滞后，基础群众尤其是乡村居民生活水平低下，他们从心底希望改善生活条件，而“省直管县”体制的推行，一方面减少了管理层次，增大了管理幅度，有利于提供行政管理效率；另一方面赋予了地方经济区域发展更大的自主权，使得资源得到了优化配置，提高了城乡统筹层次，推动了城乡公共发展、平等发展，为县域经济创造了更加宽松、和谐的环境，让广大群众看到生活改善的曙光，在心理上可接受，行为上也必定支持。

3．现代管理技术、通信技术以及交通技术的迅猛发展，为“省直管县”体制的推行奠定了技术基础。技术手段和技术性基础设施水平直接影响行政管理模式的选择和行政效率的实现。过去我国的交通与通信条件不发达，政府传达指令和信息都是通过纸质文件的邮寄或者人工方式逐级下达，这个过程耗费了很多人力、物力和时间。上级政府即便想直接管理基层政府，在当时也不具备条件。“市管县”的行政体制在当时是适应社会发展和管理要求的。但随着现代科学技术的发展，尤其是通信技术的多样化，改变了我们的传统信息交流方式。政府办公模式也由“公文化”向“自动化”“网络化”转变。上级政府下达指令和信息可以通过电话、网络等现代通信工具直达最基层，这样为政府减少组织机构和扩大管理幅度，强化管理职能提供了基础。另外，现代交通工具和交通环境的改善，也使得我们的出行变得越来越便捷、高效。城市间空间距离和时间距离的缩短，在客观上也使得政府间的办公效率提升。现代科学技术的迅速发展，使省级政府在较宽领域内实现对县市的领导、管理、控制和监督成为可能，这就使“省直管县”体制的推行有了技术支持，另外减少了市级政权这一中间环节，也可以使得省级政府与市县政府之间的交流更加顺畅。

二、省直管县体制推行后，对现行县级财政体制的影响

“省直管县”行政管理体制的全面推行，对目前在“市管县”体制下的县级政府必然会带来不小的影响，一方面是对县级政府现有职能的影响，主要是对县级政府事权方面做出相应的调整；另一方面按照财政管理体制原则中财权与事权相对应的原则，县级政府的财政体制相应的也会在“省直管县”体制推行后受到影响。具体影响体现在：

（一）县级政府事权的改变

根据我国《宪法》规定，县是权责完备的地方一级政府，拥有相应的权力，担负相应的责任。但目前县级政府遇到的公共权力缩小、财力单薄等问题，一定程度上限制了县级政府职能的发挥。已经严重制约了县域经济的发展。推行“省直管县”体制旨在改变县级政府“权力小、财力弱、负担重”等问题。“省直管县”推行后，县级政府的事权主要从以下方面完善：

1. 依法明确省、市、县的职责权限。在目前我国的行政管理体制内，除中央政府外，其他都可以称之为地方政府。省、市、县作为地方政府的组织部分，在职责权限上并没有非常明确的划分。对县级政府来说，处于行政级次的最下级，在很多事项的实施上，要受到省、市两级的双重领导；而市级政府作为衔接上下级的中间环节，在很多事项的管理上，难以完全领导所辖县；省级政府作为整个体系的最上级，在很多事项的管理上，受自身条件限制，无暇顾及全面。这些问题归结在一起，根本的原因就是各级政府间的职责权限不清。推行“省直管县”体制首先就是要明确省、市、县的职责权限。省级政府的职责是要切实肩负起本行政区域内的领导责任，按照国家法律和中央的要求，合理制定本区域内的经济社会发展的方针政策，营造良好的社会主义市场经济发展环境；市级政府的职责是充分发挥城市所辖区域的带动作用，加强城区基础设施建设，改善市民生活环境；县级政府的职责是加快城镇化建设，促进城乡区域经济发展，服务农村、农业和农民。

2. 赋予县级政府更大的自主权和决策权。按照权责统一、运转协调和“能放就放”的原则，赋予县级政府更大的自主权和决策权，凡省已下达给地级市的审批权，除法律、法规、规章另有规定外，一律下放到县（市）。主要表现在：给县级政府更多的经济调节方面的权力，确保县有权力根据县域的具体情况发展县域经济和加快县域小城镇建设；给县级政府更多的社会管理方面的权力，确保县级政府有权力加强县域基层民主的建设和县域社会保障体系的建设与完善；给县级政府更多的公共服务方面的权力，使其有充分的权力发展县域农村教育事业和县域农村卫生事业。此外，要加大对县级政府在发展农村经济、文化和社会管理的政策支持，赋予其更多的自主权加强社会主义新农村建设。

3. 赋予县级政府对垂直管理部门的沟通权。长远来看，为了保证国家的利益和政令畅通，建立全国竞争有序的统一市场，防止地方保护，在有些领域建立一些垂直管理系统是必要的。但是，垂直管理部门太多太滥，则会压缩县级政府的权限，束缚县域的发展。为此，推行“省直管县”体制后，应当调整管理体制，尽量减少直管部门、单位，扩大县

级政府对垂直管理部门的话语权。如果有些垂直部门确需保留的，则要与当地政府管理相联系，在人事任免权、工作考核权等方面，这些垂直部门的上级要与当地党委和政府共同负责。在日常工作中，要接受当地人大和群众的监督，凡工作中的重大事项都要及时与当地政府沟通，并向群众公示。这样，垂直管理部门、单位就能更好地融入到具体的县域当中，从而为县域的发展做出积极的贡献。

（二）县级政府财权的改变

推行“省直管县”体制，应当赋予县级政府与事权相对应的财权。在深化改革的过程中，需要进一步强调处理好地方政府职能与市场间的关系。在社会主义经济条件下，要坚持以市场为主体，政府干预为辅助的方式。将政府的职能从一线管理转变到政策引导上来，让市场来调节经济的发展。地方政府的职能今后将主要是保障行政区域内公共职能的发挥和公共产品及服务的提供。省以下的地方财政的职能要相应的进行调整。其中，省级财政职能主要是负责行政区域内经济政策的制定和引导，社会经济整体发展框架的规划，财政资金的合理分配和管理，还有省本级机关和单位的正常运转和行政职能的发挥；市县级财政职能主要是保障辖区内的社会经济发展的各项支出需求，开辟财源促增收，提高居民生活水平，加强城乡公共设施建设，营造良好的经济发展环境和保证机关事业单位的正常运转。

县级政府处于我国行政体制体系的底层，肩负着改善城乡居民生活水平和促进农村经济发展的重任。它与乡镇政府相比，承担着更多的事权。但在整个财政体制分配体系中，却没有得到与事权相对称的财权。我国大多数的县级政府自身财力十分薄弱，仅仅保障工资性支出等基本需求就很困难，更无力投入其他社会事业发展建设。根据权责对称和公共产品供给理论，县（市）是基层政府，是地方建设的主体，理应赋予其与事权相对应的财权，尤其是要拥有更多的税收管辖权。推行“省直管县”体制，一方面需要改革和完善省以下财政管理体制，改变上面出政策下面出资金的传统模式，加大省对县特别是贫困县的财政转移支付基数；另一方面，县乡政府负债已经严重危及政府信誉，影响政府公信力，而大部分贫困县、乡镇的负债大都是因为教育、交通、抚慰解困等公共事业建设而产生的，在原则上应属政府公共财政支出范畴，上级政府在这方面应逐步予以解决。

总之，推行“省直管县”体制，会给县级政府的事权变动带来影响，依此来相应的调整县级政府的财权，从而使县级政府逐步摆脱现在“权力小、财力弱、负担重、威信低”的困境。

三、县级财政的现状与困境

目前在我国财政领域，县级财政运行困难较为普遍，尤其是在中西部地区，县级财政更是举步维艰，并且有不断加剧的趋势，对此我们要引起高度重视。概括地讲，当前我国县级财政的运行困难主要表现在以下几个方面：

（一）县级财税资源不断萎缩

财税资源是政府行政资源的重要要件，它在很大程度上决定了政府“作为”的大小。一旦政府支出要求继续扩大而收入状况却无力改善，政府要保持甚至还要提高公共服务的能力，那就必须进行改革。现阶段我国县级政府财税资源不仅存在严重的不足，而且还呈现出不断萎缩的趋势。

1. 县级财政基础薄弱，财税结构单一。我国大多数县以农业生产为主，而财政要从农业中取得收入，其潜力客观上是有限的。我国有些县虽然也有一定的工业基础，但要么产业结构单一，几乎完全依靠某个资源型的产业收入，要么所属企业多为过去的“五小”企业改造而来，效益不甚理想。因此，经济结构的不合理使我国县级政府的财力非常单薄。以河北省为例，各县基本上都是“农业大县、工业小县、财政穷县”，2011年河北省县级国内生产总值16774亿元，占河北省国内生产总值的69.2%。在县级国内生产总值中，第一、第二、第三产业分别占15.6%、54.3%和30.1%，第一产业比重比河北省高了3.6个百分点，第二产业比河北省高了0.2个百分点，第三产业比河北省低了3.8个百分点。可以看出，河北省县域经济基础薄弱。

2. 县级财政体制不顺畅，负债沉重。1994年开始的分税制改革，整体思路正确，但实际运行过程中却存在一系列问题：强调财权集中，并采取由下而上的方式集中财政资源，一定程度上抽空了以县级财政为代表的基层财政的财源；现有税收分配制度改革的不彻底，尤其是分税制改革，仅仅解决了中央和地方财政收入的划分问题，却没有对与财政支出密切相关的事权进行合理的划分和界定，中央和地方政府之间的在这方面的管理体制依旧混乱，事权与财权之间不匹配。

（二）县级财政负债严重，基层政府财政风险不断加大

我国现行的法律、法规对县级政府举债是严格规定的，《预算法》第二十八条规定：县级各级预算按照量入而出、收支平衡的原则编制，不列赤字。除法律和国务院文件另有规定以外，县级政府不得自行发行政府债券。国务院《关于坚决制止乱集资和债券发行管理的通知》中规定，除国务院规定之外，县级政府不得向社会公开集资。以上所列法律法规虽然为控制县级政府债务融资和私自举债提供了依据，但是并不意味着县级政府目前不存在债务。为了不直接触犯国家的法律，大部分债务都以企业或者项目的名义举借，游离于中央政府和县级人大的监督、监管范围之外，但最终的债务的偿还责任还要落到县级政府的头上，这样就给县级财政的稳定运行埋下了严重的隐患。另外不断增长的财政支出压力和为了发展地方经济或片面追求政绩等原因都迫使基层政府大规模举债。襄阳的财政直接债务为28925万元，占2011年襄阳县实际可支配财政收入的140.3%，比例如此巨大，从而给该县财政的正常运转，尤其是工资和正常办公经费的拨付造成了极大的困难。四川省安岳县2010年的县级公共财政预算收入仅为1亿元，而财政供养人员却达2.5万人，财政总支出更是高达4.3亿元。就算加上每个月还可以得到上级1500万左右的转移支付和各项专款，要想弥补这一收支缺口也是非常困难。像这两个县这样的情况在全国其他县里也经常可以看到，严重的负债已影响到了基层政权的运转和公共物品的提供，长此以

往，必将影响基层政权的稳定。

（三）收支失衡，财政赤字问题严重

受世界经济发展低迷的大环境影响，近几年来，经济增长速度变缓，市场竞争日益加剧，在此背景下，一方面县乡许多企业生产经营陷入困境，现有税源匮乏，短期难以培育新的经济增长点，给财政收入的增长带来了困难；而另一方面财政支出的范围和项目逐年扩大，尤其是刚性支出项目的增加和财政供给范围的扩大，加剧了财政收支的失衡和矛盾。主要表现为：第一，财政支出的增长速度高于财政收入增速，收入不能满足支出的需要。随着社会主义经济的发展，市场经济体制逐步在建立和完善，政府宏观管理的职能及财政活动的范围也在不断拓宽，这样使得财政支出的总量和范围，呈现出不断增长的态势，但又受制于经济增长乏力，财政收入增长缓慢的实际，导致了现有的支出总量远不能满足不断增长的支出需求。第二，财政支出结构不合理，表现出“要饭财政”的特征。按照支出的性质和用途不同，财政支出通常划分为经常性支出、建设性支出和专项支出三大类，其中，人员经费和公用经费是经常性支出的主要组成部分。其中，经常性支出的比例约占70%—80%，而人员经费支出占经常性支出总额的50%以上。经常性支出的增长速度大于财政支出的增长速度，挤占了经济建设支出，导致了很多县在年初预算时根本无法安排建设性支出，只能依赖上级财政的专项拨款进行基础设施建设。

从近年来我国大多数县级财政的运行情况看，虽然受经济环境和财源匮乏的影响，增收空间有限，但是需要增加的支出项目却在不断增多，收支矛盾日益尖锐，财政赤字较为严重。据统计，20世纪90年代中期，我国县级财政赤字曾一度高达40%以上，即使到2012年的31.2%和2013年的29.2%，财政支出压力始终没有得到缓解。另外，“账表不一”“隐性赤字”等现象时有发生，主要是指财政通过应支未支、应补未补，采取欠账、挂账等方式，将财政收支矛盾后移，使财政赤字隐性化，长此以往，政府机关不得不在负债运行，那样必定会影响地方县级政权的顺利运转及提供公共产品和公共服务的能力。

（四）县级政府无力提供农村最基本的公共服务

地方政府的最基本职能就是为本地区居民提供必要的公共产品，但受制于我国目前县级财力的普遍匮乏，县级财政扶持地方经济和社会事业发展的能力越来越弱。另外，地方区域经济发展低水平徘徊也提供不出更多的财政收入，这样就导致财政经济陷入恶性循环，农村公共产品供给呈现危机局面。其主要表现为：

1. 支持公益事业及基础设施建设的资金严重短缺，社会公益事业发展无后劲。如四川省2010年全省县级财政基础设施建设决算支出287亿元，占总支出的比例仅为6.74%，且主要集中在20个相对发达的县。当年县级教育事业费支出650.3亿元，真正用于中小学办公设施改建的不到45亿元，也主要集中在20个相对发达的县，有将近一半的县和70%以上的乡镇根本无财力用于基础教育和基础设施建设。

2. 生产建设性支出所占比重逐年下滑，财政配置资源的职能难以发挥，县乡社会经济发展环境不顺，可持续发展能力有限。由于财政困难，县级政府用来提供公共产品与服务的能力非常有限，在优先保证工资发放和组织机构运转后，已无财力再干其他事情，生

产建设性支出严重欠账。以农村义务教育的投入为例，目前主要依靠上级财政的拨款，本级投入则主要来自农民缴纳的税费和教育集资。

由此可见，财政匮乏，已经严重制约了县级政府职能的发挥，这种情况不能任其发展，要借“省直管县”行政体制推进这一契机，全面、科学、深入地改革现行县级财政管理体制。

四、改革、完善县级财政管理体制的原则、措施和注意事项

省直管县行政管理体制的全面推行，必须要以财政体制的改革为先导，如果没有财政的支持，政府职能的实现就无从谈起，“省直管县”体制推行所期待的理想目标也就无法实现。县级财政体制的改革是一项科学、系统的工程，涉及方方面面，只有统筹考虑、科学规划、精确实施，才能使县级财政体制改革工作顺利进行，达到预期目标。这主要包括以下内容：

（一）完善县级财政管理体制的原则

全面推行“省直管县”体制，要以“标本兼治”的方式来解决县级政府财政问题，理顺“中央—省—市—县—乡”的财政关系，依照“中央适度集权”和“地方分权管理”的原则。第一，中央要在合理确定各行政层级的基础上配备相应的财权，将一部分财权从中央，尤其是从省、市级政府下放给县级政府，使财权与事权相结合。第二，县级政府管理模式要从“全能型政府”向“有限型政府”转变，将一部分管理权限下放到乡级政府和企事业单位，将部分管理职能推向市场，启动多元主体共同治理县域公共事业的进程。

（二）完善县级财政管理体制的具体措施

1. 要在体制上确立科学规范的县级财政收入范围、合理划分县级固定收入、共享收入，形成稳定的县乡财政预算收支体系，调动县级政府组织固定收入的积极性。具体表现在：

（1）按照省直管县体制确定的县级政府的事权，合理划分各级政府的支出责任，明确县级政府的支出范围。有人建议，中央应进一步集中财力，原因是西方国家中央政府集中的财力要远比我们国家多，如美国集中75%、法国集中80%、英国集中90%，等等。但是，中央政府集中多少不是主要问题，关键是要看支出的责任是怎样划分的。如社会保障支出，发达国家几乎全部由中央财政负担，而我国社会保障的责任主要是在地方。我国分税制改革存在的最大问题是虽然划分了收入范围，但没有明确支出责任，导致事权不清，从而形成了内外不清、上下不明、你中有我、我中有你的复杂局面。可以考虑将公共需要、公共服务作为事权划分的切入点，根据各类公共服务不同的性质和特点，划分各级政府应该承担的责任。按照受益范围原则，如果是属于全国性的公共产品和服务以及调节区域间经济社会发展的职责，那么就应当由中央政府来承担；如果是属于地方性公共产品和服务的职责，那么就应当由地方政府承担。对于一些由中央和地方共同分担的公共产品、公共服务，如义务教育、社会保障、生态环境等社会公共服务，由各级政府共同承担。如

在农村义务教育和医疗卫生方面，过去一直强调以县级投入为主，但县乡自身财力有限，长此以往财政不堪重负。推行省直管县行政体制改革，就应该根据县级政府现在和将要赋予的职能（事权），科学、合理地明确县级政府的财政支出范围，实现“支”的合理与清晰。

（2）根据财权与事权相结合的原则，合理划分各级政府的收入范围，明确县级政府的收入范围。1994 年的分税制改革重点划分了中央与地方之间的收入范围，但对省以下分税制改革并没有规范。后来，中央虽下发了一个关于完善省以下财政体制的指导性文件，但因为各省实际情况不同等原因，这个文件并没有得到很好的贯彻落实。省以下体制特别是县乡财政体制，仍旧采取着各式各样的分成办法。我国作为五级政府，在与经济发展密切相关的消费税、增值税、所得税等主体税种大部分收入划归中央的情况下，省以下四级政府，要实行真正的分税制，不具有可行性。特别是到了乡镇一级，几乎是无税可分。近几年中央财政收入占全国财政收入的比重一直在 50% 左右。在中央集中财力较多的情况下，地方财政尤其是作为基层的县乡财政必然困难。因此，还是要通过税收分权或税基共享来解决县乡财政的缺口，也就是说，在“省直管县”行政体制推行的契机下，进一步扩大和明确县级政府的收入范围，将适合县级政府征管的税种尽可能下放给县一级，提高地方特别是县乡一级共享税种的分成比例，拓展县乡政府的财源和税源，做到“收”的合理与清晰，尽可能实现自给自足。

（3）应尽可能做到财权与事权相匹配。财权是指筹集和支配收入的权力。要让一级政府完成它所承担的事权，就要给它筹集和支配资金的权力，就是事权与财权应该统一，这是确定财政体制的一个重要原则。否则，会影响政府职能的发挥。但对这个问题研究探讨了许多年，始终没有得到很好的解决。特别是在农村税费改革以后，取消了“三提五统”、农业特产税、农业税等，县乡组织收入的范围和权力大大减小，而在城乡经济建设过程中县乡承担的任务却日趋加重，财权与事权不对等的矛盾非常突出。从目前情况看，要真正做到财权与事权相适应确实存在一些困难。近些年，各地推行的“省直管县”行政体制改革，不少地方也配套进行了“省直管县”的财政体制改革，试图从根本上去除基层政府财权与事权不相匹配的问题，努力实现财权与事权的一致。对难以明确界定是中央政府还是地方政府的事权或者已经确定是地方政府的事权，地方政府财力难以满足的，上级财政应当给予一定的财力补助，这样才能尽可能做到事权与财力相适应，保障其职能得以履行。

2. 要合理确定收支基数和预算管理体制，保持体制的稳定性、连续性，规范省、市、县财政之间的分配关系。县乡财政支出改革的重点是规范预算编制、执行和监督，优化县乡财政支出结构，加强财政对县级公共服务方面的保障能力，提高资金的使用效益。具体措施有：

（1）合理界定预算资金的范围。现行预算法界定的预算资金范围并未涵盖所有的财政性资金，县级政府存在着大量的制度外资金，这些资金游离于预算管理之外，这种财政资金双轨制运行，既违背了国家预算统一性、完整性原则，又削弱了政府的宏观调控能力。因此，必须通过改革，重新界定国家预算资金的范围，规范预算管理体系。

（2）加强对预算工作的监督。为了保证监督工作的独立性、权威性和有效性，应按照国际惯例将各级审计部门从政府部门独立出来，划归同级人大，作为立法机关监督政府工作的主要职能机构之一。“省直管县”体制推行后，更需要加大对县级政权的财政监督，其中，预算监督工作也迫在眉睫。

3. 要建立科学有效的转移支付制度，在省以下的转移支付中，要以县级政府为转移支付的主要对象，使转移支付的财力真正落实到县一级。

（1）加大一般性转移支付力度。目前，国际上较为通用的财政转移方式主要有两种，即一般性转移支付和专项转移支付，大多数国家都以具有均等化特征的一般性转移支付为主。我国转移支付形式自 1994 年分税制改革之后，经过近 20 年的改革和发展，现主要有以下三种类型：一般性转移支付、专项转移支付和税收返还。但在这几种转移支付的形式中，真正具有正面均等化效果的转移支付仅限于“一般性转移支付”。根据财政部网站数据显示，2012 年，我国一般性转移支付预算数为 22526 亿元，但 2012 年年底只完成了 21471 亿元，比重也降至 47.31%。2012 年，专项转移支付预算数为 17386 亿元，比重占全部转移支付的 50% 以上。2013 年中央对地方的转移支付中，一般性转移支付 24538 亿元，专项转移支付 19266 亿元，一般转移支付占比 50.2%，与西方发达国家相比，我国一般性转移支付占全部转移支付的比重依旧偏低，实现正面均等化的效果相对有限。例如，英国中央政府对下级政府的一般性转移支付占全部转移支付的比重可达 90.1%，德国转移支付中一般性转移支付所占比重可达 85% 以上，美国这一比重也达到了 75%。由这些数据可以看出，我国的中央和省市下一步应该加大对下级的转移支付力度，尤其是要增加一般性转移支付的规模和所占比重，减少专项转移支付，逐步增加县级政府的可用财力，增强县政府统筹安排财力的能力。从长远看，应当将税收返还并入一般性转移支付中，因为税收返还是原体制积累下来的，当时的目的是保既得利益，没有考虑地区间财力不均的格局，不仅起不到调节地区间分配的作用，反而固化了地区间的差异，并入后会大大增强财政均等化的能力，有利于解决县乡财政困难。

（2）规范整合专项转移支付。专项转移支付是有专门用途的转移支付，地方无法结合地方财力统筹安排。在我国现有的转移支付体制中，最大的问题就是专项转移支付所占比例过大。作为中央政府要科学合理的规划对地方的专项转移支付项目，可有可无的要去除，功能相近的要合并，将节省下来的资金尽可能地通过一般性转移支付的方式下达给地方。专项转移支付所列入的项目，一般都具有特殊性和非常规性，例如，农业病虫害的防治、江河湖泊的治理、农村中小学校舍的改造等。专项转移支付只是一般转移支付的补充，一般不具有均等化效果，另外专项转移支付主要是由部门申报和分配管理，并将逐级下达给下级。资金和项目不仅数量较多，而且投资方向较为分散，缺乏整合性，项目重复性较为严重，导致实际产生的效益不高，难以起到均等化的效果和切实缓解地方财政困难。正因如此，科学合理的整合和规范专项转移支付非常必要。要做好这项工作，第一，要敢于取消那些“过时的”、不再符合新时期发展形势的专项项目，将这些资金通过合理的规划和分配，尽可能的划入一般性转移支付中去，以切实增加地方尤其是县乡两级政府的财力。第二，要敢于将那些需要保留但用途性质重复或相近的项目，整理合并，统一规划，将分散的投入变为整体的投入。同时，合理制定专项转移支付的配套政策，对于地方财力状况差异较大的县（市），科学的、有区别的确定配套的范围和比例。尽可能的不要求县乡配套，极个别的特殊情况除外，减轻县乡的财政负担。第三，要建立严格的专项转移支付项目审批机制，由财政部通过国库集中支付体系拨付地方资金，并严格监督管理资金使用过程，完善专项资金的审计督察体制。因为这部分专项资金牵涉到的政府和部门较多，涉及方方面面的利益，所以要通过改革专项转移支付体制和运行模式，使转移支付资金的分配程序、使用过程和使用效益信息公开透明，确保这些专项转移支付资金拨付到位、用到实处。

(3) 建立转移支付的激励机制。要强化转移支付的激励约束功能，不能一味地“要钱给钱”，而是要想办法培养“挣钱的能力”。在资金分配时要考虑绩效管理，与地方政府的政绩相联系，采取以奖代补的方式，刺激地方发展经济、增加收入。在这个环节中，省级财政也要发挥好引导作用。以湖南省为例，2005 年开始实行“省直管县”的财政管理体制后，重新调整和规范省以下财政体制，每年以 1% 的递增速度，逐步加大对县级财政的转移支付力度，政策一定 5 年。为了鼓励县级政府培植财源，将县级上划省的共享收入，确定基数后，在执行年度内基数全额返还给县级财政。这样的财政体制实施后，极大地调动了县级政府发展经济、增加财政收入的积极性。

4. 在新一轮的县级财政管理体制改革过程中，要加大财政资金使用的监管力度，提高财政管理质量和水平。加强对政府非税收入的监督和管理，对县级政府现行的各项行政事业性收费、罚没收入、基金收入等项目进行认真清理，进一步深化“收支两条线”管理改革，全面推行收缴分离制度。所有部门单位的非税收入，按照财政统一票据、资金缴存财政、综合预算分配、群众民主换监督的要求进行管理。强化国有资产管理工作，对大名县国有单位土地房产进行专项清理，按照有关规定及时审批处置车辆等国有资产，防止国有资产流失。

5. 要建立地方财政运行监控、支出绩效评价体系和债务统计和审查体系。准确、全面的掌握财政运行情况，科学、客观的评价地方缓解县级财政困难的能力、努力程度和工作实绩。县级财政改革应建立政府债务统计体系，对不同的债务实行分类管理，及时披露政府的负债情况，包括对上级政府的披露、对立法机构的披露和对社会公众的披露。加强透明度将有益于县级政府债务的监督和管理，从而可以促进财政收支平衡的实现。

（三）完善县级财政管理体制的注意事项

1. 随着“省直管县”行政管理体制的不断推进，要稳步进行“省直管县”财政体制改革，完善县级财政管理体制，不能急功近利，要在具体改革过程中不断采取新观念、新方法更科学的推进县级财政体制改革。

2. 各个地方的改革要因地制宜、因时制宜，不可照本宣科，要从本地的具体情况入手，全面考虑本地的经济、文化、科研、历史以及大众的可接受程度等情况，积累适合本地实情的改革经验、方法，努力使县级财政体制改革又好又快进行下去，进而促使县级政府能够提供更多更好的公共服务。

3. 推进“省直管县”体制，改革完善县级财政体制，需要国家加大法律建设和修改的力度，改正现行法律中不合理的部分；同时推进县级政府机构改革和企事业单位改革等配套改革，实现政治制度、行政体制、财政体制和法律制度的同步推进，以期更好的推进县级财政体制改革。

4. 伴随“省直管县”行政体制推进的新的县级财政体制改革要注重公开、透明，主动接受监督机关、人民大众的监督，使财政预算和财政管理不再神秘化，从基层做起，实现财政管理的民主化、科学化。也使得政府职能的实现和公共服务的提供更加透明化，满足更多群众的要求。

五、结束语

在强调社会和谐的今天，县级政权的方方面面都成了社会关注的焦点：我国人口大部分居住在县级政府所管辖的区域内，并且其中大部分人是社会的弱势群体，县级政府作为基层政权，与这些群体和社会公众接触紧密。县级政府作为国家设立的衔接城乡政区的政权组织，在加强自身政权建设、发展地方经济、提供地方公共产品和服务等方面起着举足轻重的作用。另一方面，中央和地方之间财政责任与财政能力的失衡已经引起关注，一方面，现有的分权趋势下，许多公共服务已经委托给地方政府来提供；另一方面，1994“分税制”财政体制改革后，财政税收却又有集中于中央的趋势。县级财政作为中国财政体制中重要的一个层次，作用日益凸显，但同时县级财政困难的严重性已在某种程度上制约了县级政权正常的运转，县级政权的威信将随着公共服务提供的数量和质量的下降而下降。鉴于县级政权运行中出现的困境，我国开始了“省直管县”的行政管理体制试点，以此提高政府的工作效率，调动县级政府的积极性，增强县级政权的自主性，从而使县级政府作为中国的重要的基层政权拥有更多的管理本辖区的权力。伴随“省直管县”的行政管理体制试点而逐步推进的县级财政管理体制改革，旨在使县级政权合理的支出拥有稳定、可靠的财税来源，透过透明化的财政监督机制，提高财政资金的利用效率，以更好的支持县级政权实现辖区社会管理的职能。使县级政权逐步变成为拥有相对独立、自主能力的基层公共服务的提供者和辖区的社会管理者。县级财政管理体制的改革不仅局限于县级本身，而是整个财政体制的变革，所以县级财政管理体制的改革、完善应该放在全国财政管理体制改革的大背景下，逐步、稳步的推进，这样才能科学的实现县级财政管理体制的完善和优化。

（大名县财政局　胡朝晖　张宁钊　张振钰）

关于完善衡水市职工医疗保险市级统筹制度的研究

2016 年度河北省财政科研课题成果三等奖

从 2012 年起，衡水市城镇职工医疗保险实现了建立在调剂金制度上的市级统筹模式。运行 4 年多以来，已经初步实现了市域范围内收付制度的整体统一、医疗待遇的普遍提升和运转效能的有效优化。但受社会经济发展状况、制度设计兼容性、组织架构适应性、信息管理模式等因素影响，近年来衡水市职工医疗保险市级统筹制度也出现了一些问题。本文旨在通过对衡水市近年来职工医疗保险市级统筹制度发展情况的数据分析，发掘衡水市职工医疗保险市级统筹现存的问题，并对完善衡水市职工医疗统筹制度提出初步建议。

一、运行情况概述

衡水市 2012 年开始实现城镇职工医疗保险市级统筹，统筹市直及下辖 11 县（市、区）共 12 家基层单位。市级统筹运行近 5 年来，参保人数提高 10.5%（如图 1 所示），基本保险费收入年均提高 13.9%，基本保险待遇金支出年均提高 17.2%（如图 2 所示）。

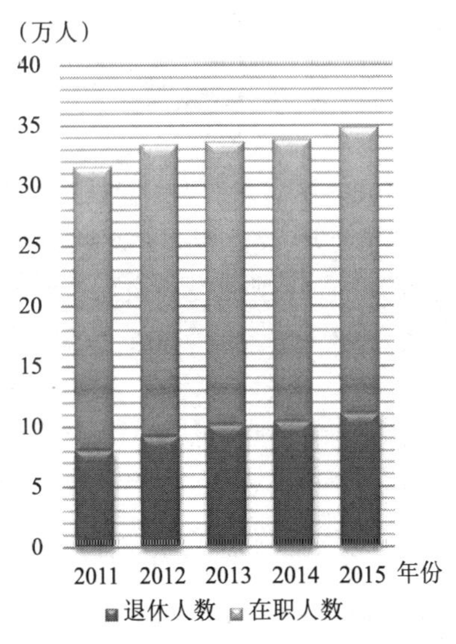

图 1 市级统筹前后参保人员变动情况

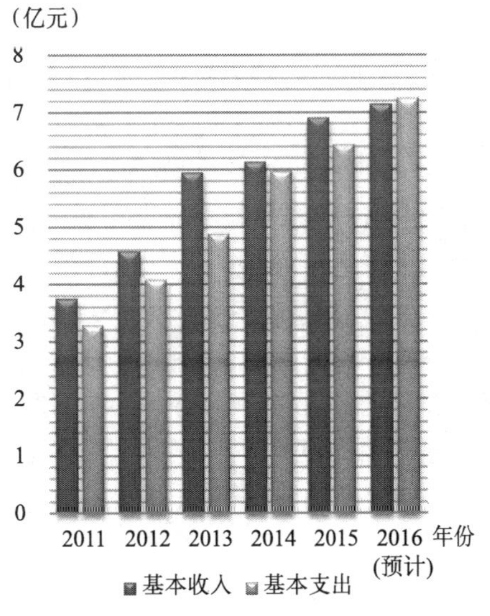

图 2 市级统筹前后基金基本收支变动情况

二、现存问题与原因

（一）衡水市各地职工医保统筹账户结余大幅缩减

自2011年市级统筹后，几乎所有县市区统筹基金结余均呈缩减状态，其中单纯缩减和近单纯缩减地区7个（冀州、枣强、深州、饶阳、安平、故城、景县），在2013年前后，由于退休补缴政策基金红利出现n型变动地区4个（桃城、武邑、武强、阜城）（如图3所示）。

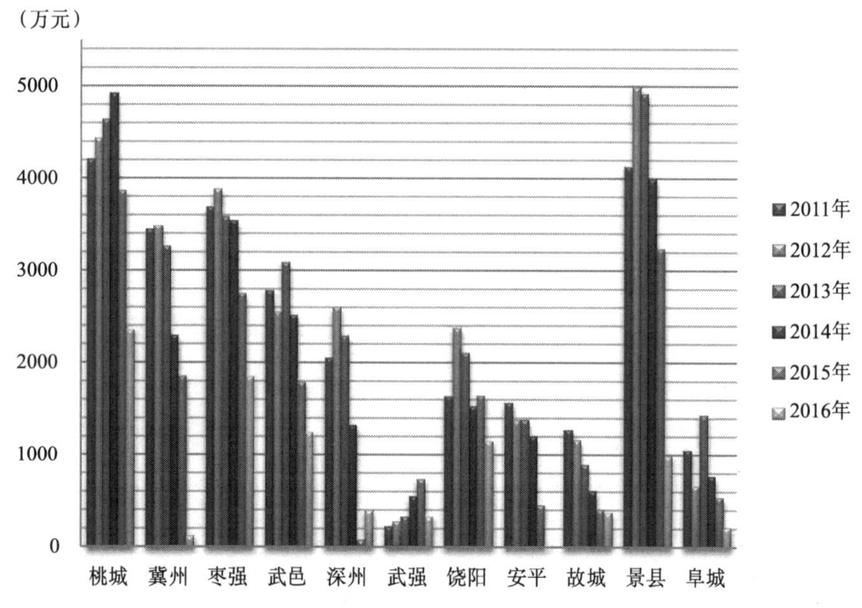

图3　2011—2016年统筹基金结余情况

据历年基金决算统计和预算调整预计，衡水市整体统筹基金结余由统筹前的5.37亿元缩减为2016年的4.64亿元，这一缩减幅度在今后年度将会持续扩大。造成此现象的原因是多方面的：

1. 基金征缴提升难度较大。影响基金征缴的因素共有三点，即费率、缴费人数和缴费基数，而衡水市在这三个方面均不占优。一是费率为河北省政策低谷。当前衡水市为河北省唯一一个基金费率维持在8%的地区（单位6%，个人2%），而河北省其他地市费率均在8.5%—10%之间。较低的费率使得基金收支包容性更为掣肘，基金收支平衡更易被打破；二是参保扩面更为困难，衡水市当前依旧没有摆脱农业产业主导模式，工业化基础较为薄弱，加之居民类医疗保险普惠性连年提升，职工医疗保险的参保基础、参保能力和参保意愿都很难发掘。从上文的图1可以看出，衡水市近几年来参保在职职工人数一直没有较大变动，人员增量均为参保退休人员，在职人数均在23万—24万人左右浮动，基金生产力显著薄弱；三是基金缴费基数低层次运转，由于较低的社会经济发展水平，参保人员工资难以提升，也是基金增收疲软的重要因素之一。

2. 医疗待遇支出连年大幅上升。医疗待遇支出与收入不同，由于相邻地区医疗水平基本相当，待遇支出水平带有明显的区域性。因此，这里选取与衡水市临近的沧州市、邢台市作区域比对。将衡水市医疗保险统筹基金支出按参保人数平均，则可发现由 2011 年的人均 660 元提高到 2015 年的人均 1192 元，年均提升 15.9%；位于沧州市的 12.7% 和邢台市的 18.8% 之间（如图 4 所示），但是在 2011—2015 年这 5 年间，衡水市人均统筹基金收入由 630 元提高到 2015 年的 1042 元，年均提升 13.4%，低于沧州市的 13.7% 和邢台市的 26.1%，从上述数据也可以看出，衡水市是其中唯一一个收入增幅低于支出增幅的地区。

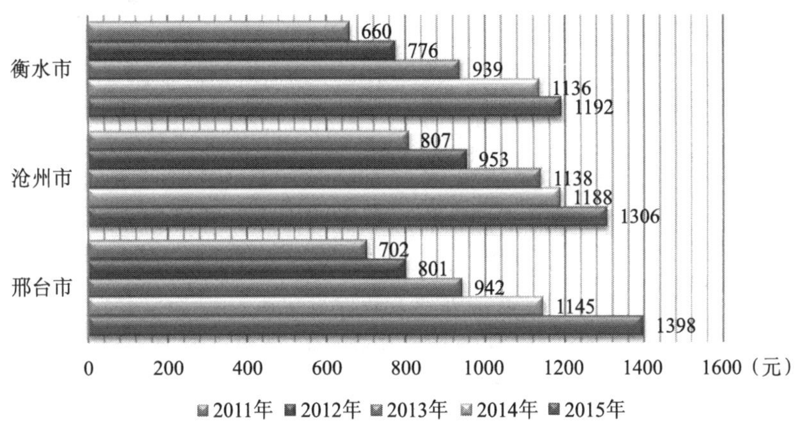

图 4　衡水市、沧州市、邢台市统筹基金人均支出

3. 退休人员个人账户划入机制占用统筹账户。按照市级统筹实施办法，衡水市现在对于退休人员个人账户资金来源的规定为：退休人员满足最低缴费年限后不再缴费，按本人上年度基本退休金的 3.8% 划入个人账户。这就带来了一个问题，也就是与统筹前相比，退休人员划入的个人账户记账额度占用了统筹账户。占用比例估算为：在职人员缴费统筹账户划入比例在工资基数的 4.4%—4.9% 之间，按人员年龄平均分布计，约为 4.6% 左右，衡水市 2012 年末在职人员 24.1 万人，退休人员 9.2 万人，按养老金替代率 85% 计算，则退休人员个人账户记账使用了在职统筹口径总额的 26.8%，也就是说，市级统筹后，衡水市大约有四分之一以上的统筹账户收入划入了退休人员的个人账户。而且，这一比例随着老龄化的加剧还将继续提高。2015 年年末在职人员 23.8 万人，退休人员 11 万人，比例提高到 32.5%。粗略预估，在退休人员占参保总人数约 60% 的情况下，按现有的记账规则就基本不存在统筹账户收入了，随着老龄化的加剧，考虑到职工医疗参保群体的特殊性，这一比例在部分地区并不是不可能达到的。

4. 个人账户划入比例虚高。当前，衡水市医疗保险收入划入个人账户的比例为 47.5%，远高于河北省平均水平（41.8%），致使大量基金结存在个人账户，而且由于个账没有共济性，属于个人财产，对于提升医疗保障互助共济效用微乎其微。这里迫切需要缩减个账的分配比例，以强化统筹基金的共济效能。

（二）区域统筹制度可操作性有待提高

衡水市的职工医疗保险实行建立在统筹金基础上的市级统筹模式。衡水市统一收支制度，统筹各地区上解年度统筹基金收入预算的 5%，在当地基金合规运行的前提下，出现结余赤字时由调剂金补助赤字规模的 50%，同级财政补足另外 50%。当前存在的问题主要有以下几点：

1. 医疗保险机构设置阻碍职能的进一步发挥。当前医疗保险经办机构是隶属于当地人社部门下属的二级单位。在医疗保险市级统筹后，原有的隶属权限在很大程度上变成了发挥职能的桎梏。由于归属同级政府领导，医疗保险经办机构在发挥职能作用时更多是执行当地政府的政令，而当地政府需要通盘考虑医院收益、财政负担、企业保费压力、民众医疗待遇等多方面因素，这样地方经办就不能更多地在基金可持续和基金效用上做出成效。

2. 基金调剂制度混同基金收入与支出的因素关系。基金收入应当与地方经济挂钩，而待遇支出则与地方疾病谱和地域周边医疗资源挂钩，两者并不是完全等同关系，简单处理会出现收支不均衡现象，更为值得一提的是地方经济薄弱地区财政能力相对也较为欠缺，医疗基金巨大的补缺压力有可能加剧地方政府的负担。

3. 市级调剂有可能造成地方减收增支。提高统筹级次出现基层“大锅饭”现象，在任何险种都是有可能出现的，而医疗保险尤为更甚。原因是医疗保险待遇并不恒定，也无从准确预计，没有办法依托统筹主导平台统一核定收支数据，进而预计和执行统筹区域各单位的统筹计划。

4. 支出政策调整机动不灵。医疗保险作为以收定支险种，支出政策应根据收入计划作出应对性调整。但当前的问题是在收付压力连年较大的现状下，由于统筹区域收付不均衡，市级作为统筹主导平台无法做出统一而且面面兼顾的待遇调整政策，而县级由于执行市级政策，无法自主裁量，也造成了各地收付严重不匹配。

5. 信息资源流转效率较低。虽然已运行市级统筹近 5 年时间，但截至目前，衡水市仍未实现地方资源共享，部分县区仍未实现医保信息联网。人员信息无法做到实时提取比对，对疾病谱系、医药谱系、诊疗谱系的信息搜集与分析缺乏基础要件，当前还远达不到基金进一步追求大数据管理，探索综合支付模式的要求。医保监控系统需要专业人员从事数据分析，对定点医疗机构浪费医保资源行为无法做到更强的约束，迫切需要数据化分析体系加以规范。

三、解决建议

当前市级统筹需要重点解决的两大问题，说得通俗一点，一是“钱不够花”，二是“事不好管”。解决“钱不够花”的问题，不能靠增收。费率、人群和基数这三个收入要件现在已经很难左右，单纯提升费率在当前企业减负和供给侧结构性改革的环境下已无从提起，盲目扩面参保人群将几何式加剧基金中长期负担，而缴费基数的提升则在于社会经济的逐步发展同步缓慢提高，远水不能解近渴。也就是说，除了努力清理欠费，在当前政策和经济形势下，基金收入侧可供挖掘的潜能比较有限。“蛋糕”在这一段时期内只有可预见的大小，增幅不会太明显，而面对日益高涨的支出需求，我们需要做的就只有把握好切“蛋糕”的刀，做到物尽其用。而解决“事不好管”的问题，要从根源上想办法，一是要坚持数据导向，通过获取准确的运行数据完善构建测算体系，二是要做到体制兼容，打破当下机构设置带来的阻碍。具体而言，有如下解决建议：

（一）调节收入分配机制，提升基金互助共济效能

根据前文所述算法，个人账户的划入比例较高，大量资金沉淀在个人账户实账结存，无法发挥应有效力；而退休人员个人账户对统筹基金并不是比例挤占，而是差额挤占，随着老龄化的加剧，它的占比会加速提升。这里我们提出可以实施两个方向：淡化支付功能和强化共济效能，这是可以并存的两个方向。具体做法首先是努力发掘个人账户共济效能，可以通过家庭个人账户共享、自愿合法捐赠等方式，打破个人账户间的制度壁垒，实现个账资金有条件的规范流转；其次，通过强化门诊统筹机制来弱化个人账户作用，创造缩减个人账户比例份额的条件；最后，考虑到存在影响未来社保卡个人医保账户金融功能的可能性，个人账户实账属性不宜变更，统筹账户如非极端情况不建议占用个人账户。

（二）调节支出机动性能，提升待遇调整应对能力

市级作为医保市级统筹主导平台，应面对各地收支情况制定多层次的支出调整机制。在当前衡水市政策状态下，应先抓住主要矛盾点向下逐步梳理，建议分三步走：第一步是采用过去农合政策框架的做法，给予县级一定比例的支出政策自主区间，让其在基金自求平衡中寻找合理位置；第二步是记录各地政策框架中各项支出运行数据，分析适合这一类地区的支出待遇政策水平；第三步是逐步形成一整套完善的测算体系，将各地待遇政策作为可动参数，通过调节待遇政策反向适配年度收入水平，最终实现以收定支目标。

（三）调节经办机构设置，促进制度和组织相互兼容

建议令医保经办机构设置与市级统筹政策相兼容。具体而言，市级统筹医保基金均属于市级基金，衡水市各级医保经办机构均应对市级统筹医保基金负责，以此为出发点，各级医保经办机构均应属于市直医保机构的派出机构，隶属市直经办垂管，人员编制、人事管理、工资与经费等事项归市级负责。只有这样才能彻底杜绝提高统筹级次出现基层“大锅饭”现象，摆脱地方政府通盘政策对基金的不利因素，令医保经办机构能更为顺畅地发挥基金效能，并维护基金的合规权益。

（四）完善信息化管理手段，以数据分析作为基金决策的重要抓手

一是要完善数据联网，以市级统筹主导平台为中枢，逐步构建主脉络纵深市区两级，横向贯通人社、财政、银行、医院，区域联接异地就医结算中心，外延连接民政、卫生、商业保险公司等相关机构，乃至在广域网提供单位保费缴纳、个人待遇报销、诊疗社会监督等一整套数据网络和运转模式；二是要坚持数据导向支持医保结算，从当前

的按支出额度付费，逐步通过统一的疾病诊断分类定额支付标准的制定，达到医疗资源利用标准化，推行DRGs标准化付费方式；三是要建立医疗行为的数据化分析，通过建立大额医药行为预警和诊疗社会监督方式实现对医疗行为的有效监管；四是要有效利用信息化辅助基金预算决策，不断完善信息化参数测算体系，逐步引领医保基金管理走向规范化和法治化。

（衡水市财政局　王世强　沈永清　张其栋）

如何处理好改革创新与依法理财关系研究

2016 年度河北省财政科研课题成果三等奖

党的十八届四中全会首次以依法治国为主题，这宣示了党中央高举法治旗帜，开创全面深化改革新格局的坚定信念。习近平总书记提出“在整个改革过程中，都要高度重视运用法治思维和法治方式，发挥法治的引领和推动作用”，这是对改革创新与依法行政关系的深刻总结，也明确指出了继续推进改革的法治路径。因此，我们应当进一步认识改革创新与依法理财的关系。一方面，要坚持法律优位原则，不能超越法律规定的范围进行改革，在改革受到法律局限时，应当在法律体系内寻求解决之道，并通过行政管理手段的创新，避免改革与法律的直接冲突；另一方面，要合理界定法律保留原则的范围，妥善运用授权机制，在获得法律授权的前提下允许特定地区或领域开展改革创新，进行制度突破。

一、正确认识财政改革创新与依法理财的关系

如何处理深化改革与依法理财的关系，是全面深化改革能否顺利推进、依法理财方针能否得到贯彻实施的重要问题。一方面，改革创新和依法理财是辩证统一、相互促进的关系；另一方面，改革创新和依法理财在社会发展的不同阶段具有不同的特点和趋势。

（一）依法科学决策是改革创新的前提

在科学决策过程中，要将依法理财理论内化于心、外化于行，要用依法理财理念形成的思维方法、观念认识指导决策、统一思想，凝聚共识。

（二）科学决策要树立问题意识

科学决策应当坚持问题导向，在依法理财依法行政的前提下，既要深入开展调查研究，善于发现问题、提出问题，又要不遮掩、不回避，敢于直面现象背后的法律问题；既要深入剖析存在问题的根源，又要依法提出解决问题的对策，建立以问题为导向推动改革发展的倒逼机制。

（二）科学决策要选准着力点、找到突破口

改革创新和依法行政，依法理财应当立足当前、着眼长远，从实际出发，抓关键点，从最紧迫、最需要、最薄弱的地方入手，实现改革创新和依法理财的新突破。

（四）科学决策重在落实

贯彻落实好中央重大决策部署，是全体党员的重要政治任务。认真贯彻习近平总书记关于抓落实的要求，就是要切实解决工作中落实不力的问题，这对改革创新和依法行政，依法理财工作意义重大。

二、财政监督检查是改革创新和依法理财的重要保障

（一）进一步明确财政执法监督的基本原则

1. 应当以内部监督为主。内部监督具有上下级的隶属关系，监督对象往往更愿意主动接受监督，监督主体对监督对象的行为更为了解，监督的重点也更为明确。

2. 增强行政执法监督范围的全面性。行政执法监督的范围涵盖下级行政机关行使行政权的全部内容，既包括对行政执法机关的监督，也包括对行政执法人员的监督；既包括对执法资格的监督，也包括对执法行为的监督；既包括对抽象行政行为的监督，也包括对具体行政行为的监督；既包括对执法行为合法性的监督，也包括对执法行为合理性的监督。

3. 行政执法监督应具有全程性。行政执法监督应当贯穿于行政权运行的全过程，是对行政行为的事前、事中、事后的全程监督。事前监督主要是为防患于未然，在行政执法行为开始前实施的监督，如对执法人员主体资格的审查。事中监督是对行政执法行为在实施过程中进行的监督，以便发现问题后及时纠正，如行政许可实施情况的年度检查等。事后监督是对行政执法行为实施完结后进行的监督，是一种补救性或惩戒性的监督，如执法责任追究制等。

（二）规范“双随机”抽查程序

检查对象名单和执法检查人员名单的抽取按照公开、公正抽查的原则，采取摇号方式，在市场监督管理局监督下，在执法检查人员名录库中一次性随机抽取产生。书面记录抽查过程，并经现场参加人员签字后存档，同时接受社会监督。检查对象名单和执法检查人员名单确定后，进行监督检查。

（三）建立行政执法综合考核的长效机制

要研究制定与经济社会发展目标考核相适应的依法行政考核办法，创新行政执法综合评议考核机制，科学合理确定考核内容和分值标准。考核结果应当真正作为执法人员奖励惩处、晋职晋级的重要依据。

三、队伍建设是改革创新和依法理财的关键环节

（一）坚定理想信念，充分发挥党员模范带头作用

执法人员特别是党员干部要坚定理想信念，锤炼坚强党性，提升思维层次，把创先争

优作为改革创新和依法行政的强大助力。

（二）完善人事管理制度，为队伍建设提供保障

在依法行政，依法理财和理论联系实际的基础上，创造性地发展队伍建设理论，以符合新形势新要求的思想理论指导队伍建设的工作实践。完善人事管理监督机制，确保决策合理、用权合法、做事合情。建立考核评价标准机制，细化量化人事考核评价指标，增加相关制度细则的可操作性，确保工作程序的公正、公开、公平。落实奖惩激励机制，坚持公正选人用人，调动执法队伍干事创业的积极性。

（三）加强法制业务培训，提高执法队伍素质和能力

应当将法制业务培训纳入规范化、法制化的轨道。针对不同部门的职责要求，分层次、有重点地研究和制定专门培训、定期培训制度，明确人力、财力、物资的专项支持，建立在岗培训、学历进修等多种层次的培训制度。

（四）加强廉政教育，建设政治过硬的执法队伍

要把廉政教育作为加强依法行政依法理财培训的重要内容，作为反腐败的重要举措，为建设廉洁、勤政、务实、高效政府提供有力保障。在依法行政培训中，尤其是对领导干部的培训中，强化法治观念，引导执法人员对滥用权力的腐败行为进行自我防范，用法律来约束行政权力。

具体而言，应当把握以下几个原则：

第一，坚持法律优位，不能进行违法改革。一切行政活动包括政府的改革决策，无论是权力性行政还是非权力性行政，无论是干预行政还是服务行政，也无论是负担行为还是授益行为，除非在有法律特别授权的例外情况下，均不得与法律相抵触。

第二，在法律体系内部寻求方法，解决改革发展中的矛盾。行政机关应当提高依法行政，依法理财水平，善于通过法律解释、漏洞补充等，在维护法律体系的实质正当性的同时，实现法律效果与社会效果的统一。

第三，充分利用授权机制开展改革创新。由中央或省级政府授权先行先试的制度，是我国经济社会改革创新的成功经验。应当在依法行政的前提下，充分利用这一行之有效的办法开展工作。

（承德市财政局　李力　杨柳）

加强财政专项资金监管的实践与思考

2016 年度河北省财政科研课题成果三等奖

财政是国家治理的基础和重要支柱。加强财政专项资金监管，是贯彻习近平总书记系列重要讲话精神、落实中央和省委决策部署的重要举措，是严肃财经纪律、规范财经秩序的有力抓手，更是加强党风廉政建设、推进源头治理腐败的现实需要。当前，财政收支矛盾尖锐，管好用好财政专项资金至关重要。

一、河北省财政专项资金管理使用的实践探索

河北省省级财政专项资金包括中央财政对河北省的专项转移支付和省级预算安排的专项资金。2016 年，省级一般公共预算安排 750 亿元，包括：促进转型升级 30 个项目、实施创新驱动 124 个项目、推进城乡统筹 48 个项目、完善基础设施 14 个项目、加强生态环保 67 个项目、促进民生改善 307 个项目、保工资保运转 81 个项目，10 月份压减到 137 项。近年来，河北省围绕规范财政专项资金管理，攻坚克难，多措并举，着力做了以下几个方面的工作，已初见成效。

（一）修订专项资金管理办法

2015 年，河北省财政厅会同各预算管理部门，对 99 项省级财政专项资金管理办法进行补充完善，辑印成册。修订后的资金管理办法，进一步明确了部门管理职责，充实了相关内容，健全了管理机制，为规范专项资金管理，提高资金使用绩效夯实了制度基础。同时，河北省财政厅着手研究制订了《河北省财政专项资金管理办法》，立足规范理财程序、防范资金风险、提高使用效益，坚持依法依规设立、注重项目绩效、突出监督问责，对管理职责、设立调整、预算编制、预算执行、监督评价和责任追究等方面作出明确规定，待《预算法实施条例》出台后再做进一步修改，按程序报批印发。

（二）规范省级项目支出管理

在清理整合省级专项转移支付、解决项目过多资金散碎问题的基础上，全面规范支出管理。

1. 实行项目库管理。所有预算项目都要进入项目库，督导部门按程序组织项目论证、审查和入库，全面反映项目绩效目标指标、立项依据、执行单位、预算安排、预算执行、

绩效评价等情况。

2. 精编细编预算。将提前下达的中央转移支付资金全部列入部门预算，准确确定本级支出和对下转移支付支出。部门预算安排的本级支出项目细化到具体承担单位，实行国库直接支付。

3. 加快预算执行。建立预算执行动态监控机制，加强统计分析，加大督查力度，强化支出进度考核通报，促进预算单位落实预算执行主体责任，切实加快预算执行进度。

（三）推进阳光理财

财政部发布的《2015 年全国地方预决算公开度排行榜》，河北省各项指标均位居榜首。

1. 明确公开责任。明确财政部门是政府预算公开的责任主体，各预算部门是部门预算公开的责任主体，将预算信息公开作为财政管理综合考评的重要内容。

2. 规范公开形式。省级政府预算在省政府和省财政厅门户网站同时公开、省级部门预算在省政府和部门门户网站同时公开。

3. 规定公开时限。2016 年省级 127 个一级预算单位，除 15 个涉密单位外，112 个一级预算单位全部于 2016 年 1 月 20 日批复后 20 日内，在 2016 年 2 月 9 日前予以公开。

4. 细化公开内容。专项支出按功能分类细化至项级，基本支出按经济分类细化至款级。

（四）注重监督检查

1. 开展绩效评价。对 49 个重大项目进行绩效评价，评价范围涉及 24 个预算部门，评价资金量达 395.22 亿元。根据评价结果，提出 2016 年专项资金预算安排建议，压减资金 8 亿元。

2. 组织专项检查。重点检查 2013 年 1 月 1 日至 2014 年 7 月 31 日省级（含中央）下达的各项财政专项资金，检查抽查 11 个设区市、22 个县、48 个省直部门，涉及 92 个项目、资金总额 2.39 亿元，发现问题资金 1.06 亿元。

3. 加大查处力度。对河北省省委巡视组反映的某县级市民政局、水利局问题进行认真调查核实，同时还对教育、国土、农业等 7 家市直及下属单位 2012—2014 年省以上专项资金进行检查，涉及项目 532 个、资金总额 46.4 亿元，收缴 3396.05 万元、罚款 32.5 万元，给予党政纪处分 9 人。

（五）开展专项清理

作为河北省“一问责八清理”专项行动重点工作，省财政厅牵头组织 19 个省直部门参与，省市县三级联动，开展专项资金问题清理。自 2015 年 11 月起至 2016 年 6 月底，按照“横向到边、纵向到底”的原则，对 2013—2015 年各级财政专项资金，从资金拨付、资金额度、使用情况、账务情况、档案资料等方面进行全面清理核实，共清理各类专项资金总计 6781.96 亿元、3.6 万项，发现截留套取挪用专项资金问题 1.2 万多个，追回问题资金 25.78 亿元，组织处理 583 人，纪律处分 2855 人，移交司法 213 人。在清理过程中，驻省财政厅纪检组主动作为，积极协调，在新闻媒体公布投诉举报电话、电子邮箱，并先后6次到9个设区市、12个县（市、区）财政局及部分乡镇财政所实地督导。

二、财政专项资金管理使用存在的突出问题

财政专项资金是社会经济建设、产业结构调整和宏观经济调控的重要手段。近年来，各级财政安排的专项资金越来越多、数额越来越大，群众关注度越来越高，绝大多数财政专项资金的管理使用比较规范，对促进河北省经济社会事业发展发挥了重要作用。但在专项资金管理使用过程中也存在一些亟待解决的问题，主要表现在：

（一）资金使用不够精准

有的是弄虚作假，主管部门审核不严，项目蒙混过关，骗取套取资金；有的是资金下达不及时或项目准备不充分，支出进度慢，甚至滞留延压资金；有的是不按计划用款，截留挪用资金或擅自变更项目内容地点；有的是工作人员法纪观念淡薄，利用职权贪污受贿、谋取私利。

（二）财务管理不够规范

有的单位对预算法学习研究不深、财务管理混乱、会计基础薄弱、会计信息失真，存在大额现金支付、无施工验收手续以及支付工程款没有工程发票等问题。

（三）信息公开不够顺畅

信息公开载体少，资金运行不透明，群众了解渠道窄，政务网站内容更新迟缓、缺乏动态分析、资源不能共享，平面媒体时效差、难保存、不规范。

（四）监督检查不够到位

对某一项目或环节检查多，全方位、全过程跟踪监督少；纪检监察、财政审计和业务主管部门在检查安排、结果运用、经验交流等方面尚未联动。

（五）执纪问责不够严厉

对单位的处理有的以整改代替惩处，有的以罚代法；对责任人员则是组织处理的多、纪律处分的少，处理处罚失之于宽、失之于软。

三、加强财政专项资金监管的对策建议

财政专项资金涉及国计民生，能否用好、如何管好，关系到党和政府的公信力，直接影响改革发展稳定大局。加强财政专项资金监管、提高资金使用效益，责任重大、势在必行。

（一）深化绩效预算改革

1. 实行零基预算。按轻重缓急和比较效益高低来统筹安排财政资金，对专项资金项目实行年度审核与清理制度，适时调整额度，取消不合时宜的项目。

2. 推行事前评审。将投资类专项资金、发展类专项资金、政府债务资金和其他专项资金纳入评审范围，采取专业人员评审和委托第三方中介机构独立进行评审，预算安排与评审效益挂钩。

3. 推进绩效评价。建立完善绩效目标管理机制和绩效评价体系，绩效评价结果作为安排以后年度预算的重要依据。

（二）完善信息监控系统

强化信息技术支撑，积极推进横向连接各级财政内部和本级预算单位，纵向连接省市县乡四级财政，覆盖预算编制、执行、监督、财政风险防控全链条的管控体系建设，努力实现项目流、资金流和风险节点全方位、全过程动态管理和实时监控。完善内控制度体系，聚焦预算管理、资金分配等核心业务环节，按照权责一致、有效制衡和分事行权、分岗设权、分级授权原则，将廉政风险点嵌入预算业务流程和职责划分规范，实现靠制度规范理财行为，减少违规违纪问题发生。

（三）加大预算公开力度

按照《关于进一步推进预算公开工作的实施意见》（冀办发〔2016〕29号），进一步加大财政政策的公开和宣传解读力度，扩大公开范围、细化公开内容、完善公开机制，除涉及国家秘密的内容外应主动向社会公开，省级主管部门重点公开专项资金目录、管理制度和分配办法，市县部门重点公开专项资金申报情况、分配办法和分配结果，乡镇等基层单位重点公开专项资金的政策依据、发放标准、发放形式，以公开倒逼落实责任、规范理财，提高资金使用的精准度和透明度，让更多企业和个人了解财政工作和财政政策。

（四）强化监督执纪问责

1. 拓宽举报渠道。在新闻媒体、门户网站发布公告，公布举报电话、举报信箱和电子邮箱，对举报线索逐一核实。

2. 加强监督检查。坚持把纪律和规矩挺在前面，健全定期检查、随机抽查、专项督查和投诉举报线索核查机制，防范资金运行风险，纠正违规违纪行为。

3. 凝聚监督合力。建立财政、审计和纪检监察部门信息互通、资源共享和联动监督机制，发挥主管部门、人大机关、社会审计机构和群众举报监督作用，营造全社会监督环境。

（五）严惩违规违纪行为

近几年骗取财政专项资金问题比较突出，必须引起高度重视，进行重拳打击。依照

《预算法》和《财政违法行为处罚处分条例》等规定，对滞留截留套取挪用专项资金的单位和个人进行严厉问责，对违规资金该整改的整改、该收缴的收缴、该处罚的处罚，让利剑高悬、震慑常在，让“有责必担当”形成共识，让“失责必问责”成为常态。

（驻河北省财政厅纪检组　王大为）

基层财政绩效预算管理体系建设研究

2016 年度河北省财政科研课题成果三等奖

预算是现代财政制度的核心。基层财政预算集中反映着基层政府一定时期的社会经济政策，从财政资金保障层面规定了基层政府年度或中期工作的目标任务。改进财政预算管理制度，提高基层财政预算整体绩效的绩效预算改革是基层政府的一场自我革命。绩效预算管理与我国传统预算管理相比，体现了现代预算管理制度改革和发展的方向，在管理模式和方法上更加突出绩效，具有更为显著的规范性、先进性、科学性。将有利于促进地方政府职能转变和治理能力提升，提高基层政府的施政绩效。

一、绩效预算管理与预算绩效管理

（一）绩效预算管理

绩效预算管理就是按照绩效的理念和方法，对现行预算管理制度进行规范和完善。从本质上讲，绩效预算仍然是按新预算法要求编制的部门预算。只是在预算编制原则、管理模式和方法上更突出绩效的要求；从范围上讲，绩效预算是全口径预算。政府所有财政收入要全部纳入预算管理，所有财政支出都要按绩效原则编入部门预算；从编制方法上讲，绩效预算属于零基预算。基本支出预算按标准编制，项目支出预算按绩效编制。所有支出均不再考虑上年收支基数；从管理流程上讲，绩效预算管理包括绩效预算编审、绩效预算执行监控、绩效预算完成评价、评价结果应用等环节。绩效评价结果应用的重点是服务新一轮绩效预算编制。总之，绩效预算的出发点和落脚点都是对财政预算的管理，属于预算管理范畴。

（二）预算绩效管理

预算绩效管理是一种以预算支出结果为导向的预算管理模式。它以项目支出绩效评价工作为突破口，逐步将管理环节前移后拓，形成全过程的预算绩效管理。从本质上讲，预算绩效管理属于政府绩效管理的组成部分，在政府绩效管理中处于基础地位；从改革的探索历程上讲，预算绩效管理为绩效预算管理改革奠定了基础；从管理的侧重点来看，预算绩效管理更加注重绩效评价工作，将绩效目标完成评价作为管理的重要内容。总之，预算绩效管理仍属于管理的范畴。

（三）绩效预算管理是预算绩效管理深化的结果

新修订的《中华人民共和国预算法》更加明确了讲求绩效的理念，在我国经济社会发展的历史上首次将“绩效”写入法典，奠定了各级政府财政部门强化绩效预算管理的法律基础。

20 世纪 80 年代初，受经济全球化影响，西方各国先后启动了以提高效率为目标的政府管理改革，政府绩效评估运动兴起。各国普遍将绩效管理作为预算改革的重要手段，并作为推进政府改革的推手。20 世纪 90 年代以来，世界范围内公共管理改革的目光都集中在如何有效提升政府施政绩效上来，绩效预算更是成为其中的核心内容。

在我国，从 2005 年为贯彻落实党的十六届三中全会关于“建立预算绩效评价体系”的精神，规范和加强中直部门预算绩效考评工作，提高预算资金使用效益，财政部制定了《中央部门预算支出绩效考评管理办法（试行）》，到 2011 年 7 月财政部《关于推进预算绩效管理的指导意见》正式发布，对预算绩效管理的主要内容，包括绩效目标管理、绩效运行跟踪监控管理、绩效评价实施管理和绩效评价结果反馈和应用管理等作出规定，并且对预算绩效管理工作进行安排部署。一直到河北省在经过两年试点后决定从 2016 年预算编制起，在河北省所有市、县（市、区）全面推行绩效预算改革。我国的预算制度改革从建立“预算编制有目标、预算执行有监控、预算完成有评价、评价结果有反馈、反馈结果有应用”的预算绩效管理机制，逐步过渡到以“部门职责—工作活动—预算项目”三个层级目标指标编制部门预算为起点的全过程绩效预算管理模式。

二、基层财政实施绩效预算管理的必要性分析

在与中央财政相对应的地方财政体系中，设区市级、县区级和乡镇财政都属于基层财政范畴。在现行的分税制财政体制下，基层财政普遍存在发展任务重、刚性支出比重大、收支矛盾尖锐的共性特点。部分县乡级财政还处于工作人员少、年龄结构老化、知识更新慢、业务能力低、管理基础薄弱的困境。在基层财政实施绩效预算管理具有特殊而重要的意义。

（一）在基层财政实施绩效预算是建立现代财政制度的需要

党的十八届三中全会把财政提升为国家治理的基础和重要支柱的高度，提出了建立现代财政制度的目标。预算是财政的基础，“改进预算管理”是建立现代财政制度的重要内容之一。提高基层财政管理水平和绩效预算管理水平是建立现代财政制度的基础工作。在中央深化财税改革、建立现代财政制度进程中的很多举措都体现了提升支出绩效这个重要原则。实施绩效预算管理改革正是提高基层财政管理水平的重要抓手。

现代财政制度在功能上必须坚持公共财政的定位，充分体现市场在资源配置中起决定作用和更好发挥政府作用的要求，做到不“越位”、不“缺位”、不“错位”，发挥好财政在稳定经济、提供公共服务、调节社会分配、保护生态环境、维护国家安全等方面的职能。在机制上要符合国家治理体系与治理能力现代化的新要求，建立公开透明、权责对

等、有效制衡、运行高效、可问责、可持续的制度体系。实施绩效预算制度改革正是构建现代财政的关键。

1. 实施绩效预算管理有利于完善基层的公共财政体系。公共财政的核心是处理好公平与效率的关系问题。在财政收支矛盾尖锐，资金分配制度约束偏软的情况下，如何合理分配有限的财政资金，是各级财政部门面临的突出难题。实施绩效预算管理改革从制度层面初步为破解难题指明了方向，通过资金使用绩效的尺度来优化财政资金配置，从而可以为完善公共财政管理体系创造条件。

2. 实施绩效预算管理有利于提高基层政府预算编制的规范性，为建设现代财政制度奠定基础。全面规范是实施绩效预算的基本要求。目前，基层预算编制还相对粗放，预算执行还存在一定的随意性，资金使用效率还不高。绩效预算与传统预算相比，更加注重预算结构和目标指标设置的规范性、先进性、科学性。在管理工具上，更强调新技术、新方法的应用。加强绩效预算管理，通过省级以上财政部门的业务培训和技术指导，基层财政编制政府预算的规范化程度将大大提高，从而为建设现代财政制度建设奠定基础。

3. 实施绩效预算有利于提高基层政府的工作绩效和公信力。推行绩效预算管理改革不仅意味着预算管理模式的改变，而且将带来政府管理理念的革新。绩效预算管理将政府财政资金支出的绩效目标置于社会公众的监督之下，可以及时发现财政资金管理的薄弱环节和存在的突出问题，从而进一步完善财政资金管理，提高财政支出效益和政府工作绩效。绩效预算管理改革的推行，将有助于预算部门建立有效的权力制约机制和自我约束机制，满足社会公众知情、参与、监督的意愿，从而提高政府部门工作的公信力。

4. 讲求绩效是国家治理的内在要求和现代财政制度的本质特征。在财政收支矛盾尖锐，资金分配制度约束偏软的情况下，如何合理分配有限的财政资金，是基层财政部门面临的突出难题。实施绩效预算管理改革从制度层面初步找到了突破口，较好调动了各预算部门、单位的责任感和积极性，促使其集中精力优化资金配置格局和提升资金使用绩效，从而为建立现代财政制度创造了条件。

（二）在基层财政实施绩效预算是贯彻落实新预算法的需要

新修订的《中华人民共和国预算法》明确要求，各级预算应当遵循统筹兼顾、勤俭节约、量力而行、讲求绩效和收支平衡的原则。以法律的形式明确了政府预算的绩效管理规定，奠定了新时期强化绩效预算管理的法律基础。新预算法对绩效的强调有 6 处之多，规定了绩效评价是政府和预算部门的法定责任，明确了绩效原则，确立了预算分配的绩效依据和预算草案应附有绩效目标制度。在基层财政实施绩效预算就是落实新预算法的具体体现。

实施绩效预算还有利于基层财政落实公开透明预算的制度要求。按照新预算法的规定，各级财政部门负责本级政府预算公开工作。除涉密信息外，各级财政部门应当公开政府预算，预算部门及所属单位负责公开部门预算。按照新预算法要求，市县级以上财政应分别编制一般公共预算、政府性基金预算、国有资本经营预算、社会保险基金预算四本预算。政府性基金预算、国有资本经营预算、社会保险基金预算要与一般公共预算相衔接。编制年初预算，要将上级税收返还、下级上解收入、列入基数和提前通知的上级转移支付与本级收入一并列入收入预算，统筹安排本级支出和对下转移支付。实施绩效预算有利于优化地方财力资源配置，贯彻国家财政政策，更好回应社会关切，建立透明预算制度。将全面规范、公开透明的预算信息公开要求落到实处。

（三）在基层财政实施绩效预算是提高基层财政管理水平的需要

受多种因素制约，基层财政预算管理水平不高是一个不争的事实。提高基层财政预算管理水平，要在资金分配的科学性、公平性、效率性上下功夫。传统的预算资金安排缺乏科学合理的配置依据，往往是部门和财政、部门和部门、部门和政府之间“博弈”的结果。“会哭的孩子有奶吃”，很容易造成部门间苦乐不均，资金浪费与资金短缺并存。

实现预算资金的公平合理配置，必须建立资金配置标准和科学的项目立项依据。实施绩效预算管理，就是将政府部门公共服务所需经费分解为可考核的绩效目标和量化指标，结合上年绩效目标完成情况及绩效指标考评结果，编制合理的年度资金分配预算，从而实现财政资金分配的科学性、公平性和合理性。建立科学的预算绩效评价体系，推行绩效预算管理改革，提高财政资金使用效益，也是深化行政管理体制改革，建设“责任政府”和“服务型政府”的有效举措，对“绩效政府”的建设亦具有重要意义。

财政预算围绕政府行政目标确定，部门预算围绕部门职责编制。项目预算以绩效高低为标准权衡，以最小的投入，获取最大的社会效益和经济效益。钱为什么给、为什么不给，给多给少，标准清晰明了。不仅预算决策有了更加客观的规则和方法、更加具体的标准和遵循，而且使权力行使有了明确的约束。以绩效预算改革为抓手，全面深化基层预算管理制度改革，全面规范基层预算编制、预算执行、预算监督，将绩效理念融入预算管理全过程。强化基层预算管理工作基础，提升基层预算管理的整体水平，提高财政资源配置效率，将使基层政府的管理更加规范，财政政策更加稳定，政府施政绩效不断提高。

实施绩效预算管理使绩效预算编制、预算执行监控、执行结果评价、评价结果应用为主要环节的绩效预算管理形成闭环系统。实现动态监控、即时管理，绩效信息和项目指标进度贯穿全程，对偏离绩效目标的预算项目能够及时采取有效措施纠偏或及时中止，可以确保财政资金的安全使用和预算绩效持续提升。

（四）在基层实施绩效预算是优化基层财政支出结构，缓解财政矛盾的需要

财政资金收支矛盾突出和支出低效浪费并存是基层财政管理中普遍存在的现象。政府预算部门热衷于搞建设、上项目、出政绩，不断扩大项目规格、提升项目档次、推高工程造价，以尽最大可能争取增加财政拨款，根本不考虑财政投资效益和本级政府的可用财力约束。致使基层财政支出结构极不合理，财政矛盾集中。随着经济发展进入新常态，一方面财政收入增速趋缓，处于低位运行态势；另一方面，人头费和民生保障等刚性支出压力不减，导致基层财政收支缺口越来越大，收支矛盾愈加突出。

部门预算支出基数固化更是制约基层预算科学化、规范化的顽疾。基数加增长固然能够暂时缓解基层财政部门面临的矛盾，但矛盾长年积累会使财政支出结构更加难以调整。必须通过改革预算管理制度、强化绩效理念、完善预算管理方法来解决。绩效预算管理改革正是解决当前预算管理存在问题的现实选择。

1. 绩效预算更加强调规则。财政预算围绕政府行政目标确定，部门预算围绕部门职责编制，项目预算以绩效高低为标准权衡，要求以最小的投入获取最大的社会绩效和经济效益，不仅使权力使用有了明确的约束，而且使预算决策有了更加客观的规则和方法，预算资金配置标准清晰明了。

2. 实施绩效预算管理，将部门预算与绩效目标联系起来，并全程实施绩效监督，对低效项目公开问责，会迫使预算部门主动压缩预期绩效较差的支出项目，从而使基层财政支出结构得到优化，资金配置效率有所提高，财政矛盾相对缓解。

3. 实施绩效预算能够较好保证地方党委政府重大决策部署的落实。地方党委政府重大决策一般都经过科学的决策论证程序，预期绩效目标较高。在绩效预算管理模式下，由财政部门牵头，根据部门职责分工，可以优先保障相关部门落实地方党委政府重大决策项目的预算资金安排。

4. 实施绩效预算可以作为提升基层预算管理水平、提高财政资金使用效益、缓解财政收支矛盾的有效抓手。通过绩效的衡量和筛选，可以削减绩效偏低或者没有绩效的预算资金支出，财政资金配置效率将得到提高，可实现少花钱多办事，花小钱办大事的效果，基层财政收支矛盾将有效缓解。

三、基层财政实施绩效预算的约束条件分析

目前，在基层财政全面实施绩效预算仍然面临着一定的阻力和基础条件约束。只有客观认识和分析影响基层绩效预算顺利实施的因素，有的放矢地加以化解和克服，才能冲破错综复杂的既得利益羁绊，找准改革的突破口和切入点，把握住改革的主动权，实现基层绩效预算管理水平的全面提升。

（一）思想认识约束

目前，绩效预算管理还是一个新生事物。对于基层财政而言，对绩效理念的认识普遍不足。迫于近年来经济下行压力大、财政收支矛盾突出的现实，基层政府和财政的工作重心主要是抓收入、保平衡、保运转。在财政管理上，仍然把主要精力花在跑资金、争项目上。普遍注重资金争取，疏于跟踪问效，对实施预算绩效管理在思想认识上不够重视，在行动上缺乏主动性。

另外，在对绩效预算管理的理解上也存在偏差。目前，基层党委政府对直属部门的政绩考核主要是年度目标考核。考核的主导机关是地方党委的组织部门。考核结果能够直接决定部门领导的升迁留转。而由地方财政部门主导的绩效预算管理，其绩效评价结果还没有建立与组织部门考核的联动挂钩机制，影响力相对不足。

（二）固有利益约束

实施绩效预算改革，必将打破财政部门与预算部门固有的利益平衡。在原来的预算管理模式下，基层党委政府对预算部门的考核是以争取资金多寡论英雄。绩效预算管理则是以资金使用绩效作为财政资金支出评价的标准。不符合绩效标准的项目资金有可能被统筹

安排于绩效更高的项目，预算部门固有的奶酪份额有被撼动之虞。

绩效预算管理要求的“支出问效，无效问责”的倒逼机制更将加大地方财政部门和预算部门的管理责任。过来只要能争取到财政资金，在使用上基本合规就是政绩的老皇历将不复存在。绩效预算管理无形中就成为套在基层财政部门和预算部门头上的又一道“紧箍咒”。对实施绩效预算被动应付、敷衍了事，乃至在思想和行动上抵制也在所难免。

（三）人才技术与机构编制约束

绩效预算作为现代化预算管理模式，技术要求比较高，尤其需要网络信息技术的支撑。对于基层财政部门来说，财政部门自身工作人员业务素质、预算部门财务人员业务素质方面都存在较大不足。尤其是财政信息化人员力量不足更是主要障碍。

实施绩效预算改革，基层财政的预算评审工作量、绩效评价工作量都将成倍增加。受机构编制限制，基层财政普遍机构编制少、人手严重不足，一些县市财政部门甚至连预算评审机构都未成立，专业评审人才匮乏会在一定程度上制约绩效预算审核和绩效评审质量的提高。

（四）惯性机制约束

绩效预算管理改革既是财政管理理念、管理方式、管理内涵的改革，也是财政内部工作机制、工作流程的再造。全过程绩效预算管理新机制是一个完整的闭环管理体系，涵盖绩效预算编制、预算执行监控、绩效评价等各个环节，缺一不可。新机制要求硬化预算约束，加强预算执行管理，绩效目标不明确的项目不得列入预算，绩效预算未安排事项一律不得支出。多年形成的基数加增长预算安排机制和执行中临时追加预算等机制惯性会在一定程度上影响新机制的实施。

（五）改革成本约束

任何改革都要付出一定的成本。实施绩效预算改革的成本约束包括软件技术研发、业务培训、工作协调、专家评审费用等。基层财政实施绩效预算虽然可以不用负担软件技术研发费用，但财政与预算部门间网络联通、网络终端设备更新改造等费用都需要本级财政负担。另外，还要新增聘请第三方评审机构和专家的费用。在目前基层财政普遍困难的情况下，改革的成本约束也可能成为制约绩效预算改革顺利开展的障碍。

四、基层财政实施绩效预算的可行性选择

绩效预算管理符合现代预算管理制度要求，对优化地方资源配置、改进财政支出管理、提高公共服务质量、提升地方政府绩效都具有积极意义。基层财政实施绩效预算改革要统筹上级要求和本地实际，制定好路线图和时间表，高标准起步，规范化运作。

（一）要争取地方党政领导的重视和支持

绩效预算管理改革会触及基层部门既得利益的调整，涉及部门多、辐射面广，影响到

基层社会经济等各个方面，仅仅依靠财政部门的力量是难以实现的。必须争取地方党政领导的重视，建立地方政府统一领导、财政部门牵头组织、预算部门具体实施、社会广泛参与的绩效预算改革工作体系。

（二）要坚持原则，整体规划，逐步推进

第一，必须坚持和完善绩效预算编制、执行监控、绩效监督相互分离、相互制约的预算管理原则。在操作规范、控制有效的基础上推进基层绩效预算改革。第二，做要好整体规划。绩效预算改革不仅是预算管理理念、模式和方法的转变，也涉及财政财务工作者思维方式、工作习惯的转变，改革不可能一蹴而就。因此，要整体谋划，因地制宜地制定本地的改革实施方案，要有路线图和时间表。第三，要优化内部工作流程。要以绩效预算改革为抓手，重新明确各科（股）室职责分工，将绩效理念融入预算管理全过程，理顺工作关系，强化工作协调。第四，要以规范的绩效管理结构为基础、预算项目为载体、绩效管理为主线，建立“预算编制有目标、预算执行有监控、预算完成有评价、评价结果有应用、绩效缺失有问责”的全过程绩效预算管理新机制。

（三）要建立规范的绩效预算管理结构

现行的部门预算管理结构将不同层级的项目和不同性质的资金，都混合排列在一起，缺乏层级划分和条理性。部门项目申报就事论事，财政审核一事一议，项目评判标准不统一，从而使许多质量不高的项目编进预算。河北省财政厅开发的绩效预算模板，按照“部门职责—工作活动—预算项目”建立了规范的三级绩效预算管理结构。部门预算编制先定部门职责，再在每项职责下确定开展什么重大活动，最后确定完成工作活动需要安排的项目和资金。部门预算项目要与部门职责、活动相匹配，与职责活动无关的项目不得列入预算，预算管理结构由单一层级变为三个层级。这种架构安排，为绩效与预算有效关联建立了管理层次，使所有预算项目全部编列在相对应的职责、活动之下，责任清晰、绩效明确、层级有序，既便于年度预算项目编制、审核，又为执行监控、对比分析、后续评价、持续提高提供了载体。“部门职责”是按政府“三定”方案的规定赋予部门的职能和责任；“工作活动”是部门履行某项职责所采取的工作举措；“预算项目”是支撑某项工作活动的具体支出事项，反映财政政策的具体内容。与绩效预算管理三级结构相对应，建立起了三级绩效目标指标体系，分级确定年度绩效目标、绩效指标和评价标准，为预算编制、执行和绩效评价提供了科学管理的依据。

基层财政部门要根据本级党委、政府的决策部署，按照本级各预算部门应承担的任务和工作职责，对部门申报的结构性绩效预算进行评审。首先审部门职责绩效目标与党委政府工作部署的匹配性，特别是本级党委、政府重大决策部署的落实情况，再评审各项工作活动绩效目标指标的科学性，然后审核预算项目与职责活动的关联性、立项的必要性，最后评审项目投资预算额度。

（四）要严格按照省级财政部门的规范落实绩效预算管理要求

绩效预算管理改革目前还只在海南省、河北省等地方财政探索实施。在按要求实施绩

效预算管理的地方，基层落实绩效预算改革基本不需要创新，只要结合本地实际规范地落实好上级要求就行。目前，基层财政预算管理基础差、人手少、信息技术支撑能力不足。因此，要从基础做起，先模拟再提高。第一，要把预算编制完整性的要求落实好。完整性是预算编制的基本原则。基层财政要将所有财政性收支全部纳入了预算管理，分别编入一般公共预算、政府性基金预算、国有资本经营预算、社会保险基金预算四本预算，杜绝财政性资金在预算外循环。第二，要严格落实综合预算原则。统筹考虑预算部门及所属单位的各种收入，将各项收入全部编入部门预算。部门支出预算要统筹各类收入，综合安排，并按照基本支出和项目支出分别编制。第三，以绩效为导向审核预算。绩效预算管理要求将绩效目标指标审核作为预算安排的前提。预算审核的重点，由过去直接审核项目，变为先审部门职责和绩效目标与政府工作部署的匹配性，特别是与基层党委、政府重大决策部署落实的承担情况，再审各项工作活动绩效目标指标的科学性和可考核性，然后审核预算项目与职责活动的关联性和立项的必要性，最终审核项目预算额度的合理性。偏离政府工作部署和部门绩效目标的项目，以及绩效指标不明确的项目一律不予安排资金。绩效相对偏低的项目少安排或不安排资金。第四，全面实行项目库管理。项目库管理是绩效预算管理的基础工作。基层财政尤其是市县级财政都要建立预算项目库，完善项目库管理机制，充分发挥项目库的基础支撑作用。没有进入项目库的项目不得安排预算，不得通过财政部门向上级申报项目立项。健全项目库功能。预算项目库要全面反映项目立项依据、绩效目标和指标、项目执行单位、资金预算安排、执行监控、绩效评价等情况。规范项目申报入库审核。市县级财政都应建立预算评审专家库和第三方评审机构库。按程序组织项目论证、审查和入库，切实提高项目预算编制质量。实行项目全周期滚动管理，逐步完善项目退出机制。完善项目库功能。项目立项申报、细化分解、追加调整、滚动管理、清理关闭等全部纳入项目库管理，项目管理全程留痕。项目库系统实行全年开放、随时入库、即时审核、滚动管理。每个项目都设置一个唯一的项目编码，各部门每年只需申报新增的项目和一次性项目，跨年度项目和经常性项目在第一个预算年度列入项目库，分年度滚动安排资金预算，项目信息可以直接滚动到下一年度的项目库，年度间不必重复申报基础资料。实现所有预算项目全部从项目库提取，未进入项目库的项目不得安排预算。

（五）坚持问题导向，注重花钱买机制

预算绩效的实现不仅需要做正确的事，还需要正确地做事，要建立正确做事的保障机制。基层财政实施绩效预算改革应坚持问题导向，针对基层财政预算管理运行中存在的现实问题，通过绩效预算改革建立起良性发展机制，使改革的成本花得其所。

第一，建立绩效预算编审机制。要按照绩效优先的原则，建立健全项目支出决策机制，完善项目审核程序。建立完善基层财政部门评审专家库、中介机构库等预算评审智库，完善重大支出项目评审机制。

第二，建立绩效预算运行动态监控机制。现行预算执行监控，更多偏重于支出进度是考核和支出票据的合规性审核等，对资金使用的绩效关注度不够。绩效预算要求把绩效运行效果作为财政预算执行监控的主要内容之一，按照年初确定的绩效目标和指标，动态地监控各项资金支出、项目运行和绩效实现程度，确保能够及时发现项目运行中出现的问题

和偏差，并及时予以纠正。预算执行监控要将资金拨付与项目绩效目标、指标的实现进度结合起来，对偏离绩效目标、指标的预算项目，要通过暂停资金拨付或者调整预算的方式，确保财政资金的安全使用，有效促进项目预算绩效目标整体性顺利实现和绩效持续提升。

第三，建立绩效预算完成绩效评价机制。新预算法将绩效评价明确为政府和预算部门（单位）的法定责任。绩效评价不仅是绩效预算管理系统的重要组成部分，也是衡量和检测绩效预算改革成功与否的关键。财政支出绩效评价作为一种新的管理理念和绩效管理方法，在我国的实践时间短、起步迟，尚处于探索阶段。建立与公共财政框架相适应的绩效预算管理制度和绩效评价体系是一个复杂、渐进的过程。基层财政部门一要结合本级绩效预算执行情况，研究确定绩效评价项目，及时制定绩效评价项目实施方案；二要合理设置评价指标体系。绩效评价涉及各个领域的各类支出，这就决定了具体评价指标和标准体系的复杂性和差异性。评价指标设置是一项庞大的系统工程。要通过不断积累验证，逐步完善基层的财政支出绩效评价指标体系，并且要与上级部门设置的绩效指标相衔接；三要在项目单位和部门自评的基础上，整合财政预算绩效评价、财政投资评审和财政绩效监督的力量，对确定的重点绩效评价项目实施再评价工作；四要注重借智，发挥社会智力优势，通过政府购买服务的方式聘请第三方社会中介机构和评审专家参与绩效评价工作，创新基层财政支出绩效评价工作机制。

第四，建立绩效评价结果应用机制。绩效评价结果能否真正应用关乎绩效预算管理改革的成败。第一，财政部门要建立绩效评价结果与预算编制挂钩机制。将部门预算项目、工作活动绩效评价情况作为制定财政政策、安排年度预算的重要依据。对绩效优良的项目部门和单位，在下年度项目预算安排时予以优先考虑，对绩效差劣的项目部门和单位在下年度项目预算安排时从严把控。实现绩效评价结果与预算编制挂钩。第二，要建立评价结果反馈、报送与整改机制。要将绩效评价结果及存在的问题及时反馈给被评价单位，督促其落实整改。同时将评价结果和整改落实情况报告地方党委、政府主要领导。第三，建立绩效评价结果公开制度。将绩效评价结果向公众公开，提高财政支出绩效评价的社会关注度。第四，建立绩效问责机制。将绩效预算管理纳入党委政府的绩效考评范围，作为行政问责的依据。

（六）要在绩效目标指标设置上下功夫，在绩效评价结果应用上求突破

绩效目标、指标设置是实施绩效预算管理的重要前提和基础，也是绩效预算管理的难点。由于站位不同，同样性质的资金在各级绩效评价中的着力点也是不一样的。建立绩效评价目标、指标和评价标准体系，是实施绩效预算管理的核心问题，也是推行项目间、部门间绩效评价的必然要求。不同性质的资金在绩效目标指标设置上会存在差异。但在总体要求上要明确、具体、科学、可控、可衡量，达到可审核、可监控、可评价的要求。河北省基层财政要在省厅建立的三级绩效目标指标体系基础上，结合本地实际进行绩效细化。即在部门职责层面，要结合政府中长期战略规划目标、年度规划目标，确定部门各项职责的年度绩效目标；在工作活动层面，围绕年度绩效目标设立绩效指标和评价标准；在预算项目层面，结合具体项目设立项目绩效目标、绩效指标和评价标准。

绩效评价结果应用是基层绩效预算实施成功的关键，也是绩效预算管理的难点。建立绩效评价结果与预算编制挂钩机制，要排除各种权力和利益的干扰，自然会遇到各种困难。落实绩效问责更不是基层财政部门所能够左右。基层财政部门可以从建立绩效评价结果向部门反馈、绩效评价结果报送基层党委政府主要领导制度和绩效评价结果公开制度开始，先易后难，逐步寻求绩效评价结果应用的突破。

（七）要加强业务培训，增加基层财政人力资源培养投资

绩效预算管理对于基层财政部门来说是一项全新的工作，涉及面广、技术性强，因此，要把业务培训放到重要的地位。第一，基层财政部门的领导要带头学习，要先做学生，再当师傅，真正领会掌握绩效预算管理改革的原则性性要求和精神实质。第二，要强化基层预算单位领导和财会人员培训。预算部门和单位担负着绩效预算编制的基础工作，其主管领导和财会人员的业务素质直接关系着绩效预算编制的质量。基层预算部门财会人员多是从各自业务专业转行从事财会工作，业务素质不高是不争的事实。培训应从基础做起，绩效预算编制业务与软件操作业务同时进行。第三，要加强对基层财政绩效预算管理科室和预算评审工作人员的培训。使他们真正掌握绩效预算管理的理论并熟练应用于实践，为基层绩效预算管理改革建好言、服好务、把好关。第四，要创新业务培训方式。通过走出去学习、请进来指导、举办专题讲座、专题研讨等形式，对基层财政部门工作人员和预算单位财会人员进行培训，为绩效预算管理顺利工作开展奠定人才基础，为基层财政培训业务能手。

（邢台市财政局　李小娇）

开发区镇级财政管理问题及对策探究
——以邢台经济开发区为例

2016 年度河北省财政科研课题成果三等奖

镇级财政是我国最基层的一级财政，是镇（办）政府履行各项社会经济职能的财力保障。作为省级开发区的邢台经济开发区是邢台市政府的派出机构，托管了六个镇（办），在财政管理运行当中出现了一些问题。本文旨在探讨镇级财政面临的困难和问题，提出提升基层财政建设水平的对策。

一、开发区镇办财政的现状

目前，邢台经济开发区托管五个镇一个办事处，总人口将近 20 万人，沿袭原有的机构设置，六个镇（办）设立了专门的财政管理机构，即财政所。从人员情况看，2015 年财政所在职人员 31 人，每个镇（办）有 5 名工作人员，90% 以上为大专以上学历，有 19 人为 40 周岁以下，财政队伍整体素质较高。从业务建设情况看，开发区不断深化镇办财政体制改革，财政财务管理向村级组织延伸，实行了“村账乡管”；由资金管理向资产、债务管理延伸；实施镇办财政综合预算改革，增强了预算约束，预算编制随意，执行不严肃问题得到有效改善；财政支出由保工资、保运转向保民生、促发展延伸；通过实行“一卡通”等方式将各项补贴资金直接发放到农民手中。总体上，财政所的职能在不断发生变化，目前主要是承担镇办一般预算资金和收支管理、财政补贴资金发放，特别是征地拆迁补偿成为主要工作，具体表现在“三个转变”：由过去向农民收钱的“征管型”向现在给农民发钱的“服务型”转变；由过去抓收入为主的“收入型”向现在管理财政收支的“收支并重型”转变；由过去“单纯业务型”向现在“综合协调型”转变。从基础办公建设看，乘着河北省财政厅提出创建规范化基层财政所的东风，开发区对基层财政所也做了详细改扩建规划，到 2013 年所有镇办都完成创建规范化财政所任务，财政所面貌大为改观。办公设施齐全，办公逐步由手工化向电算化操作转变，财政干部精神面貌大为改观。从财政体制情况看，2014 年，开发区财政分镇（办）分别实行不同的财政体制。火炬办、东汪镇、王快镇实行了分税制，祝村镇、沙河城镇、留村镇实行了统筹统支制度。根据年度完成财政实绩，超基数财力部分，区镇依比例参与分成，多超多得。区财政按照财权与事权匹配原则，将镇（办）属地企业各项收入划归镇（办），确保镇（办）收入完整性。

从对镇（办）财政体制基数、收入情况、财力情况、财政平衡状况、社会事务支出等方面进行调查分析看，多数镇（办）执行情况较好，有利地调动了镇（办）政府抓收入的积极性。

二、当前镇级财政管理存在的问题

（一）职能、职责定位不明晰

目前，镇（办）财政所的人财物均由镇（办）政府管理，区财政局只是在业务上进行指导。这样的管理体制导致财政所在职能、职责定位不明晰。第一，镇办预算管理职能弱化。有的镇办预算仅限于人代会的一份预决算报告，支出随意性强，更多的是依据镇政府决策安排支出，不能严格按照预算安排进行，预算的约束与监督作用有待提高，“三公经费”所占支出比重有待降低。第二，财政监督乏力。随着下拨到镇办的涉农项目资金增多，但镇办直接管理的少，财政管理监督的职能被肢解，资金使用监督“缺位”问题突出。

（二）抓财政收入力度不够

虽然经济开发区企业已经按属地划分到了各镇办，但税收的征缴还是在国税、地税、财政等部门。因此，镇（办）无法左右收入的多少，也不会投入太多精力去抓收入。

（三）工作量、工作难度大

近年来，国家出台的“三农”政策越来越多，管理要求越来越高，农户补贴最终都要靠财政所来落实到户，加上新农合、新农保工作，民生工程工作，财政所的工作量成倍增加。同时，由于人手普遍缺少，财政所干部不得不身兼数职，做“万金油”型干部。大多数业务人员既当核算员，又当系统管理员，甚至还兼家电下乡、档案管理、票据管理等多项工作，任务十分繁重。而且还在广泛参与政府其他工作。从调研情况看，财政所人员都广泛的参与了信访稳定、计划生育、征地拆迁等综合管理事务。

（四）债务风险大

近几年，巨大的维稳压力、大气污染整治、卫生环境治理、征地拆迁等造成镇办地方政府性债务数额大，部分镇办消化困难。以东汪镇为例，几年前还是每年纳税达上亿元的乡镇，2015 年却只有 6000 万元，并且债务额已达 8000 万元。

三、改进镇级财政管理的对策

（一）充分认识新时期镇级财政的地位和作用

目前，开发区的财政所机构和职能基本稳定下来，其地位和作用也得到社会的逐步认可。第一，财政所作为基层财力分配的职能部门，为镇办一级政权履行政治、经济和社会管理等职能提供基本的财力保障。第二，镇级财政是促进农村经济发展和实现农业现代化的重要力量。镇级财政充分发挥国家财政资金的导向作用，带动其他资金投入农业是增加农业投入的有力手段。第三，镇级财政是国家财政的主要组成部分，是区级财政的基础。特别是对企业按地域进行划分后更是如此。第四，镇级财力的好坏直接关系镇办政府履行社会职责、进行基础设施建设的能力。建议根据当前镇级财政的特点，转变职能，科学定位镇级财政职能作用，加强对支出的监督和跟踪，从政策和法规层面明确镇级财政的地位和作用。

（二）明确任务，进一步调整和完善镇级财政职能

随着财政改革发展的不断深入，对进一步加强和改善镇级财政管理提出了更新的要求。面对新形势、新任务和新要求，合理定位镇办财政职能非常紧迫，非常必要。要根据“一级政府，一级财政”这个大前提，围绕有利于服务镇（办）政府履行社会管理和公共服务职能，有利于服务当地社会经济发展，有利于加强和规范财政资金管理，有利于确保党和政府强农惠农政策落实，着力从收入管理职能、分配资金职能、监督管理职能、落实政策职能、服务发展职能方面加强镇级财政职能建设。

（三）进一步创新镇级财政管理模式

按照“工作流程科学化、管理目标精细化”的原则，将科学化精细化管理理念引入镇级财政管理的各个环节，并实现各环节之间的无缝对接。第一，预算编制管理精细化。坚持预算标准化，包括编制支出定额标准化、编制要求标准化、编制格式标准化等，全面掌握人员工资、资产负债等基础信息基础数据信息。健全基本支出定员定额管理，推进基本支出标准体系建设。细化镇级财政预算编制。健全预算执行机制，强化预算约束。第二，收入管理精细化，编制完整收入预算。第三，项目资金管理精细化。一是要赋予镇级财政履行资金监管的权利，镇级财政要从项目的论证、立项、申报，到资金的拨付、工程的验收、跟踪问效等进行全程监管，及时发现并纠正专项资金使用过程中存在的问题；二是对各类项目的专项资金，实行分类管理。第四，“一卡通”资金管理精细化。对涉农“一卡通”资金实行“五个一”管理，即“指标一同下、资金一户管、服务一站办、补助一卡发、收支一本账”。第五，绩效考评制度化。加强镇级财政目标管理考评，建立科学合理的考核评价体系，注重考评结果的适用，做到有奖有罚。

（四）进一步加强机构、队伍和基础设施建设

第一，完善管理体制，着力加强镇办机构建设。区级财政部门加大对财政所的业务指导，完善管理体制。在机构性质上，建议落实财政所为行政机构，提升为副科级待遇，实行双重领导。第二，提高服务能力，着力加强镇办财政队伍建设。科学合理配备镇办财政干部。要采取有效措施，切实解决好机构、岗位不健全，人员结构老化等问题，落实新人稳定增长机制。第三，切实加强业务培训，提升管理水平。认真制定并组织实施镇办财政干部培训规划，通过省、市、区三级共同努力，力争达到每三年时间对全体镇办财政干部

轮训一遍，全面提高镇办财政干部政策理论、业务水平和依法行政、依法理财能力。

（五）进一步完善财政体制，稳步提高镇级财力保障水平

建立镇级财政基本财力保障机制，向困难镇办“补血”。继续落实“向下倾斜”政策。要根据公共财政建设的要求，按照财力与事权相匹配、推进基本公共服务均等化和激励与约束相结合的原则，提高困难镇办财政保障能力，向困难镇办“补血”，解决镇办发展平衡问题。第一，在合理界定职责的基础上，进一步调整规范区镇财政管理体制，科学划分收入范围，统筹区域财力，建立区镇两级收入共享机制，保障镇办基本运转支出和基本公共服务支出需求。第二，建立区对困难镇办的体制外补助制度，对财政特别是困难镇办进行重点帮扶。第三，建立激励机制。对镇办收入较大，财力较多的镇办实行超收分成奖励，激励先进，促进镇办“造血”。

（邢台经济开发区财政局　刘会芳）

县区财政信息化建设的思考

2016 年度河北省财政科研课题成果三等奖

加强财政信息化建设、促进财政管理科学化，是建立规范有序的公共财政运行机制的客观要求，是信息时代财政工作改革与发展的必然选择。随着信息技术的迅猛发展，财政业务对信息化的依赖程度越来越高，而县区财政技术力量相对薄弱，一些深层问题及矛盾也逐步暴露，有待进一步改进和完善。

一、县区财政信息化建设的现状

（一）基本建成互联互通的财政信息网络

加快财政信息化建设步伐，既是财政部门的工作要求，更是推进财政整体工作水平提高的有效途径。各县区依托“金财工程”应用平台，加强了机房安全建设，实施了网络地址改造，配备了防火墙、入侵检测、网闸等安全系统和设备，初步形成网络安全防御体系，保障了系统和数据的安全，大力推进了财政信息标准化建设。纵向建成了贯通省、市、县、乡的四级财政网络，横向构建了预算单位和代理银行互连的城域网。计算机网络的使用，有效实现资源共享，从工作环节上缩短了工作流程，减少了人力、物力、财力的损耗。

（二）业务应用软件系统覆盖财政管理全过程

紧跟财政改革步伐，先后推广使用了部门预算管理、国库集中支付、非税收入征管、工资统一发放、涉农补贴资金“一卡通”发放、政府采购、固定资产管理、债务管理等财政业务应用软件系统，这些管理软件系统的运行使用，大力提高了管理效率，为财政管理与改革提供了有力的技术支撑，标志着财政管理逐步迈向智能信息化。

（三）河北省财政县级版软件的应用实现工作高效化

河北省财政县级版软件的使用，全面反映了预算指标的执行进度和执行情况，涵盖预算执行过程中各种指标的追加、追减、调剂，以及用款计划的拨付和预算部门资金的使用情况。对财政性资金进行了即时监控，方便了财政业务人员进行财政收支情况数据分析。加大了对资金运行和支出进度的监测预警机制，通过互督互促、责任到人的工作方式，大大提高了工作效率，实现工作高效运转的全程化、网络化、自动化、互动化。

二、当前财政信息化建设存在的主要问题

（一）对信息化建设重要性认识不够

基层财政信息意识淡薄，普遍对信息化建设存在认识偏差。第一，对信息化建设概念理解不够，认为信息化不过是对网络、电脑、打印机等硬、软件设备的维护和应用，主要是信息中心的事，与业务股室、预算部门关系不大。第二，存在“事不关己，高高挂起”的思想，认为县级财政信息化建设主要是上级财政部门的事，县级财政只要做好配合工作就可以。第三，大多数财政干部只停留在对网络和财政各类业务软件的使用上，不去思考如何更加充分的利用信息化应用平台，来提高各项财政工作的效率。第四，财政信息化人才紧缺，大多县区信息中心只配备一名工作人员，而信息人员中普遍存在懂业务的不懂技术，懂技术的不懂业务的问题，不利于工作的协调和沟通，难以适应财政信息化建设的需要。

（二）网络基础建设薄弱

县级财政网络系统存在安全隐患。第一，缺乏合适的手段和机制来预防通过U盘、移动硬盘等中间存储介质传播病毒，网络版杀毒软件更新滞后，造成一些计算机在中毒后无法排除故障。第二，网络设备老化，缺乏建立灾难备份机制，财政核心数据的保障完全依赖于小型机和磁盘柜的可靠性和稳定性，虽然信息中心工作人员经常对数据库进行手工数据冷备和热备，可一旦出现问题，用它来恢复数据总有不完整的情况。第三，大部分县区财政信息化建设平台的范围仅仅局限在财政局内部和纵向面对省、市的网络连接，而对于横向连接，同级各预算单位、人行国库、代理银行、政府采购、税务等相关职能部门的城域网，几乎一片空白，这对于国库集中收付业务的全面实施将会是最大的阻碍和考验。

（三）各相关业务系统间存在工作衔接不紧密、管理信息不对称的问题

财政各业务应用软件独立存在，各系统间未能做到有效衔接，主要体现在：第一，系统流程固化，功能缺少个性。如预算单位在使用河北省财政县级版软件进行账务处理时，延用财政总预算会计账务模式，在核定固定资产处理上，无法记入固定资产明细账。第二，系统关联度差，信息孤岛现象严重。如账务处理软件与决算软件衔接不够，不能实现依据账务信息直接生成决算数据的功能，导致财政总预算会计及预算部门财务人员到年终时都得花费大量时间、精力在决算的编制上。第三，各部门间相关软件衔接不紧密，数据存在偏差。如财政的地方财政分析评价系统、编办的河北省机构编制实名制管理系统、人社局的河北省机关事业单位人员信息管理系统，三个系统记录的县区工作人员的相关情况往往存在偏差，由于数出多门，信息更新时间不同步，导致获取真实的人员基础数据较为困难。第四，业务系统相对独立，不同系统采用不同的数据库和软件结构，软件提供商较多，导致运行维护困难。

三、进一步加强财政信息化建设的建议

（一）加强培训，更新观念，推动财政信息化建设

财政信息化建设是一项复杂的、技术性很强的、庞大的系统工程，是涵盖整个财政业务应用系统的现代化计算机网络技术与财政业务的有机结合体。第一，各级领导要高度重视，把财政信息化工作摆上议事日程。第二，大力普及信息化知识，使各级财政干部明确在新形势下，财政信息化不仅是管理的手段和技术支撑，更是引领提升财政改革治理能力的方向和动力。第三，更新观念，运用“政府购买服务理念”，通过公开招标、竞争性谈判等方式，聘用适合的信息技术公司，对财政网络、硬、软件设备的调试及维护等专业技术服务进行外包，从而实现工作效益最大化和效率最优化。

（二）建立规章制度，牢筑安全防护体系

财政信息事关民生，保障财政信息的安全稳定，是财政信息化建设的重中之重。第一，财政部门要提高安全意识，制定一系列信息化规章制度，通过安装网络管理系统、防火墙、杀毒软件等方式，加强网上信息资源的安全保护，形成一套完整的网络监管体系。第二，站在基层财政部门的角度，对网络、安全、服务器等硬件设备，可由上级财政部门统一做需求分析，提供合理化部署建议，形成资源共享，以避免资源浪费以及重复建设，提高公共资源的可重用性。第三，增强机房硬件系统的稳定运行，定期对信息化设备进行检查维护、登记备案，做好各项数据的备份工作，争取实现由数据的手工备份转变为自动备份，以确保各业务系统稳定运行。

（三）依托“金财工程”应用支撑平台，加速财政一体化建设

以“一体化平台”建设为基础，建设业务上全面覆盖、数据上全部共享、流程上相互衔接、管理上协调统一的资源型财政管理信息系统。第一，整合各类业务系统，将预算管理、预算执行、国库集中支付、财政监督等全部纳入一体化平台管理，形成衔接顺畅、覆盖全面的业务管理信息系统，确保各系统数据共享，不断提高财政管理的信息化水平。第二，逐步完善网络设施建设和网络平台建设，建成上联省厅、市县（区）局，下联预算单位、相关业务部门、专业支付银行的局域网络，为财政信息化建设提供一个运行稳定、安全可靠的网络平台。实现财政预、决算及三公经费等信息的公开，同时满足政府审计和人大监督的需要。第三，加快国库集中支付电子化进程，利用信息网络技术，在与国库集中支付相关的财政部门、预算单位、中国人民银行和代理银行之间，依据电子指令办理财政资金支付及清算等业务，取消纸质凭证和单据流转，实现财政资金安全、高效运行。第四，建立财政内部电子办公平台，把收文、发文、传阅、请示等各类文件信息传输上网，实现公文的网上流转、查询、督办，通过无纸化办公，节省大量的时间、人力、物力，同时能及时对文件进行存档、查找更加方便，快捷，提高工作效率。

（四）运用“互联网 +”的思维，融入大数据时代

运用“互联网 +”的理念，建立大数据决策体系，提高财政征管、使用效率，有效改进公共服务。第一，应用大数据技术，集合各部门数据库信息，通过云计算平台对海量数据信息进行计算分析对比，实现政府信息的资源共享，为政府提供准确、有效的决策数据。第二，通过互联网信息技术对传统的非税收入收缴、财政票据业务办理流程进行整合，实现政府非税收入收缴和财政票据管理、网络化、系统化、高效化，有效提升行政效能和管理水平。第三，用系统化的思维方式，把县区各个经济部门的经济信息结合起来，联通“信息孤岛”，建成融税务、统计、审计、银行、各类企业及纳税人为一体的财（税）源监管体系，创造出一种全新的财政经济管理方式。

（张家口市桥东区财政局　冀秀娟）

加强乡镇财政建设研究

2016 年度河北省财政科研课题成果三等奖

青龙是少数民族自治县，国家扶贫开发重点县，辖 25 个乡镇，396 个村，56.63 万人，其中农业人口 45.49 万人，耕地面积 30.26 万亩。青龙多山，素有“八山一水一分田”之称，是典型的农业大县。乡镇政府作为最基层的一级政府，承担着财政、税收、计划生育、社会治安、信访、民政优抚、农业等多项综合又复杂的工作。多年来，各级政府和相关部门重视乡镇政府财政管理，改进和完善各项措施，积极规范财政收支行为，财政管理水平有了长足的进步。但是由于体制、机制和制度等原因，大部分乡镇在财政管理中仍存在许多制度缺陷和不足，导致诸多不容忽视的问题，乡镇财政管理的科学化和精细化水平有待进一步提高。

一、乡镇财政管理中存在的问题

（一）乡镇事权与财权不对称

乡镇一级政府按照职能定位，应该由管理型向服务型转变。乡镇政府没有税收征管职能，而乡镇政府需要负担的支出责任没有减少，面对新情况、新问题，乡镇政府的支出责任不减反增，导致乡镇履行了与财权不平衡的过多事权，加重了乡镇一级的财政负担。一方面青龙是典型的山区县，农村公路、美丽乡村建设、村级一事一议工程建设等民生工程建设任务繁重，主要依靠政府的投入；另一方面近几年政策性个人增资、地方配套等刚性支出的增加，致使县级可用财力严重不足，在此情况下，县级政府对乡镇政府难以做到足额保障。

（二）财政收支缺乏有效的预算管理，财政资金管理机制不健全

乡镇财政预算基础工作差，编制程序不到位，编制不科学，支出预算编制粗糙，缺乏综合预算管理意识。其原因是主观上预算编制不细，客观上是预算编制跟不上乡镇政府工作任务的变化。乡镇政府突发事情较多，导致预算编制较难，年初预算执行不力，预算调整不够规范，同时预算监督机制较为薄弱。为了促进农村经济的快速发展，我国在政策上对农村财政的支持越来越大，同时也设立了专项资金用来促进农村经济的发展。但是，由于当前我国在乡镇财政资金的管理方面缺乏健全的管理体制，在专项资金的使用上，存在着资金多头管理，上下级信息不对称现象，各专项资金的管理权分属农林水、文教卫、民

政等多个部门，资金分散、多头管理，对新设立的财政专项资金往往强调实行县级“报账制”。乡镇范围内的财政性资金使用上存在的管理与监督相脱节问题较为明显。

（三）乡村两级债务化解难

由于乡镇基础设施建设、新农村建设工程和社会保障支出需求快速增长，乡镇可用资金与财政支出的缺口持续增大，个别乡镇不得不靠贷款、向职工集资和挪用专项资金等归还原来的借款和维持政府正常运转，走上了恶性循环的道路，从而又加大了债务的规模。随着乡村两级债务数额不断增加，严重影响了乡村两级经济发展和社会稳定。沉重的债务包袱成为严重阻碍乡镇正常运转的重要“瓶颈”，乡镇在维持机关正常运转的同时，几乎没有可用财力用于偿还债务。

（四）会计工作基础薄弱，会计核算不规范

大部分乡镇财政所会计人员业务素质一般，会计工作基础相对薄弱，因此造成会计核算不规范。在日常审计中发现，乡镇会计核算存在会计科目混乱、核算方法不统一和核算内容庞杂、核算不及时，以及会计凭证使用不规范等问题。除总预算会计外，其他资金的核算基本上一个乡镇一个模式，会计核算非常不统一，有的将收入和支出在往来账款中列支，不能真实地反映资金收支和资产负债情况。

（五）乡镇财政管理人员专业素质有待提高

目前财政财务工作专业性强、工作量逐步加大，工作难度不断增加，人员十分紧缺，且后蓄力量不足。税费改革后，突出了乡镇财政的服务职能，由业务型为主向综合协调转变，逐步承担了建设社会主义新农村、组织提供农村公共产品和服务等多项任务。随着工作量和难度不断加大，造成人员兼职增多，不利于财政业务工作的顺利展开。目前全县25个乡镇财政所，核定编制104个，其中行政编制80个，事业编制24个，实际在岗93人，与此同时，青龙满族自治县的财政队伍年龄结构老化，在岗人员平均年龄43岁与新形势下乡镇财政工作不相适应。

二、乡镇财政管理存在问题的解决对策

（一）准确定位乡镇职能，合理确定乡镇财政管理体制，加大财政转移支付力度

乡镇职能要由“管理型”向“服务型”转变，在工作思想上要加强政策服务、信息服务、科技服务和法律服务，管理方式上要由具体管理向间接调控转变，充分发挥服务型政府职能。由于县乡间经济发展的不平衡，经济条件也千差万别，乡财政管理体制不可能实行统一的模式。因此，要以增强基层公共服务均等化为重点，建立多层级的乡镇财政管理体制。青龙是少数民族自治县、国家级扶贫开发重点县，省政府在调节省以下财力分配时，多向贫困地区倾斜，不断加大对贫困地区的转移支付补助力度，支持基础设施建设，促进区域协调发展。在省市级政府加大补助县级财力的情况下，县级财政在预算安排上，

对乡镇要不留资金缺口，对人员支出和正常公用支出要足额保障，让乡镇充分履行发挥基本公共服务职能。

（二）强化预算管理，严格预算约束，加强乡镇财政资金的监管

进一步增强依法理财、硬化预算约束的意识，严格按照《预算法》的规定和“预算共编”的要求，科学合理地编制乡镇政府年度收支预算。乡镇预算实行综合财政预算编制方式，乡镇政府的预算内、外资金及其他资金收支全部纳入预算管理，统筹安排使用。支出预算要按照“量入为出”原则和“保工资、保运转、保稳定、保改革、促发展”的顺序合理安排，特别是要将人员工资放在第一位，优先安排，不得留有硬缺口。乡镇预算经乡镇人民代表大会审议批准后，即具有法律效力，必须严格执行。对于由上级财政或主管部门安排的补助性资金，各乡镇要全部实行专户管理，乡镇财政所根据上级财政的委托和要求，做好服务和跟踪监管工作，县级财政和有关部门要做好督导检查等工作，以确保上级财政补助性资金支出及时、管理规范，充分发挥经济和社会效益。对于项目资金，乡镇财政所对项目申报的真实性、可行性进行实地察看，并向县级财政或主管部门提出意见建议。对项目的实施范围、责任人和受益人等情况进行公示，更为重要的是跟踪项目实施，实地检查项目的开工建设和进展情况，乡镇财政所要做好事前、事中、事后全过程参与，采取跟踪监督，并将有关情况及时向县级财政和有关部门报告，受县级财政委托，做好项目支出审核和资金拨付工作。

（三）规范乡镇债权债务管理，严格控制新债发生

在乡镇债权债务管理上，多管齐下，严格控制债务规模。第一，积极采取措施，化解历史陈欠债务。一是对历史遗留下的老债务，各乡镇在国家政策允许的情况下，积极向上级部门申请国家政策性债务核销，以减缓乡镇政府偿债压力；二是各乡镇在有限的财力状况下，积极制订计划偿还旧债；三是县政府把制止新债、化解旧债作为考核乡镇主要领导任期目标和工作实绩的重要内容，也是乡镇财政考核的重要内容之一。在考核中将债权债务考核列为一票否决制，各乡镇年末债务余额不得超过上一年度债务余额，并按化解债务占总债务的比例给予一定的考核加分。第二，建立健全相关部门财务管理制度，约束随意举债行为。青龙满族自治县将债务情况列入乡镇的经济责任审计范围，还从组织部门干部选拔考察方面、纪检部门监督检查等方面，制定相关制度，来约束乡镇领导的举债行为。第三，采取有力措施，大力制止乡镇发生新债。规范行政行为，建立乡级政府债务控制机制。建立有效的债务控制机制，将消化原有债务和控制新增债务工作纳入债务单位年终政绩考核范围。强化领导干部经济责任制，严禁政府部门搞经济担保。加大责任追究的工作力度，遏止新债务的发生。

（四）加强乡镇会计基础工作管理，强化内部监督机制

县财政局强化对乡镇财会工作和财会人员的管理，完善内部财务管理和控制制度。第一，乡镇财政所严格按照钱账分管的原则，明确人员岗位分工和职责，并按会计制度规定设置会计账簿，专项资金全部单独建账，及时办理会计核算。第二，规范会计档案管理。明确专人负责保管会计档案资料；会计凭证、会计账簿、财务会计报表及其他会计资料必

须按年度分类归档，按规定年限妥善保管，超过保管期限的资料必须严格履行销毁手续。第三，规范票证票据管理。明确专人负责票证票据的申领、发放、使用、缴销和保管，设置票证票据登记簿，按票证票据种类进行明细记录，定期清查盘点，定期缴销票证，确保票证相符。第四，规范财产物资管理。乡镇财政逐步完善固定资产总账和明细账，新增固定资产及时入账；损毁报废固定资产及时销账，确保账实、账证、账账相符。

（五）加强乡镇财政队伍建设，提高财政管理水平

县级财政部门要采取有力措施，引导乡镇财政人员适应新形势，把工作重点转移到抓收入征管、培植税源、管好支出上来，做好资金管理工作，加大服务“三农”的工作力度。建立健全乡镇财政干部业务培训制度，通过举办培训班、知识讲座等形式切实提高乡镇财政人员的业务水平，以适应新形势变化的需要。定期组织乡镇之间财政财务交流检查活动，互相促进，共同提高。建立科学合理的乡镇财政年度考核考评和监督管理机制，以提高基层的理财水平和综合业务素质，为乡镇领导科学当家理财当好参谋，促进乡镇财政管理走向规范化轨道。

三、加强乡镇财政管理的政策建议

（一）注重机制建设，强化财政资金监管

完善省、县、乡层层监管工作机制与财政资金绩效考评机制，重点发挥省级财政的推动作用与县级财政的枢纽作用，注重对资金使用和管理的监督检查。着手对从中央到地方所有的涉农资金进行全面梳理和整合。完善涉农补贴资金的分配与发放方式，对各部门的惠农资金有效归集，“一个口子进出”，确保资金的使用更加准确。

（二）合理确定基数，加大对困难乡镇的财政保障力度

要合理界定困难乡镇，困难乡镇要采取三年一测算确定的原则。在目前情况下，乡镇平均低限运转保障要达到80—150万元，村级低限运转保障平均要达到8万元以上。建立困难乡镇脱困的奖励机制，对于在一定时期内脱困的乡镇要给予一定的经费奖励，实行以奖代补。要适度合并乡镇与村组，精简机构，整合人力资源，减少乡镇财政压力。

（三）把好进人关，提高乡镇财政人员素质

建立健全乡镇财政干部激励机制，推动干部队伍合理流动，提高政治和经济待遇，开展针对性地培训，提高人员素质，优化人员结构。逐步规范选人进人机制，明确乡镇财政人员岗位的专业条件，坚持“逢进必考”的原则，严格控制非专业人员进入乡镇财政队伍等。探讨乡镇财政人员拓展训练办法，开展广泛的群众性文体活动，加大年度体检力度，完善保险，适度泄压，确保乡镇财政人员身心健康，尽职尽责做好本职工作，不断提高乡镇财政管理水平。

（青龙满族自治县财政局　佟云阁　王海银　冯立忠）

浅析依法理财与改革创新的关系

2016 年度河北省财政科研课题成果三等奖

党的十八届四中全会做出了全面推进依法治国的战略部署。加快推进财政工作的法治化步伐，是建立现代财政体制，推动国家治理体系和治理能力现代化的题中之义。财政作为国家治理体系和治理能力现代化建设的基础和重要支柱，是法治国家、法治政府的重要内容，如何站在依法治国的高度，推动依法理财，提升依法理财水平，创新改革财政工作，既需要财税部门的实践探索，也需要理论界理论探索的先行，既需要依法理财传统理论和实践的完善与落实，更需要依法理财理念与理论研究的创新与突破。

一、依法理财的内涵及重要意义

直观地理解，依法理财就是国家的财政活动必须限定于法律规定的范围，不能超越法律的规定而随意运用公共权力从事财政活动。依法理财要求政府理财只能按照法律办理，公民必须遵守国家法律，充分体现法律至上、依法办事、法律面前人人平等原则。依法理财行为和程序贯彻于政府财政收支活动的全过程，无处不在。

（一）加快推进依法理财，是深入贯彻落实科学发展观的根本保证

科学发展观是我国经济社会发展的重要指导方针，是发展中国特色社会主义必须长期坚持和贯彻的重大战略思想。贯彻落实科学发展观，不仅要重视解决思想观念问题，最根本的是要从法治上体现以人为本，依法保障人民群众的经济、政治、文化、社会权益，从法治上体现统筹城乡发展、统筹区域发展、统筹经济社会发展、统筹人与自然和谐发展、统筹国内发展和对外开放以及全面协调可持续发展的要求。财政预算反映了政府活动的范围和方向，是立党为公、执政为民的重要体现。依法理财是依法行政的重要组成部分。加快推进依法行政依法理财，及时将落实科学发展观、推进财政改革与发展的好经验、好做法，通过法定程序转化为财政法律法规，形成法治、完整、透明的预算制度体系，建立健全有利于科学发展的财政体制、运行机制和管理制度，不仅有利于促进经济社会又好又快发展，维护社会公平正义，推动构建社会主义和谐社会，还有利于保障公民的知情权、参与权、监督权，推进社会主义民主政治建设。

（二）加快推进依法理财，是进一步完善公共财政体系的内在要求

市场经济是法治经济，没有完备的法制保障，就没有成熟的市场经济。必须运用法律

法规调整政府、市场、企业之间的关系。公共财政是与社会主义市场经济发展相适应的财政运行模式，法治性是公共财政的基本特征之一。加快推进依法行政依法理财，将财政收支活动纳入法制化轨道，进一步突出财政运行的公共性、公平性、公益性和规范性，不仅有利于约束、规范和监督政府行为，确保公共财政活动更加符合社会公众的根本利益，促进法治政府建设，还有利于规范财经秩序，促进经济财政健康可持续发展，加快完善公共财政体系和社会主义市场经济体制，更好地为全面建设小康社会服务。

（三）加快推进依法理财，是进一步提高财政管理水平的基本要求

依法理财是财政管理工作的核心和灵魂。加快推进依法理财，强化财政法制建设，使各项财政工作有法可依、有章可循，同时严格财政执法，加强执法监督，做好执法考核，切实按法律法规行使权力、履行职责，做到用法制管权、按法制办事、靠法制管人，有利于深入推进财政科学化精细化管理，进一步提升财政管理水平，提高财政管理绩效，保障财政改革与发展顺利进行，不断开拓财政工作新局面。

二、改革创新需要依法理财“保驾护航”

习近平总书记强调：“凡属重大改革都要于法有据”，“确保在法治轨道上推进改革”。法治既是改革的目标，也是改革的手段，二者经脉相连，至为密切。全面深化财税改革，要充分发挥法治的引领和推动作用，坚持把法治思维贯穿全过程，用法治思维廓清改革思路、化解改革风险、巩固改革成果，确保改革有秩序、不走样，立得稳、行得远。

（一）运用法治思维革新财政工作理念

“思路决定出路”。在经济发展新常态的大背景下，要运用法治思维革新财政工作理念，清醒认识GDP和财政收入提质换档，是经济发展转型升级的大势所趋，是优化经济结构、提升发展质量的必然要求。要积极主动适应经济发展新常态，推动财政工作考核由过去的重点考核收入增幅，向重点考核收入结构和质量转变；创新财源涵养模式，加大对文化创意、生态经济等新兴产业的支持力度，推动经济转型升级；推广政府向社会力量购买公共服务与PPP项目，构建公共服务融资主体多元化。

（二）处理好政府“有形的手”和市场“无形的手”的关系

党的十八届四中全会指出，让市场“法无禁止即可为”、让政府“法无授权不可为”。财政是政府重要组成部门，要深刻认识推进依法治国的新常态和建设法治政府的新要求，积极优化财政服务经济社会发展思路，充分发挥财政职能，处理好政府“有形的手”和市场“无形的手”的关系。在服务内容方面，加快由直接支持竞争性领域产业、企业的发展，向更好地发挥市场在资源配置中决定性作用转变；在服务方式方面，加快由直接补贴和无偿补助为主，向有利于调动企业自身发展积极性的股权投资、有利于调动金融资本的贷款贴息、有利于缓解中小企业融资困难的担保体系建设等间接方式转变。

（三）关注财税改革的重点领域

新一轮财税改革不是扬汤止沸、修修补补，而是一场关系现代化事业的深刻变革，必须深化重点领域改革，打破重要瓶颈、打通关键节点。预算法是现代财政制度的重要组成部分，预算改革扮演着财政改革“开路军”角色。要以新预算法实施为契机，把预算改革作为推进依法理财的重要抓手，加快完善现有预算管理制度，加快现代预算制度建设；改进预算管理和控制，建立跨年度预算平衡机制；加强财政收入管理，清理规范税收优惠政策；优化财政支出结构，加强结转结余资金管理。同时，要推进政府购买服务改革，加快建立推进政府购买服务制度体系，为推进政府购买服务的制度化、规范化、效益化提供制度保障。

三、要以改革创新为关键点来落实依法理财思路

近年来，各级财政面对日益尖锐的收支矛盾，积极推进预算改革，改进资金管理，创新投入方式，取得一定的成效。但财政资金安排使用散碎、绩效不高的问题，仍然没有得到根本解决；市场机制运用不够，财政资金放大作用发挥不够，甚至应由市场解决的事项仍然过多依赖财政。新一轮财政体制改革的目标是建立现代财政制度，深化财政改革必须树立理财新观念，创新理财新机制。

（一）优化财政资金配置

1. 科学界定财政资金使用范围，对能通过市场手段解决的，原则上通过市场机制解决，财政政策资金逐步退出；社会力量能做的，采取政府购买服务等方式解决。预算资金安排突出保工资、保运转、保民生、保障中央和省、市决策部署落实。

2. 优化财政支出结构。财政资金安排首先要保工资、保运转、保民生、保障中央、省和市明确的政策性支出，各项基本支出要按标准足额落实，各项政策性支出要逐项安排；要区分轻重缓急，根据剩余财力状况统筹安排。

3. 拓展资金筹集渠道。破除习惯依赖财政的思维方式，多渠道筹集资金。能够通过市场机制解决的，尽量通过 PPP 模式、融资租赁、市场运作等方式解决。积极利用政府债券资金、国家专项建设基金、国际金融组织贷款等，拓展筹资渠道。

（二）发挥财政资金引导放大作用

创新财政资金投入方式，重点通过推行 PPP、融资租赁、股权投资引导基金、撬动金融保险资本等方式，转变资金投入方式，放大财政资金作用，激发社会投资活力。

1. 加大推广 PPP 模式。在公共服务和基础设施等领域进一步放宽市场准入，根据不同付费方式、运作模式，完善财税优惠、用地招拍挂、融资支持、资本退出等配套政策，探索项目经营权、收益权资产证券化，建立合理回报机制。要加强项目谋划，组织推介含金量高的项目，减少和简化不必要的审批，加快项目落地实施。

2. 积极推行融资租赁。改进资金投入方式，变财政资金一次性集中投入为递延式分

期投入。通过风险补偿、奖励、贴息等政策工具，引导租赁公司积极参与公共服务及相关领域发展。要建立融资租赁需求项目库，并及时公布、推介，加强部门、项目单位、政府投融资平台公司、租赁公司信息共享，做好动态跟踪服务。

3. 加快股权引导基金运作。积极探索建立财政投入、国资收益、基金增值和社会资本投资等多渠道滚动投入机制，加快推进股权引导资金运作，以参股形式设立子基金，引导企业增加投入、加快发展。

4. 引导撬动金融保险资本。发挥财政资金对金融资本的撬动作用，研究设立中小企业贷款风险补偿资金，建立贷款风险分担和损失补偿机制，积极推进“政银保”模式，调动金融机构和社会资本的积极性，撬动金融资本支持企业发展。推动政府采购合同融资，鼓励在采购活动中引入信用担保手段。

5. 做大做强融资平台。通过市场化转型、资源整合、盘活资产、注入资本金等方式，整合重组平台公司，增强投融资能力和造血能力，推进社会公共事业发展。

（三）加强财政资金管理

1. 完善管理制度。完善专项资金管理制度，做到一项资金、一个办法；建立健全内控制度，规范工作流程，严格审批程序，坚持按制度办事、按程序办事，提升财政资金使用管理水平。

2. 加强预算管理。坚持花钱先问效，细化项目预算编制，加强预算项目的绩效审核，规范国库资金管理，严禁无预算安排支出及违规借款或垫付财政资金。

3. 强化监督评价。完善财政监督机制，坚持无效必问责，拓展绩效评价范围，创新绩效评价方式，强化评价结果应用，评价结果与预算安排挂钩；落实预算公开要求，主动接受社会监督，提高资金使用管理的透明度。

4. 强化资金统筹整合。推进资金统筹使用，集中保障重大政策、重点项目、重点区域需求，避免财政资金投向固化、使用散碎。

四、找准改革创新与依法理财的契合点

面对改革创新与依法理财的新形势、新任务，要以问题为导向，以改革为动力，既善于理财，更注重理政，从国家治理的高度去思考问题、推动工作，更好地适应经济发展新常态。

（一）更加注重运用财政政策工具

新常态要求我们更加注重把握好财政政策的方向、力度、节奏和时机。中央确定推动供给侧结构性改革，实行宏观政策要稳、产业政策要准、微观政策要活、改革政策要实、社会政策要托底的总体思路，落实好这些政策，不仅需要更好地发挥财政改革的基础性和先导性作用，也需要财政真金白银投入，特别是要落实“去产能、去库存、去杠杆、降成本、补短板”五大任务，需要财政有新的更大的作为。因此，要认真贯彻落实积极的财政政策，妥善处理好减税与增支、扩赤与风险之间的矛盾，加快建立中长期平衡机制；要加

强财政政策与金融政策、产业政策等其他政策的协同配合，组合运用各类财政政策工具，增强政策合力，放大政策效果。

（二）更加注重转变财政支持方式

要正确处理好政府与市场的关系，发挥市场对资源配置的决定性作用，更好地发挥政府作用而不是更多地发挥政府作用。要强化质量和效益导向，支持投资有回报、产品有市场、企业有利润、当地有就业、政府有税收、环境有改善的企业和产业发展。要用好债券、政策性贷款和直接融资等工具，想方设法降低资金成本，满足经济社会发展资金需求。要创新财政投入方式，充分运用市场化工具和手段，最大限度发挥财政资金“四两拨千斤”的杠杆作用，引导撬动社会资本进入公共服务领域。

（三）更加注重完善民生保障制度

要坚持把民生作为优先保障重点，随着财力增长，稳步增加民生投入，让广大人民群众共享发展成果。要以保基本、守底线为目标，合理确定民生保障项目和水平，实事求是、量力而行、尽力而为，确保财政支出能够可持续保障。

（四）更加注重把握改革政策导向

全面深化改革离不开财政的基础和支撑作用，因此，财政部门要统筹各项改革政策，发挥财政综合部门优势，协同推进各项改革，最大限度凝聚改革合力。要主动介入参与金融、国有企业、社会保险、科技、教育、农业等其他领域体制机制的构建。

（五）更加注重财政资金使用绩效

新形势下，不仅资金违规使用要问责，有钱到节点花不出去、支出慢了也要问责，甚至给予党政纪处分。因此，对打破僵化的支出结构、盘活存量资金、提高资金使用效益问题，各级财政必须高度重视。要严格按法定时限分配下达财政资金，加大盘活存量资金力度，督促部门履行好预算执行主体责任，切实加快支出进度，进一步提高资金拨付效率和使用效益。

（六）更加注重优化财政运行机制

要加强内控机制建设，重点聚焦预算管理、资金分配等核心业务环节，加强制度约束，严控自由裁量权。要树立和强化法治思维和法纪意识，规范理财行为，主动接受社会监督。要把提高效率和强化落实摆在更加突出位置，做到执行有力、落地有声。

依法理财是建立法治政府和法治财政的必由之路，依法理财是财政工作永恒的主题。实践证明，依法理财工作必须与财政改革结合起来，与财政具体业务工作结合起来，与财政管理工作结合起来，并贯穿于财政部门各项工作始终。一些地方部分税收政策不规范，不但无法实现“还利于企、让利于民”的政策初衷，反而从另一个角度给地方税收带来了不可小觑的损失，也为财政带来一些不必要的麻烦和尴尬；一些地方原有的部分优惠政策对地区发展有矫枉过正之嫌，地区发展情况在不断变化，不应继续适用，这些因素无疑给依法理财增加了障碍。尤其在新的《预算法》颁布实施后，依法理财的目标要求应随之发生相应的变化和提高。在今后相当长时期内，基层财政依法理财重点应在以下几方面着力推进。(1) 要高度重视。建立健全组织领导机构，保证依法行政依法理财工作长效推进。(2) 要加大财政法律知识的培训力度。特别是对基层财政加大培训力度，使其加快财政改革步伐，深化财政体制改革，加快建立现代财政制度。(3) 要将依法理财的目标要求和地方行政管理体制以及财政体制紧密结合。进一步完善行政执法责任制，清理执法依据，明确执法责任、执法目标和过错追究，这样，依法理财才可收到事半功倍的效果。(4) 要进一步强化依法理财效果。要将依法理财贯穿到财政改革和实际工作中，特别是在财政预算管理、政府采购管理、财政资金管理、政府资产管理、会计管理、政府非税收入管理等财政工作的方方面面，切实做到依法理财，致力于财政体制机制的创新，促进财政理财行为的制度化、规范化、法制化、科学化，提高财政管理水平，为全面推进依法行政、依法理财提供良好的保障。

（张家口市财政局　孙文杰　李鹏）

关于保定市徐水区国库集中支付电子化管理改革的调研

2016 年度河北省财政科研课题成果三等奖

国库集中支付电子化改革是现代国库管理制度的重要内容。表面上看，是财政资金支付方式的变化，从深层次看，实质是财政国库集中支付革命性的变革。从 2016 年 1 月 1 日起，国库集中支付电子化改革在保定市徐水区落地开花，目前已平稳运行 9 个多月，财政部门、人民银行、代理银行以及各预算部门全部使用支付电子化系统办理国库集中支付业务，开辟了国库集中支付制度改革的新纪元，为徐水区建立现代国库管理制度起到了基础性和战略性作用。

一、主要做法

（一）抓布局，着眼高端定位

支付电子化改革既是一场技术革命，又是一场管理革命。对此，徐水区委、区政府高度重视，成立了以徐水区财政局长任组长，中国人民银行地方主管行长、财政局主管局长任副组长，财政局、人民银行、代理银行业务部门和信息技术部门负责人为成员的改革领导小组，统筹谋划，明确分工，卡死节点。经过反复研究论证，决定一步到位、不搞试点，实现支付电子化改革全覆盖。

（二）抓核心，重设业务流程

实施支付电子化改革，核心内容就是建立“环环相扣、互相牵制、有始有终”的完整管理链条，因此，规划新的业务流程成为改革的核心。徐水区按照省、市要求，结合本区实际情况，对国库集中支付业务进行了全面梳理，按照科学规范、高效安全的原则，重新规划了业务流程、设置了业务岗位、明确了业务管理股室和资金管理股室职责。在此基础上，制定并印发了《保定市徐水区国库集中支付业务电子化管理改革工作方案》、《实施细则》、《财政性资金银行支付清算办法》、《关于支付电子化改革相关衔接工作的通知》等一系列改革文件，明确了具体的操作程序，确保支付电子化改革工作有章可循、有据可依。

（三）抓基础，做实技术支撑

电子支付改革的安全支撑体系，是电子化管理的核心组件，也是推进改革的根基。徐水区依托保定市财政局搭建的硬件平台，建立起了自己的安全支撑软环境。

1. 规范划分配置系统权限。徐水区财政局在仔细研究电子支付系统每个功能菜单的基础上，结合徐水区财政资金管理流程和工作实际，规划配置了40个角色的功能权限及用户的数据权限，实现了资金支付“环环相扣、互相牵制、有始有终”，做到了未经授权的用户“进不来、看不到、改不了”，经过授权的用户“丢不了、拿不错、赖不掉”，有效地强化了对系统用户业务行为的严格约束。

2. 强化资金安全管理。徐水区电子支付系统用户全部使用安全性较高的指纹USBkey，参照省、市文件制定了《关于国库集中支付业务预算单位数字证书使用若干问题的通知》，在证书申请、审核、发放、变更及使用等方面做出了细致的管理规定，同时严格按照省、市相关要求做好与代理银行、中国人民银行的电子印章互备等电子凭证库管理，实现了对每一笔资金全生命周期、全方位的监控，有力地保障了业务系统和财政资金安全运行。

3. 规范完善财政网络建设。根据国库电子化支付改革等业务应用需要，徐水区按照省厅印发的《河北财政业务专网建设规划》要求和市局统一部署，对财政业务专网、财政内网进行了改造和规范，区直一级预算单位全部采用2M光纤专线连接到省市专网，区到市的财政内网实现双运营商、双线路百兆专线连接，为财政核心业务软件安全稳定运行提供了强有力的网络支撑。

4. 提升电脑硬件支撑能力。鉴于区直一级预算部门业务应用电脑老化的现实问题，徐水区财政局主动作为，请示徐水区政府自筹资金，为54个区直一级预算部门购置财政业务专用电脑设备，有效地提升了电脑硬件对正常运行财政业务系统的支撑能力。

（四）抓难点，优选代理银行

为解决各商业银行要求多承揽代理业务的问题，徐水区财政局决定，在代理银行选择上引入竞争机制，科学合理确定代理银行。

第一，通过竞争申报，确定有接口软件并测试成功的中国银行、邮政储蓄银行、中国建设银行、中国农业银行、中国工商银行5家银行为代理银行。

第二，按照“确保服务、整体规划、双向选择、统筹调度”的原则，确定各代理银行代理预算部门业务范围。

第三，建立代理银行考核评价机制，均衡财政业务办理压力，规避独家代理业务风险，确保代理银行优质服务和财政业务安全、高效运行。

（五）抓关键，集中开展测试

为确保电子化系统按时上线，徐水区组织了3轮系统集中测试。一是从2015年6月份开始，历时2个多月，组织了第一轮集中测试，对信息系统功能菜单和业务流程进行了全面测试，撰写了支付电子化业务系统测试评估专题报告，查找出了存在的问题，并向省、市进行了请示、汇报。二是从2015年10月开始，历时3个多月，组织了第二轮集中测试，财政、中国人民银行、代理银行三方全面参与，两两对接，步步为营，从印章互备到财政记账成功，完成了13个步骤的全面测试，达到了生产上线的要求，确保2016年1月1日系统全面上线应用。三是2016年5—6月，组织代理银行和预算部门进行了多轮自助柜面的系统集中测试，解决财政、预算部门与代理银行支付系统对接问题，在技术上为全面启动自助柜面做好各项准备。

（六）抓突破，组织合力攻坚

支付电子化改革是一项系统工程，技术要求复杂、严密，业务要求规范、严谨，点多面广、政策性强、工作量大，又和年终决算工作重叠，工作压力超乎寻常。为确保改革实现预期效果，徐水区财政局国库、预算、信息中心成立了攻坚小组，连续作战，进入2015年10月份以来，没有休息过一个双休日，每个工作日每天加班到晚上10点以后，关键时期通宵工作。面对业务和技术上出现的诸多难啃的“硬骨头”，攻坚小组一面发扬坚韧不拔的精神，立足自身，攻关克难，一面积极争取省市财政部门支持，不间断的向上级财政部门反馈情况、请教问题、寻求支持，省市财政业务和技术人员不厌其烦、耐心服务，提供支持不计成本，帮助破解了一系列难题，为徐水区高质量的完成各项预定任务、推动新的业务系统上线运行和支付电子化改革落地开花发挥了关键作用。

二、初步成效

徐水区电子化改革的全面推进，实现了预算单位、财政部门、代理银行、人民银行涵盖计划、额度、申请、支付、清算、记账等全业务流程的电子化管理，截至2016年9月底，徐水区通过电子支付系统共下达计划额度21600多笔，总金额达33.3亿元，支付清算资金22400笔，共计25.9亿元，电子化改革成效初步显现。

（一）资金运行更安全了

支付电子化改革建立起了国库集中支付全新的安全机制。一是办理业务全过程操作留痕。实现了管理信息完整的链条式记录，所有操作都可实现系统追踪查询。二是权限管控多层次保障。依托电子凭证库、数字证书和系统权限配置等，实现了多层次的权限管控，在印证业务的真实性和权威性方面有了质的飞跃。三是多方共同参与数据校验。通过三方电子凭证库的衔接，业务数据各方信息必须完全一致，否则无法进行下一步传送，在财政资金支付的安全性上打了“保票”。

（二）业务流程更严谨了

改革后，依托电子化信息系统，建立起了“环环相扣、互相牵制、有始有终”的完整财政资金管理链条，不仅在业务流程中增加了电子签名、签章，对原有业务流程也进行了重构和优化，使得国库集中支付业务流程更加科学、严谨，运行机制更为规范，各方按照既定的业务流程，配合完善的内控机制，真正实现了规范化全流程管理。

（三）责任界限更清晰了

按照改革实施细则和相关业务审核规程等规范性文件要求，各方责任界限十分明确清晰。主要变化有以下三点：一是把财务管理权还给了预算部门，解开了财政部门“大包大揽”、预算部门“只管花钱”的困局；二是建立起了“权责清晰，规范有序”的业务协调机制，从技术层面明确了各方在电子化管理工作中的责任；三是明确了财政部门内部业务管理与国库管理界限，业务流程更加科学规范，财政运行效率得到明显升。

三、几点体会

从一年多的改革实践来看，徐水区经历了方案制定、业务流程梳理、制度规程建立、业务联调测试、电子印章制发、上线联通运行等阶段，各阶段工作不仅得到了省、市财政部门的高度评价，也得到了各兄弟市县的认可。2016 年以来，仅徐水区财政局国库股接到兄弟县区改革业务咨询电话达 350 余次。主要体会有以下几点：

（一）上级支持是关键

在县区级推行支付电子化这样的颠覆性改革，有很多意想不到的实际困难，诸如信息化水平较低、硬件环境较差、技术力量薄弱等等，都制约着基层的改革进程。徐水区在推进支付电子化改革中，得到了省财政厅和市财政局不计成本的技术、业务支持，省、市、县三级有关业务人员许多都成了“没有见面的朋友”，没有上级不余遗力的支持，徐水区推进改革不会如此顺利。

（二）规范化管理是根本

支付电子化改革是以信息技术做支撑，涉及多方参与，大到软件端口设置、凭证库操作，小到单位名称、账号类型，各方基础信息、电子印章、业务数据必须相互匹配，没有管理的标准化、规范化，改革不可能取得成功。在实施改革过程中，徐水区始终坚持“统一规划设计、统一标准流程、统一操作规范”的指导思想，在改革实践中尽量少走弯路，不走错路，最大限度的节约改革成本，提高效率。

（三）统筹协调是保障

支付电子化改革工作涉及财政、预算部门、人民银行、代理银行等多方参与，在实施改革中，统筹协调调度是改革顺利推进的有力保证。财政部门作为改革的总牵头人，不仅组织成立了领导小组、业务及技术攻坚小组，还与改革各方建立了密切的沟通协调机制，多次召集联席会议，在代理银行选择确立、改革方案、规程的制发、系统联调测试及上线运行、维护等各个环节发挥了至关重要的作用，确保了改革顺利推进。

四、下一步工作计划

组织部署乡镇支付电子化改革。在总结区直预算部门支付电子化改革经验的基础上，结合乡级财政特点，组织部署乡镇支付电子化改革，实现乡级财政国库集中支付管理工作“脱胎换骨”，实现支付电子化改革全覆盖。

（徐水区财政局　丁宇玲）

新形势下加强行政事业单位国有资产管理的对策建议

2016 年度河北省财政科研课题成果三等奖

一、扎实做好行政事业单位资产清查工作

（一）资产清查重要意义

1. 开展资产清查，是规范国有资产管理的基本前提。这是全国第六次资产清查，距离上次 2007 年资产清查已经 9 年了，这些年来张家口市的行政事业单位国有资产有了大幅增长。截至 2015 年年底，张家口市行政事业单位国有资产总量已达 900 多亿元，是 2006 年资产总额的 6.33 倍。管好用好规模如此庞大的资产，成为了各级财政部门、主管部门和行政事业单位的共同职责和重要使命。近年来，张家口市财政局通过对市级行政事业单位国有资产开展专项检查和日常监管过程中发现，部分单位国有资产“底数不清”“有物无账”“有账无物”现象时有发生。有的单位房屋、车辆等资产实物早已不在，而账面上却仍体现，甚至个别单位还存在未经审批随意擅自处置国有资产等违规行为。张家口市财政局将通过这次资产清查，找出资产配置、使用、处置等各个环节的管理“真空”和“漏洞”，防范资产管理风险，防止“前清后乱”和“清查管理两张皮”。

2. 开展资产清查，是提高国家治理能力的物质保障。党的“十八大”和十八届三中全会提出，我国将建立权责发生制的政府综合财务报告制度，行政事业单位国有资产情况也是政府综合财务报告的重要内容之一。通过这次资产清查，我们将真正全面摸清家底，从资产的数量、价值、结构、使用状况等多层面准确反映政府财务、资产情况，为编制政府综合财务报告奠定基础。同时，针对在资产清查过程中发现的问题，逐步建立起适应国家治理体系和治理能力建设需要的行政事业单位国有资产管理体制机制。财政部已经在部分省市开展了政府综合财务报告试编工作，待成熟后在全国推广。以后每年我们都要像单位预决算公开一样，向社会公布行政事业单位占有、使用国有资产的情况，接受政府和社会的监督。因此，公开的数据必须真实准确，必须经得起历史和时间检验。

3. 开展资产清查，是推进资产预算结合的重要抓手。现阶段，我国经济发展进入新常态，经济下行压力依然较大，财政收入增速明显放缓，但支出继续刚性增长，同时财政

资金使用效益不高的问题仍然十分突出。在这种情况下，开展一次全面的资产清查，有利于促进资产的合理配置；有利于促进资产的共享共用；有利于推进厉行节约。长期以来，由于缺乏准确、详实的资产存量数据，制约了资产管理与预算管理的深度结合，影响了资产管理对财政管理基础性作用的发挥。通过资产清查，可以全面掌握各部门、单位资产的存量及其使用状况，有助于贯彻落实新预算法的相关规定，实现以存量制约增量、以增量控制存量的目标。近年来，张家口市在资产管理与预算管理相结合上也进行了有益的探索，研究制定了资产配置办法和通用设备配置限额标准，对单位新增资产配置预算和超标准配置资产进行了前置审核，为合理安排预算提供基础数据，解决了资产预算安排与现有资产存量脱节的问题。

（二）资产清查政策依据及范围

张家口市行政事业单位资产清查工作严格按照“统一政策、统一方法、统一步骤、统一要求和分级实施”的原则和要求进行组织实施，依据《行政单位国有资产管理暂行办法》（财政部令第 35 号）、《事业单位国有资产管理暂行办法》（财政部令第 36 号）、《行政事业单位资产清查核实管理办法》（财资〔2016〕1 号）等政策规定，以 2015 年 12 月 31 日为这次行政事业单位资产清查基准日，对各单位的全部资产、负债和净资产进行盘点、清查与核实。凡是在 2015 年 12 月 31 日以前经市、县机构编制管理部门批准成立，执行行政、事业单位财务会计制度的各类行政事业单位、社会团体，以及执行民间非盈利组织会计制度并同财政部门有经费缴拨关系的社会团体等单位都纳入了这次资产清查范围。

（三）资产清查组织实施情况

1. 领导重视，建立健全工作机构。为了切实加强领导，保证资产清查工作顺利开展，市财政局成立了以主管局长为组长、各有关处室负责人为成员的“张家口市行政事业单位资产清查领导小组”，统一指导张家口市行政事业单位资产清查工作。工作小组下设资产清查办公室，具体负责组织开展资产清查工作。按照市资产清查工作小组的统一要求，各县区财政部门也相应成立了资产清查工作小组和办公室，负责本地区资产清查工作的组织和实施。市、县两级主管部门和单位建立起了由资产、财务、纪检、人事、后勤等相关部门组成的资产清查工作小组，保障了工作的顺利开展。

2. 精心组织，积极开展业务培训。根据河北省财政厅的统一安排，张家口市派人参加了由河北省财政厅组织的河北省行政事业单位国有资产清查工作培训会议。按照省厅会议精神，于 2016 年 4 月 29 日组织张家口市各县区财政部门及市直行政事业单位相关人员约 400 人参加专题培训会，印发资产清查有关文件 4 个，系统操作说明 2 个，会上就资产清查工作文件、清查工作重点事项及清查报表软件的运行、使用进行了详细讲解。各县区也结合本地实际情况开展了形式多样、内容丰富、切实有效的培训，为资产清查的顺利进行和按时完成打下了坚实基础。同时，张家口市财政局还开通了 4 条咨询热线，安排专人值班，接待来访 400 余人，答疑解惑 1000 多人次。

3. 多措并举，全面推动工作进程。一是深入宣传。在这次行政事业单位资产清查工作中，张家口市财政局借助财政内网和工作简报等多种渠道进行了广泛深入的宣传，为张家口市资产清查工作顺利开展赢得了宽松的舆论环境和很高的社会认可度。张家口市共编发资产清查工作简报45期，有力地指导和促进了资产清查工作。二是发放资料。制定印发了《张家口市财政局关于开展2016年行政事业单位国有资产清查工作的通知》、《张家口市行政事业单位国有资产清查工作方案》、《资产清查报表及编制说明》、《行政事业单位国有资产清查系统操作规程》和《资产清查系统培训讲义》等清查资料14300余份，为做好清查工作提供了有力保障。

4. 加强督导，建立清查保障措施。在张家口市资产清查领导小组的统一领导指挥下，建立了资产清查定期通报制度，包括“周督导、旬汇总、月通报”三方面内容，以确保资产清查工作按时保质保量完成。张家口市财政局多次召开资产清查调度会议，并集中力量对市直有关部门单位和各县区的资产清查工作进行了巡视督导。通过抓典型、做示范，实地督导资产清查工作，对在资产清查过程中发现的问题积极探索解决方法并及时处理，要求单位统一填报口径，从而使得资产清查工作真正搞深、搞好、搞扎实。清查后期又实行了“每日调度，挂图作战”，每天将各单位资产清查数据上报情况进行造表统计，对资产清查工作进度缓慢的单位进行电话催报和上门服务指导，杜绝资产清查走过场。

5. 认真谋划，引进中介机构审计。结合张家口市资产清查进度，为了确保资产清查工作质量，张家口市财政局制定印发了《关于做好市级行政事业单位国有资产清查专项审计工作的通知》，对资产清查专项审计涉及到的业务流程、经费保障、结果应用、有关要求等进行明确，统一规范了资产清查专项审计工作指南、资产清查专项审计报告和经济鉴证意见书的参考格式，为各单位委托中介机构进行资产清查专项审计提供了政策依据和模板规范，确保了资产清查核实工作有序进行和中介机构规范执业。市本级资产清查专项审计比例达到98%，各县区也结合工作实际，通过公开招标和政府采购方式确定了本地区资产清查专项审计机构，资产清查专项审计比例达到50%，保证了资产清查结果的真实、完整和有效。

6. 严格把关，确保上报数据质量。按照《关于开展2016年行政事业单位国有资产清查工作的通知》要求，张家口市财政局对各行政事业单位上报的资产清查报表数据进行了认真审核，要求单位资产清查资产、人员机构等有关数据要与2015年12月31日的部门决算财务数据一致，重点对单位清查报表中反映出来的资产盘盈、盘亏、毁损待报废、资金挂账等事项进行审核，并且同单位聘请中介机构出具的审计报告进行对照复核，对发现的不一致问题和错误退回单位重新修改，修改完毕后重新上报，确保了资产清查数据真实准确。

二、资产清查工作取得了明显成效

（一）摸清了张家口市行政事业单位的资产“家底”

张家口市纳入这次资产清查范围的行政事业单位共有2862户。其中，行政单位1105户，事业单位1757户。全部单位占有使用国有资产总额923.75亿元，负债总额560.65亿元，净资产总额366.55亿元（资产清查待处理总额3.45亿元）。其中，行政单位占有使用国有资产总额113.88亿元，占比12.33%，负债总额36.57亿元，占比6.52%，净资产总额79.57亿元（资产清查待处理总额2.26亿元），占比21.71%；事业单位占有使用国有资产总额809.87亿元，负债总额524.08亿元，净资产总额286.98亿元（资产清查待处理总额1.19亿元）。

1. 资产部类情况。清查后资产总额为923.75亿元，较清查前账面数929.32亿元，净减少5.57亿元。其中，资产盘盈7.44亿元，盘亏及损失13.01亿元。从市、县两级看，市本级341户行政事业单位，清查后资产总额为661.51亿元，较清查前账面数664.51亿元，净减少3亿元，其中资产盘盈2.46亿元，盘亏及损失5.46亿元；各县区2521户行政事业单位清查后资产总额为262.24亿元，较清查前账面数264.81亿元，净减少2.57亿元，其中资产盘盈4.98亿元，盘亏及损失7.55亿元。

2. 负债部类情况。清查后负债总额为560.65亿元，较清查前账面数562.77亿元，净减少2.12亿元。其中，增加0.19亿元，减少2.31亿元。从市、县两级看，市本级341户行政事业单位，清查前后负债总额为480.89亿元，较清查前账面数481.80亿元，净减少0.91亿元，其中增加0元，减少0.91亿元；各县区2521户行政事业单位清查后负债总额为79.76亿元，较清查前账面数80.97亿元，净减少1.21亿元，其中增加0.19亿元，减少1.4亿元。

3. 资产清查待处理。张家口市2862户行政事业单位资产清查待处理合计为3.45亿元。其中，资产部类净减少5.57亿元，负债部类净减少2.12亿元。市本级341户行政事业单位资产清查待处理合计为2.09亿元。其中，资产部类净减少3亿元，负债部类净减少0.91亿元；各县区2521户行政事业单位资产清查待处理合计为1.36亿元。其中，资产部类净减少2.57亿元，负债部类净减少1.21亿元。

（二）掌握了张家口市国有资产的结构分布与损溢情况

1. 结构与分布。从资产类别看：在张家口市行政事业单位923.75亿元资产总额中，流动资产368.39亿元，占总额的39.88%；固定资产净值184.68亿元，占总额的19.99%；在建工程235.22亿元，占总额的25.46%；长期投资16.79亿元，占总额的1.82%；无形资产11.24亿元，占总额的1.22 %；其他资产107.43亿元，占总额的11.63%。其中，资产净值为184.68亿元的固定资产分类中，土地、房屋及构筑物129.35亿元（房屋75.93亿元），通用设备32.72亿元（汽车11.56亿元），专用设备16.13亿元，文物和陈列品0.18亿元，图书档案1.17亿元，家具、用具、装具及动植物5.13亿元，分别占固定资产总额的70.04%、17.72%、8.73%、0.1%、0.63%和2.78%。从市、县（区）两级看，市本级占有使用的资产总额为661.51亿元，县（区）为262.24亿元，分别占总额9912.75亿元的71.61%和28.39 %。市本级占有的资产总额是20个县区占有资产总额的2.5倍，资产有向市本级单位集中的趋势。从单位性质看，行政单位占有使用的资产总额为113.88亿元，事业单位为809.87亿元，分别占总额923.75亿元的12.33%和87.67%。事业单位占有使用的资产总额是行政单位占有使用资产总额的7倍，事业单位资产总量增长十分迅速。从县区分布看，资产总额排在前4位的为张北县、怀来县、宣化区和蔚县，分别为33.2亿元、29.64亿元、29.2亿元和25.48亿元，共占县区总额的44.81%。由此显现出张家口市行政事业单位资产总量分布以固定资产（在建工程）、重要资产（房屋建筑物和土地）、事业单位和行政大县为主体特征的占有使用结构。

2. 盘盈损失情况。经核查，张家口市行政事业单位资产盘盈7.44亿元。其中，流动资产盘盈0.05亿元，固定资产盘盈5.66亿元（主要是土地、房屋及构筑物盘盈4.67亿元，通用设备盘盈0.56亿元），无形资产盘盈0.21亿元，其他资产盘盈1.52亿元。资产损失合计13亿元。其中，流动资产损失2.18亿元，固定资产损失10.66亿元（主要包括资产盘亏7.03亿元、毁损2.47亿元），待报废固定资产1.59亿元。负债类损益2.49亿元，资金挂账金额2.85亿元。

（三）强化了单位国有资产产权和管理意识

通过开展资产清查，不少单位国有资产产权意识明显增强。单位的国有资产管理活动，自觉纳入了“国家统一所有、政府分级监管、单位占有使用”的体制。明确了单位国有资产所有权、管理权、收益权、处置权等均为政府所有，单位只拥有资产占有使用权，没有自行置换、报废、出租、出借、变卖、对外投资等处置权。这次资产清查是在财政部颁布《关于进一步规范和加强行政事业单位国有资产管理的指导意见》（财资〔2015〕90号）后实施的，各级财政部门和基层行政事业单位十分重视，都想借此机会摸清“家底”，解决资产管理中的历史遗留问题，为今后加强管理奠定基础。资产清查暴露出的问题也给我们敲响了警钟，增强了危机感，认识到国有资产是财政公共资源的重要组成部分，加强国有资产与加强资金管理是单位财务管理的两个组成部分，同等重要，不能厚此薄彼。

（四）提升了张家口市行政事业单位资产管理水平

1. 构建了资产管理基础信息数据库。通过资产清查，掌握了各行政事业单位机构人员、资产负债、盘盈盘亏等基础信息，为今后各级财政部门、主管部门和行政事业单位实施资产动态管理打下了坚实基础，也有助于实现资产管理的透明化和信息资源的共享、共用，为部门预算管理提供全面、可靠的信息支持，提高部门预算编制的科学性和准确性。

2. 明确了单位国有资产的管理职责。通过资产清查，单位对占有使用的国有资产进行了一次全面彻底的清理，对每一件固定资产进行了实地盘点，把固定资产卡片信息进行了补充与完善。例如，对资产使用部门、使用人发生变更的进行重新确认，对于卡片信息不准确的地方进行修改等等，使固定资产信息做到了真实、完整、准确，使固定资产与使用部门、使用人实现了一一对应，进一步明确了资产的责任单位、责任人和职责分工，便于对资产的精细管理和有效监管。

3. 夯实了国有资产管理的工作基础。通过资产清查，使行政事业单位都建立健全了固定资产台账，进一步完善了实物资产总账、明细账，真正建立了实物资产“户口本”管理制度；梳理了单位的往来款项，并对债权债务进行了详细的记录，包括资金款项性质、与本单位关系、账龄、变动原因等，而且还对资金挂账进行了认定，理清了债权债务关系，基本掌握了单位财务基本状况。

4. 掌握了国有资产的外部使用情况。通过资产清查，张家口市财政局基本掌握了张家口市行政事业单位在资产出租、出借和事业单位对外投资情况。

（1）出租出借情况。经核查，张家口市行政事业单位出租出借资产账面原值 1.36 亿元，占固定资产账面价值的 0.72 %；行政事业单位年度资产当年出租出借收入应收账款 904.28 万元，实收账款 901.29 万元。其中，市本级行政事业单位出租出借资产账面原值 0.6 亿元，占固定资产账面价值的 0.72%；行政事业单位年度资产当年出租出借收入应收账款 463.21 万元，实收账款 484.71 万元。

（2）对外投资情况。张家口市事业单位对外投资资产账面价值共计 16.82 亿元。其中，短期投资 4 万元，长期债券投资 270.17 万元，长期股权投资 16.79 亿元。市本级事业单位对外投资资产账面价值共计 10.47 亿元，全部为长期股权投资。

5. 完善了国有资产统计范围与内容。通过资产清查，初步掌握了张家口市行政事业单位占有土地和在建工程情况。一方面，针对行政事业单位占有使用的土地大部分为政府划拨用地，有面积，无价格，给管理带来一定困难的实际，张家口市财政局将土地作为重点进行了清查，经核查，张家口市行政事业单位占有使用的土地面积为 4293.29 万平方米，账面价值仅为 10.9 亿元。其中，市本级行政事业单位占有使用的土地面积为 1062.91 万平方米，账面价值仅为 4.55 亿元。这次清查将土地作为盘盈资产并以名义价值登记入账，为将来能够更加科学、优化利用土地资源和防止国有资产流失打下了坚实基础。另一方面，查清了各单位已竣工投入使用但仍未结转固定资产的在建工程情况。由于行政事业单位财务制度中基建账合并到财务账的时间不长，有的单位基建账上的资产早已投入使用，由于各种原因没有结转固定资产，也没有明确管理单位，从而造成了资产管理上的真空。这次清查对已使用尚未办理竣工决算手续的基建项目进行了清理登记，经核查，张家口市行政事业单位在建工程清查数共计 235.22 亿元。其中，在建投资 59.82 亿元，建成未使用 0.24 亿元，已使用未转固定资产 175.16 亿元。市本级行政事业单位在建工程投资清查数共计 221.26 亿元。其中，在建投资 54.83 亿元，建成未使用 0.01 亿元，已使用未转固定资产 166.42 亿元。上述在建工程都应该按照有关政策和基本建设财务管理规定及时办理竣工决算手续，全面反映单位资产使用状况。

6. 发现了资产管理存在的突出问题。通过资产清查，各单位找出了资产配置、使用、处置等各环节的管理漏洞，认真分析产生问题的原因，从资产购置环节入手，到资产领用、核算管理、清理处置都进行了重新审视和流程再造，研究出台了针对性强、切实有效的内部控制制度和政策措施，为维护国有资产的安全与完整，加强对资产的全过程监管提供了制度基础，为提升资产管理水平提供了明确的问题导向，从源头上规范了本部门、单位的国有资产管理行为。

三、资产清查发现的问题及原因分析

通过资产清查，大部分行政事业单位国有资产管理还是比较规范的，包括资产配置、使用、处置和收益管理等各环节都能够按照规定执行，能够做到手续齐全和账实相符。但是也发现少数行政事业单位国有资产管理中存在诸多问题和管理上的不足，有待于今后不断探索。

（一）存在的实际问题

1. 惯性思维仍需打破。有的单位对资产的管理仍存在“重钱轻物”“重购轻管”的传统思想，资产管理意识淡薄，缺乏规范和有效的内部管理机制，“随意购置、任意处置”等现象不同程度存在，资产购置积极主动，购入后日常管理较为松弛；有的单位认为国有资产是本单位占有使用，其所有权、处置权也属于单位，容易导致发生违规、违纪行为，国有资产面临着流失风险。

2. 管理基础较为薄弱。有的单位没有专职的财务和资产管理人员，只是临时聘用社会兼职人员从事财务核算等相关工作，资产管理工作的严肃性和延续性得不到有效保障；有的单位内部资产管理职能交叉重叠，管理职责不清，责任部门与人员不落实，财务部门只是登记固定资产账务，后勤部门负责管理资产实物，容易造成固定资产实物和账务“两张皮”，资产管理与财务管理脱节；有的单位资产管理内部制度不健全，没有制定符合单位实际的资产管理办法，有的即使制定了相关制度，但是贯彻落实仍不到位。

3. 会计核算亟待准确。有的单位通过接受捐赠或置换形成的资产，由于缺乏价值等入账依据，应该计入本单位固定资产核算而没有及时入账，形成了盘盈资产；有的单位由于政府统一规划其土地房屋早已被征用和拆迁，没有及时办理手续而无法下账，有的单位宿舍早已按照房改政策卖给职工个人，资产仍在单位固定资产账上反映，形成了盘亏资产；有的单位没有严格按照财务制度规定对资产进行定期盘点，没有形成资产和财务对账机制，导致单位财务报表不能反映真实资产状况，造成了数据失真。

4. 资产配置随意性强。有的单位资产配置缺乏有效的制度约束，没有在编制年度部门预算时填制资产购置预算，所需购置资产未与单位机构人员情况和资产存量统筹考虑；有的单位购置资产追求高配置、高价格，没有严格按照资产配置限额标准执行，造成了财政资金不必要的浪费；有的单位依据资产购置预算多少来配置资产，没有依据单位职能需要配置，导致部门之间资产的“苦乐不均”，资产配置效率不高，没有充分发挥资产调剂余缺职能。

5. 资产使用效率不高。有的单位将国有资产出租、出借，没有向有关部门履行备案手续；有的单位资产出租行为没有按照有关规定对资产进行评估并进行公开招租；有的单位出租协议的签订没有按照统一的制式合同填制，其出租年限和租金标准随意性较强，租赁年限是30年、50年的都有；有的单位利用国有资产对外投资没有经过科学的论证，也没有出具可行性研究报告，对外投资行为没有履行审批手续，国有资产保值增值得不到有效保证。

6. 资产处置不够规范。有的单位资产处置没有经过集体共同研究决定，而是由个别领导说了算；有的单位处置资产没有严格履行报批手续，资产处置方式未采取公开进场交易，存在“先上车、后买票”现象，资产处置不能在公正、公平的环境中进行，国有资产在一定程度上存在流失风险。

7. 固定资产遗留问题较多。有的单位国有资产产权权属不够清晰，单位的房屋、土地由于是政府无偿划拨使用，加之年代久远、资料不齐全等原因无法办理产权证；有的单位资产权属错位现象比较严重，主管部门与下级单位之间国有资产产权关系不清，同一资产重复记账和漏记账现象时有发生；有的单位车辆历经几任管理人员，当事人已经死亡或者调离原单位，车辆已经达到报废期限或者达到“黄标车”标准，实物已“尸骨无存”，无法进行注销处理；有的单位由于机构合并、区划调整等原因，办公设备、家具用具由于搬家造成的损失也没有及时进行处理；有的单位没有及时按照新调整的固定资产标准进行账务处理，一些低于固定资产入账标准的资产没有及时转入存货进行管理。

8. 往来款项情况较为复杂。有的单位职工借款较多，多年来都没有按照财务会计制度规定进行催缴；有的单位应收款项由于债务人破产、倒闭、死亡造成了损失，或由于债务人被吊销、注销营业执照造成了损失，没有经过函证无法核销；有的单位应付款项由于不能及时提供发票而无法支付，有的单位由于债权人变更无法支付而进行挂账处理。

（二）原因分析

1. 宣传培训力度不够。目前对于行政事业单位财务知识培训力度还有所欠缺，大部分培训只是局限于具体财务、资产管理人员，对于单位主管领导的业务培训还比较少，针对性还不强，只有领导先对国有资产管理有一个宏观整体的认识，才能够引起足够的重视，才能更好的开展和指导日常资产管理工作。

2. 机构运转不够顺畅。单位内部没有建立国有资产管理领导机构，国有资产管理的牵头管理部门不明确，财务部门和资产实物管理部门没有形成合力，相关部门的管理职责和具体责任人的分工没有明晰，容易发生推诿扯皮现象，没有建立起协调配合、运转顺畅的沟通机制和通报制度。

3. 政策落实不够到位。有的单位尽管已经建立了本单位的资产管理制度，但是在日常执行过程中没有严格按照有关规定办理，办法规定只是钉在墙上，没有真正的印在心中。对财政部门制定的资产管理办法也没有认真学习研究，当发现违反有关规定的时候已无法弥补。

4. 监督机制尚未建立。各单位是国有资产的占有使用和具体管理部门，其对国有资产有着不可推卸的监管职责，国有资产是否安全完整、国有资产使用效益高低等是衡量单位国有资产管理水平的重要指标，应该在日常的管理中加强监管，组织单位纪检、办公室、后勤等部门建立检查组，对国有资产全过程生命周期进行监督，及时发现苗头性问题并解决在萌芽状态，有效杜绝违规行为的发生。

5. 遗留问题难以解决。由于距离 2007 年张家口市专项资产清查近十年，部分单位国有资产“底数不清”“有物无账”“有账无物”等问题较为突出，有的单位房屋、车辆等资产实物早已不在而账面上却仍体现，有的单位往来账务挂账多年，想要搜集整理相关的证据资料十分困难，单位的资产账目不能真实反映单位资产实际情况，这也是资产清查出大量盘亏资产和挂账资产的主要原因，如何妥善解决历史遗留问题又不违反原则和相关制度规定是摆在我们面前的难题。

（三）改进措施

1. 加大宣传培训力度。通过政策宣传、组织培训等多种方式，搭建学习和交流平台，提高行政事业单位资产管理干部队伍的素质和能力，采取“走出去、请进来”的方式，组织不同层次、不同内容的有针对性的培训教育，邀请专业人员对资产管理人员会计核算、实物管理有关知识进行讲解，严格会计人员准入制度，不具备会计从业资格的人员严禁从事会计和资产管理岗位，保障资产管理工作有序进行。

2. 建立内部控制制度。各级主管部门和行政事业单位应当明确内部资产管理机构和人员，强化职责分工，落实管理责任，避免多头管理、相互推诿扯皮现象，为行政事业单位资产管理工作提供有力的组织保障。同时建立资产内部控制制度、日常管理制度和定期清查制度，采取资产记录、实物保管、定期盘点、账实核对等措施，并按照有关规定明确资产的调剂、租借、对外投资、处置的程序、审批权限和责任，确保资产安全完整。

3. 完善绩效考评体系。探索建立国有资产的绩效考核评价指标体系和全过程动态监控机制。研究制定行政事业单位国有资产绩效考核办法，明确绩效考核的原则、职责分工、评价内容、评价指标、标准方法、实施程序和评价结果运用等，促进绩效评价工作的规范化与制度化。重点对行政事业单位国有资产管理机构、人员设置、资产管理事项、资产使用效果、信息系统建设和应用等情况进行考核评价，将考核评价的结果作为国有资产配置的重要依据，并为科学合理评价行政事业单位国有资产管理效益提供参考。

4. 构建督导检查机制。采取日常核查、专项检查和年度稽查等多种不同的方法，对单位国有资产有偿使用收入进行监督检查，构建起行之有效的监督检查机制，列入全年的监督检查计划有序进行。配合纪检监察、审计等部门，加强对行政事业单位资产配置、使用、处置、收益等环节的监督检查，强化内部控制与约束，形成“事前、事中和事后”的全方位监督模式，提高资产管理水平。探索建立离任核查制度，单位领导或资产管理使用人员离任时，要组织核查，办理资产移交和监交手续，确保人走物清，防止资产流失。

5. 做好资产核实工作。在张家口市行政事业单位基本情况、财务情况以及资产情况等进行全面清理核查的基础上，针对清查出来的资产盘盈、损失、资金挂账等问题，严格依据有关规定予以核实与批复，督促单位及时进行账务处理，对于资产处置历史遗留问题实行“账销案存”，建立备查账，使单位占有使用的国有资产账账相符、账实相符、账表相符和账卡相符，夯实单位资产管理基础，防止“前清后乱”和“清查管理两张皮”。

四、加强行政事业单位国有资产管理的意见建议

行政事业单位国有资产是行政事业单位履行职能，保障政权运转以及提供公共服务的物质基础，是财政管理的重要基础和有机组成部分。按照深化财税体制改革总体部署，通过夯实管理基础，健全体制机制、优化资源配置，才能加快建立与国家治理体系和现代财政制度相适应的国有资产监督管理体系。

（一）夯实管理基础，构建资产管理长效机制

1. 建章立制，完善资产管理制度体系。按照国家出台的国有资产管理有关规定，对张家口市现有的资产管理规章制度进行梳理和完善，根据张家口市实际情况出台行政事业单位资产管理的地方性制度，逐步完善涵盖资产配置、使用、处置等各个环节的管理办法

和清查核实、产权登记、收益收缴、信息报告、监督检查等全方位管理制度体系。

2. 加强培训，打造强有力资产干部队伍。针对资产清查出反映出来的基层和县区资产管理人员政策业务水平不高的实际，加大对单位主管人员、经办人员的培训力度，转变“重资金、轻管理”的落后思想观念，提升资产管理业务技能和实际操作水平，保障资产管理工作规范有序开展。

3. 明晰产权，为整合盘活资产奠定基础。行政事业单位国有资产产权是深化资产管理的前提和基础。由于历史原因，资产清查中大部分行政事业单位土地、房屋没有办理资产产权手续，产权不明晰导致了不能够将闲置资产及时变现，其使用效益没有得到充分发挥。建议上级财政部门协调不动产登记主管部门，对这次资产清查出来的未办理确权手续的房屋、土地资产补办不动产登记证，由资产使用单位或政府指定部门统一进行管理，以此明晰资产产权关系，为进一步整合盘活政府有效资产、偿还地方政府性债务和可持续发展奠定坚实基础。

（二）深化管理环节，完善资产生命周期管理

1. 规范行政事业单位资产配置管理。建立存量资产与增量预算挂钩机制，使单位占有使用固定资产与履行职能需要相匹配。健全资产配置标准体系，优化新增资产配置管理流程，逐步扩大新增资产配置预算范围。加大对行政事业单位资产的调控力度，有效盘活存量资产，优化资源配置。建立行政事业单位超标准配置、低效运转或者长期闲置资产调剂机制。

2. 加强行政事业单位资产使用管理。加强对行政事业单位利用国有资产对外出租出借、对外投资等行为的管理，在确保国有资产安全完整的前提下，提高资产使用效益。建立市级政府公物仓管理运营平台，对闲置资产、临时机构（大型会议）购置资产，在其工作任务完成后实行集中管理，调剂利用，推进国有资产共享共用和集约化管理。

3. 深化行政事业单位资产处置管理。加大对资产处置的监管力度，建立资产处置监督管理机制。严格履行资产处置审批手续，规范处置行为，未按规定履行相关程序的，任何单位和个人不得擅自处置国有资产。资产处置应遵循公开、公平、公正的原则，按照规定程序进行资产评估，并通过拍卖、招投标等公开进场交易方式处置，杜绝暗箱操作。

4. 强化行政事业单位资产收益管理。加强对国有资产收益的监督管理，建立健全资产收入收缴和使用等方面的规章制度，规范收支行为。行政单位国有资产处置收入和出租、出借收入，应当在扣除相关税费后及时、足额上缴国库，严禁隐瞒、截留、坐支和挪用。事业单位出租、出借收入和对外投资收益，应当纳入单位预算，统一核算、统一管理。探索建立“房屋维修资金”，将行政事业单位国有资产处置收入统筹使用，专项用于行政事业单位办公用房的日常修缮。

（三）创新管理方式，提升资产管理使用效能

1. 推动资产信息化进程。加强行政事业单位资产管理信息系统建设，建立“全面、准确、细化、动态”的行政事业单位国有资产基础数据库，加强数据分析，为管理决策和编制部门预算等提供参考依据。事业单位及其所办企业国有资产产权登记等资产管理事项

逐步实现网上办理，掌握事业单位资产占有、使用情况和国有资产产权基本情况。

2. 实施资产条码管理。将资产清查核实后实有资产作为资产条码管理的初始点，利用资产管理信息系统打出的条码粘贴到固定资产上，使单位占有使用的国有资产具有“身份证”，实现资产生命周期的全程跟踪，强化单位对国有资产管理的责任意识，巩固资产清查成果，逐步构建起固定资产“一物一卡一码”管理机制。

3. 加强政府经管资产研究。研究探索将各级主管部门和行政事业单位代表政府管理的公共基础设施、政府储备资产、自然资源资产等经管资产纳入资产管理范畴。进一步明确经管资产的范围，摸清底数，界定管理权责，逐步建立经管资产的登记、核算、统计、评估、考核等管理制度体系。探索建立经管资产存量、增量与政府债务管理相结合机制，逐步建立涵盖各类国有资产的政府资产报告制度。

通过开展2016年张家口市行政事业单位国有资产清查，基本摸清了张家口市行政事业单位“家底”，掌握了资产管理现状，发现了亟待解决的问题，为进一步做好张家口市资产管理工作提供了很好的契机。张家口市财政局将充分运用资产清查结果，深入分析产生问题的原因，研究谋划张家口市资产管理工作长效机制，为提高资产科学化、规范化、精细化管理水平而不懈努力，使张家口市行政事业单位国有资产管理工作再上新台阶。

（张家口市财政局　喻　鹏　罗佃江　张伟光）

第二部分
支持经济强省建设系列研究

关于深化省直部门资金支付管理改革的建议

2016 年度河北省财政科研课题成果一等奖

2016 年 2 月 13 日，河北省委省政府印发《关于开展省级机关作风整顿的意见》，要求进一步推进省级机关职能转变，对单位权力责任和职能进行全面梳理，改革合并削减内设机构。在这个重大改革背景下，如何加强省直部门的资金支付管理，已经摆上重要日程。为此，河北省财政厅国库支付局对规范河北省省直部门资金支付责任与程序、支付方式进行深入研究。经对河北省省直部门资金支付状况进行认真梳理，借鉴其他省份有关做法，提出了深化省直部门支付管理改革的建议。

一、省直部门资金支付状况

对省直部门资金实行财政直接支付、财政授权支付两种方式，是多年改革探索形成的。河北省在《关于省级预算单位深化国库集中支付制度改革有关问题的通知》（冀财库〔2014〕1 号）文中，明确了支付方式的具体划分标准。实行财政直接支付的资金范围包括：（1）纳入财政统发范围的单位人员经费；（2）驻石家庄市预算单位所有纳入政府采购的预算项目；（3）列入部门系统的专项项目资金；（4）专项项目中适宜直接支付的购买性支出；（5）拨付非改革单位的处室列支项目支出。实行财政授权支付的资金范围包括：（1）未纳入财政统发范围的单位人员经费；（2）预算单位所有正常公用经费；（3）专项项目中适宜授权支付的零星性支出；（4）非驻石家庄市预算单位纳入财政统发范围外的其他预算资金（包括政府采购项目）。

按此规定实施，河北省 2015 年省本级预算资金支出 949 亿元，其中，部门预算支出 571.3 亿元，占比 60.2%；财政实拨列支 377.7 亿元，占比 39.8%。在部门预算支出中，财政直接支付 287.8 亿元（含工资统发 33.5 亿元），财政授权支付 283.6 亿元，资金规模比例基本持平，各占 50%。

这两种资金支付方式，保障了财政资金的及时准确支付，促进财政支付效率进一步提高，省级财政支出总体进度也达到了较高水平。可以讲，这两种支付方式的划分和实施，在推进国库集中支付制度改革过程中起到了规范管理的作用。

二、当前省直部门资金支付遇到的新问题

2015 年起，新《预算法》施行，对部门的预算执行责任做出了新的规定，这与《预

算法》规定的国库集中支付制度如何进行有机的衔接，是当前河北省财政支付管理中遇到的新课题。

在部门责任上，《预算法》第五十三条规定："各部门、各单位是本部门、本单位的预算执行主体，负责本部门、本单位的预算执行，并对执行结果负责"。这明确了各部门、各单位的预算执行主体地位，赋予其对本部门、本单位预算执行管理权限上的主体责任。

在支付管理上，《预算法》第六十一条规定："国家实行国库集中收缴和集中支付制度，对政府全部收入和支出实行国库集中收付管理"。这明确规定了对财政支出实行国库集中支付制度，但没有对具体的国库集中支付方式做出规定。由于现行的财政直接支付、财政授权支付两种方式都属于国库集中支付方式，在具体支付方式的选择上还需各地自行抉择。

在《预算法》已经规定了部门主体责任的前提下，如何确定相应的支付方式，需要对现行的两种支付方式进行分析。

国库集中支付的主要方式包括直接支付和授权支付。直接支付是指由政府财政部门开具支付令，通过财政零余额账户支付到收款人，财政零余额账户再与国库进行资金清算的支付方式。授权支付，是指预算单位根据实际工作需要，自行开具支付令，通过预算单位零余额账户支付到收款人，预算单位零余额账户再与国库进行资金清算的支付方式。

直接支付和授权支付作为两种不同的支付方式，区别有以下几方面不同。

1. 资金支付主体不同。直接支付方式，是由预算单位提起"支付申请"，财政审核通过后，据此开具支付令并通知代理直接支付业务的银行办理资金支付，即办理直接支付业务的资金支付主体是财政部门。而授权支付方式，是由预算部门（单位）发起"支付申请"，经主管领导审核通过后，提交财政电子支付系统进行实时监控，通过监控规则的申请，预算部门（单位）据此通过其授权支付代理银行办理资金支付。即办理授权支付业务的资金支付主体是预算部门（单位）。

2. 监督方式不同。采用直接支付方式时，财政对部门（单位）的"支付申请"进行审核，采取的是人工审核方式。而采用授权支付方式时，财政对部门（单位）的"支付申请"采取的是系统监控与人工审核相结合的方式，既能发挥财政监督职责，又能提高支付效率。

3. 业务办理时间限制不同。直接支付业务要在工作日人民银行清算时间（下午3：30前）之前办理。授权支付业务按照财政部的做法，通过自助柜面办理业务可以突破工作日的清算时间。授权支付自助柜面系统是财政部门联合商业银行共同开发的，通过财政专网，专供预算单位使用的一种新的支付手段。相对传统柜面业务来说，它的最大优势是方便快捷，能最大限度延长预算单位财务人员办理支付业务时间，足不出户即可"全天候"（清算时间以外可办理5万元以下转账业务，清算时间内没有资金额度限制）办理资金支付。

4. 支付流程长短不同。对于授权支付业务，通过财政监控规则、符合制度规定的资金支付申请，可直接通过银行柜面或自助柜面系统办理资金支付。对于直接支付业务，通过财政审核后，财政部门要根据支付申请开具"财政直接支付凭证"发送给代理银行，代理银行据此支付资金。两者相比，授权支付流程更简捷高效。

综合以上分析，为深入贯彻落实《预算法》，明确预算执行工作的职责分工，充分发挥预算单位在预算执行中的主体地位，不断规范财政部门及各部门、各单位预算资金支付管理，进一步简政放权、优化工作流程、提高工作效率，推动河北省国库集中支付工作再上新台阶，加紧研究资金支付方式改革，积极扩大部门授权支付资金范围，成为当务之急。

三、新形势下兄弟省的有关做法

经对全国18个省份的国库集中支付情况进行电话咨询后发现，湖北、北京、天津、上海等11个省市，授权支付的比例（在70%—95%）远高于直接支付比例，湖北、上海、北京等地除直接列支等大额专项资金外，全部实行授权支付。经初步了解，湖北省的改革在发挥预算单位执行主体地位方面最具代表性，具体情况如下。

2012年，湖北省财政厅出台《关于省直预算单位工资发放实行财政授权支付的通知》（鄂财库发〔2012〕25号），要求预算单位工资统一实行财政授权支付发放，由预算单位按照现行工资政策和工资审核程序，每月编制工资发放计划和发放名册，通过财政授权支付方式，委托本单位零余额账户开户银行将工资发放到职工个人工资账户。财政部门通过预算执行动态监控系统，对各单位工资支付的及时性、合规性实施动态监控，不再对单位每月的工资发放明细进行审核，由各单位对工资发放的真实性、合法性负责。

2014年，湖北省财政厅出台《关于改进和完善省直预算单位国库集中支付工作的通知》（鄂财库发〔2014〕37号），“按照‘明确主体、分清责任、简化程序、提高效率、加强监管、确保安全’的原则，部门预算财政拨款支出全部改为财政授权支付，按照财政授权支付程序，所有使用财政性资金并独立核算的省级基层预算单位，都必须通过预算单位零余额账户办理资金支付，并支付到最终收款人”。

四、深化省直部门支付管理改革的建议

对于成立省直核算中心的观点，河北省财政厅国库支付局科研课题组认为，成立省直核算中心不符合《会计法》、《预算法》有关规定。与《会计法》第四条“单位负责人对本单位的会计工作和会计资料的真实性、完整性负责”，第二十七条“各单位应当建立、健全本单位内部会计监督制度”，第三十六条“各单位应当根据会计业务的需要，设置会计机构或者在有关机构中设置会计人员并指定会计主管人员”等规定相冲突，不符合《预算法》第五十三条“各部门、各单位是本部门、本单位的预算执行主体，负责本部门、本单位的预算执行，并对执行结果负责”的规定，不具备可行性，建议不予采纳。

解决当前财政资金支付管理上遇到的问题，深化省直部门支付管理，本课题组提出以下改革建议：规范资金支付方式划分标准，明确政府财政部门和各部门、各单位的主体责任划分，加强预算执行管理。

（一）改革的原则

1. 坚持依法推进原则。改革工作要按照新《预算法》要求推进，财政部门和各部门、

各单位要各司其职、各负其责。各部门、各单位做好本部门、本单位的预算执行，财政部门做好对预算执行全过程的计划、组织和监督。

2. 坚持统筹规划原则。改革是一个系统工程，资金支付方式划分是预算执行的起始环节，为确保预算执行工作有条不紊顺利开展，要做好规划设计，使各执行环节互相衔接、协调统一。

3. 坚持分步实施原则。河北省省直部门有120多个，为确保稳步开展，要按照“先行试点、由点带面”的原则处理好短期与长远的关系。在总结试点经验、规范管理的基础上，全面推广实施。

（二）改革的目标

为深入贯彻落实《预算法》，全面推行资金支付方式改革，明确政府财政部门和各部门、各单位的主体责任划分，积极扩大部门授权支付资金范围。2016年，先行选择河北省30%的省级预算部门进行改革试点，力争授权支付比例达到部门预算资金的90%，2017年，在总结经验、完善提升的基础上，在河北省省直各部门全面推开。

（三）改革的主要内容

规范资金支付方式划分标准，积极扩大授权支付资金范围。

1. 日常公用经费和人员经费全部指定为授权支付。日常公用经费和人员经费为基本支出，按照以往惯例，将保障行政运行的基本支出，全部指定为授权支付。需要明确的是，此类有两项例外：（1）河北省安全厅和省政府驻京办等，由于这些特殊单位没有纳入国库集中支付改革范围，需要指定直接支付方式，由处室代编支付申请，直接支付到单位。（2）河北省驻省外的9个单位（水利厅勘测院、交通厅港航局、省外事局、省水运规划院、省水运监督局、河北工大、省政府驻天津办事处、驻上海办事处、驻广州办事处），目前条件下，由于代理银行区域性管理特点无法实行授权支付，需指定为直接支付。

2. 专项项目资金根据实际支付需要由预算单位自行指定。冀财库〔2014〕1号文件中关于直接支付方式的指定标准“（2）驻石家庄市预算单位所有纳入政府采购的预算项目；（3）列入部门系统的专项项目资金；（4）专项项目中适宜直接支付的购买性支出”，调整为“专项项目资金，预算单位根据实际支付需要，自行指定支付方式，适合授权支付的资金全部指定为授权支付。”

3. 河北省省级没有纳入改革范围的特殊部门，全部指定为直接支付。例如，河北省安全厅、驻京办等特殊部门，其所有预算资金均由部门预算主管处代编用款计划和支付申请，直接支付到预算单位基本账户。

（四）改革的责任划分

财政直接支付业务按照《河北省省级财政直接支付审核管理规程》（冀财库〔2014〕49号）等制度规定办理资金支付，授权支付业务按照《河北省省级财政授权支付管理规程》（冀财库〔2014〕50号）等制度规定办理资金支付。改革为授权支付方式的业务财政部门、各部门、各单位的主体责任划分为：

1. 预算单位职责

(1) 按照支付方式划分标准有关制度规定，结合本单位项目支出实际情况，申报财政资金支付方式，并对自行申报为授权支付方式的专项项目资金的合规性、合理性负责；

(2) 根据部门预算和项目实施进度，科学合理地测算各月实际资金需求，按照序时进度有关要求编报全年分月用款计划；

(3) 根据省财政下达的授权支付用款额度和实际业务发生情况，开具授权支付指令，办理授权支付资金业务，对授权支付指令的合法性、合规性、真实性负责；

(4) 按照国家和省有关规定，依法履行政府采购或招标投标程序；

(5) 按预算使用授权支付资金，做好本单位的财务管理和会计核算工作，妥善保管授权支付相关原始凭证；

(6) 接受财政、审计部门依法实施的监督检查，执行财政部门的检查意见和审计部门的审计决定。

2. 预算部门职责

(1) 组织、指导、协调所属预算单位申报专项资金支付方式、编报全年分月用款计划，并对其报送的支付方式和用款计划进行审查，及时纠正不符合制度规定和项目管理情况的内容；

(2) 审核所属预算单位授权支付资金大额提现、涉密资金拨付实有资金账户、横向或纵向拨款等特殊事项，并对其合法性、合规性、真实性负审核责任。

(3) 按部门预算使用授权支付资金，做好本部门的财务管理和会计核算；

(4) 监督指导所属预算单位规范使用授权支付资金，依法履行政府采购或招标投标程序，对其授权支付资金使用、财务管理和会计核算负管理和监督责任；

(5) 接受财政、审计部门对本部门及所属预算单位依法实施的监督检查，执行财政部门的检查意见和审计部门的审计决定。

3. 财政部门预算主管处职责

(1) 组织、指导、协调对口预算部门申报专项资金支付方式、编报全年分月用款计划；

(2) 审核对口预算部门报送的支付方式和用款计划，及时纠正不符合制度规定和项目管理情况的内容；

(3) 审核对口预算部门授权支付资金大额提现、涉密资金拨付实有资金账户、横向或纵向拨款等特殊事项。

4. 财政国库支付局职责

(1) 制定省级财政授权支付方式划分标准等管理制度；

(2) 审核全年分月用款计划，及时下达预算单位授权支付额度；

(3) 按照国家和省预算管理、国库管理有关规定，对预算单位授权支付资金使用情况进行实时监控，发现问题及时处理；

(4) 协调代理银行和清算行，按照国库集中支付业务委托代理协议及时办理资金支付和清算业务。

（五）改革的保障措施

1. 加强组织推动。深化部门资金支付方式改革，是深入贯彻落实《预算法》的重要任务要求，必须加强组织协调和统一部署，确保改革工作顺利推进。

2. 完善制度设计。加紧研究配套管理办法，尽快出台《省级国库集中支付方式划分有关问题的通知》，为改革的顺利推进提供政策依据和制度保障。

3. 强化技术支撑。进一步优化完善支付电子化管理信息系统，建立健全预算执行动态监控规则，积极推进授权支付自助柜面系统施行范围，为“全天候”办理授权支付业务提供安全、高效、便捷的现代化支付手段和信息技术支撑。

（河北省财政厅国库支付局　段国旭　郜玉乔）

财政库底目标余额管理研究

2016 年度河北省财政科研课题成果一等奖

一、实施背景

财政库底目标余额管理是现代财政国库管理制度的重要内容，是由财政部门在科学预测国库现金流量基础上，以财政安全运行和提高财政资金使用效益为目标，对存放在中国人民银行的财政资金设定确保财政支出需求的最低目标余额，据以运用一系列安全的短期投融资工具对国库现金实施增值运作的管理活动。

目前，随着以国库单一账户体系为基础的现代财政国库管理制度的基本建立，财政资金实现了从分散管理到集中管理的制度性变革，规范性和透明度不断增强。但是，与国库集中收付制度相配套的国库现金管理制度建设相对滞后，使得财政集中控制的库款随着财政收支规模增长越来越大。不利于盘活财政库款存量，提高财政资金使用效益；不利于有效激活促进经济增长的资源潜力，进而释放促进经济增长的机制效应；不利于在发债融资纳入法定融资渠道的条件下，创新和完善财政经济管理，建立科学的资产负债管理机制。财政库款管理中存在的这些问题，已经成为经济发展新常态下加强财政管理的掣肘，严重影响着现代财政国库制度的进一步确立，迫切需要加快推进改革。

二、实施原则

实施财政库底目标余额管理，要按照预算法和国务院有关规定，围绕全面深化改革、建立现代财政制度的总体要求，通过开展国库现金流量预测，构建财政库底目标余额管理机制，建立国库现金管理曲线和运作规范，实施国库现金管理操作，规范财政库款调度，从体制机制上推进财政库款存量的盘活，促进经济社会持续发展。主要有以下几项基本原则：

（一）安全性原则

财政库底余额要满足财政支出需求，确保按预算及时拨付。增值运作资金要按规定时限从商业银行收回国库，及时补充库底，确保财政安全运行。

（二）流动性原则

财政库底余额要充分考虑财政收支、国库库款的流量变化情况，科学设计国库现金运作的操作规模和操作区间，确保财政运行的流动性需求。同时，按政策加强与货币流动性管理的相互促进和有效协调。

（三）效益性原则

实施财政库底目标余额管理既要在确保财政资金支付安全的基础上，提高财政资金的支付效率和使用效益，又要在保证库款支付流动性需求的基础上，提高库款的运作收益率。

（四）创新性原则

实施财政库底目标余额管理是一项全新的改革，既要结合实际创新思维、先行先试，又要在实践中不断完善改革方案，全力推进，确保财政安全运行。

三、财政库底目标余额管理的构建

实施财政库底目标余额管理，主要是在财政国库管理体制框架内，建立国库现金管理体系、实现国库现金管理动态操作、规范上下级财政库款调度管理。

（一）国库现金管理体系建设

1. 实施国库现金流量预测

（1）建立滚动预测体系。国库现金流量实行周期预测和滚动预测相结合，以历史期库款余额、财政收支为基础，按年、按季实行周期性预测，按季分月、按月分旬实行滚动预测，逐步建立按旬分日的滚动精确预测体系。（2）建立库款余额变化曲线。加强预测技术支撑，建立财政库款收支流量基础数据库，完善计量分析模型等预测分析手段，根据国库现金流量预测分析情况，按月按旬建立预测期库款余额变化曲线，作为开展国库现金管理的基本参考。

2. 实施库底目标余额预测

（1）测算确定最优库底目标余额。财政部门以国库现金流量预测数据为依据，在保障库款支付需求前提下，采用最优库底模型测算设定最优库底目标余额。（2）建立最优库底目标余额曲线。根据测算的分月最优库底目标余额数据，建立预测期最优库底目标余额曲线，作为开展国库现金管理的基础参考。超过财政最优库底目标余额的库款资金，全部应用于国库现金管理操作。

3. 实施国库现金管理动态操作

（1）建立国库现金管理曲线。根据预测期库款余额变化曲线、最优库底目标余额曲线，建立预测期的国库现金管理曲线。根据国库现金流量预测情况，该曲线一般为按月反映的年度曲线。（2）实施国库现金管理操作。按照国库现金管理曲线反映的可运作资金额度，结合开展运作前的实际库款余额情况，确定年度内运作额度和期数，根据地方国库现金管理办法实施动态操作。

（二）国库现金管理体系运行

1. 库款余额变化曲线的建立，需要与财政收支预测调度相结合。一是以当期库款余额为基础，参考历史同期期间收支变化趋势，结合年度预算收支增长率，整体预测库款余额变化趋势。二是加大与收入征收部门的协调力度，收入征收部门按制度规定的周期和内容报送收入预测信息。三是实行大额支出提前报备与用款计划考核制度，预算单位按制度规定的周期和内容报送用款计划等信息，对于存在突发性大额支出的期间提前调整预期库款余额。

2. 最优库底目标余额曲线的建立，需要与最优库底测算相结合。一是确定及测算相关参数值。包括：（1）库款下限 L，是财政库款支出的最低保障水平，在模型测算中以月度平均支出水平为依据，包括一般公共预算支出、政府性基金预算支出、国有资本经营预算支出、债务还本支出等本级预算支出。（2）最优库底余额 M，参照米勒 - 摩尔模型 $M=\sqrt[3]{\frac{3F\sigma^2}{4K}}+L$①，以库款下限 L 加调整因素计算得出，调整因素以库款余额变动方差σ^2和每次现金运作成本 F 为正相关参数，以库款余额的机会成本 K 为负相关因素，按模型公式测算出最优库底余额 M。（3）库款上限 H。按照谨慎性原则，库款上限与最优库底余额的差额应是最优库底余额与库款下限之差的 2 倍，即 $H=M+2(M-L)$。将月度最优库底目标余额值连接起来，即形成最优库底目标余额曲线。

3. 国库现金管理曲线的建立，需要与国库现金动态操作相结合。以当期实际库款余额 T 为基础，根据确定的库款上限，库款下限及最优库底余额，适时开展动态现金运作管理。一是综合考虑流动性和收益性，合理选择运作期限和运作形式，将库款余额整体保持在最优库底目标余额区间内，充分实现库款运作效益最大化。二是实现库款现金运作动态监测。按照国库现金管理动态操作的要求，当库款余额超过资金上限 H 时，即可调出超过最优库底余额的资金（T - M），开展增值运作；当库款余额低于或接近资金下限 L 时，则调回运作资金（M - T），使库款余额始终保持趋向于最优库底余额。

（三）规范上下级财政库款调度管理

实施财政库底目标余额管理，除应用于国库现金管理体系建设和现金运作动态操作外，其在规范上级财政对下级财政库款调度方面也发挥着积极的作用。

1. 强化对下级财政的库款管理指导。根据下级财政的库款余额变化曲线、目标期财政收支预计完成情况等，以最优库底目标余额预测情况为基础，确定下级财政的库款保障能力指数，以反映下级财政库款保障其支出需要的能力。

2. 增强财政库款调度的科学合理性。上级财政在按月度开展的库款调度中，当月调拨资金以转移支付月均指标等因素为基础，结合当月支出的库款保障水平，以下级财政的库款保障能力指数作为重要考虑因素，确保调度合理及支出需要。

3. 提升上级财政的库款统筹管理能力。上级财政可结合当期实际库款余额 T，确定剔除净流出因素后的库款下限 L′，计算出当期可调度资金规模 = T - L′。当可调度资金规模大于通过预算指标计算出的应调度资金时，按应调度资金全额调拨；当可调度资金规模小

① Miller - Orr 模型，由美国经济学家 Merton Miller 和 Daniel Orr 在 1966 年创建的，适用于测算现金流入和流出每日随机波动情况下的最佳现金持有量。

于计算出的应调度资金时，上级财政通过启动预警机制，提前统筹库款资金弥补调度缺口或适当缓拨调度资金。

四、实施措施

实施财政库底目标余额管理，是财政国库管理制度的重大完善和财政资金管理科学化的重要升级，政策性和技术性强，涉及面广，需要创新思维、研究改进、深化提升和逐步完善。

（一）健全制度依据，细化具体操作

结合地区财政预算管理实际，研究建立财政库底目标余额管理制度体系，细化实施方案，制定涉及国库现金流量、最优库底目标余额、库款调度等方面的具体测算操作办法，提升该项管理改革的可操作性和有用性，并组织具体实施。

（二）加强部门协调，促进沟通合作

加强财政与税务、中国人民银行和商业银行等部门的协作配合和信息沟通，建立渠道畅通、便捷高效的沟通协调机制，确保国库现金管理工作有序推进。依托财税库银横向联网信息系统、非税收入收缴管理信息系统、政府财政管理信息系统和预算执行信息系统等实现信息共享，拓展财政库底目标余额测算的基础数据来源渠道。

（三）提升信息化水平，加快系统建设

依托“五位一体”的财政管控系统，有效联通政府财政管理信息系统中预算指标管理子系统、用款计划管理子系统、资金支付子系统、账务管理子系统和库款调度系统、财税库银横向联网系统等信息模块，加快建立具有数据分析功效的国库现金管理信息系统，实现录入数据的自动测算功能，为国库现金管理便捷操作提供技术支撑。

（四）充实人员力量，打造专业队伍

财政国库现金管理工作技术性创新性强，涉及财政、金融、统计等多个专业领域，要通过在岗培训和专业人才引进等方式加强队伍建设，进一步充实国库现金管理业务人员，打造一支高素质国库现金管理队伍，为持续推进财政库底目标余额管理改革奠定人才基础。

（五）深化国库管理改革，夯实国库现金管理基础

进一步深化国库集中收付制度改革，全面加强国库单一账户体系建设，强化国库资金统筹职能，推动政府全部支出纳入国库集中支付范畴，使国库现金管理的基础更加牢固。

（河北省财政厅国库支付局　段国旭　单嘉
河北省财政厅会计处　刘子均）

关于发展经济促进地方财政增收的建议

2016 年度河北省财政科研课题成果一等奖

近年来，受宏观经济形势、减税政策等影响，唐山市财政收入增幅放缓，从 2014 年开始一般公共预算收入总量被石家庄超越，居河北省第二位；2015 年前五个月，唐山市财政收入被廊坊超越，目前居河北省第三位。为促进财政收入平稳较快增长，我们通过与石家庄、廊坊对比分析，结合当前形势，提出相关建议，供领导参考。

一、近年来三市财政收入情况对比

（一）与石家庄对比情况

2004 年，得益于多年的项目投资积累、产业改造提升、钢铁等主导产业崛起，唐山市一般公共预算收入达到 58.1 亿元，首次超过石家庄 1.9 亿元，跃居河北省首位。2005—2008 年，随着钢铁等行业快速发展，逐步拉开了与石家庄的距离，2009 年，唐山市一般公共预算收入达到 169.7 亿元，超石家庄 43.7 亿元，是石家庄的 134.7%，达到历年最高水平。从 2010 年开始，受宏观经济形势和落实国家出台的增值税转型政策等影响，唐山市财政收入增幅放缓，石家庄与唐山市差距逐年缩小。2014 年，石家庄一般公共预算收入完成 343.5 亿元，唐山市完成 323.7 亿元，石家庄跃居河北省首位，超唐山市 19.8 亿元。2015 年石家庄完成 375.1 亿元，唐山市完成 335 亿元，超唐山市 35.1 亿元，差距进一步扩大。

（二）与廊坊对比情况

从历史看，廊坊市财政收入规模一直较小，2004 年廊坊一般公共预算收入仅 20.3 亿元，为唐山市的 34.9%。到 2012 年唐山市一般公共预算收入达到 301.1 亿元，廊坊为 172.2 亿元，廊坊市与唐山市收入差距最大达到 128.9 亿元。2013 年以后，唐山市财政收入增速放缓，廊坊市由于房地产等快速发展，财政收入保持了年均 15% 以上的高速增长，到 2015 年廊坊一般公共预算收入完成 303.4 亿元，与唐山市收入差距缩小到 31.6 亿元，其中税收收入完成 260.1 亿元，超唐山市 22 亿元。

二、2015年1—5月份三市财政收入情况对比

2015年1—5月，唐山市一般公共预算收入完成153.4亿元，同比增长13.6%；石家庄完成200.4亿元，同比增长20%；廊坊市完成192.2亿元，同比增长49.2%，石家庄、廊坊两市分别高于唐山市47亿元和38.8亿元。1—5月，唐山市税收收入同比增长10.5%，拉动收入增长7.1个百分点；石家庄同比增长25.3%，拉动收入增长17.6个百分点；廊坊同比增长53.5%，拉动收入增长45.3个百分点。唐山市财政收入增速低于石家庄、廊坊，主要有以下原因：

（一）产业结构差距明显

2015年，唐山市第一、二、三产比重为9.3∶55.1∶35.5，石家庄市为9.1∶45.1∶45.8，廊坊市为8.3∶44.6∶47.1。第二产业占比高于石家庄市和廊坊市10个百分点、10.5个百分点，第三产业占比低于石家庄市和廊坊市10.3个百分点和11.6个百分点。从税收增收贡献看，第三产业税收增量远高于第二产业，唐山市第三产业占比低、增收明显不足。1—5月，唐山市每万元GDP产生税收924元，远低于石家庄的1665元和廊坊的2856元。

（二）行业贡献差距明显

唐山市建筑业、钢铁业、金融业、房地产业、装备制造业、采矿业、电力热力供应业、批发零售业，8个行业税收占比达到74%；石家庄市房地产业、金融业、批发零售业、建筑业、电力热力供应业、成品油制造业、烟草制品业、医药制造业，8个行业税收占比达到75%；廊坊市房地产业、建筑业、装备制造业、金融业，4个行业税收占比达到77.5%。唐山市行业税收贡献前两位的是建筑业、钢铁业，占24.2%；石家庄市行业税收贡献前两位的是房地产业、金融业，占29.8%；廊坊市行业税收贡献前两位的是房地产业、建筑业，占55.8%。唐山市钢铁行业税收总体呈下滑趋势，石家庄市、廊坊市钢铁不是主要行业，基本不受影响；同时两市房地产业、金融业税收增速明显高于唐山市。

（三）房地产业差距明显

唐山市与石家庄市、廊坊市房地产业发展差距十分明显，石家庄市作为河北省省会城市具有先天优势，同时近年来启动了地铁建设等，带动了周边土地升值；廊坊市环北京，随着北京行政副中心迁移到通州，周边房产快速升值，带动了廊坊房地产业迅速发展。1—5月，从销售看，唐山市商品房销售额同比下降14.7%，石家庄市同比增长114.9%，廊坊市同比增长64.5%；从投资看，唐山市房地产投资同比下降8.1%，石家庄同比增长6.6%，廊坊同比增长19.1%；从纳税看，唐山市房地产业税收18.1亿元，同比增长6.3%，石家庄市53亿元，同比增长45.1%，廊坊市122.3亿元，同比增长64.6%。

（四）政策性减税影响差距明显

受产业结构影响，近年来国家出台的固定资产抵扣政策，矿产品增值税税率提高到

17%，资源税减按40%征收，每年减少唐山市全部财政收入50亿元左右。2015年5月份全面推开营改增后，扩大进项税抵扣范围，将新增不动产所含增值税纳入抵扣，预计这项政策对唐山市影响远高于石家庄、廊坊两市。

三、促进经济发展财政增收的建议

近几年，唐山市通过开展综合治税、大力清理陈欠税款等专项行动，取得了一定成效，但随着清欠税款逐步到位，税收挖潜空间越来越小。经济决定财政，经济发展是财政增收的原动力。面对经济运行新常态和严峻的组织收入形势，我们既要立足当前，千方百计挖潜增收，狠抓收入组织，确保完成目标任务；又要着眼长远，认真贯彻“五大发展理念”，全面实施“32239”战略部署，着力推进供给侧结构性改革，加快“转方式、调结构”步伐，增强财政收入增长后劲。

（一）着力培植财源促增收

第一，要调优产业结构培植财源。按照唐山市委市政府“去产能、快转型”要求，重点实施钢铁、水泥等传统行业整合重组，打造优势企业集团，提高重点产业市场竞争力和税收贡献度；以举办世园会等系列重大活动为契机，抓好会展业、旅游业、城市经济，提高现代服务业比重；大力发展现代农业，积极推进山区综合开发，促进第一、二、三产业融合发展，打造新的增长点。第二，要引进优质项目培植财源。充分利用好临港和开发区优势，着力引进科技含量高、发展前景好、引领唐山市产业发展方向的大项目、好项目。特别是要注意引进投资意愿强、投产达效快的大项目，尽快产生税收贡献。第三，要加快推进重大基础设施建设培植财源。强力推进唐曹铁路、水曹铁路、城市二环线等重点基础项目建设，推动水源地治理、城镇化和美丽乡村建设等，优化招商引资硬环境，拉动投资，增加税收。第四，要推动创业创新培植财源。充分利用唐山市实施国家小微企业创业创新基地示范的有利时机，发展壮大唐山市中小微企业，推动“大众创业、万众创新”，为增加财税收入提供有力支撑。第五，要围绕有效增量培植财源。要围绕落实“九大增长点”，全力推进传统产业提升、新兴产业培育、旅游业倍增等37个专项任务。特别要加快推进“凤还巢”工程、企业上市、楼宇（总部）和外贸经济发展，尽快增加优质纳税企业。

（二）抓房地产业促增收

充分利用房地产行业关联性和投资拉动功能强的特点，适时启动和盘活一批房地产项目，带动整体经济发展。

第一，要激发房地产市场活力。加大房地产项目招商引资力度，通过有实力的大企业、大集团的资金注入，推动唐山市房地产业及相关产业繁荣发展。借鉴高新区房地产项目盘活的成功经验，鼓励引导本地开发企业与大型开发企业合作，破解资金瓶颈，启动一批停滞在建续建项目。第二，要加快推进棚户区改造。为支持唐山市棚户区改造，国开行给予唐山市212.9亿元的贷款额度，目前已使用130亿元。要加快办理各种手续，大力推进货币化安置办法，推进房地产业去库存，争取贷款尽快产生效益。第三，要加快推进两证办理。2015年初唐山市政府要求市中心区办理6万户房产证，截至5月底办理1.7万户，已完成年初任务的28.3%，入库契税0.8亿元。按照唐山市政府统一部署，加快办证速度，为百姓办好事、办实事的同时，切实增加财政收入。

（三）抓土地市场促增收

唐山市土地出让收入年初预算安排107.6亿元。1—5月唐山市土地出让收入完成35.2亿元，仅完成年初预算的32.7%。为确保预算平衡，要进一步强化土地市场管理。一方面，加快土地出让进度。目前，中心城区经批准征收但尚未办理供地手续的土地有2.9万亩，其中，已经完成征地补偿但未办理供地手续的土地1.5万亩。下一步应进一步加大土地招拍挂力度，增加土地出让收入和相关税收；另一方面，加强土地市场清理。加强对已出让土地项目监管，确保项目按规定时限开工建设，严格执行国土资源部《闲置土地处置办法》，对两年以上未动工土地收回，督促项目单位尽快开发建设，促进土地资源节约利用。

（四）严格征管促增收

第一，要深入开展综合治税。加强与规划、国土、住建、供电等部门协调配合，充分发挥综合治税信息共享平台作用，强化实施以电控税、以地控税、以水控税、纳税评估等行之有效的税收管控手段，加大对房地产、金融、制造业等重点行业信息分析比对，进一步提高税收征收到位率。第二，要密切关注税制改革。全面推开营改增后，增值税及附加征收的城建税等占税收收入比重达到50%左右，要认真分析增值税抵扣和行业税负情况，结合宏观经济指标、产业数据和历史数据，加强重点行业及重点企业的监测分析，确保应收尽收。要抓住矿产品资源税从价计征、水资源税改革契机，增强税收征管刚性，促进资源节约集约利用，实现应收尽收。第三，要加快国有资产处置。加大资产盘活力度，清理华北理工大学等单位资产；对闲置资产及时拍卖，增加非税收入。进一步盘活房产、路权等国有资产，通过出售、转让国有资产增加地方收入，保障工资、运转、民生和偿债等刚性支出，确保完成全年收入目标，实现收支平衡。第四，要推进国有企事业单位改革。积极推进生产经营性事业单位改革，对热力、自来水、排水等企业化管理的公益性单位，研究引进战略投资者和社会资本，通过增资扩股等方式转变为国有控股或参股的混合所有制企业，提升企业活力，出售国有资产股权，增加非税收入，减少财政负担。

（唐山市财政局　魏文忠　乔迎丰　陈东升）

运用好 PPP 模式提高政府投入的市场运作水平

2016 年度河北省财政科研课题成果一等奖

政府和社会资本合作模式（Public - Private Partnership，简称：PPP）是公共服务供给机制的重大创新，即政府采取竞争性方式择优选择具有投资、运营管理能力的社会资本，双方按照平等协商原则订立合同，明确责权利关系，由社会资本提供公共服务，政府依据公共服务绩效评价结果向社会资本支付相应对价，保证社会资本获得合理收益。政府和社会资本合作模式有利于充分发挥市场机制作用，提升公共服务的供给质量和效率，实现公共利益最大化。

一、取得的成绩及经验

在中央的倡导下，全国各地政府纷纷投入到项目建设的实践中，PPP 项目得到了较快的发展。沧州市围绕 2016 年年初制定的“1 + 10 + 100”的工作目标，PPP 储备数量达到 125 个，覆盖 20 个县（市区），涵盖交通运输、市政工程、生态环境保护、保障性安居工程等 15 个公共服务领域，估算总投资超过 1500 亿元。截至目前，沧州市已确定社会资本方的项目有 17 个，总投资 363.86 亿元，有效弥补了财政资金不足的问题。2016 年 10 月份，国家财政部联合 20 多个部委评选出“第三批 PPP 示范项目”，全国有 516 个项目入选，河北省入选 31 个项目，沧州市占 6 席，在全省列第一位。示范项目的运作，一方面为沧州市 PPP 项目的实践操作开辟了道路，树立了标杆；另一方面也为全市积极推动 PPP 模式鼓舞了士气，提振了信心。

沧州市南北绕城公路项目，是市本级首个 PPP 项目。本项目投资金额 22.34 亿元，运作方式为 BOT，回报机制为政府付费，合作年限为 14 年，已经在 2016 年 9 月 6 日完成招标采购资格预审。在项目运作过程中，成立了由常务副市长为组长，交通、财政、发改、国土、环保、工商等多部门为成员的领导小组，形成分工负责、协调联动、及时沟通的工作机制，确保项目快速顺利实施。财政部门作为牵头部门，严抓物有所值评价、财政承受能力论证、支出责任报请人大批复和规范项目采购 4 个关键点，确保项目有序合规进行。

河间市环境综合治理项目。该项目为存量项目，投资金额 1.18 亿元，运作方式为 TOT，回报机制为政府付费，合作年限为 30 年。该项目由北控水务（中国）投资有限公司中标。已于2015年12月开工建设。该项目是河间市环境治理领域城乡环卫服务、建设"美丽乡村"举措的重大改革。河间市转变思路，通过PPP模式推动城乡环卫服务市场化、一体化处置；周密实施，确保项目衔接协调顺畅；依规操作，保障项目规范运作；严格管理，建立监督考核机制。

总结以往的工作，我们有以下四点深刻体会：

（一）提高认识是关键

PPP是一项新兴事物，各级政府在推进过程中难免会有畏难情绪，心存疑虑，缺乏推动PPP工作的积极性。因此，提高各级政府相关负责人尤其是一把手的认识是关键。沧州市通过对各县（市、区）相关领导和负责人的督导和培训，让他们清晰认识到PPP对稳增长、调结构、促改革、惠民生的重大作用，进一步明确"1+10+100"的工作目标，充分激发其开展PPP工作的动力和决心。

（二）加强宣传是抓手

PPP项目的实施离不开社会资本的广泛参与，只有通过多渠道的宣传，才能提高PPP的知名度，扩大PPP的影响，打消社会资本的顾虑，激发社会资本的投资热情。沧州市积极参与省厅的各种推介活动，召开推介会，通过多种形式加强宣传，为PPP工作的开展起到了非常积极的作用。

（三）规范操作是基础

PPP模式涉及设计、融资、建设、运营、维护等多个环节，目前市场体系和政策体系还存在不少短板，对政府的监管能力、社会资本的经营和掌控能力都提出了很高要求。沧州市PPP各项工作都严格按照国家相关政策规定实施，保证各个环节依法依规。

（四）项目落地是根本

PPP项目落地难的问题在很多地区都存在。沧州市多措并举，狠抓项目落地。列出重点项目清单，实现专人专责；设立专项资金，奖补落地项目。目前沧州市的落地项目数量从河北省来看，名列前茅。项目落地也从另一方面扩大了沧州PPP的影响力，增强了社会资本参与的信心，从而进一步推动沧州市PPP工作的开展。

二、工作开展中存在的问题

通过项目实施我们发现PPP工作还存在一些问题需要进一步的研究并加以解决，以使政府投入与市场运作更加完美地结合。

（一）部门责任边界不明晰

主要体现在财政部门和发改部门在权责上模糊不清。在财政部印发的《政府和社会资本合作模式操作指南》（试行）中第四条规定："财政部门应本着社会主义市场经济基本原则，以制度创新、合作契约精神，加强与政府相关部门的协调，积极发挥第三方专业机构作用，全面统筹政府和社会资本合作管理工作。各省、自治区、直辖市、计划单列市和新疆生产建设兵团财政部门应积极设立政府和社会资本合作中心或指定专门机构，履行规划指导、融资支持、识别评估、咨询服务、宣传培训、绩效评价、信息统计、专家库和项目库建设等职责。”财政部门作为 PPP 项目的发起部门一直在工作推展上起着主推作用，目前各地主要是由财政部门负责 PPP 项目的引领工作。2016 年 8 月 10 日，国家发改委发布了《关于切实做好传统基础设施领域政府和社会资本合作有关工作的通知》（以下简称《通知》），明确要切实做好传统基础设施领域的工作，并重点划定了能源、交通运输、水利、环境保护、农业、林业以及重大市政工程等基础设施领域 PPP 推进工作。2016 年 9 月 24 日，财政部印发《政府和社会资本合作项目财政管理暂行办法》中第三条提出“各级财政部门应当会同相关部门，统筹安排财政资金、国有资产等各类公共资产和资源与社会资本开展平等互惠的 PPP 项目合作……”双方没有对各自承担的职责进行明确的分工，尤其是项目立项阶段各自见解不一，这就造成在项目实施过程中市级财政部门和发改部门之间的工作配合不畅。

（二）缺乏稳定的法律环境

目前 PPP 模式依据的法律法规，除国发办〔2015〕42 号文件由国务院颁发以外，其他文件由财政部、发改委独立印发，没有形成统一的法律框架体系，缺乏稳定的法律环境，不利于 PPP 工作的长远发展。加强 PPP 立法工作，成为 PPP 理论层面和实践层面共同的呼声。

（三）缺乏存量项目的 PPP 合作

沧州市 17 个落地项目和 125 个储备项目中以新建项目为主，存量项目较少。将 PPP 模式植入存量项目之中，一方面能够显著降低政府存量债务压力，另一方面也能够进一步转变政府职能，提高公共服务供给效率与效果。

（四）区域和行业发展不平衡

从区域上看一些县（市、区）PPP 工作进展缓慢，项目很少，主要是因为当地政府对 PPP 项目的认识程度不一所致。PPP 项目行业分配不均，多集中在交通、市政等行业，而社会化需求程度比较高的文化、教育、养老、旅游等行业分布较少。

三、加强今后工作的意见和建议

针对以上问题及基于 PPP 工作长远发展的思考，提出以下几点建议：

（一）厘清各部门的事权责任

为了使 PPP 工作顺利开展，必须要将财政和发改部门的工作职责分清，但建议不要像政府采购和招投标一样按照项目类别划分管理权限，因为 PPP 项目的管理相比较招标采购过程来说是一个长期的过程，而且项目都涉及到筹备、建设、运行、退出等多个环节的内容，如实行分行业类别管理的体制会造成管理错位的问题，所以应根据财政和发改两家的项目管理职责，建立分环节管理互相监督的管理体制，并自上而下形成相对应的职责分工，以便于工作对接。

（二）尽快完善 PPP 相关法律法规

目前，我国 PPP 实践中面临着法律层级低、法律冲突多和合同管理不到位的问题。一是要加快 PPP 立法进程，填补顶层法律空白；二是要加强统筹协调，便利项目实施；三是要树立法治观念，构筑信用体系。完善 PPP 相关法律法规，能够有效填补法律空白问题，适应新形势下推广 PPP 的法律要求；能够有效兼顾 PPP 参与各方的利益，充分考虑政府、市场、公众的权利，确保实现物有所值、合作共赢。

（三）提高对存量项目融入 PPP 模式的重视

选取一些政府债务负担较重且便于合作的存量项目进行 PPP 模式运作。重点推介，征求社会资本合作方，发挥社会资本方的管理优势，提高项目运行管理效率，提升社会服务质量。存量项目运作过程中，要注重存量资产的评估工作，做到评估价值公允，防止国有资产流失。

（四）继续深挖 PPP 模式的潜力

加大对工作进展缓慢的县（市、区）政策督导力度，增进当地政府对 PPP 工作的理解和认识，并帮助这些地区找准 PPP 工作的切入点，指导开展前期考察论证工作，使 PPP 项目能够在各地为提高公益事业水平服务。针对文化、教育、养老等行业，一方面，由政府深挖行业发展潜力，整合优质资源为 PPP 模式的应用创造更好的基础条件；另一方面，加强面向相关行业企业的推介力度，吸引优质资本向这些行业的投入。

（五）谋划制定再融资和资本退出机制

项目运行过程中部分资金的提前退出或出现新的融资需求时，就可能会涉及到再融资的问题，以弥补过程中的融资需求，所以再融资问题将是我们下一步需要考虑的现实问题。建议建立通过限制杠杆率，控制再融资规模，针对不同类型的 PPP 项目的融资杠杆率规定不同的上限，再融资只能在上限范围内进行；再融资涉及对首次融资达成的融资协议的债务期限、金额和融资工具等变更，而且这些变更可能影响公共部门的利益的，必须经政府同意后才能进行再融资。PPP 项目要吸引社会资本参与到公共服务项目中来，那么其融资必然需要考虑到社会资本如何退出的问题。如果没有一个通畅的投资退出机制，漫长的投资周期会使大多数社会投资者望而却步，因而建立一个通畅的退出机制对于吸引社会资本参与 PPP 项目投资至关重要。针对不同的 PPP 项目评估确认关键性主体资格限制和非关键性的主体资格限制，关键性主体资格限制主要是指特定 PPP 项目对股东应具备的资质的要求，其股权转让应受到相应的限制，至少转让的前提必须是受让者也同样具备上述资质；非关键性的主体资格限制，在股权转让上适当放宽限制。

（六）建立动态风险评估机制

尽管在前期谈判过程中，合作各方较充分地考虑了各自的风险，并通过合同条款将风险约定在控制范围内。但 PPP 项目从立项到完工、运营、移交，是一个科学的系统工程，各个阶段相辅相成，如果上一个阶段的风险因素没能得到很好的防范，将直接对下个阶段产生影响，并且在各个阶段各个风险因素之间也有着内在的关联。政府和社会资本需建立针对项目全生命周期的动态化管理理念，即在项目的整个生命周期内，综合考虑各个风险因素的变化，采取合理科学的风险管理措施，并引入第三方风险评估机构对项目的实施和运行中的风险做出动态评估。

市场化的运作可以使财政资金的投入更加高效地运行，PPP 模式正是基于市场化运作开展的政府和社会资本的合作。PPP 的运用正在摸索探索阶段，我们在工作中要进一步加强调研力度，认真分析工作中遇到的问题，运用好 PPP 模式，以实现财政资金更加规范、高效的市场化运作。

（沧州市财政局　鞠志杰　车宗文　白子维　孙亮　吴晓林　韩尚达）

衡水在京津冀协同发展中的发展方向及财政政策研究

2016 年度河北省财政科研课题成果一等奖

京津冀地区位于环渤海地区的中心位置，是国家经济发展的重要引擎和参与国际竞争合作的先导区域，实现京津冀协同发展已经上升为重大国家战略。衡水作为京津冀地区经济总量最小的地级市，要以此为契机，充分发挥财政对经济社会发展的能动作用，准确定位、抢抓机遇，在促进区域经济整体腾飞的同时，实现自身的稳定快速发展。

一、衡水经济社会概况和比较优势

衡水市地处华北平原的黑龙港流域，东与山东德州毗邻，河北省省内与邢台、石家庄、保定、沧州接壤，辖 1 区 8 县，1 工业新区 1 滨湖新区，代管 2 县级市。全市总面积 8815 平方千米，总人口 452.6 万人。

衡水历史上属于贫困地区，其前身衡水专区，是 1962 年国家为便于集中扶贫，将原属石家庄和沧州专区的 11 个贫困县划归在一起而成立的。1996 年 5 月撤地建市，在河北省建市最晚。与其他设区市相比，衡水市财政收入总量、人均财政收入、可用财力、人均可用财力都处河北省末位。2014 年，衡水市生产总值实现 1139 亿元，按可比价格计算比上年增长 8.2%。三次产业增加值占衡水市生产总值的比重分别为 14.6%、50.7% 和 34.7%。城市居民人均可支配收入 19614 元，农民人均纯收入 8104 元。2014 年，衡水市全部财政收入 148.61 亿元，比 2013 年增长 15.1%，其中公共财政预算收入 79.72 亿元，增长 16.3%。公共财政预算支出 234.37 亿元，增长 26.3%。

衡水区位优越，生态环境优美。地处北京、天津、济南、郑州、石家庄华北五大城市群空间地理中心，市场空间广阔。境内京九铁路、大广高速纵贯南北，石德铁路、石黄高速、衡德高速横穿东西。衡水湖是华北平原唯一保持完整生态系统的内陆淡水湿地，总面积 187.87 平方千米，水域面积 75 平方千米，是国家级自然保护区、国家水利风景区，湖区有植物 383 种，鱼类 34 种，昆虫 416 种，两栖爬行类 17 种，哺乳类 20 种，鸟类 310 种。截至目前，衡水湖国际马拉松赛已成功举办四届。

衡水土地资源丰富，县域特色产业突出。衡水市耕地约 5713 平方千米，人均近 1334 平方米。是河北省重要的粮棉油生产基地，每年为国家提供商品粮 15 余亿千克。衡水县域特色经济起步早，产业特色鲜明，基本上形成了一县一业、多县一业的发展格局。其中安平丝网产销和出口均占全国的80%；枣强玻璃钢占全国市场的25%；大营皮毛产品远销40多个国家和地区，是全国重要的生产和营销基地；桃城工程橡胶、景县铁塔和橡塑管业都是国家级产业制造基地，分别占全国市场的45%、60%和30%。

二、衡水区域定位及发展方向

作为经济后发地区，衡水市在京津冀协同发展中，必须准确定位、融合接轨、突出特色、借势发展。要充分发挥农业资源优势、区位交通优势、衡水湖生态示范区优势、传统特色产业优势，着力发展现代农业、生态旅游、现代物流、新兴产业、装备制造、食品加工等产业，在促进区域经济整体腾飞的同时，实现自身的稳定快速发展。

（一）发挥土地资源优势，加快发展现代农业

衡水是传统的农业大市，土地资源丰富，要充分发挥这一优势，加快发展现代农业，使之成为京津冀地区的粮仓和基础生产、生活资料来源地。要大力发展特色农业。在不断提高粮食生产的基础上，壮大蔬菜产业。以饶阳、武邑等六大传统特色蔬菜产区为依托，打造一批高标准的蔬菜标准化生产基地。发挥秸秆饲料资源优势，促使畜牧产业健康快速发展。加快农业产业化步伐，引导农业龙头企业与合作社、农户有效对接，推广“企业+合作社+农户”等经营模式，建立紧密型利益联结机制。打造农产品标准化生产基地，加快龙头企业的扩张步伐，带动衡水市特色产业的健康快速发展。

（二）发挥区域特色优势，提升传统产业水平

装备制造、现代生态化工、食品加工是衡水传统优势产业，要进一步加大支持力度，扶持龙头企业做大做强，逐步培育形成引领衡水经济发展的工业主导产业，把衡水打造成华北地区重要的现代装备制造基地、现代生态化工基地和现代食品加工基地。同时，要加速构建县域特色产业集群，突出抓好县域特色产业集群转型升级，进一步扩大规模，提升档次，形成一县一业、一县数业、几县一业的县域经济发展格局。重点打造丝网、橡塑制品、精细化工、食品、玻璃钢、采暖铸造、皮毛等跨县域特色产业集群。

（三）发挥区位优势，大力发展现代物流业

衡水区位交通优势明显，发展现代物流具有得天独厚的优势。要依托京九、石德、大广、邯黄、石济铁路，以及未来建成的京九高铁，把衡水建设成为京津冀地区的交通枢纽。按照物流园区—物流中心—配送中心的布局模式，加快安平国际丝网物流基地、冀州恒通棉花物流园和医药物流园、深州物流园、福润冷链物流、衡水寰球棉花交易市场、枣强顺达、故城华北建材等专业性物流园区和企业建设，打造具有物流集散、区域配送、保税仓储、加工增值物流服务等功能，立足京津冀、辐射环渤海、面向全中国的综合性物流基地。

（四）发挥自然资源优势，统筹发展旅游业

以建设“AAAAA”级旅游景区为目标，着力发展衡水湖生态旅游。依托独特生态资源、文化资源和交通区位，培育湿地景观和生态园艺旅游产业，不断提高接待能力和水平，着力打造“生态湖城、休闲之都”，把衡水湖打造成全国知名的精品旅游景区。挖掘文化旅游资源内涵，重点推进董子文化园、安济桥保护开发、宝云寺保护、景州塔保护等项目建设。加快发展经营性文化产业，培育产业观光旅游，重点扶持邓庄农业科技示范园、深州蜜桃观光园、武强北大洼休闲观光农业等特色基地建设。依托衡水老白干、大营裘皮城、安平丝网等衡水特色产业，开辟“产、供、销”一条龙服务的旅游专业线路，积极推进衡水工业旅游市场和功能创新，开辟旅游业发展的新领域。

（五）发挥基础教育优势，促进教育事业全面发展

近年来，衡水市中小学基础教育始终走在河北省乃至全国前列，以衡水中学为代表的优秀学校，每年都吸引一大批来自全国各地的莘莘学子前来求学。要继续发挥这一优势，加大教育投入力度，进一步改善和提高衡水市中小学办学条件，加强师资队伍培养，充分利用本地基础教育资源，创建一批像衡水中学一样的名牌中学，打造具有衡水特色教育品牌，形成品牌集聚效应。要以京津冀协同发展为契机，积极争取京津高校向衡水转移，大力发展职业教育和高等教育，弥补衡水高等教育的短板，促进教育事业全面发展。

三、促进经济发展的财政政策建议

（一）完善财税政策，推进区域融合发展

一要推进异地投资税收分享办法的深化实施，在打破行政区垄断和地方利益制约的条件下鼓励异地投资，从而推动经济资源自由流动。进一步加强政策引导，加快经济资源向工业聚集区和园区集中，促进优势产业聚集，优化经济发展区域布局。二要改革和完善省以下基本财政体制。在科学合理界定省以下政府间财政支出责任基础上，进一步完善收入划分体制，规范转移支付制度，构建财力配置与支出责任相适应的财政体制框架。三要继续推进省直管县财政体制改革和县乡财政体制改革，通过支出责任和财力的重新配置，赋予地方政府更多的经济发展主动权，解决地方政府财权和事权不统一的问题，重点解决区域经济发展活力问题，促使区域经济布局配置科学合理。四要加强政府对落后地区的转移支付力度。要切实发挥转移支付的作用，通过整合各种财政扶贫资金，实行向重点地区倾斜的财政扶贫政策。政府转移支付的出发点，关键在于“扶持”，重点是通过扩大政府转移性支出，解决落后地区发展急需的资金，实现政府财政雪中送炭的功能。

（二）发挥财政投融资导向作用，支持经济发展

逐步拓宽社会投资渠道，用好财政贴息政策，吸纳社会闲散资金，带动更多的社会投资和消费需求，引导金融资本、民间资本及国外资本投资技术创新领域，推动产业优化升

级。运用加速折旧、投资抵免、税收优惠等手段，引导和刺激企业的科研开发和技改投资热情。对社会资金进入基础设施领域的，可对特定的基础设施项目提供优惠的土地使用政策，允许企业在投资项目周围一定区域进行多元化经营；对符合产业结构要求的企业技术改造，实行投资抵免税的方式，支持企业再投资。要打破所有制和“身份”界限，积极鼓励发展民营、个体等非公有制经济和混合所有制经济，鼓励民营经济参与投资农、林、牧业和国有企业改革。

（三）完善配套措施，支持提高综合竞争力

一是支持提高自主创新能力。大力支持原始性创新、集成创新和引进消化吸收再创新，加快建立以企业为主体、市场为导向、产学研相结合的技术创新体系，逐步实现科技产业化和产业科技化。二是继续加大人力资本的财政投入，加快推进职业教育与培训，重点培养技能型的实用人才，加强社会化服务体系建设。三是推进产业结构优化升级。加大财政投入力度，实施以产业优化为导向的税收优惠政策，支持发展生物、新材料、新能源等高新技术产业发展，加快淘汰能耗高、效率低、污染重的工艺、技术和设备，支持推动金融、保险、信息和法律服务等现代服务业加快发展，提高服务业的比重和质量。

（四）推进旅游重点项目建设，促进旅游产业实现跨越式发展

一是设立旅游重大项目建设专项引导资金。每年安排一定资金，采取以奖代投、以奖代补、财政贴息等方式，重点支持衡水湖等旅游项目建设。二是是建立旅游建设项目公开招投标制、监理制、法人制等制度，推行旅游资金报账制、集中支付制以及政府采购制，优化资金效力；建立以项目建设结果为导向的项目建设资金绩效考评机制，建立科学的、全面的评价指标体系，全面提高资金使用效率，以精细化思路管理旅游项目建设资金。三是借鉴广东模式，支持“旅游下乡”，按照“家电下乡”模式，财政对农民赴省内外景区旅游给予消费补贴。四是探索建立公务接待公开招标机制。对公务接待的住宿、餐饮、旅游等项目实行公开招标，鼓励旅游企业参与竞争，提高公务接待服务质量，促进旅游企业发展。

（五）以推进农业产业化建设为引领点，促进经济发展

要坚持按照“集中财力办大事”的原则，整合各种现有支农专项资金，集中打捆使用，发挥资金的使用效益。要加大支持农业产业化建设方面的投入，培育支持壮大龙头企业，构筑农业产业化核心，对农民实施全方位的带动。要建立和完善支持农业合作的财政政策，大力推行“公司＋基地＋农户”的经营模式，使广大农民紧盯市场发展农副业，围绕市场发展种植业，克服分散农户直接参与农业产业化经营的局限性，培育农户、农村合作经济组织和农业企业三元并联的农业产业化格局。

（六）积极争取教育资金，打造完整教育链条

要积极主动争取国家和省级扶持，加大教育资金投入力度，深入实施农村义务教育经费保障机制改革，落实城市义务教育免除学杂费政策，支持薄弱学校改造工程，大力发展

中职教育事业，进一步加强衡水市各级各类学校基础能力建设，努力改善办学条件，提高教育教学质量，缩小城乡教育差距，促进城乡教育均衡发展。抓住京津冀协同发展过程中“加快疏解非首都核心功能”的有利契机，积极承接京津高校向衡水转移、疏解，支持京津地区有条件的优质高等教育和职业教育资源到衡水开办分校或校区，弥补衡水高等教育方面的不足，打造完整的教育链条。

（衡水市财政局课题组　崔建发　王世强　李长忠　郭华　范浩峰　王艳玲）

以积极财政政策聚集增长新动能
——论地方政府如何落实积极财政政策

2016 年度河北省财政科研课题成果一等奖

面对经济下行压力、产业结构战略性调整和发展方式转变等多重任务，2015 年年末召开的中央经济工作会议提出，2016 年主要工作是推进以“三去一降一补”五大任务为内容的供给侧结构性改革，同时指出完成这五大任务需要宏观政策要稳、产业政策要活、微观政策要准、改革政策要实、社会政策要托底，在财政政策上实行更加积极有力的财政政策。

一、财政政策基本概念

（一）从财政职能来理解和认识财政政策

2013 年，党的十八届三中全会通过的《中共中央关于全面深化改革若干重大问题的决定》中，首次提出“财政是国家治理基础和重要支柱”。2014 年 6 月 30 日，中央政治局审议通过了《深化财税体制改革总体方案》，2014 年 8 月 31 日，第十二届全国人民代表大会通过了关于修改《预算法》的决定。这几个重大事件，对推进财政改革发展意义重大、影响深远。

财政是国家治理的基础和重要支柱，这是新中国成立以来党中央对财政定位最高的一次表述。中央之所以这样表述源于财政的三大职能作用：

1. 资源配置职能。在政府的介入和干预下，财政通过自身的收支活动为政府提供公共产品给予财力保障，引导资源有效、合理利用，弥补市场的失灵和缺陷，最终实现全社会的资源配置最有效率的职能。

2. 收入分配职能。财政通过收入再分配机制，重新调整由市场决定的收入和财富分配格局，达到社会认可的“公平”和“正义”的分配状态的职能。

3. 经济稳定和发展职能。政府运用财政政策和货币政策以及适当的政策组合，实现国民经济中总供给与总需求之间的平衡，并求得稳定增长的职能。

基于以上三大职能，财政根据宏观经济形势、社会发展状况以及国际环境的变化，通过适时动态调整和变化财政职能作用，而作出的应对手段就是财政政策。

（二）从政策出台的背景来认识和理解积极财政政策

1. 何谓积极财政政策？就是在经济趋紧的时期，政府通过增加支出、增加投资的方式，扩大社会总需求，以熨平经济周期，保持宏观经济稳定的调控手段，经济学上称之为“扩张型财政政策”。反之，就是稳健的财政政策，经济学上称之为“紧缩型财政政策”。

2. 积极财政政策实施情况。改革开放以来，我国已实行过两轮积极的财政政策，第一轮是在1998—2002年，共5年，这一轮主要是为了应对亚洲金融风暴，到2002年经济实现了“软着陆”后退出，整体看政策的实施是成功的；第二轮是从2009年至今，现已持续了7年。七年来，我国的财政支出增长很快，债务规模不断增加，同时大力实施“营改增”、小微企业减免税、清理不合理收费等减负措施，对于“稳增长”立下了汗马功劳。

3. 实施更加有力的积极财政政策的必要性。

（1）2020年全面建成小康社会的刚性要求。2020年达到GDP总值较2010年翻一番的目标，在“十三五”期间，年均GDP增长率不能低于6.5%。

（2）经济进入新常态后，要扼止住经济增长下滑过急过快的趋势，特别是在货币政策连续降准、降息后仍然效果不彰的情况下，迫切需要财政政策加力增效。

（3）全面深化改革的需要，当前正值改革的攻关阶段，必须通过财政政策托底。

（三）当前实施积极财政政策的同时实施稳健的货币政策的原因

财政政策和货币政策是宏观调控的“一体两翼”，当前货币政策的定调为“稳健”，主要是基于以下几个方面考虑：

1. 从短期来看，进一步宽松的空间有所收窄。CPI继续温和回升，为防止实际的负利率，央行降息空间将越来越小。

2. 鉴于最近美联储加息的前景出现变化，资本外流压力有所缓解，降准的短期压力也有所降低。

3. 从2014年年末，央行已经通过各种方式来释放大量流动性，但是由于实体经济需求不振、资金具有逐利性等原因，不少资金并未真正流入到实体经济中，反而在金融机构之间空转，或进入股市、债市，间接助推了资产市场的泡沫。

二、积极财政政策的主要内容

在2016年的“两会”上，财政部楼继伟部长把积极财政政策主要概括为以下五个方面：

（一）适当扩大财政赤字和政府债务规模

2016年，经济下行压力和财政收支平衡压力有所加大，在中央和地方政府财力有限的情况下，建议适当扩大财政赤字规模和地方政府债券发行规模，中央财政赤字规模安排1.45万亿元，地方政府一般债券发行规模安排7500亿元，分别比2014年增加3300亿元和2500亿元，全国财政赤字规模为2.2万亿元，赤字率为3%左右。

（二）有效缓解地方政府融资压力

根据经济和市场形势，继续适度提高地方政府债务限额，保持适当的置换债券规模，推动地方融资平台转型改制进行市场化融资，探索完善健全地方政府债券市场化发行和定价机制，扩大一般债券和专项债券投资者范围，鼓励社保基金、住房公积金、企业年金、职业年金、保险公司等机构投资者和个人投资者在符合法律法规等相关规定的前提下投资地方债券。继续加大地方结转结余资金清理力度，督促地方尽快拨付使用应按原用途使用的资金，坚决收回并且重新统筹安排调整到重点支出方向。

（三）加大对重点项目和新兴产业支持力度

适度扩大中央财政的负债规模和比例，适当提高中央财政铁路、水利、生态环保等大型基础设施和重大建设项目的出资比例。在更大范围内实施加速折旧的基础上，加大中央财政对重大技改和设备更新投资的支持力度。尽快明确财政补助标准、时限，以及涉及价格、收费、政府让利和法律保障等长期利好预期，实质性地吸引社会资本进入PPP模式。全力推进“双创”“互联网+”“中国制造2025”等重大行动计划，促进技术、资本、人才等创新要素向战略性新兴产业集聚，以共享发展理念释放战略性新兴产业的潜在生产力和市场需求，以经过优化整合改造提升的现有各类产业园区或科技园区为依托，形成若干具有国际竞争力的战略性产业集聚区和产业化基地。

（四）进一步实施结构性减税政策

加快推进全面“营改增”，将不动产纳入增值税抵扣范围，并适当简化税率。支持创新驱动，进一步扩大企业研发费用加计扣除优惠政策适用范围，进一步扩大加速折旧实施范围，将国家自主创新示范区先行先试的政策推广到全国。尽快在国内流量较大机场增设进境免税店，引导出境国内游客加大在进境口岸免税店的消费。采取结构性减税政策以及关税政策，加快培育包括高技能人才教育与专项培训市场、信息产品消费、智能家电消费、农村及中小城市电商和跨境电商体系、高端消费品国际品牌境内消费市场、现代物流体系等消费市场。此外，进一步取消、停征一批行政事业性收费项目和政府性基金，切实为企业和个人减负。

（五）坚决守住民生保障底线

重点保障基本民生支出，压缩其他支出，同时严格控制提标增幅，对一些不合理的支出或由于政策环境发生变化的支出，要压减或取消，以增强民生保障可持续性。结合双创进一步调整完善鼓励高校毕业生多渠道就业创业的扶持政策；落实好降低失业保险费率和运用失业保险基金等政策，减轻企业负担，帮扶企业稳定岗位；出台有利于产能出清的财政金融支持政策，通过向银行发行特别国债等方式筹措财政专项资金，用于解决产能出清中的人员安置和债务处置；以更加积极有效的办法在卫生、教育、养老、旅游等民生领域大力推广PPP项目，支持采取PPP模式推进棚户区改造和公共租赁住房投资运营，加速消化库存并且盘活房地产市场。

三、地方政府如何贯彻落实积极财政政策

通过以上的梳理，对财政政策的“积极”两个字，我们有了相对清晰的认识和把握。那么作为地方政府，或者说具体到包括财政在内的各个经济管理部门，在具体的工作中，结合石家庄市的实际，为使地方出台的配套政策以及在支持经济发展的着力点上，既能够全面贯彻落实好中央的大政方针，又能够切合河北省省会的经济发展脉搏。应做好以下几个方面：

（一）切实为企业减负，打好减税、减费、减基金、降社保的“组合拳”

2016 年 3 月 15 日，“两会”闭幕的记者会上，李克强总理再次重申，减税降费是政府简政放权在社会经济领域的深化和体现，要进一步减税降费，让企业轻装前进。同时，国务院常务会议多次研究有关减税降费的举措。目的就是在经济下行时期，通过减税降费为企业降低负担，保证企业度过经济寒冬，存活到下一个繁荣期，这是宏观调控政策的应有之议，同时在积极财政政策的所有工具中，减税降费无疑也是最直接的手段。但具体到怎么减，则必须结合实际情况，先了解掌握企业的负担有哪些，然后才能深入研究、审慎考虑。

以 2015 年数据为例，我国广义政府收入（不包括国有企业上交红利）为 24 万亿元，其中，税收收入 12.5 万亿元，非税收入 2.7 万亿元，政府性基金收入 4.2 万亿元，社保基金收入 4.6 万亿元。可以看出，整个政府收入的 48% 是在税外形成的。税收固然形成企业负担，但这是任何一个时期、任何一个国家、企业都必须承担的负担，整体而言是合理、合法的。真正加重企业负担的，是那些不甚合法或者虽然合法但并不合理的各类税外收费。例如，总和缴费率达到工资 40% 以上的“五险一金”、各类名目繁多的行政审批以及附着其上的各类收费、政府性基金等。

因此，这次减税降费更准确的表达应该是“减负”。这次的减负中央采取的方式更加灵活，手段更加精准。从来源看，既包括税收、收费和政府性基金，又包括社保缴费；从范围看，既有普惠性的减负，例如“营改增”等结构性减税，又有定向的减负，例如对小微企业、高新技术产业的税收优惠等。而且从目前得到的信息看，定向减负将成为主流；从时限看，既有长期性的，例如对税制改革和取消收费项目，又有设定一定期限的，例如调低社保缴费比例（两年）。具体来看：

在减税方面，一是全面完成“营改增”改革。从 2016 年 5 月 1 日起，将试点范围扩大到建筑业、房地产业、金融业、生活服务业，确保所有行业税负只减不增。考虑当前经济下行压力加大，特别是实体经济面临的困难，为了进一步减轻企业税收负担，在方案设计时本着促改革和稳增长两兼顾、两促进原则，对改革的力度和节奏作了妥善安排。同时，拟对税收优惠政策原则上予以延续，对特定行业采取过渡性措施，确保全面推开“营改增”后，所有行业税负只减不增。二是研究完善有利于大众创业、万众创新的税收政策体系。对包括天使投资在内的投向种子期、初创期等创新活动的投资，统筹研究相关税收

支持政策；进一步研究完善创业投资企业税收优惠政策，适当放宽对创业投资企业投资高新技术企业的条件限制；研究完善科技企业孵化器、大学科技园的税收政策，对众创空间等予以适当税收优惠支持。

在降费方面，一是全面实施清理规范政府性基金方案。自2016年2月1日起，将新菜地开发建设基金和育林基金征收标准降为零；停征价格调节基金；整合归并水库移民扶持基金等7项征收对象相同、计征方式和资金用途相似的政府性基金；取消地方违规设立的政府性基金；将教育费附加、地方教育附加、水利建设基金免征范围由月销售额或营业额不超过3万元的缴纳义务人扩大到不超过10万元。二是加大收费减免力度，研究将对小微企业免征有关行政事业性收费的政策扩大到所有企业。财政部将做好政策出台后的督导工作，确保政策落到实处，切实减轻企业负担。

在社保缴费方面，从2016年5月1日起两年内，一是对企业职工基本养老保险单位缴费比例超过20%的省份，将缴费比例降至20%；单位缴费比例为20%且2015年年末基金累计结余可支付月数超过9个月的省份，可以阶段性降低至19%。二是将失业保险总费率由现行的2%阶段性降至1%—1.5%，其中个人费率不超过0.5%。

然而，减税降费毕竟关乎政府的直接利益，一些媒体形象地把减负称为政府“割肉”。客观地说，当前减税降费面临着两难选择，一方面，各级财政收支出现较大缺口，收入增速明显下滑，而支出仍然高企；另一方面，积极财政政策加力增效需要进一步加大政府投资，而这也意味着增加巨额支出。

因此，一些专家学者提出，对于减税降费举措的重要性需要认识、认识再认识，深化、深化再深化。给企业“减税降费”是目的，但不是唯一和最终目的。政府出台“减税降费”，政策的最终目的是搞活经济，解决和适应经济“新常态”下出现的新问题，尤其是要通过企业这个“抓手”，通过“减税降费”，最终实现稳增长、调结构、惠民生。那么，仅仅惠及企业还是远远不够的。“减税降费”不仅要惠及现有的企业（创业者），还要通过“减税降费”手段吸引更多的人参与创业，激发更多的社会活力、创业热情，真正形成有利于大众创业、万众创新的社会大格局。

（二）强化市场思维，注重创新，推行财政支出方式改革

党的十八届三中全会决定提出，必须积极稳妥从广度和深度上推进市场化改革，大幅度减少政府对资源的直接配置，推动资源配置依据市场规则、市场价格、市场竞争实现效益最大化和效率最优化，这为推进财政支出方式改革指明了方向，也是最根本的政策依据。从国内外经验看，实行与市场经济体制相适应的财政支出方式，已经比较成熟，能够实现少花钱多办事、花小钱办大事、不花钱也办事，完全可以引入借鉴。

总的改革思路是：对公益性项目推行政府购买服务形式，对准公益性项目推行政府和社会资本合作（PPP）等方式，对符合政策的竞争性选择项目推行股权投资、竞争性分配等形式，切实发挥好市场机制和财政资金杠杆调节作用。具体改革举措包括三个方面：

1. 推行政府和社会资本合作，也就是PPP模式。PPP推广是国家确定的重大经济改革任务，从中央到地方都很关注。李克强总理多次要求财政部和各地积极推进这项工作。财政部已在多个省市部署开展试点。那么什么是PPP模式，为什么国家要大力推广PPP?

“PPP”是Public（公共的）-private（私有的）-Partnership（合作、合伙）的缩写，即公私合作关系。该词最早由英国政府于1982年提出。实践的证实，PPP模式确实是一个利益最大化的合作模式，从而被推广开来。

广义PPP也称为3P模式，即公私合作模式，是公共基础设施一种项目融资模式。在该模式下，鼓励私营企业、民营资本与政府进行合作，参与公共基础设施的建设。

按照这个广义概念，PPP是指政府公共部门与私营部门合作过程中，让非公共部门所掌握的资源参与提供公共产品和服务，从而实现合作各方达到比预期单独行动更为有利的结果。相当于国家设立项目，给予政策支持，而私人机构投资，并进行运营管理，可谓各取所长。

PPP与BOT相比有哪些不同之处呢？狭义PPP的主要特点是，政府对项目中后期建设管理运营过程参与更深，企业对项目前期科研、立项等阶段参与更深。政府和企业都是全程参与，双方合作的时间更长，信息也更对称。

在PPP模式中利益如何分割？实际操作中，PPP是利益共享，风险共担。但关键的是，PPP中公共部门与私营部门并不是简单分享利润，还需要控制私营部门可能的高额利润，即不允许私营部门在项目执行过程中形成超额利润。其主要原因是，任何PPP项目都是带有公益性的项目，不以利润最大化为目的。

如果双方想从中分享利润，其实是很容易的一件事，只要允许提高价格，就可以使利润大幅度提高。不过，这样做必然会带来社会公众的不满，甚至还可能引起社会混乱。

既然形式上不能与私营部门分享利润，那么，如何与私营部门实际地共享利益呢？在此，共享利益除了指共享PPP的社会成果，还包括使作为参与者的私人部门、民营企业或机构取得相对平和、长期稳定的投资回报。利益共享显然是伙伴关系的基础之一，如果没有利益共享，也不会有可持续的PPP类型的伙伴关系。

而PPP的应用范围则非常广，在发达国家，PPP既可以用于基础设施的投资建设（如自来水厂、发电厂），又可以用于很多非盈利设施的建设（如监狱、学校等）。从短期管理合同到长期合同，包括资金、规划、建设、营运、维修和资产剥离都可以使用。

从上面对PPP模式的阐述，可以看出，推广PPP模式具有以下好处：（1）PPP模式是一种与市场经济相适应的调控工具，可以发挥市场机制作用，激发非公有制经济的活力，为城镇化建设筹措资金；（2）PPP模式是一个吸引社会资本进入公共服务领域的载体和媒介，通过政府授予特许经营权等方式引入社会资本，为民营经济打开一扇窗，如果没有PPP，民营资本无法实现准入；（3）PPP模式也是政府化解地方存量债务的一个很现实的工具，中央《关于加强地方政府性债务管理的意见》、《地方政府存量债务纳入预算管理清理甄别办法》两个文件中都明确提出要大力推广PPP模式，已经形成的债务可以用PPP置换。例如，政府通过银行贷款建了一个污水处理厂，那么建成后，不仅政府负责运行维护，而且还要拿出资金还贷，而银行贷款成本往往较高，这必然给财政带来压力。但是如果我们找到合作方，那么就可以通过PPP模式，把政府债务置换出来，既减轻了债务压力，又可节约财务成本，还可以挤出更多的资金用于政府急需要干的事上。

目前，石家庄市已经建立了包括24个项目的PPP项目库，并且已在正定新区的多个项目上推广了PPP模式。此外，2016年4月份，通过竞争性答辩，石家庄市成功入选国家地下综合管廊试点城市。试点期间，石家庄市将通过 PPP 模式建设地下综合管廊 45 千米，总投资 65.5 亿元，政府出资 20%，社会资本出资 80%。政府出资约合 13 亿元，中央财政补助 12 亿元后，石家庄市仅需支出 1 亿元。1 亿元就可以办成这么大的事，而且不需要背上额外的债务负担，还能撬动 50 多亿元社会资金，这将产生巨大的社会效益，这就是 PPP 模式带来的直接好处。

2. 推行股权投资。股权投资的主要形式就是设立产业引导股权投资基金。通过设立产业引导股权投资基金，理顺政府与市场关系，从预算管理制度改革入手，力求通过资金分配方式的改革，实现市场配置资源效率化，财政资金使用绩效最优化。

设立产业引导股权投资基金将实现哪些绩效预期？设立产业引导基金，其资金分配方式由“补”改为“投”，虽一字之差，但却是创新财政资金分配方式的重大改革，有利于发挥市场在资源配置中的决定性作用，发挥财政资金的引导和放大作用，促进经济结构调整和产业升级；是转变政府行为方式，改革和简化行政审批，从源头上预防和治理腐败的重大举措。

多年来，政府对产业的扶持，一般采取财政资金补助、奖励、贴息等形式补给企业。基本流程是企业根据政府补助方向和要求，自主申报项目，经相关部门审核通过后下拨资金到企业。这种直补的方式存在明显的弊端。一方面，补贴资金是一次性的，不能循环使用，导致其使用效率不高；另一方面，整个过程中只由政府组织专家审查企业提交的纸质文件，政府主管部门对于项目的真实性和技术水平等搞不清楚，以至于可能出现骗补的情况。此外，很多产业专项资金看上去总量很大，但具体到单个项目补助资金往往只有几万或十几万，补助对象“点多面广”，不仅撒“芝麻盐”，起不到资金的集约效应，而且主管部门还难以对企业是否依照规定使用补贴资金的行为进行监管，更难以评估每一笔补贴资金的使用绩效。

但改为“股权投入”后，情况则大有不同。由于基金运作脱离行政干预，纯粹交由市场决定，专项基金管理人对投资项目的调查更专业，更具体，审核更严格，日常监管更到位，这就确保了资金的安全性和绩效性，可最大限度地保证财政扶持资金用在刀刃上，充分发挥对企业和产业发展的扶持作用。简单讲，就是能实现财政产业扶持资金“可放大、可循环、可评估，能精准投向”的绩效预期。“可放大”，就是能有效吸引社会资金的投入；“可循环”，就是变财政资金一次性使用为循环使用，且在使用过程中还会增值，从而让资金蓄水池越来越大；“可评估”，就是投入的财政资金使用得好不好，有没有达到产业扶持的预期，绩效是可以评估的；“可精准投向”，就是财政产业扶持资金能精准投向政府想要引导的重点产业和关键环节中去，减少随意性。

产业引导股权投资基金的主要来源有哪些？目前从先行试点的地区看，主要是由政府出资设立并按市场化方式运作的政策性基金，资金主要来源于扶持产业发展的专项资金、其他政府性资金以及引导基金运行中产生的收益等。

基金的预期绩效要得以实现，关键在顶层制度设计。（1）管理制度和体制设计上须严格“市场化”。引导基金实行决策与管理相分离的管理体制。按照“政府引导、市场运作、科学决策、防范风险”的原则运行。专项基金市场化运作，专业化管理，所有权、管理权、托管权分离，也就是说，政府对引导基金的管理主要体现在通过“引导基金领导小组”加强对基金管理人的选择和基金投资方案进行审核把关，是宏观的方向把控。例如，投向是否符合国家和省产业政策等，而不过多干预引导基金管理公司和“专项基金”的运作，即资金具体落到什么项目上，全是市场化操作手段。（2）选择基金管理人有门槛。面向社会公开征集或招标方式选择基金管理人，要获得参选条件，必须具备规定的基金管理资质、从业经历和良好社会信誉。这种准入门槛的设定，从硬件上保证了基金管理团队的专业性，有效降低了资金运行潜在的技术风险。（3）专项基金设立有注资要求。以河北省省级产业引导股权投资基金实施方案的要求为例，产业引导股权投资基金与社会募资的投资比例为1:3（投资农业的投资比例为1:1）以上，尽量放大产业引导基金杠杆作用，吸引更多的社会资金投入。

由于尚处于探索实践阶段，石家庄市基金的运作刚刚起步，目前，市级有政府投资基金4支，已撬动社会资本5.7亿元；县级有政府投资基金2支，已撬动社会资本6700万元。随着各级对产业引导股权投资基金认识的不断深入，效果将进一步显现。

3. 大力推进政府购买服务。推行政府购买服务，是转变政府职能、创新社会管理、改革政府提供公共服务方式的一项重要举措。推进这项工作，对重塑政府与市场关系，创新政府公共服务，促进消费市场发育和推进服务业发展都具有重大而深远的意义。2013年，国务院专门印发《关于政府向社会力量购买服务的指导意见》（国办发〔2013〕96号），随后，河北省和石家庄市也陆续印发《关于政府向社会力量购买服务的实施意见》。总体要求，适宜向社会力量购买的公共服务领域和相关管理服务领域，市场能够提供的，政府逐步推出，改变以往将财政资金直接拨付给管理部门和单位“养人办事”的做法，建立将资金拨付给公共服务者的“办事养人”新机制。

在推进政府向社会力量购买服务上，重点把握以下四个环节：（1）明确“买什么”。这是开展政府购买服务的前提基础。《意见》明确购买服务的内容是适合市场化方式提供、社会力量能够承担的公共服务。例如，教育、就业、社保、医疗、文化体育、残疾人服务等基本公共服务领域以及其他非基本公共服务领域。（2）确保“推得开”。这是开展政府购买服务的先决条件。一方面，放宽服务企业准入门槛，只要具备相应的资质，能够提供符合条件服务的企业、机构和组织，都可以作为承接主体参与政府购买服务；另一方面，引入招投标竞争机制，实现“多中选好、好中选优”，确保向社会提供更加优质高效的公共服务。（3）规范“怎么买”。这是决定政府购买服务能否取得实效的关键因素。通过完善科学评价指标体系和评判标准，注重服务的长期综合效益，做到服务质量、价格、效率的统一。（4）实现“买得值”。这是提升公共服务质量和效益的必然要求。通过引入第三方评价机构，对政府购买服务实施效果进行综合评价，并将评价结果向社会公开，接受监督，对于效果差的调整或取消其服务资格。

通过两年来的探索实践，石家庄市政府购买服务正在走向成熟，2015年，石家庄市购买公共服务项目扩展到471个，购买服务的支出达到28亿元。不仅促进了政府职能的转变，解决了以往政府统管统揽时职责不明、管理不细不专等一系列问题，提升了公共服务水平，而且有效降低运行成本，节约财政支出近4亿元，同时，也培育了市场主体，为社会提供了更多的就业机会。

当然作为一项新生事物，在推进政府购买服务上，也存在一些不足。通过调研发现，石家庄市无论是社会组织还是企业，均普遍存在承接能力不足的问题。以先进城市为例，南京市 2014 年注册社会组织 9000 多个，备案的 2.4 万个，每万人拥有数为 29 个。而石家庄市 2014 年仅有社会组织 2341 个，每万人拥有数不足 3 个。目前缺乏承接主体已成为制约政府购买服务开展的首要因素。

（三）清理和盘活存量资金，加强财政资金统筹，助力稳增长、调结构、惠民生

财政存量资金指的是预算已经安排、尚未形成实际支出的财政资金。长期以来，由于预算部门“重争资轻管理”“重投入轻问效”，以及项目预算编制不科学不精细等因素，导致存量资金规模过大，利用效益较低。2015 年国家审计署对中央部门和部分省（区、市）2014 年度财政收支审计中，22 个中央部门存量资金达到 1500 亿元，18 个省（区、市）的省级预算部门存量资金更是达到了 1.2 万亿元，巨额的存量资金严重制约了积极财政政策效能的发挥。

为此，2015 年以来，李克强总理 7 次在国务院常务会议上专题调度清理盘活存量资金工作。李克强总理当时非常形象地称“唤醒趴在账上打呼噜的沉睡资金”。同时，国务院以及财政部连续多次发文督导存量资金清理工作，要求把闲置、沉淀的财政资金用好，集中有限的财力用于稳增长、调结构、促改革、惠民生的重点领域和关键环节。

2015 年以来，石家庄市围绕盘活财政存量资金，开展以下几方面的工作：（1）加强制度建设，出台了关于盘活财政存量资金等一系列制度办法，推动相关工作落到实处。（2）全方位盘活各类闲置沉淀的财政存量资金，对结余资金和连续两年未用完的结转资金，一律收回统筹使用。（3）加快财政存量资金执行进度，对不足两年的结转资金，需按原用途使用的，要求加快预算执行；不需按原用途使用的，允许按规定统筹用于经济社会发展急需资金支持的领域。（4）加大督查和问责力度，对未按规定交回财政存量资金的中央部门进行公开通报，对地方有关部门盘活财政存量资金工作进行督查，对不作为的进行问责。

从总体来看，清理财政存量资金取得了显著成效。但是一些市直部门单位和县（市）区政府重视程度依然不够，2016 年开展的“一问责八清理”专项行动中，在财政专项资金上，挪用、套取、截留等方面的问题只是极少数，涉及最多的还是支出进度偏慢和存量资金沉淀时间较长、额度较高的问题。

此外，须在做好存量资金清理和盘活的同时，加强财政资金的统筹使用。2015 年 6 月，李克强总理在国务院常务会议明确提出，推进财政资金统筹使用措施，更好地发挥积极财政政策稳增长、调结构、惠民生作用。财政部也专门发文，要求改革创新机制，加快推进财政资金统筹使用，坚决改变资金使用“碎片化”，提高财政资金使用的集约效益。因此，加强资金统筹使用也被很多专家认为，是用足用活积极财政政策的一项重要举措。

如何实现统筹？财政部专门对此进行了明确：（1）对地区和部门结余资金及连续两年未用完的结转资金，一律收回统筹用于重点建设。不足两年的结转资金，要加快预算执行，也可按规定用于其他急需领域。从 2016 年起，对上年年末财政存量资金较大的地区和部门，适当压缩下一年度财政预算规模。（2）推进科技、教育、农业等重点科目资金整合，加快消化结转结余资金。（3）建立动态调整机制，对项目预算执行慢的，同级财政可

按一定比例收回用于其他方面。(4)清理整合专项转移支付，将资金分配、项目确定权交给地方，允许地方在统筹使用上先行先试。(5)加强部门内和跨部门资金统筹协调，避免重复安排支出和固化投向。(6)将尚未使用的地方政府存量债务资金纳入预算管理，与新增债务资金统筹使用。(7)对政府性基金和专项收入实行目录清单管理，加大政府性基金和国有资本经营预算调入一般公共预算统筹使用力度。(8)统筹协调预算编制和执行，严格控制代编预算，确需代编的事项要在当年6月30日前下达。建立跨年度预算平衡机制，在水利、社保等领域开展滚动财政规划试点。总之，就是通过资金统筹，把资金用到刀刃上，用到经济社会发展需要的地方。

（四）落实积极财政政策，进一步规范政府债务管理

债务管理事关发展全局和财政可持续，从中央到地方都高度关注。长期以来，各级地方政府通过融资平台公司等举借政府债务，对推动本地区经济社会持续发展发挥了积极作用，但也存在举债缺乏规模控制，融资成本高企，债务收支未纳入预算，风险防控机制不健全等问题，导致财政运行风险不断加剧，也在一定程度上弱化了积极财政政策的发挥。

为此，通过修订《预算法》和出台《加强地方政府性债务管理的意见》，中央确定了“开前门、堵后门、筑围墙”的改革思路。(1)允许地方政府举债；(2)举债的途径必须是通过省级以上政府代发地方政府债券；(3)对地方政府债务规模实行限额管理。此外，对解决存量债务问题也指出了路径，就是通过置换政府债券方式。

这样就从法律层面解决了地方政府债务怎么借、怎么管、怎么还的问题，有利于把地方政府融资引导到阳光下，建立规范合理的地方政府举债融资机制。

但是受经济增长放缓等因素影响，财政收入形势严峻，财政收支矛盾突出，规范地方政府债务管理面临一些困难。一是地方偿债压力较大，风险防范不容忽视。现阶段，一些地方面临“稳增长”和“防风险”的双重压力。在财力增长放缓，特别是土地出让收入持续下滑的形势下，地方偿债能力下降，债务规模较大的地区存在发生局部风险的可能性。二是违规举债、变相举债仍有发生，监管难度较大。一些地方仍然违规举债，或为企业举债违规提供担保承诺等；个别金融机构继续为地方政府违规举债提供支持，并要求政府进行担保，监管难度较大。三是建立规范的地方政府举债融资机制任务艰巨。融资平台公司缺乏持续稳定的经营性现金流，自身“造血”能力较弱，与政府的关系短期内难以厘清，制约了市场化转型的进程；或有债务处置涉及面较广、情况复杂，加大了处置难度等等。

结合《预算法》和国务院意见以及我国各地的经验看，规范政府性债务管理，推进积极财政政策落实，关键是抓好以下三个方面：

(1)切实履行政府存量债务偿债责任。一是统筹包括债券资金在内的财政预算资金偿还政府存量债务，必要时可以处置政府资产；二是通过发行地方政府债券置换存量债务，降低地方利息负担；三是鼓励地方将有收入来源的项目，通过政府和社会资本合作(PPP)模式进行改造，化解政府债务。

(2)推进融资平台公司市场化转型和融资。一是在妥善处理融资平台公司政府存量债务的基础上，关闭空壳类公司，推动实体类公司转型为自我约束、自我发展的市场主体。

二是由企业承担的公益性项目或业务，政府通过完善价格调整机制、注入资本金、安排财政补贴、政府购买服务等方式予以支持，严禁安排财政资金为融资平台公司市场化融资买单。三是实体类公司转型过程中，做好存量债务处置、清产核资、人员安排等工作，切实防止出现国有资产流失、逃废债务等问题。四是由融资平台公司转型的企业按照市场化原则融资和偿债，消除政府隐性担保，实现风险内部化，其举借的债务不纳入政府债务。政府在出资范围内履行出资人职责，或依法承担政府采购合同、政府和社会资本合作协议等约定的责任，不得为企业举债承担偿还责任或提供担保。五是充分发挥市场的约束作用，完善市场化退出和重组机制，通过司法程序对违约的融资平台公司市场化债务进行处置，阻断风险传导。

（3）加强风险防控和应急处置机制建设。落实限额管理的规定，严格控制债务增长。健全地方政府债务风险预警和应急处置机制，对列入预警范围的高风险地区制中长期债务风险化解规划，对可能出现的局部风险做好应对方案。

（五）落实积极财政政策，要在做好向上争取政策和资金上下功夫

之所以把争取资金也作为积极财政政策的一个课题提出，是基于如下考虑：中央继续实施更加有力的积极财政政策，无论是政策力度，还是国家直接投资，甚或是通过市场手段撬动的各类资本，只会增多，不会减少，这是历史机遇。因此，作为地方政府必须在争取政策资金工作下功夫。

1. 加强政策研究。研究政策是前提、是方向，只有对国家和省内出台的政策精准把握，才能了解争取什么。近年来，石家庄市每年都对中央和河北省财政转移支付资金政策进行全面梳理，编辑印发《争取中央和省资金政策工作指南》，帮助市直部门和各县（市、区）了解掌握上级财政转移支付情况。2016 年，还根据国务院 2016 年预算编制有关文件和省级政府预算草案，梳理提出了《2016 年上级财政资金支持重点和投入方向》，为各部门和县市区争取上级政策资金提供有利条件。

2. 善于拓展，会跑、会争。对已明确的具体扶持政策，明确专人负责盯办落实。对没有具体指标的宏观扶持政策，就要充分结合各地的实际，进一步找准政策空间与本地的切合点，切实拓展和细化更多的有利于地方发展的空间和具体政策。

（石家庄市财政局　周立新）

京津冀协同发展背景下财政支持产业结构优化调整的点滴思考——以张家口市为例

2016 年度河北省财政科研课题成果一等奖

张家口产业结构调整与优化升级的根本任务是促进各产业健康协调发展，逐步形成以农业为基础、高新技术产业为先导、现代制造业为支撑、服务业全面发展的产业格局。财政是国家治理的基础和重要支柱，财政部门要区别产业和行业，支持产业结构优化，推动行业转型升级。

一、大力支持可持续发展的优质特色农业

农业在三个产业中居于基础地位，特别是在目前京津冀协同发展的大背景下，发展农业更是具有特殊重要的战略意义。短期内协同发展需要解决区域发展不平衡问题，长期看协同发展的目标是建立首都城市群经济增长极，这都要求消除河北省与京津发展的巨大反差。目前，在环首都的 39 个国家级贫困县中，张家口市占了 11 个，农村贫困人口 70 万人。解决这部分农村贫困人口的脱贫问题，发展特色农业仍是重要的途径。

特色农业是张家口市基于资源禀赋的优势产业，特色种植业和特色养殖业都形成了良好的产业基础。错季蔬菜产业已经形成一定规模，成为在京津地区高市场占有率的季节性蔬菜基地。规模化马铃薯产业在全国和国际上产生了一定的影响力，葡萄产业及葡萄酒加工业形成了一定的品牌效应，杂粮杂豆种植有一定的市场竞争优势，鲜食玉米产业链、乳品加工产业链有效地带动了农村发展，肉牛和肉羊饲养属于市场容量大、发展前景好的高获利预期产业。

从长期看，应通过大力支持农业产业项目，保持我市特色农业发展的良好态势：围绕提质增效为目标，通过贴息、奖补等方式，扶持葡萄产业、奶业、蔬菜产业、张杂谷高产高效示范项目和现代农业园区产业化及合作社示范项目；以保有水资源、草地资源长期可持续承载力为基础，确定特色农业发展规模，结合新型城镇化进程，转移依赖特色农业生存的农村人口，相对扩大生产规模和资源承载力，相对提高特色农业的生产率；打造农业综合开发示范精品工程，全力支持现代农业综合开发示范区和生态综合治理项目建设，大力推广高效节水技术，努力打造农业产业品牌；在解决特色杂粮作物的营销渠道制约、葡萄产业的加工品牌制约等限制性因素上提供政策支持，鼓励第一、第二、第三产业融合发

展的产业链形式；发挥农业的多功能性特点，吸引农业新型经营主体投资休闲观光农业，发展特色农业为依托的休闲农业多种业态，引入新型经营主体发展特色农业生态园区，支持农户发展农家院度假旅游，创建休闲农业乡村旅游示范点等。

二、出台优化第二产业结构的财政政策

围绕京津冀协同发展中张家口的功能定位，按照功能互补、错位发展的要求，立足张家口的工业基础和比较优势，加强技术改造、淘汰落后产能，促进企业创新，实现产业结构升级。

（一）加大技术改造与淘汰落后产能的财政支持力度

当前和今后一段时期内，张家口部分传统工业（机械制造业、钢铁、煤炭、电力）仍然具有一定的市场和比较优势，并且在促进就业方面发挥重要作用，仍然是地方经济稳定运行的重要支柱。因此，必须加大对传统工业技术改造的财政投入，促进工业结构优化升级。

1. 要增加技术改造投入，鼓励企业利用先进实用技术改造相关设备和工艺，提高企业技术水平，按照市场需求优化产品结构和技术结构。

2. 要通过财政补贴手段，引导和促进企业增加科研投资，提高企业科技成果转化为生产力的能力，鼓励企业积极采用先进适用技术，提高企业的技术和装备水平。

淘汰落后产能方面，要积极贯彻国家淘汰落后产能的相关政策，以电力、煤炭、钢铁、水泥、有色金属等行业为重点，按期淘汰落后产能。认真落实张家口市关于《淘汰落后产能财政奖励资金管理暂行办法》，对 8 个行业 12 个县（区）的 22 家企业 23 项落后产能淘汰工作给予奖励。同时，对于主动淘汰、提前淘汰的还要进一步加大奖励力度，支持企业在稳定中实现产业结构的调整和升级。

（二）财政政策应坚守支持传统优势产业和培育大型企业集团的导向

在大众创业、万众创新的经济新常态下，政府财政政策需要培育和发展“专、精、特、新”的小企业成长。与此同时，坚守张家口市传统优势产业升级、提质增效。破解产业集中度低、专业化分工协作水平低等的难题，按照“实现规模经济和专业化协作”的产业政策，整合钢铁、电力、煤炭等传统优势产业，提高产业集中度，培育几个具有国际、国内竞争力的大型企业集团。研究出台《促进大型企业发展的实施意见》，把大企业集团的各项优惠政策及支持措施政策化。对于跨地域区的企业并购和重组，要及时地协调和理顺财税分配关系，明确政府间税源分配、财政支出责任，为企业并购、重组创造条件。

三、以第二产业转型升级为物质基础，促进第三产业发展

经济理论与实践证明，产业结构的调整和优化轨迹是第一产业的比重下降，而第三产业的比重上升，具体而言，就是产业结构从“一、二、三”向“二、三、一”转变，这

也是未来张家口的产业结构发展趋势。

（一）依托京津冀协同发展带来的产业梯度转移，适时找准财政支持方向，促进第三产业发展

通过当地第二产业的转型升级、培育大型企业集团，以及承接京津冀协同发展中的产业梯度转移，逐步形成第二产业集聚，带动生产性服务业的发展；第二产业的集聚、生产性服务业的发展将带来就业的增长，产生人口集聚效应，带来对生活性服务业的需求。政府的财政支持应适时找准投入方向，充分发挥财政职能，引领社会资金更多地投入到第三产业，有效地拓宽服务的领域，培育服务业增长点，扩大服务业在经济增长中的总量。

（二）大力支持“互联网+”行动，依托互联网形成生产性和生活性服务新业态

信息产业作为平台，是“互联网+”行动的物质基础，属于高新技术产业，而目前张家口的信息产业发展处于初创阶段，风险大、回报小是该时期的特点，这就需要在财政、税收、信贷上给信息产业以优惠政策，扶持其发展，带动全市的社会信息化发展。为此，财政要重点支持信息基础设施建设，保证相关经费持续增长，并利用加速折旧、投资抵扣等优惠措施，引导和带动社会资本向信息基础设施建设倾斜，改善基础条件，加快信息产业的发展并以税收优惠措施带动社会资金对信息产业的投入。在建设信息平台的基础上，推进信息技术在经济和社会各行业的应用，促进物联网、生鲜电商、大数据等新兴产业和业态的发展，促进信息产业与传统产业的融合。

（三）加快现代服务业的发展，形成生产性服务业和生活性服务业相协调的产业结构

现代服务业具有资源消耗少、环境污染少的优点，是地区综合竞争力和现代化水平的重要标志，这恰恰与张家口市经济发展战略相契合。所以张家口市应充分发挥财税政策的作用，推动现代服务业的加快发展。首先，可以考虑建立现代服务业发展专项资金，设立现代服务业发展专项资金，重点支持影响大、带动作用强、具有示范效应的服务业重点项目建设，例如现代服务业集聚区、物流园区建设等项目。其次，大力发展生产性服务业，为第二产业相关经济活动提供有效的服务支撑，并逐步形成生产性服务业与生活性服务业相协调的产业结构。

四、财政多方位投入，助力新兴优势低耗产业发展

新兴产业是以重大技术突破和重大发展需求为基础，对经济社会全局和长远发展具有重大引领带动作用，知识技术密集、物质资源消耗少、成长潜力大、综合效益好的产业。应以京津冀协同发展中区域定位为依托，积极争取国家层面的区域发项目，如清洁能源项目、生态功能区涵养项目等；承接或发展利用第二产业产能的上、下游全产业链加工项目等，提升产业链价值中我市所占的份额。

一方面，不断加大财政投入，建立和完善多元化、多渠道的新兴产业投入体系。设立新兴产业发展专项资金，并保证资金规模的稳定增长，支持重大项目工程，着力支持技术

研发、产业创新、成果转化、创新能力建设等。加大财政引导和支持力度，综合运用财政拨款、基金等方式，吸引社会资金向新兴产业投入；加快建立包括财政出资和社会资金投入在内的多层次担保体系，降低金融机构向新兴产业贷款风险，保障战略性新兴产业融资需求；发挥政府新兴产业创业投资资金的引导作用，扩大政府新兴产业创业投资规模，充分运用市场机制，带动社会资金投向新兴产业中处于创业早中期阶段的创新型企业。

另一方面，加大财政补贴的支持力，丰富财政政策的支持方式。财政继续保持并加大对于新兴产业、企业和产品的财政补贴支持力度，进一步完善财政政策的支持方式；在财政预算安排中，加大对新兴产业的支持力度和支撑力量。包括高新技术开发区、新兴产业集聚和自主创新能力强的企业给予重点贴息支持的基础上，不断扩大对新兴产业的补贴范围。比如，可考虑将装备制造产业、清洁能源产业、生物医药、信息技术等产业纳入财政补贴的支持视野，扩大财政补贴的支持范围。

（张家口市财政局　尹宗明　杨巍洁）

税式支出政策研究与分析
——以 2015 年河北省为例

2016 年度河北省财政科研课题成果二等奖

根据《财政部关于做好 2015 年度税式支出统计工作的通知》（财税〔2016〕57 号）要求，河北省组织开展了 2015 年度河北省税式支出政策数据采集、统计测算和评估分析工作。2015 年，河北省税式支出测算项目共 208 项（有效项数），比 2014 年度税式支出测算工作增加 15 项，约占全部税式支出测算项目的 89%，因实施税式支出而放弃的税收收入（税式支出）共计 277.52 亿元，占河北省税收收入 3350.21 亿元（含上划中央税收收入）的 8.3%。

通过调查统计，税式支出统计工作摸清了河北省税式支出政策底数，有利于进一步完善税式支出政策、改进税式支出管理，更好地推动各项税式支出政策的贯彻落实，促进河北省产业结构的转型升级和经济健康持续发展。

一、税式支出评估分析目的、方法和目标

（一）税式支出评估分析目的

1. 加强税式支出政策管理。税式支出是国家经济调控的重要杠杆，通过不同形式的税式支出政策，鼓励、支持国民经济亟待发展的行业和项目，已成为世界各国普遍采用的做法。但是，税式支出作为一种实现特定目标的特殊政策手段，具有两面性，它在鼓励企业技术创新和行业发展的同时，也带来了一些负面影响，一定程度上造成了税负不公平，削弱了税收的调节作用。因此，通过一定的制度措施，将税式支出置于公开、透明和严密的管控之下，可以最大限度地减少不合理和不必要的税式支出。

2. 优化税式支出结构。税式支出实际是政府对特定纳税主体变相提供的货币补贴。建立税式支出评估分析制度，有利于引导政府从对税式支出政策的定向管理转到依托专门统计分析制度的定量管理；从只注重税式支出的政策制定到对税式支出政策实施全过程管理，从而控制税式支出总量、优化税式支出结构，提高税式支出政策的科学性和透明度。

3. 规范政府职能作用。税式支出的规模直接影响政府财政收支的大小，从收入角度看，作为政府放弃的税收收入，其规模和效益将直接影响政府收入，进而影响政府支出；

从支出角度讲，如果税式支出不能与财政支出一样准确反映，将从根本上削弱政府控制财政支出的力度和可靠性。做好税式支出科学评估，将作为政府隐性支出的税式支出与通常的财政支出作为一个整体考量，有利于客观评价政府提供的公共产品成本与效应，有利于适当控制税式支出的规模与种类，从而纠正政府职能错位，规范政府行政行为，也有利于加快民主理财进程、建设公共财政体系。

（二）税式支出评估分析方法

河北省税式支出测算工作评估分析主要采用总量分析、分类分析和比较分析法。总量分析是通过分析河北省税式支出总体规模、产业结构、行业状况，评价河北省税式支出总体情况，了解税式支出政策对全省财政经济各方面的影响；分类分析是按税式支出税种金额、政策项目、税收收入占比和税种归属等进行评估分析，揭示税式支出对河北省经济运行的影响；比较分析是通过分析税式支出的积极作用和负面效应，发现存在的问题，提出可行性建议。

（三）税式支出评估分析目标

通过对河北省税式支出政策情况的调查、测算、分析，较全面地了解和掌握河北省税式支出的规模和种类，客观地反映税式支出的现状与政策效应，为今后完善税式支出制度、纳入财政预算管理提供可靠的依据和有针对性的政策建议。

二、税式支出总体规模

（一）全省情况

据统计，2015 年度河北省通过税式支出政策实现间接支出 277. 52 亿元，比 2014 年减少 3. 52 亿元，减少约 1%；占当年全部税收收入的比重为 8. 3%，比 2014 年减少了 0. 8 个百分点；占当年财政支出的比重为 5%，比 2014 年减少了 1 个百分点；占当年 GDP 的比重为 1%，比 2014 年提升了 0. 04 个百分点。

从近几年比较情况看：河北省税式支出占全省税收收入、财政支出及 GDP 的比重一直呈逐年下降趋势，除 2014 年略有小幅上升外，2015 年也稍有下降，说明在经济下行压力加大的困难形势下，河北省财政收入和支出确实在一定程度上受到影响，但河北省经济总体处于平稳有序的运行状态。（如表 1 所示）

表 1　　2011—2015 年河北省税式支出测算情况

年度	税式支出（亿元）	占税收收入%	税收收入（亿元）	占财政支出比%	财政支出（亿元）	占 GDP 比%	GDP（亿元）
2011	232. 74	8. 85%	2629. 83	6. 60%	3526. 36	0. 96%	24243. 75
2012	235. 55	7. 97%	2955. 46	5. 54%	4251. 81	0. 89%	26466. 29
2013	229. 43	7. 47%	3071. 35	5. 30%	4328. 87	0. 81%	28324. 69

续表

年度	税式支出（亿元）	占税收收入%	税收收入（亿元）	占财政支出比%	财政支出（亿元）	占GDP比%	GDP（亿元）
2014	281.09	8.83%	3183.35	6.06%	4638.45	0.96%	29280.21
2015	277.52	8.3%	3350.21	5%	5632.19	1%	29806

（二）各市情况

从河北省各市的税式支出情况看，2015年邯郸、沧州、唐山税式支出数额增长最多的地区，比2014年分别增加了16.8亿元、6.6亿元和3.3亿元，说明这些地区税式支出政策的落实与执行比较好，同时这些地区的经济发展与国家政策导向比较吻合。秦皇岛、廊坊、衡水等市税式支出数额分别比2014年减少12.8亿元、3.1亿元和1.6亿元，与当地经济发展态势密切相关，也体现了河北省压减产能、节能减排、环境整治给这些地区带来的巨大影响（如表2、表3所示）。

表2　　2011—2015年各市税式支出测算情况　　单位：亿元

年度	石家庄	保定	张家口	承德	秦皇岛	唐山	廊坊	沧州	衡水	邢台	邯郸	合计
2011	37.2	7.5	8.2	35.7	29.1	34.9	16.5	25.4	2.1	15.2	21	233
2012	55.4	7.1	13.3	32.3	15.8	30.1	12.9	33.7	3.7	10.8	20.3	236
2013	60.8	10	14.7	39.8	9.9	19	18.6	11.7	4.7	15.2	22.4	227
2014	55.1	13.7	13.7	24.4	21.7	19.1	25.9	27.7	5.7	11.7	30.2	249
2015	57.8	12.5	16.3	26.3	8.9	22.4	22.8	34.3	4.1	13.2	47	265

表3　　2013—2015年各行政直管县税式支出测算情况　　单位：亿元

年度	辛集	定州	涿州	迁安	怀来	平泉	魏县	宁晋	任丘	景县	合计
2013	1	1	—	—	—	—	—	—	—	—	—
2014	1.52	3.05	1.18	5.23	0.53	0.87	0.61	3.15	15.62	0.45	32.21
2015	9	3									12

三、税式支出产业结构

从政策数量上看，河北省税式支出主要集中在第三产业。2015年支持第三产业发展的税式支出政策有146项（第一产业8项、第二产业22项），占河北省全部税式支出政策总量的62%；从支出金额上看，河北省税式支出也主要向第三产业倾斜，2015年第三产业税式支出金额78.61亿元，占全部税式支出金额的28%（第一产业占16%、第二产业占19%）。对第三产业的支持与发展，促进了河北省在压减、淘汰落后产能、支持经济结构转型升级、治理环境污染等方面的政策导向作用，为缓解转型压力、缓和社会矛盾，提供了有效的解决途径和政策保障。（如表4、图1所示）。

表 4　　2011—2015 年河北产业结构税式支出测算情况

产业	2011 年		2012 年		2013 年		2014 年		2015 年	
	政策数量（个）	支出金额（亿元）	政策数量（个）	支出金额（亿元）	政策数量（个）	支出金额（亿元）	政策数量（个）	支出金额（亿元）	政策数量（个）	支出金额（亿元）
第一产业	15	57.02	7	46.22	7	25.7	8	43.55	8	43.41
第二产业	24	37.17	21	47.69	20	35.9	21	44.06	22	52.91
第三产业	154	138.55	112	64.29	116	69.6	143	126.19	146	78.61
多产业			47	77.35	39	45.5	38	56.74	47	62.64
其他					7	52.7	2	10.55	11	39.94
合计	183	232.74	187	235.6	191	229.4	212	281.09	234	277.52

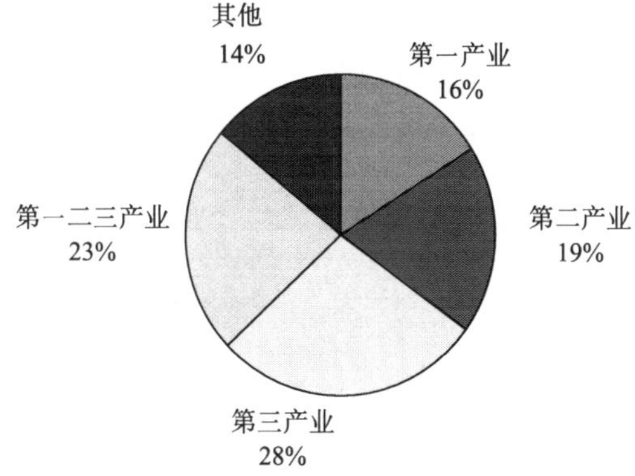

图 1　2015 年度河北省税式支出产业结构比重

四、税式支出行业结构

从政策项目数量看，河北省税式支出主要倾向公共管理和社会组织，多达 41 条；其次是全行业和文化体育娱乐业，分别为 40 条和 20 条，这说明税式支出政策倾向于对民生行业与社会和谐发展的支持。

从税式支出金额看，对全行业的支持力度比较大，占全部税式支出的 18.63%，金额 51.69 亿元，另外，农林牧渔业和其他方面的税式支出也占有较大比重。这说明河北省的税式支出政策已逐步扭转主要对某一领域和某一行业支持的传统作法，而是普惠到更广大范围（如表 5、图 2 所示）。

表 5　　2015 年河北省行业税式支出测算情况

受惠行业	政策数量（个）	税式支出金额（亿元）	金额比重（%）
采矿业	9	8.72	3.14
采矿业，制造业	1	0.19	0.07
电力、热力、燃气及水生产和供应业	4	0.64	0.24
房地产业	6	13.91	5
公共管理和社会组织	41	17.97	6.48

续表

受惠行业	政策数量（个）	税式支出金额（亿元）	金额比重（%）
建筑业	1	0	0
交通运输、仓储和邮政业	8	2. 56	0. 92
教育	7	4. 69	1. 7
金融业	13	8. 14	2. 93
居民服务、修理和其他服务业	2	2. 31	0. 83
科学研究、技术服务业和地质勘察业	9	0. 76	0. 28
农、林、牧、渔业	8	43. 41	15. 64
批发和零售业	6	4. 45	1. 6
水利、环境和公共设施管理业	13	15. 44	5. 56
卫生、社会保障和社会福利业	11	1. 62	0. 58
文化、体育和娱乐业	20	6. 61	2. 38
制造业	7	43. 36	15. 63
制造业、批发和零售业	7	10. 39	3. 74
租赁和商务服务业	5	0. 22	0. 08
全行业	40	51. 69	18. 63
信息传输、计算机服务和软件业	5	0. 5	0. 18
其他	11	39. 94	14. 39
合计	234	277. 52	100. 00

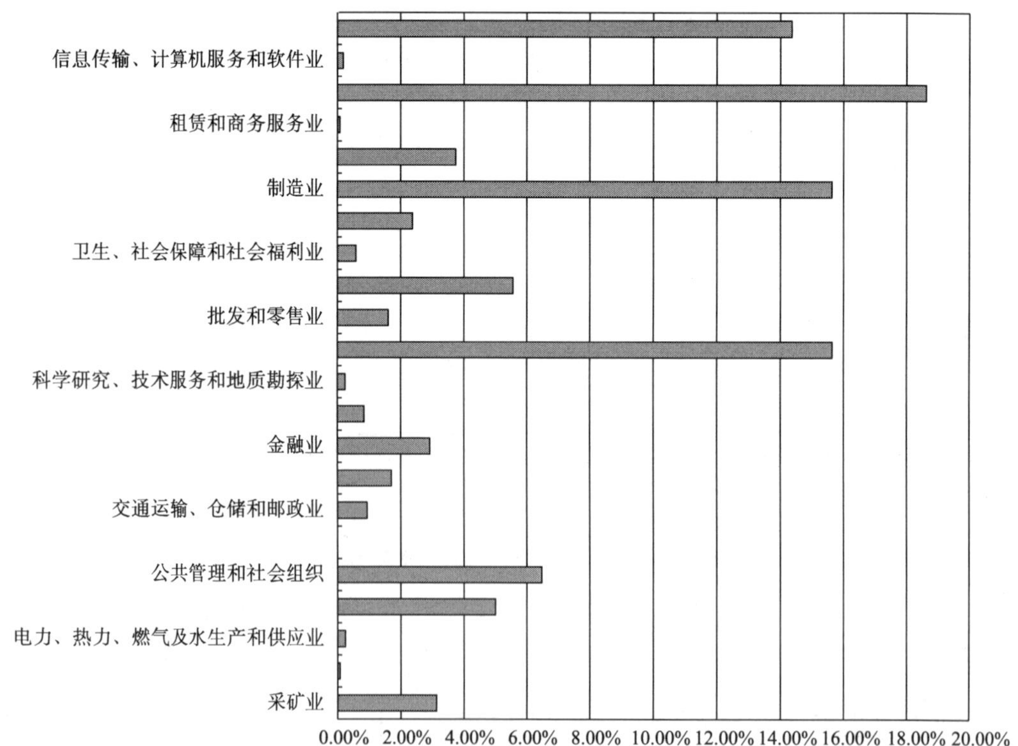

图 2　2015 年河北省税式支出行业比重情

五、税式支出税种结构

2015年度河北省纳入税式支出政策的项目，涵盖流转税、所得税、财产税和行为税等15个税种，税式支出范围与2014年相同。与上年相比，增值税、消费税税式支出分别增加了6.54亿元、4.24亿元，城镇土地使用税税式支出减少了7.54亿元，其余大部分税种税式支出数额增减幅度不大，处于平稳状态。税式支出结构仍然集中在增值税、企业所得税和城镇土地使用税三个税种，其总额占总税式支出的63%（上年是62%）。河北省分税种税式支出政策的项目数量与支出金额成正比关系，政策项目数量多的税种其税式支出金额也较高，政策项目数量较少的税种其税式支出的金额也相对较小。

（一）税式支出按政策项目比较

2015年，河北省税式支出政策按项目数量比较不均衡。项目比较多的为城镇土地使用税35项、增值税35项、企业所得税34项、契税24项、营业税21项、房产税27项，而消费税、城市建设维护税、车辆购置税、车船税和资源税税式支出政策项目很少，消费税、城市维护建设税、车船税和车辆购置税各有4项，资源税只有3项（如表6所示）。

（二）税式支出按优惠金额比较

2015年河北省税式支出政策按金额比较差距较大，主要集中在增值税、企业所得税、城镇土地使用税、房产税，分别为67.49亿元、57.81亿元、49.42亿元、39.19亿元。城市建设维护税、印花税、车船税税式支出数额较小，分别为0.07亿元、0.12亿元、0.41亿元（如表6所示）。

表6　　2011—2015年河北省分税种税式支出测算情况

税种	2011年		2012年		2013年		2014年		2015年	
	政策数量（个）	金额（亿元）	政策数量（个）	金额（亿元）	政策数量（个）	金额（亿元）	政策数量（个）	金额（亿元）	政策数量（个）	金额（亿元）
增值税	20	21.79	21	42.45	23	41.99	29	60.95	35	67.49
消费税	3	0	3	5.92	3	4.87	2	8.69	4	12.93
营业税	18	5.4	17	8.32	18	13.89	21	19.88	21	19.93
企业所得税	30	59.57	25	51.16	25	58.51	25	56.09	34	57.81
个人所得税	11	4.11	10	8.87	10	7.68	11	6.6	12	4.7
城市维护建设税	2	1.8	3	0.05	3	0.04	2	0.05	4	0.07
资源税	3	9.66	3	5.51	3	7.41	3	6.9	3	5.83
房产税	21	53.18	24	41.17	24	44.17	21	41.78	27	39.19
印花税	10	0.17	8	0.08	8	0.71	8	0.13	11	0.12
城镇土地使用税	23	66.33	28	51.8	29	32.18	30	56.96	35	49.42
土地增值税	7	2.91	8	7.72	8	7.19	7	7.79	9	7
车船税	1	0.31	3	0.48	3	0.42	3	0.31	4	0.41

续表

税种	2011年		2012年		2013年		2014年		2015年	
	政策数量（个）	金额（亿元）	政策数量（个）	金额（亿元）	政策数量（个）	金额（亿元）	政策数量（个）	金额（亿元）	政策数量（个）	金额（亿元）
车辆购置税	3	1.8	2	1.14	2	0.4	3	0.79	4	2.2
耕地占用税	8	1.03	7	1.21	7	0.77	6	1.23	7	0.8
契税	23	6.43	25	9.67	25	9.21	22	12.94	24	9.62
合计	183	234.49	187	235.55	191	229.43	193	281.09	234	277.52

（三）税式支出按税收收入占比比较

2015年河北省税式支出与当年税收收入相比较，房产税、城镇土地使用税、企业所得税和增值税的税式支出占比较高，分别是76.33%、46.26%、21.66%和21.4%，而城市维护建设税、印花税税式支出占比较低，分别是0.06%和0.4%。（如表7、图3所示）。

表7　　2015年河北省主要税种税式支出占比情况表

税　种	税收收入（亿元）	税式支出数额（亿元）	税式支出占比（%）
增值税	315.35	67.49	21.4
消费税	290.81	12.93	4.45
营业税	651.54	19.93	3.06
企业所得税	266.94	57.81	21.66
个人所得税	62.86	4.7	7.48
资源税	28.36	5.83	20.56
城市维护建设税	111.89	0.07	0.06
房产税	51.34	39.19	76.33
印花税	29.94	0.12	0.4
城镇土地使用税	106.84	49.42	46.26
土地增值税	118.58	7	5.9
车船税	31.95	0.41	1.28
车辆购置税	156.1	2.2	1.41
耕地占用税	49.37	0.8	1.62
契税	109.2	9.62	8.8

六、税式支出优惠方式

从税式支出政策项目数量上看，2015年度税式支出政策侧重于免税、降低税率和税收返还3种方式，分别是157项、17项、14项；从税式支出金额上看，免税、降低税率和其他是税式支出主要方式，分别是155.05亿元、31.56亿元和30.81亿元。税式支出政策项目数量最少的是免税、降低税率，投资抵扣和免税、税额减征，这几项涉及的项比较少，其税式支出金额也很小；从比重上看，免税占到全部税式支出比重的55.7%，降低税

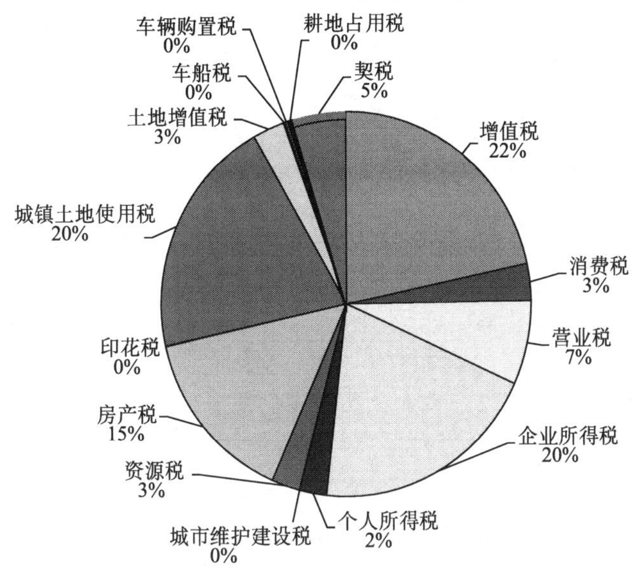

图3　2015年河北省分税种税式支出比重情况

率占11.4%，而免税、降低税率，投资抵扣和免税、税额减征只占全部税式支出比重的0.03%、0.09%、0.02%，优惠方式之间比重差距较大（如表8所示）。

表8　　2015年度河北省优惠方式税式支出测算情况表

优惠方式	政策数量（个）	税式支出金额（亿元）	金额比重（%）
定期减免税	9	5.21	1.8
减计收入	6	9.7	3
加计扣除	1	0.99	0.3
加速折旧	1	2.26	0.7
降低税率	17	31.56	11.4
降低税率，加计扣除	1	0.47	1.6
降低税率，税额减征	2	13.41	4.6
免税	157	155.05	55.7
免税，降低税率	2	0.26	0.09
免税，税额减征	4	0.05	0.02
免税，税收返还	1	11.38	4.1
免税，减记收入	2	2.41	0.86
税额减征	7	0.61	0.2
税收返还	14	11.36	4
投资抵扣	2	0.12	0.03
投资抵免	1	1.87	0.6
税收转增国家资本	2	0	0
其他	5	30.81	11
合计	234	277.52	100

七、税式支出效果分析

（一）税式支出的积极作用

1. 农业地位更加巩固。河北省是农业大省，2015 年度，税式支出在“三农”方面的优惠额度达 43.41 亿元，占税式支出总额的 15.64%，与 2014 年优惠数额相当，比 2013 年增加了 16.76 亿元，比重提高了 3.94 个百分点。优惠政策的实施，普遍惠及广大的农民、农村、农业，尤其是直接支持农、林、牧、渔的优惠政策，金额达 34 亿元，对农民增收、农村基础设施改善以及农业产业化和现代化发展发挥了重要作用。

2. 产业结构调整成效显现。近几年，河北省处于压减落后产能，促进产业转型升级的关键时期，2015 年度河北省在采矿业和制造业税式支出政策数量有所减少，采矿业优惠金额较 2014 年相比减少 0.54 亿元。税式支出政策在宏观产业经济方面的调控，对促进河北省由“高消耗、高污染、低效益”的传统产业体系向“绿色、循环、低碳”的现代产业体系迈进发挥了积极作用。

3. “双创”活动打造经济发展新引擎。国家大力开展大众创业、万众创新的“双创”活动，为推动社会进步打造新引擎。2015 年河北省用于扶持中小企业发展、促进创业就业方面的税式支出政策涉及 14 项，优惠金额达 26.36 亿元。既扩大了创业就业机会，又增加了居民收入，为“双创”活动提供了优越的政策环境，让千千万万个创业者活跃起来，进一步促进了社会的创新、发展和进步。

4. 房地产去库存效应凸显。为保障我国房地产市场的健康发展，为满足居民正常购房和住房需求，国家一直采用宏观政策有效调控房地产市场经济。2015 年河北省用于房地产行业的税式支出政策与 2014 年数量相当，但金额增加 5.94 亿元，与房产市场交易过热相吻合，同时对居民购房提供福利支持，以满足正常的用房需求，推动房产市场经济稳定。

5. 环境治理有效改善。自开展大气污染治理、节能减排、转移过剩产能以来，我国相继出台了一系列的税收政策，以促进环境保护和节能减排。2015 年，河北省在环境保护方面的税式支出项目有 22 项，金额达到 17.48 亿元，较 2014 年增加 2.25 亿元，约增长 15%，为促进河北省企业节约合理利用资源、综合利用资源、转移过剩产能，提供良好的税式支出环境，在政策上给予最大的支持。

6. 科技创新不断发展。2016 年度河北省新增高新技术企业 893 家，河北省累计 2174 家，分布在河北省各市，涉及先进制造领域、新材料领域等多个领域。2017 年河北省在鼓励高新技术产业发展，促进科技进步和自主创新方面的税式支出政策有 22 项，金额达 21.71 亿元，尤其在国家重点支持的高新技术企业领域，以直接降低税率的方式，优惠税收 18.2 亿元，惠及全省各行业高新技术企业，促进了企业的自主创新，拓展了高新技术企业发展的空间。

7. 普惠政策更加广泛。对全行业实施的税式支出政策涉及产业和行业范围比较广泛，2015 年河北省全行业税式支出政策 40 项，占全部政策数量的 17%，优惠金额 51.69 亿元，占全部税收支出金额18.63%。普惠性政策的广泛性，也显示了国家颁布实施优惠政策越来越倾向于某个行业或整个行业的优惠，不再局限于某个行政区域，企业和居民受惠范围越来越宽，受惠程度亦越来越高。

8. 民生保障扎实有力。2015年河北省用于支持社会福利和社会保障、改善医疗条件等方面的税式支出政策涉及54项，占全部政策数量的23%，优惠金额达62.22亿元，占全部税式支出金额的22.42%。有力的改善了居民生活条件，保障了居民基本生活需求，照顾扶持了社会弱势群体，减轻了民众生活负担，维护了社会和谐和稳定。

（二）税式支出的负面效应

1. 税式支出显失税收公平。税式支出政策的实施违背了税收制度的中性原则，即税收公平的原则，在一定程度上影响了纳税人的经济行为，致使某些纳税人在税式支出政策的吸引下，不按市场规律经营，为了享受税式支出而改变投资金额、投资项目、经营地点等，造成市场资源配置的扭曲。如果多数人盲目追求税式支出，政府又难于在规模上控制，势必造成市场竞争秩序混乱，优惠政策过多、无序，最终造成纳税人之间税负的不公平，给经济的全面、稳定、协调发展带来负面影响。

2. 税式支出政策方式单一。现行的税式支出方式主要是免税、降低税率等直接优惠方式，这种方式占全省税式支出金额的比例达75%多，仅免税一项税式支出金额就有155.05亿元，占总税式支出金额的55.7%，而投资抵扣、加计扣除、投资抵免等优惠方式合计也不足1%，不利于税式支出政策效果的发挥。

3. 税式支出执行缺乏统一性。随着经济的不断发展，社会的统一性不断增强，尤其是经济融合性越来越高的发展趋势下，区域优势已不再凸显，企业对公平、公正、有序竞争环境的需求日益紧迫。所以税式支出政策的制定和执行应顺应社会发展需求，加强政策之间的协调和配合，建立一个统一性和规划性的优惠政策体系。

4. 新政策落实力度不够。以“税收转增国家资本”优惠方式体现的税式支出政策，2015年河北省涉及两项，都为了支持企事业改组改制，但这两项政策的优惠金额为零，一项属于金融业的个案优惠（中信集团），一项属于全行业的非个案优惠，除个案优惠政策执行开始时间在2015年年末之外，其他无特殊情况，但政策得不到有力的贯彻落实。

5. 再分配功能不足。通过对税式支出所属税种和行业、产业分析可以看出，税式支出税种主要集中于增值税、企业所得税、房产税和城镇土地使用税，产业和行业方面对多产业和全行业倾斜力度比较大，这不利于国家对房地产行业以及高消耗、高污染行业的调控，不利于国民收入再分配的均衡调节，不利于促进国民经济高质、高效发展。

八、有关税式支出政策的建议

（一）着力推进京津冀协同发展的税式支出政策

京津冀协同发展是继我国提出珠三角地区发展战略、长三角地区发展战略之后的又一个重大国家战略。从税式支出政策来看，与京津两地相比，河北形成了“政策高地”，现有税收政策的实施不利于京津冀协同发展的布局，在协同发展、共同推进的统领下，需要国家层面更多的倾斜与河北的利益和发展，保证既得利益在三地的均衡，京津享有的税收优惠政策在河北同样适用（比如：在中关村国家自主创新示范区实行的政策，在河北的曹妃甸重化工业循环经济示范区和渤海新区也要同样实行；宣钢搬迁参照首钢搬迁的税收政策等）。只有在同一个大框架下，综合协调京津冀三地利益的均衡，才能保证同步发展推进，实现真正意义上的京津冀一体化。

（二）加大中央财政支持力度

河北作为京津环绕带，在生态环境治理、供水、淘汰落后产能等方面为京津两地的发展做出了很大贡献，在一定程度上造成了河北地方利益的损失，对此中央应加大对河北的财政倾斜，在专项资金方面给予最大支持，比如在环境治理方面，京津举办大型活动，河北的企业在必要时段都要停工、停产，企业利益遭受损失，同时减少了税收收入，进而影响到财政收入。对此，希望中央在维护京津利益发展的同时，也要考虑河北的利益损失，并且给予必要的财政专项资金支持，以扶持河北经济的发展。

（三）建立税式支出政策体系

经过几年的探索和实践，我国税式支出工作积累了一定的经验，也有了一定的社会基础，建立适合我国情况的税式支出政策体系迫在眉睫，应对我国税式支出的政策目标、管理程序、规模控制、方向范围、政策手段、统计标准、效果评估等做出统一规定，确保将税式支出管理工作纳入规范化、体系化的轨道，更好地发挥税式支出在社会经济建设中的职能作用。

（四）强化税式支出政策执行效果

建立目录清单制度，除涉及国家秘密和安全的事项外，税收等优惠政策的制定、调整或取消等信息，要形成目录清单，并以适当形式及时、完整地向社会公开。建立举报制度，鼓励和引导各方力量对违法违规制定实施税收等优惠政策行为进行监督。建立定期检查和问责制度，相关部门应及时查处并纠正各类违法违规制定税收等优惠政策行为，对违反规定出台或继续实施税收等优惠政策的地区和部门，要依法依规追究政府和部门主要负责人和政策制定部门、政策执行部门主要负责人的责任。

（五）开展税式支出政策绩效评价

积极开展税式支出绩效评价工作，建立科学的绩效评价体系（包括指标体系），以效益为核心进行测试考评。考核的具体方法可以采用“成本—效益”等多种分析法，对不符合经济发展需要、效果不明显的政策。例如，效益小于或等于机会成本（或效益成本），则税式支出政策为低效，应停止实施。财政部门应牵头定期评估，对法律法规规定的税式支出政策建立评估和退出机制。

（河北省财政厅　王晓轩　邢秋洁　李战强　王彩云）

支持河北省高技术产业发展的财政政策建议

2016 年度河北省财政科研课题成果二等奖

高技术产业是促进产业结构转型升级的先导产业，是深化供给侧结构性改革的关键产业。财政政策是政府两大宏观调控政策工具之一，充分发挥财政调控职能作用，促进高技术产业加快发展，推进产业结构转型升级，是财政政策的题中之意。河北省正处在工业化中期，传统重化工业规模大、占比高，高技术产业规模小、底子薄，补短板任务繁重，迫切要求加大财政政策支持力度，提高财政政策效率，助推高技术产业加快发展，推动产业结构转型升级，提升经济增长的质量和效益。

一、河北省高技术产业发展情况分析

根据国家统计制度，选择对河北省产业结构转型升级具有引领作用的高技术产业（制造业）、软件产业作为高技术产业的典型产业进行分析。同时，由于科技创新活动在推动高技术产业发展中具有关键性作用，将科技创新活动纳入分析范围。

（一）高技术产业（制造业）发展情况分析

按照国家统计制度，高技术产业（制造业）包括医药制造业、航空航天及设备制造业、电子通信设备制造业、计算机及办公设备制造业、医疗仪器设备及仪器仪表制造业、信息化学品制造业等，这些属于知识技术密集型产业，技术先进，产业关联度高、渗透力强，是先进制造业的前沿产业。

1. 高技术产业（制造业）规模小。2014 年河北省高技术产业（制造业）主营业务收入 1508.7 亿元，占全国高技术产业（制造业）主营业务收入总额的 1.2%，低于河北省 GDP 占全国 GDP 比重（4.6%）3.4 个百分点；该产业利润总额 138.2 亿元，占全国利润总额的 1.7%，低于规模以上工业企业利润占全国规模以上工业利润比重（3.8%）2.1 个百分点（如表 1 所示）。以上数据表明，高技术产业（制造业）规模比较小，发展不充分，处在全国落后位置，与河北省工业大省地位和产业转型升级现实要求不相适应。

表 1　　2014 年河北省高技术产业（制造业）基本情况表

	金额（亿元）	占全国的比重（%）	与 GDP 占比比较（个百分点）
主营业务收入	1508.7	1.2	-3.4
利润总额	138.2	1.7	-2.1

2. 高技术产业（制造业）发展慢。近年来，全国高技术产业（制造业）加速从东部地区向中西部地区转移。2014 年中部地区高技术产业（制造业）主营业务收入完成 17014.1 亿元，占全国高技术产业（制造业）主营业务收入总额的 13.4%，比 2009 年占比（7.9%）提高 5.5 个百分点；年均增长 29.3%，高于全国平均水平 14.7 个百分点。西部地区主营业务收入完成 13495.7 亿元，占全国高技术产业（制造业）主营业务收入总额的 10.6%，比 2009 年占比（6%）提高 4.6 个百分点；年均增长 30.6%，高于全国平均水平 16 个百分点。

与中西部地区相比，河北省高技术产业（制造业）发展相对较慢。2009—2014 年，河北省高技术产业（制造业）主营业务收入年均增长 19.4%，高于全国平均水平（16.4%）3 个百分点，但分别低于中部地区、西部地区增幅 9.9 个百分点和 11.2 个百分点，差距十分明显。与中部六省相比，河北省高技术产业（制造业）发展也存在很大差距。从占比看，2014 年河北省高技术产业（制造业）主营业务收入占全国的比重不仅低于经济总量高于河北省的河南省 3 个百分点，还分别低于经济总量低于河北省的安徽省、江西省、湖北省、湖南省 0.8 个百分点、0.9 个百分点、1.1 百分点个和 1 个百分点，仅高于山西省 0.6 个百分点；从增速看，2009—2014 年河北省高技术产业（制造业）主营业务收入年均增速低于中部地区全部省份，分别低于山西省、安徽省、江西省、河南省、湖北省、湖南省 16.4 个百分点、23.1 个百分点、9.2 个百分点、23.2 个百分点、4.1 个百分点、16.3 个百分点（如表 2 所示）。

表 2　　河北省高技术产业（制造业）发展与中西部地区比较表

	2014 年		2009—2014 年年均增幅	与全国平均增幅比较（%）
	主营业务收入（亿元）	占全国的比重		
全　国	127367.7	—	16.4%	—
东部地区	92205.9	72.4%	13.0%	-3.4
其中：河北省	1508.7	1.2%	19.4%	3
中部地区	17014.1	13.4%	29.3%	12.8
其中：山西省	793.6	0.6%	35.7%	19.3
安徽省	2533.0	2.0%	42.5%	26.1
江西省	2611.9	2.1%	28.6%	12.2
河南省	5293.1	4.2%	42.6%	26.2
湖北省	2948.0	2.3%	23.5%	7.1
湖南省	2834.0	2.2%	35.7%	19.3
西部地区	13495.7	10.6%	30.6%	14.2

3. 行业发展不均衡。河北省在高技术产业（制造业）五个主要行业中，行业集中度比较高。其中，医药制造业、电子及通信设备制造业产值和利润占绝对份额。从主营业务收入看，2014 年河北省医药制造业、电子及通信设备制造业主营业务收入合计完成 1367.2 亿元，占全部高技术产业（制造业）的 90.6%，高于全国平均水平（71.4%）19.2 个百分点。从实现利润看，2014 年，医药制造业、电子及通信设备制造业合计实现

利润 122.3 亿元，占全部高技术产业（制造业）的 88.5%，高于全国平均水平（75.7%）12.8 个百分点。其中，电子及通信设备制造业又是五个主要行业中发展最快的，主营业务收入和利润总额年均增幅分别为 24.2%、30.8%，远高于其他行业（如表 3 所示）。

表 3　　河北省高技术产业（制造业）行业发展情况表

	2014 年		2009—2014 年均增幅	2014 年		2009—2014 年年均增幅
	主营业务收入（亿元）	占比		利润总额（亿元）	占比	
高技术产业（制造业）	1508.7	—	19.4%	138.2	—	13.8%
其中：医药制造业	893.7	59.2%	18.7%	67.7	49.0%	7.4%
航空航天器及设备制造业	18.2	1.2%	13.9%	1.4	1.0%	-1.0%
电子及通信设备制造业	473.5	31.4%	24.2%	54.6	39.5%	30.8%
计算机及办公设备制造业	12.1	0.8%	-2.0%	0.7	0.5%	-12.4%
医疗仪器设备及仪器仪表制造业	111.1	7.4%	13.5%	13.6	9.8%	11.4%

（二）软件产业发展分析

软件产业是知识经济时代的先导产业，是发展大数据产业、实施“互联网+”行动计划、推进经济社会信息化的基础产业，是新型工业化、城镇化、信息化、农业现代化“四化”联动的关键产业，对促进河北省产业结构转型升级具有十分重要的作用。

1. 产业发展处在萌芽阶段。从产业规模看，河北省软件产业发展水平甚至远落后于高技术产业（制造业），产业发展滞后。2014 年，河北省软件产业主营业务收入完成 149.9 亿元，仅占全国该产业主营业务收入总额的 0.4%，低于 GDP 占比 4.24 个百分点；仅相当于中部省份湖北省、河南省的 32.6% 和 64.1%。从增速看，2009—2014 年河北省软件产业主营业务收入年均增长 16.5%，低于全国平均增幅 14.8 个百分点。2014 年河北省软件产业发展情况如表 4 所示。

表 4　　2014 年河北省软件产业发展情况表

	主营业务收入（亿元）	占全国的比重（%）
全　国	37026.4	
河北省	149.9	0.4
山西省	22.8	0.1
安徽省	145.4	0.4
江西省	76.1	0.2
河南省	233.9	0.6
湖北省	459.9	1.2
湖南省	133.7	0.4

2. 行业发展基础薄弱。河北省软件产业三大行业发展基础都十分薄弱，主营业务收

入占全国的比重均远低于1%。但三大行业发展又有所分化。其中，信息服务业发展基础要好于软件产品，软件产品要好于嵌入式系统软件。2014年，河北省信息服务业主营业务收入完成111.2亿元，占全国信息服务业主营业务收入总额的0.59%，占河北省软件产业主营业务收入的74.2%。软件产品主营业务收入完成37.1亿元，占全国软件产品主营业物收入总额的0.3%，占河北省软件产业主营业务收入的24.8%。嵌入式系统软件主营业务收入完成1.6亿元，仅占全国嵌入式系统软件主营业务收入的0.03%（如表5所示）。

表5　　河北省软件产业发展情况表

	主营业务收入（亿元）	占全国的比重（%）	占软件产业的比重（%）
软件产业	149.9	0.4	—
一、软件产品	37.1	0.3	24.8
二、信息技术服务	111.2	0.6	74.2
三、嵌入式系统软件	1.6	0.03	1.0

（三）科技创新能力分析

技术创新能力高低是影响高技术产业（制造业）、软件产业发展的关键因素。河北省高技术产业（制造业）、软件产业规模小、发展慢，与河北省技术创新水平低、能力弱、在全国竞争地位下滑，有直接的关系。

1. 整体科技创新能力在全国地位大幅下滑。近几年，全国科技进步水平不断提高，综合科技进步水平监测指数从2009年的56.99%上升到2014年的63.55%，提高了6.56个百分点。与全国发展趋势相反，河北省综合科技创新水平在此期间却有所弱化，科技创新能力在全国的地位大幅下滑。2014年，河北省综合科技进步水平指数为41.78%，低于全国平均水平21.77个百分点，比2009年（42.15%）下降了0.37个百分点（在此期间，全国31个省市自治区中仅有河北省和新疆维吾尔族自治区综合科技进步水平指数监测值出现绝对下降），排在全国第25位，比2009年（第18位）后退了7位，是位次下降幅度最大的三个省份之一（其他两省为新疆维吾尔自治区后退了12位、辽宁省后退8位）。上述指标监测值的变化，反映河北省综合科技进步水平从过去徘徊在全国中下游水平，又下降了一个大台阶，降至全国下游水平（如表6所示）。

表6　　全国综合技术进步水平指数情况表

地　区	2014年综合科技进步水平指数	在全国排名（位）	与2009年相比指数变化（个百分点）	与2009年相比排名变化（位）
全　国	63.5%	—	6.6	—
河　北	41.8%	25	-0.4	-7

2. 综合科技进步水平单项评价指标有升有降但降多升少。与2009年相比，在5项一级监测指标中河北省仅有科技活动财力投入指标的监测值提高，位次前移，其他4项指标监测值均有不同程度下降，位次后移。其中，科技活动财力投入指标监测值从2009年的

32.64%提高到2014年的46.35%，提高13.71个百分点；全国排名由2009年的第24位提升到2014年的第19位，前移5个位次。排名后退的指标中，科技进步环境指标监测值从2009年的47.45%下降到2014年的44.20%，降低了3.25个百分点，排名由2009年的第19位后退到2014年的第25位，后退6个位次。科技活动产出指标监测值从2009年的31.19%下降到2014年的18.75%，降低12.44个百分点，排名由2009年的第19位后退到2014年的第27位，后退8个位次。高新技术产业化指标监测值从2009年的35.54%下降到2014年的32.75%，降低2.79个百分点，排名由2009年的第22位后退到2014年的第28位，后退6个位次。科技促进经济社会发展指标监测值从2009年的61.23%下降到2014年的59.61%，降低1.62个百分点，排名由2009年的第14位后退到2014年的第22位，后退8个位次。以上数据表明，河北省科技创新活动投入有所增强，但受市场环境、产业结构、社会创业创新文化等多方面因素限制，代表财力投入效果的科技活动产出、高新技术产业化、科技促进经济社会发展等指标却不进反退（如表7所示）在一定程度上说明河北省科技活动财力投入的效率偏低，投入效果有待提高。

表7　　河北省综合科技进步水平指标变动表

	2014年指标监测值（%）	排名（位）	2009年指标监测值（%）	排名（位）	指标变动（%）	排名变动（位）
综合科技进步水平指数	41.78	25	42.15	18	-0.37	-7
一、科技进步环境	44.20	25	47.45	19	-3.25	-6
二、科技活动投入	46.35	19	32.64	24	13.71	5
其中：科技活动财力投入	27.98	21	20.23	23	7.75	2
R&D经费支出与GDP比值	1.00	20	0.67	22	0.33	2
地方财政科技支出占地方财政支出的比重	1.13	23	0.99	27	0.14	4
企业R&D经费支出占主营业务收入比重	0.50	18	0.48	25	0.02	7
企业技术获取和技术改造经费支出占比	0.34	20	0.25	6	0.09	-14
三、科技活动产出	18.75	27	31.19	19	-12.44	-8
四、高新技术产业化	32.75	28	35.54	22	-2.79	-6
五、科技促进经济社会发展	59.61	22	61.23	14	-1.62	-8

二、支持高技术产业发展财政政策分析

近年来，河北省持续实施创新驱动发展战略，落实国家鼓励高技术产业发展和科技创新的税收政策，增加财政投入，引导企业增加技术创新活动投入，是河北省科技活动财力投入指标监测值提高，位次前移的重要原因。

（一）财政支出政策力度加大但规模依然偏小

1. 财政产业投入增长较快、结构调整。近年来，财政支持高技术产业发展支出规模不断扩大，占财政总支出的比重逐步上升，重点增加了河北省有一定发展基础的产业和产

业结构转型升级的关键环节投入力度。从增速看，2014年，河北省与高技术产业发展相关科目支出24.4亿元，是2009年的3.4倍，年均增长27.6%，高于一般公共预算支出增幅（14.8%）12.8个百分点，占一般公共预算支出的0.5%，高于2009年占比（0.3%）0.2个百分点。从投入结构看，加大了对医药制造业、信息产业、中小企业发展、企业技术改造、重点产业振兴和技术改造项目贷款贴息等重点产业和关键环节的投入力度。2014年，医药制造业支出1.9亿元，是2009年的20.3倍，年均增长82.6%，高于一般公共预算支出增幅67.8个百分点；信息产业支出2.7亿元，是2009年的4.2倍，年均增长33.4%，高于一般公共预算支出增幅18.6个百分点；中小企业投入14.8亿元，是2009年的3.5倍，年均增长28.4%，高于一般公共预算支出增幅13.6个百分点；企业技术改造项目投入4.8亿元，是2009年的5.6倍，年均增长41.1%，高于一般公共预算支出增幅（24.8%）26.3个百分点（如表8所示）。与此同时，财政对通信设备计算机及其他电子设备制造业、交通运输设备制造业、电气机械及器材制造业等行业投入力度有所减弱。

表8　河北省高技术产业财政重点支出情况表　　单位：万元

	2009年	2014年	年均增幅
相关支出合计：	72043	243680	27.6%
一、制造业支出	14507	20370	7.0%
医药制造业	921	18700	82.6%
通信设备计算机及其他电子设备制造业	2074	150	-40.9%
交通运输设备制造业	5784	1520	-23.5%
电气机械及器材制造业	5728	0	
二、信息产业支出	6310	26624	33.4%
信息产业支持	5702	26568	36.0%
三、中小企业支出	42609	148468	28.4%
科技型中小企业技术创新基金	5253	12096	18.2%
中小企业发展专项	37356	136372	29.6%
四、技术改造项目支出	8617	48218	41.1%
技术改造支出	8617	45702	39.6%
重点产业振兴和技术改造项目贷款贴息	0	2516	

2. 财政科技创新投入强度增强但仍处在全国落后位置。2014年，河北省财政科技支出51.3亿元，比2009年增加24.9亿元，年均增长14.2%，占地方一般公共预算支出的比重为1.13%，比2009年提高0.14个百分点。R&D经费支出320亿元，是2009年的2.4倍，年均增长18.9%；占GDP的1%，比2009年提高0.33个百分点。但与全国比较，河北省财政科技投入强度也还处在全国落后水平。2014年，河北省财政科技支出占地方一般公共预算支出的比重低于全国地方平均水平（2.23%）1.1个百分点，仅相当于全国地方平均水平的50.7%，排在全国第23位。R&D经费支出占GDP的比重低于全国平均水平（2.09%）1.09个百分点，仅相当于全国地方平均水平的52.2%，排在全国第20位。R&D支出占全国地方R&D支出的2.40%，低于GDP占比2.24个百分点；财政科技支出

占全国科技支出的 1.13%，低于一般公共预算支出占比（3.62%）2.52 个百分点。

表 9　　　　河北省 R&D 支出、地方财政科技支出与全国比较表

	项　目	2009 年	2014 年	五年年均增幅
全国	R&D 支出（亿元）	5802.1	13312.0	18.1%
	R&D 支出占 GDP 的比重（%）	1.68	2.09	—
	地方财政科技支出（亿元）	1310.7	2877.8	17.0%
	地方财政科技支出占一般公共预算支出比重（%）	2.15	2.23	—
河北省	R&D 支出（亿元）	134.8	320.0	18.9%
	R&D 支出占 GDP 比重（%）	0.67	1.00	—
	R&D 支出占全国 R&D 的比重（%）	2.32	2.40	—
	财政科技支出（亿元）	26.4	51.3	14.2%
	财政科技支出占一般公共预算支出的比重（%）	0.99	1.13	—
	财政科技支出占全国科技支出的比重	2.01	1.78	—

3. 财政科技支出向应用技术研发领域倾斜。从占比看，河北省财政科技支出中占比最高的三个项目是技术研究与开发、科技管理事务和应用研究。其中，应用型技术研发占了两项。2014 年，河北省技术研究与开发支出 22.8 亿元，占当年科技支出的 44.47%；科技管理事务支出 5 亿元，占当年科技支出的 9.73%；应用研究支出 4.3 亿元，占当年科技支出的 8.45%，三项支出合计占科技支出的 62.65%。从占比变化看，与产业发展直接相关的应用研究、技术研究与开发及重点实验室建设等支出增长快、占比上升。其中，重点实验室及相关设施支出 3.8 亿元，占全部科技支出的比重比 2009 年提高 0.26 个百分点，年均增长 24.23%，高于全部科技支出增幅 10.04 个百分点。应用研究支出 4.3 亿元，占全部科技支出的比重比 2009 年提高了 0.33 个百分点；年均增长 15.1%，高于科技支出增幅 0.91 个百分点。技术研究与开发支出 22.8 亿元，占全部科技支出的比重比 2009 年提高 0.03 个百分点，年均增长 15.2%，高于科技支出增幅 0.01 个百分点。而科技管理事物、基础研究、科技条件与服务、社会科学、科学技术普及等支出增幅较低、占比下降，表明河北省财政科技结构发生变化，更加重视应用技术研开投入，基础研究、科技管理等投入相对有所弱化。

表 10　　　　全省科技活动财政投入结构变动情况表

	2014 年支出（亿元）	占当年科学技术支出的比重（%）	与 2009 年比较占比变动（个百分点）	年均增长（%）
科学技术支出	513193			14.19
一、科技管理事物	49915	9.73	-0.81	12.38
二、基础研究	10314	2.01	-1.07	4.86
重点实验室及相关设施	3847	0.75	0.26	24.23
三、应用研究	43368	8.45	0.33	15.10

续表

	2014年支出（亿元）	占当年科学技术支出的比重（%）	与2009年比较占比变动（个百分点）	年均增长（%）
高技术研究	1197	0.23	0.19	61.19
专项科研试制	1480	0.29	0.28	150.52
四、技术研究与开发	228199	44.47	0.02	14.20
应用技术研究与开发	131374	25.60	-0.06	14.14
产业技术研究与开发	46279	9.02	-0.77	12.35
科技成果转化与扩散	4676	0.91	-1.94	-9.07
五、科技条件与服务	23296	4.54	-0.69	11.01
六、社会科学	6966	1.36	-0.20	11.09
七、科学技术普及	21415	4.17	-0.66	10.89
八、科技交流与合作	1837	0.36	0.14	26.02
九、其他科技支出	127883	24.92	2.94	17.10

（二）税收优惠政策得到较好落实

近年来，河北省加大税收政策的宣传和监督力度，全面落实国家鼓励高技术产业发展和技术创新活动税收优惠政策，激发企业技术创新动力，促进高技术产业发展，但由于高技术产业规模小，享受税收优惠的企业数量少，税收优惠的规模比较小、占比低。2014年，河北省对河北省1281家高技术企业全面落实了税收优惠政策，共减免税收23.6亿元，占河北省减免税总额的8.4%；对科学研究和技术服务业企业减免税收0.67亿元，占河北省减免税总额的0.24%。两项合计减免24.27亿元，占河北省减免税总额的8.64%，相当于当年河北省R&D经费支出的7.58%。

（三）财政市场化投入机制运用处在初级阶段

在运用担保、股权投资基金、风险补偿等市场化机制投入方面，河北省做了很多积极的尝试，但作用还不充分。河北省发展比较早是担保行业，从20世纪90年代后期开始，陆续成立一批政府性担保公司，采取给予企业贷款担保的方式增加企业信用，便利企业融资，但经历30年的发展，担保机构仍普遍面临专业经营管理人才匮乏，风险意识不足，企业规模小、信誉弱，缺乏河北省性的再担保公司，尚未形成有效的风险分散和转移机制，担保机构放大倍数普遍低于3倍。2015年起，各级政府开始重视设立股权投资基金，有的地方已分门别类设立中小企业发展、工业技改、农业产业化、大气污染治理、战略性新兴产业等诸多基金，寄望通过设立创业（产业）投资基金方式减缓财政发展性资金筹措压力，但普遍存在对基金的理解不到位、发展方向不清晰、体制机制不顺畅、缺乏专业人才和管理经验等问题，发展尚处在初级阶段。在风险补偿方面，地方自主尝试还比较少，主要是落实中央对县域金融机构贷款的风险补偿政策。近期，河北省出台对重点领域首台（套）重大技术装备产品保险保费给予80%财政补贴的政策，是风险补偿的一项新的政策尝试。

（四）政府采购政策取得积极的成效

近年来，河北省一方面规范采购，不断完善政府采购规制，依法依规采购得到很大程度的提高；另一方面，积极实施以政府采购促发展、促转型的政策，不断扩大经济发展支出采购规模，指导和帮助河北省企业参与采购，取得一定成效。2015 年，河北省支持经济发展采购额占采购总额的比例达到 63.6%，高于 2014 年 3.9 个百分点。

三、促进高技术产业发展的财政政策建议

在财政政策设计安排上，河北省将长期面临财政投入规模有限与高技术产业对财政政策要求强度高之间的矛盾。因此，应针对发展阶段性特征和产业结构转型升级的现实要求，积极实施结构性的财政政策，加大对高技术产业、技术创新活动、人力资本培育等重点领域和关键环节的支持力度，改进财政资金投入方式，提高政策效率和效益，促进高技术产业加快发展，提升潜在经济增长率。

（一）财政政策设计的基本原则

1. 市场导向原则。社会主义市场经济条件下，市场在资源配置中起决定性作用，对于市场机制能够充分发挥作用的领域，任何形式的政府政策干预都是不恰当的。因此，加快发展高技术产业，主要依靠市场力量来配置资源，财政政策制定和相关制度安排，应尊重市场自身运行规律和产业发展规律，注重发挥财政政策“增进市场机制”的导向作用，引导资源向高技术产业和科技创新领域聚集。政策力度要符合市场的要求，力度过大，将会对私人投资产生挤出效应，对市场产生干扰；力度不足，则难以充分发挥财政政策调节改善资源配置效率的作用。政策实施方式也应符合市场的要求，适合以市场化方式投入的资金，应运用市场化机制进行投入，最大限度弥补政府“失效”对市场运行的干扰。

2. 效率优先原则。均衡性转移支付和民生资金主要是用于维持政府正常运行和改善民生的资金需求，其目的在于促进公共服务均等化、维护社会公平与和谐稳定，应坚持“公平优先”的原则进行分配。促进高技术产业发展的资金和政策，其目的在于促进产业转型升级和经济长期增长，应坚持“效率优先”的原则进行分配，将资金集中用于促进产业结构转型升级的关键产业和重点区域。对于河北省这样财力基础薄弱、财政运行困难的省份而言，更应坚持“效率优先”原则。在产业选择方面，应根据产业发展基础、技术创新资源分布等条件，选择对河北省产业转型升级具有关键引领作用的重点产业和环节予以支持。在区域发展方面，应率先选择具有高技术产业发展基础的优势地区进行集中支持，不搞区域平衡，使其尽快发展成为高技术产业发展的新高地，再通过梯度扩散效应，带动其他区域发展。在支持方式方面，应积极运用市场化投入机制，提高财政资金的使用效率和效益，放大财政资金的杠杆撬动效应。

3. 激励相容原则。在市场经济中，企业是具有独立经济利益的市场主体，利润最大化是企业追逐的重要目标和经营的动力。激励相容原则是指财政政策设计和制度安排，应

发挥这样的作用，即使企业追求自身利益最大化的行为，恰好与财政政策实现社会利益最大化的目标相吻合，从而达到政策效益最大化。因此，应坚持激励相容的原则设计政策、安排制度，尊重企业的市场主体和科技创新主体地位，财政政策主要通过弥补企业创新成本，降低企业创新风险，改善企业创新环境，激发企业的发展动力和创新动能，引导企业增加有效投资，以此促进产业结构转型升级。

4. 综合施策原则。一方面，财政支出政策、税收政策、财政投融资政策、政府采购政策等政策工具各有其特点，对市场的作用和影响机理各不相同，应在财政政策设计过程中统筹考虑各项财政政策工具的特点，综合施策，避免各项政策目标冲突，内容脱节，相互掣肘，影响政策实施效果；另一方面，也要与产业政策、金融政策、土地政策等其他政府宏观调控政策有机衔接，以达到政策统合的效果，放大财政政策效益。

（二）选准财政政策支持的重点领域

1. 支持重点产业发展。一是支持河北省具有一定产业发展基础，产业关联度高、扩散效应强，收入弹性高、市场前景广，技术进步快、生产效率提升空间大的产业率先发展。例如，医药制造业、电子及通信设备制造业等。二是支持对河北省产业基础相对薄弱，但对产业结构转型升级具有重要引导作用的前沿产业加快发展。例如，智能装备制造和软件产业等。

2. 支持产业聚集发展。一是着力打造重点产业集群。围绕产业结构转型升级的主导产业，通过延伸产业链条、拓展规模优势、提升高技术产业聚集发展水平，加快培育先进装备制造、新一代信息产业、生物医药、新能源、新材料、节能环保产业集群。二是集中资源打造大型高品质开发区（产业聚集区）。清理规范现有的开发区、园区、聚集区、示范区，把有限的资源集中到重点发展区域，着力扶持交通便捷、产业基础好、招商能力强、依托大中型城市的重点开发区（产业聚集区），引导社会资源向这些区域集中，将其打造为对全省高技术产业发展具有重要影响和带动作用的新增长极。

3. 支持经济“软化”发展。一是支持“双创”活动，围绕环首都等重点区域，加强人才家园、创业（创新）孵化基地建设，加大对基地基础设施、标准化厂房建设以及技术服务、融资服务、创业服务平台的扶持力度，降低创业创新成本，提升创业创新服务水平，打造区域创业创平台。二是支持服务外包发展，鼓励企业实施标准化、模块化制造，对接口实施标准化设计，将子模块产品外包给专业化公司生产和制造。同时，鼓励企业专业化发展，承接其他企业的外包服务和产品，促进企业组织结构的柔性化。

4. 支持技术创新活动。一是支持产业研发平台建设，按照产业重要性和研究项目关联度、先进性，加快推进重点研发机构（中心、实验室）建设；鼓励企业间建立产业技术创新联盟，共同实施产业核心关键技术的协同攻关，推进产学研结合向集成化、高端化发展；推动科技创新资源（实验室、设备、仪器等）共享，建立大型科学仪器设备协作共用网，并向包括中小企业、社会单位提供开放服务。二是支持产学研结合，推进企业与国内著名高校、科研院所联合，逐步建立以市场为导向、以企业为主体、以高校和科研院所为支撑、以产业化为目标的产学研合作机制。三是支持科技成果加快转化，建立以企业为主体、以市场为导向的技术转移（转让）机制，对研发机构和公共技术服务平台向企业提供技术服务，全面落实国家减免税政策，对符合规定的技术服务项目给予定向费用补助，或依托于公共技术服务收费额给予一定比例的补助。四是支持企业增加研发投入，落实国家鼓励企业增加 R&D 支出的税收优惠政策，持续提高全社会研发投入占 GDP 的比重。五是支持企业技术引进和消化，鼓励企业引进产业重大关键技术、工艺和装备，加大对技术消化和吸收的力度，节约技术创新成本，缩短技术创新时间。

5. 支持人力资本培育和发展。一是加强工程类高等院校和高等职业技术学院（校）建设，加大对重点工程类院校和高等职业技术学校的投入，鼓励和支持院校调整专业设置，提高实训仪器设备水平，培养与产业结构转型升级相适应的专业人才和技术工人。二是加强职业培训，全面落实职工培训费用纳税扣除等税收优惠政策，对高技术企业技术人员和高级管理人员参与培训给予适当费用补贴。三是加大“借智引智”的力度，根据河北省战略性新兴产业发展规划，有目的地引进高端技术人才，特别是北京、天津的高技术人才，对引进人才给予适当的资金支持。四是鼓励企业对技术人员实施股权激励，用新型的激励约束机制，将企业关键技术人员的利益与企业发展成果有机联系起来。

（三）改进和优化财政政策

1. 提高财政资金配置科学性。一是加大资金整合力度，以更大的工作力度，推进专项资金整合，彻底打破“切块分割”的预算安排模式，将分散在发改、工信、科技、科学院、人社等部门涉及高技术产业发展和技术创新活动的各类专项资金统筹考虑安排，重点支持高技术产业发展的重点领域和关键环节。二是深化财政专项资金竞争性分配改革，扩大范围，增加规模，并引入第三方评审评价机制，增强评审的独立性和专业性，提高资金配置的科学性。三是坚持资金配置重心下移，进一步加大因素法分配资金的比重，将资金项目的最终审批权下放市县，增强项目的针对性和有效性，提高项目资金使用效益。

2. 改进财政资金的投入使用方式。一是充分运用基金、担保等市场化的投入方式，在担保方面，着力整合担保机构、提高担保机构资本金实力，强化担保机构风险意识、健全风险控制和转移机制，增强担保机构信誉和风险防控能力，逐步提升担保机构信用等级，提高担保资金的放大倍数；在基金方面，认真消化前期成立大量股权投资基金所积累的问题，加强基金运行规律的研究借鉴，厘清财政与基金的关系，明晰基金发展方向，经营管理模式，处理好基金市场化工具与财政政策性目标之间的冲突，率先培育一到两家具有典型示范和带动作用的样板型基金，带动河北省政府性基金经营尽快走上正轨。二是强化财政政策对金融资源的引导作用，积极尝试运用贷款风险补偿或保险保费补贴，给予企业上市前期费用补贴，支持企业发行公司债券、短期融资券、中期票据以及中小企业集合债券、集合票据等，增加金融资源在河北省的配置；对财政助推金融创新支持经济发展“十五条”进行政策评估，促进政策全面落地。三是改进科技研发项目资金管理使用方式，尊重研发人员对科技创新活动的关键性作用，强化研发成果考核，适度放松过程控制，赋予科技研发项目主持人一定的资金自主支配使用权，允许科技研发人员从项目经费中获取合理的报酬，着力解决规制过于严格、对项目研发人员“活劳动”激励不足的问题，加快科技研发项目支出，扭转当前科技支出增幅下滑甚至负增长的趋势。

3. 全面落实各项税费优惠政策。进一步加大国家有关高技术产业发展和支持技术创新活动税收优惠政策的落实力度，严格按照《预算法》要求，将财政收入由约束性指标调整为预期性指标，强化税收政策的宣传和监督，确保政策全面落地落实，防止个别地方在“财政锦标”思维刺激下，征收过头税、加重企业负担、恶化企业经营环境的现象。

4. 继续发挥好政府采购政策作用。落实国家对高技术产品采购目录政策，将河北省高技术产业以及相关企业技术创新成果产品，纳入政府优先采购目录，同等条件下，对本地产品实施优先采购。落实强制采购政策，对河北省节能产品、环境标志产品和自主创新产品，实行强制采购。落实政府采购政策评估政策，建立政府采购政策评价体系，跟踪评估政策实施效果。

（国库支付局　黄朝文　刘锦涛）

关于财政助推唐山市小微企业发展的思考

2016 年度河北省财政科研课题成果二等奖

目前，唐山市小微企业发展迅速，已经成为促进唐山市经济增长的一支重要力量。截至 2015 年年底，全市小微企业达到 339891 户（含个体工商户 276421 户），其中小微企业法人 63470 户，占法人企业总数的 90.53%，实现营业收入 5557 亿元，占全市 31.86%；营业利润 388.12 亿元；税金总额 58.60 亿元；吸纳就业人数 121.31 万人，占唐山市就业人数的 77.48%，小微企业已成为吸纳就业人员的生力军。

一、唐山市支持小微企业发展的主要做法

唐山市历来高度重视小微企业创业创新发展。相继取得了“全国创业先进城市”“中国城市信息化卓越成就十佳城市”“中国智慧城市领军城市”“智慧城市推进工作十佳城市”等多项殊荣，构建了全方位创业创新支持政策体系，为小微企业创业创新发展提供了强有力的支撑。

第一，大力推进创业创新基地建设。针对小微企业创业创新的需求，建设了一批配套支持全程化、创新服务个性化、创业辅导专业化的众创空间、创业基地等不同形式的平台载体，有力激发了创业创新活力。截至 2015 年年底，全市各级各类创业创新基地达到 65 家，其中，众创空间和科技孵化器 28 家、小企业创业基地 19 家、商贸集聚区 18 家，总面积 1629.9 万平方米，入驻小微企业 12817 户，就业人数 29.7 万人。

第二，切实加大地方财政投入保障力度。不断加大对小微企业创业创新基地的财政投入，切实优化小微企业创业创新发展环境。2015 年，唐山市总计投入资金 6.6 亿元。其中，在闲置库房、工业厂房改造、道路、地下管网及通信设施建设等基地建设上投入 3.5 亿元，有效地推动了小微企业创业创新发展；在基地运行维护方面投入 1.2 亿元，切实保障了各类型创业创新基地/空间正常运转；对小微企业空间使用费的补助达 1.9 亿元，有效减轻了入驻小微企业的负担，增强了基地的吸引力。

第三，着力推进公共服务体系建设。唐山市公共服务体系建设日臻完善，创业创新大赛、人才培训、创业辅导、法律维权、管理咨询、财务指导、检验检测、知识产权保护、技术服务、研发设计、会展服务和重点展会等公共服务活动蓬勃发展，享受服务的小微企业覆盖面不断提高，小微企业创业创新环境不断优化。截至 2015 年年底，全市拥有省级及以上公共服务示范平台 49 个，其中，公共服务示范平台 20 个、公共服务技术平台 17

个、两化融合公共服务示范平台12个，累计服务企业37.7万户次，其中小微企业约11万户次。

第四，积极落实商事制度改革。以行政审批制度改革为突破口和重要抓手，推动政府职能加速转变，深入推进“三证合一，一照一码”登记制度改革，认真贯彻落实“先照后证”改革，全面实行了“一照一码”登记注册模式。放宽了注册资本限制，及时推行了注册资本实缴改认缴制度。积极推行年检改年报改革，大力推进市场主体信息年报公示和信用监管，引导市场主体自觉履行信息公示义务。鼓励小微企业进入法律法规没有明确禁止的行业和领域，灵活核定未列入《国民经济行业分类》新兴行业特点的名称和经营范围，不断拓宽发展空间。鼓励小微企业利用各类经济功能区、楼宇、闲置场所创设集中办公区，举办各类创新型产业，实行“集群注册”。

第五，着力缓解小微企业融资难题。认真贯彻落实国家、省扶持小微企业发展相关文件要求，从政策支持、资源配置等方面入手，多措并举，着力提升金融对实体经济特别是小微企业的支撑能力，相继出台了《唐山市金融贡献奖励办法》（唐政办〔2013〕5号）、《关于金融支持小微企业发展意见》（唐政办〔2013〕18号）、《关于财政助推金融创新支持经济发展的实施意见》（唐政办函〔2015〕198号）等多项政策措施，以金融支持小微企业作为重要考核依据，充分调动了金融机构向小微企业领域投放贷款的积极性。

二、唐山市小微企业发展中存在的问题

（一）行业相对集中，产业层次普遍不高

从行业分布来看，目前唐山市小微企业行业相对集中，大多集中于以资源开发型、产品初加工型、服务低层次型为主的传统行业，多处于产业链底层，提供的服务和商品较为底端。据统计，截至2015年年底，唐山市从事批发和零售业、工业（包括采矿业、制造业、电力热力燃气及水生产和供应业）、租赁和商务服务业的小微企业占全市小微企业总数的70%以上，大多数小微企业具有家庭经营色彩，处于产业链的底端，管理落后，现代经营管理和发展创新能力不足，员工知识层次较低，难以实现经营规模扩张和产品档次提升。科技型小微企业数量较少，仅为2568家，占各类小微企业的比重为7.5%；其中销售收入超过亿元的科技“小巨人企业”182家，占科技型小微企业总数的7.1%。

这些小微企业集中度高的行业，普遍具有技术要求低，市场趋于饱和，利润微薄等特点，从行业本身发展前景分析，相关企业不具备迅速扩张的条件。这种低价格、低技术、低收益、低附加值的传统发展路径依赖，也直接制约了其投入产出效益水平的提高。另外，产业层次普遍不高导致企业转型升级困难，部分企业由于经营压力，转型升级的愿望较强，但在资本、技术、人才、管理等转型升级的关键因素方面积累不足，相当数量的小微企业转型升级较为困难，小型微型企业的发展后劲和活力不足。

（二）成本上升影响企业利润

唐山市虽然小微企业法人数量较多（截至2015年年底达63470户，占法人企业总数

的 90.53%），但全年实现营业收入仅占唐山市的 31.86%，营业利润 388.12 亿元，利润率不足 7%，盈利能力较差。造成小微企业盈利状况不佳的原因有市场需求不足、资金紧张等，但主要原因是成本上升，包括原材料成本和人工成本等。特别是近年来，劳动者薪资报酬普遍上涨，直接导致人工成本占企业成本的比重增加，给企业经营带来了巨大的负担。根据中国中小企业协会公布的数据，2014 年第四季度，工业、建筑业、社会服务业、住宿餐饮业、信息传输计算机服务软件业等行业的中小企业员工平均薪酬指数都下降了三个点以上，人力成本明显上升。整体来看，受我国经济下行压力的影响，中小企业特别是小微企业的发展遭遇了一定困境，生产经营活力有些不足。

（三）民间借贷比重大，融资成本高

由于小微企业抗风险能力较差，银行出于对风险和收益的综合考虑，往往更愿意放贷给那些抗风险能力强的大企业。即使向小微企业发放贷款，利率也比一般大企业要高。另外，多数银行出于降低风险的考虑，会对小微企业的各方面条件进行详细评估，这使得放款时间被拉长，无法满足小微企业短时间内资金短缺的需要。因此，多数小微企业只能通过民间借贷来解决资金问题。据统计，唐山市只有为数不多的企业资金的主要来源是靠银行贷款，其余大多数企业资金的来源渠道是民间借贷。民间借贷比重加大，不仅加重了企业的融资费用负担，还增加了企业的风险。此外，唐山市小微企业融资成本也较高，小微企业中普遍存在的过桥贷款进一步推高了融资成本。

（四）政策扶持力度不够

目前为止，唐山市尚未形成一整套完善的小微企业扶持政策，也同样缺乏主管部门对小微企业进行引导和管理。大部分企业主对政策信息掌握不充分，这也是小微企业自身缺陷造成的。部分企业反映各类优惠政策政出多门，缺乏系统性和延续性。有的企业符合优惠政策的申请条件，但又苦于不知道向哪个部门申请，不懂得如何申请，优惠政策操作性差成为政策落实的障碍。

三、促进小微企业发展的建议

随着经济社会的不断发展，传统工业的“两高一低”问题越来越不适应新常态，严重制约了经济发展，迫切需要加速转型升级、构建创业创新新动力。2016 年 5 月，唐山市成功争取国家第二批小微企业创业创新基地城市示范，可获得中央连续 3 年、共计 6 亿元扶持资金，为唐山市全民创业、万众创新提供了有力的政策和资金支持，也为小微企业快速发展提供了良好的前提和广阔的空间。唐山市应以此为契机，进一步加快创业创新空间建设，改善公共服务，积极落实和完善税费、金融支持政策，加快推进小微企业发展，促进唐山市经济转型升级。

（一）加快打造创业创新的空间载体

第一，分类构建“三个一批”众创空间和科技孵化器。依托现有的科技孵化器和众创

空间，重点夯实“三个一批”，即推动做大做强一批以重点产业为导向、能够牵动城市未来发展的科技孵化器；培育发展一批区域特色鲜明的、有发展潜力的众创空间；引导新建一批运作模式新、创新能力强、专业水平高的创新型创业孵化服务机构，将服务范围延伸到项目发现、团队构建、企业孵化、后续支撑等各个环节，孵化和培育早期项目和“专特精新”小微企业，构建从创业项目植入到转化发展的全过程服务支持体系。第二，推进京津唐协同共建众创空间和科技孵化器。积极引进域外知名品牌的众创空间和科技孵化器，鼓励和支持京津众创空间和科技孵化器在唐山市设立分支机构。对京津等地认定的众创空间落户唐山市的，直接纳入市级建设计划，优先支持。第三，大力发展科技服务业。坚持“现有抓提高、总量抓发展”原则，加强政策引导，加快建设一批科技服务机构，服务万众创新。对接引进京津相关品牌服务机构和创客团队，探索环渤海知识产权市场运营新模式，培育建设技术转移机构、创新驿站等科技服务机构。

（二）完善小微企业服务体系

第一，改革小微企业治理模式。增强政府部门服务小微企业的意识，摆脱传统观念中小微企业人员素质较低、诚信较低和难以管理的偏见，把提高小微企业服务质量作为一项重要工作来抓，为小微企业提供良好的创业发展环境。继续贯彻简政放权政策措施，取消下放行政审批事项，深化工商制度改革，激活小微企业发展潜力。第二，建设小微企业公共服务平台。设立专门服务场所，在县级以上建立小微企业公共服务平台，以服务小微企业为宗旨，提供创业指导、登记注册、政策指导、技术应用、专利申报、优惠项目申报、企业管理指导和技术人员集中培训等综合服务，如税费代征代收、举办专场人才招聘会、跟踪小微企业生产经营状况及核实小微企业扶持政策落实情况等。改善小微企业长期存在的政府服务效率较低、政策信息不对称和政企信息交流渠道不畅通的问题。第三，建设互动性的信息化服务平台。设立小微企业统一服务热线电话，统一解决小微企业各种问题，收集意见建议，保持政企沟通渠道畅通。搭建小微企业服务平台网站，与相关专业性服务网站进行链接，帮助小微企业在线解决人才招聘、政策查询、审批各案，提供有效的市场供求信息。利用短信群发等通信技术，及时将政府出台的各项优惠政策措施发送至企业主的手机或电子邮箱中，加强政策宣传力度，提高小微企业政策敏感度。

（三）拓展小微企业融资渠道

第一，强化银行信贷支持，发挥融资主渠道作用。建立商业银行小微企业信贷奖励制度，设立市商业银行小微企业信贷突出贡献奖励资金，对唐山市小微企业信贷支持贡献突出的商业银行予以一次性奖励，引导商业银行不断加大对小微企业的信贷支持。进一步探索发起设立民营商业银行试点，积极争取河北省对唐山市设立民营商业银行的政策支持，力争在示范期内发起设立民营商业银行，逐步缓解小微企业融资面临金融资源供给不足的难题。鼓励商业银行等金融机构设立小微企业专营机构，支持信贷业务下沉，向县域延伸经营网点，促进金融服务的全覆盖领域，力争在示范期内县域银行等金融机构网点逐年持续增长。扎实推进信用社改革，持续推进一批县级农村信用联社改制，明显提升农村商业银行对“三农”和小微企业融资支持能力。积极推动设立村镇银行，不断增加村镇银行及乡镇网点的数量。设立小微企业助贷资金池，健全“政银企”风险分担机制，深化政银合作模式，进一步扩大“助保贷”等助贷业务规模，逐步解决小微企业信贷抵押难、担保贵的问题。第二，健全融资担保体系，优化融资服务环境。建立市属担保机构货币资本金补入机制，做大做强市级融资担保机构，不断增强为小微企业提供融资担保能力。深入推进唐山市担保类金融机构重组，以唐山金融发展集团为平台打造唐山市担保集团，增强市属担保公司的资金实力，进一步提升担保能力，不断扩大小微企业贷款担保业务，有力推动小微企业创业创新发展。构建“政银担”风险分担机制，调动融资担保机构开展小微企业融资担保业务的积极性。政府、银行、担保机构按照“2:3:5”比例分担小微企业担保贷款发生的实际损失，充分调动银行、担保机构发放小微企业担保贷款的积极性。第三，设立创投引导基金，撬动社会资本投资。引导社会资本开展创业投资，激发全社会创业创新热情。积极开展创投基金试点，设立“唐山科技地产基金”和市级产业投资引导基金，撬动社会资本投入，有效拉动社会投资，进一步激发小微企业创业创新热情。通过与国内专业投资机构共同设立子基金并委托其进行股权投资管理的方式，引导基金主要支持辖区内工业、农业、服务业企业及科技型企业做大做强。第四，建立信用保证基金，完善增信分险机制。建立小微企业信用保证基金，进一步缓解小微企业融资难、融资贵的问题。成立小微企业信用保证基金，政府和银行按照4：6的比例分摊损失风险，有效缓解小微企业融资难题。第五，推广贷款保证保险，进一步拓宽融资渠道。积极推广小微企业贷款保证保险，拓宽小微企业融资渠道。大力发展贸易保险，通过金融大讲堂的形式为唐山市贸易型小微企业开展出口保险培训，并现场提供保险与企业对接。

（四）积极落实税费优惠政策

一方面，进一步落实小微企业税费优惠政策。深入贯彻财政部、国家税务总局《关于进一步扩大小型微利企业所得税优惠政策范围的通知》（财税〔2015〕99号）等文件，进一步做好小微企业税收优惠政策宣传工作，充分利用电视、电台、网站、报刊、办税服务厅、局长信箱等平台和载体深入宣传小型微利企业所得税等税收优惠政策，加大小微企业税收优惠政策推送力度，不断提高小微企业税收优惠政策知晓度和享受面。加大小微企业享受税收优惠政策的培训力度，定期组织纳税人进行享受税收优惠政策培训，印制并发放小微企业税收优惠“政策明白卡”，全面阐释政策规定、办税流程、申报要求和管理方式，不断提高小微企业利用税收政策的能力。进一步推动小微企业享受税收优惠政策便利化，严格落实小微企业税收优惠备案制度，取消审核环节，方便小微企业及时享受税收优惠。健全小微企业税收工作督导和绩效考核机制，严格执行小微企业享受税收优惠政策服务问责制，引导工作人员增强主动服务意识、责任心和执行力，确保所有符合条件的小微企业及时、全面享受税收优惠政策；另一方面，加大对科创平台税收优惠力度。进一步加大科技企业孵化器、众创空间、小微企业创业辅导基地等科创平台、载体税收优惠力度，引导各类社会资本投资小微企业创业创新平台建设，对符合非营利组织条件的孵化器的收入，按照有关规定予以企业所得税优惠；继续实施孵化器房屋租赁登记备案制度，免收房屋租赁合同登记备案手续费。支持初创期企业快速成长。

（五）加强小微企业人才培养

第一，职业学院加强技能教育。一方面，调整职业教育学院布局，提高教学水平，提高培训质量，加大技能型人才的招生规模，优质资源配置向中小企业倾斜，切实发挥好职业学院在技能培训中的作用；另一方面，邀请职业学院对小微企业技能培训提供更多的师资力量。鼓励校企联合培养定向人才，逐步形成以学校为主体，以企业为目标的技能培训体系。第二，加强小微企业人才引进。一方面，加大高校毕业生到小微企业就业的支持力度，在户籍社保政策等方面加以倾斜，以社区为单位主动提供档案托管、户籍转移等服务；另一方面，帮助小微企业建立相对稳定的员工队伍，不仅要留住人才，还要确保人才有广阔的舞台可施展才华。第三，解决小微企业用工难问题。一方面，政府要建立覆盖全社会的社保体系，在小微企业人员流动过程中及时跟进，避免人才流失造成小微企业用人难；另一方面，人力资源部口应根据企业和就业者的需求，建设就业信息服务网络，建立实时就业信息发布平台，帮助企业尽快找到合格劳动者。

（唐山市财政局　孟庆国　云晓平　陆征　甘露）

关于政府产业引导基金运作情况的考察报告

2016 年度河北省财政科研课题成果二等奖

按照唐山市财经领导小组会议精神，为借鉴外地先进经验，改进唐山市产业引导基金的运营和管理，唐山市金融办联合唐山市财政局、金发集团于2015 年4 月22 日至29 日分别到山东潍坊、重庆两江新区、江苏苏州、宁夏银川等地进行了考察学习，并对国内政府产业引导基金情况进行了梳理，现将有关情况和建议报告如下。

一、政府产业引导基金是政府撬动产业发展的创新手段

近年来，国内各地为解决财政各类经济建设资金使用过程中存在资金沉淀、投向分散、绩效评价困难等问题，提高资金使用效率，更好引导和促进产业发展，各地积极借鉴市场化的风险投资基金（VC）以及私募股权投资基金（PE）的运作模式，将原有资金整合，“补改投”“奖改投”，纷纷设立政府产业引导股权投资基金。2014 年国务院出台《关于清理规范税收等优惠政策的通知》限制了财政补贴、税收优惠等吸引企业政策，2015 年国务院先后设立了总规模400 亿元的国家新兴产业创业投资引导基金和600 亿元的中小企业发展基金，财政部出台了《政府投资基金暂行管理办法》。在此背景下，各地政府引导基金发展迅猛，据统计，截至2015 年年底，国内共成立了780 只政府引导基金，基金计划规模达2. 18 万亿元；其中2015 年新设立的政府引导基金为297 只，基金规模1. 51 万亿元，分别是2013 年引导基金数量和基金规模的2. 83 倍和5. 24 倍。特别是重庆市、湖北省因基金规模巨大，上海市提出为天使投资的风险损失提供补偿等争议政策而广受关注。2015 年重庆市设立的战略性新兴产业股权投资基金总规模800 亿元，其中政府出资255 亿元；2015 年湖北省设立的长江经济带产业基金计划总规模2000 亿元，其中政府出资400 亿元。河北省亦于2014 年出台了《省级产业引导股权投资基金实施方案》，计划按产业领域设立10 支产业引导股权投资基金，目前各基金正在积极筹建或运作。

二、目前各地产业引导资金的主要经验

通过考察交流，我们了解到各地政府出资的产业引导基金运作主要有以下经验。

（一）依托地方金融平台企业进行管理

和唐山市一致，四地政府引导投资基金均委托本地政府控股的金融集团企业进行管

理，或由金融集团组建基金管理公司直接管理，或由基金管理公司与社会基金管理公司合作委托其管理。如重庆两江新区，政府引导基金委托重庆两江金融发展有限公司管理，该公司设立重庆两江股权投资基金管理公司进行具体运作。该模式主要优势，一是可以整合打造本地的金融平台企业，并实现“专业的人干专业的事”；二是可充分发挥金融平台企业拥有的银行、担保、小贷、转贷、资管等多种业态工具的协同作用，放大基金带动效应；三是发挥政府企业的信用和筹资能力，实现多渠道大规模融资。

（二）多渠道融资，规模较大、形式多样

重庆两江新区计划基金总规模200亿元，首期到位资金40亿元，由本地国有企业出资10亿元，由银行机构出资30亿元，银行不参与管理，对银行不承诺保本保收益（主要是银行看中两江新区的好项目、大项目）。苏州国发创投管理各类基金38支，包括种子基金、成长基金、并购基金、产业基金、城市发展基金和债券基金等，总规模达543亿。潍坊财政2013年出资20亿元，后每年追加4亿元，累计40亿基金，委托潍坊金融控股集团管理，并与各类金融机构和社会资本合作，资金规模90亿元。银川政府每年出资5亿元，累计15亿元，委托银川金融控股公司下属基金公司管理。

（三）采取政府或平台企业直管直投为主，市场化合作为辅的双轨制

考察了解到，当前政府引导资金与社会资本合作设立的子基金普遍投放率较低。国家审计署2014年7月发布的报告显示，截至2014年年底，14个省2009年以来筹集的创业投资基金中有397.56亿元结存未用，占所有基金的84%。主要原因：一是社会合作方（基金公司）往往面向全国布局和比选项目，同一类企业项目中，如相比全国而言，本地入选的优势项目自然很少；二是社会合作方（基金公司）资金来源多为私募，对投资效益和资金安全要求很高，投管周期较长（一般是七年）；三是社会合作方因管理的基金太多，项目人员较少，常常不可能单一城市深入搜寻、调研项目。面对实际情况，部分地区对政府引导基金采取了直投直管为主，市场化合作为辅的双轨制模式，即资金投放主要由地方金融平台企业和政府主导，同时不排除和社会资本积极合作设立子基金。例如，潍坊市基金累计投资项目138个，资金98亿元，其中直投只管方式投资项目108个，投放资金92亿元，与社会资本合作设立各子基金30支，投资项目30个，投放资金6亿元。苏州市政府引导基金累计投资项目185个，投放资金58亿元，其中直投项目150个，投放资金50亿元，与社会资本合作设立各子基金投资项目35个，投放资金8亿元，两江新区40亿基金全部由两江金融发展有限公司直投，并从原部分社会合作基金中清退退出。

（四）建立科学的项目遴选机制

项目源建设是决定基金投放效率的基础因素，同时也是基金发挥对产业引导作用的方向所在。几个地区的基本做法是：地方政府根据本地产业发展规划，制定优先发展的产业领域清单，相关政府和部门根据清单培育、推荐项目。政府的基金管理公司设计标准的项目推荐表，发改委、科技局、招商局等相关部门和县区、工业园区等对推荐的项目经本单位内部评审通过后，按要求填写，以单位名义正式报送推荐，同时防止个人因素的干预。

重庆两江新区、潍坊市和苏州市均制定了完善的项目推荐制度，从实际看，重庆两江新区由发改委、科技局、招商局等部门推荐的较多，而潍坊市和苏州市由县区和市直部门推荐的较多。

（五）建立专业、独立的投资决策机制

为提高投资准确性，保障资金安全，各地均十分强调建立专业、独立的项目投资决策程序。综合来讲，主要有以下环节：一是基金公司尽职调查，接到推荐项目后，基金公司派出项目小组到项目单位进行尽职调查；二是第三方审查，基金公司尽职调查后，聘请第三方知名会计事务所和律师事务所出具审计报告和法律意见书；三是基金管理公司内部会商表决，参加表决的人员主要为公司的高管和公司业务部门的负责人（含风控部门负责人），半数以上同意通过；四是基金投资决策委员会表决，各地一般在政府层面成立投资决策委员会，其主要成员可以包括本级政府主要负责或相关负责同志、政府经济管理部门负责人、金融平台企业负责人组成，半数以上同意通过。例如，重庆两江新区，由项目小组先尽调，然后以招标形式在四大会计事务所中选择 1 家出具审计报告，在国内前十律师事务所中选择 1 家出具法律意见书，提交基金管理公司会商表决，最后提交由两江新区管委会常务主任、主管主任、产业发展局局长、财政局局长、现代服务局局长、金融发展公司负责人、5 家出资国有企业负责人共 11 人组成的投资决策委员会进行表决。苏州市与重庆两江不同的是不引进第三方审查，投资决策委员会由发改委、财政局、金融办负责人和金融集团、基金管理公司负责人 5 人组成。而潍坊市与苏州市相近，只是投资决策委员会设在金融集团内部，政府部门不参与。

（六）建立强有力的人才和薪酬保障机制

基金投资人才是灵魂，所考察地区均建立了素质过硬的人才队伍，并参照实行市场化薪酬。例如，重庆两江基金管理公司招聘的人才要求是硕士研究生以上学学历，名牌大学毕业，具有 2 年以上投行工作经验（必须实际投过项目），现 12 名员工有近一半为北大清华毕业，实行市场化薪酬。苏州国发创投基金管理公司招聘人才要求与重庆相似，主要从证券投行、四大会计事务所、知名律师事务所中招聘，现员工中超过 1/3 是国外知名大学毕业，专业人员有 1/3 是行业分析师，有 1/3 是注册会计师、有 1/3 是律师，同时实行市场化薪酬。

（七）建立合理的风险认定和责任承担机制

政府引导资金作为财政性资金，承担较大的国有资产保值增值压力，这也是一些地方基金投放较慢的重要原因。为降低投资风险，缓释投资压力，各地均采取了一些针对性措施。一是严格程序，建立完善的项目推荐和投资决策机制；二是加强投后管理，两江基金公司向已投项目单位派出董事和财务人员，及时了解项目单位的运营情况，处置风险；三是建立投资容错机制，潍坊市、苏州市在考核基金时，主要检查投资的决策程序，程序合规不追究具体工作人员的责任，一般不考核某一项目、某一时段的损失，而是整体考核引导基金的保值增值；四是建立风险分担机制，合理界定基金的职能，对于市场化的基金，

全体股东共同承担损失；对于不以营利为目的政府引导基金，可采取政府回购、利用政府并购基金收购重组等方式稀释。如重庆两江计划设立并购基金用于收购重组政府引导基金的不良资产。

（八）发挥多梯次的融资和杠杆放大作用

为充分发挥政府引导基金的杠杆放大作用，各地均注重发挥金融集团的平台作用，帮助所投项目多梯次、多渠道融资。引导基金一般可以在三个环节梯次放大：一是与金融机构或社会资本合作成立子基金；二是投资时协同其他政府子基金、社会基金跟投；三是银行等金融机构配套融资（政府担保公司还可以提供担保）。例如，潍坊市某泊车项目，政府引导基金投入3000万元，该基金是按政府和社会资金1:2设立的，政府实际出资1000万元，社会市场化的私募权基金对该项目调查后跟进投资4000万元，7000万元的股权投资后，银行跟进投放贷款2.1亿元，最后企业获得了2.8亿元融资，目前企业实现跨越式发展，已进入上市程序，相关材料已报证监会，政府用1000万元撬动了2.7亿元的资金，实现了“四两拨千斤”。

三、对唐山市发展产业引导基金的建议

（一）合理认识基金的作用和性质

如何认识政府产业引导资金的作用和保值增值的要求是基金投放面临的基本问题。政府产业引导基金的根本任务是“引导”，即引导本地产业发展，引导社会资本投资于政府希望发展的产业领域，如产业链/产业集群的薄弱环节、战略性新兴产业、服务业、农业产业化、中小微企业等。而市场化的股权投资追求的是高收益，同时尽可能回避高风险，他们对上述投资领域缺少足够的动力。政府产业引导基金本质是政府经济建设资金，其作用是“引导”和带动地方的产业经济发展，追求的是社会整体效益；其性质是弥补市场不足，具有较强的公益性。因此，对其绩效考核不宜单纯强调保值增值。

（二）多渠道筹资，做大做强政府产业引导基金

发展经济，财政资金和金融是重要杠杆。目前全国各地都在积极探索政府产业引导资金的运用，唐山市应坚持做大做强政府产业引导基金，并通过金融运作机制和金融杠杆带动社会投资和企业发展。借鉴外地先进经验，大胆和积极通过财政预算安排资金、国有企业出资或划入资产、争取国家和省级引导资金、县区政府出资、银行等金融机构融资、社会资本出资等多渠道筹措资金，扩大基金规模，力争两年内政府性资金规模达到15亿元，循环和梯次放大资金规模达到50亿元，真正具有引导和撬动产业发展的能力。

（三）调整唐山市产业引导基金的管理和投放方式

基金的管理和投放可借鉴外地经验，由当前的市场基金公司主导调整为政府或金发集团主导。由政府和金发集团主导管理和投放，同时仍然开放与金融资本、社会资本合作设

立各类子基金。

（四）建立健全直管直投的四大机制

一是建立项目遴选机制，在系统研究基础上制定唐山市重点发展和引导的产业领域、企业项目，建立县市区政府、开发区、各政府主要经济部门项目推荐制度，并对项目进行公开，对推荐工作进行考核；二是建立独立、专业的投资决策机制，建立项目小组制度、尽职调查制度、研究引进第三方审议制度以及金发集团内部投资决策制度和政府层面投资决策委员会制度；三是加强人才队伍建设。面向全国，市场化招聘一批高水平基金管理和投资专业人才，其中应包括产业分析师、财务分析师、律师、企业管理咨询师；四是建立合理的风险认定和责任承担机制，注重从规范性和基金整体效益进行评价。

（五）改进对市场化基金的合作和管理

改进既有三只子基金以及以后新设的与社会合作子基金的合作管理方式：一是放权让利，政府出资部分以保本为前提，充当劣后资金，让社会资本优先获得收益，提高其风险容忍度；二是要求政府资金和社会资金均要全部或每年到位不少于30%，避免空中漂浮，增加社会资金的沉淀成本从而提高投放压力；三是三只基金的管理人要实体化、本地化，使其有一支专业化的队伍在本地工作，保证人力和精力投入；四是约定资金投放周期，如规定两年内不能投放完毕，可将资金清算收回。

（六）打造唐山市一流的金融平台企业

为加强地方金融资产的统筹管理，发挥多种金融业态和工具的协同作用，提升基金专业管理能力，进一步加强对金发集团的建设。一是进一步充实资产，持续进行财政注资，将引导基金的资金注入金发集团做资本金，再由金发集团设立产业引导基金，划转其他资产和股权；二是积极发展多种金融业态，进一步做大担保公司、基金管理公司，成立融资租赁公司、保理公司、资产管理公司，参与小贷公司，设立转贷基金，逐步参与银行、保险、证券、信托等金融业务，全面提升企业融资和服务能力；三是加强人才队伍建设，市场化选聘高层次人才；四是完善公司内部治理结构，强化风险控制、产品研发、投资管理等业务部门建设，完善投资决策机制。

（唐山市财政局　魏文忠　云晓平　陆征　甘露）

探索完善绩效评价的应用进一步提升项目管理水平——河北省国际金融组织贷款项目绩效评价实践与思考

2016年度河北省财政科研课题成果二等奖

提高绩效是现代政府管理的核心目标之一，受到世界各国政府高度重视和社会的广泛关注。党的“十八大”报告提出“创新行政管理方式，提高政府公信力和执行力，推进政府绩效管理”。国际金融组织贷款项目绩效评价工作是财政绩效管理重要组成部分，是深化财税体制改革、建立现代财政制度的重要环节。

一、开展国际金融组织贷款项目绩效评价的意义

国际金融组织贷款作为财政性资金，其使用效益历来倍受关注。加强国际金融组织项目绩效评价，是各级财政部门深入贯彻落实科学发展观，全面推进财政科学化、精细化管理，不断提高我国与国际金融组织合作成效的重要举措。

（一）贯彻项目全过程绩效管理，提高资金使用效益

国际金融组织贷款项目绩效评价是一项理论性、政策性、专业性和科学性很强的业务工作。在财政部和各省市财政部门及有关科研机构的共同努力下，初步形成了以《国际金融组织贷款项目绩效评价管理暂行办法》为基础，以《国际金融组织贷款项目绩效评价操作指南》为核心的制度框架体系。根据《国际金融组织贷款项目绩效评价操作指南》，评价人员依据相关性、效率、效果、可持续性四项准则，从不同维度对贷款项目进行客观、公正的评价。其中，“相关性”主要评价项目的立项与国家和地方政策及需求的吻合度；“效率”主要评价项目活动时间效率和产出效率；“效果”旨在评价项目实施是否可以实现预定的成果；“可持续性”旨在评价项目的实施和后续运营是否可持续。四个维度的绩效评价覆盖了项目立项、投入、活动、产出、效果和后期运行的全过程，是真正意义上的全过程评价。“全过程评价”可以克服单一评价的局限，能够使项目管理部门从不同层面、角度和环节对项目有一个全面、综合的评价，全面掌握项目准备、实施和运行情况。管理

部门可借此实施全过程绩效管理，总结经验，发现问题，制定改进措施，提高资金使用效益。

在国际金融组织贷款项目管理中，财政部门具有“资金借用人”和“最终还款人”的双重身份，其作为政府外债统一管理部门和政府债权债务代表参与借用还全过程，承担着双重管理职责。财政部门可以通过绩效评价了解项目选择、实施、运行、贷款偿还管理中的状态，及时发现并解决存在的问题，在确保贷款资金安全使用、促进项目可持续发展的同时，真正实现从重贷款筹借向重贷款管理、从重贷款规模向重贷款绩效的转变。

（二）发挥国外贷款项目绩效评价示范效应，提升政府预算绩效评价整体水平

进入新世纪以来，我国财政管理改革向支出管理体制的改革转变，逐步从分配对象与结构的管理转向通过科学分类、细化预算、标准定额编制部门预算，通过集中支付减少资金沉淀，并开始探索财政支出绩效的评价。由于国内财政预算绩效评价工作尚处于起步阶段，评价的组织形式、框架结构和指标体系尚不够成熟。而国际金融组织贷款项目绩效评价在积极借鉴世界银行、亚洲开发银行等国际金融组织经验的基础上，已逐步摸索出一套适合我国实际的绩效评价模式。尽管因项目背景、资金来源、管理方式的差异，国际金融组织贷款项目绩效评价模式与财政支出绩效评价模式具有各自不同特点，但两种模式均由财政部门主导，以提高项目绩效为目的，在组织形式、指标体系、评价方法、结果应用等方面存在互通之处。因此，开展国际金融组织贷款项目绩效评价工作不仅可以改进贷款项目管理、总结经验、查找不足，同时也为改进贷款项目的绩效和各级政府与国际金融组织开展贷款合作提供决策参考，有助于引进绩效评价领域的国际先进理念、经验和方法，为建立我国财政支出绩效评价体系提供有益借鉴，有利于提高政府预算绩效评价的整体水平。

二、河北省国际金融组织贷款项目绩效评价工作现状

随着河北省利用外资规模逐渐扩大，贷款种类逐步丰富，项目类别日益宽泛，强化管理、不断提高合作质量和成效的要求也随之提高。河北省财政厅按照“订规划、建制度、组队伍、先试点、再推广”的工作思路，把国际金融组织贷款项目绩效评价工作当作新形势下与国际金融组织知识合作的一项具体内容，积极探索，稳步推进，取得了明显成效。

（一）河北省国际金融组织贷款项目绩效评价的组织程序

为做好国际金融组织贷款项目的绩效评价工作，保证评价的客观公正性，河北省高度重视绩效评价的组织管理，针对被评项目，财政厅通过委托协议方式选定第三方评价机构，由第三方评价机构组建绩效评价小组进行独立评价。同时，以财政部门为主体，成立以主管副厅长为组长、涉外处处长为副组长的绩效评价领导小组，对绩效评价小组进行总体指导和监督。具体评价组织结构如图1所示。

在建立绩效评价组织架构，明确评价职责分工的基础上，河北省国际金融组织贷款项目绩效评价从以下五个方面依次推进（如表1所示）：

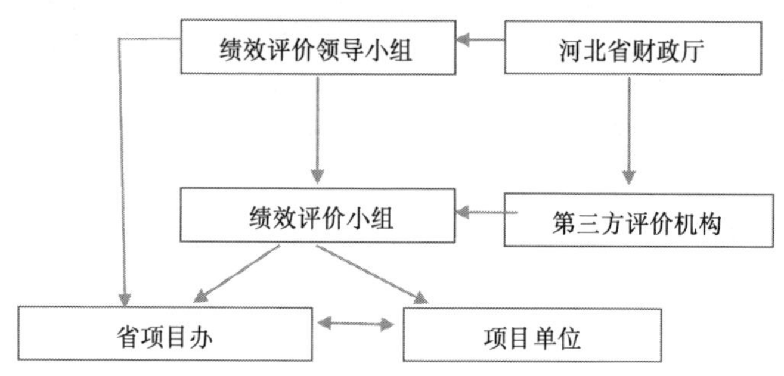

图 1　河北省国际金融组织贷款项目绩效评价组织结构示意图

1. 根据财政部要求，制定年度评价计划，选定评价对象，制定绩效评价任务大纲，明确评价的目的、范围、重点和组织实施方案。

2. 与第三方评价机构组建的评价小组签订《国际金融组织贷款项目绩效评价委托协议书》，明确双方的权力和义务。其中，评价小组应根据《国际金融组织贷款项目绩效评价指南》的要求，设计科学的评价框架和具体实施方案。

3. 通过河北省项目办对项目单位下达评价通知书，要求被评价单位配合做好评价工作。

4. 评价小组按照《操作指南》规定的评价方法实施绩效评价，并在规定的时间节点提交评价报告初稿报财政厅审核，在广泛征求意见修改完善后，形成《评价报告》（终稿）。

5. 河北省厅根据评价报告提出针对项目单位、项目管理部门和地方政府及相关部门的整改建议和措施，跟踪其意见反馈和整改结果。

表 1　　河北省国际金融组织贷款项目绩效评价的基本程序

评价节点	制定年度评价计划	制定评价框架和实施方案	下达评价通知书	评价实施与评价报告	评价结果应用
实施主体	财政厅	评价小组	财政厅	评价小组	财政厅
实施次序	1	2	3	4	5

（二）河北省国际金融组织贷款项目绩效评价工作成效

在财政部的宏观指导和河北省省直有关部门的积极配合下，河北省国际金融组织贷款项目绩效评价工作在实践中探索，在探索中改革，在改革中创新，在创新中提高。截至 2015 年，河北省先后完成世界银行贷款河北石安高速公路、世界银行贷款小规模肉牛发展、世界银行贷款河北城市环境、亚洲开发银行贷款河北省海滦河流域污染防治项目 4 个完工项目和亚洲开发银行贷款白洋淀生态保护与环境综合治理、河北小城镇发展示范 2 个在建项目的绩效评价工作（如表 2 所示），评价报告获财政部充分肯定并被编入《典型案例选编》，由经济科学出版社出版并向全国公开发行，《中国财经报》、《国际财金合作工作通讯》对河北省绩效评价工作开展情况曾给予专题报道。

表 2　　河北省国际金融组织贷款项目绩效评价结果汇总表

年度	项目名称	绩效评价等级	第三方评价机构	评价报告及成果推广
2009	世界银行贷款石安高速公路项目	成功	河北经贸大学	《典型案例选编》、《中国财经报》(2010.1.30)
2010	世界银行贷款小规模肉牛发展项目	成功	河北农业大学	《典型案例选编》
2011	亚洲开发银行贷款白洋淀生态保护与环境综合治理项目	实施不太顺利	河北农业大学	《典型案例选编》
2012	世界银行贷款河北城市环境项目	高度成功	河北科技大学	《典型案例选编》
2013	亚洲开发银行贷款河北小城镇发展示范项目	实施顺利	河北经贸大学	《典型案例选编》
2014	亚洲开发银行贷款河北省海滦河流域污染防治项目	高度成功	河北经贸大学	《典型案例选编》、《国际财金合作通讯》

从评价小组提交的报告内容看，不仅对河北省国际金融组织打款项目进行了客观公正的评价，而且对项目实施中经验和问题进行了系统的总结和提炼，提出了有针对性的意见和建议。河北省财政厅及时把这些意见和建议下达项目单位和项目办，得到了积极响应和反馈，对改善贷款项目管理和优化项目决策起到了积极的推动作用。与此同时，国际金融组织贷款项目绩效评价工作机制和成效也对河北省财政支出绩效评价工作的全面开展产生了良好的示范效应。

三、河北省国际金融组织贷款项目绩效评价的基本经验

全面、客观、公正、科学地评价国际金融组织贷款项目的实施绩效，是推进国际金融组织贷款项目科学化、精细化管理的重要手段。河北省在国际金融组织贷款项目绩效评价工作中，按照项目执行经验丰富、效果突出、示范性较强的指导思想，认真选定贷款项目，注重在理论研究、制度设计、能力建设、评价实践和结果应用等方面稳步推进绩效评价工作，提升贷款项目管理水平。

（一）完善评价前的准备工作，为优质高效地完成绩效评价打下坚实基础

1. 将年度绩效评价工作计划及时向主管厅领导请示，对评价领导机制设立、第三方机构选聘、人员组成、工作进度、经费筹集等事项提出意见。同时，向财政部报送河北省年度国际金融组织贷款项目绩效评价工作计划。

2. 在得到厅领导批准后，适时组织召开绩效评价工作启动会。召集评价机构专家、有关处室人员进行座谈，科学分解任务，完善工作计划，强调工作纪律，商定工作方案，做到分工明确、节点清晰、责任到人。

3. 做好支撑保障工作。绩效评价工作涉及省、市、县多级财政及其他职能部门，协调任务重，加之项目分散，时空跨度大（完工项目），特别需要加强支撑保障工作。在专项公用经费比较紧张的情况下，每年安排专项经费保证工作开展。

（二）充分利用财政部资源优势，加强绩效评价能力建设

世界银行、亚行等国际金融组织经过多年实践，已经形成了一套完整、有效的绩效评价理论和管理体系。中华人民共和国财政部国合司作为中国与国际金融组织合作的窗口管理部门，在绩效评价工作方面具有独特的比较优势：有积累丰富的经验，有国际金融组织的支持，有相关部门的大力配合，有系统的培训措施。尤其是近年，财政部不断整合国内外资源，与世界银行、亚洲开发银行联合发起，由亚太财经与发展中心承办，依托上海国际发展评价培训项目（SHIPDET），为包括中国在内的 30 多个国家（或地区）和国际机构的两千多名政府官员和评价专业人员开展的绩效评价培训，成效十分明显。河北省每年都派出业务骨干和评价机构专家前往学习培训。通过培训，学习和贯彻财政部绩效评价工作思路，熟悉操作指南，吸收兄弟省市先进经验，参与案例体验，提高了绩效评价人员业务水平，为河北省开展绩效评价工作奠定了良好基础。

（三）紧扣《国际金融组织贷款项目绩效评价操作指南》要求，突出项目特点，加强绩效评价关键节点的监控，提升绩效评价的质量与水平

河北省财政厅要求评价小组严格按照国际金融组织贷款项目绩效评价操作指南规定执行，突出项目特点，将评价的规范要求与项目实际相结合，全面、客观、公正、科学地评价项目。每次评价不仅要系统、科学地评价项目在相关性、效率、效果和可持续性 4 个方面的绩效情况，还要全面深入地总结项目在利用国际金融组织贷款方面取得宝贵经验，为其他和今后类似项目的实施提供借鉴作用。同时，河北省还积极配合财政部工作部署，组织人员深入研究，对绩效评价操作指南提出意见和建议，并得到采纳。在绩效评价框架的开发、指标设计、案卷研究、评价方案的完成、评价的实施等关键环节，河北省注重发挥专家和评价人员的专业优势，提倡决策科学化、民主化，绩效评价的质量在事前、事中与事后均得到很好的控制，绩效评价报告多次获得财政部的好评。

（四）加强协调力度，充分调动项目单位等利益相关方参与绩效评价的积极性，确保绩效评价工作优质高效完成

河北省高度重视绩效评价的协调工作，一方面积极与项目涉及的地方政府和主管部门沟通，对评价工作进行科学的引导与监督，加强质量控制；另一方面在操作方法上注重理论与实地调研相结合，定期召开绩效评价交流会，及时探讨和解决绩效评价工作中遇到的问题。同时，充分调动项目单位等利益相关方参与绩效评价的积极性，在评价过程中，项目单位为绩效评价提供了翔实的资料与数据，客观公正地提出了绩效评价中肯意见，其他相关利益方也积极配合调研，回答问卷调查，接受面访，确保了绩效评价工作顺利开展。

（五）注重绩效评价结果应用，提高项目实施与管理水平

探索和建立一套与项目管理相结合的结果应用机制，多渠道应用评价结果。一是提高评价结果在项目资金使用中的应用。对资金使用规范、绩效显著的项目，在资金申请、审核、拨付等环节优先考虑，同时督促评价结果有差距的项目单位加强管理，改进工作。二是建立评价结果反馈与整改机制。评价工作结束后，以书面形式，将项目绩效情况、存在

问题及相关建议及时反馈被评价单位，督促其整改落实。三是建立评价结果报送制度。及时将评价结果通报给项目执行机构、项目实施单位、项目所在地财政部门及有关政府监督部门，按照职责分工，加强协调联动，落实监管责任，推进项目有序实施。

四、对进一步完善河北省国际金融组织贷款项目绩效评价的建议

（一）加强人才队伍建设，培养稳固专家队伍

从河北省近年来的绩效评价实践情况看，评价小组对于绩效评价优劣至关重要，它是评价任务能否成功的关键因素。综合协调能力强的项目管理专家，熟悉国际金融组织贷款项目程序和规则的采购专家，善于指标分析和总结的金融财务专家以及项目实施专业领域的专家是评价小组不可或缺的骨干人才。为此，建议有关部门和科研机构、院校不断培养绩效评价人才，建立绩效评价专家库，保持评价队伍的稳定性，促进绩效评价工作持续、健康发展。

（二）加强项目管理评价，推动体制机制创新

国际金融组织采购政策和项目管理模式旨在建立一个法制健全、竞争公平的市场，促使项目参建各方理性、诚信履行合同。由于我国仍然处在市场经济社会逐步完善的阶段，在项目执行过程中，与国际金融组织政策之间产生矛盾和分歧不可避免。客观而言，造成问题主要原因多数在于国内项目建设者、管理者没有遵守贷款项目相关管理规定，缺少严格的制度约束及人员素质参差不齐等因素。因此，除了对项目进行结果导向的“四性”评价外，更应关注项目实施过程中项目管理能力的评价，充分挖掘项目管理单位在处理这些矛盾和冲突时所积累的经验教训，激励项目单位努力改进工作，推动项目管理理念与国内实际相融合，促进绩效评价工作的推进和有效落实。

（三）强化评价结果应用，充分发挥示范效应

通过绩效评价的开展，加强国际金融组织贷款项目的管理与监督，有利于促进项目管理单位和执行机构总结经验，提高整体的项目管理水平。对于尚未开展绩效评价的项目单位来说，已开展绩效评价的案例具有很强的借鉴意义和参考价值，可以起到降低成本和提高效率的作用。充分运用绩效评价结果，可以增强我国政府与相关国际金融组织沟通、对话、协商、谈判时的话语权，扩大绩效评价在决策、执行、应用等各层面的影响范围，发挥绩效评价良好的示范作用。

（四）推广先进绩效理念，辐射社会更多领域

绩效评价是一门年轻的学科，它发端于现代西方社会，具有很强的科学性、实用性和政策性。国际金融组织贷款项目绩效评价的理论对财政支出绩效评价、PPP 项目绩效评价都有一定的借鉴意义。建议加大这方面研究力度，加强宣传推广，推进信息共享，进一步提高学科适用性、通用性，让这一学科理论更好地服务于我国经济和社会各个领域。

（河北省财政厅涉外处）

河北省非税收入占一般公共财政收入比重调研报告

2016 年度河北省财政科研课题成果二等奖

近年来，面对复杂严峻的经济形势和不断增加的减收压力，为了圆满完成非税收入目标任务，各级非税管理部门不断强化征收管理，加大工作推进力度，为确保河北省财政收入稳定增长提供了有力支撑。但是，在收入增长的背后，依然存在一次性收入较多，非税收入占比较高的问题，其不可持续性给非税收入的稳定增长带来了极大的隐患。为进一步提高非税收入征收质量，根据厅领导要求，我们下发了《河北省财政厅关于对非税收入占比过高情况进行调研的通知》（冀财非税〔2016〕7 号），对全省 50 个非税收入占比超过 40% 的县区进行了调研，现将有关情况汇报如下。

一、河北省 2016 年 1—7 月份非税收入完成总体情况

2016 年 1—7 月份，纳入一般公共预算管理的非税收入累计完成 505.6 亿元，较去年同期增收 76.8 亿元，同比增长 17.9%，占年初预算 69.7%，超出序时进度 11.4 个百分点。

分项看，一般公共预算内非税收入中，专项收入累计完成 101.1 亿元，同比增长 0.3%；行政事业性收费收入累计完成 121.3 亿元，同比增长 6.7%；国有资源（资产）有偿使用收入波动较大，增长较快，累计完成 133.6 亿元，同比增长 34.3%；国有资本经营收入主要是企业上缴利润，累计完成 16.9 亿元，同比增长 16%；其他收入累计完成 64.5 亿元，同比增长 106.5%，主要是政府住房基金收入；罚没收入累计完成 68.2 亿元，与去年同期基本持平。

二、非税收入占一般公共财政收入比重情况

（一）河北省非税收入占比在全国排位中处于中等水平

2016 年 1—7 月份河北省一般公共预算收入完成 1783.7 亿元，其中税收收入完成 1278.1 亿元，同比增长 11.3%；非税收入完成 505.6 亿元，同比增长 17.9%，占一般公

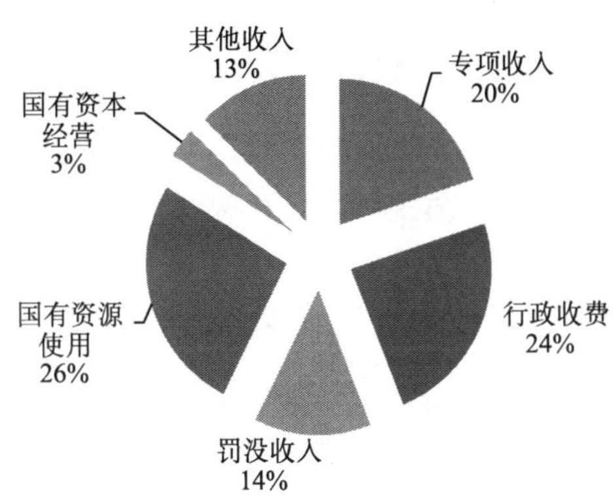

图 1　一般公共预算内非税收入分项图

共财政收入比重为 28.3%，比 2015 年同期提高 1.1 个百分点。比全国平均水平（23.6%）高出 4.7 个百分点，在全国排位 18 位（非税收入占比从高到低，非税收入占比最高湖南达到 43.5%），低于周边山西（35.1%）、内蒙古（33.8%）、河南（30.3%）、天津市（38%）。

（二）11 个设区市非税收入占比差异较大

2016 年 1—7 月份，11 个设区市纳入一般公共财政预算管理的非税收入累计完成 439.3 亿元，同比增长 17.8%，占全部一般公共预算收入的 30.1%，比 2015 年同期增长 1.2 个百分点。其中，最低的是廊坊市，非税收入占比为 14.5%；最高的是张家口市，非税收入占比为 46.6%，两者相差 32.1 个百分点。

表 1　　2016 年 1—7 月各设区市财政收入情况表

单　位	一般公共预算收入（万元）	税收收入（万元）	非税收入（万元）	非税收入占比（%）
河北省	17836860	12781098	5055762	28.3
省本级	3240483	2577736	662747	20.5
地市合计	14596377	10203362	4393015	30.1
石家庄市	2656640	1845843	810797	30.5
唐山市	2145995	1351729	794266	37.0
邯郸市	1255520	796141	459379	36.6
张家口市	925218	494166	431052	46.6
保定市	1344213	1028277	315936	23.5
沧州市	1392885	923699	469186	33.7
秦皇岛市	723717	520748	202969	28.0
邢台市	717338	515433	201905	28.1
廊坊市	2254029	1927011	327018	14.5
承德市	634612	412353	222259	35.0
衡水市	546210	387962	158248	29.0

（三）部分县（市）非税收入占比较高

2016年1—7月份非税收入占比超过40%的县、市（区）有50个，占比超过60%的有11个。其中，占比最高的康保县非税收入占比为80.8%。2011—2016年7月份，非税收入占比持续超过40%的县（市）有7个，分别是邯郸的磁县、永年县、武安市，张家口的赤城县、崇礼县，沧州的沧县以及保定的博野县。

表2　2011—2016年7月占比连续超过40%的县、市情况表　单位:%

单位名称	2011年	2012年	2013年	2014年	2015年	2016年7月
赤城县	51.9	56.2	53.9	44.6	52.4	72.4
磁　县	65.9	65.3	62.5	61.4	84.5	66.8
永年县	70.8	62.3	59.4	57.3	53.6	60.1
武安市	43.3	44.7	47.2	47.1	40.3	56.7
沧　县	40.0	50.2	45.5	43.9	42.5	52.6
崇礼县	57.5	48.0	45.9	43.7	42.1	44.6
博野县	45.6	42.3	47.4	46.1	41.2	43.6

三、河北省及部分县区非税收入占比较高因素分析

（一）税收增幅低于非税收入增幅

目前宏观经济下行压力依然存在，税收收入增幅回落。一方面河北省受“营改增”减收影响要大于全国平均水平。2016年7月份河北省营业税和增值税两税合计比上年同期减收22.1亿元，同比下降27.9%，而全国降幅平均水平只有10.9%，河北省比全国平均水平多降17个百分点。另一方面部分地区自身产业转型、动能转换还没有完成，新的税收增长源还没有形成，同时压减产能、关停相关企业也造成税收收入减少，2016年1—7月份，税收收入同比增长11.3%，低于非税收入涨幅6.6个百分点。从历史数据看，2011—2015年非税收入增幅分别为51.64%、34.5%、9.1%、1.8%和23.1%，而税收收入增幅由25.5%下降到3.7%。

（二）部分政府性基金项目转列一般公共预算收入

根据《财政部 中国人民银行关于修订2016年政府收支分类科目的通知》从2016年1月1日起，将水土保持补偿费、政府住房基金、无线电频率占用费、铁路资产变现收入、电力改革预留资产变现收入等五项基金转列一般公共预算收入，致使一般公共预算非税收入增收30.7亿元，拉高非税收入增长7.2个百分点。如果剔除这一因素，非税收入占一般公共财政收入比重为27.1%，下降了1.2个百分点，与2015年同期基本持平。除邯郸、廊坊外，其他9个设区市受该因素的影响，分别拉高非税收入占比1—3.3个百分点。

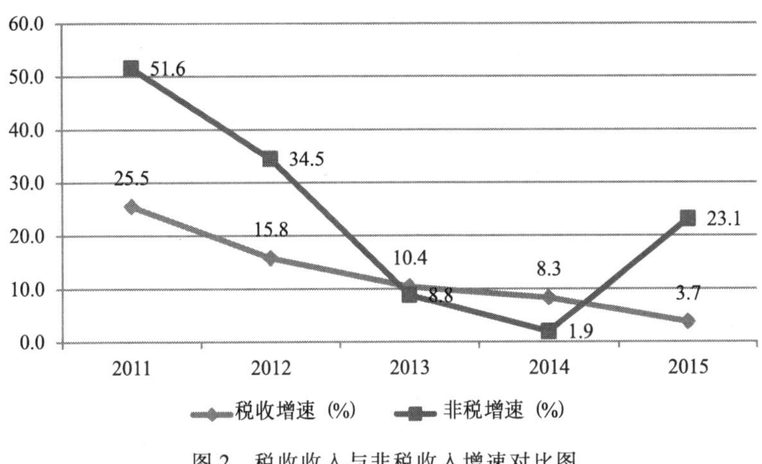

图2 税收收入与非税收入增速对比图

（三）一次性收入因素带动非税收入占比提高

在河北省经济下行压力依然存在，税收增幅不断回落的大形势下，县级为保障收入任务，缓解收支矛盾，增加了一次性收入入库，导致非税收入占比提高。据统计，2015年河北省一次性收入约130亿元，占一般公共预算内非税收入总额的25.7%。其中，土地占补平衡指标款约40亿元，资产处置类收入约60亿元，罚没类收入约32亿元。从占比最高的张家口市（46.6%）来看，土地占补平衡指标款成为一次性收入主要来源，占非税收入总量一半以上，具体情况是：张家口市本级土地占补平衡指标款10亿元，占非税收入的52.5%；康保县土地占补平衡指标款2.2亿元，非税收入占比80.8%；塞北区土地占补平衡指标款0.5亿元，非税收入占比79%；宣化县土地占补平衡指标款0.9亿元，非税收入占比74.3%；赤城县0.6亿元，非税收入占比72.4%；怀安县1.3亿元，非税收入占比64.7%；阳原县1.1亿元，非税收入占比64.1%；蔚县0.8亿元，非税收入占比42.8%等。其他各市也有类似情况，如廊坊市约8.8亿元；石家庄市约7.3亿元；唐山市约6.7亿元，保定市约3.7亿元，主要是土地占补平衡款。二是资产处置类收入约60亿元。其中，河北省本级8.6亿元；沧州市约4.6亿元；唐山市约15.6亿元，主要是曹妃甸区道路收费权转让收入；邯郸市永年县其他产权转让收入大幅度拉高了非税收入比例。三是罚没类收入约32亿元，其中审计罚没收入1亿元；其他罚没收入31亿元；沧州市渤海新区国土部门收取海域使用权违规建设项目罚款5.4亿元。

（四）个别市县存在违规入库的情况

邯郸市磁县、永年县、武安市、峰峰矿区，沧州市沧县等县区非税收入占比常年居高不下。2016年1—7月份，磁县非税收入占比高达66.8%，主要原因有以下三个：（1）将公立医院、乡镇卫生院收入近1.5亿元纳入一般预算管理，致使收入增加；（2）将政府性基金收入中的土地出让金收入近2.1亿元，调入其他收入科目，导致收入大幅度增长；（3）通过融资平台上缴利润“空转”财政收入1.9亿元，虚增国有资本经营收入。武安市非税收入占比高达56.7%，主要是按照《国务院办公厅关于印发2011年公立医院改革试点工作安排的通知》要求，将几所公立医院的医疗收入纳入非税收入"收支两条线"管理，增加收入3.6亿元。沧县非税收入占比高达52.6%，主要是通过超比例计提农田水利建设和教育资金方式虚增财政收入0.7亿元。高阳县通过将收回历年结余存量资金重复列收入虚增财政收入，以"非税收入—其他收入"入账存量资金246万元。另外，部分县区存在非税收入征缴不及时、延迟入库的情况，如：廊坊市固安县去年结转收入4.5亿元；石家庄市桥西区去年结余收入3.2亿元等。

四、下一步重点工作建议

针对当前较为复杂的非税收入形势和部分市县一次性收入较多的情况，各级各部门要按照省委省政府"以旬保月、以月保季、以季保年"和"确保完成全年目标任务"的要求，高度关注非税收入占比过高的问题，积极应对财政收入运行风险，既要抓好收入质量，保持非税收入占比在合理水平，又要强化收入组织，改进征管手段，狠抓挖潜堵漏，做到数量、质量两手抓、两手硬，努力实现全年收入目标。

（一）加强非税收入监控预警

1. 加强非税监控，各级财政部门充分利用财政收入旬报、月报数据，跟踪监测本级和下级非税收入完成情况，尽早发现执行中存在的问题，尽快采取措施予以解决。

2. 抓好非税分析，精准把握非税收入预算执行特点及其走势，紧盯收入完成进度、运行趋势和薄弱环节，特别是对监测到非税收入占比大幅波动、一次性收入大幅增加的情况加强分析指导，对需要相关部门进行情况说明的，要提交书面说明；对不符合政策的收入入库，要及时予以纠正。

（二）努力抓好非税收入征管

1. 进一步规范非税收入管理，充分发挥财政票据"以票控费，以票促收"作用，公开行政事业性收费和政府性基金收入目录、标准和对象等，接受社会监督，杜绝乱收乱罚，依法合规征收非税收入。

2. 紧盯非税收入管理中的重点和难点，加强国有资源（资产）有偿使用收入、国有资产处置及出租收入的征收管理，盘活城市现有基础设施存量资产，积极推行土地、矿产等国有资源的招标、拍卖，作为非税收入挖潜增收的新增长点。

3. 落实好国家和省有关减费降税的政策，切实降低企业运行成本，增强源头发展活力，保持收入可持续性。

（三）强化税收堵漏增收

控制各地非税收入占比在合理水平，根本上要提高税收比重，加强税收收入管理。

1. 加强税收征管，总结推广"以地控税""以电控税""财政源头控税""信息治税"等有效治税手段，创新税源管控模式，有针对性地堵漏增收，在重点行业和领域开展专项治理，强化零散税源管控，加大税收清欠力度，严厉打击各种偷逃、骗税行为。

2. 加强协同促收，继续做好“营改增”改革后续相关工作，加大综合治税力度，推广应用国税与地税互设窗口、共建办税服务厅、共驻政务服务中心等方式，深入推进税收征管体制改革，建立健全税收共治模式。

3. 科学考核引导，建议河北省市县增比进位考核指标中，由考核一般公共预算收入调整为考核税收收入，引导市县积极有效抓好税收收入。

（四）提升改善收入质量

一要关注收入质量。随着财政经济运行进入新常态，部分县（市、区）财政收入出现负增长，甚至相关县出于政绩考虑，采取买税（拉税）、虚收空转等违规方式虚增收入。这些做法严重违反预算法规定，应高度重视收入质量，强化督促引导，完善防控措施。二要加强检查督导。严格落实好各项非税收入监督检查制度，发挥好非税管理系统的动态监控作用，加大监督检查力度，确保各项非税收入应收尽收。同时，坚决杜绝征收过头费、虚收乱收，确保征收合法合规。三是开展问责追责。各级财政部门要严守财政工作和资金管理的法律红线和政策底线，切实做到有法必依、执法必严、违法必究。

（五）深入挖掘非税收入增收潜力

各级财政部门要根据新《预算法》、《河北省人民政府关于深化预算管理制度改革的意见》等相关文件规定，进一步加强国有资本收益管理，完善政府参与国有企业利润分配制度，落实国有资本收益权。加快建立健全国有资源、国有资产有偿使用制度和收益共享机制。进一步加强非税收入征管监督，严禁违规调库、乱收费、乱罚款。

（河北省非税收入管理局　王进同　肖青东　齐广勤　薛楠　张世蒙）

保定市装备制造业税收变动及财源培植研究

2016 年度河北省财政科研课题成果二等奖

保定市装备制造业发展起步早，国家“一五”时期建设的八大厂，奠定了保定装备制造业发展的基础，“十五”和“十一五”时期，汽车制造和新能源产业的快速崛起，使保定市赢得了发展先机，以汽车制造和新能源为主导的装备制造业已经成为保定经济的重要支柱，也是保定市财政的主体财源。当前，国内经济环境错综复杂，经济面临较大的下行压力，财政收入形势较为严峻，加快装备制造业财源建设与发展，对于推动全市经济稳定增长，保障财政收支平稳运行，具有十分重要的意义。

一、装备制造业税收运行的主要特点

（一）从税收总量和增幅变化看，阶段性分化特征明显

保定市装备制造业纳税总额变化振幅较小，纳税总额增长的变化幅度较大，呈现了阶段性的变化特点。（如图 1 所示）

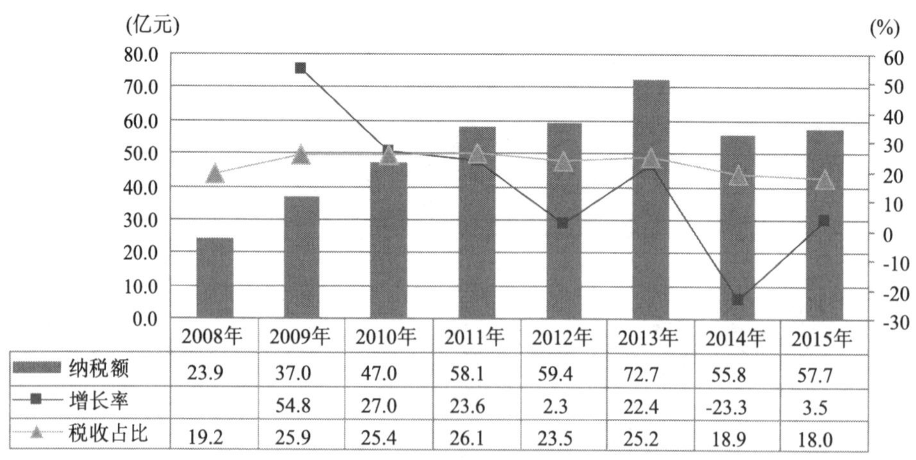

	2008年	2009年	2010年	2011年	2012年	2013年	2014年	2015年
纳税额	23.9	37.0	47.0	58.1	59.4	72.7	55.8	57.7
增长率		54.8	27.0	23.6	2.3	22.4	-23.3	3.5
税收占比	19.2	25.9	25.4	26.1	23.5	25.2	18.9	18.0

图 1　保定市装备制造业税收贡献情况

数据来源：由保定市国税、地税统计数据整理得出。

1. 2009—2013 年是装备制造业纳税规模高速增长期。这一时期，保定装备制造业发

展最快，税收增长贡献最为突出。以汽车制造业为龙头的保定市装备制造业快速发展，装备制造业纳税额从2009年的37亿元上升至2013年的72.7亿元，年均递增24.9%，占保定市制造业税收的比重由2009年的50%上升至2013年的54.5%，占据保定市制造业纳税的"半壁江山"。

2. 2014—2015年是装备制造业纳税规模增长放缓期。这一时期，受国际和国内经济增长放缓、出口下滑等因素影响，保定市汽车制造业、光伏和风电等行业产品销售和出口受到巨大冲击，纳税额大幅下降。2014年保定市装备制造业纳税额55.8亿元，同比下降23.3%，下滑明显；2015年纳税额57.7亿元，同比增长3.5%，下滑趋势有所扭转，出现了止跌回升态势。

（二）从行业结构看，汽车制造业、电气机械及器材制造业发挥了财源支柱作用

在保定市装备制造业领域，汽车制造、电气机械及器材制造2个子行业是保定市重点发展的主导产业，也是税收贡献的第一梯队；金属制品、通用设备制造和专用设备制造3个子行业的税收贡献相当，是保定市重点发展的产业及税收贡献的第二梯队；铁路、船舶、航空航天和其他运输设备制造、计算机、通信和其他电子设备制造、仪器仪表制造行业实力不强，规模以上企业数量少，纳税规模小，税收贡献不突出（如表1所示），是保定市行业结构的短板。

表1　　2013年保定市装备制造业税源分布情况

行　业	规模以上企业		纳税额	
	户数（户）	比重（%）	金额（亿元）	比重（%）
装备制造业合计	371	100.0	72.7	100.0
1. 金属制品业	64	17.3	4.1	5.6
2. 通用设备制造业	78	21.0	4.2	5.8
3. 专用设备制造业	37	10.0	3.7	5.1
4. 汽车制造业	51	13.7	50.6	69.6
5. 铁路、船舶、航空航天和其他运输设备制造业	4	1.1	0.3	0.4
6. 电气机械及器材制造业	118	31.8	8.5	11.7
7. 计算机、通信和其他电子设备制造业	11	3.0	0.9	1.2
8. 仪器仪表制造业	8	2.2	0.5	0.6

数据来源：保定经济统计年鉴、税务部门统计数据。

1. 汽车制造业税收贡献最为突出。近年来，保定市以长城汽车为代表的一批汽车整车及零部件企业迅速成长，产业规模、产业聚集度和税收贡献度进一步提高，已成为全市制造业的龙头主导行业和全市工业税收增长的重要支撑。保定市汽车制造业税收贡献总量、占装备制造业纳税额比重均列装备制造业8个子行业之首。以汽车制造业纳税最多的2013年为例，保定市拥有汽车制造业规模以上企业51户，占装备制造业规模以上企业总数的13.7%；2013年实现税收50.6亿元，占装备制造业纳税额收的70%，比2012年增

长58%，增速接近装备制造业平均水平的2.6倍；户均实现税收9970万元，为装备制造业户均水平的5倍。

作为保定市装备制造业的绝对主力，汽车制造业作为保定市工业第一行业的支柱地位目前无法动摇，汽车制造业税收已经成为保定市财政收入的重要来源，如果综合考虑汽车制造业带动的物流、金属制品等其他行业，汽车制造业对保定市财政收入的贡献将进一步加大。所以，保定市汽车制造业纳税的变化和起伏，可以说就是保定市装备制造业乃至工业企业纳税变化的"晴雨表"，对全市税收的影响不可小觑。从《保定市汽车制造业税收贡献情况》（如表2所示）看2009年以来保定汽车制造业的纳税变化，与前文分析的保定装备制造业的两个发展阶段基本同步。2013年以前，为保定汽车制造业的高速增长期，纳税额从2009年的13.9亿元上升到2013年的50.6亿元，年均递增40.9%，大大高于同期装备制造业24.9%的平均增速；占全市装备制造业税收的比重由2009年的37.8%上升到2013年的69.6%。2014年以来，汽车制造业受到了人民币汇率不断上升、出口下滑、国内汽车市场放缓等多重因素影响，出现了前所未有的困难形势。保定市出口的传统车型皮卡车受国外贸易壁垒限制、人民币升值双重因素影响，国外订单大幅减少，加上2014年长城汽车新车型哈弗H8两度推迟上市、中兴汽车更新升级车型等因素影响，2014年保定市汽车整车产量、销量、出口3项指标同比均出现负增长，纳税额出现下滑38.1%，减收近20亿元，如此大幅减收近年来少有。好在长城汽车凭借哈弗SUV的热销和中兴汽车与广汽的合作改型，2015年，保定市汽车制造业纳税下滑的局面得到了遏止，税收企稳回升。

表2　　保定市汽车制造业税收贡献情况

年份	纳税额	增长%	占全部税收比重%	占装备制造业纳税比重%
2009年	13.9	53.7	9.8	37.8
2010年	20.0	43.1	10.8	42.6
2011年	27.9	39.7	12.5	48.1
2012年	32.0	14.5	12.7	53.9
2013年	50.6	58.0	17.5	69.6
2014年	31.3	-38.1	10.6	56.2
2015年	36.2	15.6	11.3	62.7

数据来源：由保定市国税、地税统计数据整理得出。

2. 电气机械及器材制造等其他产业税收贡献降低。2006—2010年，以天威英利和国电联合动力为代表的保定新能源企业受到国家政策的利好刺激，得到了飞速发展，通过推进"保定·中国电谷"建设，一大批与新能源相关的企业聚集和发展，带动了保定电气机械及器材制造业、通用设备制造业、专用设备制造业快速增长。2010年，保定市电器机械及器材制造业纳税增幅达到了48.3%，全部税收占比也达到了7.2%。但是由于光伏产品主要靠出口国际市场，对外依存度高，受国际市场影响大，从2011年下半年开始，美国和欧盟对我国光伏产品的双反调查，严重打击了产品的出口（见表3），使保定市相关企业受损严重，以外销为主的光伏行业出口受阻，产品价格下滑，出口额逐年下降，部分企业由盈利丰厚转为全线亏损，全市新能源规模以上企业从2011年的26户减少到2014年的20户，纳税额一路下滑。2013年，保定市电气机械及器材制造业纳税8.5亿元，同比下降了40.4%，不足2011年的60%（如表4所示），尽管随着中欧和中美之间的贸易战达成和解，国内市场的进一步开拓，2014年情况有所好转，纳税额由负转正，但企业产销和出口仍未实现根本性好转，2015年电气机械及器材制造业纳税仍出现了20.4%的负增长。

装备制造业其他行业（如通用设备制造、专用设备制造、金属制品等），2010年以来纳税额占全部税收的比重呈逐年减少趋势，税收贡献降低。

表3　　2010年以来保定光伏重点企业出口情况

		2010年	2011年	2012年	2013年	2014年
天威英利新能源	出口（万美元）	105618	53682	18047	11645	8921
	增长%	1.7	-49.2	-66.4	-35.5	-23.4
英利能源（中国）	出口（万美元）	56663	109305	75104	60914	74454
	增长%		92.9	-31.3	-18.9	22.2

数据来源：由统计数据整理得出。

表4　　保定市电气器材及设备制造业税收贡献情况

年份	纳税额（亿元）	增长%	占全部税收比重%	占装备制造业纳税比重%
2009年	9.0	38.8	6.3	24.3
2010年	13.3	48.3	7.2	28.4
2011年	14.4	8.2	6.5	24.9
2012年	14.3	-1.1	5.6	24.0
2013年	8.5	-40.4	2.9	11.7
2014年	10.6	24.3	3.6	19.0
2015年	8.4	-20.4	2.6	14.6

数据来源：由保定市国税、地税统计数据整理得出。

二、影响装备制造业税收贡献的因素分析

从税源决定税收角度看，保定市装备制造业税收在规模上和增长幅度上呈现的拐点性变化，主要是装备制造业中的各企业的经营业绩的变化决定的，从总体上看，保定市装备制造业财源发展方面主要有以下几个方面问题。

（一）企业规模实力小，自主创新能力较弱

1. 规模实力小。经济发展很大程度上取决于大企业大集团的发展，尽管保定市近年来发展和形成了一批规模较大的集团企业，但就整个装备制造产业而言，在全国有影响力、规模大的企业集团不多，独立上市企业少，中小企业数量多、规模小的特点仍然比较

明显。从装备制造业纳税最多的2013年度情况看，纳税额超过1000万元的企业仅37户，龙头企业长城汽车股份公司纳税37.7亿元，位居全市第一位，但与国内其他整车制造企业的超百亿元税收相比，仍有不小的差距。

2. 自主创新能力总体上较弱。产品多以劳动密集型、加工型和价值链低端产品为主，高新技术与传统装备工业改造结合不够，特别是技术密集型的重大成套设备少，自主品牌出口受到国际市场冲击和制约较大，在国际分工中处于产业链的低端，出口效益不高、出口受阻问题突出。

（二）产品供求结构矛盾仍较突出，受市场变化冲击较大

目前，全球经济增长乏力、人民币升值、贸易壁垒等形成的出口萎缩难以在短期内改变，对保定装备制造行业产品出口冲击很大。一是从光伏产业看，2014年，英利集团光伏相关产品出口额相当于2010年、2011年的一半左右，由于国内市场开发不足，外需萎缩形成的缺口难以靠国内市场消化，企业陷入生产经营困难的境地，部分光伏企业处于停产、半停产状态，高度依赖国际市场的传统发展模式难以为继，运行中出现了产品产销率放缓、效益较大幅度下降、企业成本压力增大等问题。二是从汽车产业看，汽车出口量持续下滑，2014年，保定市汽车整车出口5.4万辆，仅为2011年的48%，出口量比2013年下降31.2%。2015年，国内汽车市场陷入低迷，尽管长城汽车凭借其自主知识产权的哈弗SUV的热销维持了产销量的基本稳定，但从长期看，汽车、光伏包括风电等行业市场供求矛盾短期内难以彻底改观，保定装备制造业实现稳定快速发展面临巨大压力。

（三）高端装备制造占比低，行业结构还需进一步完善

从装备制造业产业构成看，传统装备制造业仍占相当大比重，新兴装备制造、高端装备制造所占的比重低，铁路装备和航空航天装备、计算机、通信和其他电子设备制造、仪器仪表制造等科技含量高、附加值高的高端装备制造业发展落后，突出表现在规模以上企业数量和纳税规模都比较少，2013年，这3个行业规模以上企业23家，占装备制造业规模以上企业总数的6.3%，纳税额1.7亿元，占装备制造业纳税总额的2.2%，尚未形成对经济和财政的有力支撑。从装备制造业产品构成看，产品档次不高，缺乏高、精、尖的技术和产品，产品利润率偏低，且与其他地区装备制造业同业化明显，产品竞争优势有待进一步提升。

（四）结构性减税效应日趋显现，与部分行业税收减收形成叠加效应

一是增值税转型改革。2009年，由生产型增值税转变为消费型增值税，允许抵扣固定资产进项税额，对设备更新改造、自主创新及装备制造业发展起到了促进作用，但对保定市增值税的减收形成较大影响。二是“营改增”和国家对“小微企业”的税收优惠政策，形成了一定政策性减收。三是取消或停征行政事业性收费政策影响。近年来国家陆续出台了一系列取消或减征行政事业性收费的政策，切实减轻了企业负担，但同时直接减少了装备制造业的非税收入。另外国家出台的固定资产加速折旧政策、扩大税前扣除范围等结构性减税和装备制造业税收增长放缓叠加，也进一步影响了装备制造业税收增长。

（五）装备制造业新增项目偏少，后续税源缺乏

近年来，保定市政府加大了招商引资力度，但总体效果不够突出，兵装集团重组保定天威集团承诺在保定市范围内投资不少于300亿元用于发展新能源及输变电产业，但未落实到位。长城汽车天津公司、天威英利海南公司、天威集团合肥公司的设立，输出了部分税源。目前保定市装备制造业主要依赖于原有的骨干企业，新开办的装备制造业企业规模普遍偏小或尚未投产达效，对保定市经济和税收的增长贡献有限。

三、加快装备制造业财源建设的对策建议

如何提升保定市装备制造业发展水平，培育和壮大装备制造业财源基础，是保定市面临的现实问题。当前，国家启动实施“中国制造2025”“互联网+行动”两大战略，国内制造业正处于“调结构、转方式”的战略机遇期，同时，保定市正处于京津冀协同发展、京津保率先联动发展的良好合作期，只有制定和实施切实可行的对策，才能够促进保定市装备制造业持续健康发展，不断提高装备制造业的税收贡献。

（一）推进京津保产业对接协作，着力打造京南制造业基地

从环首都经济圈、京津冀协同发展的大局出发，研究和定位保定装备制造业的发展战略，统筹制定和部署装备制造业的整体发展规划，充分利用好京津功能定位调整、部分产业外移这样的历史性机遇，推进京津保联动，着力加快推进产业对接协作，理顺三地产业发展链条，形成区域间产业合理分布和上下游联动机制。立足于制造业基地的定位，主动承接京津地区转移过来的制造业落地，探索建立国家级的“承接产业转移示范园区”、利用发展“飞地经济”、共建产业园区、共建运营主体等方式，更多的引进京津一些先进的装备制造企业落户保定，依托原有的产业基础、研发优势、人才优势、资源优势，以建设白洋淀科技城、京南现代产业基地、首都服务功能承接区为载体，发展高端装备制造、新能源、节能环保和临空经济、现代物流等产业，把保定打造成为京南装备制造业的重要基地。

（二）推进产业集群化发展，发挥龙头企业带动作用

产业集群化发展是装备制造业发展的必然要求，也是装备制造业增强国际竞争力的必然选择。美国硅谷电子设备业群、明尼阿波利斯医学设备业群、德国的索林根的刀具业群、斯图加特的机床业群等，都是世界上较为典型的产业集群。中国产业集群也已在广东、江苏等地区初具规模。推进保定装备制造业的发展，要坚持用产业集群理念谋划，注重发挥龙头企业在产业集群中的核心作用，着力提升汽车制造、输变电装备制造、光伏风电装备制造产业的聚集程度和集群的竞争力，发展几个中国乃至世界知名的大企业、大集团。一方面，注重发挥装备制造业龙头骨干企业的辐射和带动作用，鼓励和支持优势企业兼并重组，进一步优化装备制造业产业结构、产品结构和企业组织结构，着力培育一批具

有自主创新能力、自主品牌和较强竞争力的龙头骨干品牌企业和名牌企业，增强保定市装备制造业的知名度，提高保定装备制造业的整体竞争力和市场占有率。同时，注重发挥高新技术产业区、工业园区、产业孵化器的辐射带动功能，做好内引外联，争取更多的高新优势企业入驻园区，形成集聚效应和规模效应，促进保定市装备制造业集群化发展。

（三）加大财税政策扶持力度，进一步拓宽企业融资渠道

在落实国家宏观政策和贯彻国家结构性减税政策的基础上，保定市应针对装备制造业及重点企业，给予其产业升级改造等方面的政策倾斜和扶持。

1. 加大财税政策支持和扶持力度。一方面，用足用好现有政策，对于已有的税收优惠政策要不折不扣的执行到位，落实企业技术开发费税前扣除、固定资产加速折旧等激励政策，培育和保持企业发展后劲，提升企业可持续发展能力，及时落实出口退税政策，支持装备制造产品出口，开拓国际市场；另一方面，要积极争取政策，立足保定实际，积极争取有利于保定装备制造业发展的相关优惠政策。

2. 充分发挥财政资金对产业发展的引导作用，促进产业升级，扩大扶植领域，鼓励现有的企业做大做强。

3. 建立财政专项资金支持装备制造业企业发展。对企业的技术创新和技术改造给予资金支持，鼓励企业加快技术创新和技术改造，提升技术水平。同时还要对先进装备制造业和新兴装备制造业企业实施优先配置土地、资源的政策。在引导金融支持装备制造业方面，重点是加大金融支持力度，拓宽融资渠道，引导金融机构和社会资金加大投入，争取更多的金融支持，鼓励符合条件的装备制造企业上市融资。

（四）推进校院企密切合作，着力提高自主创新能力

充分抓住国家实施“中国制造2025”“互联网＋”行动两大国家级战略以及推进和实施“智能制造”的历史契机，着力提升保定装备制造业的创新能力和竞争实力，推动保定“制造”向保定“创造”转变。

1. 贯彻创新发展的理念。通过采取技术引进、消化吸收、科技攻关、国际合作等多种形式，广泛开展与科研院所、技术中心的联合设计、联合制造，增强自主创新能力；鼓励企业与科研院所、大专院校联合开展研发工作，健全产、学、研紧密结合的利益分配机制和风险承担机制，支持建立关键装备产品国家级企业技术研发中心，加快研究成果的产业化进程，形成较强的配套和集成优势。

2. 落实科技创新优惠政策。进一步落实企业研发费用加计扣除、高新技术企业税收优惠等鼓励企业自主创新的有关政策，促进企业增加科技研发投入；充分发挥增值税转型政策对企业科技进步的促进作用，鼓励企业加大技术改造力度，加快设备更新，推动企业技术进步。

3. 加强创新人才培养。充分利用好保定的高校多、院所多、技术中心多的资源优势，多途径培养专业人才，吸引国内外高水平专业技术人才，为装备制造业长远发展造就雄厚的后备力量。

（五）弥补保定产业短板，引进和培育后续税源

针对保定市装备制造业在产业结构上存在的多数企业规模小、层次低，过于依赖传统骨干企业，高端产业少等问题。一方面，保定市应进一步提升政府公共服务水平，全面优化产业经济发展环境，增强发展环境对产业项目的吸引力。另一方面，政府在项目审批、用地审批、园区基础设施建设、行政事业性收费减免、政府采购、上市融资、发行债券等方面，应重点围绕弥补产业短板的要求，给予政策倾斜，加强政府引导，注重招商引资企业的后续服务工作，为企业发展创造一个宽松的环境。同时，还要充分利用保定毗邻京津、港口、机场的区位优势，铁路、高速公路四通八达的交通优势，劳动力丰富、成本低廉的人力资源优势，抓住环首都经济圈建设、“南资北移”的有力时机，加大招商引资力度，吸引一批市场潜力大、关联程度高、带动能力强、产业基础好的重大项目、龙头项目落户保定；鼓励企业加强对外合作，吸引外部投资，发展高端产业项目，培植新的税源。通过弥补保定市产业短板，促进装备制造业进一步做大做强，提升保定市装备制造业的市场竞争力，提高保定市装备制造业的税收贡献，把装备制造业打造成保定市的第一财源支柱。

（保定市财政局　张宗社　王占革
河北农大　王猛）

京津冀协同发展背景下廊坊产业园区发展路径研究

2016 年度河北省财政科研课题成果二等奖

一、廊坊产业园区发展的意义

产业园区是承接项目、培育发展主导产业的平台。京津冀协同发展，廊坊制定了“变近为通、变通为同、同中求特、特中求好”的基本方略，提出以“打造高端产业园区，承接高端项目”的发展思路。同时，廊坊把形成“京津研发、廊坊孵化”的产业协作模式作为“十三五”规划目标之一。通过发展壮大产业园区，打造特色园区，能够有效解决产业配套和承接能力问题，吸引高端项目，推动优势产业集群形成，逐步培育发展主导产业。

二、廊坊产业园区发展的现状

（一）廊坊产业园区发展的成就与特点

目前，廊坊市有省级以上园区 39 个，数量和面积均居河北省第一。其中，国家级开发区 3 个，分别为廊坊经济技术开发区、燕郊高新技术产业园区和河北三河国家农业科技园区。各类园区承接了廊坊市 80% 以上的新引进项目，集聚了 70% 以上的产业，省级以上园区实现财政收入、利用外资、固定资产投资分别占到廊坊市的 64.1%、88% 和 78.6%，园区承载力和贡献率进一步提升。

近年来，廊坊产业园区发展的突出特点是特色园区助推产业集群优势初步显现。例如，廊坊市电子产业园、固安装备制造产业园、香河机器人产业园等都已初具规模。2014 年全市电子信息产业总值达到 280 亿元，年均增长 16.8%，增长速度和营业收入连年稳居河北前列。固安工业园区把握京津冀协同发展趋势，优先发展汽车零部件制造业、高端装备制造业。目前以正兴车轮、汉和机械为代表的汽车零部件产业集群及以航天振邦、诚田恒业为代表的高端装备制造产业集群已经初具规模。香河产业园，自 2014 年提出发展机器人产业以来，仅用 1 年左右的时间就成功引进研发、零部件生产、机器人本体制造、系统集成等产业链各环节的企业与机构，使机器人产业集群雏形初显。目前，廊坊地区已经建成或正在建设的产业集群已近 80 个，将来廊坊预计将培育百个产业集群。

（二）廊坊产业园区发展的主要模式

廊坊产业园区发展主要有 4 种模式：一是廊坊经济技术开发区为代表的政府主导模式。二是北京亦庄·永清高新区为代表的政府合作共建模式。三是固安工业园区、大厂潮白河工业园区为代表的 PPP 模式。该模式又称为“产业新城模式”，其特点是将房地产融入到城市综合发展规划之中，充分利用社会资本力量建设实体经济发展平台，打造高品质生活环境，开展公共服务设施配套建设，提供招商引资和综合服务。该模式财政投入压力小，有利于实现政府、市场和社会的三赢，提高土地投入产出效益，尤其适合要承接大都市产业转移，同时又存在财政等种种压力的二线、三线城市。四是香河机器人产业园为代表的市场主导模式。（此园区的模式不知是否恰当，需确认）

（三）廊坊建设产业承接平台的措施与成效

1. 不断推进重点项目建设。为对接京廊产业转移，廊坊正重点推进廊坊科技谷、润泽信息港、廊和坊金融街、梦廊坊文化产业园、东方大学城等多个项目建设。其中廊坊科技谷是廊坊承接北京科技资源的前沿平台，参照中关村模式建设，以国内一流、世界领先的科技金融创新示范基地为目标。廊和坊金融街是承接京津金融产业转移的平台，将提供全方位运营生态集约化服务，同时推动廊坊电子信息产业和金融服务业快速发展。润泽信息港、梦廊坊文化产业园等也都立足于大京津地区的高端服务业。

2. 保障平台建设资金投入。为打造承接京津产业转移平台，在政策上，虽然河北省取消了各类财政体制激励政策，但是市级继续执行激励性财政体制政策；在资金上，廊坊投入大量资金用于园区及区域内基础设施建设。例如，为廊坊空港新区和北京亦庄·永清高新技术产业开发区建设、规划、运营提供财政保障，支持创新产业聚集区综合服务平台建设等。再如，安次区拥有 2 个工业聚集区、1 个新兴产业示范区和 1 个经济开发区。截至 2014 年年末（数据时间为估算），安次区内已承接京津企业 33 家，包括泰丰电气等一批超亿元项目。2013—2014 年，为构建承接京津产业平台，安次区投入公共设施建设等方面已超过 2 亿元，其中已承接京津 33 家企业的公共设施及人员投入超过 1 亿元。

3. 加强土地储备与供给。为给承接京津产业转移做好充足准备，廊坊市政府在 2014 年就开始了土地清理集中行动，其目的是通过调查清理和处置园区闲置土地，促进土地有效开发利用，提升国土资源管理水平与资源保障能力。目前，廊坊市已对园区土地利用情况进行全面摸底，将对土地闲置 2 年以上的园区项目全部清理，力争将闲置 3 年以上土地的项目集中收回，且今后每半年集中清理一次。同时，廊坊市目前正在加大力度完成华日老厂区和化辛小区的改造，并计划利用改造后腾出的空间建设总部基地对接小组，对口联络承接央企、京企的外迁。

4. 强化协同创新平台建设。为促进协同创新，廊坊提出京津研发、廊坊孵化转化路径。鼓励各级各类园区不断完善研发、中试、检验检测等公共服务平台，建设科技孵化器、标准化厂房等，引导科技型中小企业向园区聚集。目前廊坊拥有市级以上孵化器 20

家，规划到2020年发展至30家。廊坊“十三五”规划，提出要强化协同创新载体建设，强化园区“大孵化”功能。要依托燕郊高新区、廊坊高新区、北京亦庄·永清高新区、津霸经济开发区等14个重点园区，加强与北京科研院所与高校的合作，采取一区多园、整体托管、创新链合作、研发—孵化基地等模式，加强创新型园区和科技成果孵化转化基地的合作共建。重点推进中关村软件园人才和产业创新基地、中科院廊坊战略性新兴产业孵化基地、清华大学（固安）重大科技项目中试孵化基地、中关村国家自主创新示范区固安高新技术产业园。

明显的区位优势、具有前瞻性的规划和充分的投入与准备，使廊坊在承接京津产业转移，尤其是北京产业转移方面成效显著。以固安为例，固安是第一波工业企业外迁受益者。2002年6月，固安工业园区奠基投建，并定下了电子信息、汽车零部件和高端装备制造三大产业方向。进入21世纪后，随着北京商务成本的上升和对工业企业限制性政策的逐步出台，北京在21世纪的前10年里出现了第一波工业企业外迁的浪潮。固安工业园区的发展恰逢此机遇，截至2012年，固安工业园区相继引入了京东方、国机等大批龙头企业，整个园区签约项目370个，涉及总金额约542亿元。固安由此从农业大县一举进入工业兴县时代。自2013年后，固安进一步提出了打造医药、航天、高端装备、临空高科技、信息技术和金融、商贸等7大专业产业集群的构想。目前，代表医药科技的肽谷生命科技园推进进程喜人。

三、产业园区发展的廊京协同状况

（一）政策协同效应初显

为了更好推进京廊合作协同发展，首先，廊坊市财政与北京市财政建立定期沟通交流机制。廊坊主动对接北京财政，积极研究探索区域间财政合作模式，邀请北京市财政系统来廊，就产业对接协作、园区共建、环境治理和生态建设、区域间合作等问题进行沟通交流。同时，京廊相邻县区财政也定期进行沟通联络，通过实地调研、专题研讨、课题合作等多种形式探讨交流如何推进京津冀协同发展，共同协调解决在实际推进中遇到的财政问题。其次，建立机制贯彻落实税收分享办法。为严格贯彻落实《京津冀协同发展产业转移对接企业税收分享办法》，廊坊市制定了《京津冀协同发展产业转移对接企业税收分享办法》的具体实施方案，建立了“定期统计，动态上报”机制。

（二）园区共建共享取得成效

目前，北京新机场临空经济区建设扎实推进；与北京经济技术开发区共建北京亦庄·永清高新区，首批项目进场施工；与西城区共建西城金融商贸产业园，中关村国家自主创新示范区固安高新技术产业园、中关村（大兴）生物医药产业基地固安合作园、京冀通航产业园等签订合作协议。自2014年起，“动批”、大红门、天皓成等著名批发市场开始与廊坊的园区对接。2014年5月16日，大红门等8家市场落户永清国际服装城。2015年元旦，廊坊市的“新动批红门服装城”，其商户70%来自之前的北京动物园批发市场和大红门服装批发市场。服务业的迁入，为廊坊当地经济注入了活力。

（三）协同创新迈出重大步伐

廊坊坚持走京津研发、廊坊孵化转化路径，积极融入协同创新共同体。目前廊坊已与北京中关村管委会签署了《区域战略合作框架协议》，在廊坊建设高新技术产业化基地。新奥煤基低碳能源国家重点实验室、燕郊东湖国家级孵化器相继建成。建设了清华大学重大科技项目（固安）中试孵化基地、北大协同创新创业基地、北京航空航天大学机器人研究所等 12 家协同创新平台。

四、廊坊产业园区发展的优势与机遇

（一）廊坊独特区位优势

廊坊是京津冀城市群地理中心，地处环渤海经济圈核心区域。如果以京津两大城市连线为横轴，以河北一线城市石家庄、保定、廊坊、唐山、秦皇岛连线为纵轴，廊坊就处在这个十字坐标系的原点位置。同时，北京西北都是山区，平原地区都指向廊坊。廊坊是北京拓展发展空间最现实最广阔的选择。北京发展的“东扩南拓”为廊坊发展提供了现实的机遇。

（二）重大基础设施优势

廊坊 100 千米半径的范围内包括 2 个运营中的国际机场、1 个特大货运港口。市内有 5 条干线铁路、3 条高速公路、5 条国家级公路、40 多条省级公路。其中，定位为亚洲最大航空枢纽港的北京新机场，距廊坊主城区仅 25 千米。京沪高铁每天至少 34 列高密度经停廊坊。京廊时空距离缩短到 20 分钟以内，并极大拉近了廊坊与环渤海、长三角两大城市群的时空距离，有利于产业要素聚集，产业集群的形成。

（三）成本优势

相对于京津，廊坊劳动力资源和土地资源较丰富。廊坊市的劳动力成本仅相当于北京、上海的 50%，深圳的 30%，天津的 60%。据初步测算，廊坊的土地成本仅为京津地区、珠三角地区、长三角地区土地成本的 30% 左右。廊坊的土地出让金仅为北京经济技术开发区土地出让金的 40% 左右，建筑成本比北京、天津平均低 15%—20%（如表 1 所示）。

表 1　　廊坊与京津商务成本比较

	北京	天津
人工成本	低 50%	低 40%
土地出让价格	低 75%—80%	低 65%—75%
建筑成本	低 10%	低 8%

2015年8月，《北京市新增产业禁止和限制目录（2015年版）》正式公布。这标志着处于该目录中产业的企业将大量被疏导。今后，随着大量企业迁出北京，将会以产业集群的形式落地。这对于区位优势、基础设施优势和成本优势独厚的廊坊特别是廊坊地区具有特色和优势的产业园区的发展构成重大利好。

五、廊坊产业园区发展存在的问题

（一）园区建设和配套资金压力大

廊坊产业园区发展起步晚、基础薄弱，园区开发建设需要大量资金，仅依靠廊坊自身实力无法满足巨大资金缺口。例如，北京亦庄·永清高新区，目前已投入20亿元左右，仍有50亿元资金缺口压力；北京新机场建设涉及的征地补偿任务面临资金缺口近19.89亿元，回迁区建设存在资金缺口68.93亿元。随着转移企业的不断入驻和园区人口的激增，城市综合配套和公共服务支出的资金压力会更大。

（二）产业承接用地面临后备不足难题

与其他地区相比，廊坊区位优势明显，但廊坊的土地优势正逐年下降。从长期看，土地后备资源不足将成为影响廊坊产业承接能力、制约廊坊产业聚集和园区发展的越来越重要的因素。尤其是廊京协同发展区位优势最突出的北三县等环京区县，土地资源不足日益成为制约产业承接和产业园区发展的主要因素。以香河为例，截至2012年年末，香河开发区共有企业156家，其中，三资企业42家。扩区后，新引进项目49个，总投资近340亿元。其中，工业项目44个，总投资达135亿元，平均单体投资达3亿元。早在2012年，香河政府就已经开始着手解决土地紧缺问题。其做法主要是“腾笼换鸟”，即针对已经在香河注册生产的企业，如果企业连续3年没有达到年贡献税要求，香河政府就会将其清退，把这些企业迁至河北其他地区。仅2013年，香河政府已经清退了13家企业。但简单的以纳税贡献作为企业清退的标准，虽然有利于满足短期建设用地的需求，有利于提高土地的投入产出效益，却不利于长期营商环境的改善，加大了企业经营的不确定性，容易造成企业家群体对政府的不信任。

当前造成廊坊产业和园区建设用地后备不足的原因，主要是土地利用短期效益与长期利益的矛盾。在规划上，由于廊坊特殊的位置，廊坊土地规划长期以住宅为主，商业和工业用地规划不足。在土地实际开发利用过程中，基层和企业往往为追求短期效益使园区发展发生变异。如燕郊高新区，高新区本身始终定位于高端产业，特别是新能源、新型材料等高新技术产业和医疗健康、旅游休闲等服务业。但燕郊高新区高端的定位与其基础设施配套不完善、人力资本缺乏的现实形成对比，房地产业相关收入一直是开发区的主要收入来源。

（三）中高端人才和金融资本等高端生产要素聚集度低

高端要素的聚集是发展高端产业集群的必要条件。从人力资本看，廊坊高技术人才储备不足，缺乏中级以上技术和管理人员。从学历层次看，整体人才层次偏低。在整个服务业从业人员中，具有高级职称或硕士以上学历的人才不足1%。从人才结构看，结构也不合理。人才主要集中在教育、公共管理和社会组织两大门类，此两项所占比重为69.1%，而科技研发、产品转化、金融服务、生物技术等高技术服务业人才非常短缺，其比重不足10%。从金融资本看，廊坊金融业以银行等传统金融业为主，相对于发达地区，对创新、创业至关重要的风险投资基金、创投公司等新兴金融业发展不足。同时，由于京津两地的"虹吸效应"，对廊坊高端生产要素的引进和聚集造成重要影响。

（四）园区支撑作用有待加强

廊坊主导产业缺乏，经济结构和财政收入结构不均衡，对房地产依赖过大，影响经济和财政收入稳定性。2010—2013年，廊坊市房地产业贡献税收由52.3亿元提高到100.5亿元，总量翻了一番，占全部税收收入的比重由28.3%提高到31.1%；每年增收贡献率分别为50.2%、18.4%、32.9%、31.1%。在此背景下，发展产业园区的一个重要功能是培育廊坊主导产业，发挥产业园区实体经济对廊坊经济和财政收入的支撑作用。但目前，廊坊产业园区对经济和财政的支撑作用有待加强，园区税收贡献率偏低。例如，霸州市4个省级聚集区，2014年1—8月，共计纳税46558万元，仅占霸州市全部财政收入的27.4%。

六、京津冀协同背景下推进廊坊产业园区发展的建议

（一）依托产业园区培育廊坊经济增长极

产业园区之于廊坊承担着承接京津产业转移、培育实体经济发展、促进廊坊社会、经济和财政收入可持续发展的重任。为此，在具有区位优势的地区要更多兼顾长期利益，增加产业用地供给，防止产业园区行为短期化，增强产业园区的产业承接能力和产业聚集能力。要充分发挥产业园区在培育廊坊主导产业方面的作用。主导产业的发展，并不能够靠政府规划出来。要充分发挥和利用产业园区内市场化力量引进和培育主导产业，政府要及时掌握各个园区内产业发展的总体状态，对依靠市场力量已取得一定程度发展、具有良好发展前景和势头的企业与行业给予及时、有效的支持和引导，进而促进廊坊主导产业的诞生和发展。这方面，香河的机器人产业是一个经典的成功案例。要通过园区内实体企业的发展，不断提高园区的财税贡献率及其对廊坊社会与经济发展的支撑作用。

（二）进一步加强园区的共建与合作

加强政府间沟通与合作，对促进廊京合作、廊坊承接产业转移具有不可替代的作用。共建园区是廊坊和北京长期的利益结合点，廊坊可以把园区共建作为推动廊京政府间合作的"牛鼻子"。通过园区共建，建立廊京相关政府部门间的定期沟通机制、政策协调机制和利益分享机制，增强廊京间的政策协同效应、规划协同效应、产业协同效应。当前，要全力推动亦庄·永清工业新城建设，重点对接北京中关村，集中建设一批特色产业转移园

中园、科技成果异地孵化转化园。要积极探索合作共建的新模式、新机制，完善税收和运营收益分享机制。

（三）“化包袱，为资源”深度挖掘北京外溢人口的中高端人力资源

中高端人才是高端产业和特色园区发展的必要条件之一。廊坊本身由于公共服务、人居环境、发展前景等方面与京津存在较大差距，在吸引中高端人才方面劣势明显，导致人才聚集度较低。但近些年来，北京的人口外溢，首先影响和改变了廊坊的人口结构，这既给廊坊带来了短期的住宅产业收益，也给廊坊造成了长期的公共基础设施和公共服务包袱。廊坊承接的被外溢人口蕴含着巨大的价值。人口的流动，尤其是人才的流动，长期看，必然影响信息、资本、知识和技术的流动。对于北京的外溢人口，当前，廊坊最重要的是思考如何“化包袱，为资源”？如何深度挖掘蕴含其中的中高端人力资源，并以此为基础培育廊坊的区域人力资本比较优势，进而促进相关产业发展壮大？为此，廊坊要有针对性地加强所承接的北京外溢人口的基础信息管理，及时了解北京外溢人口的结构和变动趋势，完善人口和人才发展规划。依据新的人力资源禀赋和人力资本优势，积极鼓励和引导相关产业发展。一方面，要完善创新、创业环境和政策，鼓励这些已居住在廊坊的中高端人才在廊坊创业，引导他们把创新的成果在廊坊转化。另一方面，积极把廊坊的新人力资本优势，转化为廊坊招商引资和产业竞争优势。

（四）通过健康养老和文化产业园区发展，提高廊坊公共服务能力

廊京间公共服务的数量和质量差距是影响产业转移和廊京协同发展的重要因素。政府投资养老、医疗和教育文化等公共服务，需要消耗巨大的财政资金，而且政府投资提供的公共服务虽然能保证数量，但在质量和效率上仍然无法消除廊京两地间的巨大差距，仍然无法满足社会公众的期望，无法有效推动廊京产业和人才的流动。为此，应大力鼓励高端健康养老和文化产业园区的投资与建设。一方面，通过此类园区的建设，能够为廊坊引进高质量的医疗、保健、养老、教育和文化服务，在促进廊坊高端现代服务业发展的同时，有效缩小廊京两地在这些公共服务方面的差距，满足在廊坊生活、工作的中高端人群的公共服务需求，减少廊京协同阻力。另一方面，发展此类园区在为廊坊创造社会、经济效益的同时，能够减小廊坊财政的公共服务投资压力。

（廊坊市财政局　姚振辉　程广翔　李宁　贯伟　娄冠华　闫汉东　渠静　张玉婷　张瑾　李慧　吴晨　杨千肃）

调整规范市与县（区）财政管理体制研究

2016 年度河北省财政科研课题成果二等奖

财政管理体制实质是正确处理各级政府间的财政关系，是财政管理的核心和最基本的管理制度，在财政管理中具有重要的地位和作用。为进一步规范市县区财政收入分配关系，更好地发挥财政宏观调控作用，秦皇岛市财政局就进一步完善市以下财政体制问题，开展了一系列调研工作，在借鉴其他地区先进经验的基础上，进一步完善秦皇岛市财政体制。

一、秦皇岛市财政体制改革回顾

（一）财政体制基本情况

随着中央和河北省财政体制的改革调整和补充完善，2006 年，秦皇岛市确定了以“坚持分税制、实行属地纳税、风险共担”为基本原则的“十一五”体制，秦皇岛市对县区实行了比较规范的分税制，与县区分税，其收入完全是市本级的收入。考虑到县区还比较困难，实力还不强，除海港区外，市级分享的收入全部返还县区。如果秦皇岛市里财力情况不太好，可以少返还县区或不返还。2008 年根据河北省激励性财政体制调整方案，秦皇岛市又对资源税、土地增值税划分体制以及市域内实施异地投资税收分享办法等进行了改革和完善。2011 年，为支持打造秦皇岛市新的经济增长点，对北戴河新区制定了“市级收入全返”的激励性财政体制。此外，现行财政体制还包括省直管县的财政体制、出口退税负担体制和其他特殊的财政体制等。

（二）财政体制运行中存在的问题

虽然现行财政体制在调动县区发展经济，提高财政收入质量等方面都取得了不少成效，但在实际运行过程中仍存在一些不容忽视的问题，主要表现为：

1. 市本级财力比重呈现下降态势。按可比口径，市级财力占全市财力的比重由 2010 年的 36.3% 下降至 2015 年的 31.1%。有两个方面的原因：一是现行体制市级虽然分享县区收入，但都返还给了县区；二是给予北部工业区、临港物流园区等税收返还优惠政策，大力支持了县区经济发展，但也减少了市级财力。

2. 县区财力差异较大。2015 年，秦皇岛市人均财力最高的开发区达到 46.3 万元，而最低的卢龙县只有8.8万元，前者是后者的5.2倍。由于市级没有集中县区财力，本身支出压力又较大，从而缺乏足够的能力进行地区间的横向调节，造成县区间财力差异越来越大。

3. 个别财政体制政策没有执行到位。按财政体制文件规定（秦政〔2006〕63号），从2009年起开发区范围内的“四税”（即增值税、营业税、企业所得税和个人所得税（以下简称“四税”））增量和契税应作为市级收入，不再返还，但由于多种原因，该政策一直没有执行到位。2009年以来，市本级仅将开发区“四税”增量的10%、契税的15%留作本级财力（每年2000万—3000万元）。按2015年完成数计算，相当于市本级在财政体制文件规定之外，将当年2亿元财力让渡给了开发区，对市级财力影响较大。

4. 实行“省直管县”财政体制后，市与省直管县间不再分享税收，但市级还承担着部分省直管县的支出，支出责任分担不能完全到位。直管县在得到省级更多资金的情况下，市本级支持力度并没有减弱，市级仍通过专款和转移支付给予直管县财力支持，两县（原昌黎县、卢龙县）直管以来，市级共计投入资金5.8亿元，近年来每年补助直管县1亿元左右。

5. 与省内其他地市财政体制相比，其他地市更注重市级财力的发展，不但市级专享的收入多，而且都通过财政体制集中了县区财力，集中的财力除部分用于对县区转移支付和专款配套外，都由市本级使用，有效的增强了本级实力。相比之下，秦皇岛市财政体制对县区是最优惠的，但不利于市级财力增长。

二、完善秦皇岛市市以下财政体制的基本思路

考虑到随着全国“营改增”等税制改革的推进，中央对地方的财政体制必将面临着重大变革，在此背景下，秦皇岛市财政体制不宜大动，应在基本保持现行分税制体制不变的基础上，结合秦皇岛市实际，进行适当微调，核心是对目前执行的“市级集中的‘四税’增量，无特殊情况，在一定时期内全额转移支付补助”（秦政〔2006〕63号）等政策进行调整。按保既得利益原则，以“十二五”末的2015年为基期，核定县区市级“四税”基数，基数为县区既得利益。以2015年为基期年，一方面是参照中央和其他省市调整财政体制以上一年为基期的惯例，另一方面考虑到各县区财政非常困难，如果以2006年体制明确的基期或以“十一五”末为基期，对各县区财力影响过大，难以顺利推进。从2016年开始，停止返还市级“四税”增量，市级适当集中财力，用于宏观调控，同时规范开发区契税入库级次。

三、完善秦皇岛市市以下财政体制相关措施

（一）“四税”基数的确定

以2015年市级“四税”完成数为基数，基数为县区既得利益，由市财政每年定额返还。

（二）增量返还政策的调整

超基数增量为市级利益，从2016年起停止返还。

（三）规范开发区契税入库级次

按财政体制规定，规范属于市级固定收入的开发区未入市级库的契税，从2016年开始缴入市级国库。

（四）其他各项收入仍维持原体制不变

按此方案，以秦皇岛市各县区2015年完成数及2016年一般公共预算增长7%计算，实行新体制后，秦皇岛市2016年当年可集中县区“四税”增量0.3亿元，另外规范开发区契税后可增加市级财力1.1亿元，合计1.4亿元。随着经济发展，秦皇岛市各县区财政收入稳步增长，市级集中的“四税”增量将逐年增加。

以上措施的优点有：（1）分税比例维持现状，只对“四税”增量返还进行调整，有利于平稳过渡；（2）以“十二五”末为基期年，保县区既得利益，体现了对县区的支持，在当前县区财政非常困难的情况下，改革阻力较小；（3）市本级集中财力用于转移支付，增强了市对县区的宏观调控能力；（4）财力状况差的县区，可得到更大比例的转移支付资金，有利于实现基本公共服务均等化；（5）对北戴河新区的财政体制和各项优惠政策不变，有利于支持新区壮大实力，快速发展。

但以上措施也存在不足之处，包括：（1）财力状况好的县区，得到的转移支付资金可能少于现行体制的增量返还，对财力有一定影响；（2）规范开发区契税入库级次后，对开发区财力影响较大。

建议新体制从2016年起执行，政策五年不变。考虑到中央正在酝酿全国财税体制改革，已出台了《深化国税、地税征管体制改革方案》，营业税全部改征增值税后，增值税的中央与地方分成比例必将调整，消费税、车购税等原中央专享的税种将在“营改增”完成后逐步下放给地方。在此背景下，秦皇岛市财政局提出的方案须密切关注国家财政体制调整推进情况，并及时作出相应调整。

四、配套措施

（一）明确市县区事权和支出责任，做到财权和事权相统一

明确市级的事权范围，凡属秦皇岛市市政府承担的支出，市级财政要全额保障经费，不得以任何形式转嫁给县和乡；秦皇岛市市政府委托县乡政府承办的事务，要足额安排专项经费，不留资金缺口；属于共同的事务，要尽可能降低财政困难县区的资金负担比例；属于跨区域的公共事务，要根据各方面受益情况，充分考虑县区财政实际承受能力，合理确定分担比例。除国家及河北省另有规定外，其他专项拨款一律不要求县区政府进行配套。

（二）完善财政转移支付制度

市级集中的财力，原则上以市级配套、均衡性转移支付或专项补助等方式主要用于县区，激励县区竞相发展，每年对1—2个县区进行重点支持。进一步完善财政转移支付办法，科学合理地确定转移支付金额。

（三）调整和规范县乡财政管理体制

秦皇岛市所辖各县区要根据省财政厅关于进一步做好县乡财政改革有关要求，调整和规范县乡财政体制，进一步理顺分配关系，实行“分税制”或“统收统支”的县乡财政体制，确保乡镇财政有稳定的收入和来源。

（四）强化税收和国库管理

提高财政精细化、科学化管理水平，强化对税源的预测分析，加大税收征管力度，确保财政收入按财政体制规定足额入库。

（五）清理规范优惠政策

清理规范秦皇岛市现行各类文件中对企业、园区的优惠政策，并结合河北省对秦皇岛临港产业园区的优惠政策，对秦皇岛市重点产业园区，制定统一的优惠政策，促进园区发展。

（六）根据“省直管县”财政体制，市级不再分享直管县财政收入，按照责权统一原则，市财政原则上不再承担“省直管县”相应的新增支出。

（秦皇岛市财政局）

秦皇岛市 PPP 项目发展研究结项报告

2016 年度河北省财政科研课题成果二等奖

一、秦皇岛市 PPP 项目现状分析

（一）秦皇岛市现有 PPP 项目数量分析

截至 2016 年 7 月，河北省有 431 个 PPP 项目，其中，秦皇岛市有 34 个项目，占河北省项目数的 7.89%。秦皇岛市在河北省中经济发展较为缓慢，且由于地区房地产的过度开发，造成了秦皇岛市财政收入减少。秦皇岛市急需社会资本来实现秦皇岛市的公共基础设施建设。正因为如此，PPP 模式才能迅速地在秦皇岛市发展起来。PPP 项目可涉及社会多个领域，将为秦皇岛市的发展注入新的活力。截至 2016 年 7 月 30 日，秦皇岛市已有在案 PPP 项目 34 个（如表 1 所示）。

表 1 秦皇岛市 PPP 项目名称

河北省秦皇岛市北戴河至北戴河机场快速通道项目	秦皇岛市北戴河新区团林污水处理厂及配套管网工程
秦皇岛市引青济秦与石河水库供水管道连接工程	秦皇岛市青龙满族自治县大巫岚—冷口（秦唐界）公路工程
秦皇岛市公交场站及村村通公交运营项目	秦皇岛西部工业区昌黎管理委员会 PPP 项目
秦皇岛体育产业园区	秦皇岛市抚宁县城乡一体化垃圾收运设施建设工程
秦皇岛市北戴河新区污水处理厂及配套管网工程	秦皇岛市卢龙县职教园区中职部（卢龙县职业技术教育中心）PPP 项目
秦皇岛市北部片区污水处理厂及配套管网工程	秦皇岛市卢龙县污水处理厂项目
秦皇岛市海港区西部污水处理厂及配套管网工程	秦皇岛市卢龙县棚户区改造项目
秦皇岛市餐厨垃圾处理项目	秦皇岛市卢龙县青龙河防洪堤景观项目
秦皇岛市 102 国道绕城通道	秦皇岛市卢龙县教场河景观整治项目
秦皇岛市西港搬迁改造工程	秦皇岛市卢龙县古城保护开发项目
秦皇岛市北戴河新区污泥处理厂	秦皇岛市卢龙县卢龙一中搬迁扩建项目
秦皇岛市北戴河西部水厂及引水、配水工程	秦皇岛市卢龙县生活垃圾分拣场项目
秦皇岛市引青济秦扩建三期工程	秦皇岛市卢龙县养老服务项目

续表

秦皇岛市北戴河区热电联产配套管网项目	秦皇岛市卢龙县职业教育园区建设项目
秦皇岛经济技术开发区刘马坊片区安置房建设项目	秦皇岛经济技术开发区孤家子片区安置房建设项目
秦皇岛市昌黎县城乡一体化垃圾处理工程项目	秦皇岛市昌黎县朱各庄垃圾卫生填埋场项目
秦皇岛市昌黎县餐厨垃圾处理厂工程项目	秦皇岛市抚宁县东部城区200万平方米供热工程项目

（二）行业分析

市政工程项目有18个，占总项目的52.94%。交通运输项目有3个，占全项目的8.82%。教育项目有3个，占总项目的8.82%。保障性安居工程项目有3个，占总项目的8.82%。生态建设和环境保护项目有2个，占总项目的5.88%。体育项目1个，水利建设项目1个，文化项目1个，养老项目1个，其他类型项目1个，均为占总项目的2.94%。图1为各项目所在领域的分布图。

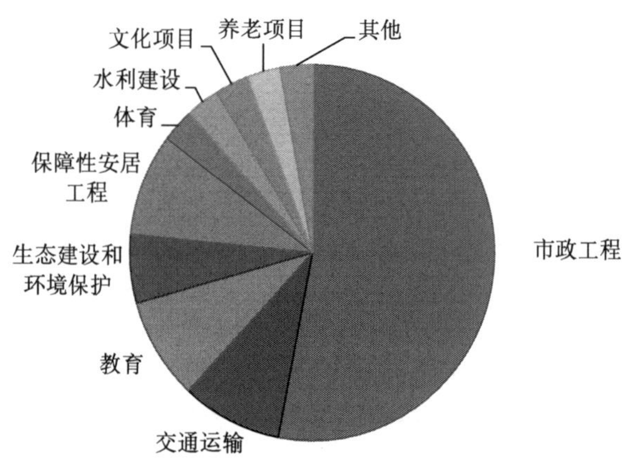

图1　秦皇岛市PPP项目所在行业比例分布

秦皇岛市实施的34个PPP项目，领域涉及市政工程、交通运输、教育设施、生态建设和环境保护、体育、水利、文化、养老和安居工程等类型。其中，大部分项目属于市政工程项目，市政工程里包括了轨道交通、供水、污水处理、供热、垃圾处理、景观绿化等方面，与人民生活息息相关，是社会公共服务设施建设的重要组成部分。另外的一些项目也是与秦皇岛市的实际密不可分。例如，西港东迁、体育产业园区等，也都是秦皇岛市迫切需要的重点项目。秦皇岛市作为旅游城市，其文化项目、生态建设和环境保护项目也有涉及PPP模式，该模式已多方面入手基础设施的建设。民生项目包括安居房、养老、教育等，能很好地给予人民信心和安全感，巩固社会经济可持续发展。

（三）项目投资金额分析

秦皇岛市已在案PPP项目投资总金额已达8123697万元，但各个项目之间的投资金额差距较大，其中投资额超过10亿元的项目有9个，所占比例为26.47%，占总金额比例为89.64%。其余的25个项目投资金额较少，仅为10.36%。图2为秦皇岛市投资金额超过

10 亿元的项目投资额分布柱状图。

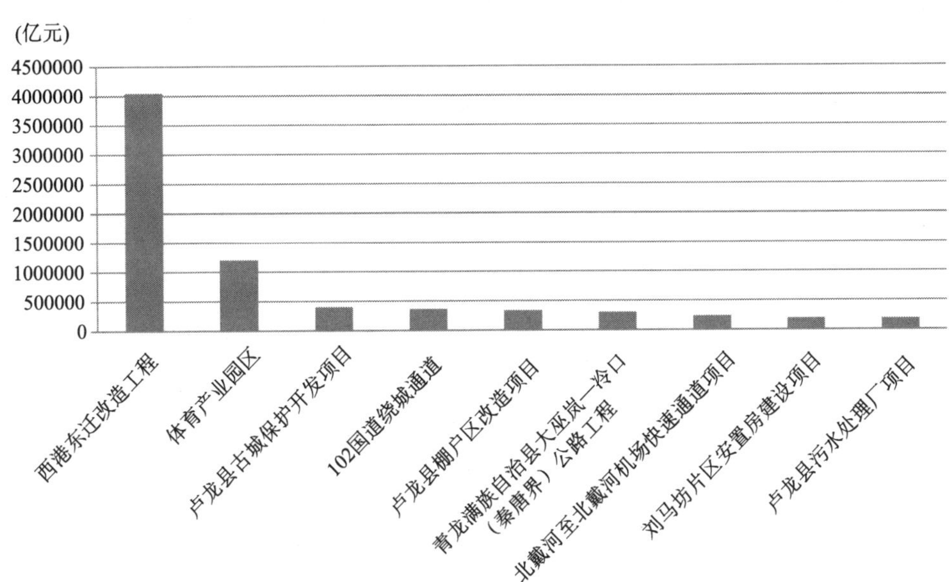

图 2　超过秦皇岛市投资金额 10 亿元的项目金额分布图

从图 2 可以看出，筛选出来的超 10 亿元项目的投资金额之间也是有很大的差距的。从项目投资金额来看，秦皇岛市的各个 PPP 项目投资金额大小不一。最高投资金额达到 405 亿元的是西港东迁项目，投资金额最少的是 5000 万元的垃圾处理项目，PPP 项目都保持着项目规模和项目投资金额的比例。较大投资额的项目可以作为示范性项目，带动秦皇岛市在 PPP 模式中发展基础经济，减少政府负债，加强社会资本流动，达成共赢。

（四）项目运作方式分析

在未实施 PPP 模式之前，秦皇岛市也有相似的模式发展。例如，BT 模式，但是因为 BT 模式不仅不适合秦皇岛市市情，而且导致秦皇岛政府大量债务越来越多，最后被舍弃。

秦皇岛市 PPP 模式的项目运作方式一般有 BOT、TOT、O&M 和其他模式。

BOT 模式即建设—运营—移交（Build - Operate - Transfer，BOT），是指由社会资本或项目公司承担新建项目设计、融资、建造、运营、维护和用户服务职责，合同期满后项目资产及相关权力等移交给政府的项目运作方式。

TOT 模式即建设—拥有—运营（Transfer - Operate - Transfer，TOT），是指政府将存量资产所有权有偿让给社会资本或项目公司，并由其负责运营、维护和用户服务，合同期满后资产及其所有权等移交给政府的项目运作方式。

O&M 模式即委托运营（Operation & Maintenance，O&M），是指政府将存量公共资产的运营维护职责委托给社会资本或项目公司，社会资本或项目公司不负责用户服务的政府和社会资本合作项目运作方式。政府保留资产所有权，只向社会资本或项目公司支付委托运营费。

在秦皇岛市已在案的 PPP 项目中，BOT 模式有 22 个项目，所占比例为 64.71%；TOT

模式有4个项目，所占比例为11.76%；O&M模式有1个项目，所占比例为2.94%；其他类型的有7个项目，所占比例为20.59%。图3为各项目的运作方式分布图。

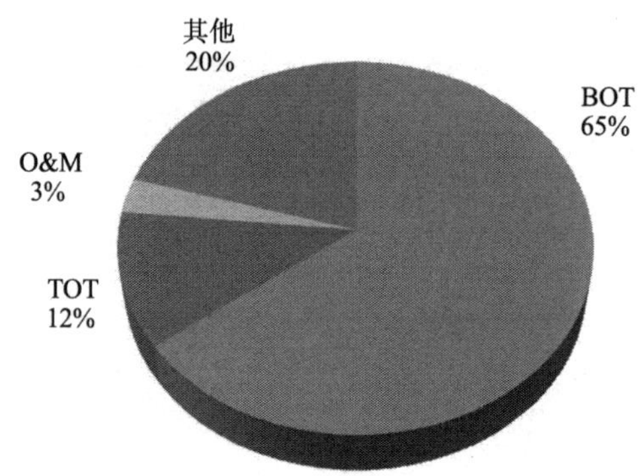

图3　秦皇岛市PPP项目的运作方式比例分布图

秦皇岛市已有在案项目中，大部分都是以BOT模式进行的。该模式良好地协调了政府与社会资本之间的工作，适应秦皇岛市的基础设施建设需求。

（五）回报机制分析

秦皇岛市PPP项目的回报机制分为使用者付费、政府付费、可行性缺口补助三种。回报机制根据项目所涉及的工程和后续的经营利益，实施最适宜的回报机制。运用PPP模式最主要的目的是实现共赢，因此一些公共服务设施项目都会给予投资者一定的投资回报。

使用者付费，顾名思义就是项目建设完毕在运营中收取使用者一定的费用，直至运营时间到期，现在所涉及的大部分项目均是此回报机制。

政府付费，一般使用于不具有收益性、可经营性低的项目，因为无法直接向使用者收取费用，所以只能由政府来支付，类似景观绿化、保障性安居房、污水处理等项目。

可行性缺口补助，指在上述两者之间，但是使用者付费赚取的盈利在规定时间内无法达到协定金额，由政府补助社会资本回笼投资。

不同的项目采取不同的回报机制，使得政府与社会资本之间能较为融洽地进行社会公共服务设施建设合作。

截至2016年，秦皇岛市各PPP项目中，使用者付费机制有20个项目，所占比例为58.82%。政府付费机制有9个项目，所占比例为26.47%。可行性缺口补助机制有5个项目，所占比例为14.71%。秦皇岛市各PPP项目的回报机制比例分布图如图4所示。

（六）PPP实施阶段分析

秦皇岛市PPP模式的发展时间较为短暂，仅有数年时间，因此大部分的项目均处于识别阶段和准备阶段，需要进行大量的咨询研究和分析以及与社会资本协商，发起招标、融资，才能进一步有目的性地实施项目。

采购阶段与执行阶段的项目较少，从中能够看出，秦皇岛市PPP项目发展尚处于萌芽阶段，需要有关部门的全力配合解决剩下的问题。确保领头项目起到示范性作用。

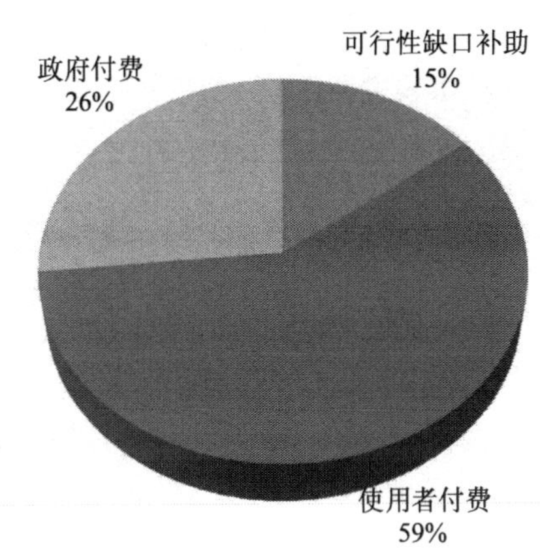

图 4　秦皇岛市各 PPP 项目的回报机制比例分布图

移交阶段作为 PPP 模式的最后一步，标志着 PPP 项目的顺利进行，根据合同内容移交项目所有权。秦皇岛市尚未有处于该阶段的项目，只要能克服困难，成功移交只是时间问题。

目前，秦皇岛市各 PPP 项目处于识别阶段的项目有 22 个，占总项目的 64.71%；处于准备阶段的项目有 8 个，占总项目的 23.53%；处于采购阶段的项目有 1 个，占总项目的 2.94%；处于执行阶段的项目有 3 个，占总项目的 8.82%；目前处于移交阶段的项目尚无。图 5 为各项目所处阶段分布图。

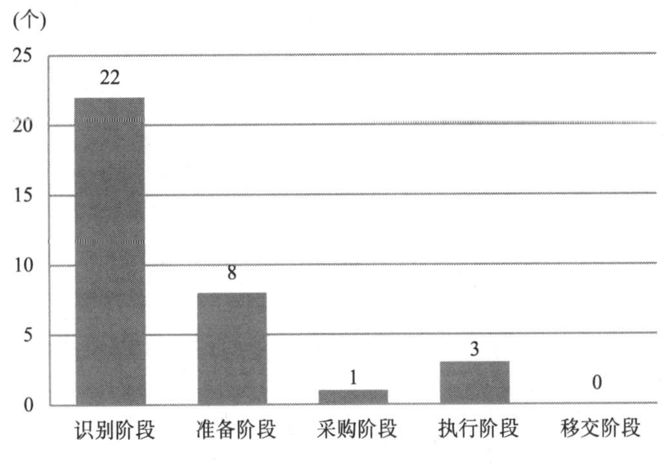

图 5　秦皇岛市各 PPP 项目所处阶段分布图

二、国内外的 PPP 项目经验借鉴

（一）波兰波兹南市市政垃圾热处理厂项目概况

2004 年波兰波兹南市市政府为应对城市日益严重的城市垃圾处理和利用问题，决定建

立一座垃圾热处理工厂，但是其自身资金匮乏，并且缺少垃圾热处理的相关经验和技术。为解决这一难题，政府决定采用PPP模式进行建设。

该市政府在2009年就垃圾处理厂的选址问题举行了公众咨询活动，征集了波兹南市市民的意见，并在征询结果的基础上起草环境影响评价决策和项目申请文件等配套材料。2011年该市政府开始筛选社会资本方，并于2013年与中标者签订PPP协议。项目的政府方和社会资本方分别为波兹南市市政府与一家联合体组成的项目公司，该项目公司的股份由SITA和Marguerite公司各占一半。

在合作中，因为政府在事前进行测试的结果表明垃圾处理的需求风险较大，因此该市政府选择主动承担。该项目在建设过程中面临的主要困难，是社会资本方缺乏在当地建设的经验、公众对项目的排斥以及标准方法与项目创新性不相符等问题。

（二）法西铁路PPP项目概况

1995年欧洲各国达成了最终协议，决定引入PPP模式运用在欧洲TEN—T铁路连接网的建设中。在该协议下，法国政府联合西班牙政府，建设了一条从法国佩皮尼昂至西班牙菲格拉斯的跨国铁路。

法国佩皮尼昂至西班牙菲格拉斯跨国铁路全长50千米。其中，包括5座大桥和1条隧道。项目总投资额达10亿欧元，投资金额的32%用于隧道的修建。该项目的建成大大改善了两国之间的交通状况，客运和货运分别缩短了10小时和2小时左右。

该项目中，项目设计部分由政府部门负责，而建设和融资部分由社会资本方负责。社会资本方在特许经营期内负责铁路正常运营。在该PPP项目中，政府和社会资本共同协作，在降低项目风险方面作出了大量的努力。政府在融资方面给予了大量补贴，并且为社会资本方提供银行担保等资金支持。另外，法国、西班牙两国政府考虑各种客观因素，给出较为精准的铁路客运量预测结果，为风险合理分担奠定了基础。PPP模式推行的主要目标就是实现合作双方的风险共担、互利共赢，而这一目标的实现离不开双方的团结合作。这一点在此项目风险分担中体现得淋漓尽致。

（三）广州西朗污水处理项目概况

西朗污水处理项目是为了控制和减少对珠江的污染而建立的污水处理项目。作为广东省市政府基础设施建设项目，西朗项目在1998年开始启动，初始的投资额为9.85亿元人民币。2000年7月，广州市京水水务有限公司通过竞标，获得了广州市西朗污水处理厂17年运营维护的总承包合同。根据总承包合同的规定，该公司负责营运和维护保养处理厂的工作。2003年污水处理厂建成并投入调水调试，2007年对外宣布全面启用。

项目建设为了分摊项目风险，西朗项目公司通过招标寻找工程承包商。为了避免设计、采购和施工分别承包可能出现的衔接不清、责任难分的弊端，西朗项目采用EPC合同的形式进行。由国际邀请招标中标的EPC承包商亿辉工程公司（中国香港）以交钥匙的项目总承包方式对广州西朗污水处理厂、截污干管及泵站系统进行设计、采购和建设，以确保该项目以约定的总承包价并在规定的期限内完成，确保向业主交付符合EPC合同规定的基本处理量的处理能力，并达到规定的出水水质标准的项目。

项目移交在17年商业运营期满以后，项目公司所有资产将无偿移交给政府方或其代表，包括西朗项目运行过程中积累下来的专有技术、保密资料、设计资料、财务资料和发明的使用权等。向政府方移交的西朗项目资产不应存在任何抵押、担保、留置等障碍或负担。

（四）国家体育场鸟巢项目概况

由于国家体育场的需要投资额过大、赛后的运营成本高等原因，北京市政府决定采用PPP模式来吸纳资金。2003年通过两轮招标，由中国中信集团有限公司、北京城建集团有限责任公司、国安岳强有限公司（中国香港）、金州控股集团有限公司（美国）等多家企业组成的中信集团联合体，成为国家体育场项目招标的中标人。

通过协议规定，在30年经营期内，中信集团联合体享有全部权益并承担全部责任。也就是说，如果国家体育场有盈利，政府不参与分红，如果有亏损，政府也不进行补贴。经营权到期后，在确保所有设备设施处于良好运行状态且能够举行国际A级赛事的情况下，运营方将国家体育场无偿移交给北京市人民政府。

但是，在2009年，由于政府的介入，成立了国家体育场运营维护协调小组，形成了由北京市委、市政府主导，国家体育场公司运营，各相关部门配合，充分调动和发挥各方积极性的运营管理新体制。这意味着中信集团联合体不再拥有30年的特许经营权，也意味着我国第一个采用PPP模式建设的大型体育场馆项目失败。

（五）经验借鉴

经对上述4个经典案例的成功与失败的分析，可以得到一些对秦皇岛市PPP项目经验的有益启示和借鉴。

1. 选择合理的采购方式。秦皇岛市可以借鉴这些案例中采用的竞争性采购方式，有效利用《中华人民共和国政府采购法》对投资结构进行规范，为项目选择在投资能力、专业技术和经验上均占优势的社会资本方。

2. 创新项目融资结构。优秀的融资结构可以有效缓解项目的资金压力。以上案例采用的融资方式多种多样，有通过政府、社会资本、金融机构三方共同融资，也有只经由政府与社会资本的融资，成功解决了项目资金短缺的问题，值得借鉴。

3. 制定合理报酬支付方式。社会资本的报酬应该如何支付，应当在PPP项目中明文规定，包括支付的方式和方法。合理的支付机制应当是与社会资本协商制定的结果，并且这种机制可以达到激励和约束社会资本的作用。

4. 政府主动承担较大风险。在波兰垃圾热处理项目中，当地市政府主动承担较大需求风险的行为，值得秦皇岛市在推行PPP项目的过程中加以借鉴。因为政府主动承担项目中的较大风险不仅有利于风险在项目中的合理分担，保证项目的顺利进行，而且使得项目对社会资本有更大的吸引力，调动社会资本参与的积极性。

5. 明确合作双方的责任。在协议中应该有明确而且详细的条目，避免因约定不清，风险发生时出现逃避现象。在铁路项目中，科学分担风险尤其重要，政府应当承担更多政治风险等外部风险，社会资本方则需要负责项目的建设、运营和维护等内部风险。

6. 计划详细与否不仅可以影响项目的招标，而且对项目的完成进度也有着重要影响，必须加以重视。此外，为确保项目的完成，有效地监督和合理的管理结构也是极其重要的。法国和西班牙两国在铁路项目的建设中成立跨政府工作委员会负责对该项目的监管，对于秦皇岛市轨道交通及机场高速通道建设而言值得借鉴。

7. 需要相关的运营管理和PPP专业人才。以上国家体育场的案例中，参与的各家企业之前均未有参与大型体育场运营的经验。虽然项目公司通过与法国法兰西体育场公司签署了战略合作协议来获得咨询与相关经验的学习，但因高额的咨询费而中止。经验的缺乏严重影响了运营的效益。例如，能带来巨大收益的无形资产开发工作就因此停滞不前。因此，需要培养更多相关专业的人才，弥补经验上的不足。

PPP既是一种合同式的投资方式，更是一种公私伙伴长期合作关系，因此在PPP实践中，政府和社会资本一定要形成一种动态的合作伙伴关系，这样才能保持良好的持续发展态式。

三、秦皇岛市PPP模式项目主要存在的问题

由于秦皇岛市PPP模式尚处于起步阶段，而且国家尚未制定关于PPP应用的法律法规和政策意见，存在问题是不可避免的。从调研情况来看，秦皇岛市PPP模式在实践中存在的问题主要有以下几方面。

（一）起步晚，多数项目需要甄别，没有完成的项目

秦皇岛市PPP模式的起步较晚，之前有过几轮BT模式的项目，但是因为BT模式的局限性，造成了政府负债的增加，继而转型PPP模式。虽然有国内国际的一些PPP项目的经验借鉴，但是还是需要结合秦皇岛市实际整理出一套属于自己、适合自己的PPP模式。

目前，秦皇岛市大多数PPP项目都处于识别阶段，需要花费大量的时间进行调查和检验。即使PPP项目进入准备阶段也需要通过招标、协商、沟通等阶段逐步推进。秦皇岛市处于采购和执行阶段的项目较少，作为秦皇岛市PPP示范性项目尚未发挥有效的带头作用。当前没有一个已经完成的项目可以作为秦皇岛市PPP模式发展的模板，所有项目没有现实的范例可供借鉴，因此推进相对缓慢。

（二）管理部门交叉重叠，审批复杂

在PPP模式项目的工作中，会涉及多个政府部门，发展和改革委员会（以下简称“发改委”）、财政部、住房和城乡建设部、中国银行业监督管理委员会等，但却没有明确规定PPP模式的第一主管机构，在管理上难免会出现交错误差。尤其是财政部和发改委之间存在着较大的责权重叠，职能界限划分不清晰，难免会出现部门设置重复、立法资源浪费甚至冲突的情形，导致地方政府难以适从。

由于PPP模式的性质以及上级对其作出的指导意见，PPP项目涉及许多政府部门，需要社会资本一个个去部门走流程审批，而且在项目批准之后，难以根据外部变化及时调整实施方案，从而影响PPP项目的进程。目前，秦皇岛市PPP模式存在审批过程复杂，决策

周期长，时间成本高的问题。

（三）法律法规不完善，制度规定不清

根据“法律规范＋配套政策＋操作指引”的方法，PPP 相关的政策也逐步出台，体系日渐完善，为 PPP 的实际操作提供了一定的指导。遗憾的是，权威的 PPP 立法尚未出台，现在依据较多的是部门规章条例，法律效力不足，而且可能存在着矛盾。由于管理部门之间的不协调，造成了发改委和财政部各自颁布的法规之间也存在争议。财政部主张的是广义上的 PPP，而发改委更注重于特许经营的内涵，从而导致了 PPP 和特许经营之间的关系模糊。财政部与发改委均有意统筹规划 PPP 项目，两部委对于 PPP 的理解大致相同，但在不少细节上仍有出入，一定程度上让参与者无所适从，不利于 PPP 项目的开展与推进。秦皇岛市在进行 PPP 项目招标时就因为《采购法》和《招标投标法》之间的矛盾出现问题，前者是社会资本和工程建设一起招标，而后者需要在工程建设之前再进行一次招标。

制度规定不清。在一些制度的规定上面，由于字面意思过于笼统，原则性过强，实际的指导性和可操作性较弱，在项目的整个实施过程中，对项目的规划、立项、主管部门审批程序、职权范围、风险管理和承担、特许经营权协议和合同的管理、项目执行时的监督和审计工作等问题都没有作出细致的规定。

（四）无法吸引到优质社会资本，招标存在一定问题

PPP 项目大多为微利项目，一般的收益率在 6%—8%，对于能够付出巨额投资的社会资本来说，未来的预期收益较低，吸引力相对不足，因此难以吸引优质的社会资本。

更为重要的是，很多社会资本看重 PPP 项目中的工程利润，一般的工程利润能达到 30%，而在《招标法》中规定，有利害关系的社会资本不允许进入项目，对 PPP 项目造成严重打击。秦皇岛市的青龙县大巫岚—冷口（秦唐界）公路工程就出现了此问题，社会资本已经引入，但是社会资本在中标过程中明确提出由其确定施工方人选，而施工方本应该需要经过发改委审批，这就产生了政策风险。

（五）缺乏专业人才和咨询公司

PPP 模式在我国虽然不是新鲜的事物，但是仍存在前期的运作比较随意、缺少系统的操作指导、专业性的人才并不多等问题。主要原因在于 PPP 项目涵盖的领域很广，需要的专业知识众多，没有系统的知识和经验的积累，很难取得出众的成就。

PPP 咨询公司在秦皇岛市稀缺，而且其中大多数 PPP 咨询公司并没有 PPP 方面的专家，为了刷成绩，有些公司甚至贱价出售咨询，收费价格良莠不齐，导致 PPP 咨询市场出现价格混乱。

四、秦皇岛市 PPP 模式项目的应对建议

（一）借鉴国内外 PPP 经验，重视示范项目，建立识别平台避免盲目上项目

引进国内外经验要博采众长，由于地方的经济、环境、配套机制、资源条件等因素的

不同，需要加以结合秦皇岛市实际实施情况。加快落实重点、有经济效益、实施阶段较为完善的PPP项目，各部门积极主动地配合PPP项目的工作，增加社会资本投资的信心，以示范性的效果带动秦皇岛市PPP模式项目的发展。

建议秦皇岛市有关部门在条件成熟的情况下，建立识别平台，将所有新入项目进行梳理、甄别、筛选、认真对待上报的PPP项目，降低因为存在着可预见性风险而出现问题的概率，避免为追求绩效需要而盲目上项目。

（二）要尽快协调PPP管理机构和建立有效的监管机制

对于因上级管理机构之间的监管冲突而导致的下级行动部门出现了指导意见上的问题，国内外经验表明，设立省级层面的PPP协调机构对促进PPP的健康发展具有重要的作用。首先，对于跨区域的PPP项目，涉及投资者与不同地区的政府之间的沟通；其次，PPP项目实施过程中也涉及政府不同行业主管部门之间的沟通，若采取一事一议的形式设立临时工作小组，不能给社会资本方提供信心，若由投资者自行与各部门进行沟通，则会增加协调成本和项目造价。因此，建议在秦皇岛市专门设立一个PPP项目协调机构，协调各级部门及同级管理部门之间的管理工作，快速推进PPP项目进程。

建立有效的监管机制，PPP项目的监管主要分为两个阶段：一是项目的立项和特许经营者选择时期的准入监管；二是项目建设运营期的绩效监管，包括质量、价格、服务水平和财务等方面的监管。准入监管的目的在于筛选有价值的PPP项目方案和特许经营者，提高效率；绩效监管则是为了解决市场失去控制从而保护公众利益。

（三）完善PPP政策法规

实践中，PPP项目的运作是非常复杂的，涉及的部门众多，各项工程的责任人也参与其中，但是如此庞大的运作系统缺少一部完善的PPP政策法规进行指导。例如，在特许经营权模式下的PPP合同定性为民事合同还是行政许可尚有争议。

PPP项目通常投资额巨大、合作周期长，在运营期间会经历政府官员交替，为使民间资本、社会资金不受到不公平的待遇和不确定性的影响，客观上要求高度的法制化、规范化和追求契约精神，必须要有一套完善、完整的政策法规体系，PPP模式实际是在一系列政策法规文件和合约的约束下进行，只有在法律法规的框架下才能促成PPP项目顺利建设、正常运营。因此，国家层面的PPP立法的进程直接关系到秦皇岛市PPP项目的发展进程。

（四）增加项目的盈利，引入优质社会资本

为增加PPP项目对社会资本的吸引力，可以从双方的角度入手。一方面，社会资本应清晰地认识到PPP项目多为微利项目这一事实，合理预估项目收益；另一方面，政府也应该转变思路，公平对待社会资本，保障项目质量，并视情况通过整体开发等方式提高项目收益。对于一些能够看到较高收益的项目，应该大力推广，吸引社会资本进入。而一些公益服务较强，盈利能力弱的项目则采取有效的政府付费和补助来辅助完成。

一般而言，PPP项目的建设时间长，回报速度慢，项目企业承担的风险较高。因此，

建议秦皇岛市可以采取有利于 PPP 项目企业投资的融资政策和财政上的优惠，来吸引更多更优秀的社会资本进入，加快秦皇岛市的基础设施建设。

针对招标问题，应该加强双方之间的沟通，协调双方的利害关系，给予一些利润上的让步和政策上的优惠，或者在融资方面给予大量补贴，并且为社会资本方提供银行担保等资金支持。最大程度地减少因涉及法律法规而造成的危害，实现双方可持续发展。

（五）建立咨询服务机构，培养专业 PPP 人才

咨询机构参与可以弥补政府部门在经验和专业知识上的欠缺，帮助政府建立高效且配合默契的项目组织，使政府部门可在理念和商业语言上与社会资本有效对接，还可以通过相对客观的角色和视角，有效理顺政府部门和社会资本之间的利益关系，协调好双方的利益冲突，保证项目的顺利实施。

尽快建立秦皇岛市 PPP 人才储备，吸引各方面的专业人才参与 PPP 项目，刺激成立中介机构和专业的咨询公司，给秦皇岛市 PPP 发展注入新鲜血液。加强人才培养计划，加强政府相关人员在法律、金融、风险等方面的培训，逐步打造一支专业化的人才队伍来确保秦皇岛市 PPP 模式的推进。同时，可以追赶现有的 PPP 潮流，在 PPP 项目的实施过程中，开展相关人员的学习实践，直接面对眼前的问题，积极寻找可行的解决方案。

（秦皇岛市财政局　张文权　成卫东）

财政支持化解钢铁过剩产能对策研究

2016 年度河北省财政科研课题成果二等奖

河北省省委书记赵克志指出，推进供给侧结构性改革，要统筹抓好“三去一降一补”；就河北来讲，当务之急是钢铁煤炭去产能，这是五大任务的“当头炮”。从河北省实际看，落实钢铁行业化解过剩产能实现脱困发展目标任务，加快实施钢铁产业结构调整方案，需要综合运用市场机制、经济手段和法治办法，发挥财政资金引导作用，对化解过剩产能企业适当予以资金奖补是抓好落实化解过剩产能任务的有效举措。

一、化解钢铁过剩产能的任务与形势

（一）河北省面临的化解钢铁过剩产能任务依然艰巨

根据《河北省钢铁产业结构调整方案》和《河北省人民政府办公厅关于印发河北省削减煤炭消费及压减钢铁等产能任务分解方案的通知》（冀政办函〔2013〕80 号），“十三五”期间河北省将累计压减粗钢和生铁产能 6314.88 万吨、6455 万吨，压减规模与“6643”工程压减量相当，化解钢铁过剩产能任务十分艰巨。从各市钢铁过剩产能化解任务分配来看，除唐山、邯郸两大钢铁生产基地压减任务最重，分别占河北省压减任务的 31.15% 和 15.82% 外，秦皇岛市和廊坊市压减任务分列第 3 位和第 4 位，压减规模分别占河北省压减任务的 15.41% 和 16.36%，而其他 7 个地级市以及省直管市（县）辛集压减规模占比均在 10% 以下。这就要求我们必须突出重点，将财政支持资金向钢铁过剩产能化解任务较重的地区倾斜。

（二）化解难度日益增大

根据河北省“十三五”期间化解钢铁产能任务安排，化解任务“前紧后松”状态，2016 年河北省将压减粗钢和生铁产能 1422 万吨、1665 万吨；2017 年完成“6643”工程压减任务，压减粗钢和生铁产能 2074.88 万吨、2210 万吨；2018—2020 年，压减粗钢和生铁产能 2818 万吨、2580 万吨，化解钢铁过剩产能任务主要集中在前两年，特别是 2016 年（如表 1 所示）。同时，随着钢铁“去产能”工作的推进，产能压减重点将逐步由停产、半停产企业，转变为正常生产经营且工艺设备先进的钢铁联合企业，由于企业主的资产损失得不到有效补偿，化解过剩产能阻力日益增大。如何有效激励企业压减钢铁产能，降低企业压减产能造成的成本损失，成为河北省急需解决的关键问题。这就要求河北省进一步加大财政支持力度，保障河北省钢铁过剩产能压减目标的顺利实现。

表 1　河北省“十三五”期间分地市化解钢铁产能任务表　单位：万吨

地区	2016 年		2017 年		2018—2020 年		“十三五”累计完成化解钢铁产能任务	
	粗钢	生铁	粗钢	生铁	粗钢	生铁	粗钢	生铁
合计	1422	1665	2074.88	2210	2818	2580	6314.88	6455
唐山	723	764	921	947	500	300	2144	2011
邯郸	403	356	259	465	200	200	862	1021
秦皇岛	68	264	242	231	450	500	760	995
廊坊	72	156	26	53	1048	847	1146	1056
承德	0	0	163	162	400	300	562.875	462
石家庄	96	0	52		0	52	148	52
邢台	60	76	132	25	60	140	252	241
沧州					0	0	0	0
张家口			150	151	160	241	310	392
保定	0	0	130	108	0	0	130	108
辛集	0	49		68	0	0	0	117

二、化解钢铁过剩产能财政支持手段

（一）财政支持原则

根据河北省经济发展实际及化解过剩产能的任务安排，在财政支持化解钢铁过剩产能中应遵循以下三项原则：

1. 政府主导与市场运作相结合。在化解钢铁过剩产能过程中，要充分发挥政府的主导作用，着力加大财政支持力度，降低企业压减成本，减少推进阻力。同时，充分利用市场手段，形成产能指标交易机制，鼓励退出产能省域内跨地区置换，引导省内钢铁产能向有比较优势的地区和优势企业转移。

2. 开源筹资与高效利用相结合。千方百计做好钢铁过剩产能化解支持资金的开源与节流工作，既要利用财政资金的杠杆作用，充分撬动社会资金投入，广辟财源，做大化解钢铁过剩产能资金池，又要合理安排资金投向，加强资金使用监管，着力提升财政资金的使用效率，使得财政支持手段成为化解钢铁过剩产能的重要推动力。

3. 搭建平台与完善机制相结合。着力强化平台和机制建设，科学搭建资金筹措平台和产能置换交易平台，合理设计支持资金筹措使用和产能交易置换的机制、规章和政策，从软硬能力建设着手，为财政支持化解钢铁过剩产能工作顺利实施提供保障。

（二）财政支持方式

为提升河北省钢铁过剩产能化解实效，积极创新财政支持方式，主要应采取以下两项举措：

1. 产能化解财政资金奖补。着眼于降低企业钢铁过剩产能化解成本，减少钢铁过剩产能化解阻力，以财政资金为先导，组建河北省化解钢铁过剩产能融资平台，建立化解钢铁过剩产能资金池，专项用于钢铁行业化解过剩产能职工安置和资产损失奖补等，形成钢铁产业过剩产能化解的有效激励机制。

2. 钢铁产能置换交易。着眼于促进河北省钢铁产能的高效配置，在过剩产能化解过程中不断提升钢铁产业的效益和综合竞争力，进一步完善过剩钢铁产能压减任务企业分解机制，搭建覆盖省域的钢铁产能化解量置换交易平台，建立过剩产能化解量交易制度，促进未完成过剩产能化解任务企业通过购买方式与超额化解过剩产能企业开展产能置换交易，以提升过剩产能化解效率和质量。

三、化解钢铁过剩产能资金的筹措和使用

化解钢铁过剩产能，首先要解决好“钱”从哪儿来的问题。要灵活运用财政资金支持政策，创新财政支出方式，在用足用好国家奖补资金的同时，由省财政出资，并整合相关专项资金，再按照企业粗钢产量提取部分资金，组建化解钢铁过剩产能“资金池”，形成财政支持钢铁产业化解过剩产能的财政政策合力。

（一）化解钢铁过剩产能资金筹措

根据河北省化解钢铁产能任务计划，“十三五”期间河北省需压减粗钢和生铁产能 6314.88 万吨、6455 万吨，综合考虑河北省化解钢铁过剩产能任务和企业损失情况以及河北省财政资金筹措和钢铁企业互助出资能力，应按每化解万吨钢、铁产能补助 100 万元标准，筹集 130 亿元建立化解钢铁过剩产能资金池，专项用于钢铁行业化解过剩产能职工安置和资产损失奖补等。

本着财政资金引导，社会资本参与的原则，资金筹措应有以下 3 种渠道：

1. 政府财政资金。政府财政资金是资金池的主要来源之一。省级财政通过预算安排，统筹使用钢铁产业结构调整专项资金、大气污染防治专项资金和总预备费等相关资金，用于支持钢铁产业化解过剩产能。“十三五”期间，省级财政拟每年安排专项资金 2 亿元，共安排 10 亿元用于化解钢铁过剩产能。

2. 钢铁企业互助资金。本着平等协商、互助帮扶的原则，由保留产能的钢铁企业作为受益方，补偿压减钢铁产能的企业，钢铁企业以存量产能为计价基数共同出资建立河北省钢铁企业化解过剩产能互助金，形成企业利益共同体。保留产能的钢铁企业作为受益方，在不影响自身正常生产经营的前提下，按每吨 5 元和 10 元的缴纳标准提出了 2 个测算方案：2015 年 12 月末，全省炼钢产能 2.83 亿吨、炼铁产能 2.85 亿吨。按 2014 年产能为基数并在以后年度逐年递减测算，按每吨粗钢、生铁产能每年缴纳 5 元，2016—2019 年可统筹 95.7 亿元，分市看，唐山、邯郸缴纳互助金较多，将分别缴纳 39.5 亿元、14 亿

元，占互助金的 41.3%、14.6%；按 10 元测算，按每吨粗钢、生铁每年缴纳 10 元，2016—2017 年可统筹 103.3 亿元。分市看，唐山、邯郸分别缴纳 53.8 亿元、19.2 亿元，占互助金的 52.1%、18.6%（如表 2、表 3 所示）。

表 2　　河北省“十三五”期间分地市钢铁企业互助金计提任务表　　单位：万元

地区	2016 年			2017 年			2018 年			2019 年			2016—2019 年		
	合计	粗钢	生铁	合计	粗钢	生铁	合计	粗钢	生铁	合计	粗钢	生铁	合计	粗钢	生铁
合　计	268895	134590	134305	247471	124216	123255	220481	110126	110355	220481	110126	110355	957327	479057	478270
唐　山	139090	72495	66595	129750	67890	61860	125750	65390	60360	125750	65390	60360	520340	271165	249175
邯　郸	49755	23445	26310	46135	22150	23985	44135	21150	22985	44135	21150	22985	184160	87895	96265
秦皇岛	19470	9775	9695	17105	8565	8540	12355	6315	6040	12355	6315	6040	61285	30970	30315
廊　坊	9870	5370	4500	9475	5240	4235	0	0	0	0	0	0	19345	10610	8735
承　德	12995	6515	6480	11371	5701	5670	7871	3701	4170	7871	3701	4170	40107	19617	20490
石家庄	10865	4135	6730	10605	3875	6730	10345	3875	6470	10345	3875	6470	42160	15760	26400
邢　台	8290	3905	4385	7505	3245	4260	6505	2945	3560	6505	2945	3560	28805	13040	15765
沧　州	6645	3200	3445	6645	3200	3445	6645	3200	3445	6645	3200	3445	26580	12800	13780
张家口	7345	3300	4045	5840	2550	3290	3835	1750	2085	3835	1750	2085	20855	9350	11505
保　定	1190	650	540	0	0	0	0	0	0	0	0	0	1190	650	540
辛　集	3380	1800	1580	3040	1800	1240	3040	1800	1240	3040	1800	1240	12500	7200	5300

注：每吨 5 元。

表 3　　河北省“十三五”期间分地市钢铁企业互助金计提任务表　　单位：万元

地区	2016 年			2017 年			2016—2017 年		
	合计	粗钢	生铁	合计	粗钢	生铁	合计	粗钢	生铁
合　计	537790	269180	268610	494941	248431	246510	1032731	517611.3	515120
唐　山	278180	144990	133190	259500	135780	123720	537680	280770	256910
邯　郸	99510	46890	52620	92270	44300	47970	191780	91190	100590
秦皇岛	38940	19550	19390	34210	17130	17080	73150	36680	36470
廊　坊	19740	10740	9000	18950	10480	8470	38690	21220	17470
承　德	25990	13030	12960	22741	11401	11340	48731	24431	24300
石家庄	21730	8270	13460	21210	7750	13460	42940	16020	26920
邢　台	16580	7810	8770	15010	6490	8520	31590	14300	17290
沧　州	13290	6400	6890	13290	6400	6890	26580	12800	13780
张家口	14690	6600	8090	11680	5100	6580	26370	11700	14670
保　定	2380	1300	1080	0	0	0	2380	1300	1080
辛　集	6760	3600	3160	6080	3600	2480	12840	7200	5640

注：每吨 10 元。

三是银行信贷资金。鼓励金融机构按照风险可控、商业可持续原则，加大对钢铁企业的信贷支持力度，特别是对技术设备先进、产品有竞争实力、有市场效益的优质骨干钢铁企业，继续给予信贷支持。加快信贷产品创新，支持钢铁企业节能环保改造，促进行业转型升级。适时组建化解钢铁过剩产能融资平台，由融资平台以统谈分贷方式向省内政策性银行贷款融资。

（二）钢铁企业互助资金筹措可行性

据河北省冶金行业协会统计，2016 年上半年，河北省 82 家重点钢铁企业净利润 116.9 亿元，同比增长 485.4%，其中，河钢集团 7.2 亿元，津西集团 11.2 亿元，敬业集团 4.4 亿元。据河北省统计局公布数据，上半年，河北省粗钢产量 9989.64 万吨，净利润 150.06 亿元，折算吨钢净利润 150 元。总体看，2016 年钢铁市场形势好转，钢铁企业效益明显回升，但企业之间效益不平衡，河北省冶金协会统计的 82 家钢铁企业中，8 家企业亏损，10 家停产。

按粗钢、生铁各 5 元/吨缴纳互助金，占吨钢净利润的 6.7%，按粗钢、生铁各 10 元/吨缴纳互助金，占吨钢净利润的 13.3%，对正常生产经营的钢铁企业来说，可以承受。对没有能力缴纳互助金的亏损企业和停产企业列入退出名单，鼓励其退出市场。以 2015 年 12 月企业备案产能测算，若按每吨 5 元缴纳互助金，需缴纳 4 年，河钢集团每年缴纳 4.4 亿元，共缴纳 17.6 亿元；津西集团每年缴纳 0.9 亿元，共缴纳 3.6 亿元；敬业集团每年缴纳 0.9 亿元，共缴纳 3.6 亿元；首钢集团每年缴纳 2 亿元，共缴纳 8 亿元（天铁钢铁产能未统计在河北省钢铁产能中），四家企业占河北省缴纳互助金的比重为 34.3%。若按每吨 10 元缴纳互助金，缴纳 2 年测算，河钢集团每年缴纳 8.8 亿元，共缴纳 17.6 亿元；津西集团每年缴纳 1.8 亿元，共缴纳 3.6 亿元；敬业集团每年缴纳 1.9 亿元，共缴纳 3.8 亿元；首钢集团每年缴纳 4 亿元，共缴纳 8 亿元，四家企业占河北省缴纳互助金的比重为 31.9%。

两个方案比较，每吨粗钢、生铁缴纳 5 元的优点是每年缴纳互助金资金量相对较小，对钢铁企业的经营不会产生大的影响，且保留钢铁产能的钢铁企业缴纳互助金比较均衡；缺点是资金筹集时间跨度长，与河北省化解钢铁产能各年度任务分解不太匹配。按照 10 元标准缴纳的优点是资金筹集较为集中，在 2 年内可以完成化解钢铁过剩产能资金池的筹集；缺点是标准相对高，有些企业可能难以承受，出资的企业主要集中在唐山、邯郸。

（三）化解钢铁过剩产能资金的使用管理

对于多渠道筹集的资金，必须按照科学合理、集约高效的原则统筹使用，可采用梯级奖补的方式，对主动退出产能的企业给予重点支持。基础奖补资金占资金总规模的 80%，结合退出产能任务量、需安置职工人数、困难程度等按因素法分配；梯级奖补资金占资金总规模的 20%，和各市县、钢铁企业化解过剩产能任务完成情况挂钩，对超额完成目标任务量的市县、企业，按基础奖补资金的一定系数实行梯级奖补，以鼓励企业多退出产能，并稳妥做好职工分流安置工作。

四、市场化产能指标交易机制的创建

所谓钢铁产能使用权，是指钢铁企业年度炼铁、炼钢产能指标的权利。产能指标交易是指对钢铁企业化解过剩产能指标实行资源化管理，钢铁企业之间可以通过交易平台买卖产能指标。随着钢铁产能压减任务的日益艰巨，迫切需要发挥市场优胜劣汰机制，通过市场化手段来促进钢铁产能使用权指标跨企业、跨区域合理有序流动，让设备更佳、能力更强的企业接盘被淘汰企业的产能，从而减少企业损失，提高钢铁产能配置效率。

（一）产能指标交易基本思路

以问题为导向，以创新为动力，以企业为主体，按照政府引导、企业自愿、公开守信的原则，逐步建立化解过剩产能指标交易机制，引导钢铁企业树立有偿使用发展理念，用市场化手段推进钢铁产业化解过剩产能，推动使用权指标跨企业、跨区域合理有序流动和高效配置，使有限资源创造更大的价值、更优的环境。

河北省冶金协会负责河北省钢铁产能使用权交易平台的建设，制定交易规则，组织交易活动。化解钢铁过剩产能指标将在交易平台进行挂牌，钢铁企业可根据生产经营情况和化解产能任务，对本企业化解钢铁过剩产能任务指标进行交易。自愿多承担化解产能任务的钢铁企业，可通过交易平台挂牌竞价出售产能指标，不愿承担或减少承担化解产能任务的钢铁企业，可通过交易平台挂牌竞价购买产能指标。

（二）产能指标交易的实施

钢铁企业化解过剩产能指标交易实施有以下几个方面：一是鼓励减量出售。列入《河北省化解钢铁过剩产能实施方案》的钢铁冶炼企业，在完成政府下达的净压减任务后，继续退出的在册产能，鼓励进行交易。二是实行增量购买。钢铁企业实施产能置换或完成压减产能任务指标缺口部分，可以通过市场交易解决。三是建立交易制度。交易采取协议交易和竞价交易两种方式，购买钢铁产能使用权用于项目产能置换的须在项目备案前完成，用于完成压减产能任务的须在政府下达的压减时限内完成。钢铁产能使用权交易按照属地优先原则进行交易。四是规范交易程序。买卖双方应分别向交易平台提交经发展改革部门审定的钢铁产能使用权购买凭证和出售凭证；买卖双方根据公布信息，协商达成交易意向，按统一格式签署交易协议，支付交易金额；交易中心根据双方交易协议及交易资金支付凭证，向购买方核发使用凭证，注销出售方出售量凭证。五是明确交易次序。钢铁产能使用权交易优先支持重大结构调整项目的产能置换。

五、财政支持过剩产能化解保障措施

（一）加强组织领导

成立财政支持钢铁化解过剩产能领导小组，制定产能互助金缴存、产能指标交易和财政支持钢铁化解过剩产能“资金池”管理办法和实施细则，并负责对化解过剩钢铁产能互助金进行托管。各职能部门和市县政府要明确分工，落实责任，完善配套措施，确保钢铁企业按时足额缴存互助金、公平公正参与产能指标交易，保证财政资金足额到位。

（二）完善实施细则

制定和完善《河北省钢铁企业化解过剩产能奖补资金管理办法》、《河北省化解钢铁过剩产能资金池筹资方案》等相关政策文件，省直有关部门抓紧制定配套实施细则，确保政策措施落实到位。

（三）强化监督检查

加强对财政支持钢铁企业化解过剩产能工作全过程的监督检查。河北省财政厅、河北省发改委负责对资金的筹集、互助金缴存、奖补资金的审核拨付和资金用途等方面进行明确，河北省发改委负责对全省钢铁产能使用权交易进行指导和监督，河北省审计厅每年要对奖补资金的筹集使用进行全面审计，审计结果在河北省政府网站向社会公开。

（四）严格奖惩措施

制定企业互助金奖惩办法，严格对不按时缴存互助金的钢铁企业，按照“环保、耗能、水耗、质量、技术、安全”等6类河北省地方标准的上限从严管理，并相应核增其压减产能任务。对拒不缴存互助金的钢铁企业，责令其停产。

新常态下产业投资基金在政府经济工作中的作用探讨——以张家口市为例

2016 年度河北省财政科研课题成果二等奖

产业投资基金，是指由政府出资，并吸引有关金融、投资机构和社会资本联合设立，交由专业投资管理机构进行管理，带有扶持特定阶段、特定行业、特定区域目标的引导性投资基金。产业投资基金既是在国民经济增速下滑、融资渠道收窄、可用财力增长乏力情况下，地方政府稳增长、促发展的创新性金融工具，又是地方财政适应新常态，实现财政资金分配方式由“补”到“投”的颠覆性改革。本章结合张家口市产业投资基金的运行实践，对产业投资基金在政府经济工作中的作用，做出初步探讨。

一、张家口市产业投资基金实践情况

（一）总体情况

2013 年以来，张家口市着手打造“基金 + 产业”“基金 + 园区”“基金 + 平台”经济模式。截至 2015 年，张家口市已成立 7 支基金，基金总额超过 44 亿元，分别是：通泰与上海久有合作基金，桥东区与上海久有合作基金，桥东区与江苏广和合作基金，经开区与上海鼎尚畅泰合作基金，怀安县与上海鼎尚畅泰合作基金，桥东区与河北国控集团合作产业园区建设基金，万全县、建发集团与上海久有合作基金。这些基金重点用于在张家口落地的孵化加速类和已经进入快速成长期的生物医药、节能环保、新材料、电子信息及高新技术服务业、高端装备制造业等高新技术类产业企业的股权投资，以及新型产业工业园区建设。目前，上述基金已分三批从上海张江、美国硅谷、无锡、北京等地引进高科技企业 43 家，总投资额达 100 亿元，主要涉及生物医药、新材料、电子信息三大产业领域，其中生物医药企业 12 家，新材料企业 7 家，电子信息企业 24 家。项目全部建成后，预计年产值可达 800 亿元以上，年实现税收 110 亿元以上。目前，高科技产业加速器已投入使用；占地 10 万平方米的北方硅谷一期已接近完工；占地 20 万平方米的西山生命科学产业园已经开工，将为张家口市战略性新兴产业的集聚提供有力的支撑。

（二）主要特点

目前，张家口市新的区域产业定位及结构调整、再生能源及重点应用、新型产业及奥运基础服务设施产业的发展均需要产业投资基金的引导。继先期基金建立以来，围绕产业重点发展要求，政府引导社会资本进一步推进和深化资金规模、出资结构、基金投向，取得了较为明显的成效。就产业投资基金的投资方向和投资结构看，张家口市产业投资基金具有以下基本特点：

1. 基金投资的区域性。基金的设立虽然由张家口市政府主导设立，但其设立一般体现在与县区的合作。受当地政府的影响，基金投向的产业也往往落户于县区，从而具有较强的区域性。如鼎尚基金模式，由张家口市经开区、怀安县与上海鼎尚基金合作建立，县区政府以国企平台为政府代理出资主体（劣后级 LP），引导的社会资金（优先级 LP）共同投资的产业主要进入了其产业园区。虽然从发展方面会出现的产业分散和总量不足等后期问题，但对于产业招商确实发挥了很大的作用。

2. 引导产业的先进性。张家口市的发展以生态保护为底线，多年来，张家口影响生态环境的传统产业基本上已被淘汰，新型的产业定位和产业引导靠地方政府和地方投资者是难以做到的，通过基金的合作和投资引导，政府借助于专业基金管理团队可以实现项目的精准投资和引入。自基金建立以来，张家口重点投资引进了“TMT”、生物医药、新材料、新能源、高端制造、大数据、云计算中心等一系列新兴产业，实现了产业的高起点、高标准，为产业结构调整和发展奠定了良好的基础。

3. 基金投资的行业性。在成立的基金中除没有特定限制的多产业投资基金外，还有明确了具体投向的专项基金。例如，桥东区与江苏广和集团合作的产业基金，专项投资与其推行的政务网云平台项目，具有投资专一性；东旭集团与建发集团、中关村新能源联盟设立的基金，投向于光伏发电及应用，能源交易数据平台等新能源产业，投资范围限于特定行业；河北国控集团与桥东区设立的园区建设基金，只用于北方硅谷科技产业园区的科技地产项目投资，也保证了基金集中投向的效率。

二、产业投资基金在促进地方经济发展方面的作用

随着经济进入新常态，张家口市财政发展也面临着新挑战。收入增长步入中低速，支出刚性增长，收支矛盾愈发突出。同时，面对京津冀协同发展、承办冬奥会、可再生能源示范区建设三大历史性发展机遇，张家口市产业结构优化和经济转型升级迫在眉睫，作为扶持地方经济发展的一种创新方式，产业投资基金在促进张家口市地方经济发展中的功能和作用需要高度重视。

（一）形成社会资金集聚供给效应

创业投资的期限长、风险大、流动性差，这种先天不足导致民间资本偏好性差，完全依靠市场机制无法有效解决资本供给不足问题。因此，设立产业投资基金，通过政府信用，引起民间资本、社会资本、国外资本聚集，形成资本供给进入创业投资领域，为创业投资提供好的资金来源渠道。相比于传统的支持方式，产业投资基金旨在用金融化运作改进财政资金的分配方式，充分发挥政府财政资金的杠杆放大作用。政府基金相当于种子基金，通过母子基金链式传导放大，吸引带动金融资本和社会资本增加投入。基

金改变了以往专项资金点对点的直接扶持和行政性分配，采取市场化运作模式，遵循市场规律，主要靠市场发现和培养新的增长点，有利于维护公平竞争的市场环境，也减少了设租寻租的空间。从资金统筹看，基金解决了专项资金“专项多、方向散、规模小”的问题。同时，产业基金通过设计一套完整的股权式投入、推出机制，可滚动、循环使用，有效实现资金积累，相当于建了一个资金的蓄水池和风险池，有利于化解地方政府债务等风险。

（二）推动产业结构优化升级

一方面，促进结构合理。产业投资基金通过对相关行业及企业的投资，参与企业的市场扩张和战略布局过程中的战略融资或重组、横向扩张或纵向产业链兼并收购，从而带动行业及产业链整体水平的提高；同时在短期内快速积累产业资本，从而扩大规模，快速发展，在重点产业发展的同时，也能发挥提升改造传统产业素质的作用，从而实现产业间的协调发展。另一方面，提升产业高度。产业结构高度化是指产业结构从低水平状态向高水平状态发展的动态过程，具体体现在顺着劳动密集型、资本密集型、技术（知识）密集型产业分别占优势地位顺向递进的方向演进等。产业投资基金通过推进第三产业发展、培育高新技术产业和战略性新兴产业实现提升产业结构高度化的功效。产业投资基金立足于为创业企业提供股权资本支持和创业管理服务，实现技术、资金和管理的有效结合，成为培育和辅导创业企业快速成长并助推高新技术产业发展强有力的杠杆。

（三）实现“政府责任”和“市场机制”的有效结合

长期以来，政府对企业投资的扶持主要是采取专项资金拨付、融资担保等方式，由政府直接操作，在实践运行中这种方式普遍存在着公正性及风险约束缺失的问题。产业投资基金的设立，厘清了政府与市场的边界，弱化了政府微观方面的管理职能，由市场决定资源配置，实现了财政支出与市场机制的有机结合。具体看，产业投资基金不直接支持企业，而是借助于支持设立商业性创业投资企业、创业投资管理企业、具有投资功能的中小企业服务机构，对扶持企业和项目进行筛选，通过阶段参股、跟进投资，按市场化方式运作引导民间资金进入创业投资领域。通过创业投资机构的专业运作，按照“项目选择市场化、资金使用公共化、服务促进专业化”的原则，实现对初创型、潜力型企业多元融资的扶持。

（四）发挥公共财政资金的政策导向作用

产业投资引导基金设立和运作的宗旨是贯彻国家和省产业政策，落实市委市政府经济发展战略，促进相关产业发展。作为“公共产品”，政府希望通过产业投资引导基金的作用发挥企业的“正外部性”，放大“外溢效益”。美国、以色列等一些国家之所以能够在电子信息技术、新材料、现代农业等领域培养一大批具有核心竞争能力的高成长性企业，引领世界科技发展潮流，重要经验之一就是建立了新型产业投资制度。政府通过设立产业引导基金，使政府的政策目标和社会资本的盈利目标趋向统一，发挥公共财政资金“四两拨千斤”的撬动作用，用公共财政资金引导民间资本设立产业投资企业，扶持区域性自主创新企业及风险投资企业，实现新兴产业技术的萌芽、发展、壮大及传统产业的技术改造和提升。

三、发挥产业投资基金功能的对策建议

（一）找准政府职能定位，科学引导产业投资基金的设立

作为一种创新的金融集合投资制度，产业投资基金本质上是一种商业行为，应坚持市场化运行原则，政府在其中的作用应定位为引导服务，不宜干预其具体运作。地方政府应在全面了解国家和省相关产业政策和基金情况的基础上，立足自身产业特点和发展优势，充分考虑社会各方面投资需求，通过制定产业政策和区域发展规划，科学引导产业投资基金的设立和投向。在审批或参与审批产业投资基金的过程中，政府相关部门应科学分工、各司其职、密切协作，并根据产业结构调整和优化升级的基本方向、思路和要求，通过基金设立审批和基金的基本投资限制，来发挥必要的导向作用。

（二）建立完善的退出渠道，推动基金实现良性发展

从国内外先发地区实践看，产业投资基金退出方式主要有上市和场外交易。因此，应积极开发和完善资本市场，努力畅通资产变现通道，使不同层次企业的股权都能找到交易成本低、流动性高、市场厚度大的流通市场，以破解投资者的投资回收瓶颈问题，最终实现产业投资基金的“投资——培育——变现获利——再投资”的持续良性循环发展。同时，进一步开发准入标准低、交易成本小的“创业板市场”和场外交易市场，及其他产权交易所等要素市场，逐步放松产权交易的政策限制，充分发挥市场机制功效，为企业成长和产业发展开创有利的市场环境。

（三）加强人才队伍建设，夯实基金长期发展基础

高素质的人才队伍是产业投资基金成功运作的必要条件，应加强基金管理人才队伍建设，培养高水平的基金管理从业人员。着力打造一支熟悉产业投资基金业务、国家产业和行业政策及监管政策的高素质专业队伍。通过引进高层次人才方面的优惠政策吸引国内外基金管理人才，并充分利用张家口市高校和科研院所，培养所需的基金管理后备人才。

（四）实施政府备案和行业自律“软监管”，防控基金风险

政府引导基金作为公共资金，在市场化运作过程中会面临诸多风险。随着产业投资基金业的不断扩大，为强化风险防控，应着力将风险识别、防范、控制、化解纳入引导基金管理运作流程，逐步实现“适度”监管。加强制度设计，明确投资运营、风险防控、绩效考核等事项，建立健全对收益让渡项目的风险分担和考核评价。逐步推行基金备案制，重点突出行业自律管理，将自律管理置于基础性地位，而将政府监管定位于一种辅助性的监管主体。指导产业投资基金和管理公司组建行业协会，由行业协会搭建信息平台建立沟通

机制，开展专业培训和各类相关业务的合作交流，充分发挥企业与政府部门的纽带作用，通过行业协会加强自律管理。当然，备案管理部门也要严防风险，加强日常监测、风险预警和应对工作，确保行业有序健康发展。

（张家口市财政局　张文浩　杨巍洁）

关于推进张家口市金融改革与创新的点滴思考

2016年度河北省财政科研课题成果二等奖

一、推进金融改革与创新，必须解放思想，转变理念

金融改革与创新是现代金融业的核心特点，近年来在我国发达地区得到了长足发展，体现为多层次资本市场体系建设富有成效、区域金融要素市场建设持续推进等等。张家口市与发达地区在现代金融业发展方面差距巨大，这种差距从表层看体现为资本市场建设方面存在代差，从根源上看，则是金融理念和金融思想的差距。目前，张家口市各级政府、金融企业、市场主体普遍缺乏现代金融思维，特别是大部分企业经营者思想观念陈旧，普遍延续着信贷融资的传统理念，持有“没钱找银行”“挂牌仅仅是挂名”“挂牌解决不了融资难题”等偏执观念的较为普遍，对新型市场融资方式缺乏深入地了解和认识，对企业股份制改造等规范化措施缺乏正确理解。思想不解放、理念不更新是制约我市金融发展的最短板。当前，面对京津冀协同发展、京张联合申冬奥、建设可再生能源应用综合创新示范区等重大历史机遇，必须把思想的彻底解放和理念的全面更新放在重中之重，才能实现乘势崛起。金融是现代经济的核心。改革与创新是金融快速发展的不息动力，更是金融服务地方经济发展的内在需求，特别是在经济发展新常态下对金融服务创新提出了更高要求，只有与时俱进的不断解放思想，牢固树立起创新驱动发展的理念，培树敢闯敢试、敢为天下先的改革创新精神，才能有效推动地方金融和经济全面发展。

二、推进金融改革与创新，必须立足服务实体经济，不断发展丰富金融业态

一个地区金融业务的活跃程度与实体经济的发展有着密不可分的联系，总的来说，实体经济是金融创新的基础和条件，而金融创新也是实体经济发展的基本动力和有力工具。通过培训学习，大家一致认为，欠发达地区金融发展的瓶颈，在于投融资体系高度依赖银行信贷等传统融资方式，企业上市、基金、证券等工作还处于初级阶段，传统的融资模式和金融业态已经无法满足顺应历史机遇而催生的大产业巨量投资趋势，实体经济受到影响不可避免。因此，必须从战略高度出发，牢固确立服务实体经济的理念，坚定强化金融改革创新思维，下大力补齐“短板”，在创新驱动中激发金融改革与创新的活力。

（一）引导金融资本，建立股权投资基金

通过政府投资引导，按照一定的比例，吸引社会资金共同成立“股权投资基金”，通过股权投资的方式支持产业落地和发展，以此解决产业项目前期资金不足的问题，实现政府引导资金的放大作用。

（二）借助资本市场，拓宽企业融资渠道

引进能够支持企业包装上市的基金公司、投资机构，帮助和引导本地企业通过资本市场开展融资，政府金融管理机构要帮助企业与机构的对接，建立专项奖励引导资金用于支持企业上市的前期费用，支持资金可以以补贴和债权资金形式拨付企业，可以与机构前期投资共同做为上市企业股权投资，实现后期退出和循环使用。引导相同产业的企业进行资产整合和合作，做大体量共同上市，借壳融资；鼓励企业加强专利技术等轻资产的积累，以提高投行与机构对其市价的评估倍率。

（三）创新金融产品，着力解决中小企业“融资难”“融资贵”问题

推进利率市场化改革，发展互联网金融，灵活应用资产证券化、融资租赁、小额贷款保证保险、供应链金融、科技金融融合发展模式等新兴融资渠道和模式，积极帮助中小企业盘活存量资产，优化融资结构，降低融资成本，促进中小企业快速成长，推动实体经济做大做强。

（四）合理配置资源，推动战略性新兴产业发展

积极调整金融资源配置结构，在融资规模、融资比例、融资条件、融资模式等方面给予这些产业全面支持，通过资本市场将金融资源向战略性新兴产业流动，重点支持新信息、新能源、新材料、高端装备制造等战略性新兴产业集群，确保产业落地生根，开花结果。

三、推进金融改革与创新，必须借力打力，拓展政府融资瓶颈

金融要想更好的为经济发展服务，畅通渠道是关键。特别是在遭遇政府融资瓶颈的新挑战下，必须借力金融改革和创新，寻求到更多合作共赢的对接渠道，才能释放活力实现全面发展。三大历史性机遇对张家口市的基础设施、公共服务条件和水平提出了全新的要求，解决项目建设和化解债务资金来源，必须借助金融改革与创新。

（一）开展银政合作，建立基础设施建设引导基金

由政府少量资金为引导，金融资金配资为主要来源，设立基础设施建设引导基金，引导社会资金和社会资本投入，用于基础设施项目建设。同时，按照“基金 +（信贷、投资、社会资本）等方式解决项目后续资金投入。通过股权回购、股权出让、经营权抵押、政府购买服务、特许经营权转让等方式实现政府投入基金的退出，为政府基础设施建设及公共服务提供资金引导和支持。

（二）盘活存量资产，减轻政府财政压力

在公共交通、公共服务场馆设施等政府投资项目建设中，通过以租代购、以租代建的融资租赁方式，平滑政府支出财力，规避一次性大量资金投入压力和政府新的债务。对于已建设形成的高速公路、市政公共设施的供水、污水、中水官网，通过售后回租的融资租赁和资产证券化方式盘活存量资产，变现融资化解政府债务。

（三）利用公共资源，开展社会资本合作

政府通过统一公共资源管理，统筹协调，积极探索建立张家口市存量项目和新建项目运行 PPP 的机制，重点围绕基础设施、奥运设施、保障房建设和公共服务领域筛选试点项目，用好用足国家政策，推行 PPP 项目合作。

四、推进金融创新与改革，必须强化制度建设，优化金融生态环境

金融改革与创新离不开金融生态环境的支持，金融生态环境是金融改革与创新的土壤。良好的金融生态环境是集聚资本、人才的前提，只有不断创优金融生态环境，才能吸引更多金融机构、金融人才落户并发展壮大，才能更好的支持地方经济社会快速发展。当前张家口市金融创新与改革不足的一个重要原因就在于缺乏良好的金融生态环境，主要表现为金融制度环境不健全、市场主体信用意识淡薄、金融监管滞后等等。对此，必须通过三个方面持续优化金融生态环境。

在体制机制建设方面，要制定完善地方金融业发展规划，结合地方实际和国家相关法律法规制定促进地方金融发展的中长期规划和地方金融业发展的实施意见，以规划引领金融稳健发展。建立完善考核奖励机制，切实从设立引导基金、建立贷款风险补偿机制、考核奖励等方面加大对金融服务实体经济的支持力度。建立起金融机构有序竞争机制，在扶持金融主体发展的基础上，积极引进更多金融机构落户，切实增强危机感和竞争意识，形成“政府扶持有方、银行支持有力、企业用资有效”的服务大格局。

在社会信用环境建设方面，要加强社会信用体系建设，加快建设中小企业信用信息服务中心，引进市场化运作征信机构，着力将信用体系建设与市场化运作的担保机制相配套，逐步形成与人民银行征信系统互为补充、覆盖全部业态信息的统一的社会信用信息共享平台，着力把信息交易等服务平台打造成金融结算平台。建立企业信用评价体系和失信联合惩戒机制，坚决制止和打击逃废金融债行为，加大对失信企业的公开曝光力度，依法维护金融机构的合法权益。

在金融监管建设方面，要加快完善金融风险预警监控机制、金融市场舆情快速反应机制、金融突发性事件应急和处置机制，建立金融监管部门、行业主管部门、公安、检察、法院等部门多方联动的合作机制，完善工作预案，加强对上市公司风险、民间融资风险和恶意逃废银行债务风险的防范和处置，加大对网络金融、网络借贷等新兴金融业态的运行监测、风险研判和预案处置，严守不发生系统性、区域性金融风险的底线。

（张家口市桥东区财政局　王玉琴）

基层政府债务成因剖析及化解之道探索
——以张家口市桥东区为例

2016 年度河北省财政科研课题成果二等奖

当前，如何化解基层政府债务，是各地都在积极探索的难题。张家口市桥东区通过举借债务用于城市道路、供热、保障房、教育布局调整等公益性基础设施建设，有效缓解了城市建设的资金需求。同时，政府债务规模急速膨胀，债务风险凸显，对财政经济平稳运行构成潜在威胁。因此，亟需构建“举借有度、管理有方、偿还有力”的债务管理机制，切实防范和化解财政金融风险。

一、基本情况

截至 2014 年 12 月底，张家口市桥东区政府债务总额 24.6 亿元，全部是政府负有偿还责任的债务。其中，2013 年 6 月审计署认定（以下简称 6.30 债务）债务余额 13.7 亿元，比 2013 年 6 月减少 2.4 亿元，降低 14.91%。清理甄别新增债务余额 10.9 亿元，占全部债务总额的 44.31%，包含审计署审计 6.30 债务时，由于统计口径不同，区级上报但审计未认定的企业改制债务 1.4 亿元（如表 1 所示）。

表 1　　2014 年 12 月底桥东区政府债务余额情况表　　单位：亿元

债务类型		2013 年 6 月底		2014 年 12 月底				
		6.30 债务	比重	6.30 债务	比重	新增债务	比重	债务总额
合计		16.1	100%	13.7	100%	10.9	100%	24.6
按债务类型分：								
政府负有偿还责任的债务	一般债务	16.1	100%	13.7	100%	10.4	95.41%	24.1
	专项债务							
	企业债务					0.5	4.59%	0.5
政府负有担保责任的债务	一般债务							
	专项债务							
	企业债务							

从债务资金来源看，2014 年 12 月底，张家口市桥东区政府债务余额中，银行贷款、

企业借款、施工单位及个人欠款为债务资金的主要来源，债务余额分别为 8.3 亿元、2.4 亿元、13.88 亿元，占比分别为 33.74%、9.76%、56.42%（如表 2 所示）。

表 2　　2014 年 12 月底桥东区政府债务资金来源明细表　　单位：亿元

资金来源	金额	比重
银行贷款	8.3	33.74%
企业借款	2.4	9.76%
施工单位及个人	13.88	56.42%
世行贷款及其他	0.02	0.08%
合计	24.6	100%

从债务资金投向看，2014 年 12 月底，张家口市桥东区政府债务余额中，主要用于道路基础设施建设、市区绿化、企业改制、教育布局调整、园区建设等方面，债务余额分别为 15.48 亿元、0.22 亿元、1.4 亿元、0.2 亿元、7.3 亿元，占比分别为 62.93%、0.89%、5.69%、0.81%、29.68%（如表 3 所示）。

表 3　　2014 年 12 月底桥东区政府债务资金投向明细表　　单位：亿元

资金投向	金额	比重
基础设施建设	15.48	62.93%
企业改制	1.4	5.69%
市区绿化	0.22	0.89%
教育布局调整	0.2	0.81%
园区建设	7.3	29.68%
合计	24.6	100%

张家口市桥东区是张家口市主城区。近年来，桥东区承担了主城区相当大部分基础设施建设任务。现行市区两级财政结算体制，城市维护费专项资金全部由市级统筹，财政预算是典型的“吃饭财政”。土地收储出让职能在市级，桥东区没有独立的土储中心。城市基础设施建设筹资渠道狭窄，但建设任务基本实行属地管理，上级政府制定规划并检查验收，区级负责执行，在这种城市建设的机制下，势必会形成区级政府债务。

二、存在的问题

1. 债务管理机制不健全。一是一些政府投资项目未纳入预算管理，属于“三边工程”即边开工建设、边立项、边办理审批手续，导致政府债务“借、用、还”脱节。财政部门作为债务管理部门应对项目建设进行事前控制，而最终却演变成“兜底者”对债务数据统计、汇总。二是部门之间工作关注点不同，形成债务的部门做为项目实施单位，主要关心如何保证高效地完成上级下达的建设任务，对欠债规模及偿还问题不够关心，未能考虑政府的偿债能力和财政承受能力，部门之间未形成强有力的债务管理“组合拳”。

2. 审计跟踪力度不够。对政府债务审计监督除了审计署开展的两次大规模审计以外，一般都是政府同级审计部门审计。截至目前，桥东区工程类建设项目尚有近2亿元未经审计。由于施工单位提供的资料不全等各种原因影响了债务总规模的审计，对最终偿还债务形成滞后影响。

3. 隐性债务风险。2013年6月国家审计署审计债务时，未认定国有企业改制债务，原因是该项债务政府未实际支出，是隐性债务。然而这项债务社会观注度较高，企业职工为了自身利益频繁上访，成为不稳定因素。且破产企业资产多有争议，处置资产变现收入难以满足职工安置费用。

4. 债务成本递增。桥东区政府债务均为政府负有偿还责任的债务，按是否计息可分为计息债务和不计息债务，其中计息债务为银行贷款及类金融机构借款，余额约12亿元，利用省市债券资金置换计息债务，降低了债务利息负担。一些不计息债务不能按时偿还，为维护政府信用，人为推迟偿还期限，对一些棘手债务和特殊债务不得不按市场规则承诺付息，从而出现存量债务依然“增长”的现实问题。

5. 融资平台转型难。为支持基础设施建设融资成立的平台公司，现已不具备融资功能，实际变成空壳公司，当初注入的资产基本不具备变现或运营可能，但由于名义上承担了国有资产所有权或使用权，即使债权债务终结，也不能及时注销企业，形成了一批事实的“僵尸企业”。

三、化债的主要做法

（一）债务管理制度逐步完善

桥东区印发了《关于深化政府债务管理改革的意见》、《关于成立政府债务管理领导小组通知》、《关于政府债务管理领导小组办公室工作职责的通知》、《关于桥东区政府债务风险预警管理办法的通知》、《关于政府债务偿还管理办法的通知》、《关于推广政府和社会资本合作（PPP）模式的实施意见》、《关于政府债务实行季报报表管理的通知》、《关于对政府债务实施动态管理的通知》、《关于对地方政府债务系统管理办法的通知》9项制度办法和工作规范文件，基本搭建起全区政府债务管理制度框架。

（二）财政局归口管理债务

2015年7月财政局成立债务管理股，负责全区政府债务资金管理。债务管理股自成立以来，向省市申请债券资金近10亿元，有效地缓解政府到期偿债压力，降低利息负担约0.5亿元。

（三）动态监管政府债务

为及时、全面、准确掌握政府债务情况，按主管单位、项目逐笔逐项对全区债务实施动态监管。

1. 摸清底数。对全区存量债务进行一次“回头看”，按项目、债权人逐笔核实工程合同、审计报告、付款发票等基础资料，剔除虚报、多报、错报及以自营收入还款债务，确实摸清债务底数，做到心中有数。

2. 建立台账。建立政府债务管理台账，分类整理债务档案，掌握全区债务规模、结构、投向和偿还情况。按月统计债务的增减变化情况。按季与有债单位核对债务明细，避免单位改变偿债资金用途。根据债务台账，认真分析填报财政部地债系统数据，以优质的信息赢得上级政策和资金支持。

3. 严控新增。新建、在建项目尽量实现“增减挂钩”，不增加政府债务余额。确需增加政府债务的，工程类欠账需经审计局审计认定后方可纳入政府债务，同时向区财政局报送项目的预决算书、审计报告等资料复印件备案。

4. 消化存量。张家口市桥东区偿还存量债务按照积极稳妥、区分轻重缓急、统筹兼顾的原则，优先偿还银行及类金融机构借款，其次偿还企业借款，最后偿还工程类欠款。近来来，在省市财政的大力支持下，通过预算安排、申请债券资金、资产变现等方式筹集资金偿还债务约10亿元。规范债务资金支付流程，对列入偿还范围的债务按项目核实审计报告、借款合同、付款发票等资料，经债权人、债务人及有关主管部门签订三方付款协议后，按国库集中支付程序直接支付到债权人银行账户。

四、加强债务管理的几点考虑

1. 发行债券将基层政府存量债务全部置换。存量债务形成时间跨度长、构成复杂，债务还本付息压力大。建议省政府发行债券将现有存量债务全部置换，既能调整债务结构，降低债务成本，延长债务期限，又能理顺债务关系，更易于管理。

2. 成立政府债务归口管理机构。各地政府债务管理模式不一，债务主管部门因地制宜，并未全部由财政管理。事实上政府债务偿还最终会由财政兜底，与其最后兜底，不如未雨绸缪，及早介入，将政府债务实现“一口”管理。在各级财政部门成立债务管理机构，尤其是基层财政部门，必要时可根据实际情况适度提高债务管理机构规格，真正做到债务管理收入一个“笼子”，支出一个“口子”，从源头控制多头举债、权责不清、调控不力的局面。

3. 强化审计监督。强化审计的作用，建立责任追究制度，依法将举债项目年度审计监督与举债单位领导干部任期经济责任审计有机结合。把债务资金的使用、偿还作为组织部门年度考核部门领导干部的一项重要指标。对挪用债务资金，不按计划偿还债务造成损失的，要依法追究相关人员的行政责任和法律责任。

4. 严格监管债券使用。建议对债券资金使用情况实施“史上最严格”跨区域交叉审计，对涉及弄虚作假、违规使用债券资金的，及时收回债券资金，并依法依规追究相关责任人责任。

5. 加快资产变现。各级政府不同程度拥有一定的资产资源，它们的实际使用人和控制人散落在各个部门。这些资产资源有的闲置、有的收益甚少，而政府偿还债务却“无米下锅”。各级政府应统筹资产资源，将闲置办公用房、封存超标车辆等可推向市场变现的资产尽快推进变现。由于体制、机制影响资产变现的，政府应给予政策支持，及早将资产变现消化存量债务。

6. 甄别债务类型后上划债务。由审计部门对债务结构形成原因进行分析后，上级政府可以考虑收回下级政府由于事权和财权不对应形成的部分债务，即将部分债务上划至上一级政府管理并负责偿还。当然，这样做表面上有悖于国发〔2014〕43 文要求的“债务不救助”原则，但鉴于市区两级政府间的“血肉亲情”联系，必要时此举不失为尽快化解债务，防止基层政府发生资金断裂风险，维护地方政府信誉的现实选择。毕竟上级政府掌握资源和化解债务的能力肯定是高于下级政府的。当然，债务上划必须建立在清理甄别基础之上，否则会出现不良债务恶意转移的问题，因此债务上划也要防范下级政府逃废债务的道德风险。

综上所述，统筹各种资源，多方形成合力，妥善处理存量债务，同时谋求区域经济可持续发展。区域经济发展离不开实体经济发展，要转变政府发展经济的手段和传统理念，运用基金 + 产业、基金 + 项目、互联网 + 的模式开展招商引资、招商引智，加快园区经济建设步伐，促进产业结构上档升级。对政府急需资金的热力、道路、园区建设可推广使用 PPP 模式。张家口市桥西区热力公司已成功运用 PPP 模式进行转型，通过出让供热经营权 25 年，解决了后期建设资金的困难，这就是充分运用社会资本来解决政府基础设施建设资金短缺的难题。因地制宜地运用政策支持，加强同亚行、世行、清洁发展基金的合作，争取国开行、农发行等政策性贷款，推进棚户区、保障房等基础设施建设。

“栽得梧桐树，自有凤凰来。”发展经济才是硬道理，经济发展势必会给地方政府增加可统筹财力，这才是化解债务的必由之路。

（张家口市桥东区财政局　庞瑞清）

化解过剩产能，推动供给侧结构改革

2016 年度河北省财政科研课题成果三等奖

2013—2015 年，河北省积极争取中央资金支持，筹措投入奖补资金近 30 亿元，开展淘汰落后产能和化解过剩产能工作，使河北省产能结构得到进一步优化，资源综合利用率水平明显提升，经济效益实现好转，发展质量进一步改善，推动了河北省经济结构转型升级和生态环境质量提升。但是，河北省目前的产能过剩是由许多因素交织形成的，既有周期性、绝对性产能过剩，也有结构性、体制性产能过剩，并呈现出过剩行业不断蔓延和长期化、绝对化的趋势。因此，化解过剩产能依然是加快河北省产业结构调整和转型升级的关键，是合理配置生产主体和要素结构的关键。这既是供给侧结构性改革的核心要义，也是经济新常态下发展经济的中心工作。

一、完善行业管理，实现依法化解

（一）加快完善化解过剩产能的政策法规体系

抓紧建立完善化解产能过剩相关的立法工作，从产能利用效率、技术指标、排放标准、土地、环保、节能、财税体制、金融管理等层面，从严制定、修改、完善相关法律法规，修订完善破产法，推进资源税改革和环境保护税立法，实施逐步由行政干预向依靠法治和经济手段治理转型，建立常态化的化解过剩产能的长效治理机制。在压缩过剩产能的同时，建立负面清单管理制度、及时追究相关责任主体法律责任的约束机制等，从法治层面确保产能过剩行业中不再有新的项目投入和新的产能扩建。同时要完善审批、监管制度，改变主要以经济规模作为审批依据的审批方式，将能源资源的高效使用、环境保护和安全生产作为审批的前置性条件，监管方式向事中过程性监管转变。

（二）创新行业管理方式

加强行业准入和规范管理，充分发挥行业规划、政策、标准的引导和约束作用，推动产业政策加快向普惠性、功能性、结构性转变，在健全市场体系、促进公平竞争、引导资源合理配置、激发市场主体活力等方面发挥积极作用。依据能源消耗总量控制指标、产业结构调整指导目录、行业规范和准入条件、环保标准等要求，加强项目管理和监督，严把项目申报、审核、验收关，推行产能严重过剩行业产品质量分类监管制度，对产能严重过剩行业违规项目进行全面清理。

（三）加快要素市场化改革，健全企业退出的法律政策体系

供给侧改革的核心和导向是市场化制度的供给，推进供给侧结构性改革，应加快建设统一开放、竞争有序的市场体系，着力清除市场壁垒，提高资源配置效率，破除政府主导的土地、资本等重要资源要素分配模式，重视市场机制的调节作用，强化要素市场的体制机制创新，逐步净化和培育有效竞争的市场，提升供给体系的效率和质量，促进劳动力跨地区跨部门流畅，引导资本和劳动在不同部门的优化配置，进而实现过剩产能的出清。理顺资源、要素价格的市场形成机制，完善差别化价格政策，提高产业准入的能耗、物耗、水耗和生态环保标准，切实发挥市场配置资源的基础性作用。加快资源市场化改革，以资源环境承载力上限，倒逼超标产能退出、节能减排达标和自然环境改善。改革完善财税制度，建立生态环保补偿责任基金和企业退出扶助基金，发挥财税政策的引导与激励作用。完善金融政策促进对企业退出的资金支持，引导国有资本从产能过剩领域退出。

二、完善激励政策，优化产业结构

（一）推进企业全面创新

要从理论、文化、动力、技术、空间、产业和制度等多个维度推动企业自主创新，培育发展新动力，优化劳动力、资本、土地、技术、管理等要素配置，激发创新创业活力，推动大众创业、万众创新，释放新需求，创造新供给，推动新技术、新产业、新业态蓬勃发展。

（二）完善支持政策体系

进一步取消、整合、规范涉企收费，落实企业税收优惠政策，降低企业财税成本，减轻实体经济企业负担。完善和落实促进企业兼并重组的财税、金融、土地等政策措施，鼓励跨企业、跨产业、跨区域的结构重组，充分释放资源（资金、土地和技术）要素的流动性，推进过剩产能的无边界重组，有效遏制过剩产业的新增产能，消化过剩产能。扩大税收优惠政策范围，建立跨区域兼并重组的利益协调和共享机制，使区域之间横向税收分配比例合理化，降低地方阻力。创新金融产品和服务，优化信贷结构，支持企业加大技术创新，激励金融资本市场多渠道、多业态参与产能过剩产业的兼并重组。鼓励和引导非公有制企业通过参股、控股、资产收购等多种方式参与企业兼并重组，支持企业整合内部资源，优化技术、产品结构，鼓励过剩产业研发新产品向下游产业延伸，提高产业集中度，延长产业链，增加产品附加值。

（二）制定精准的产业政策

通过市场竞争机制，引导优势产业的发展布局与市场结构，提高技术、环保、能耗等标准，淘汰一些低附加值、高污染、高排放、产能严重过剩的产业，实现劣汰促劣。积极

对接京津产业转移和“中国制造 2025”，全面落实制造强省五年行动计划，大力发展高端制造业和战略性新兴产业。围绕新一代信息技术、生物医药、节能环保、智能制造、住宅产业化等，抢占新兴产业发展制高点。推动新一代信息技术与现代制造业、现代服务业等领域的深度融合，引领产品向高附加值端不断迈进。加强传统优势产业的高端化、智能化、柔性化改造，引导现代服务业向精细化、智慧化、专业化、高效化方向延伸，引导现代制造业向智能化、高端化、物联化方向发展，尽快实施由制造大省向制造强省转型。

（四）加快产业结构的优化升级

应汲取英美等国家的供给侧改革经验，加大结构性减税力度，积极扶持产业结构优化和转型升级，淘汰落后产能，积极发展符合市场需求的绿色生产能力。科学制定产业布局规划，优化产业空间布局，在坚决遏制产能盲目扩张和严控总量的前提下，有序推进产业布局调整和优化。按照区域发展总体战略要求，适应城镇化发展需要，结合地方环境承载力、资源能源禀赋、产业基础、市场空间、物流运输等条件，有序推进产业梯度转移和环保搬迁、退城进园，防止落后产能转移。支持跨地区产能置换，引导国内有效产能向优势企业和更具比较优势的地区集中，推动形成分工合理、优势互补、各具特色的区域经济和产业发展格局。

（五）完善失业保险和再就业培训制度

化解过剩产能导致部分职工下岗，职工安置和再就业压力加剧。据测算，河北省将流失 100 万个工作岗位，平均每年要向社会释放失业人员 25 万人。这些人年龄偏大、技能单一，给分流安置工作带来巨大压力。因此，要充分运用市场机制和帮扶措施统筹做好下岗职工安置工作，要建立失业监测预警制度，深入排查化解过剩产能企业实情，制定和完善应对规模性失业风险预案，采取有效措施及时化解各种矛盾，切实维护好企业、职工合法权益，为推进供给侧结构性改革，营造和谐稳定的社会环境提供有利条件。

三、创新政府管理，建立长效机制

（一）深化行政管理体制改革

持续推进简政放权、放管结合、优化服务，推行权力清单、负面清单、责任清单。加强产业、土地、环保、节能、金融、质量、安全、进出口等部门协调配合，强化用地、用海和岸线审查，严格环保和质量监督管理，坚持银行独立审贷，形成法律法规约束下责任清晰的市场监管机制。加快推进城乡分割体制改革，努力建设城乡统一的户籍制度、产权制度、劳动就业制度、福利保障制度、财税和投资制度等，强化事中和事后纵横协管。

（二）改革政府绩效考核办法

以“去产能”为核心修订完善地方政府的考核体系，破除政府与“僵尸企业”和过剩产能企业之间利益捆绑的体制机制，逐步弱化对地方政府经济增长规模和数量的考核，适当延长各级干部在一个地方一个职位的任职时间，构建防范和化解产能过剩的良好政治生态。

（三）建立数据开放透明的产业产能运行综合信息服务平台

完善产业产能监测统计制度，建立严格的数据质量追踪体系，建立“数据污染”责任追究机制，实现数据监控、数据决策和数据治理的有机统一。逐步建立统一的行业产能过剩评估指标体系和预警系统，对重点行业产能过剩情况进行动态监控，通过精准的数据决策和数据管理，准确把握产能过剩部门的经济运行态势，让企业和投资者及时准确地了解行业产能及相关信息，理智决策进入或退出市场行为；让商业银行有效控制信贷投向和规模，规避金融风险；为各级政府领导化解产能的正确决策提供准确、及时、全面的数据和预警信息，为经济管理部门优化产业结构提供有力参考。

（河北省财政厅　赵宏亮　曹春芳
石家庄市畜牧局　曹航　王伟）

湖南省非税收入管理工作的经验及启示

2016 年度河北省财政科研课题成果三等奖

非税收入是政府为了满足社会准公共需要，参与国民收入分配和再分配的一种重要形式，它与税收共同构成国家的财政收入，为政府实现其职能提供了可靠的财力保证。因此，对地方政府而言，非税收入管理工作显得尤其重要。目前，湖南省在全国率先探索和推行非税收入管理工作，取得了突破性进展，并已步入规范化的轨道。借鉴其非税收入管理工作的先进经验，寻求有效途径和办法，构建科学规范的非税收入管理体系，已成为河北省非税收入管理工作的当务之急。

一、湖南省非税收入基本情况

（一）人员及机构情况

自 2004 年以来，湖南省各级财政部门相继成立了非税收入管理机构。省非税收入征收管理局于 2004 年 7 月挂牌成立，为省财政厅直接领导和管理的副厅级事业单位，人员实行公务员管理，设文秘处、征管一处、征管二处、结算统计处、票据管理处、稽查处共六个处，核定编制 32 名。目前配备局长 1 名，副局长 3 名，实际在岗人数 26 人，均为本科及以上学历，其中硕士研究生毕业的 14 人，中共党员 24 人。主要职责是：参与制定并贯彻落实非税收入征收管理政策，依法依规组织、委托和督促做好省直各单位行政事业性收费、政府性基金、国有资源资产有偿使用收入、罚没收入等非税收入的收缴结算、票据管理、减免审核、征管稽查等工作。湖南省市州、县市区均成立了非税收入管理机构，其中市州非税收入管理机构均为副处级，县市区非税收入管理机构为副科级或正科级，湖南省在职工作人员近 2000 名。

（二）收入规模情况

湖南省非税收入分别纳入公共财政预算、政府性基金预算、国有资本经营预算和财政专户管理。总体上看，湖南省全口径非税收入规模适中、增长适度，但纳入公共财政预算的非税收入占地方财政收入的比重偏高。从非税收入规模看，2004—2015 年，湖南省非税收入从 338 亿元增加到 2178 亿元，纳入公共财政预算的非税收入由 102 亿元增加到 987 亿元；从非税收入占比来看，纳入公共财政预算的非税收入占地方财政收入的比重由 31.8%

上升到 36.3%。

二、湖南省非税收入管理工作的经验做法

（一）非税收入征管方面

1. 确立了非税收入管理新理念。构建“单位开票、银行代收、财政统管、政府统筹”的非税收入征管新模式。第一，职能归口。将预算外资金征管职能统一归口政府，明确政府为非税收入征管的领导机关，财政部门为非税收入的主管部门，并成立全国第一家副厅级机构负责非税收入征管具体工作，打破了管理脱节、监督失灵、收入流失的征管旧模式。第二，属性明晰。将预算外资金赶进财政笼子，分别纳入公共财政预算、基金预算和专户管理，并实行统筹安排，促进了非税收入“所有权属国家、使用权归政府、管理权在财政”的三权归位；将过去由单位“割据”管理的国有资产收益纳入财政管理，行政单位的资产收入实行“收支两条线”，事业单位收取国有资产占用费，解决了国有资产及其收益底子不清、监管不力、流失严重问题。第三，责任厘清。明确了财政部门负责征收管理，执收单位负责具体执收，银行代理收入收缴的非税税收入执收职责，从根本上实现了以票管收、票款同步、收缴分离、收支分离，确立了权责清晰、分工合理、运转高效的执收新机制。

2. 完善征收管理制度体系。着眼于政策理论指导征管实践、征管实践服务政策理论，构建起覆盖宏中微三个层面“金字塔式”的制度体系。宏观层面，于 2004 年出台全国第一部非税税收入管理地方性法规——《湖南省非税收入管理条例》，并编写《〈条例〉释义》，以“法”的形式率先界定非税税收入概念及其性质；中观层面，就非税收入“收不收”和“收什么”问题开展调研并直接促生了 40 多项“中观”政策的顺利实施，如《关于规范省直单位非税收入管理的通知》、《规范省直单位非税收入管理实施方案》；《湖南省行政事业性收费和政府性基金分成及结算办法》成为指导和规范非税收入分成划解的重要遵循和主要依据；《湖南省国有资源有偿使用收入管理办法》，为建立以“国”字头收入为主要增长潜力的非税收入征收新局面奠定了政策基础。微观层面灵活。围绕非税收入“怎么收”和“如何管”问题，相继出台近 100 个涉及非税收入征管工作“微观层面”的实施细则或操作程序，实现非税收入征管环节的全覆盖。例如，项目管理上，首次发布《纳入预算管理的非税收入项目信息目录》；征收管理上，出台停车泊位、砂石资源等一系列单项非税收入管理细则；预算管理上，制订了预算编审和成本核定两个工作规程；监督考核上，印发了湖南省对市州和省直单位两个考核办法；日常工作上，制定了涉及罚没物资处置、退付等日常性业务的多个内部操作流程。

3. 建立执收工作考核体系。2005 年出台对市州和省直单位的两个考核暂行办法，将非税收入征管业务全面纳入湖南省对市州及省直单位的非税收入征管考核，初步建立适应征管工作发展的考核监督体系。2010 年促请湖南省政府出台《非税收入执收工作责任制规定》，建立起各执收单位领导负总责、相关领导和执收人员具体负责的执收工作责任制，形成了财政部门牵头组织，监察、审计、人力资源、物价等部门密切配合、齐抓共管的考

核工作机制。2011年促成湖南省绩效委将非税收入执收纳入湖南省政府绩效考核指标体系，并细分为湖南省对市州和省直单位执收工作绩效评估考核，强化政府管理的责任主体意识。

4. 科学编制年度预算。2005年湖南省非税收入征收管理局提出“非税收入不应设置年度任务，但可编报年度预算”新理念，并着手编制省级非税收入年度预算。2009年出台《省级非税收入预算编审工作规程》。近年，又将“成本管理”引入预算编审，在湖南省范围内推行非税收入执收成本核定。非税收入年度预算既成为省级财政收入预算及部门预算编制的直接依据，也作为收入监控、催收挖潜及绩效考核等核心工作的重要参照，贯穿了整个征管工作。

（二）非税收入稽查方面

第一，坚持制度建设和业务培训同步。为加强稽查工作，规范稽查行为，湖南省非税局立足工作实际，致力于非税收入管理法规制度建设，陆续出台了《非税收入执收工作责任制规定》、《非税收入执行工作考核办法》、《湖南省非税收入稽查办法》、《湖南省举报非税收入违法违规行为奖励办法》、《信访管理制度》、《非税收入稽查人员工作纪律》等一系列制度办法，为非税收入稽查工作提供了制度保障。

第二，坚持稽查惩处与预防教育并重。湖南省非税收入稽查机构开展专项稽查、联合或配合有关单位检查、调查，并向相关单位发出《稽查整改通知》、《行政处理处罚决定书》，查出各类违纪违规资金，追缴财政资金，有效防治了非税收入执收工作乱作为和不作为，在一定程度上对预防腐败发挥了积极作用。

第三，坚持调查研究与宣传推介齐抓。在稽查工作实践中，湖南省探索了“稽查+调研”的新型工作方式，坚持边稽查边调研，针对稽查反映出来的问题，撰写调研文章，为推进非税收入规范管理建言献策。

第四，坚持信访受理与服务群众互促。建立健全和落实收信登记、案件查办、信访回复、立卷归档等制度，对信访举办案件分类处理，做好解释工作，搞好部门协调，及时反馈信息。

（三）财政票据管理方面

1. 票据领购。

第一，由财政部门、民政部门共同审核社会组织的票据购领资格。2016年4月，湖南省转发了《财政部　民政部关于进一步明确公益性社会组织申领公益事业捐赠有关问题的通知》，要求进一步加强对公益性社会组织的资格审核。

第二，严格实行凭证领用、分次限量、核旧领新的申领制度。2015年取消财政票据工本费后，按照《湖南省非税收入票据管理办法》规定，严格控制单位票据购领数量，票据一次购领的数量一般不超过本单位三个月的使用量。

2. 票据核销。按照“核旧领新”的原则，要求单位出具购领证后提交票据使用情况表，票据存根进行核销。对票据数量、起始号码、开票金额及存根进行审核、核销后继续发放票据。如发现有违规情况的，要求单位立即整改并暂停票据供应，情节较为严重的，将取消单位的票据购领资格。

3. 票据年检。每年年初对上年度单位的财政票据要进行一次年度检查。由单位按规定时间，带上相关的台账、票据存根、《购领本》到非税局来接受检查，对年检中发现的问题及时做出处理，对应缴未缴的非税收入进行追缴，并限期整改，促进非税收入征管行为的规范。

（四）财务结算管理方面

第一，严控代理银行准入资格，确保财政资金安全。湖南省通过公开招标方式选择代理银行。招标活动每三年进行一次，确定 15 家银行（含工、农、中、建、交 5 家国有银行），并与银行签订《湖南省省级非税收入银行代收协议书》，向代理银行按交易笔数支付手续费。

第二，落实代理银行业务监管。制定《湖南省省级财政业务代理银行考评办法》，对省级代理银行代收进行考评，强化考评结果运用，严格落实淘汰机制；加大对银联业务差错的处理力度，并作为手续费核定的重要参考，建立日常业务联动机制，促使省级非税收入代理银行提高收缴业务水平和服务质量。

第三，严格把控非税收入账户，实现源头控制。取消执收单位非税收入过渡账户，在代理银行统一设立“非税收入汇缴结算户”，用于归集、记录、结算非税收入款项。执收单位收取的非税收入全部通过“非税收入汇缴结算账户”上缴财政，实现了源头控制的目标。

（五）信息化建设方面

第一，根据财政部和湖南省财政厅公布的收费项目，在系统中建立了非税收入基础数据库，对项目统一实行编码管理，按项目类别、资金管理形式、所属级次以及收费依据等进行编制，并在湖南省实现了计算机网络管理，为从源头上加强和规范非税收入管理奠定了基础。

第二，非税收入征管系统的票据管理功能覆盖票据的计划、印刷、发放、使用、核销等票据管理的各个环节，形成链条式管理，并将非税收入项目编码、执收单位编码、非税收入票据号码有机联系起来，实现对每一张非税收入票据的监控。

第三，注重系统的资金监控功能，实现非税收入征管与预算管理的紧密结合。非税收入征管系统内设了收入确认、统筹扣缴、自动分成、报表共享和收入预算编报等功能，通过系统全程加强资金监控，提高了资金运行效率和财政调控能力，为加强非税收入财政预算管理提供了技术保障。

三、学习考察的几点启示及思考

近年来，河北省非税收入改革与管理取得了很大进展，成效十分明显，得到了方方面面的认可，但仍存在一些不足和差距。第一，是河北省非税收入制度体系建设不完备。党的十八届四中全会提出了全面推进依法治国的施政要求，但从目前看，尚未出台《河北省非税收入管理条例》，非税收入工作常出现无法可依的情况，非税资金使用监督制度缺位，致使在非税的征缴当中出现一些违法违规行为，造成一些地方乱收费、乱罚款现象时有出现。第二，领导对非税收入重视程度不够。2015 年河北省纳入一般预算管理的非税收入 714.5 亿元，政府性基金收入 1377.1 亿元，两项收入合计达到 2100 亿元，占收入总盘子 4025 亿元的一半以上，已成为各级地方政府的一项重要财力，在促进地方经济社会事业发展中发挥着重要作用，但各级政府及财政部门对非税收入工作的重视程度不够，非税管理队伍存在人员老化、数量不足、素质不高等问题。第三，非税收入信息化水平仍然不高。目前河北省虽然开发了非税收入征缴管理系统，但是还需要不断完善，现有网上缴费平台不能满足快速增多的网上缴费业务需求。第四，代理银行管理水平有待提高，账户管理未完全达到财政部要求。第五，非税收入调研工作尚未形成常态化机制。

为继续深化非税收入改革，借鉴湖南省非税收入管理经验，结合河北省实际情况，提出以下几点建议：

（一）加快推进征收管理法制化，努力实现依法理财

加快推进非税收入法制建设，是推进依法行政、依法理财，建设法治政府、法治财政的重要举措。目前，在政府非税收入管理上，河北省虽然先后出台了一些政策规定，但都相对滞后，权威性也不够。借鉴湖南省非税收入管理制度体系建设的经验，结合河北省实际，在健全管理制度的同时，积极研究制定地方性管理法规，加快政府非税收入管理的规范化和法制化，建立较为完备的非税收入管理法制体系，确保非税收入征收管理有法可依。完善非税收入项目设立与退出机制，依法合理设定和取消非税收入项目，确保项目合法；整合非税收入管理职能，推进非税收入归口财政部门统一管理，确保主体合法；按照法律法规和有关规定严格非税收入缓减免审批，压缩权力寻租空间，营造公平竞争的市场环境，确保程序合法。

（二）加快推进预算管理规范化，努力实现科学理财

预算管理是财政工作的核心，预算管理的规范化是科学理财的重中之重。要站在财政部门统揽所有政府收支的高度，实现所有财政收入统一征收，所有财政支出统筹安排。要在既有成功做法的基础上，进一步明确界定非税收入管理范围，严格区分不同项目和资金性质，将其分别纳入公共财政预算、政府性基金预算、国有资本经营预算管理，取消财政专户管理方式，并合理界定公共财政预算、政府性基金预算、国有资本经营预算的功能范围，加大对公共财政预算、政府性基金预算和国有资本经营预算的统筹力度，加快建立政府性基金收入、国有资本经营预算收入调入公共财政预算机制，防止非税收入游离于预算管理之外以及随意调整非税收入预算管理方式的现象；要针对非税收入的特性，改进预算编制方法，强化预算约束，发挥财政资金规模效应；要统一各类非税收入预算安排的制度规范和编审程序，确保非税收入严格通过政府财政部门审核以及人大等权力机关的审议监督，使其成为执行人民意志的制度安排，增强政府宏观调控能力，努力实现公共服务均等化。

（三）加快推进监督管理立体化，努力实现民主理财

监督管理是推进非税收入征管政策公开透明，实行全民监督，实现民主理财的重要举措。要加快“数据大集中”建设，搭建横向、纵向均互联互通的征管网络平台，大力推进征管信息的公开公示，畅通信访举报渠道，让老百姓明明白白缴费，高高兴兴办事。要构筑“人大监督、政府监督、社会监督”相结合的立体监督格局。各级政府及其职能部门要自觉接受人大监督，重点改进非税收入预算编制、预算执行以及非税收入立项和定标等方面的工作，确保非税收入管理工作充分体现人民意志；各级政府要加强预算绩效管理，开展自查自纠，对非税收入执收行为进行事前、事中、事后的全过程监管，确保各项非税收入管理政策落实到位，有效防止非税收入执收工作中的乱作为和不作为；社会各界要充分履行监督义务，对非税收入征管工作中的违法违规行为予以公开曝光，并依法向有关部门和单位进行投诉和举报，营造规范管理的良好氛围。

（四）取消财政票据工本费，积极推进财政票据归口管理

在非税收入政策不断调整变化的情况下，严格财政票据的印制和发放，统一归口管理河北省非税收入票据，是切实提高管理效率的最佳途径。由河北省级财政统一印制和供应财政票据，各级财政部门按需到省财政票据监管中心领用，各级用票部门、单位到本地区财政部门领用。印制费用每预算年度由河北省财政在统一印制票据时先行垫付，次年河北省根据各地市上一年票据领用情况进行清算，有关费用列入所在预算年度结算事项上解。取消财政票据工本费，将票据印刷费列入财政预算，不仅有利于推进财政票据归口管理，也有利于进一步转变政府职能，推进简政放权，推进清费减负政策落实。

（五）加强非税收入调研，深化征管改革

非税收入涉及面广，情况复杂，管理难度也较大，为加强非税收入征管势必要采取调查手段了解实际工作中存在的问题，从而及时发现和解决问题，最终推动非税收入征管改革的进程。一是要突出重点，紧密联系非税收入征管工作实际，有重点、有针对性地深入开展调查研究；二是要讲究方法，根据不同调研内容和调研对象，采取不同的方法和措施，把影响和制约非税收入征管改革的主要问题找准找好，从而提高调查研究的质量、效率和水平；三是要注重实效，精心调查，潜心研究，通过深入细致的调研，掌握实情，提出解决问题的办法和措施，为领导决策提供科学性、准确性依据；四是促进成果转化，要在查实情、听实况的基础上，形成有分量、有见解、高质量的调研报告，对调研中找准的问题，要积极寻求解决问题的思路、办法和对策，力争通过调查研究解决一批实际问题，真正做到开展一项调研、找准一个问题、破解一个难题、推进一项工作。

（六）不断提升非税系统干部能力素质

第一，要抓好队伍的学习培训工作。非税工作形势政策变化快，涉及面广，只有不断地加强学习与调研，才能掌握好新政策、把握好新形势，进而才能把工作做得更好。各地要采取多种方式，加大对非税干部新政策、新知识、新能力的学习与培训，主动开展相关

课题调研，不断提升非税干部队伍适应新形势、新要求的能力素质。第二，要抓好队伍的作风建设。非税工作直接面向企业，面向广大的征管对象，作风建设非常重要。要强化绩效理念，将绩效导向理念贯穿于工作的方方面面，通过绩效管理强化责任意识、提高工作标准和提升工作执行力。要强化服务意识，创新服务方式，不断提高服务质量和水平。第三，要抓好非税队伍的廉政建设。非税工作事关全局，非常重要，并且具有一定的行政执法权，社会各界都比较关注，代表着非税干部、财政干部的形象，这就要求我们各级必须树立依法行政理念，自觉强化廉洁自律意识，正确行使权力，依法依规办事，严格落实好廉洁从政的各项工作制度，确保每个干部职工不出现任何违规违纪问题。

（河北省非税收入管理局　肖青东　刘光辉　王建勇　薛楠　冀斌）

浅谈强化绩效监督评价的研究

2016 年度河北省财政科研课题成果三等奖

一、河北省绩效监督评价工作的进程

（一）省级政府层面

2014 年，河北省政府下发《河北省人民政府关于深化绩效预算管理改革的意见》（冀政〔2014〕76 号），开启了河北省绩效预算管理改革新征程。文件明确指出要强化绩效理念，“用钱先问效、无效必问责”，将绩效管理贯穿于预算管理工作的全过程，着力提升财政资金配置和使用绩效，促进政府行政绩效的整体提升，并对绩效监督评价工作提出要求。

1. 要求建立规范的绩效预算管理结构。强化预算编制的科学性、系统性，建立“部门职责—工作活动—预算项目”三个层级的绩效预算管理结构。建立科学的绩效目标指标体系，与绩效预算管理结构相对应，建立三级绩效目标指标管理体系：在部门职责层面，结合政府和部门中长期战略规划目标、年度规划目标，确定部门各项职责的年度绩效目标；在工作活动层面，分别制定年度绩效目标和绩效指标；在预算项目层面，分项确定年度绩效目标、绩效指标和评价标准，绩效目标和指标应量化，达到可审核、监控、评价。

2. 将财政监督的重点由合规性检查，转向绩效监督评价。实际进行中采取部门自评与财政评价相结合的方式，全面开展绩效监督评价。各部门负责“预算项目”层面的绩效评价，对年度完成情况全面自评；财政部门负责“工作活动”层面的绩效监督评价，并对重点领域、重大预算项目进行再评价。完善绩效评价报告制度和绩效问责制度，加大绩效信息公开力度。将绩效评价结果与预算安排挂钩，并作为完善政策、分配资金、改进管理的重要依据。自此，财政监督工作由传统的合规性检查，转向财政监督评价发力。

（二）财政部门层面

为了贯彻落实河北省政府文件精神，河北省财政厅于 2015 年，分别制定了《省级部门预算绩效目标管理办法》和《河北省财政厅绩效评价工作考核暂行办法》等相关文件。另外，制定并执行了《河北省财政厅绩效评价工作考核暂行办法》，对厅内承担绩效评价工作的部门主管处和专职监督检查单位进行考核，旨在提升绩效监督评价工作质量和水平。

1. 以绩效为导向，为省级部门立规则。制定《省级部门预算绩效目标管理办法》，要求省级部门分别制定部门整体支出绩效目标、部门职责绩效目标、工作活动绩效目标和预算项目绩效目标，并对绩效目标的设计、绩效目标的审核、绩效目标的批复、调整与应用进行了明确。

2. 以职责为抓手，为参与各方明任务。制定《河北省省级预算支出绩效评价管理办法》，在响应河北省政府绩效预算改革的要求的前提下，明确了参与财政绩效评价各方的工作目标：一是省级部门对预算项目、工作活动和部门职责开展绩效自评，并对部门整体支出开展综合绩效自评；二是组织财政预算监督评价机构对部门职责、工作活动以及重大财政支出政策、重点项目开展绩效评价；三要是对省级预算部门开展综合绩效评价。自 2014 年以来，在开展多项重大财政支出政策、重点项目绩效监督评价的基础上，2016 年，河北省财政厅率先开展对省直部门工作活动的绩效监督评价工作，并探索开展对省商务厅的部门整体支出绩效监督评价工作。

二、外省绩效监督评价工作的先进经验和做法

通过对多个兄弟省份绩效监督评价工作的学习和分析，广东省和浙江省相关工作颇具代表性，有着很强的借鉴意义。

（一）广东省工作亮点

1. 加强绩效监督评价结果应用。一是通过对绩效综合管理结果反馈，进一步增强部门单位绩效意识，落实绩效责任，提升绩效管理水平。二是实行将部分项目支出绩效监督评价结果与下一年项目安排挂钩，形成结果导向的绩效约束。三是将绩效监督评价结果通报给人大、检查、审计和人事等部门，适时向社会公开，加大外部监督力度，增强预算部门单位廉政意识，从源头上防止腐败发生。四是将重大项目的评价报告呈报本级政府，为其实施经济社会发展重大决策提供绩效参考。

2. 建立健全行业或系统的指标体系库。广东省坚持结合不同项目的绩效特点，研究设置指标，适应项目的个性要求，保证评价的正确导向和评价结果的质量。同时注意指标信息积累，每年收集梳理个性化评价指标，不断丰富指标库内容。例如，2011 年，对 82 个省直部门、事业单位及省直属企业涵盖 2005—2009 年的 590 项财政支出项目进行个性化指标挖掘，提炼了 590 项个性化指标库，涵盖近 2000 个围绕“产出”和“效果”内容的个性化指标及其评分方法。特别需要指出的是，广东省在确保二级指标权重保持一致的前提下，三级指标根据项目属性个性化设立，体现差异性；突出项目绩效结果及公平性分析，将项目公共属性、社会满意度等指标加入三级指标中，体现实践性。

（二）浙江省工作亮点

浙江省工作亮点主要表现在建立健全了评价报告质量的考核机制。

1. 对中介机构出具评价报告进行质量考核。从 2010 年起，分别对浙江省中介机构评

价出具的所有评价报告，抽调市县业务骨干和中介机构人员进行质量考核打分，其目的是不断提高评价工作质量，同时加强考核结果应用。一是对考核结果以文件形式进行通报，总结经验、揭示问题。二是对评价中存在问题进行系统整理，作为培训讲解主要内容，提高培训的针对性。三是将好的评价指标体系进行整理，每年完善评价指标库，提供其各地评价参考。

2. 对省级部门出具的评价报告进行质量考核。从 2011 年起，浙江省财政部门根据考核办法的要求，对省级部门出具的自评报告，委托中介机构，按照考核指标和标准进行客观公正打分，作为省级部门考核的依据。同时通过考核发现存在问题，整理抽查工作重点和内容，借助人大、监察等有关部门力量展开相关工作，并将抽查结果在省级范围内发文通报，上报浙江省政府。

三、河北省绩效监督评价工作的努力方向

（一）财政监督部门应作为参与者，强化全过程绩效监督评价

1. 加强预算编制质量的监督。财政监督部门应全程参与绩效预算编制，切实发挥监督作用，注重预算编制审核的绩效导向，从绩效目标是否清晰、准确，绩效指标是否科学、合理，评价标准是否客观、可行三方面入手，审核部门总体绩效目标与“三定方案”确定的工作职能的匹配程度，部门职责和工作活动绩效目标的科学性、可行性，特别是预算项目安排的必要性。

2. 执行预算执行过程的监督。由相关部门预算主管处通过系统平台，动态监控项目执行、资金运行和绩效目标完成情况，定期分析、汇总绩效运行信息，及时纠偏校正。财政监督部门应通过相关系统平台，对相关部门预算主管处的执行监督情况进行再监督，并结合监控情况组织开展独立检查。

3. 加强预算执行效果的监督。财政监督部门可通过部门自评、财政重点再评价和委托第三方评价相结合的方式，全面开展绩效评价；与相关部门预算主管处协调联动，督导省级部门开展“预算项目”层面的绩效评价，对年度完成情况全面自评；全年重点开展“工作活动”层面的绩效评价，对重点领域、重大项目、重要政策进行再评价，亦可通过政府购买服务形式，委托第三方开展绩效评价。

（二）财政监督部门作为倡导者，力求多方位绩效监督评价

财政监督部门应牵头组织协调，对河北省财政厅具有专职监督检查职能的处级单位进行业务整合，建立联动机制，并吸纳第三方力量，全方位开展绩效评价。

1. 统一绩效监督评价形式。按照统一评价流程规范，结合财政派驻监督工作模式，在监督局统一组织下开展绩效评价。即年初制定统一的绩效评价工作计划，实现评价工作的统一部署；研究制定统一的绩效指标和评价标准设立规则，逐步建立涵盖各类各行业、分级分层次的绩效评价指标体系；研究制定统一的绩效评价工作规程和操作细则，规范操作程序和质量控制。

2. 建立和完善“三库”。一是研究建立科学、适用的“绩效评价指标库”，包括资金管理指标、产出指标和效果指标三个方面，通过项目的绩效指标和成功案例进行汇总整理、分析修正，将其转化为绩效指标充实绩效指标库，逐步建立一个结构严密、内容丰富、科学规范的绩效评价指标体系。二是建立健全“专家学者库”，逐步扩大参与绩效评价工作专家学者队伍范围，通过多种方式，不断扩大涵盖不同领域、行业、专业的专家队伍数量，为提高绩效评价质量打下坚实基础。三是建立健全“中介机构库”，积极培训绩效评价中介机构，建立起符绩效监督评价工作需要的高素质中介队伍，包括会计师事务所、资产评估公司、行业咨询公司等机构在内的社会中介力量，为绩效监督评价工作提供必要的社会保障。

（三）财政监督部门作为实践者，运用新手段绩效监督评价

财政监督部门应主动借助财政业务标准化管理手段，以强化财政专项资金及时监控为切入点，着力建立健全覆盖所有政府性资金和财政运行全过程的财政监督体系，健全完善财政专项资金及时分析监控系统，对预算单位资金实行实时监控，切实实现纵向到底、横向到边的财政管理网络化、业务处理电子化、数据流程一体化和决策支持科学化。特别是，根据河北省财政绩效预算管理改革整体部署，按照顶层设计、统一规划、突出重点、分步实施的原则，在“金财工程”建设的基础上，以一体化支撑平台和数据中心为依托，利用 3—5 年时间，建成横向连接各级财政内部和本级预算单位、纵向连接省市县乡四级财政，覆盖预算编制、执行、监督、财政风险防控和决策支撑的“五位一体”财政管控系统，建立数据高度集中、统一管理的“数据仓库”，实现财税信息有效共享、财政收支情况准确分析、财政运行客观评价、资金流与项目流同向监控。

（河北省财政厅财政监察四处　贾秀申　王文才　吕新芳　乔永胜）

新常态下税收征管情况的调查与分析

2016 年度河北省财政科研课题成果三等奖

当前我国经济发展进入新常态，经济增速换挡，结构调整阵痛，要素投入支撑减弱，化解过剩产能，生态环境保护，刚性支出加大等多重因素给财税征收工作带来巨大困难。本文以 2015 年前后统计数据为基础，客观分析了当前宏观经济形势，指出了当前税收征管中存在的问题，结合实际提出了破解措施。

一、2015 年收入完成概况

2015 年全区共组织税收收入 461293 万元，占年任务 458770 万元的 100.54%，同比增收 5430 万元，增长 1.19%，其中国税入库 289764 万元，税收占比 62.82%，占年度计划 288000 万元的 100.6%，增收 1764 万元，同比增收 12624 万元，增长 4.56%；地税入库 171529 万元，税收占比 37.18%，占年度计划 170770 万元的 100.44%，增收 759 万元，同比减收 7172 万元，下降 4.01%。

公共财政预算收入完成 184356 万元，占年任务 182440 万元的 101.05%，同比减收 1045 万元，下降 0.56%。其中国税收入 51974 万元，占比 28.19%，占年度计划 50300 万元的 103.3%，增收 1674 万元，同比增收 4054 万元，增长 8.5%；地税收入 132382 万元，占比 71.81%，占年度计划 132140 万元的 100.18%，增收 242 万元，同比减收 5099 万元，下降 3.71%。

二、税收主要特点

（一）税收总量增长微弱，地税系统已经出现收入下滑

进入“十一五”规划以来，我区税收收入长期保持高速增长态势，增长速度远高于地区生产总值（GDP）的增长。但 2014 年以来，随着总体经济形势的变化，税收增长速度骤然下降至一位数。以区地税局为例，2006—2009 年税收年均增长 27.96%，2010—2013 年年均增长 24.84%，2014 年增速迅速下滑至 2.19%。

进入 2015 年，税收增长速度继续回落。如上所述，当年全区税收总体增长仅 1.19%，其中公共财政预算收入（以下简称公财收入）下降 0.56%。在公财收入中，国税系统增

长8.46%，地税系统下降3.71%；由于地税系统收入构成公财收入的主体，导致公财收入总量呈现负增长，国地税收入增长速度不同步，主要是受唐山轨道客车影响，扣除这一特殊因素，国税系统税收实际也已成负增长，由于我国经济发展已经进入新常态，税收由高速增长回落到低增长这一趋势的出现并非偶然，而是将长期持续。

（二）分税种而言，大部分税种均呈减收，仅营业税、城建税、内资企业所得税同比增收

在减收税种中，增值税减收3744万元，同比下降1.75%；外资企业所得税减收6522万元，同比下降99.62%；个人所得税同比减收263万元，下降1.13%；财产行为税同比减收7919万元，下降9.38%。

在增收税种中，营业税增收3461万元，同比增长6.66%，城市维护建设税（以下简称城建税）增收1195万元，同比增长7.03%；内资企业所得税同比增收13179万元，同比增长17.43%。

需要指出的是，营业税、城建税的增长与区政府大力支持清缴欠税有关，仅2015年9月份单月，即清缴入库营业税6000余万元。内资企业所得税的增收主要原因是唐山轨道客车公司作为战略性新兴产业，经济效益持续超常规增长。该企业当年企业所得税增收29032万元，占全区内资企业所得税增收总量的220.29%。如扣除轨道客车增收因素，内资企业所得税也已呈现负增长。综上所述，当年增收税种存在较多的偶然性、特殊性，不具代表意义。

（三）分级次而言，公财收入占比下降，总量下滑，地方财政收入形势不佳

2015年中央级收入入库224850万元，增收3973万元，同比增长1.8%，占税收收入总额48.74%，税收占比上升0.29%；省级收入入库52087万元，同比增收2501万元，增长5.04%，占税收收入总额的11.29%，税收占比上升0.41%；公财收入入库184356万元，减收1045万元，同比下降0.56%，占税收收入总额39.97%，税收占比下降0.7%。公财收入是唐山市丰润区财政收入的主要来源，其总量、占比的双下降必然会对唐山市丰润区财政收支平衡和经济社会发展带来不利影响。尽管其变动比例尚不足1个百分点，仍然需要引起高度重视。

（四）就产业结构而言，第二产业税收尚有增长，第三产业总体减收

2015年唐山市丰润区第一产业税收收入仅13万元，占比0.01%，对税收总量的影响可忽略不计。第二产业收入350023万元，增收18757万元，同比增长5.66%，税收占比75.88%，同比上升3.2%。不过，当年唐山轨道客车公司入库税收172448万元，同比增收47688万元，占第二产业税收的49.27%，占唐山市丰润区第二产业增收总量的254.24%。如扣除轨道客车增收因素，第二产业税收也已出现负增长。第三产业收入111256万元，减收13294万元，同比下降10.67%，税收占比24.11%，同比下降3.2%。值得注意的是，上述税收产业分布情况，第二产业占压倒性优势，这也说明唐山市丰润区产业结构不太合理，第三产业亟待大力发展。

（五）分行业而言，同比减收行业高达73.68%，行业减收面迅速扩大

当年12个行业同比减收，6个行业同比增收。其中采矿业（减收3148万元）、电力、热力、燃气及水生产和供应业（减收1710万元）、建筑业（减收7254万元）、批发零售业（减收6640万元）、金融业（减收2436万元）、房地产业（减收1028万元）、公共管理、社会保障和社会组织业（减收2491万元）减收均超千万元。在增收行业中仅制造业同比增收30868万元，增幅超亿元，上述增收变动情况合计增收31680万元，增收集中，占当年全部税收同比增收额5452万元的581.07%。这一现象更说明减收面太大。但如上所述，制造业中唐山轨道客车公司即同比增收47688万元，扣除这一因素，其他制造业减收16820万元，实为减收最严重行业。其他行业增幅均较小，其影响可忽略。

（六）就市场主体规模而言，大型企业规模效应突显

2015年唐山市丰润区大型企业入库税收288446万元，税收占比62.53%，企业户数91户，占比0.46%；中型企业入库税收62044万元，税收占比13.45%，企业户数161户，占比0.81%，小型企业入库税收38057万元，税收占比8.25%，户数2071户，占比10.4%，微型型企业入库税收72746万元，税收占比15.77%，户数17584户，占比88.36%。因此，加强重点税源的管理，对整个税源监控能起到画龙点睛的作用。

（七）就区域分布而言，税收发展不均衡

7个基层分局中新军屯分局、沙流河分局、王官营分局、银城铺分局税收同比下降，一分局、二分局、三分局税收同比增收。减收的四个分局坐落在乡镇，增收的三个分局坐落在城区。这一现象也说明乡镇企业因规模、结构等原因，抗风险能力差，受经济形势变动影响较大。

三、税收主要变动因素

（一）增收因素

1. 高速发展的动车事业带动唐山市丰润区铁路运输设备制造业迅速发展。2015年，唐山轨道客车有限责任公司入库税收172448万元，同比增收47688万元。其中，增值税入库99153万元，同比增收15186万元，企业所得税入库50502万元，同比增收29032万元。个人所得税入库8499万元，同比增收1935万元，城建税入库7463万元，同比增收2081万元。

增值税、城建税增收主要原因：一是应税收入增长迅猛，2015年1—11月申报收入203亿元，同比增加31亿元，增长18%；二是截至11月底库存60亿元，同比下降5亿元。

企业所得税增收主要原因：一是随着动车组制造技术日趋成熟，动车组生产费用较2014年平均水平有一定降低；二是轨道客车积极控制采购成本，使采购项目控制在总体预

算内；三是生产任务充足、排产合理，使完工产品分摊的各项费用偏低。

个人所得税增收主要原因：一是该企业为战略性新兴产业，技术含量较高，对生产工人素质要求较高，因此工资也远高于唐山市丰润区平均水平；二是该企业订单充足，按期交货压力大，为赶工期加班较多。

2. 加大征管力度，组织收入攻坚战效果显著。一是加大返迁房税收催缴力度。2015 年返迁房税收入库 6176 万元，其中唐山市富丽园房地产开发有限公司入库 2800 万元，唐山中冶万城房地产开发有限公司入库 3376 万元；二是为实现营改增改革平稳过渡，开展了建筑业、房地产业税收专项清理。尤其是 2015 年 9 月份，在唐山市丰润区政府支持下，营业税单月即催缴入库税款 6000 余万元；三是规范纳税地点，解决了城镇土地使用税多年遗留问题。通过对唐山钢铁集团有限责任公司下属炼焦制气公司纳税区域调整，增收土地使用税 460 万元。

3. 经由唐山市丰润区的铁路建设项目陆续完工，带来部分税款增收。2015 年度，北京铁路局张家口至唐山铁路工程建设工程（以下简称张唐铁路）、北京铁路局唐山北至唐山客车线工程建设工程（以下简称唐北连接线）相继进入尾声，工程款进入结算期，两处工程共入库税款 8385 万元。

（二）减收因素

1. 随着我国经济发展进入新常态，产业结构调整和治污减排压力日益加大。在继续推进产业结构调整，加大节能减排力度，淘汰落后产能并严格控制产能过剩行业新增投资项目的大环境下，钢铁、水泥、建材等传统制造业的增长必将普遍减速或持续负增长。2015 年，唐山市丰润区钢铁行业入库税收 46152 万元，同比减收 12704 万元，下降 21. 58%。采矿业入库税收 2386 万元，同比减收 3148 万元，下降 56. 88%。水泥行业入库税收 18292 万元，同比减收 5785 万元，下降 24. 03%。

2. 由于资本、劳动、技术等要素成本进入集中上升期，企业生产成本、财务成本、用工成本等持续上升。成本的变动，进一步压缩了市场主体的利润空间，亏损面和亏损额逐月提高，停产企业日渐增多。2015 年 1—11 月全区规模以上企业亏损企业增长 18. 2%，利润额同比下降 25. 3%，亏损额同比上升 229. 7%，其中，钢铁行业利润下降 154. 6%，水泥行业利润下降 1234. 6%。受其影响，企业所得税同比增收 6657 万元，个人所得税同比减收 263 万元，但唐山轨道客车有限责任公司企业所得税同比增收 23296 万元，个人所得税同比增收 1935 万元，扣除个别因素影响，企业所得税实际减收 16639 万元，个人所得税实际减收 2198 万元。

3. 固定资产投资增长明显减弱，势必影响全区经济发展后劲，进而限制税收收入较快增长。2015 年 1—11 月唐山市丰润区固定资产投资同比增长 12. 1%，投资增长回落 6. 4%。其中，房地产投资明显回落，增长回落 73. 4%。投资增长主要集中在动车城，同比增长 149. 5%，投资回落直接影响耕地占用税、契税和营业税的增长。固定资产投资减弱的原因只要在于央行继续采取稳健的货币政策，银行放贷困难，企业特别是中小企业融资难的问题日渐突出。地方政府其他融资平台正在逐步清理规范，地方政府直接融资能力和投资能力也已明显受到限制。

4. 受企业停产影响，失业人员日渐增加，在岗人员收入也有下降，居民消费能力更加弱化，居民消费需求明显减弱，导致房地产销售业和商品销售业严重不景气。房地产方面，2015 年入库税收 31781 万元，同比减收 1028 万元，下降 3.13%，扣除返迁房税收 6176 万元，可比口径减收 7204 万元。商品零售业方面，2015 年入库税收 30228 万元，同比减收 6640 万元，下降 21.97%。

5. 税收政策变动的影响。一是 2014 年同期唐山市丰润区房地产集中完工，土地增值税清算进入高峰期，导致入库土增税税款较多。相对而言，本期基本无进入清算的房地产项目，造成本期入库税款相对减少。2014 年土增税清算入库 1781 万元，本期退库 240 万元，造成减收 2021 万元；二是落实保民生、促发展的税收优惠政策造成减收。2015 年减免税金 78555 万元，同比增加 48817 万元，增长 164.16%。其中，国税减免 75051 万元，同比增加 46092 万元，地税减免 3504 万元，同比增加 2725 万元。

四、主要税种完成情况

1. 国内增值税完成 210229 万元，同比减收 3744 万元，下降 1.7%。其中，“营改增”（不含铁路中央待分配 100% 部分）税收完成 6493 万元，同比增收 1736 万元，增长 36.5%；免抵调库 2083 万元，同比减收 5426 万元。

2. 营业税入库 55438 万元，占税收收入总额的 32.32%（比重同比上升 3.23 个百分点），同比上升 6.66%，增收 3461 万元。分税目看建筑业入库 20699 万元，同比增收 1573 万元，增长 8.22%，扣除 2015 年 9 月催缴入库 4600 万元影响，可比口径减收 3027 万元，此外张唐铁路、唐北连接线 2015 年入库营业税 7805 万元，因其主体工程已完工，2015 年年底已通车，2016 年税收已寥寥无几；电信业营改增减收 941 万元，销售不动产入库 19534 万元，同比增收 2855 万元，增长 17.12%，扣除返迁房 4709 万元影响，可比口径减收 1854 万元。

3. 企业所得税收 88818 万元，占税收收入总额的 19.25%（比重同比上升 1.23 个百分点），同比上升 8.1%，增收 6657 万元。企业所得税的增收只是表面现象，其剔除唐山轨道客车有限责任公司影响，同比减收 16639 万元。1—11 月全区规模以上企业亏损额增长 36.7%，其中钢铁行业增长 142.3%，水泥行业增长 800.7%。

4. 个人所得税收入 22839 万元，占税收收入总额的 13.31%（比重同比上升 0.38 个百分点），同比下降 1.13%，减收 263 万元。个人所得税的增收主要来自工资薪金所得，同比增收 1534 万元。其中按 30% 税率征收的增收 3109 万元，按 35% 税率征收的减收 1691 万元，按 45% 税率征收的减收 1061 万元，由此看来高收入人群工资有所下降。个体工商户生产、经营所得税目的增长与工资薪金所得正好相反，同比减收 1092 万元；利息、股息、红利所得税目同比减收 1131 万元。

5. 其他税种增、减收较多的有：城建税收入 18196 万元，同比增长 7.03%，增收 1195 万元，土地使用税收入 23828 万元，同比下降 6.97%，减收 1786 万元；契税收入 6620 万元，同比下降 12.89%，减收 980 万元，印花税收入 8165 万元，同比下降 22.2%，减收 2330 万元，资源税收入 2120 万元，同比下降 1120.3%，减收 262 万元，耕地占用税收入 592 万元，同比下降 77.56%，减收 2048 万元。

五、主要行业完成情况

（一）铁路运输设备制造业

铁路、船舶和汽车制造业入库税收 24132 万元，同比增收 47527 万元，增长 228.22%。我区税源支柱企业唐山轨道客车有限责任公司入库税收 172448 万元，同比增收 47688 万元，占此行业的税收比重高达 97.8%，因此可完全代表此行业。增收主要体现在增值税同比增收 15186 万元，企业所得税同比增收 29032 万元，个人所得税同比增收 1935 万元，城建税同比增收 2081 万元。

（二）黑色金属冶炼及压延加工业

黑色金属压延业入库税收 46152 万元，同比减收 12704 万元，下降 21.58%。该行业 2015 年纳税总额千万元以上企业仅有三户，全部是钢铁冶炼企业，分别是新宝泰、天柱和正达，2015 年累计入库 32457 万元，税收占比 70.33%，同比增收 1920 万元。其中增值税入库 19878 万元，同比减收 1453 万元，下降 6.8%，企业所得税入库 6161 万元，同比增收 4053 万元，除这三户企业外，其他钢铁企业抗风险能力弱，普遍减收。

钢铁企业产量的提升并未使其销售收入和利润形成同步增长，减收主要原因：一是产品价格较去年同期均出现明显下滑，2015 年带钢均价价格 1786 元/吨，同比减少 784 元/吨，下降 30.5%；钢坯均价 1699 元/吨，同比减少 666 元/吨，下降 28.2%。二是主要原材料价格虽然出现下降，但总成本却并未出现同比下降，原因一是大气污染治理等环保措施的加强致使钢铁企业生产成本及期间费用等大幅提高；二是受去年底高价库存的影响；三是钢铁企业融资困难，流动资金普遍紧张。

（三）建筑业

该行业共缴纳税款 38937 万元，同比减收 7254 万元，下降 15.7%，其中企业所得税入库 9069 万元，同比减收 12152 万元，虽然整个行业减收，但营业税同比增收 5039 万元，其原因一是 9 月份加大了营业税催缴力度，建筑业催缴入库 4769 万元，二是张唐铁路同比增收 3845 万元，唐北连接线同比增收 1013 万元，这两户今年属于工程结算期，明年工程竣工税收将锐减，除特殊因素外，其他企业普遍减收，其中具有代表性的唐山利民建筑工程有限责任公司入库 1888 万元，同比减收 1204 万元。进一步分析，建筑业税收增收主要来自建筑安装业，同比增收 7569 万元，房屋建筑业同比减收 15409 万元，这一现象也充分说明了我区房地产业的不景气。

（四）房地产开发经营业

房地产开发经营业入库税收 31058 万元，同比减收 856 万元，下降 2.67%。其减收主要原因一方面是因为 2014 年同期土地增值税清算入库了大量税款，另一方面是因为销售形势不好。房地产投资明显回落，2015 年 1—11 月增长回落 73.4 个百分点。

六、当前税收收入形势

（一）经济发展面临的环境将更加复杂

2016 年经济发展面临的环境依然十分复杂，组织收入工作中的不稳定、不确定因素较多。宏观经济政策转向趋势明显。钢铁、水泥、建材等行业发展将会继续下降或微弱增长。要素成本进入集中上升期，挤压企业利润空间。加之央行继续采取稳健的货币政策，银行放贷困难，企业特别是中小企业融资难的问题比较突出。亏损面将继续增大，进而严重影响税收收入增长。

（二）价格因素对税收的影响较大

从目前情况看，部分重点工业品、房价已经出现明显的价格下滑和滞销。由于目前税制结构仍以流转税为主，流转税的增减变化又与物价关系密切，在出现物价下行时，税收增长率下降幅度还要超出物价下降幅度。

（三）重点工程项目集中完工必将造成税收收入大幅减收

根据唐山市丰润区财政局掌握的情况，预计减收 5000 万元以上的税源：一是张唐铁路、唐北连接线工程已完工并投入运行，工程结算随之进入尾声。受此影响，公共预算收入预计减收 7500 万元；二是浭阳新城等平改工程业已完工入住，此项公共预算收入预计减收 6000 万元；三是在 2015 年的收入攻坚行动中，唐山市丰润区财政局一次性清理建筑业欠缴税款 5000 万元。此项 2016 年不可重复。

七、拟采取的相关措施

（一）认真开展税收收入质量检查

分析查找税收征管薄弱环节和经济税源结构存在的问题。正确把握“抱西瓜”与“捡芝麻”的关系。对税收流失多、收入潜力大的企业集团和重点企业、行业加强风险分析和应对，增加收入。特别是在 2016 年的企业所得税汇算清缴中，要对于企业所得税纳税人进行系统、全面的检查，全力减少税收风险。通过抓对标治税、综合治税等提高整体税负水平，在全局收入增长的前提下保障公财收入优先增长，努力提高公财收入占比。

（二）强化税收分析与预测

继续密切跟踪经济税源发展变化，全面加强对重点税源地区、行业和企业的税源监控和经济税收分析，随时了解国家税收政策的重大调整特别是营改增改革进展情况，把握组织收入中的不确定因素及对税收收入的影响。根据经济税源发展、政策、征管以及财政需求等因素变化，准确预测税收收入，及早制定组织收入应急预案，主动提出统筹组织收入工作的意见和建议，为领导决策服务。

（三）坚持组织收入原则

必须坚持依法行政的原则，扎扎实实做好组织收入工作，在加强税收征管的同时，坚决防止和制止寅吃卯粮，依法科学掌控收入，未雨绸缪，为税收收入稳定增长奠定基础。

（四）对纳税大户和重点行业进行全面调查摸底

充分发挥信息管税作用，利用电力、工商、金融等第三方信息，准确掌握税源底数及变动趋势，把握组织收入的主动权；对中等纳税户及时进行纳税评估，对其生产经营的主要数据要进行全面考核，结合行业预警指标进一步提高征管质量和收入水平；对规模较小的纳税人，要结合其经营行业坐落地点、从业人员、经营资金等主要因素采取科学合理的核定方式。

（唐山市丰润区财政局　孔令芳　石连勇　杨　森　王长军　王莹）

关于建立行政事业单位实物资产管理费用定额标准体系的调查报告

2016 年度河北省财政科研课题成果三等奖

建立实物资产管理费用定额标准体系是部门预算定额管理的重要内容，也是《预算法》对深化预算管理的新要求。目前国家、省乃至全国各地还没有成型的实物资产费用定额标准体系制度。按照局内重点工作安排，编审中心与资产中心、采购办协同合作，在参考广西壮族自治区相关问题研究报告的基础上，以办公用房的物业管理费为重点进行了专题调研。

一、物业管理现状

（一）物业管理方式

目前河北省唐山市直预算单位的物业管理方式总体上有三种：

1. 全部外包服务。主要是近年新建规模较大、高层的业务办公大楼，如河北省唐山市公安局、检察院、法院、国土局、交通局等部门。

2. 部分外包服务与自行管理相结合。主要是以前年度投入使用的设施较全的独立综合办公楼，如交警支队、水务局、工商局等。

3. 全部自行管理。主要是独门独院低层（一般没有电梯）办公楼，如食药监局、粮食局等。

（二）经费保障形式

多年来，由于党政机关事业单位一般办公用房主要使用的是震后规划建设的楼房，由于楼房内部装修简单，物业费一直按照人员编制每年 500 元的标准安排，并以自行管理为主。同时，按照建筑面积 6 元/平方米．年的标准安排正常维修（护）费。

随着办公条件的改善，新建面积较大、装修标准较高的综合性办公大楼逐渐增加，原有的物业费定额已经不能满足物业发展变化的需要，物业管理方式也由自行管理向外包服务方式转变。对这些办公大楼的外包物业管理经费保障水平的确定和标准化控制管理，在全国范围内都是编制预算的难点。

二、具体情况分析

此次调研采取了填报调查统计表和重点核查相结合的方式，范围为 21 个有独立办公场所且物业管理服务实行外包的行政和参公单位，调研数据由单位按 2013—2015 年物业管理费的实际支出填报。在汇总分析过程中，我们对一些重点单位抽查了物业合同，对数据异常的单位进行了核实。

总体来看，近三年的综合物业管理费水平（包括“保洁费用”“设施日常维护维修费用”“保安费”“中央空调维修维护费”“电梯维修维护费”“绿化养护费”“其他”等七项内容）为 3. 32 元/平方米．月。仅从全部单位都有的保洁、保安和设施日常维护维修这三项来看，基本物业水平为 2. 79 元/平方米．月，以 2015 年数据为例，高于平均值的单位有 7 家，其中人大、政协的最高，约为 5. 4 元/平方米．月。物业管理费支出主要有七项具体内容：

1. 保洁费用：经汇总，平均每人保洁面积在 3400 平方米左右。保洁人员的月均工资水平为 2015 元，单位之间高低差异较大，以 2015 年为例，高于平均水平的单位有 7 家，其中人社局、检察院的月均保洁工资为 3300 元和 2700 元左右。

2. 保安费用：汇总的保安人员近三年的月平均工资为 1846 元，略高于最低工资水平。考虑到保安人员的工作性质与特点，简单按“面积”测算平均费用水平显然不科学，应按其所负责的“门数”和“岗位”相结合来核定所需保安人数和费用。

3. 设施的日常维护维修：近三年设施日常维护维修平均费用为 0. 82 元/平方米．月，高于现行维修（护）费的定额标准（现行标准为 0. 5 元/平方米．月）。从 2015 年的数据看，单位在房屋设施维修（护）费方面的实际支出水平约为现行定额标准的 2. 35 倍，存在从“专项公用”中补充安排相关费用的情况。

4. 绿化费用：我们调查汇总的近三年绿化日常养护费用的平均标准为 1. 49 元/平方米．月。经与园林局了解，园林绿化养护管理经费为 7 元/平方米．年，即 0. 58 元/平方米．月，办公绿化远高于园林绿化养护费用。

5. 电梯维修维护费：21 个被调研单位中有 11 家有电梯，近三年维修维护的均值为 1. 04 万元/部．年，高于平均值的单位有 4 家，其中，人社局、住建局由于电梯使用时间较长，维护标准最高，为 2. 5 万元/部．年左右。

6. 中央空调维修维护费：中央空调的日常维护涉及管道清洗、加氟、压力测试等，但因品牌、型号不同，日常维护的项目和内容也会有所不同。一般是使用中央空调的单位会与该品牌代理商或者售后签订维保合同。

7. 其他费用：其他费用支出多为搬家费、垃圾清运费、粉刷、排水等临时性非日常费用，不具备普遍性，占额不大，不作为制定定额标准的定量内容。

2013 年以来，结合落实中央八项规定，在没有预算标准定额控制的情况下，以严格政府采购管理为突破口，按照既保障运行又厉行节约的原则，对外包服务的物业管理费进行了管控，目前按照政府采购“最低价中标”的方式在一定程度上扭转了浪费财政资金的现象，能够满足单位基本物业管理的需要。从此情况来看，全部自行管理的旧办公用房因设施及装修简单，物业费用相对开支较小，单位的保洁费用更低，如审计局自行雇用保洁人员 1 名，负责 3000 平方米左右，月工资 1200 元。财政局自行雇用保洁人员 2 名，每人负责保洁面积约 2000 平方米，月工资 900 元/人。

三、存在的问题

（一）预算管理方面

现行的物业管理费定额标准是按“人员编制”安排物业管理费预算的，没有考虑单位占用、使用资产的情况，定额简单，保障范围小，而大部分预算单位实际物业开支水平较高，存在物业管理费预算安排之外还挤占其他项目支出的现象。与此同时，由于适合高层办公大楼的资产费用定额体系尚未建立，有的单位和物业公司签订的合同服务内容不详细，管理成本实际支出透明度不高，甚至和物业公司一起和财政讨价还价，预算虚高，在一定程度上存在浪费财政资金的现象。

（二）政府采购方面

1. 由于采购办法规定采购金额在 10 万元以下的服务不需走统一招标采购程序，通过自采方式外包物业管理服务的预算单位，因没有统一费用标准管控和缺乏透明度，可能存在自采价格高于市场价格的现象。

2. 物业管理服务周期不统一，续签时间不规范。有的是以一个公历年度为周期，有的是从任一月份开始的一个年度为周期，有的服务周期为八个月，有的服务周期为两年；有的合同规定“续签时间三年”，有的合同规定“若合同期满，双方没有解聘意见通知对方，视为此合同自动延续”等。

3. 招标文件的内容、格式和涵盖范围各不相同。一是由于预算单位在招标书中对物业管理相关事宜如服务具体标准、保洁频率和程度等没有详细表述或表述不具体，使得物业公司在提供服务时，普遍存在“以最小成本投入取得最大化利润”的现象，导致有的预算单位对中标物业公司物业服务不尽满意；二是有些预算单位外包物业服务的合同价格并未完全涵盖其物业管理方面的全部支出。

（三）资产管理方面

1. 预算单位房屋建筑物相关的基础信息不够翔实准确。由于没有房产证等多种原因，导致单位房屋建筑物的面积和资产归属情况底数不清，资产系统数据还不能完全作为预算编制的基础数据使用。

2. 办公场所物业管理方式形式多样。有的单位有独立办公场所且自行管理、有的单位是几家共用一个办公场所共同管理、有的单位办公场所统一由市政府或市委机关事务管理局管理等，因此很难用一个统一的标准来进行规范。

四、工作建议

考虑到建立实物资产费用定额体系涉及面广，情况复杂，建议按照重点突破，分步实施的工作步骤总体推进。

（一）从编制2017年预算开始，结合财政业务平台应用，明确包括资产购置费和资产运行维护费两部分的实物资产费用定额管理的范围和控制标准，暂不调整目前编制预算费用定额

对于物业管理费定额标准，首先核定行政事业单位物业管理服务的保障范围，根据具体内容（保洁、保安、维修维护等），分别量化到“岗”、到“平方米”、到“人”等，并以最低工作量或最高工资成本拟定了行政事业单位物业管理费用定额控制标准，作为编制预算的控制线。并结合市场化费用水平，动态调整综合物业管理费标准，在预算执行过程中按政府采购中标结果支付费用。通过3—5年时间，逐步建立规范、标准的物业管理定额体系，定期完善，动态管理。

对于物业管理维修养护类项目，通过与物业公司和特检所等单位进行了解，房屋、设施日常养护的费用和“使用年限”关系密切，所以在制定房屋设施日常养护的定额标准时宜结合“使用年限”和“物业管理面积”两个方面来考虑，我们初步拟定了部分物业设施维护周期标准，并作为今后预算审核的依据，其价格标准根据行业标准或市场价格进行确定。

（二）继续加强政府采购环节的管控

第一，建议所有未履行政府采购程序进行外包物业管理的单位近期提供材料，核实情况后进行物业管理费的批量集中招标采购，重新确定下一个服务周期的市场价格。对通过自采方式进行物业管理的单位，也要做到公开透明，使其价格可比可控。

第二，建议统一物业服务周期，将物业服务周期逐步调整为一个公历年度，建议从2015年下半年开始（编制下一年度预算之前），对物业管理费外包服务提前一年进行下一个服务周期的招标采购，以实际采购价格安排下一年度预算，提高部门预算编制的准确性，也有利于加快支出进度。

第三，建议制定详尽、规范、统一格式的物业费招标文件模板，将招标内容、要求等制式化、精细化，并对相关预算单位进行培训，确保预算单位以最低的价格享受到最优质的服务，以促进供应商提供规范服务，发挥财政资金的最大效益。

（三）提高资产管理系统数据的完整性和准确性，以存量制约增量，优化财政资源配置

第一，结合资产清查，完善资产系统基础数据，收集完善与资产费用相关的基础资料，依托业务平台建立预算单位房屋建筑物资产状况管理档案。

第二，加强资产管理系统动态管理。要求各预算单位及时进行资产管理系统更新，将报废、丢失的资产及时进行注销。在编制2017年部门预算时，将资产配置标准和更换周

期定置到平台系统，严格按照各预算单位资产管理系统中现有资产情况进行限额管理，严禁突破限定额度。

（唐山市财政局 张晋东 王雅杰 张兵 李仕梁 刘智新）

盘活财政存量资金工作研究

2016 年度河北省财政科研课题成果三等奖

“国无财不足以安邦”。财政部门通过资金、政策、体制等手段，在促进经济发展、宏观调控等方面发挥着重要作用。其中，在当前经济形势下，财政资金对于稳增长、惠民生具有十分重要的意义。如何盘活存量、用好增量，切实提高财政资金使用效率是财政部门面临的严峻问题。本文从唐山实际出发，深入分析存量资金的成因、盘活途径等，剖析盘活存量资金工作中存在的问题，进而提出解决的建议措施。

一、盘活财政存量资金工作的背景

近年来，我国财政存量资金规模一直居高不下，一些部门的财政拨款长年“趴”在账上睡大觉，而另一些地方却有众多的民生项目资金短缺。面对“用”与“留”的矛盾，2013 年 7 月 3 日国务院常务会议明确提出“要进一步盘活存量，把闲置、沉淀的财政资金用好”，这是“盘活存量”这一表述首次在常务会层面进入公共视野。此后，“盘活存量”的相关议题多次进入国务院会议议程，盘活财政存量资金成为政府实施积极财政政策的“实招”之一。

2014 年 12 月，国务院办公厅印发了《关于进一步做好盘活财政存量资金工作的通知》（国办发〔2014〕70 号）首次将盘活财政存量资金工作从财政层面提升到政府层面。

2015 年年初，财政部制定了《关于推进地方盘活财政存量资金有关事项的通知》（财预〔2015〕15 号）等一系列落实文件，进一步明确财政“沉睡”资金范围，包括一般公共预算结余结转资金、政府性基金结余结转资金、转移支付结转结余资金和部门预算结转结余资金，督促各地各部门必须依法依规作为，如不作为，将予以追责。盘活财政存量资金作为积极财政政策的重要手段，成为正式的预算制度安排。

二、唐山市盘活存量资金工作情况

按照国务院、财政部、河北省财政厅统一部署，唐山市积极行动，科学组织，认真开展清理存量资金工作，努力盘活政府公共资源，提高财政资金使用效益。

（一）具体措施

1. 分工明确，定期调度。成立了盘活清理存量资金工作领导小组，明确了各处室职责，预算处牵头清理一般公共预算、政府性基金、预算稳定调节基金等结余结转资金，国库处牵头清理专户资金、部门预算结余结转资金，各业务处室组织预算部门开展相关盘活清理工作。同时，建立完善盘活存量资金月上报制度，并重点对收回同级财政的存量资金情况进行管理，明确专人记账，实现资金效益的最大化。

2. 健全制度，规范管理。唐山市先后下发了《关于推进地方盘活存量资金有关事项的通知》、《关于盘活财政存量资金情况专项检查实施方案》以及《关于进一步加强专项转移支付资金管理的通知》，健全专项资金管理制度，规范分配使用方法，明确了账务处理规范，做到有规可依、有章可循。

3. 积极组织，扎实推进。河北省盘活存量资金专题视频会议后，积极部署，抽调业务骨干深入县区督导，做到不留死角、不漏一笔，为盘活存量资金工作的顺利开展提供了保障。积极配合财政部云南专员办、中央督导组、国务院的检查工作，对存在的问题及时进行了整改。在加快存量资金支出的同时，对按规定收回同级财政的存量资金补充预算稳定调节基金，及时进行了账务处理。

4. 严控新增，确保成效。制定出台了《关于进一步盘活财政存量资金的通知》，通知明确规定，2013 年、2014 年已分配到部门的结余结转资金 2015 年年底全部收回；2015 年基本支出剩余资金不再结转，项目支出坚持可不结转不再结转。同时，建立财政存量资金与预算安排相挂钩机制，对存量资金规模较大的部门和县区，适当压缩下年度项目预算安排规模，加快项目支出进度，最大限度减少结余结转资金。

（二）存量资金分析

通过一年多的专项清理盘活，工作进展成效明显。截至 2015 年年底，唐山市财政存量资金 151.6 亿元，较 2014 年同比下降 26.3%，其中：

1. 按资金所属级次划分。

唐山市本级财政存量资金 53.9 亿元，占 36%；非直管县 68.6 亿元，占 45%；直管县 29.1 亿元，占 19%。

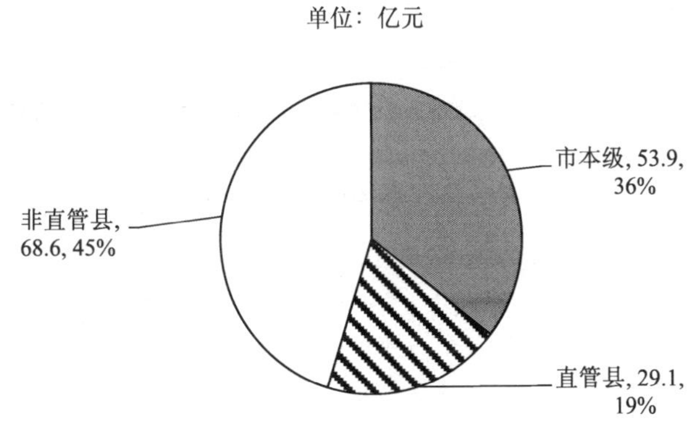

图 1　2015 年年底唐山市存量资金分级次构成图

2. 按资金性质划分。

一般公共预算结转结余 6 亿元，占 4%；政府性基金结转 10 亿元，占 7%；转移支付结余结转 13. 1 亿元，占 9%；部门结余结转 65 亿元，占 43%；预算稳定调节基金 53. 9 亿元，占 35%；预算周转金 3. 6 亿元，占 2%。

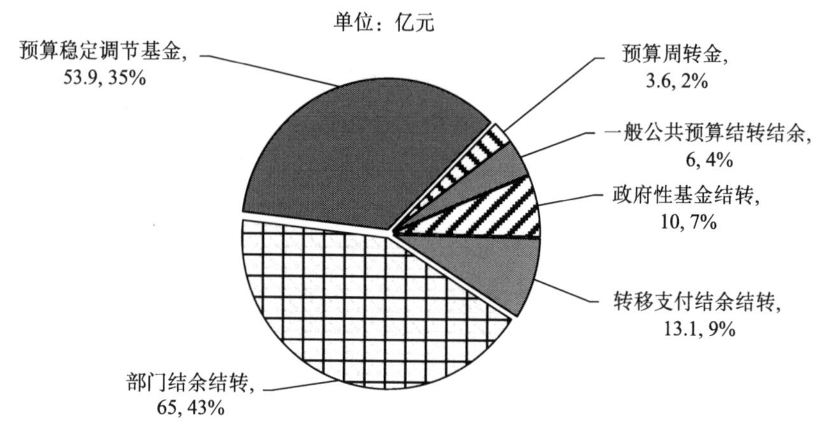

图 2　2015 年年底唐山市存量资金分类构成图

3. 按资金形成时间划分。

一是结余资金，即两年以上的存量资金；二是结转资金，即两年以内的存量资金亿元。2015 年年底的存量资金全部为 2015 年当年结转结余形成，无 2014 年以前形成的两年以上“沉淀”资金。

（三）成因分析

分析存量资金“沉淀”的原因，主要有以下四个方面：

第一，项目进度慢未能支出。这部分结转为部门结转结余占全部存量资金的 50%。主要是由于预算编制不够细化，项目前期准备不足，加之个别部门单位虚报、多报预算，造成当年预算安排的项目资金，年底项目未完工或未验收，或上级转移支付资金下达后，部分项目尚不具备付款条件，造成资金无法拨付，形成结转。

第二，上级资金下达晚未支出。唐山市转移支付结转结余占全部存量资金的 10%。主要是由于上级部分转移支付资金下达较晚，有些甚至当年 12 月 31 日才下达到地方，相关部门已无法支出；或上级专款与地方配套资金不同步，导致项目不能按时开工，大量财政资金结转，未能及时发挥使用效益。

第三，政策限制不能平衡预算。唐山市政府性基金结转占全部存量资金的 8%。主要是由于政府性基金按政策要求应专款专用、以收定支，根据收入入库情况拨付支出，对超收或剩余的基金，结转下年使用。

第四，发挥调剂作用的结转资金。按规定多年结转结余资金补充预算稳定调节基金和周转金。唐山市预算稳定调节基金占存量资金 24. 7%，预算周转金占存量资金 3. 0%。

（四）盘活途径

唐山市严格按照相关规定，在科学分析各类存量资金情况，多渠道盘活存量资金。

1. 按存量资金性质分别提出切实可行的措施。

(1) 对于一般公共预算结转结余。抓紧研究项目情况，尽快形成支出，对不再使用资金及时提出清理意见。2015 年 6 月 30 日前不能实际支出的，拟将收回补充预算稳定调节基金。

(2) 对于政府性基金结余。2015 年年底超收形成的结余资金，提出分配意见，经市政府批准后，报唐山市人大备案或调整预算安排项目，尽快列支；其他结余资金，抓紧研究，2015 年 6 月 30 日前尽快形成支出。

(3) 对于上级转移支付结转结余。抓紧提出使用意见，尽快批复到相关部分或下达县区。

(4) 对于部门结转结余。督促部门加快项目实施进度，尽快形成支出。2015 年 9 月 30 日前不能实际支出的，统一清理收回补充预算稳定调节基金。

(5) 对于收回的部门实有资金。按照河北省厅及其他地市作法，属于原用途继续使用的，按规定程序审核使用；属于变更用途或重新安排的，报唐山市政府批准后使用。2015 年 6 月 30 日不能实际支出的，拟收回补充预算稳定调节基金。

2. 进一步明确盘活存量资金的四个途径。

(1) 补充预算稳定调节基金。一般公共预算结转结余资金（除权责发生制核算事项外，结转两年以上的资金），全部补充预算稳定调节基金；已按权责发生制核算的事项最迟要在 2016 年年底前使用完毕。政府性基金结转资金规模较大的（一般不超过该项基金当年收入的 30%），调入一般公共预算，补充预算稳定调节基金。

(2) 交回上级财政。专项转移支付结转结余资金中，尚未分配到地方和部门并结转两年以上的，由下级财政交回上级财政统筹使用。既有县区上缴市级的资金，也有市级上缴省级的资金。

(3) 同级财政收回。部门预算结余资金及结转两年以上资金，由同级财政收回统筹使用。

(4) 加快支出。财政部门要以稳增长、促改革、调结构、惠民生为目标，对应按原用途使用的资金，尽快拨付投入使用；对不需按原用途使用的资金，收回主要统筹用于棚户区改造、城市基础设施、铁路公路建设、重大水利工程等重点领域。

三、盘活存量过程中存量的困难与问题

第一，基层库款不足。部分县区历史形成的暂付款清理核销难度较大，部分县区历史形成的暂付款目前无依据核销，个别县区库款资金不足，清理存量资金现金流压力较大，存量资金无法真正盘活。

第二，预算稳定调节基金规模过大。按照规定，预算稳定调节基金在编制年度预算调入后的规模一般不超过当年本级一般公共预算支出总额（含对下级转移支付）5%。但由于受当前经济形势影响，地方缺乏有效的投资支出，使预算稳定调节基金成为“盘活”的重要途径，造成其规模超过 5%，在一定程度上影响了资金效益的发挥，也是一种资金“沉淀”。

第三，相关制度有待完善。目前上级关于存量资金的范围、处理要求、管理机制等有

待健全，预算稳定调节基金及预算周转金的管理细则有待完善；工作中存在随意性和盲目性。

四、几点建议

第一，科学编制项目预算，从源头上减少存量。进一步细化项目支出预算，将预算细化到具体项目，提高预算编制准确性和针对性。推进跨年预算项目按“4:4:2”的比例跨年安排，按项目进度，科学制度项目资金使用计划。

第二，加快资金支出进度，从行动上减少存量。对年初已批复部门预算进行日常监督，落实部门责任，进一步督导各部门加快预算执行，减少资金滞留。认真贯彻落实国务院《推进财政资金统筹使用方案》，着眼长远，注重加强制度规范，对当年确定不能执行的项目，按规定程序及时调整预算，统筹用于经济社会发展急需资金支持的领域，尽快形成实际支出，防止新的资金结转。

第三，完善考核机制，从管理上减少存量。建立财政存量资金与转移支付安排、部门年度预算安排挂钩机制，将盘活存量资金与下年度预算编制紧密结合，对存量资金规模较大的部门和县区，适当压缩下年度项目预算安排规模，最大程度避免资金沉淀。同时，进一步督导各县（市）区规范预算管理，加快现有存量盘活进度，努力提高资金效益。

第四，建立工作规范，从制度上减少存量。建立健全存量资金定期清理制度，强化各部门责任意识，将全部预算资金纳入绩效管理，实施绩效跟踪，重点跟踪项目执行进度和使用效益，推进绩效评价结果的应用，实行清理与绩效相结合。完善专项资金管理办法，将资金投入方向相同、管理方式相近的专项资金予以整合，打捆使用，减少专项资金的结转。

（唐山市财政局　魏文忠　乔迎丰　姚淑妍　李宁　王辰光）

县级基本财力保障机制改革研究——以汉沽管理区为例

2016年度河北省财政科研课题成果三等奖

县级基本财力保障，是在核定县级基本财力保障范围和标准的基础上，按照以地方为主、中央财政适当奖补的原则，引导各地对县级政府实行“托底”保障。主要是按照地方消化县级基本财力缺口情况给予补助，并对保障县级基本财力工作较好地区给予奖励。从保障的范围看，县级基本财力保障机制以县乡政府实现“保工资、保运转、保民生”为目标，主要保障基层政府人员经费、公用经费、民生支出和其他必要支出等。以汉沽区为例，自2003年农垦管理体制改革，建立区级财政管理体制以来，区级财政经济实力不断壮大，社会综合实力明显增强，但作为农垦改制区，经济基础薄弱、历史遗留问题较多、办社会负担沉重、财政收支矛盾突出等问题依然存在，基本财力保障任重而道远。

一、制约财政发展的主要因素

（一）财权与事权不统一问题突出

政府职能和支出责任划分横向上“缺位”与“越位”并存，纵向上事权划分不清晰，财权与事权不对称。无论是1994年的分税制改革，还是2002年实施的所得税分享改革，亦或是2016年5月1日开始的“营改增”，重点都是划分财权，而对事权和支出范围未作相应界定和调整，基层政府理财自主权不强。一些具有收入职能的部门垂直管理后，基层政府支持经济发展和管理经济活动的手段越来越少，财力来源渠道趋于狭窄。同时，省、市对县、乡体制确定以后，存在“上级出政策、下级掏口袋”的问题，上级出台减少地方收入的政策较多，县乡政府难以结合本地实际，统筹安排地方财力，加大了地方预算安排的难度。

（二）财政收入结构不合理，可用财力增长缓慢

分税制后的税制结构是以流转税为主体的结构，从地方税体系来看，财税收入是大税种的小部分，小税种的大部分，税源零散，征收难度大、成本高，增收弹性小，难以成为地方财政收入的主要来源。建立区级财政管理体制以来，汉沽区财政总收入实现了一定增

长，2015 年比 2014 年增加 10448 万元，增长 123%，一般公共预算收入仅增加 7167 万元。其中，非税收入就增加 3741 万元，非税收入增长占比达 52.2%。由此可见，地方可用财力增长速度缓慢和增长总量不大，公共财政预算收入明显低于财政总收入增长速度，且增长质量不高。

（三）"三个比重"偏低，财源总量不足

从财政收入占 GDP 的比重、税收收入占全部财政收入的比重、一般公共预算收入占全部财政收入的比重来看，2015 年"三个比重"分别为 6.3%、76.7% 和 78.2%，均明显落后于天津市平均水平，充分反映了汉沽区经济运行整体水平仍然很低、税源基础薄弱，税收增长乏力、财政收入质量不高，税源结构不合理。从税收组织部门或者分行业来看，国税、地税、财政三家征管部门 2015 年组织一般公共预算收入比重为 4.1:66.1:29.8，充分表明汉沽区三次产业发展不均衡，税源稳定性较差。从财政自给率来看，2015 年本级一般公共预算收入 14816 万元，汉沽区财政一般公共预算支出 38451 万元，财政自给率仅为 38.5%，保工资发放、保机构运转和建设资金主要依靠上级转移支付和各项补助，这些都说明汉沽区财源总量严重不足。

（四）财源增长亮点不多，产业特色不突出

汉沽区内农村经济发展基础脆弱，农产品自给率高、商品率低、受自然灾害影响大，农产品转化附加值小，农村产业化龙头企业尚未形成财源"气候"，2015 年第一产业实现税收仅为 32 万元。汉沽区内的工业企业竞争力不强，效益下滑，科技含量低，对财政收入贡献小，未形成财源结构支撑收入，六合饲料、三元食品、东海鞋业、鸿润棉蛋白、恒天然牧场、法立德食品、禾丰饲料等近几年新上项目税收贡献微乎其微，基本处于亏损状态，国税征收 16 家重点企业中，当年实现盈利缴纳企业所得税仅有蓝欣玻璃、泰达燃气和中油销售公司三家。第三产业刚起步，提供的地方财政收入十分有限，新办企业和招商引资项目，在建设期和投产初期享受一些优惠政策，在一定时期内还未能显现财源增收的亮点，对财政的贡献作用尚待发挥。

（五）刚性支出增长过快，收支矛盾十分突出

近年来上级出台了一系列增支规定，如对科技、教育、农业、扶贫、卫生、计生等方面的投入都确定了占财政支出的比重，一些工程项目、增加工资等均规定县乡财政配套一定资金比例，这对于本就捉襟见肘的"吃饭财政"来说，无异于雪上加霜。就汉沽而言，年均公共财政预算收入维持在 1.5 亿元左右，上级财力性补助收入基本在 6000 万元左右，体制上解支出为 2200 万元左右，实际年可用财力为 1.88 亿元左右，而年人员经费支出为 1.02 亿元，正常公用经费支出为 2400 万元，年基本必保政策性配套支出为 6500 万元左右，可用财力不足以满足基本必保支出需要。

二、财政运转困难的成因分析

综上所述，汉沽区目前财政收支矛盾突出，财政资金周转困难。究其原因，还是由经

济发展速度和发展质量造成的。

（一）产业结构不合理，财源基础薄弱

财政收入规模和质量与当地经济发展中各个产业产值比例的发展变化有密切的关系，第二、三产业发展越高、速度越快，财政收入的增长速度就快，收入质量相对就高。近几年来，汉沽区加大产业结构调整的力度，一、二、三产业比重由2003年的13.9∶54.9∶31.2调整为2015年的16.6∶47.6∶35.8，但第二、三产业尤其是第三产业比重偏小，产业结构调整仍未实现质的飞跃。正是由于产业结构的不合理，造成汉沽区财政收入基础薄弱，对房地产开发这一支柱财源依赖性强，财政收入风险性大、波动性大。

（二）财税体制不完善，对农垦改制区扶持不够

首先，中央集中过多，地方财政增量中的大部分被中央拿走，与此同时，省和市财政也对所属县（市区）集中财力，处于基层的县乡财政成为层层被集中的对象，在支出责任没有减轻反而加重的情况下，县乡财政实力大打折扣。特别是自2013年河北省政府取消农垦财政激励政策和津秦高铁完工后，每年汉沽区可用财力净减少2400万元以上。其次，征管体制未理顺。分税制以后，税务部门实行垂直管理，责权不统一，税务部门收入权力大，但支出压力小，而政府部门支出压力大，但收入权力小，致使政府不得不采用奖励、提留等手段来激励税务部门多收税。第三，由于税务部门征管力量不足，致使部分税收流失。

（三）历史遗留欠账多，财源建设基础差

一是国有农场的特殊管理体制，造成城镇建设用地和园区规划滞后，区域内基本为一般农田和基本农田，发展经济先天优势不足；二是属于典型的吃饭型财政，为保工资、保重点、保民生以及各种配套资金的足额到位，已力不从心，财政对企业扶持不够，严重制约了后续财源建设的步伐；三是基础设施建设滞后，承载能力不足，在周边县区相继出台优惠政策的情况下，无法形成对招商引资后发优势；四是历史欠账多，开放意识不强，较周边县区来看，国家对农垦扶持政策不强，一些诸如交通等基本社会公共服务均等化政策享受较晚，城镇建设、交通、社会保障、义务教育、医疗卫生等自成体系，社会负担沉重。

（四）财税征管方式粗放，非税收入税源单一

汉沽区非税收入主要来自农业总公司的土地发包收入、网络公司的数字电视收视费、房地产市场的人防工程异地建设费和城市建设维护配套费，上述四项收入占全部财政收入的比重达75%。国家为推进依法行政步伐，相继取消了大批行政事业性收费项目，导致非税收入税基变窄，非税收入增长乏力，致使财政增收成为无源之水，无本之木。商业房产出租、耕地占用税、土地使用税、土地增值税以及国税部门，企业的所得税税收等税收征管“死角”和“盲区”仍不同程度存在。

（五）刚性支出压力增大，财政收支缺口较大

2015 年，公共财政预算支出中人员经费、公用经费、民生支出占比超过 90%，其他基本必要支出和政策性配套资金缺口较大，一直通过调入资金方式解决，变相成为政府性债务；缺乏发展性资金，一些城镇基础设施建设、公共交通等公益性事业无力安排，加之政策性增资因素不断增加，导致财政收支矛盾突出，发展步履维艰。

（六）税源结构不合理，受税制调整影响大

建筑业和房地产业一直是汉沽区主导支柱产业，营业税作为主体税种占税收收入比重达 65% 以上，而工业企业增值税因企业经营不景气呈现逐年萎缩态势，2016 年 5 月份“营改增”的全面实施，对汉沽区财力影响巨大，经测算，调整收入分享比例后，减少汉沽区一般公共预算收入 2238 万元，政策性减税预计减少汉沽区一般公共预算收入 561 万元，两项合计 2016 年预计减少汉沽区地方一般公共预算收入 2799 万元。根据中央、省《收入划分过渡方案》，中央及省均以 2014 年为基数进行相应税收返还，保各级既得利益。经测算，中央、省返还汉沽区全年基数为 2236 万元，由于 2016 年 1—4 月份收入不再调库，抵减基数 960 万元，2016 年中央、省返还汉沽区 1276 万元。综合考虑减收与税收返还因素后，汉沽区财力预计将比 2016 年年初预算减少 1523 万元。如果政策性减收增加，对财力影响将进一步扩大。

三、加强基本财力保障的建议及对策

汉沽区出现的基本财力保障矛盾，既有普遍性，也有特殊性，可以说，既有经济发展本身的个性问题，也有财税体制方面存在的共性问题，需要上下同心合力攻坚。汉沽管理区将瞄准“农垦系统率先发展、开发区系统走在前面”两大目标，实现“重点项目建设、生态环境建设”两大突破，全力抓好各项财税目标的贯彻落实。

（一）抢抓机遇，发挥优势，突出招商引资，力促项目建设落地，增强财政可持续发展能力

抢抓环渤海地区合作发展、京津冀协同发展，特别是与天津共建协同发展示范区历史机遇，充分发挥区位交通、资源、环境和体制机制四大独特发展优势，突出开展招商引资和项目建设突破年活动，以招商引资为抓手，以项目建设为统领，通过既有项目抓转型，实现“有中生新”，促进产业结构转型升级；通过在建项目促投产、签约项目促开工、意向项目促签约，实现“无中生有”；依托既有和新建企业，打造家具生产研发销售产业集群、汽车整车物流分拨产业集群、动物营养饲料生产加工产业集群、绿色农副产品生产加工产业集群、新型纸制品生产加工产业集群、新型建材产业集群，2016 年年内确保投资亿元以上的生产项目落地开工 40 个以上、建成投产 20 个以上，不断扩大财源基础，为财税收入增长奠定坚实基础。

（二）明确分工，落实责任，突出基础建设，推进协同发展，实现民生实事和积极财政政策良性互动

创新财政资金投入，积极利用PPP这一新的投资模式，财政工具和金融工具协调配合，吸引社会资本和金融资本参与省级经济技术开发区水电路气讯等基础设施建设，2016年年内新建园区道路11条以上，平整项目用地133平方千米以上，启动临津产业园110千伏变电站新建工作，完成园区基础设施建设投资2亿元以上，提高项目承载能力；实施政府投资拉动，启动实施一批重大民生实事工程，推动城镇建设提档升级和基础设施互通互联，实现与天津滨海新区、宁河区和丰南区等毗邻地区在项目建设、公共服务、一体化交通体系等方面的协同发展，增强招商引资吸引力，进一步提升群众幸福指数。

（三）严征细管，堵漏增收，突出调度协调，实施综合治税，实现财税收入应收尽收

落实“四个干”工作机制，明确时限目标，落实责任要求，加强对财税收入组织的协调调度，推行财税联席会议制度，以旬保月、以月保季、以季保年，确保“首季开门红、半年双过半、全年满堂红”目标顺利实现。一是加大依法治税力度。建立纳税评估模型，开展分析比对和税收风险预警，促进依法征管和应收尽收，提升收入质量，提高税收在公共财政预算收入中的占比。二是规范非税收入征管。依托非税收入征管系统，加强对执收执罚单位的督导力度，在应收尽收的基础上，防止出现以非税收入弥补征收缺口、加重企业负担等行为。三是加强形势研判。把握政策导向，认真研读政策内涵，推进“营改增”全面实施，最大限度争取地方既得利益。

（四）注重深化财税改革，依法完善现代公共财政体系，着力提高财政管理效能

1. 完善政府预算体系。扎实推进全口径预算管理改革，建立定位清晰、分工明确、衔接有序的地方政府预算体系。

2. 改进预算控制方式。建立跨年度预算平衡机制，实行中期财政规划管理，编制财政三年滚动规划。

3. 加强预算执行管理。硬化预算刚性约束，加强财政结余结转资金管理，盘活各类闲置和沉淀资金，提高年初预算到位率。

4. 规范政府债务管理。以农垦改革为契机，通过组建农垦集团，实现资源资产化、资产资本化，创新国有资产管理方式，拓宽金融融资渠道。

力争到2020年，地区生产总值达到100亿元以上，年均增长25%以上；一般公共财政预算收入达到3.7亿元以上，年均增长20%以上；全社会固定资产投资及城乡居民人均收入比2010年翻一番以上；现代产业体系基本形成，率先全面建成小康社会。

在自身加快发展提高自给自足能力的同时，也需要对省以下财政体制进行调整，以更好适应当前财政经济形势需要。

（五）明确各级政府责任，合理界定财权事权

合理界定各级政府的职能、职责，全面清理财政供给对象，严格控制财政供给范围，彻底解决财政“越位”问题。一是明确中央与省的事权及支出责任后，要进一步划分省以

下政府间的事权和支出责任。二是进一步明确中央对县级在农业综合开发、大型公益事业、卫生医疗体系建设以及科技、义务教育和扶贫开发等经济性事务方面的事权责任和承担份额。三是在各级政府之间确立公共政策的责任原则，即“谁出政策，谁拿钱”的原则，也就是说，在制定和实施涉及政府间权益再分配的公共政策时，各级政策决策者都要遵守这条最基本的责任原则。四是合理明确政府职能定位，清晰划分各级次之间“事权”与“财权”，将更多的财力留用主动权下放到县级一层，确保其有足够的能力搞建设、促发展。

（六）规范分级负担机制，落实逐级帮扶责任

1. 省级财政要通过规范财政转移支付制度，实施激励与约束并重的保障办法，加大对财力困难县区的奖补力度。

（1）实施财力倾斜，加大对县区级的转移支付力度，不断提高基层政府提供公共服务的能力；

（2）对县区级消化基本财力保障缺口实行奖励；

（3）根据县区基本财力保障缺口的大小予以适当补助；

（4）建立对基本财力保障缺口扩大的约束机制，对当年缺口额不减反增的县区，省财政相应扣减以往年度奖励额基数。

2. 市级财政强化帮扶责任，对县区级积极予以财力支持。

（1）继续加大对所辖财力薄弱县区级的帮扶力度，不断提高县区级财力保障水平，支持县区级民生等社会事业发展，帮助弥补县区级基本财力保障缺口；

（2）不得通过调整财政体制或在体制外向县另行集中财力。

3. 县区级通过自身努力，加快发展，不断提高基本财力保障水平。

（1）充分运用和发挥激励型财政机制的政策激励效应，进一步加快区域经济财政发展，逐步提高基本财力保障水平；

（2）调整优化财政支出结构，合理安排预算，将财力优先用于保障基本支出，确保县区级有关部门和镇（乡）运转的基本财力需要，确保教育、医疗卫生、社会保障等民生政策有效落实。

（七）区别基层财力差异状况，建立不同层次的基本财力保障机制

1. 确定县区的收入范围及征管权限，将税基较广、收入稳定、流动性不大的税种作为县区的主体税种，改变共享税过多、共享税分成不合理的现象，保证县区级财政的自主收入。

2. 确定县区级政府的非税收入，明确非税收入的审批、立项、标准确定、征收管理、票据管理的权限，保证基层的非税收入。

3. 合理测算分析基本支出需要，合理确定县级财政基本支出最低保障线，按照确定的县级财力最低保障标准，差额部分由省对县区一般性转移支付予以解决。

（八）科学选定测算依据，制定合力的基本财力保障范围和保障标准

以目前中央与地方政府间支出责任划分为前提，立足现有财政支出责任关系，从基本

公共服务支出事项入手，对支出事项政策内容、政策标准、负担比例、执行时间、资金来源等方面进行全面清理。在合理界定基本公共服务保障范围的基础上，测算基本公共服务最低保障需求，同时测算县级基本公共服务实际保障水平。根据平均有效税率测算的标准税收收入、据实计算的部分非税收入、上级财政安排的一般性转移支付和用于基本公共服务方面专项转移支付等因素，测算县级基本公共服务实际保障水平。以最低保障需求与实际保障能力的差额作为县级基本公共服务最低保障需求的缺口，考虑县级人均基本公共服务支出水平与全省平均水平之间的差异和基本公共服务支出占财力总量的比重等相关因素，科学评价县级基本公共服务保障能力，为建立县级基本财力保障机制提供科学依据。

（九）调整财政体制，规范省以下转移支付制度

1. 扩大一般性转移支付规模，完善均衡性转移支付办法，加大对下转移支付力度，逐步建立稳定增长机制，将按因素分配，具有一般性转移支付性质的专项转移支付，纳入一般性转移支付统一分配；考虑推进产业结构调整、转变经济发展方式等宏观政策以及重大减收增支政策对地方财政经济的影响，加大对经济基础薄弱、结构调整压力较大、历史负担重地区的支持力度；密切关注宏观经济政策影响，对区域性、共同性财政问题进行专题分析研究，选取客观因素对转移支付分配进行修正，客观公平地反映不同发展阶段、不同经济结构、不同区位环境的地区的实际需求；建立均衡性转移支付运用报告和评价制度，逐步建立起跟踪检查与对市县的绩效评价制度，努力提高转移支付资金的使用效益。

2. 加大专项转移支付资金整合力度，发挥资金合力；严格控制新增项目，清理整合现行专项转移支付项目；对到期项目、一次性项目以及按照新形势不需要设立的项目应予以取消；对使用方向一致、可以进行归并的项目应逐步予以整合；每一项专项转移支付资金的设立、审批和分配，要做到有合理明确的分配依据和目标任务；对保留的专项转移支付项目，逐步建立项目库，实行科学化、规范化管理。

3. 加强转移支付资金监管，提升资金使用绩效。深入实施财政支出绩效评价，完善评价指标体系，深化项目支出绩效评价，扩大部门绩效评价试点，开展一般性转移支付绩效评价试点；强化评价结果运用，将评价结果作为对下转移支付分配的重要依据，优化项目决策程序，健全项目管理制度。

（十）强化配套改革，提高资金使用效益

1. 明确县乡政府支出责任。县级基本财力保障机制需明确，凡属于省、市政府承担的支出责任，同级财政要全额保障经费，不得以任何形式转嫁给县级政府。省、市政府委托县政府承办的事务，要足额安排专项经费，不留资金缺口。属于各级政府的共同事务，要尽可能降低财政困难县乡的资金负担比例。属于跨区域的公共事务，要根据各方面受益情况，并考虑县级财政实际承受能力，合理确定分担比例。除国务院和省政府另有规定外，其他专项拨款，一律不得要求县乡政府进行配套，也不得以县无力落实配套资金而减少对其专项资金扶持。

2. 严格确定县级财政支出顺序。用于基本财力保障的资金，首先要用于保证基层政权正常运转和社会保障对象补助支出需要，其次是安排农业、教育、科技、卫生等事关经

济社会发展的支出，再次是根据财力可能办些改善人民生产生活条件的实事。

3. 强化县级财政支出管理。要合理安排预算，硬化县乡财政预算约束，没有预算不得随意支出。采取有效措施，优化支出结构，加强财政资金使用管理，努力确保县乡政府机构运转和公共服务支出的需要。四是推进县级预算管理制度改革。县级基本财力保障机制要与推进部门预算、国库集中收付和政府采购制度等改革结合起来，切实提高县乡财政资金分配和使用的安全性、规范性及有效性。

（汉沽管理区财政局　赵新宇　武艳军）

创新机制　跨跃发展
全面推进县级绩效预算管理制度改革

2016年度河北省财政科研课题成果三等奖

吴桥县是河北省2015年财政绩效预算改革试点县。为确保改革顺利推进，结合河北省财政厅对深化预算管理制度、实施绩效预算管理改革的总体部署，2015年，吴桥县政府印发了《关于实施绩效预算管理改革的意见》（吴政字〔2015〕89号），从编制2016年预算开始，所有部门全面推进绩效预算改革，全部实现了从“部门预算”向“绩效预算”的转变。

一、初步成效

经过努力探索与实践，吴桥县深化绩效预算管理改革实现良好开局，构建起了较为科学的绩效预算管理框架，预算管理中的一些问题逐步解决，其积极效果正在日渐显现。

（一）科学规范的绩效预算结构初步建立

自2015年10月份开始，吴桥县财政局结合2016年部门预算编制工作，集中组织县直预算部门对“部门职责—工作活动”目录及绩效目标指标体系进行了修改和完善，对部门申报的2016年项目支出均按照“部门职责—工作活动—预算项目”三个层级绩效预算管理结构编制项目预算，并全部录入一体化预算信息管理系统，全面实现了绩效目标指标的量化管理，为下一步实行绩效监控和绩效评价奠定了坚实的基础

（二）项目库的基础支撑作用得到有效发挥

2015年，吴桥县已按照改革要求建立健全了预算项目库，所有预算项目均纳入项目库管理，没有进入项目库的不得安排预算。按照《吴桥县项目支出预算管理办法》的要求，严格预算项目申报审核、项目论证、审查和入库，切实提高了项目预算的编制质量。截至2015年12月末，累计入库项目534项，项目总金额53633.58万元，项目库的支撑作用初步显现。

（三）县级预算编制实现跨跃发展

一是“全口径”预算编制日趋完善。在2015年分别编制一般公共预算、政府性基金

预算、国有资本经营预算、社会保险基金预算四本预算的基础上，2016年，将提前通知的上级转移支付，与本级财力统筹安排部门支出预算，进一步提高了部门支出预算的到位率。二是部门预算编制更加完整。2016年，除实行企业化管理的事业单位外，所有预算单位都编制了部门（绩效）预算，真正做到一个部门一本预算，并将部门及所属单位所有收入和支出全部纳入部门预算。三是项目预算编制更加统一。2016年，按照河北省厅规定的12大类33小类的项目分类和编报模式，以绩效为导向审核预算，将绩效目标指标审核作为安排预算的前提，依托一体化预算信息管理系统，编制了县级项目预算。

（四）部门预算公开的效果更加明显

一方面，依托一体化预算信息管理系统编制的2016年部门预算文本，不仅包括了部门的基本收支预算，而且涵盖了“部门职责—工作活动—预算项目—绩效目标”的具体内容，对项目支出预算、“三公”经费及会议培训经费预算、政府采购预算、部门基本情况等也有详细说明，使预算公开的内容更加丰富细致。另一方面，2016年，吴桥县财政局依托政府门户网站开辟了“财政预算信息公开”专栏，使预算信息保持长期公开状态，方便社会公众查询监督，进一步增强了预算信息公开效果。

二、主要做法

为确保按时圆满完成吴桥县绩效预算管理改革和全面规范预算管理各项工作任务，吴桥县财政局高度重视，认真研究政策，规范操作程序，狠抓工作落实，主要采取了以下工作措施：

（一）及时汇报，争取支持

2015年7月28日，河北省绩效预算管理改革工作会议在衡水召开，会议深入贯彻中央和河北省深化预算管理制度改革的有关要求，对市县加快推进绩效算改革、全面规范预算管理进行了动员和部署。会后，吴桥县财政局及时召开了局长办公会议，将会议精神进行了传达，并将这次会议精神的落实情况形成了书面材料，向县委、县政府进行了专题汇报，争取党委、政府的大力支持。

（二）加强领导，完善制度

按照上级要求，吴桥县财政局成立了以财政局“一把手”为组长、主管业务局长为副组长、业务股室负责人为成员的绩效预算管理改革工作领导小组，要求相关业务股室要加强业务协调与配合，每周召开例会，对改革进行安排调度，确保各项工作有序推进。2015年8月30日，吴桥县财政局起草了《吴桥县人民政府关于深化预算管理制度改革的实施意见》和《吴桥县人民政府关于实施绩效预算管理改革的意见》，经县政府常委会议研究通过后，分别以吴政字〔2015〕89号和91号文件印发，为绩效预算管理改革任务的顺利落实提供了有力的制度保障。

（三）规范程序，分步实施

2015年10月30日，吴桥县财政局组织召开了全县绩效预算编制业务培训会议，对县财政局业务主管股室负责人、业务主管人员、县直行政机关和非企业化管理的事业单位（含下属单位）的财务主管领导、财务科长及业务骨干共计150多人进行了业务培训。会议印发了《吴桥县部门预算管理办法（试行）》、《深化县级绩效预算管理改革实施方案》和《关于修订完善2016年度县级预算部门“部门职责—工作活动”目录的通知》，对全面绩效预算编制工作进行了动员和部署。

三、存在的主要问题及下一步努力方向

目前，吴桥县绩效预算管理改革已按照上级部署稳步推进，但是由于财力有限，除保工资、保运转之外，没有财力安排发展性项目支出；同时，现有财务人员的知识结构和年龄结构也不能满足绩效预算管理改革工作的需要。根据上级要求和吴桥县的实际工作情况，下一步，将根据上级绩效预算改革规划，采取切实有效的措施，将绩效预算逐步推向深入。

（一）加强组织领导

绩效预算管理改革是当前河北省省委、省政府确定的136件大事之一，要进一步加强组织领导，建立政府统一领导、财政牵头组织、部门具体实施、社会广泛参与的工作体系，并将绩效评价结果纳入部门年度工作考核内容。

（二）完善管理制度

目前，吴桥县绩效预算管理结构已经形成，绩效目标指标体系也已初步建立，下一步，县财政局要抓紧研究制定绩效运行监控管理制度、绩效评价管理办法和相关评价指标、绩效考核办法和相关挂钩机制；各部门要结合自身实际制定自评价管埋办法和相关评价指标、绩效考核办法等。

（三）加强队伍建设

绩效预算管理改革是一项综合性的管理工作，必须要有一只素质过硬的财政财务管理队伍。当前，县财政局要进一步完善预算编审机构，根据实际工作需要充实专业人员；组建绩效预算评价机构，签订中介机构委托协议，做好绩效监管和评价准备工作；各部门也要通过事业人员招聘等途径，不断充实工作人员，加强财务管理部门的力量。

（吴桥县财政局　侯吉恒）

夯实财源基础　提高收入质量
加快推进区域经济协调有序发展

2016年度河北省财政科研课题成果三等奖

一、基本情况

（一）概况

徐水区地处京津石三角腹地，总面积723平方千米，总人口60.5万人，辖7镇7乡，1个城区办事处，1个开发区管委会，是河北省重点扶持的工业产值超千亿县之一。徐水区区位优势明显，京珠、京昆、荣乌高速，京广、京石快客、津保城际铁路环绕城区。特别是随着徐水顺利升区，融入大保定圈以来，受京津冀一体化带动作用明显加强，徐水区通过大力推进县城工业园区和徐水经济开发区两大园区建设，不断加大招商引资和项目建设力度。形成了以索具制造、汽车零部件和石油物探装备为主导产业，以水漆、酒业、机电设备和制造业为后续梯队的产业集群，涌现出了长城汽车、亮点水族、新洋丰肥业、风帆蓄电池、中纺依棉、宝凯电器等一批新兴企业，促进了全区经济的快速发展，为下一步打造河北省千亿产值区奠定了坚实的基础。

（二）收入情况

1. 财政收入逐年增长

2011年是“十二五”开局之年，徐水区全部财政收入完成10.1亿元，首次突破10亿元大关，其中一般公共预算收入完成4.6亿元，到2015年“十二五”收尾之年，徐水区全部财政收入达到了22.5亿元，年均递增22.1%，其中一般公共预算收入完成9.25亿元，年均递增19.1%。可以说财政收入一年一个台阶，呈逐年上升趋势。2011年徐水区税收收入完成9.3亿元，到2015年年末达到20.6亿元，年均递增21.8%，其中一般公共预算收入中税收收入完成3.8亿元，到2015年年末达到7.3亿元，年均递增17.8%。

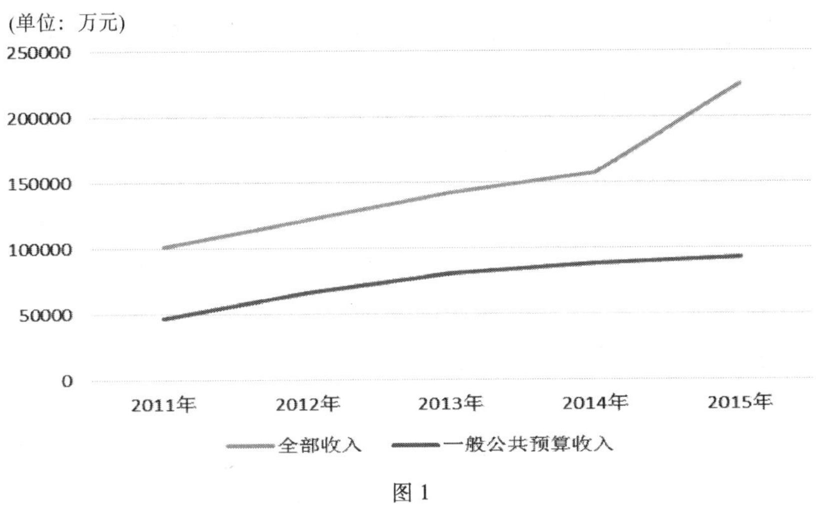

图 1

2. 税收收入占比呈现起伏趋势

“十二五”期间，徐水区税收收入占比有高有低，走势不稳定。2011 年为 92.3%，到 2014 年降至 74.1%，2015 年年末又提高到 91.5%。其中一般公共预算收入中税收收入 2011 年占比 83.1%，2014 年降至 53.9%，2015 年又提高到 79.4%。

（三）税源情况

1. 第二产业所占比重较大。徐水区税源主要分布在制造业、建筑业等第二产业，纳税所占比重达到 59%，服务业、房地产业等第三产业所占比重为 41%。

2. 规模纳税企业群不断壮大。2015 年，纳税过千万元的企业达到 14 户，累计纳税额达到 16.3 亿元，占徐水区全部财政收入的 72.5%，主要集中在制造业、房地产开发业和建筑业。较上年增长 109.3%，所占比重提高 22.9 个百分点。主要体现在长城汽车项目纳税的有力拉动。长城汽车项目 2015 年纳税 10.1 亿元，较上年增长 468.8%，增收 8.3 亿元，实现一般公共预算收入近 2 亿元，较上年增长 296.8%，增收近 5000 万元。

3. 房地产业增势明显。随着徐水顺利升区，融入大保定区域，受京津冀一体化和大保定圈的辐射带动作用，全区房地产行业增势明显。2015 年，巨力、天行健、正达、华忠、长达和天祥房地产等企业纳税 1.9 亿元，较 2014 年增长 35.2%，增收近 4900 万元。

二、存在的主要问题

（一）收入结构有待进一步优化

尽管徐水区收入呈现逐年增长的趋势，但由于税源主要集中在制造业和房地产业，受国际和国内市场的影响较大，抵御风险能力不强。比如长城汽车项目近几年增势非常明显，对财政收入贡献率持续走高，但随着长城项目逐渐达产，收入增速将会趋缓。高基数下保持收入高增幅将存在困难。而房地产业受市场影响更大，一旦需求出现向下波动，房地产所涉税收会明显下滑。巨力、俊峰、宏业、北奥等老牌企业和传统行业一直是徐水区的主要支柱财源，财政贡献率较高。但近年来受国际、国内市场需求影响，巨力新能源和酒业遇到冲击，中石油勘探量减少，物探设备市场需求急剧下降，订单减少，致使这些企业纳税明显不足，始终在低位徘徊。2015年，巨力集团纳税2.1亿元，较2014年减收227万元；俊峰、宏业、北奥和基地处4家物探企业纳税1.1亿元，较2014年减收1062万元。从以上情况来看，徐水区的收入结构有待进一步优化。

（二）收入质量仍需进一步提高

收入质量不仅反映一个地方的经济实力，更体现财政抵御风险能力的高低。2011年以前徐水区税收收入占财政收入的比重始终保持在90%以上，但是近年来，受经济下行压力和收入任务考核等因素影响，单靠正常经济增长无法完成上级下达的收入目标，徐水区不得不加大非税收入征管来弥补税收收入的不足，导致收入质量下滑。特别是徐水区2013年长城项目征地形成一次性收入高达3余亿元，造成收入基数过高。徐水区项目建设虽然有了一定成效，涌现出了亮点水族、新洋丰、中纺依棉、宝凯等一批新兴企业，但仅靠正常收入增长根本没办法消化过高的收入基数，造成收入任务与实际税源出现较大脱节，收入质量出现进一步下滑。

（三）项目建设实际与预期存在差距

2012—2014年，徐水区列入的16项市级以上重点生产项目全部实施，除东方纸业因土地原因未能全部建成外，其他项目都在实施中或全部建成。同时受国内外经济大环境的影响，建成后不能全部达产，造成经济效益低，税收贡献率低。主要原因有：

1. 项目转型期的结果。受环境压力的影响，传统行业项目受到限制，新兴业态正在发展时期，在传统行业未全部改造完成，战略性新兴产业项目未全部建成，即在经济转型交替阶段，传统行业纳税大幅降低，新兴业态也未达到预期结果。

2. 行业多元化的结果。徐水区列入的省市重点项目，有一部分是农业食品加工及物流项目，这些项目占地多，用工多，带动性大，社会贡献大，但行业纳税率很低。

3. 市场预期变化结果。部分特大项目投资大，建设时间长，竣工后市场发生变化，与项目建设初期预测存在较大分歧；同时个别项目在建设期间因资金链中断导致中途流产。

（四）债务包袱沉重，财政风险加大

为支持长城汽车项目落地徐水并开工建设，徐水区投入了大量的人力、物力和财力，也因此背负了高额的债务。截至2015年年末，徐水区地方政府债务余额11.5亿元。债务风险高位运行，偿债压力巨大。在原有债务没有完全化解的基础上，融资建设又会增加新的债务规模，债务还本付息对未来的财政运行形成非常大的隐患。目前正处于财政体制调整期，如果不尽快降低财政运行风险，全区转移支付资金分配，民生支出和工资发放保障都将受到直接影响。

（五）支出刚性增强，收支矛盾突出

近年来，随着徐水区创建省城文明城区的不断深入，加之人员刚性需求日益增长，民生支出和重点项目支出等迅速增加，收支矛盾日益突出。新形势下，更要加大收入征管，更加关注收入质量的提升，增加可用财力，来满足不断增长的支出需要。

三、工作措施及建议

（一）努力优化收入结构

按照目前的政策形势，徐水区财政收入应继续坚持“提质限速”的基本原则，即：将全部财政收入规模和一般预算收入规模控制在合理的范围内，夯实收入基础；同时，努力提高“两个比重”（税收收入占财政收入的比重和一般公共预算收入占全部财政收入的比重），使徐水区财政收入能够提供尽可能多的可用财力，并在上级转移支付测算中争取主动，为徐水区财政“过日子”谋求最大的利益。

（二）抓好挖潜增收工作

1. 抓好财源建设。紧紧抓住京津冀协同发展的大好机遇，努力培植一批有潜力、发展形势好的企业，加大对企业的扶持力度，指导企业淘汰落后产能项目，调整产业结构，积极进行升级改造，提高产品的市场竞争力，下大力夯实徐水区税源基础，进一步调整收入结构。

2. 挖掘税收潜力。借助当前保定市开展以地控税的有利契机，扎实开展徐水区建筑业、房地产业等专项清理工作，及时将查补税款上缴国库。抓好车站改扩建等重点工程项目建设，督促所涉税收尽快足额征缴到位。在抓好重点行业和重点企业税收的基础上，加强对特色办学、医疗保健、家庭装修、资格认证等非企业性质的纳税人的监管，集中摸排清理，确保税款应收尽收。

3. 完善协税机制。充分利用综合治税平台、税收征管系统和非税收入管理软件，通过数据共享、加强信息比对，对有疑点的行业和企业进行集中稽查和评估。通过健全协税护税网络，抓好相关部门与财税部门的日常联动机制，时刻把组织收入工作抓在手上，全力创造公平、公正的纳税环境。组织财税部门深入了解重点企业生产经营情况，尤其是纳税超400万元以上的重点企业生产经营情况，摸清税源底码和税源结构，积极协调重点项目所涉税收，加快收入入库进度。

（三）抓好重点项目建设质量

1. 加强项目前期论证。对项目整体情况进行科学的论证评估，防止上了项目之后出现与环保政策、国家产业政策相冲突现象，对区域经济运行产生冲击，增加后期弥补成本，甚至出现稳定问题。

2. 加强对项目投资的审计监督。要根据项目投资到位情况，出具完整、有效的凭证，

以证明承诺投资完全到位，并由审计、发改、项目办、财政等多方认定，防止出现“假大空”项目。

3. 强化对项目的效益评估。新上项目建设之前要出具预期效益承诺，明确承诺项目投产后年纳税、解决就业等相关指标预期值。区政府应组织专门力量，对新上项目效益情况进行评估，对未达到预期效益、与预期目标差距较大的，要采取必要措施。

4. 严格控制土地用途变更。对重点建设项目获取的工业用地，严禁变更土地用途。

（四）努力化解政府债务

严格按照政府拟定的债务偿还顺序和金额落实，坚持量力而行，量入为出的原则，按照上级政策，锁定债务规模，坚决杜绝新债发生，并尽量多地挤出财力逐步偿还政府债务，从根本上化解政府财政运行的潜在风险。

（五）加大支出预算执行监管

在努力提高预算管理精度、规范财政资金运行程序的基础上，努力强化预算约束，增强预算执行的科学性，同时要按照《预算法》的相关规定，明确预算单位、主管部门和财政的责任，加大对支出预算执行的全过程监管，使各项支出按进度落到实处。保证全年财政收支预算执行平稳运行，实现收支平衡的目标。

（徐水区财政局　高俊杰）

全方位加强预算管理研究

2016 年度河北省财政科研课题成果三等奖

预算管理涉及项目库管理、预算编制、预算执行及预算绩效评价等多方面，是财政工作的核心和重点，其中尤其是预算编制环节，由于预算编制不细化，对发挥资金效益、预算执行产生了很大制约，从中央到地方近几年都在下大力气进行改进和完善，玉田县级基层预算编制工作也在预算编制细化上不断下功夫，就此玉田县结合工作实践，对如何从预算编制入手，加强预算管理进行了相关调研。

一、当前预算管理主要情况

（一）财政总体状况

玉田县位于唐山最西部，经济发展相对落后，财政税源呈现小规模大群体特性，抵御经济危机、市场变动能力较弱，财力特别紧张，支出压力非常大。近几年来，玉田县财政收入均排在唐山市内各县市区之后。2015 年，财政收入 87297 万元，与 2014 年相比下降了 6.4 个百分点。财政总支出 24 亿元，收支平衡很大程度上是依靠上级的转移支付。

（二）财政收支预算安排特点

玉田县财政收支预算的安排，既非简单的以收列支，也非简单的以支列收。收入预算安排主要依据经济发展状况估算收入额度。实际执行中，一方面积极改善基础设施和投资环境，招商引资，涵养财源。另一方面狠抓税收征管，应收尽收。支出预算安排鉴于玉田县财力贫乏的事实，坚持一要吃饭、二要运转，采取的是厉行节约、适度从紧、有保有压的财政政策。

（三）预算编制程序

玉田县每年的预算安排，是县财政部门按照上级预算编制精神，使用专门的预算编制软件，以及县级预算各项经费标准，由单位申报，县财政审核，退回单位重新申报，最终财政部门汇总形成全县预算。基本上是“两上两下”的编制过程。大多数支出是无法按照部门和单位的申请给予满足的，主要是由于财力比较紧张，这种财力的有限性与各部门事业发展对资金需求的无限性矛盾太大。

（四）预算编制内容

从 2015 年起，玉田县按照编制“四本”预算要求，2015 年年初预算将一般公共预算、政府性基金、社会保险基金收支全部列入政府预算中。部门收入包括非税收入、财政拨款收入等。部门支出预算区分人员经费、公用经费、专项业务费。对于公用经费的支出细化至款级，如办公费、水电费、邮电费、车辆运行维护费、办公取暖费等。将单位的所有收入和支出均列入年初预算中。

（五）预算管理工作进展

玉田县预算管理工作从以往的粗放式、按资金性质的分块管理，逐步发展为布置早、编制细，综合一般公共预算、政府性基金、社会保险基金等各项收入，坚持零基预算原则的部门预算管理方式。预算安排和批复时间都大大提前，基本上是在人代会批复后就能及时下发执行。预算管理手段也有了很大提高，由原来的电子表格到现在的专门软件，提高了预算编制的信息化程度。

二、预算管理中存在的问题

（一）从财政部门看，预算编制粗糙、模糊，缺乏具体项目和明细资料

1. 由于对预算编制的政策依据和实际需求掌握不全不准，造成预算编制粗。财政部门安排预算时首先必须依照法律、按政策规定编制预算，但是财政部门目前对于政策法规的掌握并不特别清楚、准确、全面。一方面，对于经费开支规定，政出多门现象十分严重，往往人社、财政、政府、卫计、教育、政法、农业、科技、文化等部门都有与支出相关的政策文件。而且各类与预算相关的文件、政策还常常封闭在不同部门，甚至部门的不同人员手里，致使财政部门预算安排常常依据不充分。另外，有的文件、政策本身规定比较模糊，有的已经过时，有的本来就不尽合理。教育、农业、就业等多个系统多项工作均要求财政安排支出要逐年增长，并不低于经常性财政收入增幅。光把这些要求增长的政策加在一起，就占据了很大一部分财力，地方财政根本无法依照执行。所有这些使财政部门的预算安排依据十分混乱，预算编制过粗也就在所难免。

2. 由于预算部门基本情况掌握不细，造成预算编制粗。玉田县预算编制在逐年细化，已将预算批复具体至末级科目。但是由于对预算单位资产情况、工作需求情况、业务活动情况等，掌握不清，预算虽然细化到末级科目，但每一科目具体用于什么人员、什么项目却掌握不清楚。对于公用经费尤其是专项业务经费，由于对业务活动的具体开支内容不清楚，仅靠财政部门难以进行准确的核算，常常是列出一个粗略的包干支出数，至于这些业务经费用于哪些项目，需要用于哪些项目，各项开支多少不清楚，也无法明确批复。这样，执行结果有时造成经费浪费，有时还致使一些部门正常业务活动难以开展。

3. 由于预算安排的原则立场未彻底端正，致使预算管理安排粗、不合理。由于财政部门的预算编制并没有完全摆脱基数递增的阴影，为保单位既得利益，给各单位批复预算

时经常出现安排结余预算情况。单位申请也经常以上年安排数为理由，申请安排下一年度经费。对于是否是专项业务真正需求，没有得到较好论证核实。我们也可以看到，有的单位专项业务项目资金结余较大，资金沉淀在预算部门。由于预算编制不合理，致使一方面财政面临收支难以平衡，另一方面大量结余沉积于部门单位，财政的宏观调控能力受到影响。

4. 由于预算管理的方法手段简单，造成预算编制粗。玉田县预算经费安排方法仍然采取简单平均、硬性包干的方式，方法手段简单，虽然易于操作，但往往导致部门间的苦乐不均的情况，合理性差。由于预算编制手段的单一，迫于财力紧张，审核支出预算时，往往硬着头皮一刀切式的压低标准定额，多数单位过的去，有些单位就难以度日。表现最为明确的就是公务用车经费安排，为了节省经费，单位车辆数量按照车辆实有数与编制数取其低，不分单位规模和性质每车均按年 2.5 万元安排经费，致使有的单位车辆运转费用紧张，有的单位却有结余。办公费、办公电话等经费安排也存在这种问题。

（二）从人大审议的角度看，预算草案过粗、不完整

每年给人大汇报的预算草案仅仅是分大类按功能罗列的收支总数，人大进行预算审议时难以触及实质性问题，也无法提出具体修改意见。预算草案表现为外行看不懂，内行看不清。

（三）从预算部门和预算单位看，预算编制粗放、简单、水平低

各部门单位报送的预算申报仅有 10 余张表，大部分单位编制说明都很简单，政策依据也不能全面提供。财政部门在收到这些预算表经常遇见看不明白和容易误解的情况，有时本着谨慎负责的原则需要反复询问核实。十分突出的问题是，部门单位在做年度预算时，普遍存在经费安排没有可靠依据，随意虚报冒报预算的情况。有的单位申报的专项设备购置资金没有具体明细，只是以上一年度支出数简单地作为下年预算申请数。教育系统维修资金额度较大，但无法提供明确的维修方案，答复是按照批复后金额再确定相关维修项目。预算申报很不严肃，但对此财政部门也没有特别明确的法规和办法制止。

（四）预算编制时间晚、周期短、质量低

玉田县预算安排每年都有所提前，尤其是近两年河北省财政厅要求使用规定软件编报后，玉田县基本上是在每年 10 月底安排单位申报下年度预算工作，到每年 12 月底基本上就走完了与单位核实确认的过程。直至下一年度 3 月份，基本上全是向县委、县政府报告，提请人大审议等，直至人大会结束后，将预算批复各预算单位。总体来说，真正用于预算编制的时间较短，极易造成基本数据调查不清，项目论证不充分，使得预算安排先天不足。总的来说，当前的预算编制还是一种临时性工作，前后不过四、五个月，基本上还是在家里填填表格，汇汇总，既缺乏深入实际的调查研究，又缺乏广泛细致的科学论证，在实际执行中必然会暴露出许多问题。

三、对预算管理改革的具体意见与建议

（一）狠抓基础工作，细化标准与定额，落实好零基预算

零基预算作为一个庞大的理论体系，如果严格用于实践，工作量太大，信息量要求太

高，难以实际操作。从玉田县实际情况看，深入落实零基预算，主要应做到以下三点：

1. 要建立完备、系统的政策库。大部分人员经费和一部分公用经费的开支都是有政策规定的，首先应严格遵循政策法规。实际安排部门预算时只要掌握了这些政策规定就可以顺利安排。财政部门与人事等部门应联合对出台的各类政策规定进行一次大清理，把各部门、各方面与预算安排相关的政策规定整编收集入“政策库”，清理过时和不适合的政策规定。政策库要即时更新，动态掌握，并把对政策库的整理通报工作作为财政部门的一项重要和长期的工作，指定专人负责，改变以往不同政策封闭在不同部门、不同人员手里的情况。专门的负责人员调整变动时需要详细交接，保证对政策库维护更新的连续性。

2. 建立详细的基本数据库。在建立好政策库，掌握好相关政策标准后，必须进一步掌握各单位人员基本数据、资产基本数据、业务需要基本数据及事业发展基本数据等。对于人员经费的预算逐步核算到人，区分人的性别、级别、职务、是否有独生子女、有多大的子女等等，精心核算，真正实现准确、公正、公平和易于监督。对资产要开展清查，真正把单位的车辆状况、房屋状况、宿舍状况、电话状况、计算机状况、取暖方式和面积、业务活动情况等等列入基本数据库，动态管理。

3. 分类分档，合理测算标准定额。对于一些没有明确政策规定的，或政策规定比较粗略的公用支出、少数人员支出，进行分类分档，出台相应的标准和定额。玉田县细化规定至末级项目的公用经费定额标准已使用多年，应根据定额安排情况和单位执行情况进行一次全面调查，进一步完善标准和定额。完善重点应区分不同项目，进行合理的相关系数分析，不能简单地一刀切，一律按人均分档。有些支出与人密切相关（如邮电费、水电费等）；有些支出与物（资产）密切相关（如交通费、供暖费等）；有些与事（业务活动）密切相关（如会议费、差旅费）；还有些可能与人、物、事等多项相关，都要分别按人均水平、资产比重、业务特点来测算标准与定额（如办公费），既要结合业务分类，又应结合人数分档；还有些带有偶然性和专项性的支出可能与人、物、事关系都不是明显相关，如一些非经常性的设备购置费等，简单地按人数制定一个标准与定额可能不太恰当，这就需要按项目的轻重缓急排序，实行必要的项目论证。对于单位的其他经费（指科目）也是比较难确定的一个标准定额项目，但是若不制定一定的标准定额，就很可能成为任意填列，形成贫富差距和不合理预算的百宝筐。对于其他经费，建议先按人均水平核定标准与定额，不留标准定额的规范缺口。

（二）细化报送人大的预算安排，增加透明度和完整性

向人大报告的预算的确存在过粗的问题，即使是专门从事财政工作的人，拿到某县的财政预算草案，也难以弄清楚财政支出到底用于哪些方面，投向什么支出项目。所以，财政部门在布置预算时，就必须细化相关表格，做到充分考虑，严格设计，使一本预算真正反映预算安排情况的全貌，真正做到一目了然。这样既便于财政部门地实际操作，也能得到人大的支持与监督。同时，必须把向人大汇报的预算草案完整化，实行综合预算报告，不再仅仅汇报预算内资金的安排情况，真正把人大报告和财政批复的预算统一起来。既要按功能、也要按部门地说明预算。预算的编制务必到部门、到项目、到人员，报送人大的预算草案应当附表。严格控制预算调整，使预算的变更必须经过“部门建议—财政审核—

政府研究—人大通过”的程序，杜绝频繁追加的发生。

（三）加强对预算编制单位和部门的科学指导

各预算单位和部门的预算管理和编制水平大都比较低，对预算的严肃性和重要性认识很不够。所以财政部门在开展财务管理培训的同时，应大力开展对各单位、各部门预算管理和预算编制的宣传与培训。有关人员经费预算安排的政策也应与预算单位和部门进行交流与通报，避免预算部门无依据申报预算，使预算安排得到更广泛的共识。对于测算的公用经费的标准定额，要通报单位，摆在桌面上，一起推敲论证，避免单位按单位的思路申报预算，财政部门按财政的政策和定额核定预算，致使这种供求矛盾长期无法达成一致。多向各预算单位、部门解释和宣传，严肃查处虚报冒报预算。出台一定的规约性措施，对于采用虚报冒领方式编制预算的单位和责任人要进行相应的制裁。

（四）调整预算编制时间，及时批复预算

预算编制时间的充裕，是实现细化预算的前提。玉田县预算布置时间已逐年有所提前，应不断总结经验，实现每年提前1—2个月。逐步把预算编制从临时性工作转变为一种经常性的工作，把业务科室编制预算转变为预算编制部门的专门工作，把闭门造车式的预算，转变为深入实际，调查掌握资金需要和支出合理性的预算，使预算各项收支都有充分依据，经过科学论证的结果。切实落实《预算法》规定，保证在人大会批准之日起30日内，批复县级各部门预算。

（五）加强预算管理干部队伍建设，开展各类学习与培训

预算管理改革是一项宏伟而艰巨的事业，它需要一群高素质的人才去实现，所以必须充实一批锐意进取、有责任心、有较强谋划能力和实际工作能力的同志到预算改革的第一线，打好细化预算管理改革的攻坚战。充分运用先进的经济管理方法和现代化办公手段，加强计算机信息系统在预算编制中的开发运用。实践证明，计算机信息系统的运用，对于预算编制由粗到细、由定性到定量转变、加强分析判断力、提高工作效率起着极其重要的作用。

总之，加强预算管理、细化预算编制改革是当前财政必须开展的最为重要和紧迫的改革之一，它将使支出结构得到必要调整，轻重缓急真正摆到桌面上排队，使预算人员对项目轻重缓急的分辨力明显增强，使资金流向更具有效、更具公共需求的项目上，有限的经费发挥更好的效益，资金浪费和腐败现象得到显著减少。我们需要大力宣传和解释预算改革的目的与作用，要求各部门从讲政治的高度，深刻理解、领会深化预算管理改革的重大意义，胸怀全局，密切配合，齐心协力搞好预算管理改革。

（玉田县财政局　杨忠岭　刘振成　陆阳）

小单元也有大作为——新华区城市办事处财税体制改革展现新活力

2016年度河北省财政科研课题成果三等奖

财政是国家治理的基础和重要支柱，财税体制在治国安邦中始终发挥着基础性、制度性、保障性作用。为充分调动基层做好财税工作的积极性，进一步壮大新华区财政实力，增加更多可用财力来促发展、惠民生，新华区在2013年启动实施了以5个街道办事处为主体的财税体制改革，在沧州市第一个将财税责任纳入城区基层管理机构。通过近两年来的试点运行，5个办事处的经济发展活力得到全面释放，发展责任、服务意识以及竞争意识有了进一步提高，较好体现了"压担子不只为落实责任，变被动为主动，付出与受益相匹配，小单元要有大作为"的财政改革意图。即使在全国、全省财政收入增速放缓的大背景下，2013年新华区实现公共财政收入较上年增长18%，增幅居沧州市第3位。2014年前三季度新华区公共财政收入同比增长13%，截至目前5个办事处全年公共财政收入任务基本完成，有的还实现了超收。总结新华区财税体制改革在街道办事处展现出新活力的成功经验，主要有四个方面的启示：激活细胞，激发热情，引领竞争，分类施策，是做大基层财税主体的根本动力。

一、背景

新华区地处沧州市中心城区东部，拥有良好的城市发展基础，也是面临诸多困扰因素的老城区。为发挥与之角色相适应的区位作用，多年来新华区在城市建设和管理能力构筑方面作了大量尝试，探索并形成了一系列服务社会、管理城市、发展经济的模式。新华区启动实施以城市街道办事处为主体的财税体制改革，不仅进一步完善基层政权健全管理职能，也是加快财税联合强化综合治税的必然要求。

（一）强化基层财税管理符合经济转型期要求

当前，受复杂严峻的外贸形势、国内经济结构调整及产业转型升级所造成的影响，新华区的发展同样承受着企业投资意愿下降、居民消费低速增长等因素的制约，特别是区内主要纳税大户中石化沧州分公司停产检修、退市进园政策造成部分工业企业整体外迁及房地产形势低迷影响，新华区财政增收面临巨大压力。不仅如此，由于中石化沧州分公司

“一支独大”，造成新华区公共财政预算收入占全部财政收入的比重偏低（2012 年为 9.4%，2013 年为 11.8%），财政收入结构畸形。加强地方收入，提高公共财政收入在全部财政收入中的比重，必须充分开发挖掘以三产为主要因素的行业产业，因此付于基层机构更多财税管理责任和权利，能更加全面地推动三产发展升级。

（二）强化基层财税管理符合政权职能责任要求

面对区域财政收入增长责任和新华区上下谋发展盼增收的期望，新华区委、区政府深感肩头责任重大，改变财政收入结构刻不容缓，很快建立了区委财经工作领导小组办公会制度，把上项目、抓发展、促增收放在优先位置，在新华区推动实施综合治税和金融保险服务月活动。区四套班子领导带头深入基层，广泛开展财税调研指导，实践证明，街道办事处在推动财税深入开展过程中具有不可或缺的地位和作用。

（三）强化基层财税管理符合财税联体并进要求

新华区财政局充分发挥职能和协调作用，主动联系新华区国税局、区地税局，按照财税合体、分片负责、对接帮扶的方式，对新华区企业进行深入细致地调查摸底，按照房地产、制造业、金融保险等行业划分进行分类建档，以千万元级、百万元级和五十万元级不同层次建立了新华区纳税户台账，搭建出一个税务、政府部门数据信息共享平台。在双方协调联动过程中，发现税务征管分局与街道办事处行政区域相等辖区划分，更有利于财源建设与财税征管，因此，在学习借鉴烟台市莱山区先进经验作法的基础上，在新华区推动开展了财税区划一体化改革，并强化了组织机构的建设，在沧州市率先成立了负责新华区财源建设规划、项目编制、申报和组织实施的区级财源建设办公室，并充分利用基层政权网格化管理模式，在 5 个街道办事处全面推行财税管理体制改革。

二、做法

（一）划分范围核定任务

税务部门依据各办事处行政区域调整划分各自管辖范围，逐步建立健全属地化税收征管机制。根据上年度各办事处实际完成情况及当年新华区政府安排税收任务情况，由新华区国税局、地税局提出并核定各办事处当年税收征收计划，报区政府批准后下达各办事处当年征收任务。针对新华区中心城市主要工业基地和传统专业市场聚集区的特点，在核定各办事处全部财政收入和公共财政收入任务时，财政局按照各街道办事处产业分布、市场布局和征收能力，积极向税务部门提供数据依据，确保目标任务分配更加符合区域发展实际，防止一样粗，杜绝一刀切。

（二）进度督导激励考核

在全部财政收入和区级一般预算收入完成当年任务的前提下，按照新华区政府批复的各办事处征收任务为依据，设立完成任务奖和超收奖，并将税收任务完成情况作为各办事处绩效考核的重要内容，严格兑现奖惩。2013 年财税体制改革试行第一年，由于任务分配、目标管理和入库实际存在的区域差别，造成个别办事处任务量过小，有的单位又存在透支现象。对此，区政府除如期落实相关分享政策外，同时还增加了税源挖潜奖励。

（三）鼓励引资税收分享

为进一步加大引进项目投资的力度，《财税改革奖励办法》明确提出，对于引进大型工业企业、商贸物流企业和金融保险企业等区政府重点支持企业的，属各办事处独立引进的，将企业纳入其收入范围，全部税收计入其年度任务；属各办事处协助引进的，按企业当年实现税收区本级留成部分的 30% 计入收入。实施超收增量分享政策，当年一般预算收入任务超收增量部分，各办事处分享区级留成的 20%，年终核算后以专项经费形式下达。

（四）强化管理机制保障

各办事处也都成立了财源建设办公室，会同工商、税务部门建立税源管理联合办公机制，建立横向信息联动平台，对各自辖区内新注册企业、新增税源做到动态监控，随时掌握；对注销企业、流失税源要统计并分析原因。建立严格的税源划分、协税、护税管理及税源监管机制，严防自行调剂，严查偷税漏税。某办事处 2013 年任务完成比例较大，为保证下年任务顺利完成，该办事处采取瞒报数据、节余转结的方式将当年多余税收纳入新一年指标之中，新华区财源信息比对机制发现这一情况，给予该办事处扣罚当年分享比例的处理。

（五）以地控税清查征缴

开展以地控税核查工作，进行税收专项清理，对企业、商场、商业门市进行拉网式排查，清查入库税款 600 多万元。今年 5 月份起，在新华区范围内开展了土地使用税专项清查工作，新华区财源建设办公室联合国税、地税、工商、办事处成立了土地使用税清查小组，对新华区范围内工商业户和企业的土地使用税缴纳情况进行了清查，累计清查商户企业 427 户，截至本科研课研结题之时，土地使用税完成 8479 万元，增收 4581 万元，同比增长 118%。

经过近两年的运行实践，改革有力促进了新华区财税体制新结构的形成与完善，各项财税指标有了大幅增长，5 个街道办事处抓财源、上项目、促发展的势头更加强劲，干事创业的积极性空前高涨。2013 年新体制试行的第一年，就取得了平均超收 45% 的良好成绩。

三、成效

（一）做小单元壮大主体，让基层细胞焕发活力

街道办事处是城市管理的基层组织，触角发达，信息灵通，对城区经营活动了解细微，社区网格化管理模式不仅适用于社会管理同样也适用于经济发展、财源建设。新华区推行街道办事处财税体制改革，强化街道办事处经济建设责任，实现了财税管理权利和义

务由抽象到具体的转变，赋予了基层单位更多经济发展责任，使倒金字塔式的财政支出群体转换成为坚实的基层创收力量，从而激发基层细胞的更大活力。

（二）利益挂钩激发热情，让劳动成果释放能量

根据各办事处收入实际完成情况，核拨完成任务奖励经费，让利益紧密与劳动付出相匹配。对基层干部严格落实以“定目标、定责任、定奖惩和绩效考核”为核心的“三定一考”机制，坚持凭实绩定奖罚，坚持用数据说话，让项目撑腰，给能干事、干成事的干部和单位得到正能量和与之相匹配的利益回报，从而实现奖罚手段的多样化和引领性。

（三）强化调控引导竞争，让财税管理遍及新华区

推动基层财源建设、项目管理和财税征管，必须充分发挥财政部门的综合调控和督导作用。新华区财源建设办公室紧紧握住下达任务量和目标管理这个总开关，掌控全局，统筹安排，分类指导，以年度递增，优劣转换为杠杆，启动“跳起来摘桃子”的竞争机制，用落实奖罚和地方受益来营造合理的竞争环境，从而促使新华区经济建设形成上下同心、勇于担当的良好氛围。

（四）分类施策疏堵结合，让地方经济加快发展

充分发挥街道办事处对辖区各类市场主体经营活动情况熟悉的优势，一方面，将税收的“大扫帚”扫到了最边边角角，有效避免了“跑冒滴漏”，做到了应收尽收；另一方面，对各类市场主体经营情况进行细致掌握，注重涵养税源，认真落实税收优惠和产业支持政策，积极扶持引导中小企业发展壮大，实现了企业发展、税收增长和地方经济发展的良性互动。

（新华区财政局办公室　般文中）

如何全面加强基层财政建设研究

2016 年度河北省财政科研课题成果三等奖

近几年来，随着中央出台的一系列惠农强农政策，以及投入了更多的财政资金支持，农村经济得以快速发展，乡镇财政收入逐步增加，财政实力不断增强，乡镇财政管理工作也在不断规范，有力地促进了乡镇经济和各项事业的发展。然而，随着财政体制的不断改革和深化，乡镇在财政运行中也出现了一些不容忽视的问题，已影响乡镇财政财务管理的有序、健康运行，长此以往，势必危及财政资金安全，带来财政风险。如何进一步抓好乡镇财政建设，规范财政财务管理，更好地为乡镇经济和社会事业发展服务，已成为各级政府必须认真去研究的一个重要课题。

一、当前遵化市乡镇财政建设和管理中存在的主要问题

（一）专项资金管理职能发挥不到位

随着支农政策的普遍实施，一些有专门用途的支农专项资金也在逐年增加，但是，通过近几年来的检查发现，部分乡镇的专项资金管理分散，情况不明，很大一部分都未按规定对资金实行专项核算。大部分乡镇的专项资金支出在经常性科目中核算，各项目之间互相调剂、挤占，很难有效进行监督管理和绩效评价，因此，不少乡镇都存在挤占、挪用专项资金和代管资金的情况。

（二）部分乡镇财政收支矛盾突出，负债现象严重

目前，大部分的乡镇在原农村基金会、财政周转金等方面普遍存在数额大、沉积多、偿还难的沉重的债务负担。这些债务形成的主要原因，一是有的工程项目缺乏科学论证，没有因地制宜，没有可行性研究，结果一些企业效益不好、长期拖欠，资金收不回来；二是存在一定盲目搞建设的现象，一些乡镇不根据本乡镇实力、财力、借钱上项目，但是项目要出效益需要一定的时间，因此就形成了债务。

（三）人员职责分工极其不合理

从乡镇的人员构成情况来看，25 个乡镇财政所共有在编工作人员 123 名，其中 50 岁以上的有 20 人左右，平均每个财政所有工作人员 4 人左右，一些偏远的乡镇财政所仅有 3

个人。因此，不可避免地会造成乡镇财务人员的分工不科学，一些乡镇财政所往往出现一人担任好几项工作的现象，这样的职责分工，不仅不利于提高工作效率，而且还会存在监督管理不到位的情况。

（四）对各项制度的落实有待进一步加强

近年来，我局通过实行局班子成员和业务科室分包财政所的制度，不断加强了乡镇财政所在各项制度建设和业务工作开展方面的指导，目前，各乡镇财政所基本上都有岗位责任制度、资金管理制度、内部管理制度等在内的较为健全的各项规章制度以及预算管理业务、惠农资金发放和管理业务、乡镇财政资金监管等基础业务工作。但在具体落实方面，许多制度还有进一步提升的空间，特别是当前上级财政部门要求实行的村财乡管工作，现在仍由各乡镇农经站代管，各乡镇财政所都没有参与管理，此项工作亟待规范。此外，大部分乡镇都还缺乏综合预算管理意识，存在着预算管理不规范，预算约束力弱化，预算编制程序不到位，支出预算编制粗糙等现象。

二、加强乡镇财政建设和管理的主要建议

目前，乡镇财政建设和管理中的诸如此类的问题，不仅影响了财政预算管理职能的充分发挥，而且还影响了基层政权的稳定。因此，加强乡镇财政建设和管理，已成为刻不容缓、迫在眉睫的一项任务。针对目前乡镇财政建设和管理中存在的问题，结合当前正在推行的财政所标准化建设，应着重做好以下几个方面工作：

（一）着力加强乡镇财政职能建设

根据“一级政府，一级财政”原则，围绕有利于服务乡镇政府履行社会管理和公共服务职能，有利于服务当地经济社会发展，有利于加强和规范财政资金管理，有利于保障党和政府强农惠农政策落实，进一步健全和强化乡镇财政职能。要完善基本保障和公共服务职能，强化为民理财职能、资金监管职能、各项惠农政策落实职能、服务发展职能。当前和今后一个阶段乡镇财政主要职能是：

1. 收入管理职能。组织财源建设，培植乡镇财源；组织协调乡镇财政收入管理，组织协税护税工作。

2. 分配资金职能。统筹分配乡镇财政性资金，支持乡镇基础设施和社会事业建设；负责编制财政预决算草案，组织执行乡镇人代会批准的财政预算；组织制订本级经费开支标准定额等。

3. 监督管理职能。负责监督检查各项财税政策和财务会计制度执行情况；负责乡镇各项财政性资金的监督管理；负责监督管理乡镇资产；监督管理乡镇政府性债权债务；监督管理村级组织运转资金；协助监督管理乡镇范围内的会计工作等。

4. 落实政策职能。贯彻执行党和国家财经方针政策和法律、法规、制度；负责或协助各项涉农补贴补助政策的落实；负责或协助各项民生财政政策的落实；负责或协助相关资金管理。

5. 服务发展职能。参与制订乡镇经济社会发展政策，运用财税政策工具促进乡镇经济社会发展；负责财税政策咨询辅导，指导单位申报政策扶持项目资金；负责组织会计集中核算工作；负责会计培训、财务辅导等。

（二）加强乡镇财政预算管理

1. 完善公共财政预算。提高预算编制的完整性、科学性和统一性。统一管理、统筹安排使用财政性资金，并纳入乡镇财政预算。全面实行预算外资金纳入预算管理，加快推进综合预算改革工作。要坚持“量入为出、收支平衡”的原则，按照“保工资、保运转、保民生、促发展”的要求安排支出预算。

2. 细化预算编制。预算编制要从单位开始，逐级编报。对支出规模相对较大或涉及多个支出科目的单位，必须按单位分科目编制。预算编制要全部细化到款级以下。经济较发达地区要探索将基本支出预算与项目性预算分开编制的办法，对集中采购目录以内或采购限额标准以上的政府采购项目，要单独编制政府采购预算。

3. 规范预算执行。要健全预算执行机制，强化预算约束。加强收入预算执行的组织协调和分析监测，既要确保应收尽收，也要防止和杜绝吸税、引税、垫税、空转等现象；要规范预算调整，乡镇财政年度预算经人代会批准后，不得随意调整，预算支出的追加（减），要按规定程序办理要规范预算支出支付。

4. 加强财政决算编制。完整、真实、准确地编制年度财政决算。规范年终清理、年终结算和年终结账工作，加强决算审核汇总工作，维护财政决算的严肃性。

（三）强化乡镇财政资金监督管理

1. 将所有财政性资金纳入监管范围。乡镇财政本级的各项财政性资金和上级下达资金以及村级组织运转资金，全部纳入乡镇财政监管范围。上级下达资金，包括上级下达并纳入本级预算管理的资金以及由上级直接管理但用于乡镇辖区内的资金。

2. 完善财政资金安全管理机制。要按照有关规定，严格财政账户体系管理，严格收付方式和收付程序，严格内控制度，加强关键岗位、关键环节的风险控制。严禁库外设库、账外设账、坐收坐支及违规大额提现等。

3. 完善财政资金运行全过程监管机制。所有财政资金必须纳入单一账户体系管理，要建立健全财政资金运行的跟踪监管机制，研究建立动态监控机制。

4. 建立健全财政资金的分类监管机制。根据财政资金的类型和特点，实行分类监管。财政涉农补贴补助资金，全部纳入“一折通”平台管理；研究建立专项资金监管机制和监管平台；村级组织运转资金，要进一步加强专户管理制度，完善财政直接支付制度。

5. 建立健全专项资金监管机制。要建立健全对专项资金全过程监管机制。乡镇财政要从项目立项、实施、验收等环节全程参与监管。建立健全项目进度台账制度、按月监管制度、决算审核制度等，项目资金的支付实行县级财政或乡镇财政直接支付制度。

（四）加强乡镇财政基础工作规范化建设

1. 建立健全乡镇财政内部管理和控制制度。要完善管理制度，健全工作机制，提高工作效能。要按照《会计基础工作规范》和内控制度建设等要求，建立健全内控制度。严格按规定的程序和方式做好收支管理工作，健全不相容岗位分离制度，严格岗位制衡。要进一步健全票据管理、印鉴管理、网络管理、定期对账、定期互审等制度，保障乡镇财政人员和资金的安全。

2. 规范乡镇财政财务管理。要严格按照会计基础工作规范化的要求，统一会计账簿设置，规范科目使用，规范会计核算。要加强单位财务管理，健全单位财务管理制度体系，规范单位财务行为。

3. 建立健全乡镇资产管理制度。乡镇财政部门代表政府行使行政事业单位资产管理职能。行政事业单位负责对本单位资产实施具体管理，承担资产安全完整、规范使用和有效运转的责任。要研究制定乡镇行政事业单位各类资产的购置审批制度、资产出租出借和收入管理制度、资产采购制度、使用管理制度、资产处置和报废审批制度、资产管理岗位职责制度等，规范和加强单位内部的资产管理工作。

4. 加强乡镇财政信息化建设。乡镇财政信息化建设是科学化、精细化管理的技术支撑，要纳入财政信息化建设的总体规划，按照“金财工程”建设的要求，结合本地实际，推进乡镇财政信息化建设。全面推进乡镇财政内部局域网建设和县乡财政内网联结工作，乡镇财政的所有业务工作要逐步实现网络化管理，逐步构建县乡一体的财政管理信息系统。

5. 健全乡镇债务监管机制。要严格按有关规定，加强乡镇债务管理，防范债务风险。要完善控制和化解乡镇债务的政策制度，探索清理化解乡镇债务的有效措施。要加强对乡镇债务的监管，研究制订债务风险评估和预警等制度，加强对债务的会计核算和统计分析等工作。

（五）切实加强机构队伍建设

1. 健全乡镇财政机构队伍。乡镇财政机构队伍要与新形势下履行职能的要求相适应，与依法行政的要求相适应。按照“一级政府，一级财政”原则，健全乡镇财政机构，要按照财政所标准化建设的要求，合理确定乡镇财政机构模式、人员编制，配置和充实人员。要采取有效措施，切实解决好机构、岗位不健全或不符合依法行政要求、人员偏少和结构老化等问题。

2. 加强乡镇财政干部培训。在定期组织专项政策业务培训工作的同时，认真制定并组织实施乡镇财政干部三年培训规划，力争达到每年对全体乡镇财政干部轮训一遍，全面提高乡镇财政干部的政策理论、业务水平和依法行政、依法理财能力。

3. 完善乡镇财政服务平台建设。加强财政服务大厅建设。每个乡镇财政机构都要设立财政服务大厅，将财政国库集中收付、乡财县管、会计集中核算、为农服务事项和财税法规政策咨询等有机整合到财政服务大厅，实行“一站式”服务。要不断改善服务大厅的办公条件，丰富服务内容，完善服务设施，健全服务功能，将乡镇财政服务大厅打造成乡镇财政综合服务平台。

（遵化市财政局　马宝春　张海涛　李宽宽）

县域经济和财政收入稳定增长研究

2016 年度河北省财政科研课题成果三等奖

县域经济是国民经济的基本单元。目前，县域经济面临经济下行压力加大、减税政策叠加、财政支出快速增长等多重因素影响，部分县区县域经济增长乏力，财政保障能力下滑；个别县区工资的正常发放已经出现问题。面对经济新常态，如何促进市场主体活力，保持县域经济和财政收入的稳定增长成为亟待研究和解决的问题。

一、县域经济发展的理论基础及其财政作用机理

（一）县域经济发展的相关理论

县域经济是以县级行政区划为地理空间，以县级政权为调控主体，以市场为导向，优化资源配置，具有地域特色的完备区域经济。它是以县城为中心，乡镇为纽带，农村为腹地的区域经济；工业化、城镇化、现代化是县域经济发展的主题和方向。其基本特征主要包括以下六个方面：

1. 综合性。县域经济是国民经济大系统中的重要组成部分，由多部门、多层次、多因素构成，是一个极为复杂的有机体。既包括产业部门，又包括非产业部门；既有县、乡镇、村等多层次政权单位，又有多层次的所有制结构。

2. 枢纽性。县域经济在国民经济中起着承上启下的桥梁作用。特别是宏观调控对微观经济的作用和影响，必然要通过县域经济这个层次来完成。国家的政策、法令、计划等也要通过其逐步传达、分析、落实。

3. 差异性。各县域之间在生产力水平、自然条件、地理位置、资源状况、产业结构等许多方面存在着很大差异，由此形成各县域在经济发展水平、战略重点以及在国民经济中所处的地位上都有很大差异。

4. 开放性。随着中国特色社会主义市场经济的深入发展，县域经济要突破行政区划的束缚，在更大、更广的区域内进行资源配置，获取竞争优势。

5. 相对独立性。县域经济的发展与国家、省、市的经济控制高度关联，但因县域是具有相对独立性的行政区域，县域经济在决策上有一定的自主权。

6. 内在竞争性。由于行政区划的存在，客观形成了生产力要素使用与流动上的县域区别色彩。由此在不同县域之间构成内在性的竞争，这种发自于体制深处和人们内心的竞

争更为直接。

（二）县域经济发展中的财政作用机理

财政具有合理配置资源、公平收入分配、促进经济发展等基本职责。在县域经济发展过程中，各级财政应充分发挥职能，通过财税的杠杆协调作用，加大对县域经济发展的扶持力度，促进县域经济全方位、多元化发展。形成“县域经济发展—增加财政收入—支持县域经济发展”的良性互动。支持县域经济发展壮大，可供选择的财政政策工具主要集中在以下五个方面：

1. 财政体制。财政要通过合理构建政府间财政关系，确保实现事权与财权、财力相匹配，以满足不同类型县域经济发展的客观要求。

2. 转移支付。转移支付是政府之间财政分配关系的反应。基于各级政府之间的财权、财力不平衡，应该实施无条件和有条件的转移支付，促进各不同类型县域之间基本公共均等化。

3. 税费收入。运用税收工具支持县域经济发展，要制定选择性、差异化的税收政策，通过实施增税或减税（税式支出）手段，包括开立或废止税种（费种）、税收优惠、税收减免等，实现不同类型县域经济社会发展的目标定位。

4. 财政补贴。财政可以通过对不同类型县域提供直接或间接补贴，达到促进县域经济发展的目的。

5. 公共支出。财政可以通过调整公共支出的规模和结构，确保不同类型县域经济建设的目标。

二、河北省和滦县县域经济发展和财政收入现状分析

（一）河北省县域经济发展和财政收入现状分析

一直以来，受自然、历史、区位等方面因素影响，河北省的县域经济发展很不平衡。“强县不强，弱县太弱”是河北省县域经济发展的真实写照，突出体现在以下四个方面：

1. 县域经济整体水平偏低。依据中国社会科学院财经战略研究院发布的《中国县域经济发展报告2015》，从全国县域经济竞争力排位情况看，百强县中河北省只占据3席（三河、固安和正定），与河北省相邻的山东省有18个，浙江和江苏分别有29个和20个，整体水平与先进省份的差距十分明显；在前400强中，河北省也只占据18个席位。

2. 县域经济发展不平衡。河北省既有财税收入超百亿元的三河市，更有大批尚未脱贫的贫困县。河北省195个县区中，公共财政预算收入在30亿元以上的有10个，其中三河市超过70亿元；5亿元以下的有90个，其中在2亿元以下的有15个。128个县市中，2016年列入《国家八七扶贫攻坚计划》贫困县名单的有39个，占河北省县市总数的30.5%。

3. 县域经济工业化程度不高。人均GDP是衡量工业化阶段的主要标志。截至2015年年末，我国人均GDP水平为8.2万元，即相当于工业化中期阶段水平。而河北省人均

GDP 只有 4 万元，只有全国平均水平的 50%，其中邢台、保定和衡水 3 个市的人均 GDP 不足 3 万元。

4. 财政收入增长速度偏低。2015 年，河北省一般公共预算收入总量排在全国第 11 位，与上年位次相同。一般公共预算收入增幅为 8.3%，排在全国第 21 位，低于全国平均增幅（9.4%）1.1 个百分点，河北省有 19 个县市出现了负增长。

（二）滦县县域经济发展和财政收入现状分析

“十二五”期间，滦县县域经济实现了较快发展，实现了“进位河北省十强”目标。2015 年，滦县 GDP 实现 434 亿元，年均增速 10.7%；财政收入实现 22.2 亿元，年均增速 6.3%；公共财政预算收入实现 14.3 亿元，年均增速 18.1%。但发展过程中也存在一些不容忽视的问题，突出体现在以下三个方面：

1. 与全国百强县尚有较大差距。依据《中国县域经济发展报告 2015》，滦县在全国县域经济竞争力排位中位居第 202 位、河北省第 10 位；在全国县域经济发展潜力排位中位居第 322 位、河北省第 9 位。整体上而言，一是与县委、县政府“十三五”期间确定的“进位全国百强”目标仍有较大差距；二是县域经济发展潜力明显偏弱，落后县域经济竞争力 120 个排位。

2. 县域经济和财政收入增速放缓。2015 年，滦县 GDP 实现 434 亿元，同比增长 7%，略高于河北省平均涨幅（6.8%）；全部财政收入和公共财政预算收入均出现负增长，其中，财政收入实现 22.2 亿元，同比 2014 年下降 15.3%；公共财政预算收入完成 14.3 亿元，同比 2014 年下降 4.7%。分析增速放缓的原因，主要是受宏观经济和一系列政策性减税政策影响，国税系统收入大幅下滑，自 2012 年的 15.4 亿元降至 2015 年的 7.4 亿元，减收 8 亿元，进而严重制约了财政收入的增速。

3. 支柱产业税收贡献明显下降。采选业特别是铁矿采选业是滦县最主要的支柱产业，2012 年，采选业税收完成 12.43 亿元，占滦县收入总量的 48.1%。近几年来，随着铁精粉价格不断下滑，亨达、鑫丰等大部分中小企业处于关停状态，司家营等大型企业也处于亏损运营状态。2015 年，滦县采选业税收完成 4.48 亿元，同比 2012 年减收 7.95 亿元，占滦县税收总量的 23.8%，同比 2012 年下降 24.3 个百分点。2016 年上半年，受市场和资源税减税政策影响，滦县采选业税收仍然处于下行态势，上半年税收完成 1.46 亿元，同比下降 38.6%，成为制约县域经济增长的首要因素。

三、滦县县域经济发展中的优势和困难

（一）经济发展优势

1. 区位优势明显。滦县踞华北而扼关东，襟四港（天津港、秦皇岛港、曹妃甸港和京唐港）而连八方，地理位置优越。境内交通便利，205 国道和 102 国道、京沈高速公路、京哈铁路和津秦客运专线横跨东西；平青大公路和迁曹铁路纵贯南北。同时，赤曹国道、水曹铁路、迁曹高速近期也将陆续开工建设。

2. 物产资源丰富。滦县内探明储量的矿产资源有 20 多种，其中：铁矿储量 33 亿吨，占全国铁矿资源储量的 15%；优质石灰岩 3.5 亿吨，石英长石 3 亿吨，石英砂岩 0.6 亿吨。农业上，滦县是“中国花生之乡”和“全国油料生产基地”“瘦肉型猪生产基地”和“全国牛奶生产强县”。

3. 文化底蕴丰厚。滦县古称滦州，是中国近代工业的发祥地之一，是“冀东三枝花”（滦州皮影、评剧和剪纸）的发源地，历史上书写了辛亥滦州起义和冀东抗日暴动的篇章，被评为“中国滦河文化之乡”，更是“中国最具国际影响力旅游区”“中国最具投资价值旅游城市”“中国最佳旅游服务示范县”。

4. 发展环境优良。滦县是全国唯一具备“三城一证”的县城：国家卫生县城、国家园林县城、全国文明城和发展环境 ISO9001 质量管理体系认证，并先后荣获“中国低碳经济发展示范县”等荣誉称号，被中国社科院等多家机构评为建国 60 周年“中国最具投资价值百强县”。

（二）经济发展中存在的问题

1. 新常态下县域经济难以保持高速增长。中国经济增速在未来一段时间内，从过去 10% 左右的高速增长转为 7% 左右的中高速增长。在经济大环境影响下，县域经济由依赖资源、能源消耗的增长调整为依靠创新和投资双轮驱动的增长。相对于省市而言，县域在资金、技术、人才、体制等方面均属于洼地，走集约、节约、绿色、低碳的发展道路更加艰难，转型的阵痛更为明显。

2. 河北省城乡协调发展的格局尚未形成。《中国县域经济发展报告 2015》明确指出，长三角地区县域经济发展实力强大，占据全国百强县的半壁江山，大中城市与县域经济发展差距相对较小；作为中国三大经济圈之一的京津冀地区的县域经济实力则明显偏弱，进位全国百强县的只有 6 个，大中城市与县域经济的协调发展格局尚未形成。

3. “营改增”和系列减税政策加大了财税增收难度。5 月 1 日“营改增”试点全面推开后，县级失去了占据公共财政收入 25% 左右的营业税收入。同时，新的财税体制下，中央和省级均确保了自身利益的增长，县级收入下降较多。以滦县 2015 年度财税收入完成数为例，按新体制测算，县级公财收入由 14.3 亿元下降至 12.64 亿元，减少 1.66 亿元。改革后，县级收入占全部财税收入的比重由 64.3% 下降至 56.8%，下降 7.5 个百分点；中央和省级收入比重分别上升 4.4 个和 3.1 个百分点。此外，增值税实行注册地征收原则，新上项目外来建筑业税收变更为预缴 2%，税负整体下降 1/3；生活服务业绝大部分变更为增值税小规模纳税人，税负变更为 3%，整体下降 40%，均制约了县级财税收入特别是对县级收入的增长。

4. 化解过剩产能加大了县域增收的难度。河北省 2014 年召开的工业转型升级会议上，提出了化解产能过剩“6643”工程。即：到 2017 年压减 6000 万吨钢铁、6100 万吨水泥、4000 万吨燃煤、3600 万吨标准重量箱平板玻璃产能。在当前经济和财税收入增速放缓的新常态下，去产能必然会对一些市县的经济发展产生冲击，甚至是“伤筋动骨”般的影响。钢铁、水泥作为滦县的支柱产业，化解产能任务十分沉重，一定程度上影响了经济发展增速。

5. 房地产行业和土地财政难以为继。2015年，我国供给侧结构性改革加快推进，固定资产投资特别是房地产投资增速大幅回落，经济增速放缓，土地市场需求不足，全国土地出让收支规模出现“双降”。2015年，全国土地出让收入33657.7亿元，同比下降21.6%；河北省土地出让收入1004.6亿元，同比下降18%。长期以来，土地财政是县级经济事业发展资金的主要来源，土地成交量和基金收入的下降，进一步削弱了县级经济发展资金的投入力度。

四、保持县域经济和财政收入稳定增长的措施和建议

（一）省级应进一步加大对县域经济发展的扶持力度

1. 进一步提高县级政府的公共事务管理水平和服务效率。要加快县域经济的发展，应提高县政府的公共管理水平和服务效率，为县域经济发展营造良好的氛围和环境。首先要进一步加强干部管理，提高干部素质，转换观念意识。培养、选拔和使用视野宽、思路新、能带领群众较快改变面貌的领导者。二要制定切实可行的县域经济发展战略，科学地搞好规划建设，统筹城乡发展，促进城市和农村共同进步。三要逐步建立健全城乡统一的劳动就业制度、户籍管理制度、义务教育制度、社会保障制度，逐步形成有利于城乡共同发展的体制和机制，提高统筹经济社会发展的能力和水平。四要全面落实农村的基本政策，用活推进县域经济发展的政策措施，促进县域经济的高效发展。

2. 创新县域经济发展的体制机制，进一步简政放权。主导县域经济发展的财政、金融、税收、土地等政策，只能通过省政府来解决。经过市级政府的“上传下达”，必然增大成本，降低效率。河北省直管县改革虽已取得明显成效，但“扩权强县”的步伐偏慢，单纯依靠财政这一条线的放权，不足以保障县域经济创新发展体制机制。建议结合区域经济布局和各地实际情况，凡省授予设区的市的经济管理权限，除国家另有明确规定外，一律授予县（市）。扩权强县应逐步从财政扩大到行政、干部人事和社会管理各方面，尽快建立完善省直管县的行政体制和相应的运行机制、管理体系。

3. 发展壮大园区经济，发挥其在工业化进程中的引领作用。工业园区是推进新型工业化的有效手段，是县域扩大开放的重要载体和承接项目的最佳平台，发展壮大园区经济是提高县域工业集聚水平，培育新的增长点，实现集约发展的有效途径。(1)进一步加大园区的整合和考核力度，督导鼓励各县不断做大园区规模，增加园区实力，推进县级工业化进程；(2)进一步加大园区扶持力度。结合园区考核情况，每年对先进园区安排定额扶持资金，支持园区基础设施建设，完善园区功能，提高承载能力；(3)加大省技改贴息资金扶持县域重大项目和产业集群的力度，鼓励已形成规模的产业集群进行产业升级，不断提高产品的科技含量，提升产品的附加值，并支持有条件的县域发展新的工业产业集群，更好地发挥产业集群的集聚效应。

4. 创新省对县综合考核机制，降低产业结构考核分值。随着我国市场经济体制进一步完善和现代化建设的发展，国民经济体系在职能结构上逐渐集聚为两个系统单元：城市经济和县域经济。未来的城市经济主要集聚要素职能，而县域经济将从主体上承担生产职

能。因此，建议逐步弱化对县市第三产业比重的考核分值，主要基于两点考虑：(1) 河北省大部分县市尚处于工业化初中级阶段，跨跃这一阶段过于追求第三产业比重的增长，不符合县域经济发展的客观规律；(2) 任何县域经济的发展，都离不开它赖以生存的条件：自然条件与自然资源，位置、交通与信息条件，人口、劳动力与科技条件，经济和社会条件等。每个县区在发展经济时，都应本着因地制宜的原则，宜农则农、宜工则公、宜商则商，过于强化第三产业指标的考核，可能会对县域经济发展规划和思路设计造成一定的负面影响。

5. 完善省对县财政体制，激发县域经济发展潜力。大中城市与县域经济的协调发展格局尚未形成，是制约河北省县域经济发展的重要因素。河北省财政部门应研究出台“积极”的财政政策，进一步放权让利，激励县域经济加快发展。(1) 制定县域经济发展激励政策。参照其他省市做法，加强对“收入增长激励机制”的利用，充分体现其杠杆作用，调动县域经济快速增长，保障财政收入源远流长。(2) 完善转移支付制度。在保障县级基本财力支出的基础上，省对县转移支付资金要体现差异性，并实行总量约束：经济总量高、经济增速快的，与落后县市在转移支付资金总量上要分出档次，不能简单的均贫富；对财政困难县的补助基数，也要参考河北省县域经济增长率，实行逐年递减机制，防止困难县出现等、靠、要等惰性思维，充分调动其发展经济的积极性。(3) 调整和优化财政支出结构，有效增加县域公共产品供给。加速财政从一般性竞争性、生产性领域的退出步伐，调整存、增量财力结构，不断向民生倾斜、向基层倾斜，大力支持县域基础设施、教育、医疗卫生、科技、社会保障等社会事业发展，逐步解决城乡“二元”结构的矛盾，不断化解“三农”问题。

6. 完善税收征管体系建设，确保营改增改革顺利推进。“营改增”试点政策全面推开后，移动、联通、金融等部分企业主体税收由当地缴纳变更为省级统一汇缴。由于县级国税部门无法掌握省级机构最终核定的增值税税负，导致无法评估企业是否足额纳税。因此，建议省级国税部门，对实行增值税汇总缴纳的企业，在年初公布企业上年度增值税税负，便于县级国税部门准确核定分支机构当年预缴率，确保相关税收及时足额入库。

（二）保持县域经济和财政收入稳定增长的内源性措施

立足滦县实际和比较优势，针对发展中存在的主要问题，建议采取如下应对措施，继续保持县域经济和财政收入的稳定增长：

1. 以人为本，解决好基层党政干部的职级待遇。人是县域经济发展的主体，干部是推动县域经济发展的中坚力量。干部的选拔任用要多向基层倾斜，对任职到一定年限、符合条件的在职优秀基层干部，按一定比例解决上一级职级待遇，充分调动在职干部的工作积极性，发挥其在县域经济生产第一线的积极作用。

2. 以农业产业化为重点，推进农业“现代化之路”。坚持用工业的理念谋划农业发展，增加对农业、农村基础设施的投入，改善农业发展环境。积极推进农业结构调整，促进农业生产规模化和标准化，培育名牌产品，增强竞争力。大力推进农业产业化，推动农产品加工转化增值，促进农业增效和农民增收。充分利用具有滦河特色乡村文化和民俗风情，将农业生产与现代旅游业有机结合，充分开发农业资源，延长农业产业链，使休闲农业成为县域经济新的增长点。

3. 依托丰富的资源优势，全力推动工业化进程。实现工业化是县域发展壮大的必由之路，没有工业化，就没有城镇化和农业、农村的现代化。县域经济发展，必须坚持以工业化为主导，把资源开发、特色产业和新兴产业作为第二产业发展的重点。以司家营铁矿三期、六期扩建项目为核心，进一步做大滦县铁选行业产量，充分发挥规模效应，降低企业生产成本，巩固其财政收入支柱作用；以钢铁企业淘汰落后产能为契机，支持优势企业通过兼并、收购、重组落后企业，支持其在钢铁深加工、装备制造、新材料等领域走多元化发展道路，使其真正成长为经济增长的主要源泉和吸纳就业的重要渠道；加快推进石墨烯等高新技术项目建设，切实提高工业化水平；加大职业教育投入力度，结合县内重点工业项目建设情况，调整县内职业教育科目和方向，为企业提供高质量的一线工人，保障企业早投产、早见效。

4. 优先发展第三产业，逐步提升经济发展质量。借助庞大物贸等现有龙头企业，鼓励其迅速扩展业务，引领滦县第三产业发展；完善滦州古城、滦河水利风景区、青龙山风景区等一批县内重点旅游项目配套服务设施，加快“十一国风情小镇”“滦河文化产业园”等新兴旅游项目建设步伐，扎实推进滦县旅游文化产业发展；借旅游业发展东风，提升滦县住宿、餐饮等传统服务业的档次和品味，大力发展医疗、娱乐、保健等新兴服务业，实现滦县第三产业内部的协调发展。

5. 加快城镇化进程，促进城乡统筹协调发展。以县城及工业园区建设为重点，坚持高起点规划、高标准建设、高效能管理，提高生产要素集聚程度，充分发挥其对县域经济的辐射和带动功能。以产业支撑城镇建设，坚持城镇建设、市场建设、工业园区建设相结合，引导、鼓励各类企业向县城及其工业园区集中；广开投入渠道，加大城镇的基础设施建设力度，完善城镇功能，提高承载能力；将符合条件的农业人口逐步转移到城镇就业和落户作为推进城镇化的重要任务，放宽县城和中心镇落户条件限制，保障外来落户人口享有城镇居民同等权益。

6. 稳定财政收入，积极培植壮大后续财源。借力京津冀一体化的战略机遇，充分发挥区域和资源的潜在优势，承接京津转移项目，拉动县域经济发展；不断改善投资环境，加大招商引资力度，引进符合国家产业政策的大项目，以大项目带动大发展；在全国、河北省区域发展战略中审视和定位县域经济发展，更深层次、更宽领域地推进对外开放合作；不断深化完善投融资管理体制，支持金融部门有效增加对滦县的信贷投放力度，鼓励、引导民间资本投资，充分利用 PPP 等新兴投融资方式，破解县级经济事业发展资金匮乏问题。

7. 加强生态环境建设，为经济发展创造良好外部条件。在制定发展战略、谋求县域经济增长的同时，正确处理好资源与环境的关系，坚持走高科技、高效益、低消耗、少污染的“生态化”发展道路。积极推广清洁生产技术和工艺，提高资源转化效率，加强工业污染的综合治理，加强废旧物的资源化管理和废弃物的无害化处理，最终为县域经济的可持续发展创造良好的外部环境条件。

（滦县综合治税办公室　张亮　赵磊　田一然）

如何促进经济可持续增长的研究

2016 年度河北省财政科研课题成果三等奖

一、路北区财政收入运行情况

（一）财政收入增长情况

1. 财政收入规模。2012—2015 年，路北区全部财政收入分别完成 804632 万元、770910 万元、755993 万元、767986 万元，在唐山市排名分别是第二、第一、第二、第二；公共财政预算收入分别完成 405000 万元、430183 万元、417066 万元、418766 万元，在唐山市排名分别是第一、第二、第二、第二；公共财政预算税收收入分别完成 373920 万元、404033 万元、392180 万元、393772 万元，在唐山市排名一直位居首位（如图 1 所示）。

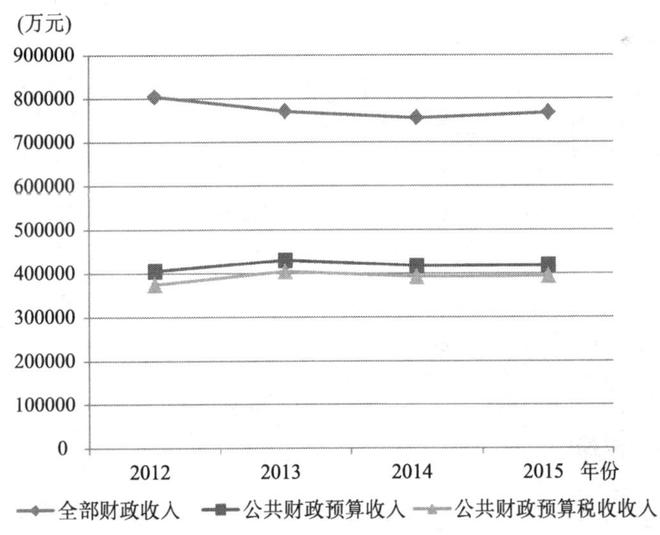

图 1 2012—2015 年路北区财政收入规模

2. 财政收入增速。2012—2014 年，全部财政增速分别是 -1.7%、-4.2%、-1.9%、1.6%，年均增速是 -1.6%；公共财政预算收入增速分别是 5.7%、6.2%、-3.0%、0.4%，年均增速是 2.3%；公共财政预算税收收入增速分别是 1.6%、8.1%、

-2.9%、0.4%，年均增速是 2.1%（如图 2 所示）。

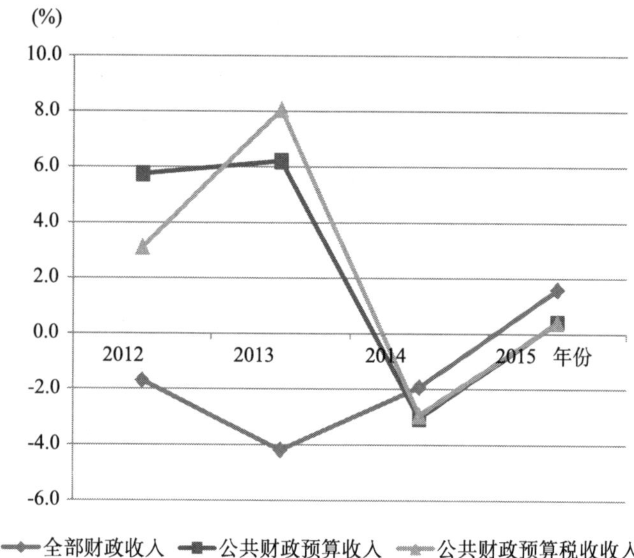

图 2　2012—2015 年路北区财政收入增速

（二）分税种完成情况

1. 主体税种[①]

从总量看，2015 年四大主体税种共完成 246922 万元，较 2014 年增收 27697 万元，增长 12.6%，四大主体税种全部实现了同比增收；较 2012 年增收 5545 万元，增长 2.3%。

从税收占比看，2015 年四大主体税种占税收收入的比重为 62.7%，较 2014 年上升了 6.8 个百分点；较 2012 年下降了 1.8 个百分点。

2. 地方税种[②]

从总量看，2015 年，7 个地方小税种共完成 117808 万元，较 2014 年减收 25760 万元，下降 17.9%，除车船税外，其余税种均有不同幅度的减收；较 2012 年增收 18007 万元，增长 18.0%。

从税收占比看，2015 年，7 个地方小税种占税收收入的比重为 29.9%，较 2014 年下降了 6.7 个百分点；较 2012 年上升了 3.2 个百分点。

（三）分产业完成情况

从总量看，2015 年，第二产业实现税收 97880 万元，较 2014 年增收 1157 万元，增长 1.2%，较 2012 年减收 7010 万元，下降 6.7%；第三产业实现税收 295891 万元，较 2014 年增收 434 万元，增长 0.1%，较 2012 年增收 26862 万元，增长 10%，路北区产业转型升

① 主体税种包括：营业税，增值税，企业所得税，个人所得税。

② 地方税种包括：契税，城镇土地使用税，土地增值税，耕地占用税，房产税，车船税，印花税。

级已初见成效。

与 2014 年相比：第二产业总量增加主要是因为建筑业增收 2411 万元，第三产业总量与 2014 年基本持平。

与 2012 年相比：第二产业总量减少主要是因为建筑业的增收抵不过制造业的减收，其中，建筑业增收 9762 万元，制造业减收 15981 万元。第三产业总量增加主要是因为金融业和服务业增收较多，其中，金融业增收最多，增收 19954 万元；居民服务和其他服务业增收 1850 万元；租赁和商务服务业增收 1791 万元。虽然第三产业总量增加，但仍有部分行业税收出现较大下滑，其中：信息传输、计算机服务和软件业较 2012 年减收 3464 万元，住宿和餐饮业较 2012 年减收 2089 万元。

从税收占比看，第二产业税收占比整体稳定，2015 年税收占比为 24.9%，较 2014 年上升了 0.2 个百分点，但较 2012 年下降了 3.2 个百分点，主要是因为制造业税收占比的下降，由 2012 年的 8.5% 下降到 2015 年的 4%。

第三产业税收占比也无明显变动，2015 年，第三产业税收占比为 75.1%，较 2014 年下降 0.2 个百分点，但较 2012 年上升了 3.2 个百分点，主要原因是金融业税收占比的提高，由 2012 年的 13.8% 上升到 2015 年的 18.2%。

（四）分行业完成情况

1. 支柱行业[①]

从总量看，2015 年，六大支柱行业共实现税收 329639 万元，较 2014 年增收 1086 万元，增长 0.3%，较 2012 年增收 40108 万元，增长 13.9%。支柱行业总量的增加主要来源于金融业、房地产业和建筑业的增收。

与 2014 年相比，金融业、房地产业和建筑业共实现增收 30599 万元。其中，金融业增收 9337 万元，房地产业增收 18851 万元，建筑业增收 2411 万元。

与 2012 年相比，金融业、房地产业和建筑业共实现增收 36869 万元。其中，金融业增收 19954 万元，房地产业增收 7153 万元，建筑业增收 9762 万元。

从税收占比看，六大支柱行业的税收占比一直呈上升趋势，已由 2012 年的 77.4% 上升到 2015 年的 83.7%，累计提高了 6.3 个百分点。其中，房地产业税收占比除 2014 年下降至 24.7% 外，其余年份占比均在 29% 以上；金融业税收占比呈逐年增长态势，2015 年金融业税收占比已达到 18.2%，较 2012 年上升了 4.4 个百分点；建筑业税收稳中有升，2015 年建筑业税收占比已达到 11%，主要得益于近几年不断加大对项目建设税收的征管力度；受经济形势影响，电力、燃气及水的生产和供应业，批发和零售业税收有所下降，2015 年，二者税收占比分别下降到路北区税收收入的 9.3% 和 9%，较 2014 年下降 0.7 和 2.2 个百分点；公共管理和社会组织税收占比大幅下降，2015 年税收占比为 6.9%，较 2014 年下降 4.7 个百分点，主要是受土地出让契税大幅减少影响。

① 支柱行业包括：房地产业，金融业，建筑业，电力、燃气及水的生产和供应业，批发和零售业和公共管理和社会组织。

2. 非支柱行业[①]

从总量看，2015 年，12 个非支柱行业共实现税收 64132 万元，较 2014 年增收 505 万元，增长 0.8%；较 2012 年减收 20256 万元，下降 24%，主要是因为制造业减收 15981 万元。

从税收占比看，2015 年，12 个非支柱行业占税收的比重为 16.3%，较 2014 年上升了 0.1 个百分点，较 2012 年下降了 6.3 个百分点。

二、财政收入存在的问题

（一）支柱企业税收下滑

主要受经济转型升级、钢铁产能过剩影响，路北区支柱企业税收下滑，河北钢铁股份有限公司唐山分公司 2012 年—2015 年缴纳增值税分别为：44850 万元、3693 万元、6963 万元和 16423 万元，2016 年仅入库增值税 1115 万元。路北区纳税额最大的企业国网冀北电力因周边工业企业停产、减产造成售电量下滑。2015 年，售电量同比减少近 70 亿度，2016 年此趋势仍将持续，预计全年增值税完成 78600 万元，比 2015 年减收 23850 万元。

（二）行业结构不够合理

从行业结构分析，路北区地方级税收主要依赖房地产业、建筑业和金融业，2015 年三个产业共完成税收 230520 万元，占路北区地方级税收的 58.5%。从重点税源企业看，缺少大型具有生产高科技、高附加值产品的工业企业，与市政府提出的推进新型工业化进程不相匹配。

（三）“营改增”政策对路北区影响较大

受“营改增”政策影响，分享比例调整造成路北区地方级收入减收，2015 年，路北区营业税和增值税大口径共完成 40.6 亿元，其中，地方级完成 20.8 亿元，按新比例测算地方级分成 14.2 亿元，全年地方级减少 6.6 亿元。

三、促进经济可持续增长的建议

（一）做大经济总量，夯实税源基础

1. 保持较高的工业投资增长。虽然路北区多项宏观经济指标增长速度位于唐山市前列，但经济总量仍然较小，2014 年路北区生产总值位居唐山市第十二位，人均生产总值不

① 非支柱行业包括：制造业，信息传输、计算机服务和软件业，租赁和商务服务业，居民服务和其他服务业，住宿和餐饮业，科学研究和技术服务业，交通运输、仓储及邮政业，采矿业，文化、体育和娱乐业，教育，卫生、社会保险和社会福利业，其他行业。

足唐山市平均水平的30%，排名靠后。投资拉动型经济特征依然明显。房地产业投资占比高，新型产业投资不足。要在经济总量上缩小差距，必须持续加大工业投资，制定更加有利于民营经济发展的政策和服务措施，充分挖掘民营经济的发展潜力和税收潜力。加强对筹建、在建工业项目进度的跟踪服务，确保项目按计划投产。制定扶持政策，鼓励现有优势产业在路北区增资扩产，为企业发展做好配套服务。

2. 大力发展总部经济和楼宇经济。中心城区要把发展总部经济、楼宇经济作为重要增长点，抓住京津冀协同发展机遇，规划建设一批中央商务区和总部经济基地，培育一批规模大、效益好的服务业企业，进一步提高经济容积率，扩大现代服务业比重。

3. 扶持中小企业发展。积极引导金融企业加大对中小企业的信贷支持力度，培育一批素质优良、成长性好的中小企业上市融资，壮大中小经济和民营经济规模，实现大型企业与中小企业的协同发展，提升路北区经济结构的均衡性，逐步改变经济税收过度依赖大企业的现状，提升经济税收的抗风险能力，增强发展后劲。

（二）优化产业结构，提升税源质量

1. 加快发展先进制造业。以信息化与工业化深度融合为导向，加快企业技术改造，提升企业自主创新和系统集成能力，推动传统优势工业转型升级。依托唐钢集团，以延伸产业链、发展精深加工为主攻方向，加快推进唐钢板材深加工、唐钢装备再制造，推进钢铁新材料产业化发展，大力发展钢结构产业。

2. 大力培育战略性新兴产业。依托区域资源优势和产业发展基础，积极对接京津产业转移，着力引进高端装备制造、新能源、新材料等新兴产业，培育产业发展新增长点。重点依托中国运载火箭技术研究院十八所、航天万源等机构和企业，大力发展以石墨烯研发生产为重点的新材料产业。依托国轩高科等新能源企业，加快发展以动力电池生产为核心的新能源产业。积极承接高端装备制造业转移，加快发展清洁能源装备、节能环保装备、可穿戴设备、3D打印设备、智能机器人、智能终端等高端新兴设备，推动高新技术产业与新业态、新产业融合发展。

（三）以去库存为抓手，促进房地产业健康发展

房地产业无论现在还是将来，都是路北的支柱产业，对地方财政的税收贡献率最大，去库存、防风险决不能等待观望，必须主动作为，打好组合拳。

1. 探索新型货币安置补偿办法。充分解读和运用国家、省、市去库存政策，研究制定新的拆迁补偿安置办法，采取政府补贴、税费减免、企业让利等灵活措施，引导拆迁居民通过货币补偿、购买存量商品房解决安置问题，消化存量住宅。采取政府购买服务的方式，积极探索商品房转为保障房的政策。

2. 降低落户门槛刺激住房消费。认真落实关于住房消费方面的最新政策，研究出台力度更大的配套措施，鼓励高端人才和外来务工人员在路北购房安家。推进基本社会保障和公共服务向稳定就业的外来人员覆盖，打开非户籍人口保障房分配大门。

3. 探索“房地产+”新模式。引导房地产企业主动适应新常态，转变开发理念，通过完善既有开发项目的公共服务功能、改善居住品质提升吸引力，激活改善性住房需求。

4. 大力培育房产租赁市场。积极引进有实力的房屋收购租赁、信息咨询企业，抓住唐山市举办世园会的契机，发展民宿、民居等新型业态，盘活闲置住宅。进一步规范房地产开发行为，营造健康有序的市场环境。

（四）承接京津产业转移，引进优质税源项目

密切跟踪工信部制定的京津冀产业转移指导目录和《北京市新增产业的禁止和限制目录》提出的疏解低端产业要求和方向，选择性地承接产业转移。加快完善产业园区功能，打造对接京津产业转移的平台。发挥制造园区存量土地优势，吸引对接北京转移的装备制造、信息技术产业大项目。依托物流园和电子园产业基础，承接京津现代物流和电子商务产业项目。以承接京津金融产业项目为重点做好金融中心的招商工作。

（五）深化管理体制改革，激发路北发展活力

全面推行网上审批、网上监察，坚决落实“两集中、两到位”，开通重大项目“容缺办理”绿色通道，提高项目落地效率。进一步完善各类奖励政策，更多地向企业、社会团体和个人倾斜。继续清理涉企行政事业性收费，规范执法行为，加大“吃拿卡要”“四难三乱”查处力度，努力把路北打造成服务最好、效率最高、成本最低的地方，为推动“大众创业、万众创新”营造更加优质的环境，奠定更加坚实的基础。

（路北区财政局　张翠侠　蒋士勇　高远　朱林）

分税制以来秦皇岛市财政收入增长与财政质量提升关系研究

2016 年度河北省财政科研课题三等奖

财政收入是衡量一个国家和地区经济发展的重要尺度，财政收入的可持续增长是政府正常履行职能、提供各项公共服务、加快经济社会事业发展、构建社会主义和谐社会的基石和根本。但财政收入规模并不是越大越好，其增长也不是越快越好。经济决定财政，财政收入的增长必须与经济增长保持同步，若财政收入增长远低于经济增速，就会影响政府职能履行，进而制约经济建设和社会各项事业的发展。反之，则会损害经济的可持续发展，造成生产停滞、财源枯竭。

1994 年“分税制”改革以来，秦皇岛市的财政收入持续快速增长，总量连跨台阶，2012 年一般公共预算收入首次突破 100 亿元大关，2014 年财政收入首次突破 200 亿元大关。但在财政收入持续增长的背后，存在着收入质量下降、可支配财力不足、财政收入结构不合理等问题。因此，建立一个科学的与经济发展水平和速度相适应的可持续财政收入增长机制，建立财政收入增长与收入质量提升并重的机制，加快建设沿海强市、美丽港城，促进全市经济社会事业持续健康平稳发展，始终是财政管理中一个履待研究和解决的重大课题。

一、分税制以来秦皇岛市财政收入增长形势研判

（一）秦皇岛市全部财政收入增长形势

1995—2015 年，河北省各设区市全部财政收入均实现了较高速度增长，平均为 17.09%。增速较高的有廊坊市（22.41%）、沧州市（19.68%）、承德市（18.70%）、衡水市（17.34%）、石家庄（17.14%）等 5 个设区市，其增速都超过河北省平均水平，其他设区市财政收入的年均增速都低于河北省平均水平。其中，秦皇岛市的年均增速仅为 14.54%，低于河北省平均水平 2.55 个百分点，在河北省位居末位，导致秦皇岛市财政收入总量由河北省第 6 位下滑到第 8 位（如表 1 所示）。

表 1　　河北省各设区市全部财政收入情况（1995—2015）

年份	石家庄	承　德	张家口	秦皇岛市	唐　山	廊　坊	保　定	沧　州	衡　水	邢　台	邯　郸	合计
1995	32.81	5.24	13.99	13.62	26.64	8.43	20.06	12.28	6.66	11.17	15.89	166.77
1996	38.42	6.57	16.56	15.94	30.98	10.27	24.59	15.31	8.8	13.43	20.32	201.2
1997	45.47	7.61	19.3	18.48	37	12.58	30.62	18.56	10.64	16.33	24.61	241.2
1998	53.29	8.64	20.1	18.57	41.63	14.7	34.5	21.46	12.66	18.28	28.77	272.6
1999	58.12	8.64	17.55	18.94	43.97	16.35	37.7	22.74	13.41	19.44	31.35	288.21
2000	61.7	9.26	16.87	18.95	45.92	17.87	40.12	24.72	13.52	20.89	33.43	303.26
2001	71.9	11.15	18.41	21.33	55.82	20.71	41.97	27.13	14.41	22.59	35.25	340.68
2002	115.79	16.21	26.78	33.47	84.02	29.95	55.25	53.47	19.04	31.13	54.55	519.67
2003	128.91	18.92	32.89	36.63	111.52	35.68	62.23	57.45	21.55	35.98	64.63	606.4
2004	129.77	28.77	45.68	40.72	161.44	42.92	71.44	65.69	17.1	46.86	92.39	742.78
2005	165.64	45.47	63.47	55.65	226.45	53.71	86.71	83.01	31.17	60.06	121.1	992.46
2006	190.06	58.92	73.68	66.73	264.29	68.1	99.8	100.51	32.66	70.16	138.3	1163.23
2007	230.35	81.57	92.98	85.52	330.81	95.59	121.92	123.89	35.35	85.16	176.27	1459.42
2008	271.72	104.37	114.63	107.68	408.42	122.12	149.48	157.29	40.44	102.28	182.75	1761.18
2009	312.43	100.86	122.01	114.64	413.36	143.37	166.69	210.31	50.07	110.03	201.3	1945.08
2010	387.93	114.19	144.82	140.39	438.95	195.44	206.11	271.17	59.26	132.91	244.24	2335.41
2011	488.97	153.52	179.33	168.68	555.52	251.38	265.93	328.42	77.4	151.43	303.68	2924.26
2012	573.39	175.75	214.15	194.94	622.57	306.64	311.3	380.37	100.76	170.86	329.1	3379.83
2013	648.37	192.14	224.76	197.46	575.09	349.24	349.77	416.46	129.07	167.06	301.2	3550.61
2014	680.8	196.58	229.07	206.41	566.54	406.72	354	411.38	148.61	174.43	305.23	3679.76
2015	776.43	161.67	231.1	205.75	574.57	481.28	386.55	446.67	163.2	176.51	307.68	3911.39
增速	17.14%	18.70%	15.05%	14.54%	16.60%	22.41%	15.94%	19.68%	17.34%	14.80%	15.97%	17.09%
排名	5	3	9	11	6	1	8	2	4	10	7	—

数据来源：依据历年《河北财政年鉴》和《河北经济年鉴》整理而得。

从各设区市占河北省设区市财政收入总量的份额上看，廊坊市、沧州市、承德市增长较快，廊坊市的份额由 1995 年的 5.05% 增长到 2015 年的 12.30%，增长了 7.25 个百分点；沧州市的份额由 1995 年的 7.36% 增长到 2015 年的 11.42%，增长了 4.06 个百分点；承德市的份额由 1995 年的 3.14% 增长到 2015 年的 4.13%，增长了 0.99 个百分点。秦皇岛市、张家口市、邢台、保定市、邯郸市、唐山市等 6 个设区市份额出现下降。其中，秦皇岛市所占份额由 1995 年的 8.17% 下降到 2015 年的 5.26%，下降了 2.91 个百分点，在河北省下降幅度最大；张家口市所占份额由 1995 年的 8.39% 下降到 2015 年的 5.91%，下降了 2.48 个百分点；邢台市所占份额由 1995 年的 6.7% 下降到 2015 年的 4.51%，下降了 2.19 个百分点（如表 2 所示）。

表 2 河北省各设区市全部财政收入所占份额情况（1995—2015）

年份	石家庄	承 德	张家口	秦皇岛	唐 山	廊 坊	保 定	沧 州	衡 水	邢 台	邯 郸
1995	19.67%	3.14%	8.39%	8.17%	15.97%	5.05%	12.03%	7.36%	3.99%	6.70%	9.53%
1996	19.10%	3.27%	8.23%	7.92%	15.40%	5.10%	12.22%	7.61%	4.37%	6.67%	10.10%
1997	18.85%	3.16%	8.00%	7.66%	15.34%	5.22%	12.69%	7.69%	4.41%	6.77%	10.20%
1998	19.55%	3.17%	7.37%	6.81%	15.27%	5.39%	12.66%	7.87%	4.64%	6.71%	10.55%
1999	20.17%	3.00%	6.09%	6.57%	15.26%	5.67%	13.08%	7.89%	4.65%	6.75%	10.88%
2000	20.35%	3.05%	5.56%	6.25%	15.14%	5.89%	13.23%	8.15%	4.46%	6.89%	11.02%
2001	21.10%	3.27%	5.40%	6.26%	16.38%	6.08%	12.32%	7.96%	4.23%	6.63%	10.35%
2002	22.28%	3.12%	5.15%	6.44%	16.17%	5.76%	10.63%	10.29%	3.66%	5.99%	10.50%
2003	21.26%	3.12%	5.42%	6.04%	18.39%	5.88%	10.26%	9.47%	3.55%	5.93%	10.66%
2004	17.47%	3.87%	6.15%	5.48%	21.73%	5.78%	9.62%	8.84%	2.30%	6.31%	12.44%
2005	16.69%	4.58%	6.40%	5.61%	22.82%	5.41%	8.74%	8.36%	3.14%	6.05%	12.20%
2006	16.34%	5.07%	6.33%	5.74%	22.72%	5.85%	8.58%	8.64%	2.81%	6.03%	11.89%
2007	15.78%	5.59%	6.37%	5.86%	22.67%	6.55%	8.35%	8.49%	2.42%	5.84%	12.08%
2008	15.43%	5.93%	6.51%	6.11%	23.19%	6.93%	8.49%	8.93%	2.30%	5.81%	10.38%
2009	16.06%	5.19%	6.27%	5.89%	21.25%	7.37%	8.57%	10.81%	2.57%	5.66%	10.35%
2010	16.61%	4.89%	6.20%	6.01%	18.80%	8.37%	8.83%	11.61%	2.54%	5.69%	10.46%
2011	16.72%	5.25%	6.13%	5.77%	19.00%	8.60%	9.09%	11.23%	2.65%	5.18%	10.38%
2012	16.97%	5.20%	6.34%	5.77%	18.42%	9.07%	9.21%	11.25%	2.98%	5.06%	9.74%
2013	18.26%	5.41%	6.33%	5.56%	16.20%	9.84%	9.85%	11.73%	3.64%	4.71%	8.48%
2014	18.50%	5.34%	6.23%	5.61%	15.40%	11.05%	9.62%	11.18%	4.04%	4.74%	8.29%
2015	19.85%	4.13%	5.91%	5.26%	14.69%	12.30%	9.88%	11.42%	4.17%	4.51%	7.87%
份额变化	0.18%	0.99%	-2.48%	-2.91%	-1.28%	7.25%	-2.15%	4.06%	0.18%	-2.19%	-1.66%
排名	5	3	10	11	6	1	8	2	4	9	7

数据来源：依据历年《河北财政年鉴》和《河北经济年鉴》整理而得。

（二）秦皇岛市一般预算收入增长形势

1995—2015 年，河北省各设区市一般预算收入均实现了较高速度增长，平均增速为 16.83%。增速较高的有沧州市（20.60%）、廊坊市（20.35%）、承德市（18.49%）、张家口市（17.47%）等 4 个设区市，增速超过河北省平均水平，其他设区市财政收入的年均增速都低于河北省平均水平。其中，秦皇岛市的年均增速仅为 14.06%，低于河北省平均水平 2.77 个百分点，在河北省位居末位，导致秦皇岛市的一般预算收入总量由河北省第 5 位下滑到第 8 位（如表 3 所示）。

表3　　河北省各设区市一般预算收入情况（1995—2015）

年份	石家庄	承　德	张家口	秦皇岛	唐　山	廊　坊	保　定	沧　州	衡　水	邢　台	邯　郸	合　计
1995	19.26	3.27	5.33	8.24	16.17	7.47	11.66	4.98	4.04	6.39	9.66	96.46
1996	23.49	4.29	7.29	10.2	18.99	6.31	14.95	9.59	5.68	8.28	12.83	121.9
1997	26.94	4.91	8.23	11.85	21.41	7.83	18.26	11.37	6.76	9.99	15.04	142.6
1998	32.54	5.89	9.26	13.12	32.51	9.47	21.57	13.8	8.54	11.6	18.21	176.52
1999	35.23	5.86	8.78	12.97	25.99	10.4	23.24	14.32	9.08	12.37	19.12	177.36
2000	37.71	6.16	9.1	12.84	27.93	11.56	26.58	15.6	9.18	13.42	21.27	191.36
2001	44.36	7.59	9.82	14.84	35.79	13.62	27.06	17.61	10.08	14.45	23.48	218.69
2002	44.49	7.43	10.16	14.57	34.67	14.17	27.05	21.4	9.09	12.84	24.28	220.15
2003	49.34	8.41	11.66	16.11	41.43	16.47	29.79	23.26	10.26	14.86	26.88	248.46
2004	56.16	12.03	15.28	19.03	58.13	20.28	33.6	25.86	10.11	18	34.05	302.53
2005	65.88	17.29	21.11	25.79	77.61	24.3	37.26	31.17	13.32	21.85	43.21	378.81
2006	77.37	24.45	24.28	32.53	93.38	30.54	43.06	37.27	12.15	25.51	52.81	453.34
2007	95.87	32.67	34.47	41.65	119.21	45.44	51.48	47.2	14.11	31.36	69.46	582.92
2008	110.04	37.8	41.61	48.68	149.27	57.95	66.6	56.75	15.44	36.9	77.46	698.49
2009	125.96	45.18	47	56.33	169.72	69.26	73.26	64.73	21.69	43.03	87.18	803.33
2010	163.63	54.84	62.45	72.02	195.84	105.86	91.03	91.3	27.97	57.1	115.9	1037.9
2011	221.23	71.1	82.99	86.64	255.56	140.25	128.59	116.49	37.25	70.58	158.95	1369.6
2012	272.28	82.51	106.56	108.66	301.09	172.15	159.93	142.58	50.73	85.61	184.65	1666.8
2013	315.2	102.26	118.47	109.5	318.41	205.43	180.3	172.28	68.53	89.93	172.65	1853
2014	343.475	107.56	125.78	113.66	323.75	250.49	192.47	189.71	79.72	95.71	183.162	2005.5
2015	375.05	97.265	133.43	114.36	334.98	303.38	212.86	210.91	88.516	102.67	190.62	2164
增速	16.00%	18.49%	17.47%	14.06%	16.36%	20.35%	15.63%	20.60%	16.69%	14.89%	16.08%	16.83%
排位	8	3	4	11	6	2	9	1	5	10	7	—

数据来源：依据历年《河北财政年鉴》和《河北经济年鉴》整理而得。

从河北省各设区市占河北省设区市一般预算收入总量的份额上看，廊坊市、沧州市、承德市增长较快，廊坊市的份额由1995年的7.74%增长到2015年的14.02%，增长了6.28个百分点；沧州市的份额由1995年的5.16%增长到2015年的9.75%，增长了4.58个百分点；承德市的份额由1995年的3.39%增长到2015年的4.49%，增长了1.1个百分点。秦皇岛市、石家庄市、保定市、邢台市、唐山市、邯郸市等6个设区市份额出现下降。其中，秦皇岛市所占份额由1995年的8.54%下降到2015年的5.28%，下降了3.26个百分点，下降幅度河北省最大；石家庄市所占份额由1995年的19.97%下降到2015年的17.33%，下降了2.64个百分点；保定市所占份额由1995年的12.09%下降到2015年的9.84%，下降了2.25个百分点；邢台市所占份额由1995年的6.62%下降到2015年的4.74%，下降了1.88个百分点；唐山市所占份额由1995年的16.76%下降到2015年的

15.48%，下降了1.28个百分点；邯郸市所占份额由1995年的10.01%下降到2015年的8.81%，下降了1.21个百分点（如表4所示）。

表4　　河北省各设区市一般预算收入所占份额情况（1995—2015）

年份	石家庄	承　德	张家口	秦皇岛	唐　山	廊　坊	保　定	沧　州	衡　水	邢　台	邯　郸
1995	19.97%	3.39%	5.53%	8.54%	16.76%	7.74%	12.09%	5.16%	4.19%	6.62%	10.01%
1996	19.27%	3.52%	5.98%	8.37%	15.58%	5.18%	12.26%	7.87%	4.66%	6.79%	10.53%
1997	18.89%	3.44%	5.77%	8.31%	15.01%	5.49%	12.81%	7.97%	4.74%	7.01%	10.55%
1998	18.43%	3.34%	5.25%	7.43%	18.42%	5.36%	12.22%	7.82%	4.84%	6.57%	10.32%
1999	19.86%	3.30%	4.95%	7.31%	14.65%	5.86%	13.10%	8.07%	5.12%	6.97%	10.78%
2000	19.71%	3.22%	4.76%	6.71%	14.60%	6.04%	13.89%	8.15%	4.80%	7.01%	11.12%
2001	20.28%	3.47%	4.49%	6.79%	16.37%	6.23%	12.37%	8.05%	4.61%	6.61%	10.74%
2002	20.21%	3.37%	4.62%	6.62%	15.75%	6.44%	12.29%	9.72%	4.13%	5.83%	11.03%
2003	19.86%	3.38%	4.69%	6.48%	16.67%	6.63%	11.99%	9.36%	4.13%	5.98%	10.82%
2004	18.56%	3.98%	5.05%	6.29%	19.21%	6.70%	11.11%	8.55%	3.34%	5.95%	11.26%
2005	17.39%	4.56%	5.57%	6.81%	20.49%	6.41%	9.84%	8.23%	3.52%	5.77%	11.41%
2006	17.07%	5.39%	5.36%	7.18%	20.60%	6.74%	9.50%	8.22%	2.68%	5.63%	11.65%
2007	16.45%	5.60%	5.91%	7.15%	20.45%	7.80%	8.83%	8.10%	2.42%	5.38%	11.92%
2008	15.75%	5.41%	5.96%	6.97%	21.37%	8.30%	9.53%	8.12%	2.21%	5.28%	11.09%
2009	15.68%	5.62%	5.85%	7.01%	21.13%	8.62%	9.12%	8.06%	2.70%	5.36%	10.85%
2010	15.77%	5.28%	6.02%	6.94%	18.87%	10.20%	8.77%	8.80%	2.69%	5.50%	11.17%
2011	16.15%	5.19%	6.06%	6.33%	18.66%	10.24%	9.39%	8.51%	2.72%	5.15%	11.61%
2012	16.34%	4.95%	6.39%	6.52%	18.06%	10.33%	9.60%	8.55%	3.04%	5.14%	11.08%
2013	17.01%	5.52%	6.39%	5.91%	17.18%	11.09%	9.73%	9.30%	3.70%	4.85%	9.32%
2014	17.13%	5.36%	6.27%	5.67%	16.14%	12.49%	9.60%	9.46%	3.98%	4.77%	9.13%
2015	17.33%	4.49%	6.17%	5.28%	15.48%	14.02%	9.84%	9.75%	4.09%	4.74%	8.81%
份额变化	-2.64%	1.10%	0.64%	-3.26%	-1.28%	6.28%	-2.25%	4.58%	-0.10%	-1.88%	-1.21%
排名	10	3	4	11	7	1	9	2	5	8	6

数据来源：依据历年《河北财政年鉴》和《河北经济年鉴》整理而得。

（三）主要结论

从全部财政收入和一般预算收入增速看，秦皇岛市的增长速度在河北省均是最低的；从全部财政收入和一般预算收入所占份额看，秦皇岛市所占份额在河北省各设区市中下降得最多，并呈进一步下降的态势。1995—2004年，秦皇岛市全部财政收入和一般预算收入所占份额基本上均呈现下降的态势，并在2004年形成一个波谷。2004年后有所提升，于2006—2009年形成一个小波峰后，又呈现逐年下降的态势，大体呈现“S型”曲线（如

图1、图2所示)。

图1 1995—2015年秦皇岛市全部财政收入所占份额

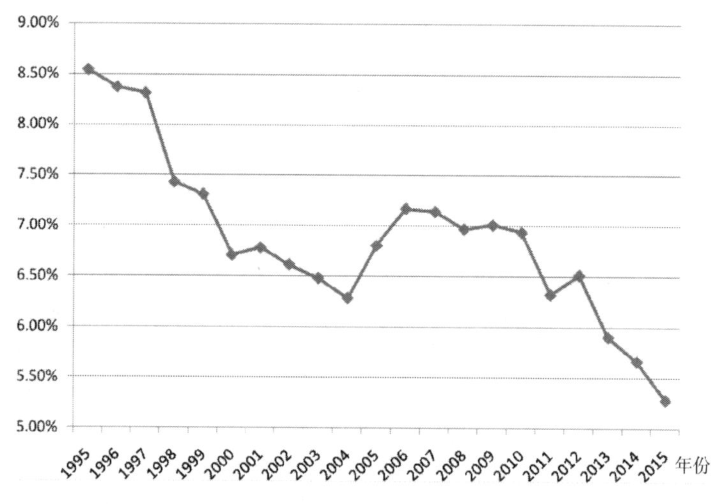

图2 1995—2015年秦皇岛市一般公共预算收入所占份额

二、分税制以来秦皇岛市财政收入质量状况研判

财政收入质量，实际上是一个结构和比重问题。按照当前学术界形成共识和相关部门比较关注的观点，财政收入质量至少包括财政收入占GDP比重、一般公共预算收入占全部财政收入比重、税收收入占一般公共预算收入比重、分税种税收结构和分行业税收结构等方面。

（一）全部财政收入占GDP的比重

财政收入占GDP的比重＝一定时期财政收入/一定时期GDP总量×100%

这一指标充分反映财政收入与经济发展状况的关系，即每万元 GDP 形成多少财政收入。显然，从数量关系上看，财政收入占 GDP 的比重与一定时期财政收入成正比，与一定时期 GDP 总量成反比。从经济意义上分析，在既定的财税政策和征管条件下，一定时期同样数量的 GDP 形成的财政收入越多，财政收入占 GDP 的比重越大，说明该地区经济发展质量越好，包括经济附加值高、企业效益好、个人收入多等等，这些要素对财政收入的贡献率也较高；反之，财政收入占 GDP 的比重越小，说明该地区经济发展质量越差，包括经济附加值低、企业效益差、个人收入少等等，它们对财政收入的贡献率也较低。由此看来，某一地区财政收入占 GDP 的比重是该地区经济发展质量的风向标，可以作为考核地方政府财政收入质量的一个综合性指标。

从纵向上看，秦皇岛市财政收入占 GDP 的比重由 1995 年的 7.91% 提高到 2015 年的 16.45%，提高了 8.54 个百分点。分年度看，2004 年前受财政收入增长不平稳影响，财政收入占 GDP 比重起伏较大，2004 年后才呈现逐步提升的态势（如表 5、图 3 所示）。

表 5　　河北省各设区市全部财政收入占 GDP 比重情况（1995—2015）

年份	石家庄	承　德	张家口	秦皇岛	唐　山	廊　坊	保　定	沧　州	衡　水	邢　台	邯　郸
1995	6.07	5.36	8.77	7.91	5.34	4.00	5.34	4.89	4.07	5.57	5.48
1996	5.85	5.37	8.55	7.93	5.10	4.18	5.34	4.84	4.25	5.24	5.34
1997	5.82	5.37	8.88	8.01	5.20	4.46	5.62	5.02	4.39	5.61	5.58
1998	6.30	5.39	8.80	7.44	5.33	4.74	5.81	5.32	4.76	5.71	6.17
1999	6.40	5.45	7.65	7.20	5.28	4.92	5.92	5.38	4.80	5.73	6.31
2000	6.15	5.68	6.92	6.64	5.02	4.84	5.71	5.36	4.53	5.64	6.16
2001	6.62	6.11	7.14	6.94	5.55	5.01	5.62	5.57	4.47	5.56	5.96
2002	9.76	8.10	9.62	9.97	7.62	6.51	6.71	10.06	5.46	7.08	8.35
2003	9.36	8.05	10.28	9.47	8.61	6.75	6.73	9.14	5.43	6.99	8.48
2004	7.94	9.57	11.42	8.98	9.93	7.10	6.43	8.49	3.61	7.37	9.87
2005	9.27	12.62	15.26	11.33	11.17	8.65	8.09	7.34	6.00	8.82	10.46
2006	9.38	13.77	15.22	12.09	11.19	9.33	8.32	7.84	5.97	8.87	10.17
2007	9.76	14.74	16.42	12.51	11.90	10.81	8.87	8.45	6.33	9.56	10.96
2008	9.57	14.60	15.91	13.31	11.47	11.61	9.46	9.17	6.38	10.34	9.18
2009	10.41	13.27	15.25	14.25	10.84	12.49	9.64	11.68	7.68	10.42	9.99
2010	11.41	12.85	14.99	15.09	9.82	14.47	10.05	12.31	7.58	10.96	10.34
2011	11.98	13.95	15.94	15.85	10.21	15.59	10.85	12.70	8.33	10.62	10.89
2012	12.74	14.87	17.36	17.11	10.62	17.09	11.44	13.52	9.97	11.15	10.88
2013	13.33	15.10	17.07	16.89	9.40	17.97	13.05	13.79	11.63	10.41	9.84
2014	13.17	14.64	16.98	17.20	9.10	18.69	11.66	13.13	12.93	10.59	9.91
2015	14.27	11.90	16.95	16.45	9.42	20.04	12.88	13.78	13.38	10.03	9.78
增长	8.20	6.54	8.18	8.54	4.08	16.04	7.54	8.89	9.31	4.46	4.30
排名	5	8	6	4	11	1	7	3	2	9	10

数据来源：依据历年《河北财政年鉴》和《河北经济年鉴》整理而得。

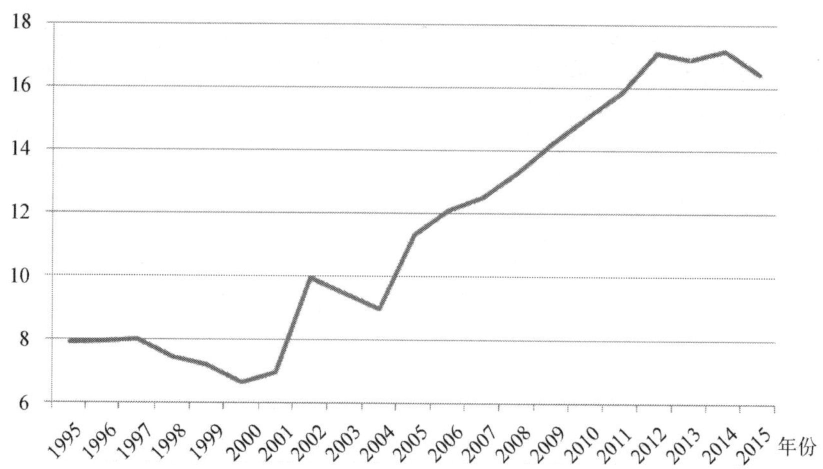

图 3　秦皇岛市全部财政收入占 GDP 比重的排位变化情况

从横向上看，秦皇岛市财政收入占 GDP 比重在河北省各设区市的排名一直位居前列，1995 年为第 2 名，2015 年略微下滑到第 3 名。分年度看，秦皇岛市这一比重在河北省各设区市的排名，第 1 名 1 次，第 2 名 13 次，第 3 名 6 次，第 5 名 1 次。除了 2004 年排第 5 位和 2010 年排第 1 位以外（即一个波谷和波峰），基本上在第 2 位和第 3 位（如表 6、图 4 所示）。

表 6　　河北省各设区市全部财政收入占 GDP 比重的排位情况（1995—2015）

年份	石家庄	承　德	张家口	秦皇岛	唐　山	廊　坊	保　定	沧　州	衡　水	邢　台	邯　郸
1995	3	6	1	2	8	11	7	9	10	4	5
1996	3	4	1	2	8	11	5	9	10	7	6
1997	3	7	1	2	8	10	4	9	11	5	6
1998	3	7	1	2	8	11	5	9	10	6	4
1999	3	7	1	2	9	10	5	8	11	6	4
2000	4	6	1	2	9	10	5	8	11	7	3
2001	3	4	1	2	9	10	6	7	11	8	5
2002	3	6	4	2	7	10	9	1	11	8	5
2003	3	7	1	2	5	9	10	4	11	8	6
2004	7	4	1	5	2	9	10	6	11	8	3
2005	6	2	1	3	4	8	9	10	11	7	5
2006	6	2	1	3	4	7	9	10	11	8	5
2007	7	2	1	3	4	6	9	10	11	8	5
2008	7	2	1	3	5	4	8	10	11	6	9
2009	8	3	1	2	6	4	10	5	11	7	9
2010	6	4	2	1	10	3	9	5	11	7	8
2011	6	4	1	2	10	3	8	5	11	9	7
2012	6	4	1	2	10	3	7	5	11	8	9
2013	6	4	2	3	11	1	7	5	8	9	10
2014	5	4	3	2	11	1	8	6	7	9	10
2015	4	8	2	3	11	1	7	5	6	9	10

数据来源：依据历年《河北财政年鉴》和《河北经济年鉴》整理而得。

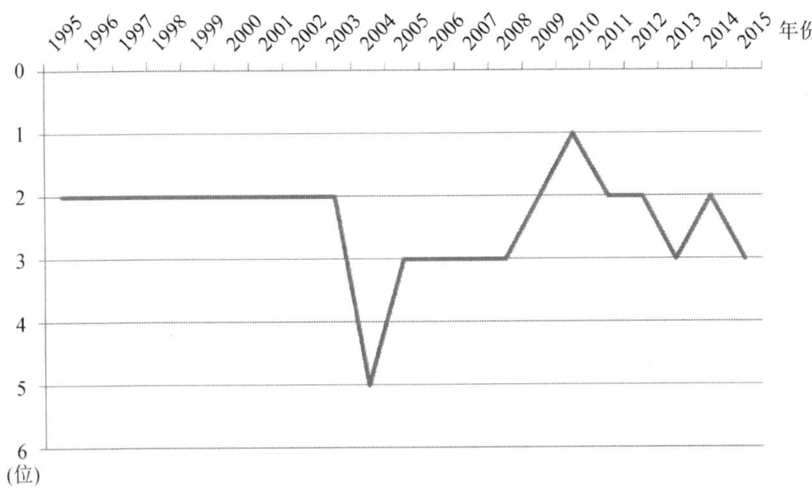

图 4　秦皇岛市全部财政收入占 GDP 比重的变化情况

（二）一般预算收入占 GDP 的比重

从纵向上看，秦皇岛市一般预算收入占 GDP 的比重由 1995 年的 4.78% 提高到 2015 年的 9.15%，提高了 4.37 个百分点。分年度看，2004 年前受财政收入增长不平稳，一般预算收入占 GDP 比重起伏较大，尤其是受 2002—2003 年的所得税收入分享改革影响，2003 年的这一比重仅为 4.16%，达到这一时期的谷底。2004 年后才呈现逐步提升的态势（如表 7、图 5 所示）。

表 7　　河北省各设区市一般预算收入占 GDP 比重情况（1995—2015）

年份	石家庄	承　德	张家口	秦皇岛	唐　山	廊　坊	保　定	沧　州	衡　水	邢　台	邯　郸
1995	3.56	3.34	3.34	4.78	3.24	3.55	3.11	1.99	2.47	3.19	3.33
1996	3.58	3.50	3.76	5.07	3.13	2.57	3.25	3.03	2.74	3.23	3.37
1997	3.45	3.46	3.79	5.14	3.01	2.77	3.35	3.08	2.79	3.43	3.41
1998	3.85	3.68	4.06	5.26	4.16	3.05	3.63	3.42	3.21	3.62	3.90
1999	3.88	3.70	3.82	4.93	3.12	3.13	3.65	3.39	3.25	3.65	3.85
2000	3.76	3.78	3.73	4.50	3.05	3.13	3.79	3.38	3.08	3.62	3.92
2001	4.09	4.16	3.81	4.83	3.56	3.29	3.62	3.61	3.12	3.56	3.97
2002	3.75	3.71	3.65	4.34	3.15	3.08	3.29	4.03	2.60	2.92	3.72
2003	3.58	3.58	3.64	4.16	3.20	3.12	3.22	3.70	2.59	2.89	3.52
2004	3.44	4.00	3.82	4.20	3.57	3.35	3.02	3.34	2.13	2.83	3.64
2005	3.69	4.80	5.08	5.25	3.83	3.91	3.48	2.76	2.56	3.21	3.73
2006	3.82	5.71	5.01	5.89	3.95	4.18	3.59	2.91	2.22	3.23	3.88
2007	4.06	5.90	6.09	6.09	4.29	5.14	3.74	3.22	2.53	3.52	4.32

续表

年份	石家庄	承　德	张家口	秦皇岛	唐　山	廊　坊	保　定	沧　州	衡　水	邢　台	邯　郸
2008	3.88	5.29	5.78	6.02	4.19	5.51	4.21	3.31	2.44	3.73	3.89
2009	4.20	5.94	5.87	7.00	4.45	6.04	4.23	3.59	3.33	4.07	4.33
2010	4.81	6.17	6.46	7.74	4.38	7.84	4.44	4.14	3.58	4.71	4.91
2011	5.42	6.46	7.38	8.14	4.70	8.70	5.25	4.51	4.01	4.95	5.70
2012	6.05	6.98	8.64	9.54	5.14	9.59	5.88	5.07	5.02	5.59	6.11
2013	6.48	8.04	9.00	9.37	5.20	10.57	6.73	5.70	6.17	5.60	5.64
2014	6.64	8.01	9.32	9.47	5.20	11.51	6.34	6.05	6.94	5.81	5.95
2015	6.89	7.16	9.79	9.15	5.49	12.63	7.09	6.51	7.26	5.83	6.06
增长	3.33	3.82	6.45	4.37	2.25	9.08	3.98	4.52	4.79	2.64	2.73
排名	8	7	2	5	11	1	6	4	3	10	9

数据来源：依据历年《河北财政年鉴》和《河北经济年鉴》整理而得。

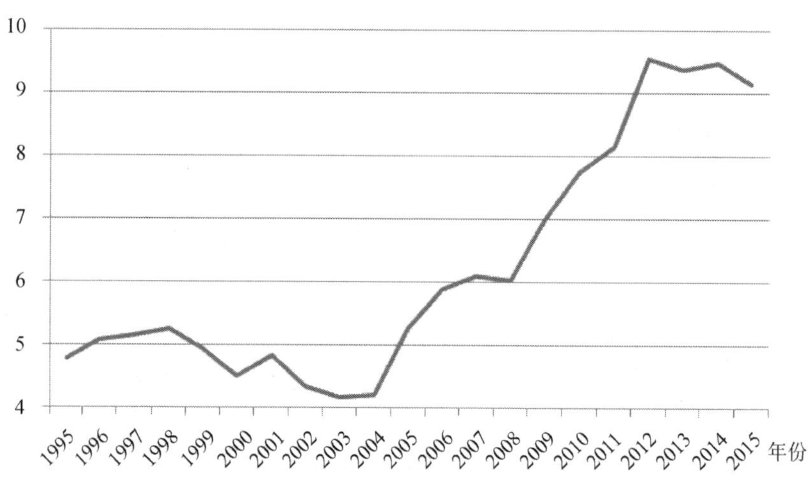

图5　秦皇岛市一般预算收入占GDP比重的变化情况

从横向上看，秦皇岛市一般预算收入占GDP比重在河北省各设区市的排名一直位居前列，1995年为第1名，2015年下滑到第3名。分年度看，秦皇岛市这一比重在各设区市的排名，第1名15次，第2名5次，第3名1次。值得关注的是，秦皇岛市的排位呈现持续下降态势，由1995—2009年的第1位下降到2010—2014年的第2位，后又降到2015年的第3位。廊坊市则从2005年起逐渐提升，由第4位上升到2015年的第1位；一直居于秦皇岛市后的张家口市，近年来这一比重提升较快，1995年落后秦皇岛市比重1.44个百分点，2014年该比重缩减为0.15个百分点，2015年则反超秦皇岛市0.64个百分点（如表8、图6所示）。

表 8　　河北省各设区市一般预算收入占 GDP 比重排位情况（1995—2015）

年份	石家庄	承　德	张家口	秦皇岛	唐　山	廊　坊	保　定	沧　州	衡　水	邢　台	邯　郸
1995	2	5	4	1	7	3	9	11	10	8	6
1996	3	4	2	1	8	11	6	9	10	7	5
1997	4	3	2	1	9	11	7	8	10	5	6
1998	5	6	3	1	2	11	7	9	10	8	4
1999	2	5	4	1	11	10	6	8	9	7	3
2000	5	4	6	1	11	9	3	8	10	7	2
2001	3	2	5	1	9	10	6	7	11	8	4
2002	3	5	6	1	8	9	7	2	11	10	4
2003	4	5	3	1	8	9	7	2	11	10	6
2004	6	2	3	1	5	7	9	8	11	10	4
2005	7	3	2	1	5	4	8	10	11	9	6
2006	7	2	3	1	5	4	8	10	11	9	6
2007	7	3	2	1	6	4	8	10	11	9	5
2008	8	4	2	1	6	3	5	10	11	9	7
2009	8	3	4	1	5	2	7	10	11	9	6
2010	6	4	3	2	9	1	8	10	11	7	5
2011	6	4	3	2	9	1	7	10	11	8	5
2012	6	4	3	2	9	1	7	10	11	8	5
2013	6	4	3	2	11	1	5	8	7	10	9
2014	6	4	3	2	11	1	7	8	5	10	9
2015	7	5	2	3	11	1	6	8	4	10	9

数据来源：依据历年《河北财政年鉴》和《河北经济年鉴》整理而得。

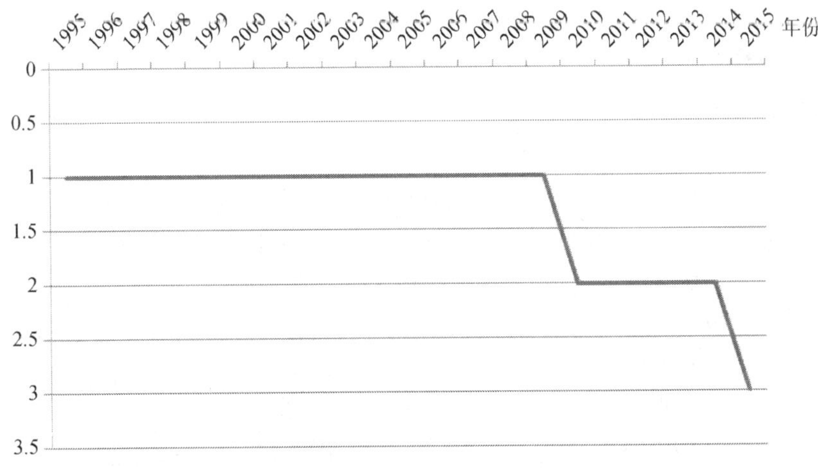

图 6　秦皇岛市一般预算收入占 GDP 比重的排位变化情况

与全部财政收入占GDP比重相比较，秦皇岛市的一般预算收入占GDP比重相对排名靠前，主要是因为秦皇岛市第三产业比重较大，2014年为48.01%，远高于河北省平均值的37.25%，位居河北省各设区市首位（见表9）。在2016年全面推开“营改增”之前，第三产业主要提供营业税，中央对地方营业税基本不分享，省本级只分享区级营业税的10%，不分享县级营业税，这两方面因素造成了秦皇岛市一般预算收入占GDP比重较高，廊坊情况与此类似。与之形成鲜明对比的是，唐山市产业结构以第二产业为主，财政收入中的主要税种增值税、消费税、企业所得税和个人所得税既是本地财政收入主要来源，也是上划中央或省级税收收入的主要税种，造成唐山市一般预算收入占GDP的比重相对较低。

表9　　2014年河北省各设区市产业结构及排名比较

	数值			排名		
	第一产业	第二产业	第三产业	第一产业	第二产业	第三产业
河北省	11.72%	51.03%	37.25%	——	——	——
石家庄市	9.43%	46.76%	43.81%	10	9	2
承德市	16.81%	49.98%	33.20%	2	5	11
张家口市	17.76%	42.66%	39.58%	1	10	4
秦皇岛市	14.55%	37.44%	48.01%	4	11	1
唐山市	8.97%	57.75%	33.27%	11	1	10
廊坊市	9.45%	48.06%	42.50%	9	6	3
保定市	14.01%	51.50%	34.48%	6	3	9
沧州市	10.14%	51.97%	37.89%	8	2	5
衡水市	14.49%	47.86%	37.65%	5	7	6
邢台市	16.60%	47.36%	36.04%	3	8	8
邯郸市	13.09%	50.11%	36.80%	7	4	7
与河北省比较	2.84%	-13.59%	10.75%			

数据来源：依据和《河北经济年鉴（2015）》整理而得。

（三）一般预算占财政收入的比重

一般预算收入占全部财政收入的比重，是反映财政收入对地方财力贡献率的重要指标。这一比重较高的地方，其地方财政收入比较雄厚，增长比较稳定，可用的有效财力比较充裕。这一比重较低的地方，其情况正好相反。

分税制以来，秦皇岛市一般预算收入占全部财政收入的比重总体较高，一直高于河北省平均水平，在河北省各设区市中的排名比较靠前，但2009年以后这一优势有所减弱，排位也有所下滑。1995—2015年，秦皇岛市一般预算收入占财政收入的比重排名有5年在河北省排第1名，有6年在河北省排第2名，有4年在河北省排第3名，有2年在河北省排第4名，有1年在河北省排第5名，有2年在河北省排第6名，有1年在河北省排第7名，2014—2015年的排名分别是第4位和第7位。从发展趋势上看，这一比重大致呈现“M”型，在1999年和2006年形成两个波峰，在2002年形成波谷，主要与2001年年末实行所得税分享体制改革有关，2001年年末各地存在争基数的情况，造成2001年增长很快，

2002 年增长很慢。从 2009 年开始，秦皇岛市一般预算收入占财政收入的比重在河北省的排位呈现逐年下降的趋势，2015 年这一比重仅高于河北省平均水平 0.26 个百分点，在河北省各设区市的排名也下滑到第 7 位（如表 10、图 7、图 8 所示）。

表 10　　秦皇岛市一般预算收入占财政收入的比重（1995—2015 年）

年份	秦皇岛市	河北省平均水平	与河北省平均水平差异	秦皇岛市排名
1995	60.50%	57.84%	2.66%	6
1996	63.99%	60.59%	3.40%	3
1997	64.12%	59.12%	5.00%	2
1998	70.65%	64.75%	5.90%	2
1999	68.48%	61.54%	6.94%	1
2000	67.76%	63.10%	4.66%	2
2001	69.57%	64.19%	5.38%	2
2002	43.53%	42.36%	1.17%	6
2003	43.98%	40.97%	3.01%	5
2004	46.73%	40.73%	6.00%	4
2005	46.34%	38.17%	8.17%	1
2006	48.75%	38.97%	9.78%	1
2007	48.70%	39.94%	8.76%	1
2008	45.21%	39.66%	5.55%	2
2009	49.14%	41.30%	7.84%	1
2010	51.30%	44.44%	6.86%	2
2011	51.36%	46.84%	4.53%	3
2012	55.74%	49.31%	6.43%	3
2013	55.45%	52.19%	3.27%	3
2014	55.07%	54.50%	0.56%	4
2015	55.58%	55.33%	0.26%	7

数据来源：依据历年《河北财政年鉴》和《河北经济年鉴》整理而得。

图 7　秦皇岛市一般预算收入占财政收入比重与河北省省平均水平的比较

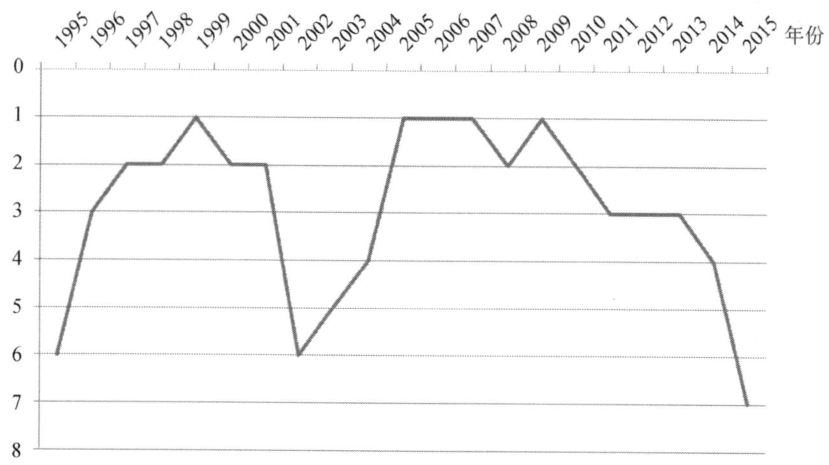

图 8　秦皇岛市一般预算收入占财政收入比重在河北省各设区市中的排位变化

（四）税收占一般预算收入的比重

税收收入占一般预算收入的比重，是反映地方财政收入规范性、可持续增长的一个重要指标，它还能反映一个地方的经济结构和经济发展水平。一般来说，经济比较发达的地方，税收收入的比重较高，非税收入比重较低，经济欠发达或落后地方，二者比重则相反。

近年来，许多地方政府的非税收入增加较多，并快于税收收入的增长，使得地方财政收入与地方可用财力增长不同步，严重影响到地方财政收入的质量。因为非税收入大都在财政上列收列支，有专项用途，真正体现在地方政府财力上用于正常支出的部分并不多。这种看起来很可观的地方财政收入的“量”，由于没有较好的“质”，并没有使地方财政困难状态得以改善。许多地方的收费收入快速增长，甚至出现了收费收入增长超过税收收入增长的不正常现象，严重地抑制了税收收入的正常增长，乃至肢解了政府财政，“政府收入”与“财政收入”有相当大的数量差距，相当部分财政资金在制度外、体制外循环，这意味着市场个体所创造的财富被行政权力拥有者以所谓“管理”的方式而不是公共收入的形式所分割，造成政府财力分散、政府分配行为不规范，对社会经济发展产生不良的影响。

由于分税制以来的非税收入组成口径变动较大，本科研课题以近 10 年河北省各设区市税收收入占一般预算收入的比重为例进行分析。整体看，秦皇岛市的税收收入占一般预算收入比重较高，均在 70% 以上，除了 2014 年以外，秦皇岛市税收收入比重的位次总体上有所提升。2015 年，这一比重为 76%，高于河北省平均水平 2.92 个百分点，位居河北省各设区市第 3 位，但比 2011 年的 81.82% 低了 5.82 个百分点，也低于 2006 年的 77.58%，并且有进一步下滑的趋势（如表 11、表 12 所示）。

表 11　　河北省各设区市税收收入比重情况（2011—2015 年）

设区市	2011 年	2012 年	2013 年	2014 年	2015 年	2011 年	2012 年	2013 年	2014 年	2015 年
石家庄市	80.21%	76.29%	75.38%	78.04%	76.51%	5	5	5	2	2
唐山市	79.04%	76.46%	74.75%	74.62%	71.08%	6	4	6	7	5
邯郸市	65.31%	62.93%	67.15%	68.86%	66.78%	10	10	9	10	10
张家口市	77.27%	63.70%	61.49%	63.95%	59.64%	9	9	11	11	11
保定市	64.66%	62.62%	65.41%	69.91%	70.95%	11	11	10	9	6
沧州市	78.16%	73.75%	72.96%	74.62%	70.57%	8	8	8	6	7
秦皇岛市	81.82%	77.82%	77.46%	73.23%	76.00%	3	3	3	8	3
邢台市	81.19%	74.36%	76.02%	76.12%	69.92%	4	7	4	4	8
廊坊市	88.29%	84.66%	87.11%	86.96%	85.74%	1	2	1	1	1
承德市	86.26%	85.27%	78.87%	77.24%	71.68%	2	1	2	3	4
衡水市	78.66%	74.92%	73.29%	75.15%	69.12%	7	6	7	5	9
平均值	77.70%	73.78%	73.99%	75.25%	73.08%	—	—	—	—	—

数据来源：依据相应年份的《河北财政年鉴》和《河北经济年鉴》整理而得。

表 12　　河北省各设区市税收收入比重情况（2006—2010 年）

设区市	2006 年	2007 年	2008 年	2009 年	2010 年	2006 年	2007 年	2008 年	2009 年	2010 年
石家庄市	82.23%	82.33%	84.13%	85.09%	86.49%	3	3	3	2	3
唐 山 市	81.48%	83.81%	82.97%	80.60%	83.17%	4	2	5	6	4
邯 郸 市	68.99%	67.62%	65.90%	69.53%	68.57%	10	11	10	11	11
张家口市	83.17%	79.77%	81.23%	81.23%	82.73%	2	6	7	5	5
保 定 市	64.53%	67.76%	65.60%	70.02%	73.93%	11	10	11	10	10
沧 州 市	76.87%	78.53%	79.28%	80.02%	80.63%	7	7	8	8	7
秦皇岛市	77.58%	80.15%	82.58%	83.33%	82.48%	6	5	6	4	6
邢 台 市	72.55%	76.21%	76.98%	77.73%	78.50%	9	9	9	9	9
廊 坊 市	79.74%	80.89%	86.25%	89.48%	89.72%	5	4	2	1	2
承 德 市	83.84%	90.09%	90.90%	84.14%	90.21%	1	1	1	3	1
衡 水 市	76.13%	76.80%	83.31%	80.15%	80.08%	8	8	4	7	8
平均值	77.34%	78.84%	79.56%	80.12%	81.66%	—	—	—	—	—

数据来源：依据相应年份的《河北财政年鉴》和《河北经济年鉴》整理而得。

（五）税收收入分税种分产业结构

分析秦皇岛市税收收入的内部结构，可以更直观、更清晰的反映秦皇岛市目前和未来的主体财源与增长潜力。主要包括分税种和分产业税收结构两大方面。

1. 分税种结构：主体税种与房地产相关税种。目前，我国地方税体系尚未健全，各级地方政府缺乏税源普遍、征收范围广的主体税种，大部分地方税为零星小额税种，且与当地经济增长的相关性较弱，还不同程度地存在着收入不稳定和征收难度大的问题。

一般而言，增值税、“营改增”之前的营业税、企业所得税和个人所得税等 4 个税种为地方政府的主体税种，从近年来河北省各设区市主体税种占地方税收的比重来看，各设区市这一比重都不高，大多在 60% 左右，且均呈下滑趋势。2011—2015 年，秦皇岛市主体税种占地方税收收入的比重仅为 60% 左右，且总体呈下降态势。2011 年，秦皇岛市主体税种所占比重为 63. 27%，略低于河北省平均水平（63. 32%），位居河北省各设区市第 7 位；2015 年为 61. 46%，略高于河北省平均水平（60. 51%），位居河北省各设区市第 5 位（如表 13 所示）。

表 13　河北省各设区市主体税种收入占地方税收收入情况（2011—2015 年）

设区市	2011 年	2012 年	2013 年	2014 年	2015 年	2011 年	2012 年	2013 年	2014 年	2015 年
石家庄	66. 27%	65. 43%	64. 73%	61. 84%	62. 27%	1	1	1	2	4
唐山	64. 29%	61. 33%	56. 23%	53. 46%	58. 37%	3	7	10	11	10
邯郸	58. 33%	54. 71%	55. 13%	53. 71%	53. 02%	11	11	11	10	11
张家口	62. 61%	63. 15%	62. 45%	60. 70%	61. 00%	8	2	2	4	6
保定	65. 49%	61. 74%	61. 60%	63. 05%	64. 68%	2	6	3	1	2
沧州	63. 30%	61. 97%	60. 23%	59. 08%	59. 12%	5	5	8	7	9
秦皇岛	63. 27%	58. 05%	61. 03%	60. 56%	61. 46%	7	10	7	5	5
邢台	59. 15%	62. 05%	61. 41%	59. 96%	60. 34%	10	4	4	6	8
廊坊	62. 13%	59. 70%	61. 20%	57. 42%	60. 47%	9	9	6	8	7
承德	64. 23%	62. 68%	56. 82%	56. 40%	62. 93%	4	3	9	9	3
衡水	63. 29%	60. 33%	61. 23%	61. 79%	64. 95%	6	8	5	3	1
平均	63. 32%	61. 25%	60. 19%	58. 51%	60. 51%	—	—	—	—	—

数据来源：依据相应年份的《河北财政年鉴》整理而得。

在主体税种之外，与房地产相关的税种也占有较大比重。严格说，房地产税收是以房地产为课税对象，在房地产开发、交易、持有过程中缴纳的相关税收收入，包括现行的契税、房产税、耕地占用税、土地增值税、城镇土地使用税等 5 个税种，还涉及营业税、城建税、印花税、企业所得税、个人所得税中的部分收入。房地产税收是国家财政收入的重要组成，随着我国全面深化改革路线图的逐步推进，它将成为未来地方政府的主体税种。鉴于数据可得性和可比较性，本文分析的房地产税收只包含上述 5 个直接相关的房地产税种收入。2015 年，秦皇岛市房地产税收收入占税收收入和一般预算收入的比重较高，均在河北省排第 3 位，分别比河北省平均水平高 0. 69 个百分点和 1. 33 个百分点（如表 14 所示）。

表 14　2015 年河北省各设区市房地产税收收入情况

设区市	房地产税收收入占税收收入的比重	房地产税收收入占一般预算收入的比重	排名	排名
石家庄	25. 17%	19. 26%	8	5
唐山	27. 90%	19. 83%	4	4
邯郸	34. 48%	23. 02%	1	2
张家口	25. 92%	15. 46%	6	11

续表

设区市	房地产税收收入占税收收入的比重	房地产税收收入占一般预算收入的比重	排名	排名
保定	23.26%	16.51%	10	9
沧州	25.85%	18.24%	7	6
秦皇岛	28.22%	21.45%	3	3
邢台	25.93%	18.13%	5	7
廊坊	32.47%	27.84%	2	1
承德	22.83%	16.36%	11	10
衡水	24.60%	17.00%	9	8
合计	27.53%	20.12%		

数据来源：依据相应年份的《河北财政年鉴》整理而得。

2. 分产业结构：建筑房地产业与资源型产业税收。随着秦皇岛市经济结构的快速调整，建筑、房地产、交通运输、金融和采矿等行业发展迅速，已经成为秦皇岛市经济增长的重要引擎。其中，建筑业和房地产业无论是从总量、增量还是贡献率上都成为地方税源的重要行业，但随着经济市场形势的影响，秦皇岛市的房地产税源起伏明显，极大威胁到未来财政收入的稳定增长。例如，建筑业和房地产业提供的税收占比从2013年的31.42%降到2015年的24.94%，下降了6.48个百分点（如表15所示）。

表15　　　　秦皇岛市各行业提供税收及占比情况（2013—2015年）

	2013年	2014年	2015年
一、第一产业	0.07%	0.07%	0.02%
二、第二产业	49.99%	50.21%	48.66%
（一）采矿业	5.78%	4.53%	1.66%
（二）制造业	29.46%	31.43%	33.14%
（三）电力、燃气及水的生产和供应业	4.42%	4.83%	4.48%
（四）建筑业	10.34%	9.43%	9.37%
三、第三产业	49.94%	49.71%	51.33%
（一）批发和零售业	9.89%	9.92%	9.55%
（二）交通运输、仓储和邮政业	6.27%	7.72%	7.81%
（三）住宿和餐饮业	1.29%	1.23%	1.14%
（四）信息传输、软件和信息技术服务业	1.14%	1.15%	1.39%
（五）金融业	5.95%	7.08%	7.62%
（六）房地产业	21.08%	17.07%	15.57%
（七）租赁和商务服务业	1.48%	1.37%	2.43%
（八）其他行业	2.83%	3.73%	5.72%

数据来源：依据相应年份的《河北税务决算》整理而得。

由于房地产和建筑业受宏观调控政策影响较大，且具有过高的行业关联性，随着近两年房地产市场“滞胀”状态的出现，房地产相对应的税源迅速萎缩，税源起落不稳，对秦皇岛市财政收入增长构成很大的潜在风险。“营改增”全行业覆盖后，与房地产业相关联的建筑业、金融业、租赁和商务服务业、居民服务修理和其他服务业，以及制造业中的部分子行业都随之出现调整，进一步影响了秦皇岛市财政收入的稳定增长。实际上，自 2013 年下半年以来，秦皇岛市房地产市场持续低迷，营业税、城建税、土地增值税、契税等相关税种收入一直处于下降趋势，拖累了整体税收增长。在秦皇岛市房地产企业中，除海洋置业、顺驰地产、鸣岐地产等少数企业税收同比增长外，大部分企业税收下降明显。以房地产业为支柱的地税系统收入短收态势不断加重，房地产业税收占地方税收收入的比重明显下降。

除建筑和房地产业外，采矿业及相关产业税收对秦皇岛市部分地区的影响也比较大。长期以来，包括秦皇岛市青龙县在内的河北省不少地区财政收入对煤炭、铁矿石、石油等资源品产业形成了高度依赖，而这些大宗资源品的价格极易受国际政治经济形势的影响，相关初级加工产品也不符合日趋严格的环保政策要求，这严重影响了地方财政收入的稳定、可持续增长，许多地区出现了“矿兴财兴、矿衰财衰”现象。青龙县骨干税源主要集中在采掘业，该县纳税 1000 万元以上企业除供电公司、房地产、信用社外全部为矿业企业，这种单一的税源结构具有很大的风险性，一旦遇上国家政策的调整和市场波动等因素，就会动摇全县税源的“根基”。2015 年，受铁矿石价格大跌等市场经济形势影响，青龙县资源型税收大幅下滑，直接导致全县一般公共预算收入下降了近一半，为 -43.5%。

与建筑房地产业及资源型行业相比较，秦皇岛市的金融业、信息传输、软件和信息技术服务业等新兴产业发展较为滞后，提供税收占全部税收收入的比重不到 10%。此外，秦皇岛市制造业发展尚不充分，企业规模总体偏低，提供的税收占比也不到 1/3，不利于未来经济的持续发展。按照近几年公布的河北省百强企业名单（按产值和经营收入排序），秦皇岛市的大企业数量明显较少。例如，在 2015 年的河北省百强企业中，秦皇岛市仅有中信戴卡股份有限公司、河北港口集团有限公司、安丰钢铁有限公司、宏兴实业有限公司、中铁山桥有限公司、中秦兴龙投资控股有限公司等 6 家，与河北省居前三位的邯郸（24 户），石家庄（16 户）、唐山（15 户）相比，无论是在企业产值总量还是规模企业数量上，差距都较为明显（如表 16 所示）。

表 16　　2012—2015 年河北省各设区市百强企业数量

设区市	2012 年	2013 年	2014 年	2015 年
石家庄	18	20	17	16
承　德	2	2	0	2
张家口	4	4	4	4
秦皇岛	6	5	2	6
唐　山	15	18	17	15
廊　坊	6	4	2	7
保　定	11	10	10	11
沧　州	7	7	11	10

续表

设区市	2012 年	2013 年	2014 年	2015 年
衡　水	2	2	3	1
邢　台	8	6	7	4
邯　郸	21	22	27	24
合计	100	100	100	100

资料来源：河北省工业经济联合会《河北省行业（产业）发展报告（2015 年度）》。

（六）主要结论

根据前文反映财政收入质量的五个指标，可以得出以下结论：

1. 在全部财政收入占 GDP 比重方面，20 年来秦皇岛市提高了 8.54 个百分点，在河北省各设区市的排名一直位居前列，但位次有所下滑，由 1995 年的第 2 位降到 2015 年的第 3 位。

2. 在一般预算收入占 GDP 比重方面，1995—2015 年，秦皇岛市提高了 4.37 个百分点，在河北省各设区市的排名一直位居前列，但位次有所下滑，由 1995 年的第 1 位降到 2015 年的第 3 位。

3. 在一般预算收入占全部财政收入比重方面，秦皇岛市总体较高，一直高于河北省平均水平。在河北省各设区市中的排名比较靠前，但 2009 年以来这一优势有所减弱，排位也有所下滑。

4. 在税收收入占一般预算收入比重方面，秦皇岛市这一比重各年度均在 70% 以上，所处位次总体靠前，但近几年比重有所下降。

5. 在税收收入内部结构方面，一是在税种上，增值税、营业税、企业所得税、个人所得税等主体税种占比不高，且总体呈下降态势；二是在产业上，建筑业和房地产业提供税收一直占有 1/3 左右比重，资源型税收在部分地区也占有较大比重，但这些税源收入近三年下降较快，直接影响了秦皇岛市财政收入的稳定增长。

总之，秦皇岛市的财政收入质量总体尚可，在河北省位次比较靠前，整体状况明显优于财政收入增速情况，但近几年的形势有所恶化，某种程度上已经影响到全市财政收入的汲取能力、可持续能力和抗风险能力。

三、秦皇岛市财政收入增长与财政质量提升的关系

（一）增长与质量关系的理论基础

经济决定财政。处理财政收入增长与质量关系，首先取决于经济增长和质量关系。从理论上看，经济发展不仅包括数量上的增加，还有质量上的规定，它是数量与质量共同构成的有机整体。经济数量增长的同时如果没有妥善地解决好经济增长质量问题，会产生有增长无发展的局面。反之，经济数量增长的同时，如果能够有效地改善经济增长的质量，

通过提高人民福利水平、不断优化和调整产业结构、缩小城乡收入差距、加强科技创新能力等措施激发经济发展的潜在优势，就能进一步推动经济增长。因此，在衡量经济增长的成果时，不应将增长数量作为唯一的评价指标，还应考量经济增长的质量指标。

十八届五中全会提出：“创新、协调、绿色、开放、共享”的“五个发展”理念，河北省省委八届十二次全会审议通过的《中共河北省委关于制定河北省国民经济和社会发展第十三个五年规划的建议》明确了“十三五”工作主基调：协同发展、转型升级、又好又快。秦皇岛市委十一届八次会议通过《秦皇岛国民经济和社会发展第十三个五年规划》中提出“坚守发展、生态、民生三条底线，着力推进生态立市、产业强市、开放兴市、文明铸市，实施‘三城同创①’。”中央、省、市三级“十三五”发展规划决定了今后一段时间的经济发展理念，既要讲“量”，更要有“质”。

财政收入应与经济增长相适应，过度财政征税势必影响经济的可持续发展，进而制约国家财政收入的可持续增长。只有优质的财政收入才能对一个国家或一个地区的经济发展起到持续稳定的推动作用，也只有优质的财政收入才能增强政府的财政能力和调控经济的能力。财政部门在促进财政收入“量”的增长的同时，更亟待财政收入“质”的提高。

（二）质量优先与兼顾数量的原则

河北省“十三五”发展规划引人注目地提出了“又好又快发展”，这与过去“又快又好发展”的提法有所改变。“好”与“快”两字之调意义深远，反映的是经济发展理念的一大转变，即由过去更多地强调发展的速度，转为更注重发展的效益，增长的质量，实现科学发展。“好”字当头，又好又快，不仅是今后一点时间经济工作的一大亮点，也将是今后引领秦皇岛市经济发展的基本指导思路。“好”字当头，又好又快，树立了秦皇岛市经济发展新标杆。这个“好”字，既讲求经济发展的效益好，经济增长的质量高，又要求节能降耗的效果好，环境保护的成效大；既要经济发展的宏观效益好，又要让人民群众从中得到的实惠多。这个“好”字，又特别注重发展中的“协调”二字，即实现速度、质量、效益相协调，消费、投资、出口相协调，人口、资源、环境相协调。“好”字当头，又好又快发展，是在总结既往经验基础上发展理念的创新。

当前和今后相当一段时期，就秦皇岛市经济发展的切实需要看，好比快更重要。秦皇岛市经济经过多年的持续发展，既创造了很好的业绩，又累积了许多问题和矛盾。这些问题和矛盾，既有发展中难以避免的因素，又与我们在既往的发展中较多强调“快”，而常常忽视“好”有很大关系。不下大力气解决，既是经济现实的危害，更是长远的隐忧，甚至有可能导致经济的大起大落。化解这些矛盾和问题，就要调整思路，从“好”中求“快”，把“好”放在整个经济发展更加突出的位置。可以说，“好”字当头，就牵住了当前经济工作的“牛鼻子”，就抓住了经济运行中矛盾的主要方面，就可以使我们头脑清醒，作出符合实际的判断和决策。

当然，强调发展的“好”，不是不要“快”，而是为了实现持续长久稳定的“快”。秦皇岛市经济保持较快的发展速度是必要的。也正是多年的持续高速发展，为秦皇岛市积累

① 同时进入国家卫生城市、国家环保模范城市和全国文明城市工作先进市行列，简称为“三城同创”活动。

和创造了求“好”的条件。审时度势，抓住时机，及时实现经济发展从“又快又好”向“又好又快”转变，下大气力清除制约经济发展的种种“路障”，才能保障秦皇岛市经济的“列车”又稳又快地奔驰向前。

“好”字当头，又好又快发展，既是发展思路的调整，又是实际工作重点的变化。秦皇岛市“十三五”发展规划的要求，实现未来经济工作的目标和任务，就要把调整经济结构、转变增长方式放在更加突出的位置，把节约资源、保护环境、节约用地放在更加突出的战略位置，强化节能降耗和污染减排指标的约束；就要努力实现速度、质量、效益相协调，消费、投资、出口相协调，人口、资源、环境相协调；就要更加注重解决人民群众的切身利益，让群众享受经济发展的成果和实惠。

又好又快发展，是对各级领导干部执政理念的又一次大考。那些单纯追求 GDP 和财政收入的扭曲政绩观，那些为了招商引资不惜牺牲环境的做法，那些以牺牲群众利益为代价的所谓“发展”，过分依赖房地产、依赖非税收入等不可持续的发展，都应当立即摒弃。

（三）适度的财政收入增速是提高地方财政收入质量的基础

1. 树立财政收入质量观，正确认识数量与质量的关系。没有一定的数量也就谈不上所谓的质量，质量是以数量为前提的。但有了数量不能不顾质量，光有数量而没有质量的财政收入是很难发挥财政资金应有的作用的。我们必须正确认识财政收入的数量与质量的关系，树立正确的财政收入质量观。

2. 财政部门总揽政府收支，保持财政收入占 GDP 的合理比重。如果财政收入规模过大，财政集中过多，说明宏观税率过高，意味着这种财政收入规模将影响生产经营者的积极性，也就影响国民经济的持续稳定发展；如果财政收入规模过小，财政集中过少，说明政府可支配的财力过少，意味着这种财政规模将影响政府职能的实现，也会影响国民经济的持续稳定发展。可见，地方财政收入规模与当地经济发展规模要相适应，保持财政收入占 CDP 的合理比重，这是讲究财政收入质量的基础。如果财政收入体系是规范的，那么，财政收入占 GDP 比重大体是合理的（如不合理，主要是宏观税率问题）。现实的问题是地方政府的财政收入体系很不规范，除税收收入外，还有大量的非税收入甚至制度外收入。所以，要保持财政收入占 GDP 的合理比重，就必须改变这种状况，由财政部门总揽政府收支。

（四）合理的财政收入结构是提高地方财政收入质量的关键

1. 规范收费制度，把非税收入控制在合理的范围内。政府性收费是满足政府职能需要的一种筹资方式，但不能简单地把弥补地方财力不足作为政府收费的依据。为使地方财政收入结构更为合理，必须规范税与费的关系，把非税收入控制在合理的范围内。应清理地方收费项目，取消各种不合理的收费项目；对凭借政府权力、行政管理职能或社会管理职能收取的行政事业性费用和基金，因为与税收性质基本相同，可通过“费改税”来切断收费与部门利益的联系。例如，开征燃油税、教育税、社会保障税、环境保护税等；对必须保留的收费项目实行规范化管理。例如，实行目录管理、收费公示制度、统一票据制度、“收支两条线”管理等。

2. 提高主体税种对财政收入的贡献率。地方税主体收入应该是地方财政的主体收入，是地方财政收入的基本形式。要提高地方财政收入质量，必须完善地方税主体税种体系。应立足于地方税现状，继续稳固流转税的主体地位。一是促进增值税的稳定增长。因为增值税既关系到保住地方既得财力，又关系到地方财政增收，地方政府要着力培养和发展市场占有率高、科技含量高、经济效益高的项目；“营改增”以后，依然要大力发展第三产业，积极发展旅游业、房地产业、金融保险、物业管理、技术服务、信息咨询等高附加值、高税收含量产业。二是扩大所得税规模，增强其调节功能。为此要清理对外资企业不合理的税收优惠，以更好地实行国民待遇；扩大个人所得税的征收范围，拉大税率级距，加强征管，减少流失。

3. 提高地方财源的产业结构层次。对农业结构进行调整，实施农业产业化战略，走生态型、集约型的发展道路；地方国有工业企业尽快进行改制，既要重视速度，更要重视效益；做大做强第三产业，大力发展地方特色经济。

四、实现秦皇岛市财政收入“又好又快”的政策建议

处理好秦皇岛市财政收入增长与质量提升关系，实现财政收入增长的“又好又快”，需要更新观念、加强管理、注重绩效，主要包括以下六个方面：经济上转型、技术上创新、收入上征管、财力上统筹、资金上监督、结果上考核。

（一）推进转型升级，以项目建设助推经济稳定发展

项目建设是推进产业转型升级的有力抓手。国内外实践经验证明，一个好的项目、一个大型企业可以带动一个产业，繁荣一方经济，改变一个地区的命运。例如，廊坊市引进的富智康精密电子有限公司和华为技术服务有限公司、石家庄市引进的格力电器有限公司，2014 年纳税分别达到 7.02 亿元、7.87 亿元和 3.11 亿元。再如，地处太行山西北麓的蔚县正摆脱曾经“一煤独大”的固有思维，凭借丰富资源走出一条转型升级的新路。2013 年国家核准蔚县利用低热值烟煤建设河北大唐蔚县电厂，预计投产后每年将实现税收 3 亿元。其中，蔚县能够实现税收 5000 万元。又如，固安县近些年高于依赖房地产业，其对税收收入的贡献达到 60% 以上，当地政府依靠濒临北京的优势积极引进京东方、航天振邦等高端制造业，为财政收入可持续发展提供保障。目前，秦皇岛市还缺少这样的企业集团。为此，必须选好项目、建好项目、发挥好项目效益，构建多元化财源。

1. 项目引进时，应将财政贡献程度作为重要的评估指标。例如，要求项目投产后达到多少产值、投产后几年内实现多少税收收入等，并根据项目税收、产值等贡献程度，实施要素供给差异化政策机制，将新增土地、环保等指标更多用于贡献度大的项目。

2. 项目建成后，应加强对协议履约和贡献程度的跟踪问效。对税收贡献、投资强度未达到引进协议标准的项目分析预警，提醒督促；对投入产出率、税收贡献率长期较低的企业，通过差别化用地、用水、用电、税收征奖等政策，倒逼企业退出；对生产落后、能耗高、影响环境的项目进行转产或停产。

3. 项目载体上，推进园区的市场化运作、企业化经营、专业化管理。例如，固安工业区以华夏幸福为园区的投资开发主体，全方位负责资金筹集、人才引进、招商定位、专业招商团队等工作，有效解决了传统园区建设的系列难题，值得全市园区运营时借鉴。

（二）坚持创新驱动，挖掘财政收入持续增收的潜力

党的十八届五中全会提出“创新是引领发展的第一动力”，河北省经济工作会议也提出“加快实施创新驱动发展战略”，创新驱动将成为贯穿当前和今后一个时期河北省各地区经济社会发展的一条主线。只有通过创新驱动，才能以最少的消耗获得最大的增长，以最少的投入获得最大的产出，以最少的排放获得最大的效益。目前，秦皇岛市的研究与试验发展经费（R&D）还不多，2015 年 R&D 投入强度为 1.08%，低于河北省 1.18% 的平均水平，远低于石家庄（1.83%）、保定（1.8%）的投入强度（如表 17 所示）。2014 年，秦皇岛市专利申请量、有效发明专利分别为 2965 件、2156 件，分别占河北省的 9.9%、10.7%。因此，应继续大力实施科技兴城战略，重点做好以下几个方面：

1. 搞好技术平台建设。加大企业技术中心建设，鼓励建立咨询、检测、培训和研究开发等各种形式的行业或区域技术中心，培育信息集聚与扩散、共性技术开发与推广、技术服务与咨询等功能。

2. 选择创新产品模式。产品创新可分为自主创新和合作创新，或者全新产品创新和改进产品创新。企业应根据自身的经济实力、技术水平选择适合的产品创新方式。关键是正确判定目标市场的需要，并能比竞争者更有效地传递和满足目标市场的期望。

3. 加强研发队伍建设。企业应着力培养和吸纳研发人才，特别要重视牵头人、领军人才的发掘与培养，既要通过各种形式的在职培训等再教育形式，打造一支熟练的技术人才队伍，为企业创新奠定广泛的群众基础，也应通过国内外选拔、招聘或者与教育、科研机构重点培养等方式，建立一支专业研究人才队伍，形成企业自主创新的中坚力量。

4. 完善协同创新组织。鼓励传统优势行业骨干企业联合本地高等学校、科研院所、企业以及银行等金融机构，组建以技术标准和专利许可为纽带的产业技术创新战略联盟等协同创新组织，政府对运作规范、效果突出的联盟给予适当运行经费补贴，允许符合条件的联盟作为项目组织单位参与河北省重大科技项目和重点科技示范工程建设。

表 17　　2015 年河北省各设区市研究与试验发展经费情况

地　区	R&D 经费（亿元）	R&D 经费投入强度（%）
河北省	352.1	1.18
石家庄市	99.3	1.83
唐山市	69.1	1.13
秦皇岛市	13.5	1.08
邯郸市	34.3	1.09
邢台市	15.4	0.88
保定市	59.4	1.80
张家口市	6.9	0.51

续表

地　区	R&D 经费（亿元）	R&D 经费投入强度（%）
承德市	7.1	0.52
沧州市	16.0	0.48
廊坊市	20.1	0.81
衡水市	9.6	0.79

（三）加强收入征管，堵塞各项税费收入的流失漏洞

1. 科学预测财政收入。新《预算法》规定各级政府不得向预算收入征收部门和单位下达收入指标，但这并不意味对财政收入的增长趋势置之不顾，秦皇岛市及各县区政府应根据经济形势和政策调整等因素科学测算财政收入、做好预算执行分析。

2. 完善绩效评价机制。地方政府制定财政收入预算（目标）时，应废除以完成收入任务作依据的办法，完善以加强收入征管和提高收入质量为主要内容的评价机制，并推动征管部门建立与经济指标变化情况相衔接的考核体系。

3. 依法严格收入征管。有关部门应严格按照《税收征收管理法》等法律法规，在清理、规范各地各类税收优惠的基础上，切实加强税收征管，无论税种大小、收入多少，都应做到依法征收、应收尽收，坚决杜绝各种违规减征免征及缓征税款行为，严厉打击各种偷逃税款行为，确保税收及时足额入库；切实规范行政事业性收费和政府性基金，取消不合法、不合理的收费基金项目。

4. 创新收入征管方式。首先应合理界定国税、地税征管责权，推广万全“国地税联合办公”机制，委托国税部门代收地税税费，解决“营改增”过程中的地税收入漏征问题。国税、地税还应以联合办税为基本平台，向联合办理税务登记、联合评定纳税信用等级等多层次、多领域发展，将税收工作的整体流程进行系统整合。此外，加快秦皇岛市“金税三期”建设，全面覆盖申报征收、税款入库、发票管理、税务稽查、纳税评估等工作环节，进一步探索和推广以票控税、以电控税、以水控税、以地控税、以贷控税、以（炸）药控税等源头控管模式。同时探索政府购买涉税服务，与中介机构合作开展对特殊行业税源的纳税评估。例如，2014年张家口市塞北管理区与税务师事务所合作，对蒙牛集团进行纳税评估，最终调增了2000多万元的税收收入。

（四）实现财力统筹，以财政资金带动社会资本投入

面对财政收支的尖锐矛盾，秦皇岛市财政部门不能只盯着预算收入，必须放宽视野、广辟财路，用活财政资金、撬动社会之财。

1. 盘活存量资金。推进财政资金统筹使用，盘活各领域“沉睡”的财政资金。加大各类收入及转移支付资金的统筹使用力度，盘活结转结余资金、预算稳定调节基金、预算周转金等各类存量资金以及行政事业单位国有资产，结合地方政府存量债务清理甄别工作，将尚未使用的存量债务资金纳入预算管理，与新增债务资金统筹安排使用。

2. 争取增量资金。利用当前财税体制改革和京津冀协同发展的有利契机，主动研究、

创造条件争取中央政策和改革试点，以此来争项目、争资金。争取设立京津冀产业转移引导奖补机制，争取国家大气污染防治、化解过剩产能等专项资金，争取地方政府债券额度以及国际金融组织贷款、外国政府贷款、清洁发展委托贷款等。

3. 关注收入变量。秦皇岛市及所属县区应密切关注、认真研究税制改革政策，围绕"营改增"、消费税扩围、开征环境保护税等改革，测算预判税制影响，提前做出收入安排。

4. 放大资金总量。创新投入方式，发挥杠杆作用，以财政资金引导撬动更多的社会财力。秦皇岛市各地区结合自身实际，积极发展股权投资、推广运用PPP模式、搞好财政工具和金融工具的协调使用，通过拨改投、拨改保、拨改补、拨改奖、拨改贷等方式，放大财政资金"四两拨千斤"的乘数效应。

（五）健全财政监督，实现全过程预算收支绩效管理

强化财政管理和监督，健全财政收入质量监督机制。

1. 明确职责。将财政收入质量监督列入财政监督专职机构的工作职责，定期或不定期开展财政收入质量的内部监督和上下级之间的监督，并逐步建立财政日常监督机制，实现事前、事中和事后监督。

2. 理顺关系。重点是理顺财政监督与其他经济监督机构之间的关系，对财政监督、纪检监察、审计监督、税务监督等形成的结论性的建议和意见，通过联席会议、通报等方式进行相互沟通、协调和督办，以形成监督合力。

3. 严肃处理。加大财政监督后续工作的处理。对监督中发现的问题，随时发现，随时纠正整改。对违犯财政财经纪律的问题，监督部门出具结论性意见，提请有关部门给予组织诫勉、纪律处分、经济处罚，并通过网络媒体予以曝光，对严重违纪者可列入不良记录和黑名单，通过打击财经违纪、经济犯罪，确保财政监督工作的实效性，维护财经法规的严肃性。

4. 绩效导向。积极推进财政绩效监督工作。按照"预算编制有目标、预算执行有监控、预算完成有评价、评价结果有反馈、反馈结果有应用"的全过程预算绩效管理工作要求，切实引导秦皇岛市各级财政及项目主管部门树立绩效管理理念，创新管理机制、完善资金管理办法，强化主管部门项目预算编制、执行的主体责任，把财政收入组织好，把财政资金用好、管好，努力提高资金支出效益。

5. 做好评价。建立完善绩效评价工作机制，探索绩效评价结果的有效应用方式，督促完善绩效问责机制，切实提升财政资金使用效益。

（六）完善绩效考核，建立科学的官员政绩评价机制

完善财政收入质量，必须建立科学的政绩考核机制。

1. 优化经济指标考核体系。上级政府简化或取消一些对下级政府的量化考核指标，克服单纯通过GDP、财政收入等总量指标考核政绩的倾向，做到从偏重经济建设考核向注重经济、社会、文化等全面考核转变。在核心指标中，可适当加大资源环境、社会发展、生活质量等类别的权重，缩小经济发展类指标的比重。例如，为突出转变经济发展方式，

设置“万元GDP能耗”“工业集中区亩均土地产出（税收）”等指标，促进各级干部更加注重产业结构的优化升级、更加注重集约发展；为突出科技创新主动力，增加“科技研发经费支出占GDP比重”、“高新技术产品出口额占出口比重”“发明专利申请数占专利申请总数比重”等指标；为突出人与自然的和谐发展，设置“主要污染物排放削减完成率”“城市生活污水集中处理率”“环境质量综合指数”等指标。

2. 完善财政指标考核体系。建立以加强收入征管和提高收入质量为主要内容的财政收入考核机制，突出对财政收入预算管理质量的考核，主要包括是否空转虚增财政收支、是否混淆基金预算与公共预算等。这要求各级政府官员坚持实事求是的原则，挤掉GDP、财政收入等政绩指标中的水分，从讲政治的高度解决财政收入虚增的问题。上级政府要重用那些老老实实做事、不弄虚作假的干部，严肃处理那些顶风违纪、欺上瞒下、弄虚作假的干部，引导下级政府追求实实在在没有水分的财政收入增长。

3. 采用科学政绩考核方法。用更加科学的方法、端正的态度，可以使考核结果更具有可信性。应从偏重以领导评价为主的考核向注重领导评价与群众评价相结合的考核转变。在重视上级部门和分管领导意见的同时，注重群众的参与，让广大群众知道各级干部在干什么、怎么干、干得怎么样，特别是对跟老百姓生活密切相关的指标的考核，做到不以工作总结代替老百姓的直观感受，不以统计数据代替实际发展水平，不以平均数代替大多数。此外，还应对考核过程进行公示，探索开展社会评议活动，努力把考核的触角渗透到广大群众的日常生活中、延伸到社会各界的评议中。

（秦皇岛市财政局　郭勇兵　乔洁丽　关键）

国库集中支付内部控制建设探析

2016 年度河北省财政科研课题成果三等奖

国库集中支付内部控制是财政部门的一种自律行为，是确保国库资金安全，对内部各环节及其工作人员从事的业务活动进行风险控制、制度管理的方法、措施和程序。构建国库集中支付内控机制就是要使其作用于各业务风险环节当中，将财政资金安全降低到最低程度。近年来，唐山市财政狠抓管理，建立了一系列的内控制度，促进了内控机制的逐步完善，对财政资金安全的保障方面起到了积极作用。

一、唐山市集中支付内控机制建设现状

（一）国库集中支付内控管理概况

自 2014 年 1 月 1 日起开始实施《行政事业单位内部控制规范（试行）》以来，财政部又相继出台了《全面推进行政事业单位内部控制建设的指导意见》、下发了《关于开展行政事业单位内部控制基础性评价工作的通知》，唐山市积极跟进落实，为确保财政资金、财产的安全，采取了一系列措施来加强国库集中收付内部控制。一是不断建立、完善内控相关制度。唐山市相继制定了《唐山市国库集中支付业务电子化管理实施细则》、《唐山市市级财政直接支付审核管理规程》、《唐山市财政内部控制基本制度》、《唐山市财政局预算执行风险防控管理办法》等系列制度。二是注重风险防范。收付中心为确保国库资金安全，构建了内控机制整体框架，注重风险点识别与加强风险控制措施。三是设计规范内控操作规程，制定了《唐山市财政集中收付中心内部控制操作规程》，明确岗位设置、职责分工和业务流程，形成相互制约和相互监督的有效内控规程机制。

（二）目前国库集中支付内控建设存在的问题

1. 内部控制文化基础薄弱。财政和行政事业单位内部控制是随着企业治理理论而逐渐完善和发展起来的，内控文化是保证内控规范建设的重要保障，目前，内控文化仍在起步阶段。主要体现在尚未形成各部门、各岗位及全体人员共同的自我约束、相互监督和防范风险的运作机制。

2. 集中支付过程存在着一定风险。在用款计划申请环节，预算单位用款计划申请的合理性很难界定。财政直接支付过程中，存在预算单位财务人员利用虚假付款资料，套取

资金的风险。财政授权支付过程中，存在预算单位大额提现、向基本户转款、违规垫支等风险。因财政部门和预算单位对代理银行缺乏有效地制约措施，存在银行业务经办违规操作的风险。另外，由于部分单位管理不规范，预算单位零余额账户存在风险，在财政部门批复下达授权额度后，出现大额提现、向基本户转款等违规行为，导致资金脱离财政监管，存在安全风险。

3. 人力资源管理瓶颈。由于国库业务及资金运行的特殊性，集中支付对岗位设置及人员配备具有刚性需求，内部牵制不允许存在不合理兼岗，人员需求大。近年来，唐山市收付中心陆续招聘、选拔新员工充实到中心队伍中来，但随着财政集中支付改革的深入，业务量日渐增多，业务覆盖范围和管理层面越来越广，任务多、人员少的矛盾依然存在。

4. 绩效考核困境。目前的财政集中支付业务大多只规定了工作人员的责任和义务，在差错发生时承担的“负激励”规定占了绝大部分内容，造成工作人员对业务充分的谨慎，在安全和效率两个维度存在天然的“此消彼长”的状态。一旦做错业务，承担的责任大，权责不对称，在一定程度上影响积极性。

5. 内部稽查力量不够。目前，国库收付中心没有专门的内审人员，内部审计主要以不定期抽查为主，还不能充分发挥内审的作用。

二、财政国库集中支付内部控制设计

（一）内部控制原则和目标

财政部门国库集中支付内部控制机制通过梳理、评估财政业务及管理中的各类风险，制定、实施有效的措施和程序，对财政支付工作风险进行事前防范、事中控制、事后处置和纠正，有效提高内部管理水平。在建立与实施内部控制时，应遵循六个方面的基本原则。一是全面性原则，内部控制贯穿于各项业务流程和各个环节，覆盖所有单位和岗位，人人参与。二是制衡性原则，在管理结构、职责分配、业务流程等方面实现决策、执行、监督既相互制约又相互协调。三是权责对等原则，工作人员在工作中行使的权力与承担的责任相一致。四是关键性原则，重点关注关键业务、环节、岗位和重大风险。五是适应性原则，内控机制保持动态更新，适应新情况及时调整完善。六是有效性原则，内控机制能及时发现、纠正和反馈存在的问题，管控各类风险。财政部门通过内控机制，合理保证实现以下四个方面的目标：一是提高财政资金支付的质量和效率。二是保障财政资金支付的合法合规。三是有效防范舞弊和预防腐败，提高财政资金使用的安全性、规范性、有效性。四是确保财政支出信息和数据的真实和完整。

（二）财政国库集中支付业务流程

国库集中支付机构承担着预算单位财政直接支付资金的审核拨付及相关会计核算工作；负责财政授权支付资金的监督检查工作；办理工资统发业务；执行国库集中支付制度的相关规定，并拟定唐山市国库集中支付资金审核管理办法。主要业务工作分为3项，分别是：直接支付业务、工资统发业务、授权支付业务。唐山市出台了财政集中支付内部控制操作规程，注重风险点的识别和防控。

1. 直接支付业务。预算单位向财政部门提交用款计划；财政部门按时间要求审批通过，向集中收付中心下达直接支付计划；预算单位向集中收付中心提交直接支付申请书；集中收付中心审批后向代理银行送达直接支付凭证，向人民银行传送汇总清算额度；代理银行按支付要求转账付款，每天汇总支出日报报送集中收付中心审核，并向中国人民银行申请划款清算；中国人民银行在额度范围向代理银行划款清算（如图1所示）。

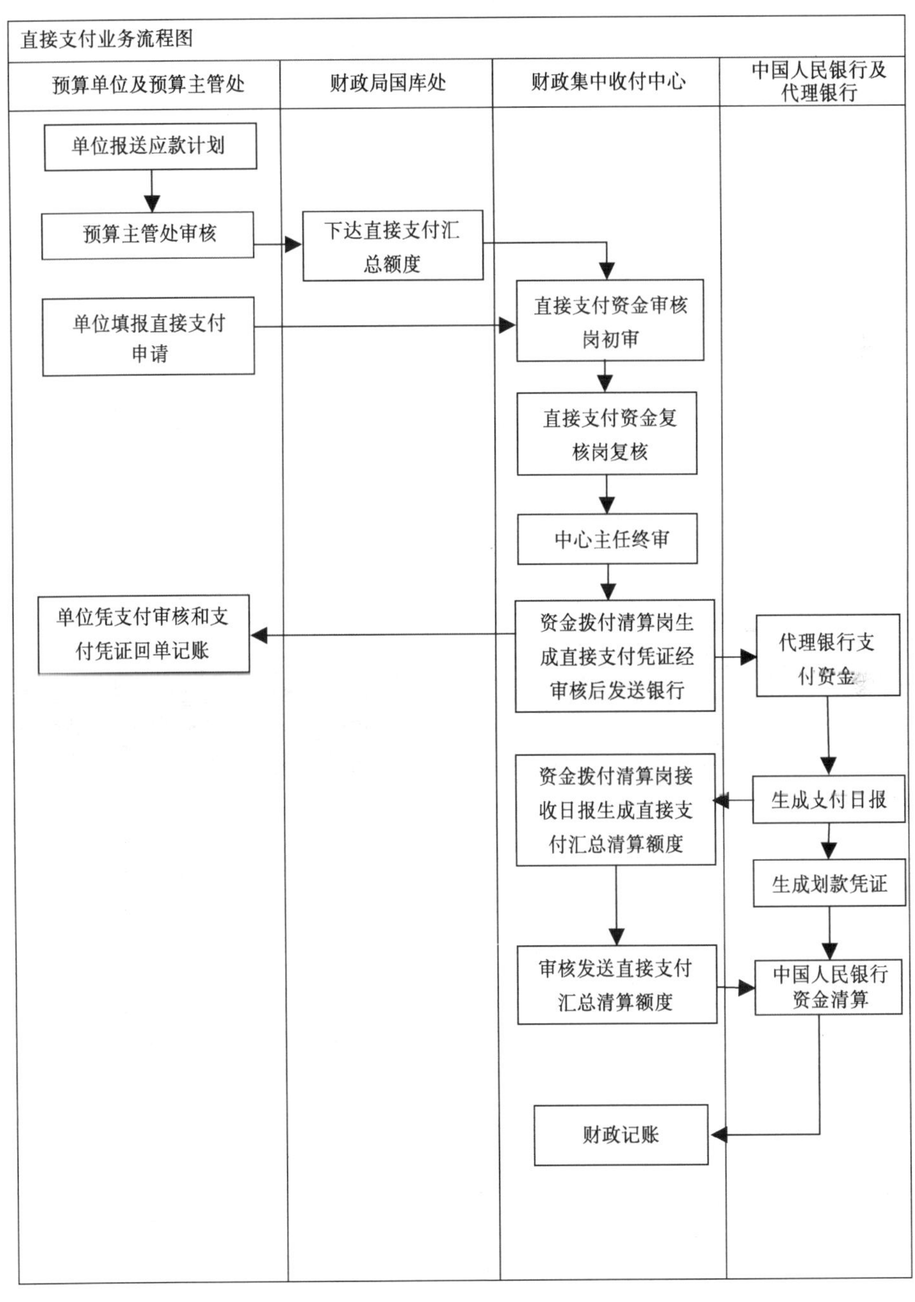

图1　直接支付业务流程图

2. 授权支付业务。预算单位编制用款计划，报送财政部门审核后，分月或分季汇总下达预算单位授权支付用款额度；财政部门向代理银行、预算单位发送授权额度；预算单位支付授权额度资金时，提交代理银行，并经财政部门进行系统自动校验。校验通过的，直接办理资金支付。校验未通过的，进入财政部门人工审核状态，财政部门或回退凭证停止支付，或通知预算单位补齐手续后办理资金支付；代理银行核实无误后，支付资金；代理银行每天汇总支出日报报送集中收付中心审核，并向中国人民银行申请划款清算；人民银行在额度范围向代理银行划款清算（如图 2 所示）。

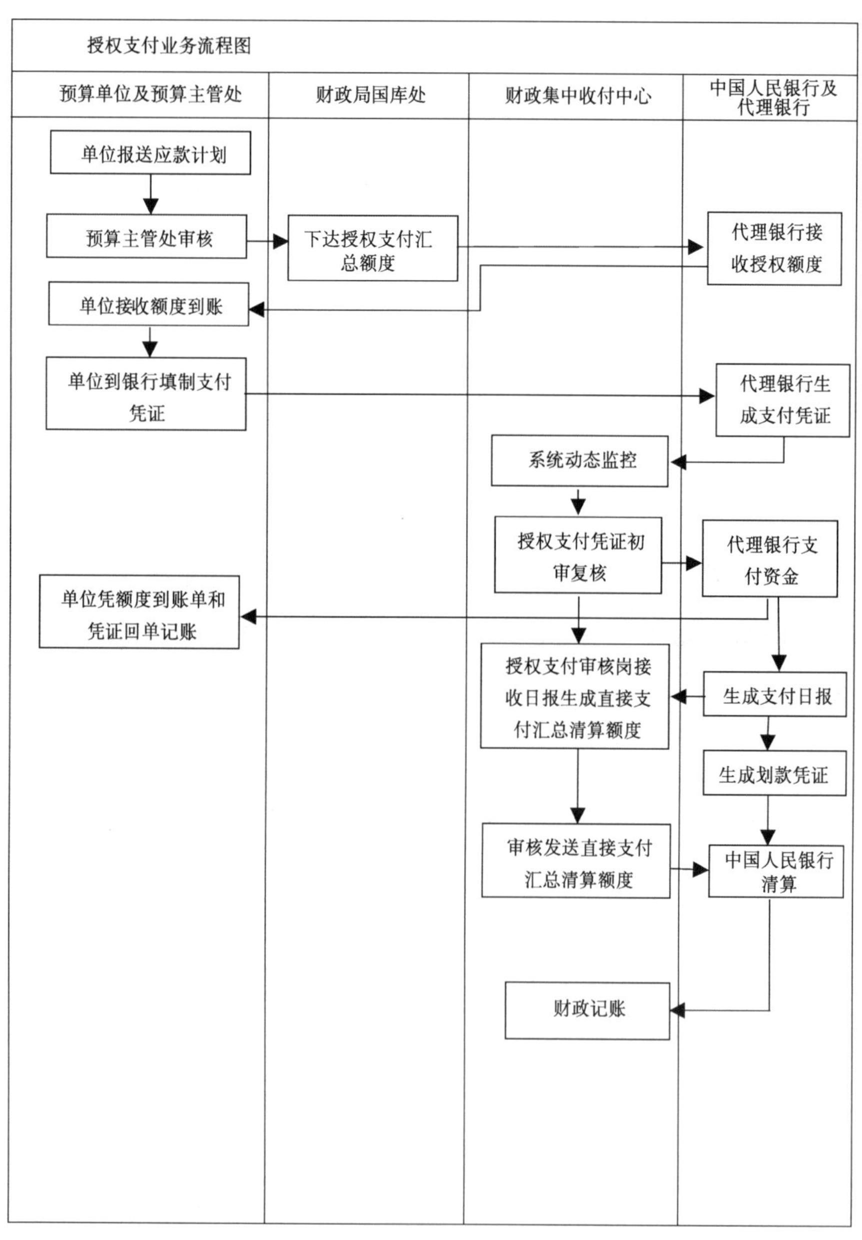

图 2　授权支付业务流程图

3. 工资统发业务。预算单位每月 15 日至 20 日到财政集中收付中心报送下月本单位人员工资情况。各预算单位要将经人事部门和编制管理部门相关人员审核后的人事工资信息及支付申请，提交到收付中心进行审定。财政集中收付中心每月 4 日前将汇总后的工资表送达代理银行，银行每月 6 日前（含 6 日）将统发单位每位职工工资存入本人工资卡。代扣代缴个人所得税、养老保险、失业保险、医疗保险（个人缴纳部分）以及住房公积金于每月 10 日前分别汇至指定银行账户（如图 3 所示）。

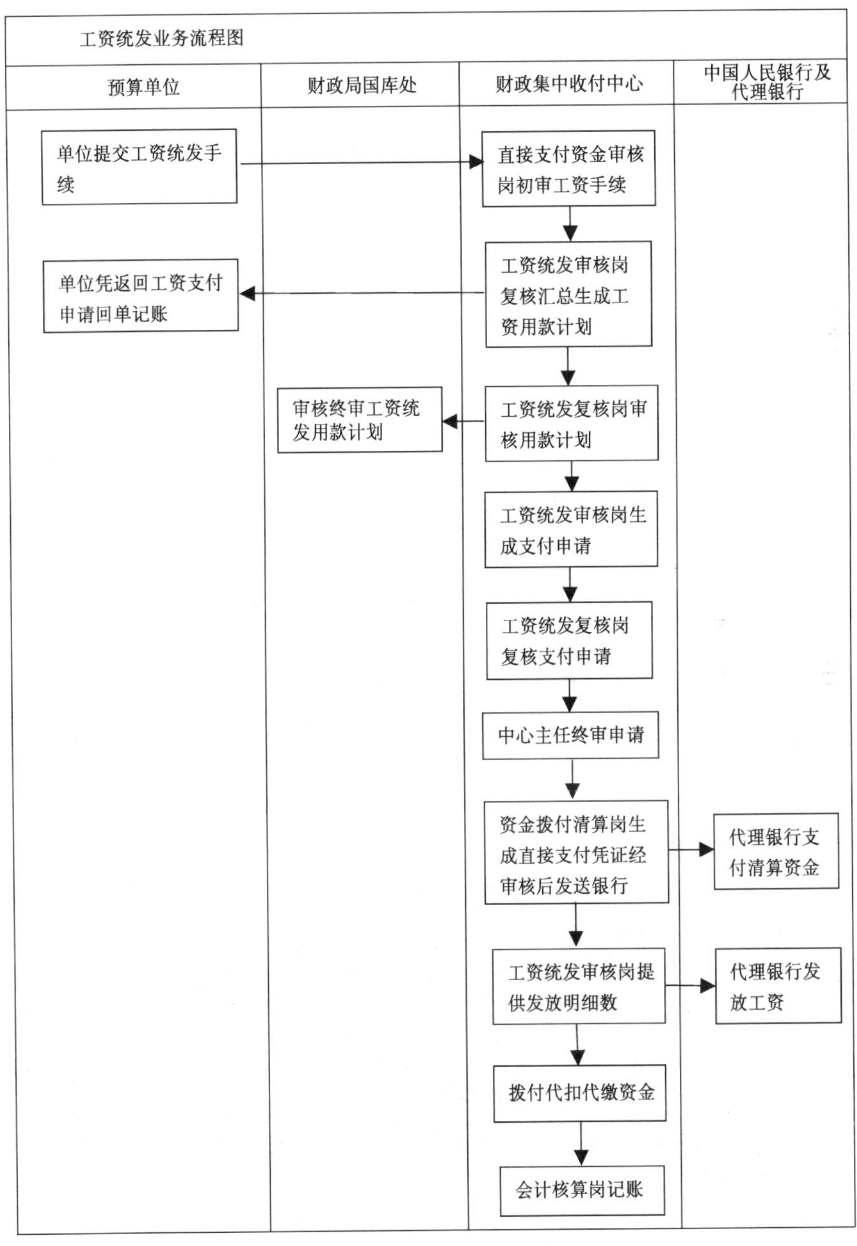

图 3　工资统发支付业务流程图

（三）财政国库集中支付内部控制风险点识别与控制措施

财政国库集中支付内部控制的核心内容是风险点识别与风险控制措施，其整体框架主要预算指标管理、用款计划审批与下达、财政直接支付和授权支付、财政统发工资、资金清算和会计核算等基本要素，本文从岗位控制、账户管理、信息系统、个人角度等四个方面详细探析唐山市集中支付内部控制建设中的风险点和控制措施。

1. 岗位控制。按照不相容职务相互分离的原则，合理设置国库集中支付内部控制关键岗位。严格落实 A、B 岗制度。各关键岗位风险点识别与风险控制措施如下：

（1）审核岗。

风险点包括：财政是与否及时合规审核预算单位提交的用款计划、直接支付申请书和授权支付凭证；预算单位是否提供真实可靠的支付申请材料；是否存在通过伪造印鉴、篡改指令、串通合谋等手段，盗取财政资金现象和风险。

风险控制措施包括：健全机构设置，加强人员配置，严格执行不相容岗位相分离制度，实行三岗审核制，对预算单位提交的直接支付申请，收付中心严格进行初审、复核、终审三岗审核，严格资金拨款审核。初审岗位工作人员审核支付申请是否按照批复的预算指标办理资金支付，支付内容是否符合预算项目用途、开支范围和标准；是否按照批准的政府采购预算、政府采购实施计划申请支付资金；是否在项目用款额度内、是否符合国库集中支付资金拨付程序、拨款用途、支出细目填报是否准确、完整；收款单位信息是否完整规范；是否违反国库管理有关规定将项目资金直接支付到其他预算单位的实有资金账户。复核和终审岗位工作人员进一步对初审环节生成的支付凭证进行审核，并重点审核收款人账户信息、拨款用途、支出细目和特殊事项等。

（2）支付岗。

风险点包括：财政直接支付凭证与财政直接支付申请是否一致，是否准确开具并及时传递相关支付凭证；是否准确开具清算指令；代理银行错划、漏划或迟划资金，是否存在未支付先清算现象；中国人民银行是否及时、准确办理资金划拨、清算业务。

风险控制措施包括：一是收付中心实行两岗签发支付指令，岗位间相互制衡。签发资金支付指令严格实行经办人员和中心主任（或分管主任）两岗分岗授权，相互制衡。先由经办人员根据审核通过后的资金支付申请，开具支付指令；中心主任（或分管主任）复核无误后，加盖电子签名；再由经办人员将加盖印章的支付指令传递给人民银行、国库集中支付代理银行。二是使用电子凭证，严格授权管理。开具电子凭证需严格进行 UKEY 身份验证，经办人员经 UKEY 验证后生成付款电子凭证，处长（或主任、分管主任）经 UKEY 身份验证后在电子凭证上加盖电子印章，只有加盖电子印章的电子凭证才是有效凭证。三是规范印章保管与使用。支付印章包括国库处处长章、中心主任、分管主任章、经办人个人章、财务专用章、法人章、总会计专用章等。妥善保管支付印章，实行专人负责、分人分印管理。规范使用支付印章，不同支付凭证加盖不同印章：财政直接支付凭证（电子）加盖法人章和财务专用章等电子印章。四是规范办理与人民银行国库清算业务。财政集中收付中心根据代理银行实际垫付资金情况生成直接支付汇总清算凭证，根据代理银行实际垫付资金情况生成财政授权支付汇总清算凭证，经审核、复核后生成电子清算凭证，通过

UKEY 身份验证，在电子清算凭证上加盖经办人员电子印章。终审岗通过 UKEY 身份验证后，在电子凭证上加盖国库处处长、总会计专用章等电子印章，通过支付系统向中国人民银行自动发送电子清算凭证。中国人民银行经与代理银行传送的待清算数据验证后，完成当日清算工作。

（3）工资岗。

风险点包括：财政工资预算指标是否足额下达；财政统发工资调整、变动审批表是否合规；预算单位上报工资数据是否与工资变动审批表相一致，是否未经批准随意增加工资代扣款项；工资直接支付申请凭证是否与用款计划科目相匹配；代理银行是否安全接收统发工资数据，工资是否及时、准确到达个人账户。

风险控制措施包括：一是做到“三个一致”。认真审核预算单位提交的工资手续，确保支付申请金额与人社局审批登记卡金额及上报财政系统数据金额相一致。避免工资数据错报、漏报。每月在单位申报工作结束后及时进行重复数据筛选，避免产生工资数据重报现象。审核预算单位报送的工资款项信息与部门预算指标是否匹配。除了养老保险、医疗保险、住房公积金和个人所得税外，其他应由个人缴纳或暂扣的款项必须报财政审批，未经审批的一律不准在统发工资中代扣。二是确保工资足额及时发放。每月填报工资用款计划时检查工资预算指标是够充足，发现指标不足及时通知预算单位联系业务主管处室追加指标或中心暂时垫付资金用于发放工资。三是做好与银行衔接工作。及时与银行做好衔接工作，在规定时间内完成与银行间工资数据的传递。督促银行按时清算，确保每月 6 日前财政统发工资进入个人账户。

（4）会计岗。

风险点包括：原始单据复核记账是否规范；会计档案装订归档是否及时；总账、分类账和明细账是否相符；与国库处、业务科室、预算单位往来结余资金账务是否相符；与中国人民银行、代理银行日报记账数据是否相符；会计核算是否真实完整地反映支付信息；财务报表体系是否符合财政国库管理的要求。

风险控制措施包括：一是坚持资金支付和会计工作的相关文件、政策规定学习，实行首问负责制；二是加强对原始单据复核，规范会计科目应用，及时更新会计科目；三是定期安排会计档案装订组卷工作；四是定期与局内相关处室、人民银行、专户资金代理银行、用款单位进行对账，保证部门财政拨款与总预算会计财政拨款资金一致；五是确保提供精准财政支出数据，及时编制相关会计报表。

2. 账户管理。零余额账户是国库集中支付制度下预算单位在国库集中支付单一账户体系中的唯一账户，主要用于财政直接和授权支付业务，以确保财政资金全部纳入监管控制之内。目前，零余额账户管理仍存在一定程度资金风险。

风险点包括：零余额账户功能是否完善，能否满足预算单位的所有业务需求；预算单位是否利用零余额账户挪用、挤占财政资金，是否违规将财政资金从零余额账户划转到实有资金基本户，造成大量资金结余在预算单位账户；是否利用零余额账户改变财政资金用途；是否利用零余额账户套取财政资金；是否利用零余额账户违规发放津补贴；是否利用零余额账户归垫资金。

风险控制措施包括：一是进一步加大集中支付比例。切实加强实有资金账户的管理，逐步将所有资金纳入国库单一账户体系，减少预算单位实有资金，建立零余额账户的主体地位。财政资金通过银行账户实现自身职能，通过强化银行账户源头监管工作，确保财政资金在安全、规范的渠道内运行，加强财政对预算资金的控制和监督，增强财政宏观调控能力。二是加强银行账户管理，进一步加强对预算单位实有资金账户的管理，确保预算单位所有账户都受到监控。认真落实中央关于加强专户管理和结余结转资金的要求，全面清理整顿财政专户，撤销违规开设财政专户，财政专户归口统一管理，全面上交国库收回。三是在加强财政零余额账户管理的同时，加强集中支付代理银行管理，规范代理银行支付与清算行为，确保财政财政资金安全、高效和规范运行。

3. 信息系统。

风险点包括：国库集中支付电子化管理系统在功能模块、流程控制、数据处理等方面功能是否完善；网络环境安全性是否存在不足而产生财政资金安全隐患；集中支付业务大量、频繁的支付和清算中信息系统是否稳定、高效；集中支付中相关联网系统协同性是否足够；国库集中支付系统更新、升级是否及时和顺畅；电子凭证保管是否安全；电子印章的制作、发放、使用等是否严格规范。

风险控制措施包括：建立健全并严格执行集中支付业务系统运行、维护管理、定期检查、重要资料保管、重要事项备案制度，维护系统数据的安全性。建立网络安全定期维护制度，保证集中支付系统相关的网络安全。保持预算单位、财政集中收付中心、代理银行、中国人民银行等各方面的顺畅沟通，出现漏发、延迟、不能登录等不稳定的情况，及时反映，并由专门的财政信息中心提供技术支持和指导，能确保在较短时间内解决信息系统的问题。使用电子凭证的各方对电子凭证从产生、使用、存档到销毁等各环节进行全周期管理。各业务方应严格申请、审批、制作、发放、使用、变更、废止、运维等管理制度，指定专人进行电子印章管理。

4. 个人因素。

风险点包括：相关工作人员在业务处理中是否严格执行业务流程；工作人员是否及时处理业务，是否无正当理由退回、缓办、核减预算单位支付申请；工作人员是否具有风险意识，是否可能存在个人业务人员的人生观、价值观、道德观发生偏差而使国库资金遭受损失；是否存在因日益增多的新政策而导致的业务水平不足。

风险控制措施包括：加大宣传培训力度，不断提高集中支付相关业务人员的道德和业务素质。一方面时常敲响警钟，树立正确的人生观、价值观和道德观，认识到国库集中支付的重要性，增强风险意识。另一方面，每周组织处室人员业务学习，不断加强培训，不断更新知识，并在资金审核、支付、清算、工资统发等各个环节相互交流岗位知识，使工作人员成为全面能手，保障整个收付中心的支付效率，确保支付资金安全。

三、相关建议

（一）完善国库集中支付动态监控系统

国库动态监控是有效防范和控制财政资金支付风险，预防违规现象发生、保证财政资金安全的有效手段。动态监控各业务方应不断加强沟通协调，使各部门配合更融洽、分工更科学、职责更清晰，确保动态监控工作有力、顺畅地开展，充分发挥动态监控巨大的效用。充分发挥信息技术优势，前移财政监督关口，将全部财政资金活动纳入动态监控范围，监控重点也将从一般合规性核查向完善预算执行程序、从根本上规范财政支出行为转变，进一步增强财政预算执行管理的能力。扩大动态监控范围，从一般合规性核查向健全制度、完善程序、堵塞漏洞、从根本上保证财政资金收支安全和规范运行进一步增强财政预算执行管理的能力。合理利用动态监控结果，对发现的问题及时反馈、及时处理，汇总动态监控情况，形成分析报告，对预算执行提出合理建议，为进一步深化和完善部门预算编制提供可靠的信息基础。

（二）实施绩效考评控制

绩效考核方法是加强部门内部控制的方法之一，建立财政支出绩效评价制度和评价方法，了解财政支出在相关领域、相关行业中所起的作用，可以为财政决策提供依据。因此，探索建立集中支付绩效评价制度，制定科学合理的评价方法，按照预算指标下达、计划编报、实际支出等考核指标完成情况，对某一时期的集中支付绩效进行考核和评价，既可以完善财政部门内部管理，强化内部监督，又可以通过激励与约束手段，引导和控制预算单位支出行为，提高集中支付资金使用效益。

（三）加强内部监督与审计

加强内部监督与审计，降低集中支付风险。国库集中支付业务涉及的环节多，政策性强，需要制定完备的内部监督检查制度，创新财政监管模式，完善财政监管体系，运用内部审计等方法和手段，确保财政资金使用安全、完整。对大额的财政支出必须根据审慎性原则，加强审核，强化监督，并做出合理限制或预警提示，努力降低财政国库集中支付风险。

（四）充分运用信息化手段

河北省政府财政管理信息系统将全部财政性资金纳入国库集中支付管理，运用信息平台、电子数据，可以优化财政集中支付内控系统，未来的发展方向是：一是不断优化和完善系统，增强系统安全防范自控能力，如增加对业务系统口令恶意登录识别、报警、封锁和记载等功能，以保护国库资金安全和国库会计核算质量；二是实现集中支付数据共享与公开。阳光是最好的防腐剂。通过信息化的技术，在保障数据安全的前提下，逐步公开，鼓励监督，督促规范；三是建立实时反馈的决策辅助系统，运用联机分析处理、数据挖掘等技术对大规模国库集中支付历史数据进行采集、整理、分析、挖掘、对比、预测，从而有助于为预算编制、业务审核判断、预算执行进度预测、财政性资金支付效能分析等提供支持。

（五）加强对预算单位的指导和服务

明确预算单位在集中支付中的职责，充分发挥预算单位的预算执行主体作用。单位要对提交的直接支付申请及支持文件的真实性、合法性、有效性进行审核。通过全方位多渠道加强对预算单位业务指导，不断纠正违规支付行为，减少支付申请退回和差错发生，提高财政资金支付的安全和高效。

（六）加强财政干部的反腐倡廉教育，筑牢思想道德防线

人是财政管理中最活跃、最具决定性的因素，是财政管理的第一资源。在现代财政国库管理工作中，要确保财政资金安全必须实行加强教育与制度建设相结合、道德约束和机制保障相结合。从思想上、认识上夯实安全基础。一是加强思想政治教育和职业道德教育，用科学的理论、先进的思想武装财政干部头脑，规范从政行为；二是加强风险教育，增强干部的责任意识和拒腐防变意识，使财政干部成为知法守法、清正廉洁的模范。

（唐山市财政局　韩青才　耿琳　尹燕　刘殷博）

河北省毛皮衣服国际竞争力情况的报告

2016 年度河北省财政科研课题成果三等奖

毛皮产业在河北省是个历史悠久的传统产业，涉及行业广泛，从业人口众多，产品丰富多样，经济效益明显，是河北省一些县域的支柱产业和富民产业。改革开放以来，河北省毛皮业迅速发展，逐渐形成了从养殖、加工到内贸、外销的完整产业链，同时与之相关的饲料、兽药、机械、加工、研发等行业也发展了起来。

一、河北省毛皮产业集群基本情况

（一）涉及区域广

在河北省，毛皮产业涉及县域较多，产业链条跨越第一、第二、第三产，从业人员众多，在很多县市成为支柱产业。目前河北省毛皮交易市场主要分布在 6 个地区，功能各有侧重，分别为：辛集毛皮市场（石家庄）、尚村裘皮市场（沧州肃宁县）、大营毛皮市场（衡水枣强县）、阳原皮毛市场（张家口阳原县）、留史毛皮市场（保定蠡县）、南宫毛皮市场（邢台南宫市）。河北省有 60 多个县市的农民从事毛皮动物养殖。例如，石家庄、张家口基本上所有县市都有毛皮养殖场户；保定、衡水、沧州、邢台除有毛皮养殖加工大县外，其余县市也有零散的毛皮加工和养殖。毛皮产业在河北省有点有面分布，形成了较大的特色产业。

（二）产业链条长

河北省毛皮产业涉及养殖、加工、设计、制衣、销售、进出口等环节，形成了一个完整的产业链条。每个环节又包括若干小环节。例如，销售环节涉及市场建设、批发、零售、电子商务、金融及广告等行业；养殖环节带动了饲料、兽药、疫苗及运输等相关产业的发展。完整的产业链带动了就业人口，河北省仅 6 个主要毛皮加工县直接从事加工生产的人员就有近 50 万人，再加上相关服务行业的人员，约在 200 万人以上，他们分工明确、各司其职。其中，张家口阳原县 2000 多家毛皮加工户，全县平均每一个农村家庭就有一个人从事毛皮加工；沧州肃宁县直接从事毛皮产业的人员超过 10 万人；枣强大营镇几乎家家户户有加工皮毛褥子（服装半成品）的手艺。

（三）集群特点鲜明

河北省北部的张家口以裘皮（细皮）、白货（口羔皮）、粗皮（羊皮）为主，国内外市场通称为“口皮”，张家口阳原县以碎皮缝制为特色，是全国性的碎料拼接加工中心；中部的辛集市集购物、服装表演、皮革博物馆于一体，是一个以皮革制品销售为主的专业市场；肃宁县是“中国裘皮之都”，形成了珍稀毛皮动物养殖、市场集散、原皮硝染、制衣制件、出口创汇的龙形产业格局；南部的大营以水貂服装为主，主要出口俄罗斯；南宫市的毛皮产业主要包括羊绒、羊剪绒、毛毡三大产业，出口产品远销俄、日、韩、美、澳等20多个国家和地区。河北省各个毛皮市场各有优势、相互错位，又密切联系、资源互补，构成了庞大的产业集群。

二、河北省毛皮产业发展中的制约因素

河北省毛皮产业在全国占有一定的地位和优势，然而，“大而不强、多而不壮”成为河北省毛皮产业发展中不可回避的现实。另外，受国际经济低迷和全球气候变暖等因素的影响，国际市场需求减少，导致成品库存积压，企业资金周转困难。根据2015年被调查企业数据来看，与2014年相比，河北省共有15家毛皮企业处于停产倒闭状况。按当前形势看，制约河北省毛皮产业发展的因素，主要有以下几个方面：

（一）养殖方面

在畜牧领域，我国比较重视牛、羊、猪、马等关系重大畜产品安全的物种，但对水貂、狐狸等小物种良种培育重视不够，结果造成我国小物种品种差，皮张小而毛短。此外，毛皮动物饲料尚未出台国家标准和地方标准，毛皮动物胴体等副产品不能合法有效利用，这些问题都影响了农民收入和产品竞争力。

（二）加工方面

河北省在毛皮衣服设计方面水平较低，与意大利、法国等产品价格差别较大，国外品牌的裘皮大衣一般都在数万元，而河北省的产品一般在8000—9000元，总体上以中低档为主。由于聘用国外专家设计师成本过高，企业主要靠购买国外产品，然后修改设计进行制版，以低成本、低价位、低利润的方式运作。

（三）环保方面

2014年7月1日，我国采用新的环保标准，很多硝染厂都面临技术难题。同时，在生皮加工过程中需要实用甲酸、甲醛等有害物质，部分工业园区污水处理能力不够，有的企业为追求高利润就私自偷排污水，不仅扰乱正常生产秩序，而且污染环境，给整个行业带来负面影响。

（四）国际市场方面

毛皮服装服饰属于高档消费品，相当一部分消费群体位于发达国家，国际市场的风吹

草动都会影响到皮草的价格变化。据统计，每年全球皮毛制品市场消费额约为120亿美元，其中，俄罗斯消费额为30亿美元，居全球首位，河北省毛皮服装60%出口至俄罗斯市场。2015年以来，受俄罗斯经济衰退和卢布贬值影响，俄罗斯订单整体下滑了六成。受此影响，原皮价格也跌至谷底，走访中发现，国产狐狸皮价格从2013年的每张700多元降至2015年的每张200多元，不少企业都在零利润甚至赔本经营。

（五）税负方面

目前，毛皮企业的税负除了关税、增值税、农产品进项外，还承担着一些地方性税费，由于近年来劳动力成本大幅上升，企业的利润空间明显减小。同时，由于国产水貂皮的品种、毛色、质量方面都与国外优良产品有一定差距，使得进口水貂皮制品长期受国内加工企业的青睐，但进口关税为10%，再加上13%的增值税，相比欧美国家的零关税，我国的税率仍然偏高。另外，自2015年6月1日起，我国降低部分西装、毛皮服装的进口关税，由14%—23%降低到7%—10%，加剧了国内市场的竞争。

三、有关进出口税收政策建议

（一）提高毛皮服装出口退税率

我国毛皮服装的出口退税率在2003年以前为17%，从2003年开始，毛皮服装、服饰的出口退税率不断下调至现在的13%，让本已受内外夹攻的毛皮行业“雪上加霜”。我国的纺织服装出口退税率自2015年起已由16%提高到17%。本科研课题组建议毛皮服装、服饰的出口退税率恢复到17%，以增加毛皮企业的盈利能力，拓展该行业的生存空间，增强其国际竞争力。

（二）降低毛皮生皮进口关税

目前，国际毛皮生皮进口关税只有意大利是0.1%，土耳其为3.6%，日本只征收水貂皮的进口关税，且为3.5%，其他欧美国家都是零关税。我国水貂皮和狐狸皮最惠国税率分别为10%和15%，另外还收取13%的增值税，两项粗略合计课税高达25%—30%。鉴于毛皮是附加值较高的资源性时尚产品，建议与国际接轨降低关税或零关税，以提升我国毛皮行业的国际竞争力。

（三）提高毛皮褥子退税率

河北省大营镇和肃宁县都是毛皮褥子出口大户，但各种毛皮褥子作为半成品，退税率仅为5%，建议将毛皮褥子退税率和其他毛皮衣服、饰品的出口退税率相一致，达到税负公平。

（沧州市财政局　郭占胜　张琳）

石家庄市中心城区周边“三区一县”财政经济形势的调研报告

2016 年度河北省财政科研课题成果三等奖

位于石家庄市中心城区周边的“三区一县”（鹿泉区、藁城区、栾城区和正定县），由于其特殊的区位优势，“十二五”以来，经济发展质量和效益较快提升，财源结构持续优化，财政实力显著增强，已经成为省会城市发展新的增长极，必将为实现石家庄“十三五”跨越发展发挥积极的辐射带动作用。

一、收入规模快速增长，在全市分量和人均财力持续增加

“十二五”以来，中心城区周边“三区一县”财政收入规模快速增长。“十二五”之初的 2010 年，“三区一县”一般公共预算收入 32.6 亿元，到 2015 年增长到 66.8 亿元，年均增长 21.4%，快于同时期全市平均水平（18%）3.4 个百分点。比市内五区平均水平（17.8%）高 3.6 个百分点，比东部 9 县（市）平均水平（20.3%）高 1.1 个百分点，比西部 5 县区平均水平（11.3%）高 10.1 个百分点（如表 1 所示）。2016 年 1—9 月份，“三区一县”一般公共预算收入 60.6 亿元，同比增长 16.2%，增幅高于全市平均水平（13.2%）3 个百分点，继续保持区域增幅领头羊地位。

表 1　“十二五”期间石家庄市一般公共预算收入完成情况表　单位：亿元

项　目	全市合计	三区一县	市内五区	东部区域	西部区域
2015 年	375.1	66.8	192.3	53.5	24.1
2010 年	163.6	25.3	84.8	21.2	14.1
年均增长%	18.0	21.4	17.8	20.3	11.3

周边“三区一县”财政收入在全市的分量和人均财力持续增加。“十二五”之初的 2010 年，“三区一县”一般公共预算收入总量占石家庄市的比重为 15.5%，到 2015 年增加到 17.8%，“十二五”期间增加 2.3 个百分点，收入规模在石家庄市的比重分量加大。同时期，东部 9 县（市）比重增加 1.3 个百分点；西部 5 县区比重下降 2.2 个百分点；市内五区比重下降 0.5 个百分点。从人均财力看，“三区一县”2010 年人均财力为 7.4 万元，低于石家庄市平均水平（8.6 万元）1.2 万元，到 2015 年增加到 18.1 元，仍低于石

家庄市平均水平（18.2 元）0.1 万元。从分区情况看，“三区一县”2015 年人均财力高于东部九县 5.6 万元，高于西部五县区 5 万元，低于市内五区 0.6 万元（人均财力影响因素较多，主要因素有财政供养人数、公共收入规模、上级转移支付等）。

二、财源结构持续优化，经济质量和效益提升

“十二五”以来，周边“三区一县”财源结构持续优化。按照现行国家税收政策，第一产业基本不产生税收。2010 年，“三区一县”第二产业实现税收 16.14 亿元，第三产业实现税收 8.31 亿元，第二、第三产业税收比重为 66%:34%；随着产业结构调整优化，到 2015 年“三区一县”第二实现税收 34.2 亿元，第三产业实现税收 25 亿元，第二、第三产业税收比重调整为 57.6%:42.4%。“十二五”期间三产税收比重增加 8.4 个百分点，表明“三区一县”经济结构和增长动力正在发生深刻变化，产业升级取得初步成效，经济由工业主导向第三产业主导转变，产业结构进一步优化。

从财政收入占 GDP 比重角度看，2010 年“三区一县”一般公共预算收入占 GDP 比重为 3.1%，到 2015 年提升至 4.5%，反映“三区一县”“十二五”期间整体经济运行质量和效益提升。从区域比较看，2015 年“三区一县”一般公共预算收入占 GDP 比重低于市内五区 8.9 个百分点，高于东部九县（市）1.4 个百分点，高于西部五县区 0.4 个百分点。

三、“三区一县”优势明显，产业发展特征突出

周边“三区一县”区位优势明显。“三区一县”地理上紧接中心城区，发展程度相对较低的现状，容易接受中心城区的经济辐射，另一方面，由于土地和人口资源相对充裕，对于占用较多土地资源的第二产业项目、物流项目以及房地产项目等，比中心城区具有更大的发展空间。与其他外围县（市）相比，“三区一县”又具有先发优势，发展的起点和基础较好。从税收角度看，由于受到区域规划、当地发展战略、发展基础和软硬环境等多方面因素影响，“三区一县”产业税收构成表现出不同的特点。

（一）藁城区（含循化园区）

2015 年一般公共预算收入 25 亿元，在河北省排 14 位；2016 年 1—9 月份一般公共预算收入 23 亿元，在河北省排 13 位，比 2015 年上升 1 位。藁城区 2015 年税收收入 17.76 亿元，税收贡献排前五位行业依次是制造业 10.98 亿元，占全区税收的比重为 61.8%；建筑业 2.4 亿元，占全区税收的比重为 13.6%；房地产业 1.58 亿元，占全区税收的比重为 8.9%；电力、燃气及水生产供应业 0.91 亿元，占 5.1%；金融业 0.56 亿元，占 3.2%。显然，藁城区制造业发达，制造业税收贡献达到了 60% 以上，石油化工、烟草、医药、装备制造行业是优势支柱产业。房地产业和金融业合计税收仅占全区的 11.1%，特别是房地产业发展不够充分，但辩证地看问题，藁城区今后房地产业、金融业将拥有较大的发展空间（藁城区含循环化工园区，其中，2015 年藁城区税收 20.2 亿元，循环化工园区税收

4.8亿元）。

（二）栾城区

2015年一般公共预算收入9.1亿元，在河北省排55位；2016年1—9月份一般公共预算收入8.4亿元，在河北省排47位，比2015年上升8位。栾城区2015年税收收入15.78亿元，税收贡献前五位行业依次是制造业8.23亿元，占全区税收的比重为52.2%；电力、燃气及水生产供应业2.39亿元，占15.1%；房地产业1.94亿元，占全区税收的比重为12.3%；建筑业0.89亿元，占全区税收的比重为5.6%；金融业0.66亿元，占4.2%。与藁城区类似，栾城区制造业较为发达，贡献税收达到了50%以上，制药、装备制造和化工原料行业是支柱优势产业。房地产业、金融业拥有较大的发展空间，但城区人口规模较小，批发零售等服务业发展相对滞后。

（三）鹿泉区

2015年一般公共预算收入18.7亿元，在河北省排21位；2016年1—9月份一般公共预算收入14.9亿元，在河北省排24位，比2015年下降3位。鹿泉区2015年税收收入14.7亿元，税收贡献排前五位行业依次是房地产业4.08亿元，占全区税收的比重为27.8%；制造业2.96亿元，占全区税收的比重为20.1%；建筑业2.07亿元，占全区税收的比重为14.1%；公共组织、社会保障和社会组织1.21亿元，占8.2%；居民服务、修理及其他服务1.05亿元，占7.1%。鹿泉区产业发展较为均衡，受西部城区生态屏障规划影响，房地产、建筑业发展较为充分；绿色转型较好，君乐宝等食品制造业发展较快，水泥、采石等高耗能、高污染建材行业逐步萎缩。

（四）正定县（含正定新区）

2015年一般公共预算收入14.1亿元，在河北省排30位；2016年1—9月份一般公共预算收入12亿元，在河北省排31位，比2015年下降1位。正定县2015年税收收入10.96亿元，税收贡献排前五位行业依次是房地产业4.59亿元，占全区税收的比重为41.9%；制造业1.26亿元，占全区税收的比重为11.5%；建筑业1.18亿元，占全区税收的比重为10.8%；金融业1.09亿元，占9.9%；交通运输、仓储和邮政业0.72亿元，占6.6%。正定县受一河两岸规划调整影响，近年来房地产、建筑业发展较快，已经成为正定县主导产业，较大的制造业项目主要是常山生化、常山纺织、金石化工，其余制造业项目规模较小，现代物流、文化旅游发展前景较好（正定县含正定新区和综合保税区，近年来正定新区基础设施投入较大，相关税收由2011年的600万元，增长到2015年的3.61亿元，增长了59倍）。

四、贯彻新发展理念，打造“十三五”省会发展新高地

周边“三区一县”地处连接中心城区和农村的中间地带，具备中心城区和农村所没有的发展优势，经过“十二五”期间的快速发展，经济基础和实力较好，已经具备了打造

“十三五”省会发展新高地的条件。对此，本科研课题组建议：

（一）落实积极财政政策

具体分析“三区一县”的发展特点，围绕发挥优势和弥补短板的思路，以新的发展理念为指导，创造性落实积极财政政策，加快经济转型升级，推进供给侧结构性改革。一方面要落实国家减税清费政策，降低企业的税费负担；另一方面，要充分发挥财政资金、体制、政策等多种手段，推进 PPP 联合融资、设立专项发展基金等方式，放大财政资金绩效，同时加快预算支出进度，为经济发展提供财力支撑。

（二）加快培育壮大财源

深入实施创新驱动发展战略，以新理念指引和推进发展动力转换，因地制宜，综合施策。藁城区全面改造提升装备制造、医药、食品、轻纺等四大主导产业的同时，依托四方通信、铁科翼辰、新四达电机等骨干企业，重点培育发展信息技术、高端制造、节能环保等战略新兴产业，以及电子商务、现代物流、旅游休闲等现代服务业。鹿泉区加快壮大以大数据、光电、通讯导航等为重点的信息产业集群，全力培育以君乐宝为代表的绿色食品高地，推动新型建材绿色化，拓展新能源、新材料、节能环保等产业。栾城区大力发展先进装备制造、现代中药、节能环保、新能源汽车等新兴产业，培育中航通飞、石煤机、中车、神威等领军企业，提升新兴产业集聚发展水平。正定县加快发展先进制造业、新兴产业，以中博新能源汽车为龙头，努力在新能源汽车等整机制造上实现新突破；以中关村集成电路为带动，大力发展信息产业；以综保区为依托，大力发展跨境贸易、服务外包、物流仓储等现代服务业，以及正定古城独有的现代旅游服务业。

（三）推进新型城镇化建设

紧紧抓住国家新型城镇化综合试点的历史机遇，按照“一河两岸三组团”城市发展格局，充分发挥“三区一县”的区位优势，推进组团式都市区建设。在基础设施建设上，加快城市交通、市政设施、城市管理同城化进程；在城乡一体化上，加快建立农业转移人口市民化成本分担机制和多元化可持续的投融资机制，综合推进体制机制改革创新，切实提高城镇化率；在社会保障扩面提标上，建立市级统筹机制，给予“三区一县”与主城区同等待遇，增强其融入主城区的归属感。总之，通过加快推进新型城镇化建设，发挥好“三区一县”在石家庄市的递次辐射带动作用。

（石家庄市财政局　周国春）

第三部分
支持美丽河北建设系列研究

如何积极支持生态环境建设
——以乐亭县财政政策支持生态环境建设为例

2016 年度河北省财政科研课题成果三等奖

生态环境是人类生存和发展的基本条件，是经济、社会发展的基础。乐亭县作为传统的农业大县，农业起步早，农民收入较高，随着城镇化的推进，居民获取收入的渠道增多，其消费能力正在逐渐释放，村镇、城区环境污染问题随之加剧。同时随着京津冀协同发展重大战略的提出，乐亭县利用沿海临港优势，建设了 4 个产业园区，2015 年全县实施千万元以上重点项目 200 多个，承接京津产业转移项目若干，工业化时代在推动经济发展的同时，也不同程度地造成环境污染，出现了“边治理、边污染”的现象。所以，无论是从保障民生的角度，还是从可持续发展的角度，都应使用各种政策，包括财政政策来促使经济的发展与环境和资源相协调，持续投入保障人与生态环境和谐共生。

一、财政支持生态环境建设的明显成效

近年来，乐亭县将环境保护和生态建设列为公共财政支出的重点，加大对环境保护和生态文明建设的投入力度，2015 年全县财政节能环保支出 10887 万元，比 2014 年增长 75.7%；2015 年全县预算安排节能环保支出 3082.75 万元，比 2014 年增长 4.7%。针对人民群众关心的难点热点环境问题，进行重点投入。

（一）加强大气污染防治，努力改善空气质量

2013—2015 年共安排资金 6904.79 万元，其中上级专款 5909.79 万元，县级专款 995 万元；具体安排 900 万元黄标车淘汰专项资金，对符合黄标车提前淘汰的补贴户予以奖励补贴；安排 485 万元支持唐山中厚板材有限公司 1 号、2 号烧结机烟气脱硫、脱硝设施改造和唐山德龙钢铁有限公司 230 平米烧结机烟气脱硫项目；安排 1800 万元支持唐山德龙钢铁有限公司对烧结料场、喷煤料场进行全封闭改造，对烧结、炼铁、炼钢等工序除尘系统进行升级改造；安排 90 万元支持唐山德龙有限公司 10 平方米竖炉配套安装—石膏湿法脱硫设施及在线检测系统工程；安排 300 万元，对乐亭县空气 6 项自动监测站的运行、维护，以及烟气旁路实施拆除工程予以补助；安排 1870 万元支持洁净型煤推广补贴；安排 1459.79 万元支持农作物秸秆能源利用工程建设、高效燃烧炉具工程和沼气池工程建设补

贴。根据环境统计数据，截至2015年，乐亭县化学需氧量（COD）、二氧化硫（SO_2）、氨氮（NH3－N）、氮氧化物（NOX）排放总量较2010年分别下降9.9%、12.8%、12.8%、14%。乐亭县城达标天数127天，占总天数的34.8%，在唐山市各县区环境空气质量综合指数排名位列第一。

（二）支持水环境污染治理和地下水超采综合治理工程

2013—2015年上级专款安排2685万元，县本级自筹1520万元，支持水环境污染治理工程，支持调水引流、污水处理设施建设、湖体清淤等重点治污工程项目建设；2015年投资1800万元支持地下水超采综合治理工程，重点以节水为核心，控、蓄、养相结合，严格控制地下水超采，充分调蓄雨洪资源，有效涵养水源，实施结构节水、工程节水、技术节水、机制节水等综合措施，确保压采目标的实现。

（三）支持农村环境整治，努力改善城乡面貌

2013—2015年上级专项资金结合县财政预算安排1614万元，推进村庄环境整治，支持82个村庄完成整治任务；2013—2015年先后投入1261万元，实施农村环境连片综合治理工程，全面开展以农村生活污水、生活垃圾、畜禽散养污染治理为主要内容的连片治理工程。2013—2015年投入3600万元，用于城区环境综合整治。通过一系列的整治治理，乐亭县生态环境发生了质的飞跃，2015年新建无害化厕所50181座；新建3000立方米大型秸秆沼气联户供气工程2座，新增联户供气3000户，实现了国家卫生城、国家园林城和国家文明城“三城”联创，按生态村标准创建并上报申请1个国家级生态乡镇，2个国家级生态村，6个省级生态村。

（四）实施节能减排，努力减少碳排放

2013—2015年安排645.37万元，支持节能“四个行业”减排工程和23家企事业单位燃煤锅炉淘汰和改造工程。同时乐亭县出台一系列政策措施遏制高能耗、高排放行业过快增长，并先后开展了整治非法排污、超标排污、恶意排污的“三查”等行动。及时整改发现问题，对发现问题的企业着力督导整改。通过以上工程，有效提升了企业的环保能力，明显改善了乐亭县的生态环境质量。

二、财政支持生态环境建设的工作困境

虽然乐亭县财政支持生态建设取得了明显效果，但生态环境建设任重而道远，保护和治理任务仍然十分艰巨，财政支持生态经济建设还面临着许多困难和问题，具体体现在如下几个方面：

（一）节能环保支出资金需求不断增加，已超出县级现有的资金投入能力

乐亭县投入需求压力主要体现的因素在于：第一，环境污染程度处于上升趋势，环境治理的难度逐渐增强。仅仅靠简单技术来治理环境问题已经越来越难达到效果，这就需要

引进环境治理技术创新，而新技术研发与推广则需要大量资金，这样就促成污染治理投入资金不断增加，从而导致环境治理的成本不断增大。第二，由于历史发展原因造成生态环境投资“欠账”过多。一直以来，乐亭县生态环境方面的投资整体水平比较低，远远低于维持生态系统平衡的水平。这样就造成生态环境治理的包袱越来越重。同时，随着经济社会的发展，人们生活水平的提高，整个民众对生态环境改善的期望与需求也逐渐提高，这也为生态环境投资增加压力。

（二）财政性资金成为生态环境建设领域的主要资金来源，生态环境融资渠道比较单一

生态环境建设是一项长期、长效工程，涉及的部门多，领域广，县级配套资金也多。而现有财政资金配置权以经济增长为主要目标，所以节能环保、生态环境资金投入在财政资金中所占比例不高。生态建设资金投入与生态保护需要投入相比差距很大。即使乐亭县在生态环境投入方面逐年递增，但是相对于日益严重的生态环境局面以及由此所产生的巨额环保资金缺口，往往也会促使生态环境投入力不从心。在目前管理体制下，容易挤压其他生态环境投入资金渠道，这样就导致一部分投入渠道萎缩，而另外一部分投入渠道就显得名存实亡，这样就很难充分发挥应有的作用。

（三）生态环境建设项目融资缺乏约束机制

乐亭县生态环境建设许多承建项目处于半封闭式运作，缺乏公开、公平、公正的市场竞争环境，加上项目运作过程中监督机制、约束机制不够完善，导致项目承担投资主体的责任分散，项目筹资、建设、经营、偿债、资本回收等各个环节不畅通，在很大程度上影响了投资效益的发挥，甚至带来风险，同时缺乏市场化的投资经营机制和强有力的专业投融资机构，资金使用分散，资金管理缺乏可持续发展的活力和后劲。

（四）政策的持续性不强，缺乏资产经营机制和机构

在乐亭县生态环境建设的诸多项目中，政府虽然处于投资主体地位，但责、权、利和产权关系不明确，导致建设、管理、处置脱节。一些资源无偿使用，投资没有回报，国有资产流失浪费现象严重。一些项目结束后，生态效益比较明显，经济效益不显著，一旦政府不继续投入，工程的作用和效益就很难充分发挥。

三、财政支持生态环境建设的意见和建议

加快乐亭县生态环境建设，加大对生态环境建设的投入，确定生态环境建设的战略目标，将乐亭生态环境同社会、经济、生活一起融入可持续发展之中，努力建成“生态乐亭”、“和谐乐亭”、“宜居城市”。

（一）加大公共财政投入，确保生态环境建设事业稳步推进

一方面，加强对财政资金的监管，联合审计、纪检等相关部门对资金的使用情况进行不定期检查，确保专款专用；另一方面，整合专项资金，集中投入，形成合力。按照专项

资金性质不变、安排渠道不变、监管管理不变原则，将现有用于生态环境建设的多个专项资金整合为生态环境建设专项资金，并逐年大幅度增长，集中解决大气、水、土壤污染等突出问题，以保证资金使用的高效性。

（二）调整生态环境建设的财税政策体系

调整现行财税政策，逐步形成相对完善的财政支持生态环境建设的政策工具框架。一方面，对重污染、高能源消耗以及自然资源开发征以环境税费，将环境成本内部化，以正确反映环境问题的净成本与收益。通过提高污染排放和自然资源开发的成本以达到节能减排，增加政府环境治理财政收入的目的；另一方面，对有益于低消耗、低排放、低污染的生产和消费予以减税，直接补贴和优先政府采购，以提高公众的环保意识和参与生态环境建设的积极性，向生态经济积极转型，同时废止已有的对环境造成负面影响的税费补贴及政府采购。

（三）鼓励和支持社会力量参与生态建设

生态建设的资金是巨大的，仅仅依靠财政投入是远远不够的，因此在保证财政对生态环境建设投入的同时，需要大力推动民间生态资本投入。要不断宣传生态环境保护的知识及其重要性，提高社会民众的生态环保意识，强化生态环境投入的社会效益，创新管理制度，以此不断吸引民间资本进入生态环境领域。政府相关部门要不断完善服务水平，积极为生态环境投入企业服务，减轻负担，在税收、证件办理等方面给予大力支持。建立专门的生态环境领导小组，积极协调各方关系，特别是鼓励商业银行大力支持生态环境投入企业，优化资本市场结构，积极吸引有实力的生态投入企业入市，盘活社会资本在生态环境领域的积极作用。

（四）建立健全地方政府管理机制

政府要加大生态建设知识普及宣传，加强资源整合力度，合理优化生态建设总体布局，合理规划建设蓝图，科学制定整治计划，合理规范运作程序，加大监管力度，适时开展生态环境建设推广和整合活动，提高资源、资金的利用率。

（乐亭县财政局　裴超敏　朱海涛　王运坤）

支持美丽乡村建设的财政政策研究

2016 年度河北省财政科研课题成果三等奖

一、馆陶县美丽乡村建设的实践与探索

（一）馆陶县美丽乡村建设基本情况

1. 规划引领。馆陶县制定了《馆陶县美丽乡村建设（2015—2020）规划》，到 2020 年，全县所有村庄全面达到美丽乡村建设要求。每个乡村编制具体创建规划，做到先规划后建设、不规划不建设。注重与扶贫规划相结合，把美丽乡村建设作为精准扶贫的有效载体。与城乡一体化相结合，构建以县城为中心，以一批美丽乡村为支点的城镇化新格局。

2. 分类推进。实施了“262”工程，即全县 277 个村，根据村庄特点和发展方向按 20%、60%、20% 的比例，分类开展五星、四星、三星星级美丽乡村创建。采取示范带动、梯队培育、同步推进、逐级提高的原则，分类制定推进计划，带动全县美丽乡村整体跃上新台阶。

3. 产业支撑。美丽乡村在产业选择上，主要依托全县的五大富民产业，即黄瓜、黑小麦、蛋鸡、养鸭、轴承，打造“一村一品”、“一村一业”，宜工则工、宜农则农、宜商则商、宜游则游，走“产业加美丽，美丽助产业”之路。

4. 遵循原则。坚持“尊重民意，留住乡愁，做强产业，改造提升”工作思路，做到保留传统与增加现代元素相结合。不搞大拆大建，保留农村记忆符号，充分利用村庄闲置资源，如大坑、闲置宅基等；融入现代的时尚创新元素，如咖啡屋、电影院等，体现城市品位，引领农村文化、改变农村生活，两者有机结合，让乡村风情和城市品质相得益彰。

5. 运作模式。馆陶县美丽乡村建设按照“产业加美丽，美丽助产业”的思路和要求，推行“政府引导、村为主体、村民自觉、社会参与、市场运作”模式。

（二）馆陶县财政支持美丽乡村建设情况

1. 财政全力保障。编制年度预算时，馆陶县财政足额安排美丽乡村建设资金，并且将新增财力在年中向美丽乡村建设倾斜。2015 年预算安排 3000 万元专项资金用于美丽乡村建设，较 2014 年增长 5 倍。2016 年预算安排 3580 万元，支持力度进一步加大。

2. 整合涉农资金。馆陶县制定了推进财政资金整合支持美丽乡村建设的实施意见，

明确了资金整合方式、资金项目及责任单位，集中财力向美丽乡村重点村投放。2015年，县级统筹整合一事一议财政奖补、农村文化建设等涉农资金8项1949万元，重点支持了14个美丽乡村，加快了美丽乡村建设步伐，成功打造了粮画小镇寿东村、教育小镇王桃园村、黄瓜小镇翟庄村等，起到了引领带动作用。

3. 争取上级支持。为减轻美丽乡村建设资金支出压力，馆陶县把向上争取资金作为解决美丽乡村建设资金不足的重要渠道，认真研究上级政策，捕捉政策和资金信息，组织有关部门，筛选申报符合要求的美丽乡村建设项目。2014年共争取上级到位资金1900万元（农村面貌改造提升1628万元，环境治理272万元），有效弥补了美丽乡村建设资金缺口。2015年，共争取上级到位资金2593万元，促进了全县美丽乡村建设工作开展。

4. 创新投入渠道。按照“政府引导、社会资本参与、市场化运作、互利双赢”的思路，馆陶县设立了美丽乡村建设基金，以政府出资为主，带动社会资本参与，共同投入美丽乡村建设。成立了馆陶县美丽乡村建设投资有限公司，具体负责美丽乡村建设基金的筹措、运营管理，实行商业化运作，资金有偿使用。2016年，美丽乡村建设投资有限公司与河北省国开行于2016年3月签订投资合同，河北省国开行投资馆陶县建设基金7000万元，专项用于馆陶县美丽乡村建设。

（三）馆陶县美丽乡村建设取得的成效

自2014年馆陶县美丽乡村建设工作开展以来，已成功打造了粮画小镇寿东村、教育小镇王桃园、黄瓜小镇翟庄村、鹊桥小镇天河村等14个美丽乡村，其中粮画小镇寿东村获得“第四届全国文明村”“河北省美丽乡村”荣誉称号。这些村庄居住环境明显改善，村民文明素质显著提升，村集体经济得到壮大，村民致富门路得到拓展。同时，带动了馆陶乡村休闲旅游产业的蓬勃发展，节假日小镇游人为织，场面火爆，为馆陶带来巨大的经济和社会效益。

二、财政支持美丽乡村建设中存在的问题

目前，馆陶县美丽乡村建设已经全面启动，开局良好。但在资金投入和管理方面存在一些亟待解决的困难和问题，主要表现在：

（一）财政投入难以保障

美丽乡村建设是一项系统工程，需要投入大量资金。馆陶县是财政困难县，自身财力有限，2016年公共预算收入安排仅为35679万元，难以保障美丽乡村建设巨大的资金需求；此外，馆陶县乡、村两级经济实力普遍较弱，税收超千万乡镇仅有一个，也难保证在美丽乡村建设中有较大投入，这将直接影响到工作的开展。

（二）资金整合有待优化

在整合涉农资金方面，馆陶县涉农资金数额虽然较大，但根据目前河北省对县财政体制和专项资金管理办法，对涉农等上级专项资金只有省级才有能力制定“打捆”政策和比

例用于美丽乡村建设，县级真正用于美丽乡村建设的资金比例较小。另外，馆陶县虽然制定了资金整合方案，但有个别部门思想不够统一，责任目标不够明确，积极性不高，给资金整合和项目实施带来不利影响。

（三）资金投入渠道亟待拓宽

目前，在农村，青壮劳动力大部分外出务工，在家的都是妇女和老人，一事一议、投工投劳很难实施。群众参与美丽乡村建设积极性、主动性不强，“等、靠、要”思想严重，过多依赖政府投入。社会投资引入困难，美丽乡村建设很多是公益性项目，没有回报，因而难以引入大量的社会建设资金。即使如农业、旅游等产业项目也因回报周期较长，回报率不高，不能有效吸引工商资本投入。

（四）资金使用绩效需要提高

由于美丽乡村建设资金来源不同，财政部门难以做到集中统一管理。有的项目未做到规划先行，也未实行招投标，工程又不及时办理决算，影响资金使用效益。此外，上级涉农资金下达和预算执行上存在滞后问题，在具体资金拨付使用上，有些专项资金闲置时间较长，影响资金的使用效益。

三、改进财政支持美丽乡村建设工作的对策

美丽乡村建设是一项长期、系统工程，应多方多渠道筹集资金，逐步形成以政府资金为引导，以工商资本及农民投入为主体，以金融资本投入为支撑，以社会资金投入为补充的多元化、多层次、多渠道的投入机制。

（一）加大财政资金投入

县级要合理安排财政资金，调整财政支出结构，加大财政对美丽乡村建设的投入并逐年增加。省级应增加县级一般转移支付、减少专项转移支付的比例，特别是增加涉农资金一般转移支付比例，由县级统筹用于美丽乡村建设。省级设立美丽乡村建设专项资金，专款用于美丽乡村建设，加大对美丽乡村建设支持力度。省级要提前下达美丽乡村建设资金额度，县级可提前谋划项目，统筹安排使用。

（二）加强涉农资金整合

充分发挥财政部门在整合资金支持美丽乡村建设中的职能作用，加强与涉农项目主管部门沟通协商，制定资金整合规划和实施方案，统筹项目布局、项目建设内容和资金安排，避免项目重复建设和资金分散，确保资金集中投入使用。从项目申报源头上把关，落实项目资金，确保涉农资金整合高效有序推进，努力做到应整尽整。对于整合专项资金，明确专人负责，建立单独账户，单独核算，确保整合专项资金的高效利用。

（三）创新财政投入方式

充分发挥财政政策的导向作用和财政资金“四两拨千斤”作用，采取贷款贴息、财政

补助、以奖代补、先建后补等方式，引导金融资本、工商资本、民间资本等投入美丽乡村建设。鼓励建立美丽乡村建设投融资服务机构，专门支持美丽乡村建设；鼓励商业银行、农村信用社等金融机构创新金融产品和服务，扩大集体建设用地、土地承包经营权、农房、涉农商标等多种形式的抵押贷款，支持美丽乡村建设，支持辐射面广、带动力强、发展前景好的农业产业化龙头企业；以村庄为平台，通过财政资助、外部捐助和农民互助等方式，积极发展农村资金互助社，着力缓解农村融资难题。

（四）拓宽资金投入渠道

积极引导发动群众，通过“一事一议”进行筹资筹劳，调动农民群众参与美丽乡村建设积极性。鼓励社会企业特别是农业产业化龙头企业参与美丽乡村建设，按照“谁投资、谁经营、谁受益”的原则，制定相关政策鼓励企业参与美丽乡村建设。鼓励引导民营企业家、外出务工经商成功人士、爱心人士等，通过投资、捐助、认购、认建等多种方式参与美丽乡村建设，形成全社会支持美丽乡村建设的强大合力。充分挖掘村庄闲置资源，盘活集体闲置资产，发展和壮大集体经济，支持美丽乡村建设。以村为单位，采取市场化运作方式，对一些非公益性的基础设施建设，采取承包、租赁等方式盘活资产，拓宽美丽乡村建设资金投入渠道。

（五）提高资金使用绩效

加强资金监管，严格实行报账制和国库集中支付制度，严格按规定、按计划、按程序报账支付资金，实行全程“阳光操作”。积极构建监察、审计、财政以及群众、社会中介机构等多方面参与，日常监督、专项检查、竣工验收决算等多措并举的监管体系，建立健全以绩效为导向的资金绩效评价机制，落实责任追究制度。对挤占、挪用以及擅自改变项目用途的单位和部门，应取消项目，收回资金，追究相关人员责任，并予以公开曝光。

（馆陶县财政局　靳广才　杨利伟　刘延杰　司肖肖）

新能源汽车产业发展财税政策研究

2016 年度河北省财政科研课题成果三等奖

近年来，国家实施新能源汽车发展战略，出台多项财税优惠政策大力支持新能源汽车发展，有效地刺激了新能源汽车产销量的快速提升，对解决日益突出的能源矛盾、降低大气污染以及缓解交通拥堵等公共管理领域的实际问题，产生了一定的积极的影响。但相关的财税等扶持政策，无论从政策内容方面，还是从政策施行方面，都存在着一定的缺陷和不足。本文从我国促进新能源汽车产业发展财税政策现状出发，认真研究分析了国外先进发达国家支持新能源汽车产业发展财税政策，以期能够探求与新能源汽车发展情况相适应的财政和税收支持政策，提出具有应用价值的改进建议和解决对策。

一、我国促进新能源汽车产业发展财税政策现状

2009 年 1 月，国务院原则通过《汽车产业振兴规划》，首次提出了新能源汽车产业发展战略，规划决定安排 100 亿元支持新能源汽车产业及关键零部件产业化。国家财政部、科技部联合发文《关于开展节能与新能源汽车示范推广试点工作的通知》，在北京、上海、重庆等 13 个城市开展节能与新能源汽车示范推广试点工作，中央财政从节能减排专项资金中，安排部分资金支撑国家节能与新能源汽车示范运行推广工作。同年，新能源汽车产业财政补贴标准正式出台。财政部、科技部特制定《节能与新能源汽车示范推广财政补助资金管理暂行办法》，该财政补贴办法中明确指出“中央财政重点对试点城市购置混合动力汽车、纯电动汽车和燃料电池汽车等节能与新能源汽车给予一次性定额补助。补助标准主要依据节能与新能源汽车与同类传统汽车的基础差价，并适当考虑规模效应、技术进步等因素确定，参与示范推广试点的低排放、低能耗混合动力汽车，视车型以及最大电功率比和节油率不同，可以得到 0.4 万元到 42 万元不等的成本差价财政补贴；而参与示范推广试点的零排放纯电动和燃料电池汽车也会得到 6 万元到 60 万元不等的成本差价财政补贴。”该财政补贴办法同时要求地方财政安排一定资金，对节能与新能源汽车产业配套设施建设及维护保养等相关支出给予适当补助，保证试点工作顺利进行。

2009 年 3 月，国务院办公厅出台《汽车产业调整和振兴规划》方案，规划期为 2009 年至 2011 年。规划提出“启动国家节能和新能源汽车示范工程，由中央财政安排资金给予补贴，支持大中城市示范推广混合动力汽车、纯电动汽车、燃料电池汽车等节能和新能源汽车。”4 月，政府宣布向购买纯电动汽车的消费者提供 6 万元补贴，并投资在一些城

市兴建汽车电池充电站。5月，国务院决定以贷款贴息方式安排200亿元资金支持技改，包括发展新能源汽车、支持关键技术开发、发展填补国内空白的关键技术。12月，国务院总理温家宝主持召开国务院常务会议，会议决定“2010年将节能与新能源汽车示范推广试点城市由13个扩大到20个，选择5个城市进行对私人购买节能与新能源汽车给予补贴试点，补贴幅度和标准将接近公共服务领域购买新能源车的补贴办法。”

2010年6月，财政部、科技部、工业和信息化部、国家发展改革委员会联合发布《关于开展私人购买新能源汽车补贴试点的通知》，新能源车补贴实施细则出台。包括《关于印发“节能产品惠民工程”节能汽车推广实施细则的通知》和《关于开展私人购买新能源汽车补贴试点的通知》。对补贴种类、补贴标准、补贴对象、试点城市等内容进行了详细规定。其中，补贴种类为纯电动车、插电式混合动力车及1.6L及以下节能车型，纯电动车每辆最高补贴6万元，插电式混合动力车每辆最高补贴5万元，1.6L及以下节能车补贴3000元；补贴标准为根据动力电池组能量确定，按3000元/KW时给予补贴；补贴对象为补贴资金拨付给汽车生产企业，按其扣除补贴后的价格，将新能源汽车销售给私人用户或租赁企业；试点城市为在上海、长春、深圳、杭州、合肥5个城市启动补贴试点工作，试点城市的政府是私人购买新能源汽车试点的实施主体和责任主体，要安排一定资金并出台相应配套政策措施，重点对充电站等基础设施建设、新能源汽车购置和使用、电池的报废及回收体系建设等给予支持。

我国还通过借助税收的调节作用，改变新能源汽车的价格和成本，从而影响消费者的购买行为，鼓励购买新能源汽车。例如，为保护生态环境，促进替代污染排放汽车的生产和消费，推进新能源汽车产业更好的发展。从2008年9月1日起调整1.0L以下排量的乘用车税率下降为1%、提高大排量乘用车的消费税税率以及降低小排量乘用车的消费税税率；从2009年1月20日至12月31日，对1.6升及以下排量乘用车减按5%征收车辆购置税。2010年汽车购置税政策1.6升以下按7.5%征收，1.6升以上按10%征收车辆购置税。

国家通过一系列新能源财税优惠政策，极大地刺激了新能源汽车的快速发展。据统计，2015年我国新能源汽车生产34.05万辆，销售33.11万辆，同比分别增长3.3倍和3.4倍。同时，我国2016—2020年新能源汽车推广补贴政策已经出台，国家“十三五”充电设施支持方案、调整完善城市公交车成品油价格补贴政策等也已研究制定，鼓励新能源公交车推广应用、现职燃油公交车增长的新机制正在逐步形成，有效稳定了市场预期。

二、国外新能源汽车产业发展财税政策状况

从发达国家推进新能源汽车产业发展经验来看，政府支持都起着不可替代的主导作用，各国都积极出台了多项财税政策推动新能源汽车产业的发展。

（一）美国对新能源汽车产业的财税政策

美国政府在推动新能源汽车产业发展方面占有主导作用，并且积极与研究机构、企业和社会团体合作，针对新能源汽车产业发展阶段不同采取相应的财税政策。

第一，支持充电混合动力汽车发展。奥巴马把充电式混合动力汽车作为刺激经济和拯救汽车业的重要因素。在他的倡导下，2009 年联邦政府为推进充电式混合动力汽车计划，在短短几个月内出台了一系列强力措施，斥资 140 亿美元支持动力电池关键零部件的研发和生产，支持充电基础设施建设以及补贴消费者购车等。

第二，实施以旧换新补贴等财政政策。2009 年 7 月，美国政府提出了总额 10 亿美元的汽车折价退款机制——以旧换新补贴政策，计划为期一年。该计划提出“对消费者所购新车的每加仑行驶里程数比起旧车提高 4 英里的，将补贴 3500 美元；提高 10 英里的，将补贴 4500 美元”。同时，明确提出拨款 20 亿美元，支持汽车电池技术等的研发和配件产业的发展，目标是为充电式混合动力车提供高性能的锂电池组。

第三，设立产业基金，加强政府采购。美国除了政府支持新能源汽车产业发展以外，还设立了一个总量为 250 亿美元的基金、以低息贷款的方式支持厂商对节能和新能源汽车的研发和生产，其目标是希望每年汽车燃油的经济性能够提高一倍。此外，为了促进新能源汽车产业发展，美国政府实行最低限额采购的方法，要求政府采购新能源汽车。2005 年美国新能源法案规定“联邦车队必须购买一定比例的代用燃料汽车，如果是两用燃料车队必须要使用代用燃料，除非在当地没有代用燃料或者代用燃料价格十分昂贵的情况下，经批准后才有资格不使用代用燃料。”

第四，制定实施系列税收优惠政策。2002 年，美国颁布的《能源政策法》中提出“根据燃油经济性和排放性追加优惠的措施，即对于混合动力乘用车和轻型卡车，除了根据最大可用功率的百分比给予优惠外还对达到一定燃油经济性的混合动力汽车追加优惠；对于混合动力重型车，为了提高其排放性，除了按最大可用功率百分比确定减税额之外，还根据其车型年份增加相应的减税额。”2005 年，美国国会通过法案，提出“允许对购买混合动力车的消费者提供最高 3600 美元的税收减免。但每家汽车生产商只能有 6 万辆混合动力车享受这一税收优惠。一旦达标，这一税收优惠将从下 ·季度开始进行分期取消。”

与此同时，加大消费者的购买新能源汽车优惠力度。主要包括：“在 2005 年 12 月 31 日后购买或开始使用的混合动力车，可抵扣最高 3400 美元的联邦所得税；在 2005 年 12 月 31 日后购买或开始运营的清洁柴油车，可抵扣最高 3400 美元的联邦所得税；对于电池容量在 4 至 16 千瓦时的插电式混合动力汽车，给予 2500—7500 美元不等的优惠（电池容量每增加一千瓦，优惠则递增 417 美元）；在 2005 年 1 月 1 日至 2010 年 12 月 31 日购买压缩天然气汽车（CNG）替代燃料汽车可抵扣最高 4000 美元的联邦所得税；2007 年 5 月初，美国国内收入局 IRS 调整针对环保车辆的税收优惠措施，规定消费者购买通用汽车、福特、丰田、日产等公司生产的符合条件的混合动力车，可以享受到 250—2600 美元不等的税款抵免优惠；2009 年 9 月，为鼓励消费者购买电动汽车，美国政府提供总额高达 7500 亿美元的税收抵免。

美国还出台油品与基础设施的税收优惠。主要包括：“将对每加仑燃料征收 18.4 美分的联邦燃油税作为公路信托基金，用于维修道路；对替代燃料（掺烧乙醇）给予每加仑 4 美分的税收减免。”美国的燃油税比世界其他国家的相对要低，但燃油税目前是刺激消费者购买燃油经济性好的汽车的最经济有效的方法。

（二）日本对新能源汽车产业的财税政策

日本地域狭小，资源贫乏，因此异常重视新能源汽车产业的开发。2006年5月日本政府制定了《新国家能源战略》，提出到2030年，能源效率提高30%，将50%石油依赖度进一步降低到40%，其中运输部门的石油依赖度降低20%。

第一，相关财政政策。日本政府自20世纪90年代以来，开展了燃料电池汽车所需的共用新技术、设备的研究。2006年预算安排199亿日元支持燃料电池及相关技术开发，安排33亿日元支持燃料电池产业化实验，安排88亿日元支持新能源汽车市场导入；日本政府还对大学和研究所从事燃料电池开发给予了较多的补贴。日本政府在国内建立了多座充电站、加氢站等基础设施，以方便新能源汽车的推广。2009年，东京电力在东京率先建立200个充电站，并力争到2011年年底达到1000个。2009年，日本政府投入约3700亿日元的财政支持，进一步加大了购买环保汽车的补贴力度。2010年1月，日本政府通过第二次补充预算案，其中包括："继续拨专款，为本国消费者购买节能汽车提供补贴。"同时，在外部压力的推动下，日本政府扩大了环保汽车的补助范围："凡进口到日本的节能汽车，只要达到日本政府规定的排放标准，同样可以获得日本政府的补贴。"

第二，相关税收政策。为推进新能源汽车产业以及环保汽车的发展，自2006年至2009年，对企业从事燃料电池汽车、燃料电池车用燃料供给设备以及燃料电池设备开发给予税收方面的支持。日本从2009年4月1日起实施"绿色税制"，适用对象包括纯电动汽车、混合动力车、清洁柴油车、天然气车以及获得认定的低排放、低消耗的车辆，购买这类汽车可享受多种税赋优惠。2009年4月1日至2012年4月30日对汽车重量税和汽车购置税方面，实行全免政策。

第三，相关政采制度。为激励汽车产家改进和开发新能源汽车技术，日本政府规定政府机关用车必须全部使用"低公害车"。而汽车生产商如果被政府选作合作对象，将会获得丰厚的利益。如政府会直接给汽车生产商以现金补贴，最高可以达到同等级普通车辆售价的1/2或与同级别车差额的1/2在以上这些优惠政策的鼓励下，汽车厂商要想成为政府用车的提供者，将排量和油耗较高的中高级车改进为"低公害车"成为必然选择，而日本政府对企业法人或地方团体购置"低公害车"，也会有相应的现金补助。因此，购买"低公害车"相应的成了消费者的理想选择，而消费者的购买意向又促进了企业新能源汽车的研发，从而形成一个良性循环。

（三）英国对新能源汽车产业的财税政策

2003年英国设立了由政府、企业以及研究机构共同参与的研发机制，共同制定发展燃料电池技术的规划。2004年以同样的方式建立了氢能研发体制，其主要赞助计划核心是英国工程物理研究中心和贸工部。此外，英国节能基金会和英国交通部还联合推出了交通动力转换计划，利用3000万英镑的预算，通过对购买清洁代替燃料车发放补助，以促进清洁燃料车市场的发育。补助支付对象主要是天然汽车、液化石油气汽车、混合动力车、电动汽车，根据计划选定的车型、燃料有不同的补助额。2010年3月英国交通部发布了私人购买纯电动汽车、插电式混合动力汽车和燃料电池汽车补贴细则，细则规定："该项补贴于 2011 年 1 月起到 2014 年，期间总共安排 2.3 亿英镑，单车补贴额度大约为车辆推荐售价的 25%，但不超过 5000 英镑。”英国政府还启动了总额 3000 万英镑的充电站补助项目又叫“插电区域”，计划在未来三年内，在三座城市之间，建 11000 个充电桩。在 2010 年度预算案中英国政府提出“绿色复苏”计划，即挑选 2—3 个城市作为仅适用电动汽车的纯绿色城市，重点推动普及电动汽车；在全国范围内建立一个充电网络，保证电动汽车能在路边充电站及时充电；为放弃污染较高旧车、购买清洁能源车的消费者，提供每车 2000 英镑的补贴。为了降低汽车的碳排放量，2007 年英国政府修改汽车保有税税制，按单位距离二氧化碳排放量进行有区别地征税。低公害车辆优惠税率为零、高公害车辆可达 30%。

（四）德国对新能源汽车产业的财税政策

在汽车产业的研发方面，德国政府投入大量的资金，补贴科研机构和企业氢燃料汽车的研究和发展。2006 年 5 月，德国城市发展建设部、经济运输部与德国教育部联合发布《国家氢能和燃料电池技术发展计划》，要求政府部门及研究机构之间加强合作，共同发展氢和燃料电池技术。2007 年，德国政府制定的高科技战略将电动汽车的关键技术之一的锂离子电池作为攻坚项目之后，为了尽快获得突破，2009 年，德国产业界包括博世、大众、巴斯夫、EVONIK 和 Lintee 等五大巨头出资 3.6 亿欧元与科研应用界的 60 家单位合作，组建了锂离子电池——创新联盟。

在 2009 年年初，德国政府通过的 500 亿欧元的经济刺激计划中，很大一部分用于电动汽车研发、汽车充电站网络建设和可再生能源开发。8 月，德国政府颁布了《国家电动汽车发展计划》，提出政府耗资 5 亿欧元，其中有 1.7 亿欧元用于支持车用电池研发，并保证德国专家在这一研发领域获得相关培训。另外，有 1.15 亿欧元用于在德国 8 个地区试验推广电动汽车；计划的目标是到 2020 年使德国拥有 100 万辆电动汽车，政府决定对前 10 万辆电动汽车的购买者提供一定补贴。德国政府希望借助这项计划，能够突破诸多技术和基础设施瓶颈，促使德国超过日本，成为世界电动汽车市场的领军者。除此之外，为了促进新能源及替代燃料发展，德国政府对一些新能源生产和基础设施建设进行了一定的财政补贴。例如，在生物燃料的生产方面，德国政府对私有的生物乙醇生产企业实施了资金扶持政策“德国最大制糖企业 Suedzucker 公司属下的生物乙醇制造公司，德国政府的资金援助 4300 万欧元来在发展生物乙醇生产技术”该公司在得到资金援助之后，在德国东部的工厂，除饲料以外还从剩余农产物——粮食或甜菜中生产生物乙醇，为新能源汽车的发展提供了技术基础“德国的石油税收法中对汽车替代燃料实施了一些税收优惠政策，例如生物燃料、天然气和液化气的减税政策”，截至 2009 年年底，生物成分符合要求的生物燃料免征石油税。

（五）法国对新能源汽车产业的财税政策

法国政府制定了支持电动汽车发展的优惠政策，对购买电动汽车提供最高 1.5 万法郎/辆的补贴。自 2008 年 1 月 1 日起，政府规定：“按所购买新车的尾气二氧化碳排放量多少，对车主给予相应的现金奖罚以鼓励购买低排量环保车型。”10 月，总统萨科齐宣布：“政府将投入 4 亿欧元用于研发和制造清洁能源汽车。”法国政府通过给予一定数额的现金奖励，鼓励报废能耗大的旧车。法国还采取配套措施，为电动车等环保汽车的顺利运行提供基础作用。如在工作场所、超市和住宅区等大幅增加充电站的数量，使充电如加油一样方便。法国政府于2009年10月1日公布了旨在发展电动车和充电式混合动力车的计划。政府提出“对购买二氧化碳排放量在60克/千米以下的超级环保车给予5000欧元的高额补贴，此项优惠可以一直持续到2012年；经销商每卖出5辆传统汽车，就必须卖出一辆新能源汽车，每辆新能源车享受上千欧元的优惠。”该计划的最终目标是在2020年以前生产200万辆清洁能源汽车。同时，法国政府推出的新车置换金规定：“车主在更换新车时，购买小排量、更环保的新车可享受200欧元至1000欧元的补贴。”此外，法国政府免收公路税，其中某些省还免征或减除50%的上牌税。

三、国外促进新能源汽车产业发展财税政策启示

从以上国外促进新能源汽车产业发展的财税政策得出，虽然各国的新能源汽车产业研发侧重点不同，但各国都制定了较为明确的发展路线，并且有相对较完善的研发推广体系和一系列政府政策支持。对我国新能源汽车产业财税政策的研究具有借鉴作用。

（一）政府都大力支持新能源技术研发

新能源汽车产业发展研发水平高低直接决定了新能源汽车的安全性能与成本的高低。要促进新能源汽车产业的发展，就必须要建立以政府为主导，企业、科研机构共同参与的模式来攻克技术难关，并且以政府直接投资或税收补贴方式建设相应的基础配套设施。

（二）大力支持新能源汽车产业走向市场

国外扶持新能源汽车产业发展的政策不是一成不变的，而是根据各国的实际需要动态调整的，其政策支持的目标是使新能源汽车产业顺利的实现由政府推动过渡到市场推动。为了促使更多的消费者购买更加环保的新能源汽车，一方面对企业生产新能源汽车和消费者购买新能源汽车实行一系列税收优惠和补贴政策。另一方面加强新能源汽车的试点工作，在公务车采购中使用新能源汽车，使得消费者更好、更早的了解新能源汽车。

（三）明确新能源汽车技术发展路线

完善新能源汽车产业的基础设施及其配套设施，完善的技术发展路线和基础设施是新能源汽车产业发展的基石，也是发挥财税政策促进我国新能源汽车产业发展中的关键。因此，我国要促进新能源汽车产业的发展，就必须要有完善的技术路线和基础配套设施。

另外，日本政府对国民进行新能源汽车产业的宣传教育；美国通过对传统石油企业加税，以帮助开发清洁能源和替代能源的企业；欧盟制定日趋严格的尾气排放标准，对信贷机构等资助新能源生产企业给予的减税政策，等等，对研究我国促进新能源汽车产业发展的财税政策都有积极的借鉴作用。

四、我国新能源汽车产业发展财税政策现存问题

我国政府对新能源汽车产业的支持措施经历了从计划层面到规划层面再到具体可操作政策层面的演进，目前正逐步从主要支持技术研发到加强技术研发与促进产业形成、发展相结合转变。看似开发新能源汽车的黄金时期，然而，从现今中国国情来看，新能源汽车产业发展道路并不平坦，政策缺位、财税制度改革难行等都将成为新能源汽车产业发展的阻碍，具体表现如下：

（一）国家补贴政策作用有限

第一，补贴标准设置有待完善。随着新能源汽车产业在国内外的迅速发展，关于新能源汽车产业如何补贴、补贴的具体标准是什么，成为一个非常棘手的问题，如果处理不好不仅失去了实施补贴政策的初衷，而且还可能引发社会的不公平。现阶段，虽然我国为扶持新能源汽车产业发展，已经探索用财政补贴来支持新能源汽车产业的发展，但是在实际工作中，补贴政策在一些领域出现出力不讨好的尴尬局面。第二，补贴发放监控有待加强。财政补贴对于新能源汽车产业的外部发展环境力度不够，以及在补贴过程中的全程实时监管缺位与政策配套机制不够完善。国家仅仅下拨财政补贴，然而却忽略了对财政补贴的监管，监管缺位造成骗补现象屡禁不止，国家审计部门屡查屡有，导致财政补贴没有办法达到应有的效果，财政补贴形同虚设。第三，政策补贴范围有待扩大。从发展的角度讲，作为一个新兴产业，仅仅对示范试点领域的支持是不够的，新能源汽车产业补贴细则的出台中提出了在几个城市中率先试点，示范试点虽然有其促进发展的一面，但是毕竟各地的具体问题和具体情况存在差异性，仅仅依靠试点并不能起到全面促进新能源汽车产业发展的作用。

（二）政府采购力度仍需加强

新能源汽车产业投入政府采购，成为促进新能源汽车产业发展的关键点，不管是中央还是地方都出台规划，都要求加大新能源汽车产业的政府采购力度。例如，江苏省省市联动公务用车政府采购协议供货把 25 万元以下新能源轿车列为采购对象；广东省将列入国家公告的电动汽车产品纳入政府采购目录，并逐年加大购车中电动汽车所占比例；西安市出台新能源汽车推广应用实施方案、加快新能源汽车推广应用优惠政策、推广应用新能源汽车暂行规定等一系列政策，等等。总的来看，尽管全国大部分省市都出台了新能源汽车产业的采购政策，但真正采购新能源汽车的单位仍屈指可数。

（三）基础设施建设投入不足

所谓“兵马未动，粮草先行。”充电桩等基础设施建设是推进新能源汽车发展的先决条件。但从我国目前发展情况来看，虽然政府重视程度逐年提升，财政投入力度逐步加大，但包括电池充电站等基础设施建设仍远远不能满足现行新能源汽车的需要，覆盖范围极其有限。而且，我国新能源汽车的产业技术路线、法律法规仍然不完善，严重阻碍了新

能源汽车的普及。没有相应的基础设施建设，国家对新能源汽车产业的补贴和政府采购政策，只能是“无源之水，无本之木。”

（四）现行税收政策需要完善

第一，对于新能源汽车产业的中间试验品缺乏税收优惠政策。新能源汽车产业作为未来世界汽车产业的一个新兴的发展方向，其技术研发需要的成本非常高，其中包括了技术研发当中所浪费的中间试验品。而我国对新能源汽车产业技术研发过程中的中间试验品缺少税收优惠政策，不利于新能源汽车产业的技术改进。第二，税收优惠政策形式单一。目前，我国促进新能源汽车产业发展的税收优惠大多采取低税率、减免税等直接优惠方式，而对投资抵免、加速折旧、延期纳税等间接优惠方式采用较少。虽然直接优惠方式简单明了，但与纳税人经营活动关联度小，容易使纳税人用虚假名义来骗取税收优惠，阻碍了税收政策引导汽车企业促进新能源汽车产业的发展。第三，税收激励政策作用有限。我国现行的税收政策主要采取激励方式，即对采用先进技术符合投资导向的企业予以税收支持，但对传统汽车行业技术水平低、污染量大的企业没有进行有效的约束，缺乏税收激励支持与约束限制的有效结合，尤其是对于税收新能源汽车产业企业的税收优惠政策作用效果不明显。第四，税收设置阶段不合理。汽车税收分为三个阶段，即购置阶段、保有阶段和使用阶段。我国在汽车购买阶段的税收负担过重，税收重点放在了汽车购买阶段，而非使用环节，没有体现“多用多付费”的原则，其实质是抑制购买、鼓励使用。随着社会变革的加深经济形势的转变，一些税收政策已经失去了存在的土壤，慢慢显现出一定的负面效应。

五、加快新能源汽车发展财税政策对策建议

新能源汽车符合国家节能环保产业发展方向，必将对推动节能减排、防治环境污染、改善大气质量等环保工作起到积极作用。但针对我国新能源汽车发展现状，要完善新能源汽车相关的财税政策，需要从技术开发、生产销售、产业环境等各环节着手，打造持续有力的配套政策，才能推进新能源汽车在省内的产业化和规模化的进程。

（一）完善新能源汽车技术研发的财税政策

新能源汽车技术研发是整个行业的重要环节，需要通过增加财政投放比重，采取更多的税收优惠政策，对企业进行引导，使其增加研发资金和资源配备来提升整体研发水平。第一，加强对关键技术研发的财政补贴力度。依托国家科技经费重点支持汽车关键技术的研究和开发，抓住“十三五”发展规划和新能源汽车推广的重要契机，大力推进新能源汽车电机生产企业、整车生产企业和动力电池生产企业的技术革新，整合资源着力突破一定数量的关键技术以支撑产业的长远发展。充分利用中央财政从节能减排资金中安排的专项资金，支持新能源汽车技术创新，坚持“集中投入、重点突破”的原则，重点支持全新设计开发的新能源汽车车型及动力电池等关键零部件。第二，充分运用财政贴息、担保等手段扶持新能源汽车技术研发企业。政府可以设置专门基金，为关键零部件产业化项目提供

担保贷款。并对示范类项目给予贴息，在建设过程中实施政府专项奖励，保证项目开发企业能够筹集到足够的资金以满足开展技术研发和项目运作的需要，避免由于项目风险和资金回收等问题制约新能源汽车技术研发和创新的顺利运行。对整车企业以及电池、电机、电控等零部件企业和有关研发单位予以奖励。依据技术研发和产业化投入等情况，由政府主管部门核定支持项目奖励资金数额；根据项目的进展情况及专家的评估意见分期分批拨付奖励资金，可以借鉴成熟省份的操作方法：新能源汽车项目在实施方案启动后拨付40%，项目建设的中期评估通过后再拨付50%，完成实施方案并通过验收后再拨付剩余10%资金。对于建设进度较慢的项目，可以视具体情况缓拨或停拨奖励资金；对于没有达到预期建设目标的项目，可相应地扣减奖励资金。第三，注重税收政策实施过程的整体性和持续性。特别注重发挥所得税在研发投资阶段的作用，企业如果在研发方面投入相应资金，就要给予企业所得税的优惠还有再投资退税的激励政策。可以考虑将企业在3—5年内上交的所得税地方留成部分奖励给企业，或者将增值税地方留成部分按一定的比例奖励给企业，定向用于企业技术研发投入。同时可在一定额度内实行投资抵免企业当年新增所得税优惠政策。如果个人参与技术研发的投资，就要对个人适当增加税前扣除标准，如个人在申报个人所得税应纳税所得额30%以内的部分，准予在计算缴纳所得税税前扣除，同时适当实行所得税的减免优惠政策。

（二）完善新能源汽车生产销售的财税政策

在新能源汽车的生产制造方面，尤其是厂房建造和设备购买等基础设施建设上需要加大地方财政资金投入比例，以财政专项补贴等政策为引导，推动省内新能源汽车产业基地和产业园区建设，促进汽车企业新能源项目的顺利运营。

在新能源汽车产品项目投产后的若干年中，政府要给予税收奖励政策。可以借鉴上海市的做法，即对国家重点扶持的高新技术企业，按15%的税率征收企业所得税；对取得国家重点扶持资格的高新技术企业，因新能源汽车项目在厂区所属省份内取得的所得，自取得第一笔生产经营收入所属纳税年度起，第1年至第2年免征企业所得税，第3年至第5年按照25%的法定税率减半征收企业所得税，同时对新能源汽车生产企业实行相应的企业所得税的间接优惠措施。

在新能源汽车的销售使用方面，通过政府采购和公务用车示范运行等措施推动新能源汽车的推广应用，投入足够的财政资金购买新能源汽车，采购公务用车向新能源汽车倾斜，将符合国家规定条件的新能源汽车产品列入政府采购清单，享受国家和地方采购扶持政策，以提高其在公共交通和公务用车等公共领域汽车应用比例。对节能减排效益显著的新能源汽车产品，如果因为价格原因影响了其推广应用，选择在一定的时期里采取适当减免增值税的优惠政策。

对于个人购买使用新能源汽车，目前在购置、保有和使用环节的税收负担较高。按照现行税制，消费者买一辆新能源汽车，要负担不同比例的消费税和17%的增值税，还要承担城市维护建设税和教育费附加；上牌照之前，购车者要缴纳大约相当于车价近10%的车辆购置税；在保有环节，每辆车每年要缴少则几百多则数千元的车船税；在使用环节，每加1升油，要缴1元的燃油消费税和因此产生的城市维护建设税和教育附加费。除此之外，使用者还要支付公路过路费、停车费、日常汽车保养费、汽车保险等各种费用。因此，应考虑降低新能源汽车消费者的税收负担，在一定时期内，适度降低新能源汽车的购置税、消费税、增值税的征收比例，同时考虑逐步完善新能源汽车在售后服务环节的财政税收政策，以提高新能源汽车的市场竞争力和对消费者的吸引力。

（三）完善新能源汽车产业环境的财税政策

产业环境政策的逐步完善，对新能源汽车走向可持续发展道路将起到保驾护航的作用。第一，逐步降低行业准入门槛。在国家更新新能源汽车企业准入政策后，积极研究出台公开透明、操作性强的新建新能源汽车生产企业投资项目准入条件，支持河北省社会资本和具有技术创新能力的企业参与新能源汽车科研生产。对于符合准入政策的零部件和整车企业，在开展新能源汽车相关研发和生产等项目后，政府要及时给予财税政策支持，以促进新能源汽车产业在省内的合理布局和健康发展。第二，加强法规制度层面建设。建立严格的新能源汽车产品标准，是保证产品安全性的重要环节。对于达到不同层级标准的新能源汽车产品和项目，政府有关部门应给予不同比例的财政补贴，同时执行不同的税收优惠比率，这将大大提升企业对产品安全性的重视程度，促进企业建立精品意识，提高企业出高质量产品的积极性，也将是一个有力解决目前新能源汽车在应用推广中瓶颈问题的方式。第三，培养新能源汽车人才队伍。加快建立人才培养机制，政府设立财政专项奖励基金，制定奖励标准和细则。对在新能源汽车技术研发和生产改进方面做出突出成绩的人员，通过综合评审和鉴定后，政府予以一定数量的资金奖励；对新能源汽车充电、续航等应用领域的产业升级做出显著贡献的单位和企业，政府则可以给予特殊的税收优惠政策。第四，搭建产学研交流对接平台。由政府牵头，组织河北省内新能源汽车领域内的相关单位和企业，以论坛交流、项目合作等形式，促进河北省汽车企业、大专院校和研究机构之间的交流，通过项目的对接，有效地缓解企业技术和资金等方面的瓶颈问题，为新能源汽车整个产业链的技术提高创造条件。

（四）打造新能源汽车持续有力的配套政策

第一，规划建设足够比例的充电站和充电桩。致力于为消费者在新能源汽车充电、停车等方面提供便利，在新能源汽车发展初始阶段，政府出台并实施给予新能源汽车免费停车、专用车道和充电优惠等便利措施的政策，可以考虑免收新能源汽车过路过桥费用，对购买新能源汽车的个人消费者的子女的落户和教育采取适度照顾政策，提升新能源汽车购买和消费的吸引力，促进新能源汽车产业在河北省的发展。第二，为新能源汽车产业提供的财政补贴资金。做到专款专用，政府对财政资金的使用实施过程监督，保证专项资金能够真正发挥作用。优化产业环境的财政补贴措施，实现全产业链有所侧重的政策覆盖。在统筹兼顾新能源汽车的应用推广、生产销售、技术研发等重要方面的同时，要对全产业链进行有效的资金补贴，对于财政补贴资金的拨付和使用过程，制定相应的财政补贴监管政策和制度，保证专款能够实现专用，杜绝财政补贴资金挪用、挤占等问题的出现。第三，政府在制定政策时要有持续性和前瞻性。避免出现补贴政策和优惠政策的断断续续，规避以往补贴政策效果不持续，导致各地补贴一停则销售情况立即出现波动或下滑的情况。政府在制定一系列鼓励和支持财税政策时，要保持适度超前的意识，对新能源汽车的未来发展应起到具有前瞻性的指导作用，同时注意关联政策群之间的组合和衔接，充分发挥政策群的引导作用，促进整个产业的协调和健康发展。第四，统筹规划新能源汽车在河北省的产业布局。对相关项目的上马实行严格的把控，避免重复建设和未来的产能过剩等问题的出现。同时要破除新能源汽车发展过程中可能存在的地方垄断割据，削弱地方保护主义的影响，促进河北省新能源汽车企业进行良序竞争，构建汽车产业的健康格局。

目前，国家在促进新能源汽车发展的政策方面，仍然存在着不少的空白，已制定和执行的财税政策也存在许多需要细化和改进的地方。特别是我国在推动新能源汽车产业化和规模化的方面，有很多的优势和有利条件，同时也存在着不少的局限和不足，亟需加快发展新能源汽车的步伐，在促进新能源汽车发展的财税政策的推行和完善方面仍然有很长的路要走。国家有关部门应根据新能源汽车产业发展目标，结合汽车企业的具体需求，更加深入地调研汽车行业的发展状况，尽快细化和出台新能源汽车的财政和税收政策。立足于新能源汽车的产业流程，打造连贯衔接的财税政策链，同时发挥不同层面的财税政策的引导作用，组建科学合理的财税政策群，通过不断丰富和完善新能源汽车产业的财税政策体系，推动我国新能源汽车尽快驶入协调、健康、持续的产业发展轨道。

（河北省财政厅市县处　高志远

沙河市城乡规划和城市管理行政执法局　刘聚魁

河北农业大学现代科技学院　牛弘沅）

关于资源环境保护的税收问题研究

2016年度河北省财政科研课题成果三等奖

党的十八大和十八届三中全会、十八届四中全会、十八届五中全会精神明确指出，要按照“五位一体”总体布局和“四个全面”战略布局，牢固树立和贯彻落实创新、协调、绿色、开放、共享的发展理念，全面推进资源税改革，有效发挥税收杠杆调节作用，促进资源行业持续健康发展，推动经济结构调整和发展方式转变。因此组织收入、调控经济、促进资源节约集约利用和生态环境保护就是贯穿资源税改革的主线，通过全面实施清费立税、从价计征等手段理顺资源税费关系，建立规范公平、调控合理、征管高效的资源税制度。

一、河北省矿产资源和生态环境概况

河北省是我国唯一兼有滨海、湖泊、平原、丘陵、山地、高原的省份，生态功能多元，生态特征独特，拥有丰富的土地、矿产和海洋资源。但由于多年来粗放型的发展，给生态环境带来较大的压力。河北省“十二五”期间大气环境呈现一、二次污染叠加，雾霾频繁出现，PM2.5成为首要污染物。

（一）河北省矿产资源

1. 河北省矿产资源丰富。河北省地处内蒙古—大兴安岭褶皱带和中朝准地台两个一级大地构造单元，地层发育较为齐全，地质构造复杂，历经多期构造运动，岩浆活动频繁，三大岩类出露齐全，成矿地质条件有利，形成了较为丰富的矿产资源。矿产资源赋存特点可简单概括为：矿产种类较多、资源储量丰富，矿产地分布相对集中，但小型矿床多大型矿床少，非金属矿产多金属矿产少，贫矿多富矿少。

截至2014年年底，河北省已发现矿产129种（统计到亚矿种为156种）。其中，有查明资源储量的矿产128种，无查明资源储量的矿产28种。2014年度列入《河北省矿产资源储量表》的矿产88种。88种矿产中能源矿产2种、金属矿产21种、非金属矿产65种。2014年度未列入《河北省矿产资源储量表》的矿产40种。

截至2014年年底，列入《河北省矿产资源储量表》矿产地1433处（含伴、共生产地297处）。其中，能源矿产地164处；金属矿产地826处；非金属矿产地443处。列入《河北省矿产资源储量表》矿产地中，大型200处，中型333处，小型900处。

2. 河北省资源消耗情况。自改革开放以来，河北省经济有了长足的发展，居民收入日益提高，物质文化生活水平得到了前所未有的改善，但是这些繁荣景象的背后却是自然资源的过度开采，极度匮乏和严重浪费，从河北省能耗和全国平均水平的比较来看，河北省的资源消耗一直高于全国平均水平（如表1所示），这种状况已阻碍了河北省经济的持续发展。

表1　　河北省省规模以上工业能耗表

年份	规模以上工业能耗（亿吨标准煤）	全国平均消耗量（亿吨标准煤）	与全国平均水平比较（%）
2012年	2	1.16	+72%
2013年	2.09	1.2	+74%
2014年	2.03	1.37	+48%
2015年	2.03	1.38	+47%

数据来源：河北省国民经济和社会发展统计公报。

（二）河北省生态环境

1. 生态环境基本情况。河北省地势西北高、东南低，呈现出典型的阶梯地貌特征。高原面积24343平方千米，山地面积70194平方千米，丘陵面积9068平方千米，盆地面积22709平方千米，平原面积57223平方千米，湖泊面积4156平方千米。河北省规划林业用地7.39万平方千米，植物种类繁多，有204科、940属、3000多种；地表水资源量约为84.23亿立方米，水资源总量约为194.91亿立方米；湿地资源丰富，类型众多，既有浅海、滩涂，又有陆地河流、水库、湖泊及洼地。

2. 河北省生态环境遭到破坏。前些年河北产业结构不合理，主要集中在钢铁、建材、石化、电力等“两高”行业，其中，钢铁粗钢产量超全国总量的1/4；能源结构不尽合理，能源消费居全国第二位，单位GDP能耗比全国水平高出50%。这样的产业与能源结构，给了环境巨大的压力。“十二五”期间河北省部分区域生态系统自动调节能力较差；水土流失严重，约占河北省面积的25%；生物多样性日益降低，对生态系统健康造成威胁；矿山地形地貌景观破坏、地下水疏干、地面塌陷等问题突出，多年以来河北省森林植被覆盖率低于30%。

二、当前我国保护资源环境的税收体系概况

我国目前还没有专门设置保护环境的税收，保护资源的税收以资源税为主，但现行与环境保护相关的税种在一定程度上也体现了环境保护和资源节约的政策导向。

（一）资源税

对在我国境内开采应税矿产品和生产盐的单位和个人征税。我国1984年开征资源税时主要的出发点是调节资源开发者之间的级差收益，使资源开发者能在大体平等的条件下

竞争，而不是处于保护资源的考虑。经过 2011 年到现在的从价计征改革和矿产资源扩围，保护资源的目的逐步显现。

（二）增值税

对销售自产的新型墙体材料实行增值税即征即退 50% 的政策；对纳税人销售自产的利用风力生产的电力产品，实行增值税即征即退 50% 的政策等。

（三）消费税

对环境造成污染的鞭炮、烟火、汽油、柴油以及摩托车、小汽车等消费品列入征收范围，并对小汽车按排气量大小确定高低不同的税率；对无汞原电池、锂原电池、锂离子蓄电池、太阳能电池、燃料电池和全钒液流电池免征消费税等。

（四）企业所得税

对企业购置用于节能节水、环境保护的专用设备实施所得税投资抵免，对资源综合利用减计计税收入等。

（五）其他税种

房产税、车船税、城镇土地使用税、耕地占用税等税种也有促进环境保护和节能减排的相关政策。

三、保护环境税收体系对河北省的利弊影响（以资源税为例）

2016 年资源税改革主要是对尚未实行从价计征的资源品目，全面推开清费立税改革，对所有适宜从价计征的品目全部改为从价计征，同时将锰矿、锑矿等 30 个税目下放由省级人民政府确定适用税率，适当增设促进资源综合利用的税收优惠政策，逐步扩大资源税征税范围。此次资源税改革的主要意义是有利于理顺政府与企业分配关系，促进资源行业持续健康发展；有利于规范税费关系，减轻企业不合理负担；有利于调动地方发展经济和组织收入的积极性，努力做到因地制宜，精准施策。

（一）资源税改革的积极影响

1. 资源税改革有利于矫正企业经营行为，降低能源消耗强度。此次全面推开资源税改革，解决了企业税费重叠问题，有效降低了企业实际负担，全面清理了相关收费基金，即包括将全部资源品目矿产资源补偿费费率降为零，停止征收价格调节基金，还包括对涉及矿产资源的收费基金进行全面清理。财政部公布税费水平大致平移，此次改革兼顾了企业经营的实际情况和税率水平。但在水资源税改革中，对耗水行业、超计划用水以及在地下水超采区取用地下水，大幅提高了税额标准。水资源严重超采区税额标准为 6 元/立方米（公共供水范围内），是非超采区的 2 倍，是以前水资源费的 3 倍（水资源费设区市城市 2 元/立方米）。严重超采区的特种行业税额标准为 80 元/立方米（公共供水范围内），是一般企业的13倍，更是体现了税收的调节作用和对资源的保护。

河北省矿产资源分布不均，贫矿多富矿少，以及伴生矿多，造成了不少矿山企业乱采乱挖、采易弃难、采富弃贫、采大弃小，这些做法严重破坏和浪费了河北省资源，加剧了经济和资源、环境的矛盾。此次资源税改革后，统一按照精矿或者原矿制定税率，并规定了精矿与原矿的换算比，可以根据资源的品种、品味和开发条件的不同折算成统一的税率。这样就一定程度上统一了贫矿与富矿、易采矿与难采矿的税率，有利于减少对资源的滥采滥挖，减少资源的浪费和破坏。同时又制定了相关的优惠政策，例如，对15年以上的衰竭期矿山，矿产资源税减征30%；对利用废石、尾矿、废渣等提取矿产品的，免征资源税等。这些都鼓励企业节约能源，将资源综合利用，以缓解经济发展带来的日益突出的资源供需矛盾和环境污染问题。

能源消耗强度是一个反映能源利用效率的指标，指的是一个国家或地区单位GDP消耗的能源数量。能源消耗强度体现了一定时期内一个国家或地区每生产一个单位的GDP需要消耗的能源数量，体现了经济活动对能源的利用程度，单位GDP能耗越大，说明能源利用率越低，对能源的依赖程度越高。

表2　　河北省万元工业增加值能耗表

年份	万元工业增加值能耗（吨标准煤）	同比（%）
2012年	1.8	-9.8
2013年	1.73	-8.08
2014年	1.68	-8.71
2015年	1.64	-6.02

数据来源：河北省国民经济和社会发展统计公报。

表3　　河北省资源税收入表

年份	资源税（亿元）	同比（%）
2012年	54.25	+65.6
2013年	56.95	+5
2014年	54.68	-4
2015年	28.48	-47.9

数据来源：河北省公共财政预算收入完成情况表。

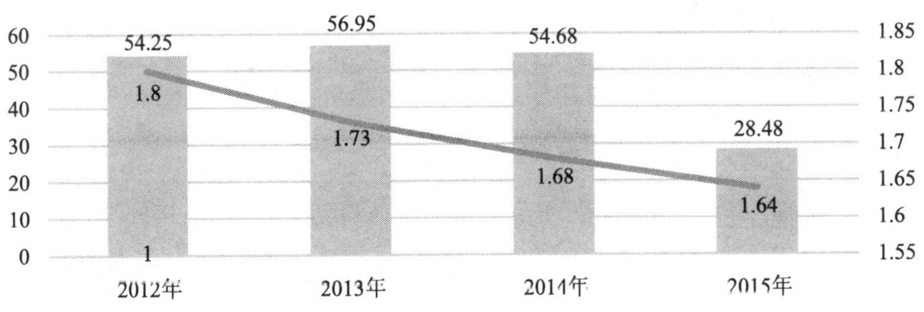

图1　河北省资源税收入与万元GDP能耗关系

自2011年11月1日起，实施了原油、天然气资源税从价计征改革后，河北省2013年资源税有小幅上涨，但万元GDP能耗却出现下降；自2014年12月1日实施了煤炭资源税从价计征后，2015年河北省资源税和万元GDP能耗均出现大幅下降。资源税为从价计征时，如果矿产资源价格下降，企业会迫于市场压力减少开采量；如果矿产资源价格上升，资源税也会随之上升，将企业污染环境、破坏生态和资源的外部成本计算在生产成本和市场价格之内，加重企业的税收负担，使环境污染的社会成本内在化。这样就可以用经济利益来调节矫正企业的行为，进而降低能源消耗强度。

2. 资源税改革有利于政府发挥能动性，统筹发展与生态关系。

（1）权限下放，积极发挥地方政府能动性。资源税是地方税体系的重要组成部分，已成为资源富集地区的主要税收来源。此次资源税改革，矿产品的税率幅度由中央统一规定，授权省级政府在规定税率幅度内根据资源禀赋、企业承受能力等因素，对主要应税产品提出具体适用税率。省级税权的扩大有利于地方政府因地制宜制定相关税收政策，兼顾处理经济发展与组织财政收入的关系，更好地发挥地方政府主观能动性，统筹和保障各方利益。反过来，地方政府主观能动性的发挥也直接影响着改革成效。

（2）征收扩围，助推生态文明建设。资源税的扩围改革，落实了十八届三中全会和生态文明体制改革总体方案中提出的“逐步将资源税扩展到占用各种自然生态空间”的要求，这将有助于构建反映资源稀缺程度、体现自然价值的资源有偿使用制度，有利于形成有效的生态补偿机制，修复资源开采中遭受破坏的生态环境，加大对这些自然资源开发利用的税收调节，进而实现保护相关自然资源和加快生态文明建设的作用，形成资源节约型生产生活模式，建设资源节约型、环境友好型社会。

（3）从价计征，完善政府和市场双向调控手段。资源税可以调节资源开采中的级差收入、体现国有资源有偿使用、促进资源合理开发利用。从价计征可以体现税额标准与供求的关系，可以与稀缺程挂钩，随价格变化而调整。在资源价格上涨时能相应增加税收，价格低迷时又能为企业及时减负。目前在供给侧改革的大背景下，河北省要进行产业结构调整，势必会对资源的需求和供给提出更多、更高的要求。对于那些会造成污染的资源、需要遏制产能的资源，或者比较稀缺、需要加以保护的资源，就会提高企业的税负；而对于那些要鼓励其发展的行业，就会给予一定的资源税减免或其他激励措施，从而对市场起到调节作用。

（二）现行生态保护税收政策存在的问题

1. 生态保护税收体系不完善。我国目前没有形成一个完整的生态保护税收体系，虽然有一些促进节能环保的税收优惠和抑制资源开发的税种，但缺乏完整性和协调性，如增值税、所得税的优惠引导，资源税、消费税的增加成本，都是针对某一项的具体行为，而且相互不连接，不能全面的、根本的实现生态保护的政策目标。

2. 现有生态保护税收政策力度较小。我国大部分税种都涉及生态环保等方面，但涉及面较窄、力度较小，起到的保护作用微乎其微。

（1）资源税征收范围没有全覆盖。改革后的资源税征收范围仍是矿产资源和盐，水资源只是试点，更多的森林、滩涂等资源还没有涉及。

（2）消费税征收范围窄、税率较低。消费税在防止资源浪费方面也只是对一次性木筷、实木地板等征税，一次性塑料袋、包装物等没有列入征税范围，而且税率只有5%，很难起到抑制作用。

（3）耕地占用税税额较低。目前全国耕地占用税税额标准不一，河北省税额标准从8元/平方米到40元/平方米不等，而且还是一次性征收，面对开发商的高额利润，无法起到保护耕地的作用。

（4）城镇土地使用税税额偏低、征收范围较窄。目前城镇土地使用税以固定税额征收，不会根据土地价值的变化而变化，致使税额标准长期落后于土地价值。另外城镇土地使用税没有涉及乡村，致使保护土地资源的作用明显降低。

（5）车购税税率单一。目前车购税税率为10%，对1.6L以下排量减半征收，对新能源车免征，税率单一，没有对豪华车和普通车进行区分，不能完全体现节能环保和引导社会消费的重要意义。

（6）车船税未考虑环境污染情况。我国现行车船税主要是以汽车排量作为征税依据，而汽车的污染程度和油耗量却没有考虑，不能充分发挥车船税保护环境的作用。

（7）城市维护建设税指向性不强。城市维护建设税是专门为维护城市发展和环境治理而征收的一种税，而计税依据却是增值税、消费税的缴纳额，如果增值税或消费税减收，城市维护建设税也随之减收，这样就导致可用于环境治理的资金减少，这种计税依据不能更好地体现税种目的。

3. 税费并存不利于约束机制发挥。目前我国解决环境污染的主要手段就是征收排污费，尽管这项制度对抑制环境污染、修复绿色生态起到了一定作用，但由于收费标准偏低、征收力度不够，难以对污染环境者进行有效的震慑。排污费属于地方收入，中央不参与分配，对资金使用效果缺乏有力的监督，致使排污费在使用上存在挪用、挤占的现象。

四、保护生态环境的税收体系

在党的十八大报告中，生态文明建设上升为党的执政方针。党的十八大以来，习近平总书记的生态思想不断发展，他站在中华民族永续发展、人类文明发展的高度，明确地把生态文明作为继农业、工业文明之后的一个新阶段，指出生态文明建设是政治，关乎人民主体地位的体现，共产党执政基础的巩固和中华民族伟大复兴的中国梦的实现。党的十八届五中全会提出，实现“十三五”时期发展目标必须牢固树立创新、协调、绿色、开放、共享的发展理念。税收作为经济社会的重要调节手段，在生态文明建设中具有重要作用，可以通过强化纳税人的行为，引导企业与个人放弃或收敛破坏生态环境的生产活动和消费行为。同时筹集资金，用于生态环境与资源的保护，对国家的可持续发展提供资金支持。

目前我国环境保护税费体系中具有生态保护功能的两大主体税种为资源税和消费税，耕地占用税、城镇土地使用税、车购税等多个税种为辅助，排污费、林业补偿费、渔业资源费等多项收费并存。为落实绿色发展目标，切实保护“青山绿水”，要建立完善的环境保护税收体系，从而抑制和引导全社会的生产、生活理念。

（一）加快推进环保税立法工作

2015年国务院法制办公布了由财政部、税务总局、环保部联合起草的《环境保护税法（征求意见稿）》，向全社会公开征求意见。2016年，财政部等相关部门进一步修改之后形成草案再度报送国务院。环境保护税以法律的形式出台，标志着我国环境保护领域“费改税”将以立法形式确认固化。征收环境保护税可以通过污染者追求利润最大化的动机，为污染者长期研究与开发治污新办法、新技术提供源源不断的动力，可使污染者自由选择低廉且适合自己的方法，以减少污染。

（二）强化现有税制保护生态作用

1. 扩围资源税，适度调整税额标准。可以先将森林、草原、滩涂等已遭到严重破坏的资源列为资源税的征收范围，逐步推广到海洋、动植物等资源。及时根据资源开采和环境保护情况调整税额标准，适当拉大不同档次资源的税额标准。通过向所有开采自然资源的单位和个人按资源优劣普遍征税的方式，弱化资源税原有的调节级差收益的作用，突出其保护自然资源的功能。

2. 完善消费税。将难以降解、无法回收利用的材料和对环境造成严重污染的产品，以及要淘汰的落后产能产品列入消费税范围，并大幅提高税率。如将一次性塑料产品、剧毒农药、包装物、低质量煤炭、高档建筑装饰材料等列为消费税征收范围。

3. 改革耕地占用税。将计税依据改为耕地的交易价格或者耕地的评估价值，提高税额标准，切实达到保护耕地的作用。

4. 统筹考虑城镇土地使用税。房地产税改革如果合并房产税和城镇土地使用税，就要充分考虑农村和城镇闲置土地情况，提高用地成本，促使节约土地资源。

5. 强化车船税和车购税保护环境的职能。可以根据车船对环境的污染程度和油耗来确定不同的税率。

6. 独立城市维护建设税。将城市维护建设税由附加税改为独立税，使其拥有独立的税基。

7. 增强各税种保护生态的协调性。加强流转税与财产行为税之间的相互配合，对于破坏环境的行为要从行为税和流转税等多重方面予以抑制。如水泥业被河北省列为淘汰落后和化解过剩产能的行业，就要从涉及矿山开采的资源税、厂房占地的城镇土地使用税、销售环节的增值税、消费税和利润核算时的企业所得税等多税种予以抑制，这样才能更好地发挥税收引导作用。

（三）探索适合我国的生态保护税收

目前建立绿色经济是我国的重要决策，税制改革作为经济改革的排头兵，必须要体现国家可持续发展的战略。我国可以借鉴外国绿色税收经验，因地制宜的探索适合我国的税收政策。如荷兰征收燃料税、垃圾税、噪音税，瑞典征收二氧化碳税、硫税，美国对固体废弃物处理征税，等等。

五、结论

绿色发展是增强综合实力和国际竞争力的必由之路。生态环境已成为一个国家和地区综合竞争力的重要组成部分。党的十八届五中全会强调，实现“十三五”时期发展目标，破解发展难题，厚植发展优势，必须牢固树立并切实贯彻创新、协调、绿色、开放、共享的发展理念。

从河北省近几年资源税与经济发展和生态维护的相关数据来看，资源税作为具有环保功能的税种，对保护生态环境确实发挥了很大作用。但是受到税种较多、协调性较差、调节能力较弱等因素影响，还没有形成完善的生态保护税收体系。在“绿色”成为我国发展的理念时，税制改革作为经济改革的先锋队，更是要发挥风向标的作用，进一步建立完善的生态环保税收体系，引导经济发展方向，促进产业结构调整。

（河北省财政厅税政处　邢秋洁　李战强　王伟　王彩云）

支持生态环境建设研究

2016 年度河北省财政科研课题成果三等奖

平泉县位于河北省东北部，是河北省、辽宁省、内蒙古自治区的交界处，总面积 3296 平方千米，是个“七山一水二分田”的山区县。近年来，县委、县政府坚持生态立县战略，围绕建设国家重点生态功能区、京津冀水源涵养功能区，以创建国家园林城市、全国文明城市为抓手，深化生态文明体制改革，创新财政投入方式，推进生态建设与环境保护，全县生态环境持续改善。

一、生态环境建设取得的成效

（一）环境空气质量持续改善

大力推进大气、水和土壤治理，深入开展“减煤、治企、抑尘、禁烧、控车”五大攻坚战，2015 年，县城区环境空气质量优良天数为 247 天，达标率为 67.7%。首要污染物为 PM2.5 浓度均值控制在每立方米 63 微克，空气质量改善率达 11.3%，位列河北省 143 县（市、区）第 14 名，承德 8 县 3 区第 4 名。

（二）水环境质量显著提高

常规断面监测显示，PH 酸碱度、溶解氧、高锰酸盐指数、化学需氧量、氨氮、硫化物等 10 项监测指标达标率均为 100%，断面均达到或优于《地表水环境质量标准》（GB3838—2002）表 1 的Ⅲ类标准。集中饮用水源地水质监测指标 39 项，均达到《地下水环境质量标准》（GB/T14848—93）中的Ⅲ类标准，达标率 100%，与 2014 年持平。

（三）造林绿化工程扎实推进

5 年来累计投入治沙资金 13480 万元、巩退（巩固退耕还林）资金 8767 万元，全力实施京津风沙源治理、巩固退耕还林成果、经果林基地等生态工程，平泉县生态环境状况得到根本改善，先后荣获中国山杏之乡、国家园林县城、国家重点生态功能区、国家生态文明先行示范区、国家创建生态文明标杆县等多项殊荣。目前平泉县林地面积达 287 万亩，森林覆盖率达到 58.3%，成为华北地区最绿的县份之一。

（四）生态经济快速发展

农业产业迅速发展，建成食用菌、设施菜、林果等10亩以上农业园区2455个，园区农产品年产值达74.1亿元，农业产业提供农民人均纯收入7000元以上，占总收入的70%。现代服务业、通用航空、新能源、乡村旅游等生态产业加快发展，“辽、酒、菌、炭、画”五个文化产业园建设取得新成效，欢乐谷、契丹水洞、中国活性炭创意城、油画产业园等一批项目加快推进，完成文化产业投资4.7亿元。着力打造连接京、津、辽、蒙旅游长线上的重要节点，2015年实现旅游收入7.4亿元，被命名为“河北省文化产业十强县”。

（五）城乡面貌日新月异

5年来，累计完成城建投资191亿元，建成区面积达到17.2平方千米，城镇化率达到45%，创建国家园林县城、省级环保模范县城。以中心村建设为重点，实施农村面貌改造提升行动，加大村庄整治力度，平泉县4个乡镇跨入国家级生态乡镇行列，7个乡镇跻身省级环境优美城镇，22个村成为国家或省级生态村。

二、生态环境建设投入方面存在的问题

近几年来，生态建设投入力度不断加大，2015年预算支出大气污染防治、国土江河治理、造林绿化、城市建设及农村面貌改造提升等资金2.9亿元，占全部财政支出的11.2%，比2011年增长了1.6亿元，年均增长22%。但在投入增长的同时，也显现了一些问题，主要表现在：

（一）财政资金投入不足

生态环境建设需要一定的财政资金投入，而资金投入的多少主要依赖于经济发展水平的高低。客观上看，受经济下行影响，2014年平泉县一般公共预算收入9.6亿元，平泉县一般公共预算支出24.9亿元，2015年平泉县一般公共预算收入6.2亿元，而平泉县一般公共预算支出达26.1亿元，收入在减少，但刚性支出在增加。基于财政收支矛盾突出实际，2016年平泉县预算编制在充分保障人员和基本运转支出的基础上，视财力情况并区分轻重缓急统筹安排各项预算资金，重点保障和改善民生，因此，在生态环境建设方面投入很大程度上会受县级财力影响。主观上看，受考核机制影响，一些乡镇部门“重经济增长、轻生态建设”的思想根深蒂固，在生态环境建设方面加大投入动力不足。

（二）资金管理需进一步理顺

近几年来，国家、省市层面加大对生态环境建设投入力度，下拨了大量的专项资金，同时配套制定了相应的专项资金管理办法，要求各级各部门强化资金管理，规范资金使用，确保专项专用。但受项目建设周期、进度影响，一些资金支出严重滞后序时进度，有的资金甚至出现争取来，项目却因种种原因未能实施，导致资金拨不出去。一些专项资金

明确到项目和金额，互相之间不可调剂，导致一些急需项目资金保障不到位。如淘汰黄标车补助资金，目前已累计支出900.4万元，其中上级专款支出350.4万元，县本级垫付550万元。

（三）财政资金投入方式有待创新

目前，生态环境建设项目资金投入部门分散，还不能发挥资金的整体效益和引导效应，多元化投入机制尚未形成。平泉县正处于跨越发展的关键时期，经济社会各项事业、城市建设等重点项目需要大量投入，因此，在用好用足上级补助政策、把有限的资金用在刀刃上的同时，还需要研究如何发挥财政资金"四两拨千斤"作用，通过生态基金、产业发展基金等方式，引导撬动更多的金融资本、企业资本、社会资本参与生态环境建设。

三、财政扶持生态环境建设的对策与建议

生态环境是一个地区综合实力和文明程度的体现，更是一个地区能否实现可持续发展的重要保障。加强生态环境建设，涉及植树造林、防治水土流失、环境保护，还包括建设生态农业、发展低碳环保工业、壮大第三产业，因此，要坚持把生态环境建设与产业开发、农民脱贫致富、区域经济发展相结合，创新财政资金投入方式，广泛动员全社会的力量共同参与，建立和完善财政支持生态环境投入的新机制。

（一）加大财政资金投入力度

鉴于生态环境建设的公益性特点，增加财政资金投入，符合民生财政要求。第一，加大本级财政投入力度。将生态环境建设资金列入财政预算，设立专门预算科目，细化到"类、款、项"级次，全面统筹核算生态建设投入。建立财政投入稳增长机制，生态环境建设投入不低于财政经常性收入增长水平。第二，争取专项资金支持。充分利用平泉县重点生态功能区、环京津地区、滦河流域、国家可持续发展实验区等绿色标签，加强生态"项目库"建设，积极争取国家、省市生态专项资金投入。着力建立生态环境横向补偿机制，加强沟通联系，推进京津水资源补偿、碳排放补偿等，有效补充政府生态投入。第三，建立生态环境资金整合机制。打捆使用财政支持生态建设、工业企业、农业特色产业、第三产业发展中可整合使用资金，按照规划引领、项目依托、突出重点、绩效导向原则，统筹调度使用资金，发挥资金的最大效益。

（二）建立生态投入多元机制

生态环境建设投入是持续的，光靠财政投入远远不够，要不断深化投融资体制改革，建立多元化投入机制。第一，坚持"谁污染、谁治理，谁开发、谁保护，谁受益、谁付费"的原则，明确企业（个人）投入生态建设的主体地位，提高企业（个人）生态环境建设投入的积极性和主动性。第二，出台相应优惠政策，建立税收减免机制等，发挥财政资金和政策的引导作用，引导企业增加生态环境建设的投入。第三，推进森林资源产权交易平台建设，积极搭建生态环境建设的投融资平台，要研究设立针对生态建设的贷款风险

补偿资金，调动金融机构贷款积极性。

（三）推进财政投入方式改革

综合运用财政预算投入、设立基金、以奖代补、贴息、担保等多种形式，变无偿投入为有偿投入，变直接投入为间接引导，更好发挥财政资金放大和撬动作用。第一，在生态环境建设领域引进推广政府与社会资本合作 PPP 模式，鼓励社会资本参与生态项目建设。第二，推进引导股权投资基金运作。建立生态环境建设专项基金，引导社会资金投入生态建设。第三，放大财政加金融的杠杆作用。采取以奖代补、贷款贴息、设立生态贷款、担保、生态建设风险补偿金等多种形式，鼓励金融资本参与支持生态环境建设工程。第四，加大科技创新的支持力度。支持与高校、科研院所、专家学者等科技智力资源的对接，运用科技手段，加大科技成果转化和推广力度，推动产业转型升级，发展绿色、低碳、高效、节能产业，破解生态环境建设中的难题，提高科技支撑能力，放大财政投入效果。

（四）加强资金使用绩效监督

对生态环境建设资金的使用管理过程及其效果进行监督、考核与评价，提高财政资金的使用绩效，确保资金用在刀刃上。第一，制定资金使用绩效指标。财政部门作为预算编制部门，要以绩效预算管理改革为契机，积极协调配合林业、水务、环保等部门编制生态环境建设项目资金预算计划，提出资金使用意见建议。科学确定工作活动和预算项目，精准设置绩效目标指标，做到准确、量化、可评价。第二，加强项目建设资金管理。对建设单位的建设资金筹集、调度、使用实行规范化管理，坚持专项资金使用廉政承诺制度，通过下发督办函、现场督导检查等方式，加快支持进度。严格按照专项资金管理要求验收报账，按工程进度拨款，做到专款专用，专户管理。第三，加强资金使用绩效评价。财政部门要牵头建立部门自评、财政重点再评价和第三方独立评价相结合的绩效评价机制，围绕生态环境建设资金使用和管理情况开展绩效评价。强化绩效评价结果应用，建立绩效评价结果与预算安排挂钩机制，将绩效评价结果作为安排预算资金、建设资金使用投向的重要依据。

（平泉县财政局　王力　卢丙文　李保全）

第四部分
支持民生事业发展系列研究

关于我市解决入园难、入园贵的调研报告

2016 年度河北省财政科研课题成果二等奖

目前石家庄市市内五区（长安区、桥西区、新华区、裕华区、高新技术开发区）民办幼儿园共有 196 所，占主城区幼儿园总数的 63%。公办幼儿园少，公共教育资源稀缺，入园难；民办幼儿园月收费平均 1100 元，最高达到 3300 元/月，入园贵。为解决这一难题，石家庄市财政局积极创新财政投入方式，大力推行政府购买服务，把购买主城区民办普惠性幼儿园服务作为 2016 年财政教育重点工作。

一、摸清底数，合理划定补助范围

随着城镇化步伐不断加快，以及大量外来人口向主城区聚集，幼儿入园需求也不断加大，但是由于公办幼儿园数量少，新建小区配建幼儿园普遍存在的“应建未建、建后不交”等问题，主城区“入园难”、“入园贵”的矛盾日益突出。针对上述情况，我们通过深入走访调研，多次召开由民办老师、学生家长参加的座谈会，对民办幼儿园运行成本进行了测算，在摸清民办园底数的基础上，决定推行购买主城区民办普惠性幼儿园服务。购买服务的范围为占主城区民办幼儿园 70% 的月收费在 500—1200 元之间的幼儿园。

二、结合实际，科学制定购买方案

在调研的基础上，石家庄市财政局研究起草了《石家庄市普惠性民办幼儿园认定及财政扶持管理实施办法（试行）》，并以市政府名义印发执行，决定从 2016 年起推行政府购买民办幼儿园服务，纳入政府补助范围的民办幼儿园统称普惠园。第一，以 2015 年实际收取的保教费为基数，实际收费在 1000—1200 元（含 1200 元，不含 1000 元）的普惠园，政府补助 250 元；实际收费在 750—1000 元（含 750 元和 1000 元）的普惠园，政府补助 300 元；实际收费在 500—750 元（含 500 元，不含 750 元）的普惠园，政府补助 250 元。第二，对在民办普惠性幼儿园接受家庭经济困难幼儿、孤儿、残疾幼儿的资助经费标准，由原来的 900 元提高到 2000 元/生・年。第三，为调动民办幼儿园参与政策的积极性，民办幼儿园参加分类评定每升一个等级，政府一次性给予 10 万元的扶持补贴。第四，已达到城市一类及以上等级并办园规范运行良好的民办幼儿园，次年给予 6 万元/年的扶持发展资金。

三、加大投入，确保惠民政策落地

2016年市、区两级财政共投入2036万元，其中市、区各负担一半，启动购买主城区民办普惠性幼儿园服务试点工作。

《中国财经报》4月9日第四版，《河北日报》3月31日第三版，《石家庄日报》3月29日第二版分别对石家庄市购买主城区民办普惠性幼儿园服务宣传报道，在2016年5月河北省财政亮点工作会上，此项工作作为第一个发言。

通过政府购买普惠园服务，一方面，可以使民办幼儿园能为老百姓提供普惠性学前教育服务，从而扩大普惠性学前教育资源，有效缓解入园难和入园贵的问题，切切实实让老百姓得到了实惠；另一方面，通过加大扶持奖励力度，以及提高民办普惠性幼儿园家庭经济困难幼儿、孤儿、残疾幼儿资助标准，可以使每个受资助的幼儿不因贫困而辍学，同时也加快了民办幼儿园提档升级步伐，为幼儿接受良好的教育创造了条件，促进了民办幼儿园的持续健康发展。

（石家庄市财政局　尤杨　史颖馨）

如何处理好民生提标与持续保障关系研究

2016年度河北省财政科研课题成果二等奖

当前，在我国经济建设取得巨大成就的同时，农村经济依然处于凋敝状态，城乡贫富差距日益扩大，社会不公平日益严重，阻碍了农民向城镇市民的转变。如果任其发展下去，超过一定限度时势必会产生系统性风险，危及国家政权稳定。为此，党的十八大明确提出，要让发展成果更多更公平地惠及全体人民。按照党的十八届三中全会关于全面深化改革的总体部署，在全面建成小康社会的决定性阶段，必须紧紧围绕更好保障和改善民生、促进社会公平正义深化社会体制改革，推进社会领域制度创新，推进基本公共服务均等化，建立更加公平可持续的社会保障制度。加快推进社会保障领域的制度改革和创新，应准确把握新形势新要求，明确改革的基本原则和主要任务。

各项社保制度已运行多年，当前农民是否还看不起病？会不会因病致贫？他们的养老问题怎么解决？是否实现老有所养？城乡困难群众是否得到救济？基本生活能否得到保障？带着这些疑问，为找准制约社会保障事业发展中的“瓶颈”，我们结合涉县社会保障工作的现状和实际，积极探索财政支持社会保障体系建设的新思路、新办法。

一、不断完善社会救助和社会福利政策体系

推进依法救助，建立健全政策措施，规范社会救助和社会福利的各项工作，“十二五”期间涉县的社会救助制度和社会福利政策得到了进一步的完善。

（一）按照《河北省社会救助实施办法》，实行依法救助

涉县按照《河北省社会救助实施办法》规定推动职能部门进一步完善救助政策，努力推进建立保民生、托底线、救急难、促公平的社会救助体系，更好地保障了困难群众的生存权益，有力地促进了社会稳定和公平正义。

（二）规范最低生活保障制度，提高工作水平

最低生活保障制度，是社会救助体系中的基础性救助制度。涉县完善低保标准确定机制和管理制度，调整困难群众价格补贴发放范围和补贴计算发放办法，切实减轻物价上涨给困难群众生活带来的影响。制订《涉县最低生活保障资金管理办法》，规范低保资金的筹措、分配和使用管理。

（三）完善医疗救助制度，扩大救助面

先后制订多个医疗救助政策，对医疗救助制度做出重大改进。扩大了医疗救助的对象范围，增加覆盖面，提高救助力度。实行按医疗费用救助，取消救助病种限制，降低救助门槛，救助政策更加公平。

（四）全面建立临时救助制度，织密社会救助安全网

按照《涉县临时救助办法》，财政足额安排预算，涉县全面建立临时救助制度，对遭遇突发事件等特殊原因导致基本生活陷入困境，其他社会救助制度暂时无法覆盖或救助之后基本生活暂时仍有严重困难的家庭或个人，给予非定期、非定量的生活救助。临时救助的建立，进一步完善了社会救助体系，托住了社会救助体系的网底。

（五）实施各项扶持政策，推进养老服务业发展

财政部门根据《河北省人民政府关于加快发展养老服务业的实施意见》，会同相关职能部门相继出台了支持养老服务设施建设、发展民办养老服务业和养老服务补贴的政策，有力地推动了涉县养老服务体系建设，提升了涉县养老服务能力和水平。

（六）拓展保障对象范围，健全儿童福利保障体系

2011 年以来，涉县出台了多项加快发展儿童福利事业发展的政策措施，保障孤儿、困境儿童基本生活，重点讲事实上无人抚养困境儿童以及困难家庭的重度残疾、患重病和罕见病儿童纳入儿童福利保障范围。

（七）健全制度，构建残疾人社会保障体系

涉县继续深入实施残疾人共享小康工程，调整完善残疾人基本社会保障制度，出台贫困残疾人生活补贴、精神残疾人免费服药制度、残疾大学生奖励、支持残疾人就业政策，全面实施残疾儿童抢救性康复项目，扩大托养工程范围，推进残疾人托养设施建设、残疾人基本生活保障和服务体系不断健全。

二、加大社会救助和社会福利支持力度

涉县财政部门积极调整支出结构，加大财政资金投入力度，增加社会救助和福利保障资金，社会救助成效明显，福利事业得到快速发展。

（一）坚持城乡统筹，全面提高社会救助水平

通过积极采取强化基础、创新机制，加大投入等系列举措，社会救助整体水平稳步提高。第一，城乡居民最低生活保障水平稳居河北省前列。2015 年涉县城乡低保平均标准为每人每月 495 元和 230 元，比 2010 年分别增长 73% 和 124%。逐步缩小城乡低保标准差距，农村平均低保标准已达城市标准的 87.3%。2011—2015 年，涉县累计支出低保资金

17460 万元，惠及困难群众 117 万人次。第二，医疗救助水平稳步提升。救助对象基本覆盖了全社会的困难群体，救助比例和年度救助封顶线逐步提高，全面取消低保救助门槛。2011—2015 年，救助困难群体 30000 余人次，涉县安排救助资金 3250 万元。第三，临时救助力度加大。涉县普遍实施临时救助，开展“救急难”试点。2011—2015 年，救助临时性、突发性困难群众 53468 人次，涉县共支出临时救助资金 6848 万元。

（二）逐步提高重点人群的社会福利服务保障

涉县不断拓展社会福利保障范围，增加保障项目，提高老年人、儿童、残疾人福利保障水平。第一，政府托底、分类服务。对涉县 30 000 城镇“三无”和农村五保老人，全部由政府供养，集中供养率达 97% 以上。对低收入家庭中的失能、失智老人和高龄、独居老人，政府为其提供养老服务补贴，党的“十二五”涉县有 51000 老人享受到政府提供的养老服务补贴，共发放养老服务补贴 2.7 亿元。第二，社会养老服务体系基本健全，到 2015 年年底，共有养老机构 23 家，机构床位 3680 家，位居河北省前列。涉县城乡社区居家养老服务照料中心 122 个，基本覆盖县城社区和大部分农村社区。2011—2015 年，涉县各级政府安排用于养老服务设施建设资金 3480 万元。第三，推进适度普惠的儿童福利制度。目前，涉县儿童福利事业的保障面从孤儿救助养育向生活养育、医疗康复、特殊教育、就业培训等多方面转变；保障对象从机构集中养育的弃儿、孤儿等逐步拓展到社会散居孤儿、事实无人抚养困境儿童和贫困家庭重病、重残儿童、流浪儿童等众多对象。到 2015 年年底，涉县已建有儿童福利机构 7 家，儿童床位 1120 张，儿童福利指导中心 7 家。第四，残疾人福利保障水平稳步提高。全面实施残疾人共享小康工程，共有 11000 名残疾人单独施保、全额补助，为 1360 名残疾人提供助名、助听、助行康复服务，为 250 名残疾儿童提供抢救性康复；为 3600 名重度残疾人提供托（安）养服务，为 268 名劳动年龄段智力、精神及其他重度残疾人提供庇护照料服务。实现残疾人按比例就业 86 人，个体就业 198 人。推进残疾人服务实施建设，增强残疾人康复和护理服务能力。2011—2015 年涉县共支出残疾人福利相关补助资金 2618 万元，惠及残疾人 4918 人次。

（三）提高社会救助和福利资金使用绩效

社会救助和福利资金的安排使用政策性强、社会关注度高。近年来，涉县财政部门加强对社会救助和福利资金的使用管理，努力提高使用效益。第一，加大社会救助和福利资金的整合力度，以绩效为导向，按因素法进行分配，推进资金使用的绩效评价。第二，加强对社会救助和福利保障对象的管理，全面建立社会救助家庭经济状况核对机制，加强社会救助和福利的管理信息系统建设，提高社会救助和福利保障的精准度。第三，推动社会救助和福利服务方式创新，在社会救助和福利领域引入政府购买服务，提高服务保障的质量和效果，更好地满足保障群体的需要。

（四）社会保障标准不断提高

2016 年，涉县把保障和改善民生放在突出位置，加大政策倾斜和资金投入力度，全面落实各项社保政策，健全完善社保制度体系，养老、医疗、社会救助、特殊群体保障等全方位提标扩面。不断加大改善民生财政性支出的同时，全面建立社会救助保障标准与经济发展水平、物价上涨“双联动”机制，提高城乡低保、城市“三无”人员、农村“五保”保障标准，城乡低收入困难群众基本生活水平得以进一步改善。2016年，涉县城乡居民养老保险平均待遇支出每人每月85元，涉县城镇职工基本养老保险、新农合实际报销比例分别为77.92%和67.3%，分别较2011年增长4.96%和32.93%，涉县城市居民医保平均实际报销比例是77.24%，较2011年增长8.04%。社保标准大幅提高，进一步提高了广大群众共享经济发展成果的水平。

三、农村社会保障制度存在的主要问题

（一）本级财政投入明显不够

目前，由于财力的限制，涉县社保资金财政投入与经济社会发展、与困难群众的要求还不完全适应，财政对社保的投入占经济总量的比重还不够高，特别是本级财政对社保的投入仍显乏力，各年份之间财政投入水平增幅不大，上级财政仍然是社保投入的主要来源。

（二）社保投入结构不尽合理

中央和省级每年转移支付用于各项社会保障资金的刚性要求较严，未能充分考虑城乡差距、保障对象规模、贫困程度。尽管涉县每年财政投入每年不断增长，多是被动落实执行，主要表现是城乡之间不平衡，农村贫困面大，困难群众数量多，中央和省级对农村地区投入却相对较少，制约了农村地区社保标准的进一步提高。

（三）救助标准制定不够科学规范

各项社保标准的调整和消费价格指数还做不到及时联动，特别是近几年来消费价格指数的长期高位运行，虽然每年都对社保标准逐年进行调整，但受多种因素的制约，不同群体之间救助政策差异较大，难以较好地满足特困群体基本生活需求，部分困难家庭生活改善步伐与经济社会发展难以实现同步。

（四）救助资金基础管理薄弱，监管相对乏力

社会救助职能分散于多个部门实施，救助资金分配直接关联老百姓的生存、就业、医疗、住房、教育等多个方面，点多面广，情况复杂，资金监管难度较大。目前，随着家庭收入来源的日益多元化，准确鉴定救助对象的难度更大，再加上救助政策宣传不到位，基层救助管理人员偏少、救助政策掌握不准以及相关部门对救助资金动态监管手段和措施不能及时跟进，仅限于事后监督等多种因素影响，致使一些救助资金不能及时发给需要急于救助的群体，存在结余结转一定救助资金的问题。

四、继续推进全县社会救助工作和福利事业发展，做好持续民生保障

坚持共享发展理念，补短板，兜底线，推进建立更加公平、可持续发展的社会救助、

福利制度，让社会更加和谐、稳定，让困难群众在共享发展中有更多的获得感。

（一）进一步完善社会救助制度

做好社会救助和其他社会保障政策之间的协调和配合，推进各项救助政策之间的衔接和整合，减少低保福利捆绑和救助的悬崖效应，推进差别化救助。进一步完善困难群众基本生活救助政策，研究支出型贫困的社会救助政策和救助方式，做好与扶贫政策的有效对接。研究完善最低生活保障等社会救助标准的确定机制，继续加大社会救助力度。积极推进减灾防灾体系建设，做好自然灾害的生活救助。

（二）积极推进社会福利供给侧改革

加大财政投入，推进养老服务业的发展，进一步提升托底型养老，扩大普惠型养老，推动养老产业化，全面建成以居家为基础、以社区为依托、以机构为支撑覆盖城乡的养老服务体系，不断满足老年人多样化的养老需求。采用多种方式支持特困人员供养、残疾人康复、托养服务设施的建设和营运，提升服务保障能力。

（三）继续推进社会福利保障制度建设

促进残疾人事业持续发展，实施困难残疾人生活补贴制度和重度残疾人护理补贴制度，推进残疾儿童基本康复服务，支持和促进残疾人事业，提高残疾人保障水平，推进涉县残疾人全面小康进程。继续完善儿童福利保障政策，会同相关部门统筹推进困境儿童、农村留守儿童关爱服务体系建设。

（四）创新社会保障资金的投入方式，实现财政投入与社会资金的高效融合使用

构建新型城乡社会保障体系是一项复杂、长期的系统工程，随着救助标准和补贴水平的不断提高，仅靠财政单方面投入是远远不够的，财政资金投入的方向和比例在进一步做结构性调整的同时，还应通过鼓励引导社会资金合作投入和贴息补助等渠道，发挥社会力量在承担社会救助服务和自愿捐助上的重要补充作用，让社会救助资源充分发挥其最大效益。

（五）加大资金统筹力度，努力构建城乡社会保障管理工作的综合协调机制

以政府为主导，适当归并各级各类救助资金，以资金整合带动制度整合，有效解决救助项目多、散、杂、碎及政策差异等问题，依托统一的救助服务平台，部门之间相互联动，整体实施。民政部门具体承担社会救助工作的组织实施、综合协调、督查督办，通过困难群体基础数据和专业技术手段为其他部门的救助工作提供支持，其他相关部门依法履行好各自职责，实现社会救助工作对接无缝、管理科学、运转高效。

（涉县财政局　刘树廷　李慧风　康艳云）

关于公立医院改革财政补助资金绩效综合评价的思考

2016年度河北省财政科研课题成果二等奖

公立医院综合改革是当前医疗卫生体制改革的重点和难点，财政补助资金是整个改革的重要物质支撑。开展好财政补助资金使用效果绩效评估，对落实政府投入责任、推进改革落地生根、实现公立医院良性可持续发展具有重要现实意义。本文结合实际唐山市市级公立医院实际，对评价的必要性、现实操作方法和结果应用途径等进行初步探讨。

一、开展公立医院综合改革财政补助资金绩效综合评价的必要性

（一）开展财政补助资金绩效综合评价是公立医院综合改革的重要内容

《国务院办公厅关于城市公立医院综合改革试点的指导意见》明确要求，“建立以公益性为导向的考核评价机制”，“定期组织公立医院绩效考核以及院长年度和任期目标责任考核”。财政补助资金是公立医院取消药品加成后的重要收入来源，是实现公立医院公益性的资源依托。这一资金的使用效果直接关系公立医院改革目标的实现程度，既是整个改革效果的集中体现，又是改革一项必不可少的内容。

（二）开展财政补助资金绩效综合评价是建立医院合理激励约束机制的必要条件

改革前，由于财政补助目标不明确、力度不够，以药养医现象普遍存在，形成医院开大处方、过度用药、过度检查的不合理利益导向，导致群众“看病贵”问题愈演愈烈。此次改革的重要一点，就是破除公立医院的逐利机制，改变以药养医现状。通过财政加大投入，将公益性实现程度与补助资金额度挂钩，逐步改变公立医院收入结构，引导医院强化公益属性，切断医院和医务人员与药品间的利益链条，建立以公益性为导向激励约束机制，确保医改总体目标实现。

（三）开展财政补助资金绩效综合评价是实现医院管理持续改进的重要抓手

财政补助资金对提高医院诊疗水平和管理水平，改善人民群众就医条件和就医体验具有重要作用。对资金应用效果开展绩效评价，就是对医院利用资金情况的评价，同时也是

对医院资金和项目管理的评价，有利于发现医院管理的薄弱环节，有利于医院有针对性的改进工作。特别是评价结果与下年度资金安排挂钩，有利于建立医院管理持续改善的外部促进机制。

二、公立医院综合改革财政补助资金绩效综合评价的现实途径和方法选择

（一）财政补助资金综合评价范围界定

按照改革方案要求，财政补助资金评价应涵盖所有享受补助的医院。

按照功能定位不同，财政补助资金评价重点也各有侧重：

1. 专项性补助。主要指财政部门根据轻重缓急和财力状况，对设备购置、医院基本建设和重点学科建设、人才培养等，在每年预算中适当安排补助资金，支持医院改善就医条件、诊疗水平和促进人才培养。

这一部分主要针对专项任务设定具体目标，与其他财政资金项目评价方法大体一致，不再展开讨论。

2. 政策性补助。主要是对城市公立医院承担公共卫生项目、指令性工作任务和部分公共卫生专科医院等给予补助。如承担的传染病、精神病、结核病防治和妇幼保健等公共卫生项目，承担的救灾、援外、支农、支边、支援社区等指令性任务，由唐山市财政给予专项补助或定额补助。

这部分主要是根据任务目标及其完成的数量、质量、时效等情况，设定绩效目标，进行采集数据，开展评价工作。

应该说，上述每一项评价都是公立医院财政补助资金评价的重要内容，但任何一个单项都不足以概括公立医院补助资金的整体使用效果。我们知道，财政资金的核心是公益性，公立医院的核心也是公益性，上述任何单个项目目标设计，都无法充分涵盖整个医院公益性的实现程度，更无法评价资金的整体使用效果。为此，必须紧扣公益性实现程度，将上述目标、指标进行有效整合，同时加入医改关于取消药品加成等约束性指标纳入评价范围，建立一整套系统性评价指标体系，才能准确完整的说明资金使用的整体绩效。再概括一点说，就是要树立总体观，将公立医院改革主要目标实现程度，纳入财政资金绩效评价范围，才不会只见树木，不见森林，才有利于建立科学合理的评价体系，才有利于最大限度发挥财政资金的导向作用，促进医改总体目标有效实现。下面围绕这一要求，就具体指标选取、数据采集和工作组织等问题展开讨论。

（二）评价指标的选取

1. 指标选取原则。财政补助资金绩效评价指标选取，除考虑全面性、重要性、相关性、成本效益性等通用指标选取原则外，更要结合医疗行业特点，围绕医改总体目标要求，充分考虑以下方面：

第一，统筹好外部公益性和内部激励性的关系。从医院外部看，医改的重要目标是实现公立医院的公益性，更好满足人民群众就医需求，但是应当看到群众就医需求是有层次

性的，公共医疗资源的有限性决定了保障程度的局限性，保障重点只能是人民群众的基本医疗需求，常见病、多发病、以较小投入涵盖较大受益群体的公共资源投入，应该得到重点倾斜。从医院内部看，单个医生在实现自身职业价值的同时，也会追求自身经济利益的更大化，这种利益需求也必然会向所在科室和医院传导。如果无视这种要求的存在，必然会影响一线医务人员的积极性；如果过度放任，则会导致医院继续走入利益寻租的“改革陷阱”。为此，科学统筹二者关系，一方面要将万元医疗收入中药品占比、卫生材料占比、大型检查占比等列入约束性指标，减少利益驱动造成的“过度医疗”；另一方面将诊疗费等技术劳务性收入占比和患者满意率等列为激励性指标，体现对医务人员诊治水平、智力成果的肯定。此外，探索建立以按病种为主、按照人头和服务单元等为辅复合型付费模式的评价方法，将按照临床路径管理病例数占公立医院出院病例数列为约束性指标，更好地引导医务人员降低单病种费用，从而降低群众就医负担。

第二，统筹好专业信息非对称性和病人选择自由性的关系。医疗本身专业性决定了信息的非对称，医生掌握了更多信息，处于更为主动的地位，患者则不得不通过投诉等形式解决医患纠纷。同时，当医疗作为一种资源进入社会，患者作为单个主体拥有选择权，在这方面患者的主动性更多些。二者相互作用，医院的患者口碑成为重要评价内容。患者满意率、医疗投诉发生率、医患矛盾院方责任分担率等可考虑列入评价指标。

第三，统筹好医院服务能力和费用控制的关系。以较小成本提供较好服务，是公共服务追求的目标。提供医疗服务是医院的最基本职能，每年门（急）诊患者人次、出院患者人次、三级以上医院住院手术人次等应列入考核，以体现每所医院每年度公共服务提供量。同时，还可以将上述人次乘以对应人群调查满意度，作为有效人次与上年进行对比评价。此外，对医院承担预防接种、120 急救等公共卫生事务也应纳入服务能力考核。同时，为体现减轻患者负担，门（急）诊患者次均费用、住院患者次均医药费用等都是重要指标，参保患者住院实际费用平均报免率也能较好体现患者受益程度。

2. 指标具体设定建议。根据上述分析，结合唐山市城市公立医院实际，建议将考核指标分为社会效益、医疗服务、综合管理和持续发展四大类，每类下面再分设具体指标。

社会效益指标可包括：体现服务对象总体评价的患者满意率；体现费用控制水平的门（急）诊患者次均医药费用、住院患者次均医药费用；体现公卫职能的预防接种率、院前急救发车率以及支农、支边等指令性任务完成率等；体现医保患者受益程度的参保患者住院实际费用平均报免率等。

医疗服务指标可包括：体现医疗服务提供数量的出院患者人次、住院手术人次、门诊患者人次等；体现医疗质量管理的手术患者围手术期住院死亡率；每万名出院患者医疗纠纷赔偿发生比例；每万名出院患者热线投诉发生比例等。

综合管理指标可包括：体现收入结构控制的药品收入占业务收入比例、卫生材料收入占业务收入比例、检查化验收入占业务收入比例等约束性指标；体现支出结构控制的人员支出占业务支出比例、管理费用支出占比、百元收入消耗卫生材料等；体现成本核算控制的百元医疗收入成本、万元固定资产平均服务量等；体现床位效率的平均住院天数、病床使用率等；作为取消药品加成的内容，药品购销价比、网上采购率、基本药物占比等可作为考核指标；针对部分医院过度举债问题，将资产负债率纳入考核，可抑制部分医院扩张冲动；此外，落实分级诊疗、引入 DRGs 等可考虑纳入评价。

持续发展指标可以包括重点专科、重点学科、核心期刊论文数量、高级职称人数等。

3. 指标权重和指标标准值的确定方法。指标权重可以考虑根据重要程度分别赋权，采取系数换算方法，加权取得总分，这也是最常用的方法。部分地区采用 SPSS 统计软件，根据不同指标对总体影响程度，实现自动赋权，更为科学，但由于专业性较强和篇幅所限，不再展开讨论。

指标标准值选取，对于公立医院综合改革有统一要求的，按照文件要求确定；对于没有统一要求的，可考虑使用行业标准或同类医院平均值；对于横向同类标准难以获取的，可考虑以该医院上年该项指标水平或前三年平均水平确定。在具体方法确定时，应本着科学合理、激励约束、各方认可的总体原则进行选取。

4. 指标数据的采集要求。数据采集是考核的重要环节。卫计委应当会同相关部门建立城市公立医院综合改革监测制度，必要时委托第三方专业机构，根据卫生财务年报数据、随机抽查数据等，对医院主要绩效指标进行定期数据采集和量化分析，认真研究医院改革成效、困难问题及其成因，提出解决意见，并定期向社会公布监测结果。

（三）评价工作组织程序建议

1. 医院自评。城市公立医院对照资金评价办法及其评价指标开展自查，对发现的问题及时改进，形成自查报告，报主管部门。

2. 综合考核。由卫生计生委、财政、人社、发改（物价）等部门按照职责分工，落实考核责任。在运用信息技术采集绩效考核相关数据的基础上，综合运用现场核查、专题访谈及问卷调查等手段，进行综合分析、评判，分别形成部门考核结论，由主管部门牵头汇总，报财政部门确认，形成考核结果。

3. 反馈运用。医院根据考核结果，对存在的问题进行整改，形成整改报告，反馈主管部门和财政部门。财政部门会同主管部门根据考核结果，研究确定下年度补助资金分配建议，报同级政府和人大审批。

三、公立医院改革财政补助资金绩效综合评价结果的应用建议

财政补助资金绩效考核结果，既是资金使用效果、改革现实成效的具体体现，又是下一步分配资金、落实奖惩、完善管理的有效抓手。建议重点要落实好“三个挂钩”：

（一）与财政资金分配挂钩

考核结果作为本级财政对医院分配改革补助资金的主要依据。每个公立医院财政补偿总额，参照上年度财政补偿情况，略有调整。考评合格的，可获得全额绩效补偿资金；若高于平均分值，可按分值给予适当奖励；若低于平均分值的，可视情况按分值适当扣减。

（二）与医保“支付总额”挂钩

围绕医保与医改有效联动，建立健全医保经办机构和定点医院间的谈判协商机制和风

险分担机制，逐步推行医保基金总额预算和资金预付制度。根据绩效综合考评结果，确定医保资金预付比例，增减医保支付预算总额，既缓解医院资金压力，又激励医院落实改革要求。

（三）与医院领导班子考评挂钩

考核结果作为医院领导班子考评的内容，将整改列入医院领导班子下年度责任目标项目，突出评价工作的严肃性，发挥好评价工作导向作用，推进各项改革目标有效落实，确保财政资金发挥最大效益。

（唐山市第二医院　陈滢）

探索利用 PPP 模式推进古冶区保障性安居工程建设研究

2016 年度河北省财政科研课题成果二等奖

住房是居民生活的必需品，是建设和谐社会的重要因素。随着社会的不断发展，许多城区原有的建筑日渐陈旧，功能已不能满足社会生活的要求。在一部分人群已经居住在舒适、健康环境中的同时，还有一部分人群居住在建成区范围内、房屋质量差、使用时间长、人均建筑面积小、平房密集度大、交通不便利、基础设施配套不完善、治安和消防隐患大、环境卫生脏、乱、差的棚户区里。在有着百年煤炭开采历史的唐山市古冶区民间有着这样一首小诗“古冶煤区多棚户，十万百姓在里住，秋有蚊虫冬又冷，春夏有雨起泥污。政府统筹抓整改，多元投资劲力足，昔日旧貌换新颜，民众乔迁享幸福。”这说明棚户区恶劣的生活环境，不但不利于居民生活质量的提高和生活方式的改善，同时也严重影响了市容市貌，制约城市整体的发展。为了改善棚户区居民的居住环境，促进社会和谐发展和城市合理建设，保障性安居工程的相关问题逐渐受到重视。在过去 6 年时间中，唐山市古冶区坚持把棚户区改造与人民群众生活改善、城市面貌改造提升、区域经济转型发展有机结合，使一座百年煤都发生了历史变迁，焕发出了新的生机与活力。

唐山市古冶区保障房与棚户区改造建设任务艰巨、资金压力大，需要创新方式，运用国际上成熟的政府和社会资本合作（PPP）模式，吸引社会资本参与。运用 PPP 模式推进保障房建设具有可行性：一是有利的政策导向；二是良好的运作基础；三是相对稳定的投资回报。根据我国现状，本文提出对于新建公租房可以试行“建设—运营—转让（BOT）模式”、融合共有产权的“建设—运营—出售（BOS）模式”、房地产信托投资基金模式（REITs）和住房合作社模式；对于某些闲置房源可以实行收储模式；设立保障房 PPP 引导基金。完善相关的配套政策相关的法律法规、设立专门 PPP 协调机构、完善土地政策、财税政策和金融政策，全面推进保障房建设，加快实现住有所居的目标。

当前，对于棚户区改造安置住房、廉租住房、公共租赁房等保障性安居工程，由于其收益较低，很难吸引社会资本，多由政府部门管辖的住房保障中心或者平台企业负责运营和建设，资金主要来自各级财政。而政府财力十分有限，需要创新体制机制，加大吸引社会资本力度。作者认为，在保障房领域运用 PPP 模式可减轻地方政府财政压力，提高公共服务的保障水平。

一、绪论

（一）选题背景

棚户区改造不只是简单的拆迁和改造，它涉及计划编制、拆迁、建设、回迁安置等诸多环节，是一个极其复杂的系统工程。棚户区改造过程受很多不确定因素影响，牵涉多方利益，改造周期长，同时需要大量的资金支持。据相关统计，2007—2011年，中央政府共投入资金730亿元进行棚户区改造，其中对中西部财政困难地区补助资金超过90%。截至到2014年底，中央财政已投入1300多亿元用于2014年棚户区改造。虽然中央每年都投入大量的资金进行棚户区改造，但根据各地汇总统计，全国仍有1400多万户需要棚改。前住建部副部长齐骥表示，这1000多万套改造难度很大，可以说是“硬骨头”。这意味着，与之前的棚户区相比，该部分棚户区的改造将面临更大的挑战，其中一个最大难题就是资金。因此，为了解决棚户区改造的资金问题，必须打破棚户区改造资金瓶颈，拓宽项目融资渠道，寻求多样化的融资模式。但目前，棚户区改造仍以财政拨款为主，由于棚户区改造项目具有较大的社会性和公益性，私人企业因追逐利益，参与度较低，导致棚户区改造的资金来源较小。同时，棚户区改造的中低收入群体大，安置住房及周边配套设施建设压力大，给政府造成了极大的财政负担。因此，寻求棚户区改造项目建设的资金来源渠道，让更多的投资者参与其中，解决居民住房和生活问题十分必要。

PPP是Public - Private - Partnership的缩写，是“政府和社会资本之间的一种合作模式”，PPP模式在我国主要应用于基础设施项目的建设，并在很多项目中都发挥了积极的作用。作为一种新型的融资和建设管理模式，PPP模式允许社会投资者进入住房建设领域。棚户区改造是国家继廉租房、经济适用房制度之后，加大保障性安居工程建设的又一重大部署。根据许多国家在公共住房的实践经验以及我国的实际情况，将社会资本引入保障性住房项目较为可行。但实践中将PPP模式运用于保障性安居工程存在较大的困难和问题，导致目前运用情况较少。因此，探讨如何将PPP模式引入古冶区保障性安居工程并发挥其作用具有很大意义。

（二）研究意义

保障性安居工程中棚户区改造的目的是改造城镇危旧住房、改善困难家庭住房条件，是我区政府推出的一项民心工程。它不仅是经济问题，同时关系社会民生和政治大局，对提高人民生活质量，带动经济发展和城市建设，促进社会稳定、和谐都具有十分重要的意义。

第一，棚户区改造有利于带动经济发展。棚户区改造的实施，可以促进居民消费，带动社会投资，提高当地的经济效益，对地区经济能起到一定的带动作用。同时能够扩大社会就业，是惠民生、扩内需、保稳定的重要结合点。

第二，棚户区改造有利于推动城市建设。棚户区环境问题和安全问题突出，群众的正常生活受到影响，不利于城市的现代化建设。棚户区改造的实施，对土地的集约利用，城市环境的改善，城市形象的提高都能起到推动作用，有利于促进城市健康发展。

第三，棚户区改造有利于促进社会和谐。住房问题是人民生活的最基本问题，棚户区改造为改善棚户区居民的生活条件和生活环境产生积极作用。中低收入群众的生活得到重视，有利于和谐社会的建设。同时，棚户区改造使老百姓最终受益，不仅有利于提升政府的形象和威信，还能增强人民群众的拥护。本文进行的 PPP 模式在保障性安居工程中的研究，主要是从保障性安居工程中的棚户区项目的特点出发，研究棚户区改造中存在的问题。同时，对 PPP 模式中的政府部门和社会资本方的角色进行研究，对如何有效引导社会资本方加入棚户区改造项目进行探索。希望通过本文的研究，寻求一种具体的 PPP 运作模式运用于棚户区改造项目，为如何充分调动社会资源，发挥政府和社会资本方的共同力量提供一定的建议，达到合理推动棚户区改造的目的。

1. 国外相关研究。PPP（Public – Private – Partnership）模式是一种新型的融资模式，同时也是一种建设管理模式，英国政府首次提出该概念后便在西方开始广泛流行。不少国外学者从各个角度对该模式进行了研究，主要集中在 PPP 项目的风险分担、组织结构、经验建议等方面。通过研究发现 PPP 项目引入社会资本的技术和经验具有很大的作用，PPP 模式常利用这一重要特征来规避项目风险。曾经有国外学者全面研究了中国的保障性安居工程融资模式。通过研究他们发现，目前制约我国保障性住房建设的重要因素是落后、单一的融资模式。建议寻求多种融资渠道，同时通过转变政府的职能，健全相关法律制度等措施，以促进保障性安居工程的建设。20 世纪 70 年代，美国金融创新浪潮四起，不断涌现出大量的金融工具，其中具有代表性的模式包括 PPP、BOT、BT、ABS、REITs 等。创新融资模式对吸收各类资本参与保障性住房建设提供了很大的帮助。

2. 国内相关研究。PPP 模式从提出以来，在我国也得到了很大关注。早前 PPP 模式主要应用于国家基础设施建设项目，但近年来，PPP 模式得到不断推广，被运用到越来越多不同类型的项目中。在与 PPP 模式相关的已有研究中，早前政府以及金融机构主要关注的是该模式在基础设施中的应用，利益分配，风险分配及运作模式等，近年来对 PPP 模式在住房建设尤其是保障性住房建设中的应用研究得到重视。

棚户区改造涉及环节较多，操作复杂，早期国内学者们主要从城市规划、空间区位、开发模式等角度进行研究。从建筑师的视角对上海定海地区的弱势群体居住状况进行调查研究，发现城市空间存在的问题，并从改善现有空间关系的角度寻求可行的解决办法，以促进城市建设。济南市棚户区改造的运营开发模式指出不同地域环境的棚户区应采用不同的开发模式，对于地理位置优越、片区面积较大、交通便利的棚户区建议采取住宅、商业、物业联动开发，对于被规划为非居住商业用地，如绿地等可与改造可行性高的邻近片区进行捆绑式开发。某专家指出从城市棚户区改造模式的类型和适用范围、政府在项目中定位的角度对城市棚户区改造研究，并分析了实施棚户区改造的对策建议，提出了今后的研究重点。随着棚户区改造的资金问题愈加突出，国内不少学者也对这方面进行了研究。

3. 国内外研究总结。PPP 模式作为一种新型融资和建设管理模式具有其优越性。不论在国内还是国外，PPP 模式都主要应用于基础设施建设项目。国内外学者对 PPP 模式的研究主要集中在 PPP 模式项目的风险分担、利益分配、组织运作、经验建议等方面。并且有关职能部门意识到不能单纯地依靠政府投资进行保障性住房建设，应创新融资模式，吸收各类资本参与其中。棚户区改造项目与保障性住房虽然都是我国保障性安居工程体系的重要组成部分，但在项目运作上存在一定区别，将PPP模式引入保障性安居工程中的棚户区改造项目相对较困难。就目前而言，对于PPP模式在棚户区改造项目中应用的研究少之又少，具有较大的研究空间。

二、运用PPP模式推进保障性安居工程建设可行性分析

改善居住条件，必须改善居住环境，古冶区将棚户区改造与区域生态环境改造融为一体，编制了《古冶区分区规划》和《古冶新城中心区、西南片区控制性详细规划》，结束了全区城建无纲的历史。依据规划内容，一个以“金山新城”为核心的城市形态逐渐形成。由于当前经济下行，财政压力较大，运用PPP模式，吸引社会资本参与保障房建设，可缓解财政压力，提高建设质量和管理水平，分散和降低风险，不仅必要而且可行。

（一）积极的政策导向

2010年国务院颁布的《关于鼓励和引导民间投资健康发展的若干意见》，进一步明确和细化了“非公经济36条”。该《意见》第三部分第十二条规定，“鼓励民间资本参与政策性住房建设。支持和引导社会资本投资建设经济适用住房、公共租赁住房等政策性住房，参与棚户区改造，享受相应的政策性住房建设政策。”这为民间资本参与保障房建设、为PPP模式在保障房建设中的应用提供了政策支持。党的十八届三中全会《决定》特别强调发挥市场在资源配置中的决定性作用，鼓励社会资本参与城市基础设施建设和管理。这些有利于民间资本投资的政策对于吸引民间资本积极参与保障房建设十分重要。

（二）良好的运作基础

PPP模式作为一种公私合作、实现“双赢”或“多赢”的运营机制，早在20世纪80年代就在世界范围内得到了快速发展并积累了诸多经验。从20世纪90年代至今，我国应用PPP模式的领域也在逐渐扩大，在高速公路、地铁、水务等基础设施和公用事业都有很多成功案例。在保障性安居工程领域，也出现了河南焦作市棚户区改造工程等成功应用PPP模式的试点和先例。这些都为古冶区保障房PPP模式提供了宝贵经验，奠定了运作基础。

（三）相对稳定的投资回报

PPP模式下，政府与社会资本的合理搭配组合能够找到可持续性的盈利模式，使社会资本在提供公共服务的同时，也能获得合理的投资回报。PPP项目的盈利能力主要取决于以下两个方面：一方面是项目需求量，可以产生稳定的现金流。随着新型城镇化的推进和户籍制度的改革，未来每年将会有大量的农村人口涌入城市，每年也都有大量新入职大学毕业生，他们的住房需求主要通过保障房来解决；另一方面是项目有合理的收益率。保障房的盈利模式可以进行商业配套运营。因此，社会资本参与保障房建设，是可以获得稳定、可观的投资回报的，这使得PPP应用于保障房项目具备经济上的可行性。

三、PPP 模式在保障性安居工程建设中的运作设计

（一）PPP 模式在保障性安居工程中的运作流程

通过以上的分析得知，采用 PPP 模式进行保障性安居工程具有一定的可行性。棚户区改造项目的最终产品一般为棚改居民安置房、商业配套、基础设施等，其中棚改居民安置房为主要产品。由于棚户区改造项目与一般基础设施 PPP 项目产品性质不同，后期的运营方式有所区别，所采用的 PPP 具体操作模式也不同。当前对于 PPP 模式用于棚户区改造还处在初级阶段，通过对棚户区改造项目的特点以及后期产品的分析，对于自建安置房的棚户区改造项目，建议可以采用 BTO（建设—转让—经营）模式，对于收购市场空置房、二手房用于居民安置的棚户区改造项目，可以采用政府回购后经营的模式。按照建议采用的 BTO 模式，在棚户区改造项目具体操作中，可以按时间先后顺序，分为四个阶段进行，包括项目准备阶段、招投标阶段、项目建设阶段、项目移交及运营阶段。

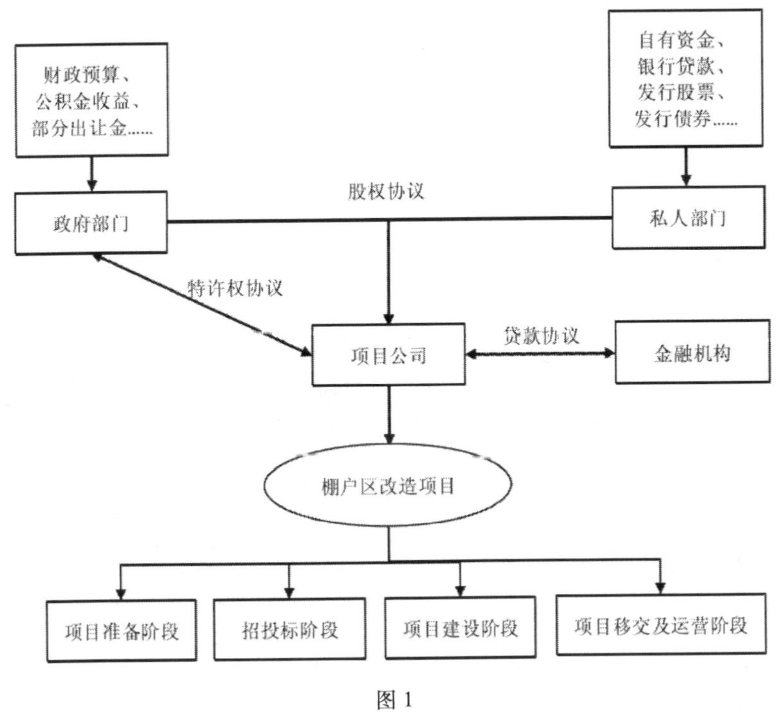

图 1

1. 项目各运作阶段工作内容。

（1）项目准备阶段。在此阶段，棚户区改造项目经过讨论和初步规划、可行性分析后正式确定实施。地区政府按照上级政府的任务要求对某棚户区改造项目进行合理地规划设计，规划内容按照项目地块、周边配套设施等情况进行。棚户区改造项目一般不涉及选址问题，是对原有地块的改造。由于棚户区改造中的拆迁问题复杂，在此阶段中，政府担当主要角色，对需要拆迁的地块上的棚改居民做好沟通协调，明确补偿方式及安置方式。在

前期协调，工作完成后，由政府出资将棚户区项目地块上的拆迁和整理工作交由具有相应资格的拆迁单位进行，完成地块的一级土地开发后交由土地储备中心收储。

（2）招投标阶段。对开发价值较大的区域，政府部门采取招标、拍卖、挂牌方式出让供应土地，在保证片区安置住房数量的情况下，允许配建一定比例的商品房；对不具备商业开发价值、改造难度大的中低收入家庭住房用地，土地依法实行划拨。通过公开招标或邀请招标的形式发布公告邀请房地产开发企业参与棚户区改造项目，明确地块上的拆迁和整理工作已完成，招标工作内容不包括该部分。对开发价值大的地块配建的商品房，允许房地产开发企业按照市场化运作方式进行。对不具备商业开发价值的地块，主要采用按工程总价一定比例的委托费的计算方式给予房地产开发企业经济收益。政府部门按照规定的程序选择综合得分最高的房地产开发企业，中标的企业组建或由政府与企业共同出资组建项目公司，政府部门通过特许权协议将特许经营权授予项目公司，由其负责项目的设计、融资、建设等具体工作。

（3）项目建设阶段。政府和房地产开发企业按照合约要求按时提供一部分资金，此外政府部门协助房地产开发企业与金融机构进行洽谈，为项目公司获得贷款提供支持。政府将前期整理好的地块出让或划拨给项目公司。采用出让方式获得土地时，项目公司向政府付款，政府给予有利的土地供应优惠政策（如土地出让金可分期支付）、财税优惠政策支持。项目公司在此阶段选定总承包商、供应商及保险公司等，通过签订相关合同明确各自责任，各方按照合约要求进行项目建设相关工作。棚户区改造安置房建设阶段由项目公司参照一般房地产开发项目的建设流程进行，直到工程项目竣工验收合格，该阶段结束。

（4）项目移交及运营阶段。项目建成后项目公司首先将项目移交给政府，政府按照合同约定对移交的部分向项目公司付款，移交部分所有权归政府所有。政府按照事先约定对选择实物补偿的棚改居民进行住房分配，对超出原有住房面积部分按事先约定的收费标准进行收费，此后该部分房屋产权归棚改居民所有。该工作结束后，政府对剩余安置房（如有）、配套设施（如停车场、物业管理等）、商业设施和收费的基础设施（如有）可以自行经营或者有选择性地将部分经营权交给项目公司（具有优先选择的优势）或其他单位经营，政府保留所有权，向经营单位支付服务费。经营项目的费用不能与市场价格有太大的冲突，同时应符合政府的要求，不能随意定价，经营期限由双方协商确定。此外，对生活困难的中低收入家庭无法进行购买棚改安置房事先选择进行租赁的，按照实际情况进行安排，收取租赁费用。对配建的商品房，允许房地产开发企业在房地产市场上进行交易，获取一定的利润。

对于收购存量房的棚户区改造项目，以政府为主体回购后经营。对于棚户区改造项目地块主要规划内容为商业、基础设施而对棚户区改造居民采用异地安置的情况，政府可以协调其他棚户区改造项目剩余房源用于安置。若安置房源不足或因安置房源的地理位置等其他条件棚户区改造居民无法接受，可以考虑以政府为主体对棚户区改造项目地块周边的空置房、二手房进行回购，将回购的房屋进行整理更新，最终分配给棚改居民。

2. 项目运行各主体职能。PPP 模式下的棚户区改造项目，主要的参与方有政府职能部门、社会资本方、项目公司、金融机构、承建方等，各主体按照约定承担相应职能。

①公共部门（政府）：即项目发起人，在棚户区改造项目中处在主导地位。从宏观上

来说，政府要制定和颁布相关的法律法规，明确政府各部门在棚户区改造过程中的职责，使棚户区改造项目在完善透明的法律环境中进行。同时，在法律及合同允许的范围内，给予私人部门优惠政策和激励补偿政策。从微观层面来看，第一，政府对项目进行合理的规划，与房地产开发企业就利益和风险分配达成一致，实现棚户区改造项目的利益共享与风险分担。第二，政府负责进行土地一级开发的工作，在土地二级开发时注入一定的资金，在项目实施过程中以良好的信誉作为担保人为项目公司从金融机构获得贷款提供帮助。第三，作为棚户区改造项目的主导者，政府在各阶段对项目进行一定的监管，以保证项目的顺利实施。第四，在项目建成后，对部分产品进行回购，承担对棚户区改造安置房的分配及收费部分项目的后期运营安排与管理工作。

②私人部门（社会资本方）：房地产开发企业是项目的投资者，其通过注入资本金或与政府部门合资组建了项目公司。私人部门是 PPP 项目的核心参与方，为项目提供部分资金、负责对项目公司进行管理等，其要具备较强的资金实力或资金来源同时要有较好的项目建设和管理能力以保证项目的顺利实施。

③项目公司：项目公司由房地产开发企业组建或由政府与企业共同出资组建。项目公司负责在建设阶段选定总承包商、材料、设备供应商及保险公司等，项目公司通过与各方签订相关合同明确责任，各方按照合约要求进行项目建设相关工作，由项目公司来负责具体项目的建设管理。项目建设完成后，项目公司按照合约要求将项目移交政府。对于选择运营可收费部分项目的，在运营期内负责运营及管理，期满后移交政府。

④金融机构：PPP 项目的金融机构一般是指为项目提供资金的有关机构，包括银行、证券公司等。金融机构一般是根据贷款协议或其他协议按期给项目公司提供贷款。另外，金融机构可以通过贷款的发放对项目建设行为进行动态监管，保证项目按质按量完成。

⑤承建方：承建方负责项目建设阶段的项目施工，根据合同约定在规定时间内按施工质量要求完成任务，最终移交给项目公司，承建方按照合同约定对项目承担保修责任。按照该 PPP 模式进行棚户区改造，对吸引私人部门参与具有一定的积极效果。其运作流程最大的特点是将棚户区改造地块的土地一级开发和二级开发工作相分离，在土地一级开发阶段，即拆迁及土地整理时，政府起主要作用，房地产开发企业不参与其中，避免拆迁环节的各种矛盾。在土地二级开发阶段，房地产开发企业投入资金通过组建项目公司进行项目实施，公私双方对项目公司的建设与运营活动进行监管。房地产开发企业可以通过配建的商品房获取利润。在项目运营阶段，主要交由项目公司或其他具有丰富经验的单位进行，有利于提高项目管理效果。公私双方相互合作，可以发挥各自优势，有利于实现“共赢”。

（二）保障性安居工程中 PPP 项目公私双方资源、风险、利益分析

1. 资源分配。保障性安居工程中棚户区改造项目复杂，建设周期长，需要在各个阶段不断投入资源，包括政策、人力、物力、财力等。公共部门和私人部门按照合同约定对建设项目投入各种资源，政府部门提供的资源主要包括采用划拨或出让的方式提供棚户区改造的土地、为私人部门或项目公司提供的优惠政策、为棚户区改造项目建立的管理小组、为棚户区改造投入的部分资金、为项目公司向金融机构贷款提供的帮助等；私人部门提供的资源主要包括为棚户区改造项目投入的部分资金、为棚户区改造项目建立的专业团

队、为项目提供的先进技术等。公共部门和私人部门要根据项目的建设情况按照合同约定及时投入相应的资源，以保证项目的顺利实施。

2. 风险分担。棚户区改造过程涉及多个环节，其风险具有多样性和复杂性。在整个建设过程中，需要识别各种风险以及风险的承担主体。影响棚户区改造PPP项目风险分配的因素主要有项目本身的特点、参与方对项目的理解、参与方承担风险的能力等。公共部门和私人部门作为棚户区改造PPP项目的主要参与方，应本着合作共赢的精神识别、评估项目风险，并按照风险承担能力分配风险，承担风险的程度应与回报相匹配。只有对项目风险进行合理分担并采取一定手段对各自承担的风险进行预防和控制，才能保障项目的顺利推进。主要风险及承担主体归纳如表1所示。

表1

风险承担主体	风险影响因素	规避策略
政府部门	项目前期审批延误	政府要求项目公司对需要审批的事项提前列明，各实施主体提前做好相应准备工作
	拆迁不能按时完成	制定合理的拆迁机制；提前做好被拆迁户的沟通协调工作；建立拆迁风险应急机制
	私人部门的选择	严格招标过程中对私人部门的资格审查，从多方面考察私人部门
	私人部门资金落实不到位	在合约中约定资金到位时间并制定相应的违约责任
	项目不能按时完成	制定并执行合理的监督机制；在合约中约定相应的违约责任
	政策变动	密切关注国家及地区相关政策，审时度势，积极应变；对法律及政策的稳定性作出相关承诺，避免因政策变动影响私人部门投资态度
私人部门	建设风险	对项目的建设方案进行审核，对其中不合理之处尽早提出修改意见
	投资回报难以实现	提前做好经济测算；在合同中约定投资利润；向政府争取更多的优惠政策及补贴
共同承担	不可抗力	在合同中明确不可抗力的定义，评估不可抗力事件发生的可能性及损失，并制定不可抗力事件相关应急措施
	风险分配方式选择	双方提前辨识相应的风险，及时沟通解决

在棚户区改造PPP项目中，政府部门主要承担土地风险、政策风险、社会资本方选择与管理方面的风险等，而社会资本方主要承担建设与开发风险、市场运营风险等，对于不可抗力、合同方面的风险，需要双方共同承担。

（三）利益共享

保障性安居工程中棚户区改造是一项民生工程，政府部门和私人部门双方合作参与棚户区改造，都能够获取一定的利益，产生一定的积极效果。对于政府部门而言，与私人部门合作可以减轻自身的负担，同时带来一定的社会利益；对于私人部门而言，在获取一定经济利益的同时还能够获取其他间接利益。双方在棚户区改造PPP项目中实现利益共享。

1. 保障性安居工程采用PPP模式给政府带来的利益。

（1）有效减轻政府财政负担。保障性安居工程中棚户区改造是关系民生的重要项目，涉及环节多，需要投入大量的资金。政府采用PPP模式，通过吸引社会资本方加入，拓宽了资金来源。社会资本方通过自有资金、银行贷款、发行股票或债券等方式，为项目带来资金上的支持。对政府而言，减少了在该项目的资金投入，政府在此情况下可以将更多的资金分散到教育、医疗、环保等项目中，更好的全面发挥政府的职能。

（2）减少政府工作量。棚户区改造工作是由政府负责的项目，政府需要对这类项目实施和管理，工作量大。采用 PPP 模式进行棚户区改造，打破了原有政府“独挑大梁”的局面，社会资本方组建或政府与社会资本方共同组建棚户区改造的项目公司，项目公司直接负责棚户区改造的建设工作，政府主要起监督和管理作用，减少了政府的工作量。

（3）有利于政府转移项目风险。棚户区改造项目具有建设周期长、投资额大，风险因素多的特点，其在实施过程中可能面临政策法律风险、融资风险、运营风险以及不可抗力等多种风险。PPP 模式通过签订合同，将各项工作交由专业性强的单位来进行，有利于提高项目的建设质量。同时，在合同中将风险在各方之间进行了较为合理的分配，实现了政府部门对项目风险的转移。

2. 社会资本方参与棚户区改造项目获取的利益。伴随着住房制度改革，我国逐渐形成了现行的住房供应体系。从 1998 年确立了以经济适用房为主的住房供应体系，到 2003 年调整为以商品住房为主的住房供应体系以适应住房市场化的趋势，再到 2005—2006 年，为调控不断上涨的房价和不合理的商品房供应结构，加大中低价位、中小套型商品住房供应，完善住房供应体系；自 2007 年至今，加强保障性住房的建设和供应，以期构建符合我国国情的保障房和商品房相结合的供应体系。我国经历了以经济适用房为主、商品房为主、保障房回归的三次架构调整。

据统计，2004 年我国的房地产开发企业数量为 59242 个，随着房地产市场的发展，到 2013 年年底增长到 91444 个，房地产企业数量的增加为市场注入新的活力，同时也为房地产企业之间带来更大的竞争压力。从 2008 年以后全球经济环境的变化以及我国住房政策的调整，房地产市场近几年呈现活力不足的现象。从图 2 可以看出，房地产开发企业总投资利润率在 2009 年以前呈现的是上升的趋势，从 2009 年以后逐年下降，房地产开发企业在近几年发展已大不如前。

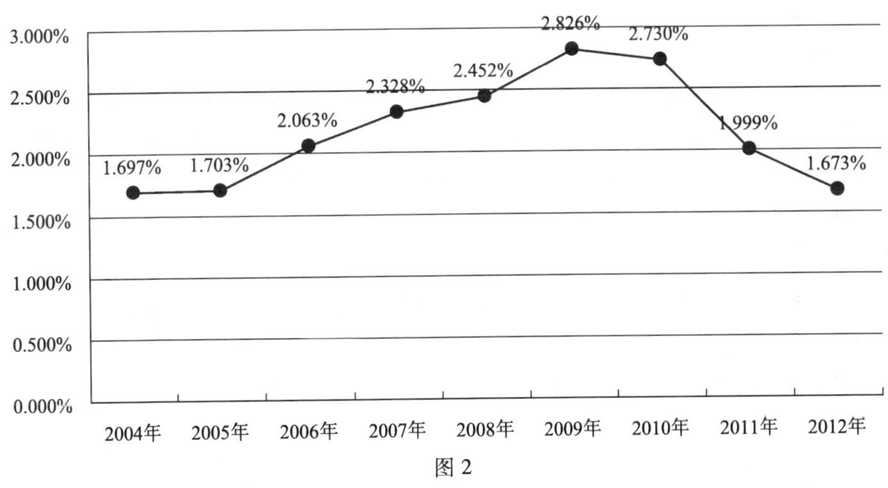

图 2

数据来源：2014 年中国统计年鉴。

一直以来，国家都提出要坚持实行最严格的耕地保护制度。随着多年房地产市场的大力推进，可供开发的土地数量已经越来越少。土地资源的稀缺使各城市的年度新增建设用地指标往往供不应求。由图3可以看出，若将可供开发的土地面积分摊到房地产企业中，平均每个房地产企业待开发的用地面积从2004年到2013年整体呈现的是下降的趋势。2014年，国土资源公报显示，全国共批准的建设用地同比下降24.4%，根据2015年国土资源主要统计数据，全国国有建设用地同比下降20.4%，其中，房地产用地供应同比下降38.7%，基础设施等其他用地供应同比增长0.6%。对于房地产企业而言，意味着对土地市场的竞争越来越大。

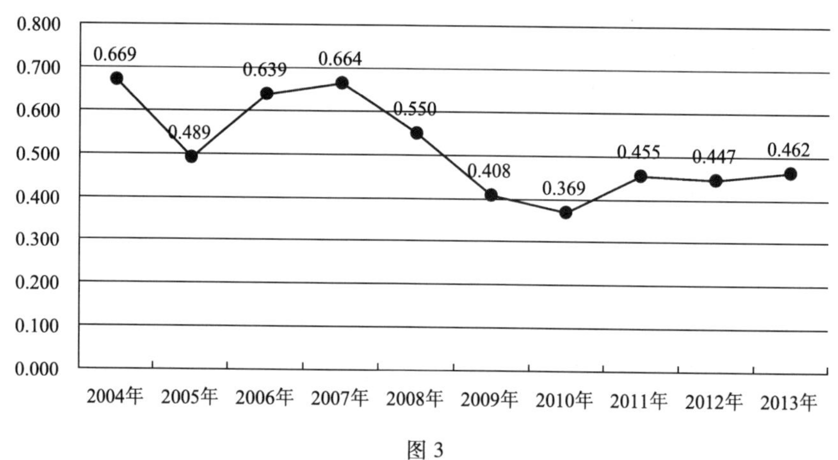

图3

数据来源：根据2014年中国统计年鉴相关数据计算。

从以上分析可以得知，我国现行的住房体系已将重点转移到保障性住房领域。棚户区改造项目作为保障性安居工程的一部分，具有微利性。对房地产企业而言，参与棚户区改造的直接利益主要体现在经济上能够获得一定的利润，但从长远来看，其带来更多的是间接利益，主要体现在以下三个方面。

（1）有利于企业长期发展。中国房地产的“黄金时代”已经过去，在当前房地产市场环境下，房地产企业竞争压力很大。对于大多数房地产企业而言，其投资方向主要是商品房的投资开发。在日益复杂的竞争环境下，单一的投资方向已经局限了房地产企业的发展，房地产企业必须重新思考发展和变革问题。早年，公共项目都由政府主导进行，对社会资本进入设置了较高的门槛和局限。如今，相关政策对社会资本参与某些公共项目进行了开放。房地产企业参与棚户区改造类政府项目可以说是开拓了新的业务方向，有利于企业的长期发展。

（2）有利于与政府建立合作关系。在房地产市场调控趋于严厉而保障性安居工程力度加大的双重背景下，房地产企业参与棚户区改造，能够获得比较有利的政策支持。通过参与该类项目，较好地完成与政府合同约定的内容，有利于与政府建立起良好的合作关系，在今后的政府项目中获得更多地参与机会。同时，与政府建立了良好的合作关系有助于企业在今后的发展过程中得到政府的扶持。

（3）有利于树立企业形象。房地产企业的品牌主要体现了企业的价值观、文化和经营理念。如今的房地产行业已经从卖方市场转变为买方市场。要想在众多的竞争对手中脱颖而出，就必须树立良好的企业形象，扩大在公众中的影响力，提高市场占有率。房地产企业参与棚户区改造这一公共项目，有利于树立企业的正面形象，扩大在社会公众中的影响力，同时使品牌文化得到推广。当在社会公众中的品牌渐渐得到树立后，将会给企业带来更多直接或间接的效益。

（四）小结

在前文分析出 PPP 模式在保障性安居工程棚户区改造项目中应用具有可行性的基础上，尝试提出了棚户区改造的 PPP 模式具体运作，建议采用 BTO 模式进行，具体划分为项目准备阶段、招投标阶段、项目建设阶段、项目移交及运营阶段。接着列举了 PPP 模式下政府部门、私人部门（社会资本方）、项目公司、金融机构、承建方各主体的相关职能。最后从资源、风险、利益三个方面对棚户区改造 PPP 项目的具体运作进行了分析，指出在棚户区改造项目中公私双方应发挥各自优势，分配资源用于棚户区改造、分担风险进行棚户区改造，最终共享棚户区改造利益。

四、促进 PPP 模式在保障性安居工程—棚户区改造项目中应用的措施

（一）政府部门角度

在棚户区（危旧房）改造过程中引入 PPP 模式对政府部门和房地产开发企业而言都具有一定的积极作用。政府作为棚户区改造项目发起方和参与方，承担重要职能。要对项目进行合理的设计，以吸引社会资本参与。另外，可以从以下三个方面加强建设，促进 PPP 模式在棚户区改造项目中的应用。

1. 政策层面。针对 PPP 模式建设项目出台专门的法律法规，针对项目的融资、准入制度、建设管理进行规范。如棚户区改造项目 PPP 模式的适用范围和适用条件、PPP 项目招投标程序、项目公司的成立条件和工作内容等，保证项目能够按照一定的法律依据来进行。同时，加强投融资体制改革，尝试发展债券市场吸引各种社会资本加入棚户区改造。为棚户区改造项目出台免征城市建设配套费、政府性基金等各种行政事业性收费的条例以及相关税费减免政策。在不违反城市整体规划的基础上，对项目容积率、户型配比等方面给予政策倾斜。

2. 管理层面。健全棚户区改造项目的立项审批、项目规划、建设运营制度。完善棚户区改造 PPP 模式的政府管理体制，明确 PPP 项目的运作流程和各部门的职能分工。建立 PPP 模式方面的专业人才培养机制，为促进棚户区改造 PPP 项目顺利运作建立基础。坚持按照公平、公正、公开的原则对项目进行监督管理。

3. 操作层面。政府部门为社会资本方提供贷款担保，寻求棚户区改造项目的低息贷款。设立具有吸引力的奖励制度，以此调动棚户区改造项目各参与方的积极性，包括对社会资本方从事其他经营活动给予优惠；参与棚户区改造项目的社会资本方可以获得周边土地的优先开发权；在社会资本方参与其他竞争性项目时，政府职能部门可以考虑对社会资

本方的竞争者加以限制，使得社会资本方在竞争性项目中获得更多的收益，以弥补其在棚户区改造项目上的损失；帮助社会资本方寻找更多的合作机会，包括政府部门与其他友好地区城市进行交流时，允许社会资本方参加以获得更多的参与机会；对外地房地产开发企业开发一定的优惠条件，吸引其进入棚户区改造项目等。

（二）社会资本方角度

棚户区改造项目作为一种特殊的房地产项目，与房地产开发企业紧密相关。房地产开发企业可以从以下两个方面进行努力，促进PPP模式在棚户区改造项目中的应用。

1. 提升社会责任感。房地产业是我国的支柱性产业，关系到经济发展、社会进步和城市建设等方面，房地产企业作为其中的主角，承担重要责任。保障性安居工程中棚户区改造项目是一种特殊的房地产项目，同样需要包括房地产企业在内的各单位积极参与。由于与一般的房地产开发项目相比，棚户区改造项目营利性较低，建设要求较严格，因此对房地产企业的吸引力较小。房地产企业应从长远的角度对自身发展进行综合考虑，将企业发展与社会发展相结合，提升社会责任感。在进行一般房地产项目开发的同时积极参与棚户区改造项目等民生工程，对企业形象的树立和社会的发展都能起到促进作用。

2. 提高专业能力。房地产开发项目涉及多个环节，建设投入大，建设周期长，需要专业的技术和管理人才对工程质量、成本、进度等方面进行管控。房地产企业应建立一定的培训系统，通过安排企业内部经验丰富的员工进行传授、邀请外部相关专家或同行进行讲座以及网上课程学习等方式对员工进行培训，并定期采取一定的方式进行考核，以提高员工的专业能力。棚户区改造项目与一般房地产开发项目相比有所区别，因此房地产企业在提高各方面专业能力的同时还应组织对棚户区改造项目相关内容进行学习。在进行棚户区改造项目时，房地产企业从专业角度提出对项目有利的建议，对促进棚户区改造起促进作用。

（三）社会公众角度

保障性安居工程与社会公众息息相关，尤其是生活在棚户区当中的居民。作为一项为百姓谋福利的工程，理应得到公众的大力支持，但在现实中却容易产生矛盾。社会公众若能做到以下两点，对促进棚户区改造项目的进行将起到积极作用。

1. 提高对保障性安居工程的长远认识。保障性安居工程棚户区改造项目牵涉到公众的基本利益，若处理不当，容易引发社会矛盾。尤其是在拆迁环节，容易因为政府或开发商与居民协调不当引起冲突。这就需要政府加大对棚户区改造政策的宣传，落实相关补贴措施。相对应的，棚户区改造居民在保护自身合法权益的同时，应加强对棚户区改造的长远认识，通过对各种政策报道的学习了解棚户区改造的积极作用，努力配合棚户区改造项目的开展。

2. 增强对棚户区改造项目的参与度。保障性安居工程棚户区改造项目中，相关居民除了积极配合棚户区项目的拆迁工作，按照要求按时或提前进行搬迁外，还可以通过将安置补贴或额外资金投入棚户区改造项目等措施提高参与度，推动保障性安居工程棚户区改造的顺利开展。

（四）本部分小结

本部分从保障性安居工程中棚户区改造项目为主体——政府部门、社会资本方、社会公众三方面对促进 PPP 模式在棚户区改造项目中的应用提出一些措施建议。政府作为棚户区改造项目主导部门，可以从政策、管理、操作三个层面加强工作。房地产开发企业可以从提升社会责任感、提高专业能力两方面加强建设。社会公众应提高对棚户区改造项目的长远认识，增强对棚户区改造项目的参与度。多方共同努力，将从一定程度上促进 PPP 模式在棚户区改造项目中的应用。

五、支持保障性安居工程 PPP 模式的配套政策建议

（一）完善住房保障的法律法规

应该尽快出台《住房保障法》，用法律明确公共部门在维护居民住房权利方面必须承担的责任和义务。其重点是，要明确规定我国的住房保障投入在各级财政支出中所占的大致比例；在现行财政体制下，要明确以中央和省级财政投入为主，并确立起“省级负总责，市县抓落实”的体制。

（二）设立专门的 PPP 管理协调机构

发达国家的经验表明，专门的 PPP 管理机构对于规范政府行为，减少多头管理，提升 PPP 项目运行效率等有着非常重要的作用。从我国的国情出发，建议在中央层面成立专门的 PPP 管理机构，成员涵盖相关部委，以加强其统筹协调的作用。同时，在省级层面也要设立相应的 PPP 管理协调机构，以推进 PPP 项目落地实施。PPP 管理机构应致力于提高 PPP 项目的透明度，积极向公众宣传，争取社会公众了解和支持，努力减少项目建设和管理中的权钱交易、利益输送等行为。

（三）鼓励社会资本参与保障性安居工程的土地政策

对土地供给进行调控，合理确定保障性住房的用地供给，是完善住房保障的重要手段。要做好保障房、棚户区改造土地供应的长期规划和年度计划，确保保障房、棚户区改造的土地得到优先供应，且位于交通便利、配套相对齐全的地区。针对公共租赁住房，可以采取直接划拨方式，但为了融资方便，建议采取出让、出租、低价入股等多种方式。

第一，政府部门应该尽快明确公共利益的范围界定，完善相关法律法规，为建立合理的补偿制度提供依据。第二，国土、规划、社保等部门应该对所辖区域内被保障人群进行调查统计，依据人均保障房标准测算用地需求，从而清楚了解保障房的土地储备需求规模。这样才能编制科学的年度土地供应计划，明确保障房建设规模，为今后开工建设保障房提供明确的指标约束。在保障房土地供给储备方面，政府应该划出部分土地收益作为专门的保障性住房用地储备专用基金，通过专业机构对土地储备基金进行运作。第三，建议政府在出让土地和审批保障房建设规划的时候，适当提高保障房的容积率。较高的容积

率，可以增加保障房的套数，使得更多的人能够获得保障房的保障扶持，有利于土地的集约利用。

（四）鼓励社会资本参与保障性安居工程的财税政策

政府通过补贴、税收和转移支付等方式对保障性安居工程建设提供财政支持，是我国解决中低收入家庭住房问题的重要政策措施之一。

一方面，目前我国保障性安居工程的资金筹措机制仍然无法保证保障性安居工程的建设需求。因此，在坚持“以财政为主，多渠道筹集”的原则下，可以考虑通过投资补助、贷款贴息等多种方式，发挥财政资金“四两拨千斤”的优势，提高财政资金吸引社会投资的力度。另一方面，应该对各类保障性安居工程、建设、运营各环节涉及的税费给予优惠。

为鼓励企业投资建设保障性安居工程，特别是棚户区改造，可以参考《关于企业参与政府统一组织的棚户区改造有关企业所得税政策问题的通知》（财税〔2013〕65号）文件，对企业参与纳入政府统一规划的保障房项目（不仅仅是棚改房，还包括公租房）的，对企业用于符合规定条件的支出，准予其在一定年限和一定额度内在企业所得税前分期扣除，以鼓励社会资本方积极参与保障性安居工程建设和运营。

（五）完善相应的金融政策

近年来，我国住房金融行业发展迅速，但与满足住房保障的需求相比，仍有差距。为吸引社会资本参与保障性安居工程建设，必须积极完善住房金融政策。

第一，为了满足保障性安居工程融资需求，建议在国家开发银行成立住宅金融事业部的基础上，与住房城乡建设部合作成立住房保障银行，转入住房公积金，负责向保障房开发商和购买者发放优惠贷款。住房保障银行可以开办住房储蓄业务，根据居民存入资金数额和时间期限等提供多种优惠，对住房专项贷款给予支持。

第二，鼓励发行保障性住房企业债券或住宅金融专项债券。《国务院办公厅关于进一步加强棚户区改造工作的通知》（国办发〔2014〕36号（以下简称“36号文”））明确指出，推进债券创新，支持承担棚户区改造项目的企业发行债券，优化棚户区改造债券品种方案设计，研究推出棚户区改造项目收益债券；适当放宽企业债券发行条件，支持国有大中型企业发债用于棚户区改造。这些政策为保障房的金融创新和债券融资指明了方向。政府应该为保障房企业债券融资开通“绿色通道”，以解决资金难题。此外，除了36号文提到的项目收益债券之外，还可以借鉴铁路系统融资的做法，试点发行住宅金融专项债券，由中央财政提供担保和利息支持，专门用于公租房的建设和运营。

第三，鼓励社保基金、保险资金、外汇储备等投入保障性安居工程建设。

社保基金可以通过信托贷款方式为保障性安居工程项目公司提供贷款；保险资金可以通过债券投资计划来参与保障性安居工程建设和管理；外汇储备可以借鉴中投公司的运作方式，将部分外汇储备投资于国内保障性安居工程的建设和运营。

（六）建立保障性安居工程PPP引导基金

保障性安居工程PPP引导基金应由政府部门设立，主要用于保障房融资、建设和运营管理的一种政府引导基金。保障性安居工程PPP引导基金使PPP项目的资金来源更加多元化，有利于降低融资成本，提高PPP项目的质量。

保障性安居工程PPP基金设立的要点：成立专门的基金管理机构，负责基金的募集和投资。在确定项目所需要的资金规模后，由政府先期认购10%的基金份额，其余90%的份额向社会公开出售。所募集资金全部用于保障房PPP项目。基金本身应该就是一个公私合作模式，即由独立的理事会管理，日常运营根据绩效管理的原则，交由独立的机构管理。社会资本或机构投资者可以把闲置资金借给该基金，或按市场价格提供权益融资；开发商和中央政府也可以为基金提供融资；项目公司或者地方政府可以从基金中低成本贷款，并按PPP项目的要求偿还债务。

六、结论与展望

棚户区改造项目是国家保障性安居工程的重要内容，加快棚户区改造项目的建设有利于提高居民生活质量，促进社会和谐。目前，保障性安居工程主要依靠国家政策性拨款和政府投资，当前各级政府财政压力大。本文在唐山市古冶区外研究的基础上，结合我国的具体情况，主要对PPP模式引入保障性安居工程棚户区改造项目的可行性和操作性进行研究和探索。通过研究得到以下研究结论：

1. PPP模式在我国保障性安居工程中的应用处在初级阶段。通过对国内外研究尤其是对国内现状的研究发现，对如何应用PPP模式进行保障性安居工程的研究基本属于空白。PPP模式目前在我国保障性安居工程的应用虽然得到呼吁，但实践较少。

2. 目前我国保障性安居工程最大的问题之一是资金短缺。棚户区改造项目复杂，涉及多个环节，在建设过程中需要投入大量资金。由于其具有一定的公益性，无法按照市场化运作方式来进行。根据统计情况，目前保障性安居工程任务仍十分繁重，资金匮乏仍是阻碍其顺利实施的因素。

3. 采用PPP模式进行保障性安居工程具有一定的可行性。通过对PPP模式在保障性安居工程建设中的应用进行研究，得出其得以应用的原因及效果。如果对棚户区改造项目进行合理的规划设计，对PPP模式吸引私人部门（社会资本方）参与其中将产生积极效果。

4. 提出了私人部门（社会资本方）参与棚户区改造项目的PPP运作模式，对于自建安置房的棚户区改造项目，建议采用BTO（建设—转让—经营）模式，对于收购市场空置房、二手房用于居民安置的棚户区改造项目，可以采用政府回购后经营的模式。从政府、房地产开发企业和社会公众三个角度提出促进PPP模式在棚户区改造项目中应用的建议。

（古冶区财政局 赵婧 李祥 田丽娜）

河北省基本公共卫生财政投入绩效评价研究

2016 年度河北省财政科研课题成果二等奖

为进一步深化财政绩效监督改革，建立健全财政重点绩效评价工作机制，提高财政资金管理水平和使用效益，根据《河北省人民政府关于深化绩效预算管理改革的意见》（冀政〔2014〕76 号）、《河北省财政厅关于印发 2015 年财政重点绩效评价工作方案的通知》（冀财办〔2015〕2 号）、《河北省财政厅　河北省卫生计生委关于开展 2014 年度基本公共卫生服务项目重点绩效评价和考核复核工作的通知》（冀财社〔2015〕74 号）要求，财政厅会同河北省卫生计生委对河北省国家基本公共卫生服务项目进行了重点绩效评价。现将绩效评价结果报告如下：

一、项目基本情况

基本公共卫生服务是保证全体公民享有基本健康保障的重要基础，也是我国公共卫生制度建设的重要组成部分。2009 年基本公共卫生服务项目启动以来，河北省认真贯彻落实《中共中央、国务院关于深化医药卫生体制改革的意见》（中发〔2009〕6 号），积极主动，加快项目实施，至 2014 年年底该项目已覆盖河北省 11 个设区市和定州市、辛集市，覆盖人口总数达到 7333 万人，其中城镇人口 3528 万人、乡村人口 3805 万人。项目承担单位扩大到河北省 1960 所乡镇卫生院、1169 个城市社区卫生服务机构和 61451 个村卫生室。

（一）绩效评价内容和范围

为做好 2014 年基本公共卫生服务项目重点绩效评价工作，我们按照“公平、公正、公开”的原则，周密部署，完善程序，通过对各级地方卫生计生、财政部门、基层医疗卫生机构的考核评价，达到提升基层医疗卫生机构服务质量，提升资金使用效益，保证群众受益的目的。

1. 绩效评价内容。主要针对 2014 年度基本公共卫生服务项目实施情况，包括组织管理、资金管理、项目执行、项目效果四部分。其中组织管理，考核各级卫生计生、中医药行政部门的项目管理和协调机制建设、信息系统建设和使用、人员培训、项目宣传推广、问题整改、绩效考核组织实施等情况；资金管理，考核各级财政、卫生计生部门的资金预算安排、资金拨付等情况。考核基层医疗卫生机构及其他相关服务提供机构的预算执行、财务管理等情况；项目执行，考核基层医疗卫生机构以及其他相关服务提供机构完成工作任务的情况；项目效果，考核基层医疗卫生机构以及其他相关服务提供机构的健康档案动态使用、重点人群健康管理效果、居民知晓率、服务对象满意度、基层医务人员满意度等情况。

2. 绩效评价范围。河北省财政厅、河北省卫生计生委组成6个联合考核组对河北省11个设区市、定州市、辛集市、11个省直管县、11个中心城区进行了抽查复核，采取现场查阅文件资料、核查会计账目、电话核实、答题问卷等形式，对各县（市、区）卫生局、疾控中心、妇幼保健机构的项目管理、培训、考核等情况进行复查评定，实地抽查考核了部分乡镇卫生院、村卫生室、社区卫生服务中心、站和幼儿园。

（二）财政资金预算安排及资金分配拨付情况

2014年基本公共卫生服务补助标准为人均35元，其中中央财政补助河北省人均21元，地方负担人均14元。地方补助资金按照《河北省省内政府间专款配套资金管理办法》中“保障公民基本生存权益类（A类）”分担配套。2014年河北省共安排补助资金256138万元，其中中央财政下达补助资金153993万元，省级财政下达补助资金37551万元，市县分担64594万元。

国家要求各级财政部门要建立健全基本公共卫生服务资金保障机制，确保基层医疗卫生机构按规定免费为城乡居民提供基本公共卫生服务。地方各级财政可根据本地基本公共卫生服务需求和财力承受能力，适当增加服务项目内容，提高资金补助标准。从各地考核情况看，各县（市、区）能够按照基本公共卫生服务资金管理要求，设立财政专账，实行专款专用，根据核定的工作任务，预拨70%到承担基本公共卫生服务的基层医疗卫生服务机构，其余30%待完成绩效考核后按考核结果兑现。乡镇卫生院和村卫生室原则上分别承担52%和48%的基本公共卫生工作任务并划拨相应的补助经费，基本公共卫生服务经费得到统筹安排。

（三）基本公共卫生服务项目组织实施和国家政策落实情况

河北省卫生计生委是河北省基本公共卫生服务项目组织实施的主管部门。2014年，各级卫生计生部门按照国家《关于做好2014年国家基本公共卫生服务项目工作的通知》精神，结合工作实际，突出以项目质量管理为重点，下大力狠抓管理制度建设，严格规范项目执行。第一，落实政府购买服务，积极推动资金支付方式改革，2014年河北省财政、卫生计生部门印发了《关于开展基本公共卫生服务资金支付方式改革的通知》（冀财社〔2014〕52号），把服务质量、数量、群众是否满意作为资金分配的主要依据，有效调动医疗机构积极性，提升了资金使用效益。第二，调整了河北省项目工作领导小组，明确相关处室和专业公共卫生机构工作职责，理顺管理制度和工作关系。第三，充分发挥河北省基本公共卫生服务项目专家作用，精心指导、培训基层服务人员高效高质开展项目工作，为规范项目执行提供业务支持与保障。第四，通过业已建立的基本公共卫生服务项目月报制度，及时掌握并监督河北省项目执行进度及资金拨付情况，发现带有倾向性、普遍性的问题，适时沟通，及时解决。第五，根据国家近两年来的考核方法和标准，本着高标准、严要求的原则，结合河北省实际，重新修订下发河北省基本公共卫生服务项目绩效考核实施办法和考核评价标准，通过这把尺子严格衡量基层医疗卫生机构在项目执行中数量与质量内在关系、管理措施与服务水平之间的因果关系，促使基层医疗卫生机构在努力实现任务目标的同时保障规范质量，达到绩效统一、因果统一。第六，省、市、县三级均建立督导检查制度，定期或不定期进行督导检查，发现问题，记录在案，限期整改，追踪问效，不留死角。第七，发挥典型示范作用，11 月河北省在任县召开河北省基本公共卫生服务项目工作现场会，从组织管理、资金拨付、项目执行、服务模式等方面树立典范，引导各地积极探索新方法、新措施、新模式，进而把工作引向新高度、新台阶。第八，加强了基本公共卫生服务项目工作的宣传力度，各级各部门通过各种会议、培训、媒体等形式，从党的政策、医改目标、预防保健、健康生活方式等不同角度深入浅出阐述基本公共卫生服务项目工作的重要性，各级各类人员逐渐加深了对基本公共卫生服务项目工作的理解，摆正了基本公共卫生服务项目工作与日常医疗工作的关系。

通过这些制度的建立和方法措施的实施，2014 年河北省的基本公共卫生服务项目工作有了长足进步。

二、项目绩效目标和绩效指标设定

根据基本公共卫生服务相关政策规定，各级政府基本公共卫生服务相关政策文件以及卫生计生委、财政部制定的基本公共卫生服务规范、绩效考核和资金管理办法等有关要求，并结合实际，我们制定了 2014 年基本公共卫生服务绩效考核办法和考核指标体系。

1. 项目年度预期绩效目标。通过对各级地方卫生计生、财政部门、基层医疗卫生机构的考核评价，加强政府和有关部门对公共卫生服务的组织管理、经费的管理，促进基层医疗卫生机构更好地落实国家基本公共卫生服务项目，充分发挥资金使用效益，提高服务质量，总结经验，发现问题，改进工作，促进基本公共卫生服务均等化，保证群众受益。

2. 产出指标和效果指标设定情况。2014 年基本公共卫生绩效评价体系共设定了项目组织管理指标、资金管理指标、项目执行指标、项目实施效果指标四大方面产出指标，每个方面又制定了一、二、三级子指标，并对指标内容、考核资料来源进行了详细规定和说明。其中，总体考核实行百分制，组织管理指标占权重 10%、资金管理指标占权重 10%、项目执行占权重 70%、综合满意度占权重 10%。同时，根据基本公共卫生 11 类 43 项服务内容设定了效果指标，并对各条详细规定了评分标准，切实做到了有据可依。

通过对指标体系量化评分，绩效评价分为四个等级，即优、良、可、差。分值≥90 分为优，80 分≤分值<90 分为良，60 分≤分值<80 为可，分值<60 分为差。

3. 指标设定依据、原则和评价方法。本文指标设定遵循以下几方面原则：相关性原则，绩效评价指标与绩效目标有直接联系，正确反映项目目标的实现程度；重要性原则，对绩效评价指标在整个评价过程中的地位和作用进行筛选，选择最具代表性、最能反映评价要求的核心指标；系统性原则，将定量指标与定性指标相结合，系统反映财政支出所产生的社会效益；经济性原则，绩效评价指标设计通俗易懂、简便易行，考虑现实条件和可操作性，在合理的成本基础上取得绩效目标数据。

本次绩效评价采用定量与定性相结合、项目实施单位自评与省级第三方综合再评价相结合，运用样本进行因素分析法、专家评议法和比较法等基本方法开展评价工作。因素分析法，通过样本调查列举分析影响绩效目标实现、实施效果的内外因素，评价绩效目标实现程度；专家评议法，通过若干相关领域的专家对财政支出绩效进行评估分析，评价绩效目标实现程度；比较法，通过查阅自评资料和对样本的现场调查，对比财政支出所产生的实际效果与预定的目标，分析目标的完成情况，从而评价财政支出绩效；公众评判法，通过专家评估、抽样调查和公众问卷等对财政支出效果进行评判，评价绩效目标实现程度。

三、绩效评价组织情况

（一）前期准备情况

为做好 2014 年基本公共卫生服务项目绩效评价工作，经认真研究，制定了《2014 年基本公共卫生服务项目绩效评价工作实施方案》，主要包括：制定绩效评价指标和标准体系，确定评价方法、工作流程、工作进度安排和评价工作人员分工等内容。同时，河北厅会同河北省卫生计生委成立了绩效评价工作组，组长由财政厅社保处刘文洲处长担任，并聘请第三方参与开展绩效评价实施工作。此外，我们按照时间要求抓紧收集、整理相关资料，主要包括《河北省基本公共卫生服务项目绩效考核实施办法》（冀卫基层函〔2015〕1 号）等政策性文件，《国家基本公共卫生服务规范（2011 年版）》、《基本公共卫生服务项目补助资金管理办法》（财社〔2010〕311 号）等资金管理文件，以及绩效考核需查验的其他相关文件和基础资料等。

（二）组织实施情况

2014 年 6 月 8 日向河北省卫生计生委下达了《财政支出项目绩效评价通知书》，并在河北省卫生计生委召开了由评价工作组、项目预算主管部门、项目实施单位等参加的绩效评价项目进点会，提出工作要求，评价工作组正式进驻。2014 年 6 月 15—29 日，组成 6 个考核组，每组由组长、联络员、专家组成，并聘请第三方注册会计师参加。对河北省 11 个设区市、10 个省直管县，开展了绩效分析评价。按照《绩效评价工作实施方案》规定的程序和内容，对评价项目绩效目标完成情况和各绩效指标完成数据进行核实和分析，开展现场勘察、调查核实等工作。

（三）分析评价情况

各绩效评价工作组根据对各设区市和相关县的绩效分析，分别撰写了各组绩效考核报告。根据各组评价情况，撰写绩效评价总报告，并组织召开专家论证会，对绩效评价报告进行论证。

四、项目综合评价等级和评价结论

（一）项目绩效情况分析

2014 年河北省进一步加大了基本公共卫生服务项目的实施力度，省政府把基本公共卫生服务项目指标列入政府医改考核指标。各设区市、县（市、区）有关部门加强领导，适时督导检查，卫生、财政部门根据基本公共卫生服务绩效考核办法每年进行两次考核，考核结果与单位主要领导考核任免挂钩、与人员奖惩绩效工资挂钩、与公共卫生经费核拨挂钩、与各项评优评先活动挂钩，极大地调动了基层医疗机构落实基本公共卫生服务项目的积极性。

从主要产出指标看，截至2014年年底，河北省1960所乡镇卫生院及绝大部分社区卫生服务机构开展了健康教育、预防接种、传染病防治、妇幼保健；开展了城乡居民建立健康档案工作。所有的乡镇卫生院、社区卫生服务机构全部开展了老年人保健、慢性病管理和重性精神疾病管理工作。河北省城乡居民健康档案电子建档率为82.2%，发放健康教育材料3753万份，健康教育咨询925万人，接受健康教育知识讲座840万人，国家免疫规划疫苗预防接种率98.2%，7岁以下儿童健康管理率91%，0—3岁儿童系统管理率87%，孕产妇系统管理率87.4%，老年人健康管理率82.4%，高血压患者规范管理率540万人，达到87%，糖尿病患者规范管理率150万人，达到85%，重性精神病患者管理37万人，中医药健康管理服务目标人群覆盖率达到46%，政府办基层医疗卫生机构开展监督协管的比例达到99%。

基本公共卫生服务项目的开展是一个渐进的、发展的过程，通过对各地2014年度项目开展情况进行绩效评价，我们认为该项目组织管理、资金管理、项目执行和实施效果等指标基本完成，对于推动河北省经济、社会可持续发展有着深远影响。通过推进基本公共卫生服务项目有利于推动河北省公共卫生均等化，确保河北省人民健康的基本权益，使河北省居民通过这一医药卫生体制改革的举措共享改革与发展的成果。同时，有利于缩小城乡居民基本公共卫生服务提供与获得的差距，使城乡居民都能享受到公平可及的基本公共卫生服务，最终使老百姓不得病、少得病、晚得病、不得大病，有利于使河北省全体居民健康状况得到根本改善。

（二）项目综合评价得分及评价等级

按照绩效评价指标体系，通过对11个设区市、定州市、辛集市、11个省直管县、11个中心城区抽查复核，对各县（市、区）卫生局、疾控中心、妇幼保健机构的项目管理、培训、考核等情况复查评定，综合分析河北省有关数据资料统计，河北省2014年度基本公共卫生服务项目绩效评价得分83.98分，综合评定等级为“良”。

表1　2014年度基本公共卫生服务项目各设区市绩效评价平均得分情况表

排序	市级名称	平均得分	绩效等级	占比
1	石家庄市	93.68	优	15%
2	邢台市	90.22	优	
3	张家口市	89.72	良	47%
4	廊坊市	89.47	良	
5	沧州市	87.35	良	
6	辛集市	85.68	良	
7	衡水市	83.7	良	
8	承德市	81.32	良	

续表

排序	市级名称	平均得分	绩效等级	占比
9	保定市	79.925	可	38%
10	秦皇岛市	79.77	可	
11	唐山市	78.52	可	
12	定州市	76.83	可	
13	邯郸市	75.5	可	

（三）项目综合评价结论

从绩效评价指标结果情况看，河北省基本公共卫生服务组织管理体制比较健全，服务体系初步建立，县乡村三级公共卫生服务体系和城市工作网络基本形成；基本公共卫生项目在河北省全面开展，并取得了一定成效，其中居民健康档案建档率较高，预防接种、儿童健康管理等项目开展较好。同时，绩效评价也反映出在项目管理、组织实施等方面距国家规范要求还有一定差距，11 类基本公共卫生服务部分项目没有完全达到国家规范要求，其中孕产妇健康管理、老年人健康管理、高血压患者健康管理、糖尿病患者健康管理、重性精神疾病患者健康管理、卫生监督协管服务等 6 类服务项目存在较大差距；专项资金管理和使用等方面存在一些问题。从各市来看，11 个设区市和定州、辛集市基本公共卫生服务项目都已全面开展，但各市综合绩效评价结果达到优秀的仅有 2 个市，占 15%；6 个市为良好水平，占 47%；其余 5 个市为可，占 38%。各市基本公共卫生项目开展不平衡，各市、县（区）在工作推进和资金、项目管理中还存在一些问题。

五、绩效评价中发现的问题

从绩效评价情况看，基本公共卫生项目在组织管理、项目实施、服务效果等方面还存在管理不规范、工作不到位、服务质量有明显差距等问题，主要是：

1. 部分地区基本公共卫生工作开展不到位、不规范。

第一，健康档案管理不规范。在对健康档案抽查中发现，各地比较重视追求建档率，但是部分地区健康档案管理较乱，健康档案完整性、规范性、动态性比较差，档案内容不全、信息不实、更新不及时，甚至是只有一个姓名的“空壳”档案。如抽查保定市南市区红星社区卫生服务中心和易县塘湖镇卫生院，存在建档上报数据与现场核实数据不符的问题，在 2 个基层医疗机构共抽查 40 份非重点人群档案，仅 2 份有动态使用记录，动态管理率 5%，大多数档案处在静止状态。邢台市居民健康档案建档率整体较高，但所抽查桥东区北大街社区卫生服务中心健康档案合格率不足，居民电子档案利用率低。同时，由于医疗信息平台尚未普遍建立，已建立的多数居民健康档案成为“信息孤岛”。

第二，部分基层服务机构存在提供服务数量不足、质量缩水的问题。从现场核查的基层服务机构看，11 类服务项目的数量、质量未全部达到国家规定和规范要求。一些服务机构健康教育印刷品、播放音像的种类、健康讲座、宣传栏更新、面向公众健康教育咨询的次数未达到规范要求，健康教育开展的不扎实，针对性不强，方法和手段单一，健康指导不到位，城乡居民对基本公共卫生服务项目和服务流程等不甚了解，主动接受服务的意愿和配合意识较差。如秦皇岛市海港区西港路社区服务中心，抽查0－6岁儿童健康管理档案60份，新生儿家庭访视率仅为20%，低于85%的指标，0－6岁婴幼儿健康档案合格率为35%，血红蛋白检查率为0，部分档案出现明显常识性错误。此外，抽查60份孕产妇健康管理档案，早期建册率为20%，产后访视率为20%，产前随访记录和孕妇保健手册记录明显不符。

2. 基本公共卫生服务体系网底工作薄弱，作用尚有发挥空间。基本公共卫生项目启动以来，河北省为了进一步加强管理，推动建立长效工作机制，对各类基本公共卫生服务项目资金构成比例以及基层医疗卫生机构职责分工进行了调整。按照国家和河北省要求，合理分配乡村两级基本公共卫生服务任务，使用于村医开展基本公共卫生服务的资金补助水平总体达到48%。从实地调查情况看，大部分设区市未按规定落实村级卫生机构承担国家基本公共卫生服务项目的职责和资金补助比例，基公卫服务体系网底工作薄弱，乡镇卫生院对村卫生室基本公共服务工作绩效考核落实不够，乡村医生承担公共卫生服务工作的积极性和服务水平不高。

3. 部分市、县两级财政配套资金存在未足额到位问题。

第一，部分设区市人均补助标准未达到要求。经核查11个设区市市本级配套资金到位情况如表2所示。

表2　　河北省2014年基本公共卫生服务项目补助资金安排情况一览表

县区名称	人口数（万人）	补助资金安排（万元）	其中：				人均经费（万元）
			中央级（万元）	省级（万元）	地市级（万元）	县区级（万元）	
合计	7296.05	250644.94	153993.00	37556.31	15681.50	43505.60	34.35
保定市	1017.38	35782.23	21473.00	6971.00	1605.00	5733.23	35.17
定州市	122.10	4286.70	2577.00	855.00		854.70	35.11
承德市	350.63	12308.82	7400	1468.10	532.48	2908.24	35.10
衡水市	442.44	15497.40	9338.00	2743.00	1539.00	1877.40	35.03
石家庄市	976.20	34167.00	20604.00	4393.00	2612.40	6557.6	35.00
张家口市	439.38	15378.30	9276.00	1831.00	1302.00	2969.30	35.00
廊坊市	443.93	15537.55	9369.00	1866.21	788.94	3559.87	35.00
沧州市	724.38	25353.30	15290.00	4164.00	1583.50	4315.80	35.00
秦皇岛市	302.16	10575.60	6376.00	1059.00	937.56	2203.04	35.00
唐山市	766.85	26473.76	16187.00	1574.00	1843.62	6869.14	34.52
邢台市	718.86	23512.34	15171	4567	1370	2404.34	32.71
邯郸市	928.64	30129.94	19600.00	5755.00	1567.00	3252.94	32.45
辛集市	63.10	1642.00	1332.00	310.00			26.02

核查结果表明，唐山市、邢台市、邯郸市、辛集市人均补助标准未达到35元。

第二，部分市、县级配套资金未到位或未足额到位。核查的11个设区市、定州、辛集市和相关县（区）2014 年配套资金情况如表 3 所示。

表 3　　2014 年基本公共卫生服务项目补助资金市县级配套资金到位率一览表

行政区名称	级次	应配套资金（万元）	实际配套（万元）	到位率
合计		27832.40	26067.82	93.66
秦皇岛市	市级	937.56	937.56	100.00
海港区	被抽查县区	527.45	527.45	100.00
抚宁县	被抽查县区	432.61	432.61	100.00
石家庄市	市级	2612.40	2612.40	100.00
鹿泉	被抽查县区	31.00	31.00	100.00
桥西	被抽查县区	0.00	0.00	
辛集市	市级	563.29	0.00	0.00
张家口市	市级	1302.00	1302.00	100.00
万全县	被抽查县区	191.00	191.00	100.00
宣化区	被抽查县区	264.00	253.00	95.83
怀来县（省直）	省直管	319.17	324.20	101.58
保定市	市本级	1606.00	1605.00	99.94
南市区	被抽查县区	412.28	412.28	100.00
易县	被抽查县区	267.65	267.65	100.00
涿州市（省直）	省直管	685.16	685.16	100.00
定州市	市级	854.70	854.70	100.00
唐山市	市级	1932.00	1932.00	100.00
滦南县	被抽查县区	521.00	521.00	100.00
丰南区	被抽查县区	531.59	531.59	100.00
迁安市	省直管	821.21	821.21	100.00
承德市	市级	532.50	532.50	100.00
双滦区	被抽查县区	167.61	14.63	8.73
宽城县	被抽查县区	283.21	283.21	100.00
平泉县	省直管	409.40	395.90	96.70
廊坊市	市级	788.94	789.20	100.03
广阳区	被抽查县区	219.87	219.90	100.01
三河市	被抽查县区	743.58	744.00	100.06
衡水市	市级	1539.00	1539.00	100.00
桃城区	被抽查县区	199.00	199.00	100.00
景县	被抽查县区	337.00	337.00	100.00
阜城县	省直管	96.37	96.37	100.00
沧州市	市本级	1583.50	1583.50	100.00
运河区	被抽查县区	285.00	285.00	100.00

续表

行政区名称	级次	应配套资金（万元）	实际配套（万元）	到位率
沧县	被抽查县区	428.00	428.00	100.00
任丘市（省直）	省直管	546.00	546.00	100.00
邢台市	市级	1370.00	1370.00	100.00
桥东区	被抽查县区	256.53	84.00	32.74
威县	被抽查县区	157.77	157.77	100.00
宁晋县	省直管	658.89	220.00	33.39
邯郸市	市级	1562.22	1562.22	100.00
丛台区	被抽查县区	410.23	410.23	100.00
邯郸县	被抽查县区	33.36	28.58	85.67
魏县	省直管县	412.35	0.00	0.00

核查结果表明，近年来河北省各地加大投入，在经济下行压力较大的情况下，绝大多数县市区资金能够足额到位，但也存在部分市、县配套资金到位率不足的问题。其中，保定市本级资金到位率99.94%，距全部到位稍有差距；唐山市双滦区、邢台市桥东区、宁晋县资金到位率较低，存在配套资金不到位的问题。

第三，基本公共卫生资金存在超范围支出问题。唐山市迁安兴安社区卫生服务站、张家口宣化区天泰街寺社区服务中心、邯郸市丛台区丛东社区卫生服务中心等单位，用公共卫生服务资金购买空调、复印机、办公家具、装修装饰费用等。

4. 项目绩效考核不到位，资金拨付未与绩效考核充分挂钩。

第一，资金拨付与工作绩效考核脱节。河北省基本公共卫生专项资金管理规定：预拨70%到承担基公卫服务的基层卫生机构，其余30%待完成绩效考核后按考核结果兑现。实地调查结果是，大部分县（区）资金拨付未与考核结果挂钩，未按“预拨70%，考核后兑现30%”要求管理和拨付资金，绩效考核工作不到位。

第二，基本公共卫生项目绩效考核管理制度不完善，部分市县公共卫生服务项目实施方案制定不科学，存在项目标准制定比例高或低于国家要求，比例高的项目年底未能完成。同时，绩效考核工作开展不够理想。

5. 会计基础工作薄弱，存在会计核算不规范，资金管理不到位问题。实地核查中显示，为了规范基层卫生服务机构财务核算，县卫生计生部门设立了基层医疗卫生服务机构财务管理中心，对财务实行统一管理，但部分管理中心配备的核算人员有些不是专业人员，业务素质较低，会计基础工作较为薄弱、资金核算不规范、会计记账不及时，个别单位存在大额付现、白条列支等问题。

六、绩效评价结果应用

根据2014年基本公共卫生服务项目绩效评价情况，结合工作实际，对绩效评价结果和存在的问题，提出以下几点改进措施和建议：

（一）加强组织领导和督导检查

各级政府和卫生主管部门要切实加强对基本公共卫生服务工作的组织领导，理顺职能，明确责权；加强对项目监管和绩效考评，严格按照《国家基本公共卫生服务规范》的要求组织开展对市、县绩效评价；加快信息化建设进程，整合信息资源，建立科学、高效、便捷的基本公共卫生服务信息化平台，实现居民健康档案动态电子化管理。

（二）加快推进资金支付方式改革，切实解决资金管理与服务效果脱节问题

国家基本公共卫生服务补助资金从中央财政到地方财政均以常住人口为基数进行分配，虽然明确要求通过绩效考核使资金分配与基层卫生机构的服务数量、服务质量、服务内容及居民满意程度挂钩，但在基层落实不畅。2014 年起，河北省全面推动基本公共卫生资金支付方式改革，实行政府购买服务，居民就近择优选择服务机构，刷卡免费享受服务，主管部门根据服务数量、质量和群众满意度等考核结果拨付资金，实现政府主导与市场机制相结合，提高了资金使用绩效。据此，为有效解决资金分配与服务效果脱节的问题，建议各地抓紧推进支付方式改革，进一步在完善改革方案上下功夫，提高认识，加强配合，切实把支付方式改革这项工作落实好。

（三）加强会计基础工作，规范会计核算行为

各地要按照基本公共卫生资金使用管理办法和相关政策性文件要求，加强对基层医疗服务机构的会计人员培训，增强法律、法规意识，熟练掌握国家基本公共卫生服务资金的使用规定。同时，进一步提高基本公共卫生资金分配的信息透明度，合理安排基本公共卫生支出，提高预算执行，充分发挥资金使用效果。

（四）加强督导，对存在问题进行整改

由河北省卫生计生委牵头，针对基本公共卫生服务工作中存在的问题督促各地提出整改意见，并按照国家规定和规范要求，加强对各市县工作督导；河北省财政厅会同河北省卫生计生委对存在资金滞留沉淀、未按规定及时落实配套资金、资金支出问题较为严重的市县进行通报，并适当压减 2016 年资金补助标准，不足部分由存在问题较严重的市县补齐。此外，对本次绩效评价结果，经河北省卫生计生委研究确认后，要及时通过相关途径进行公开。

（社保中心　胡浩）

关于构建社会保障资金绩效评价指标体系的研究报告

2016 年度河北省财政科研课题成果三等奖

社会保障是社会发展的稳定器，经济运行的减震器，维护社会公平的调节器。经过 30 年的探索和发展，我国以社会救助、社会保险、社会福利为基础，以养老保险、医疗保险、最低生活保障等为骨架的新型社会保障体系框架基本形成，社会保障体系正进入全面深化改革阶段，从推动制度一体化发展、建立更加公平的待遇确定机制、加大财政补贴力度、提高制度运行效率和保障能力等方面，完善现行的社会保障制度，初步实现制度的公平性、财务的可持续性和制度运行的高效率，并最终实现中国特色的社会保障制度走向成熟、定型。而建立健全社会保障资金绩效评价指标体系，是深化财政改革、建设绩效财政的重要内容，也是搞好财政资金绩效评价、提高财政监督水平的基础。为此，近年来，我们紧密结合绩效监督评价工作，不断探索构建社会保障资金绩效评价指标体系，以科学、完善的指标体系促进绩效评价工作深入开展。

一、社会保障资金绩效评价指标体系构建的基本要求

（一）深入贯彻绩效预算管理改革要求

按照河北省财政厅党组“改革统揽、绩效导向、科学规范、善治有为”的总体思路，近年来，河北省财政厅逐步建立了以绩效为导向、用制度分钱的财政社会保障项目资金分配制度体系，实现项目资金分配行为制度管理全覆盖。同时在绩效评价方面提出了明确具体要求。2016 年 8 月，为进一步规范绩效预算管理、提升绩效评价水平，河北省财政厅印发了《河北省项目支出绩效指标框架体系》，对照该框架体系，我们对近几年开展的社保资金绩效评价工作进行了梳理，从部门预算和绩效管理的双重角度，选取核心绩效指标，重新修订了绩效评价指标体系，构建了较为完整的社保资金绩效评价指标体系，财政社保资金绩效评价工作由原来对单一预算项目的评价转向对部门职责、工作活动和预算项目的综合评价，从政策制定、综合管理、成本投入、效果产出的全过程出发，建立一系列规范完整、科学合理且可操作的绩效评价指标体系，完善绩效评价机制，优化绩效评价流程，加强绩效评价结果运用。

（二）遵循绩效评价指标设立的一般原则

绩效评价指标是指衡量绩效目标实现程度的考核工具。绩效评价指标的确定应当遵循以下原则：第一，相关性原则，应当与绩效目标有直接的联系，能够恰当反映目标的实现程度。第二，重要性原则，应当优先使用最具评价对象代表性、最能反映评价要求的核心指标。第三，可比性原则，对同类评价对象要设定共性的绩效评价指标，以便于评价结果可以相互比较。第四，系统性原则，应当将定量指标与定性指标相结合，系统反映财政支出所产生的社会效益、经济效益、环境效益和可持续影响等。第五，经济性原则，应当通俗易懂、简便易行，数据的获得应当考虑现实条件和可操作性，符合成本效益原则。第六，区分共性指标和个性指标。共性指标是适用于所有评价对象的指标。主要包括预算编制和执行情况、财务管理状况、资产配置、使用、处置及其收益管理情况以及社会效益、经济效益等。个性指标是针对预算部门或项目特点设定的，适用于不同预算部门或项目的业绩评价指标。共性指标由财政部门统一制定，个性指标由财政部门会同预算部门制定。

（三）紧密结合社会保障资金管理的特点

社保资金的筹集、管理、使用具有以下特征：第一，社保资金来源多元。我国目前的社会保障资金来源主要有个人缴纳的社会保险费、各级政府的财政补助、变现部分国有资产和上缴利润、社保保障基金投资收益、发行社保保障彩票和债券收益等。第二，社保资金数额巨大。从相关统计数据看，社会保障体系称得上是经历了一场“大跃进”式的变革。2008 年至今，社会保障方面的整体公共支出年均增幅超过 20%，约为同期我国 GDP 年均增速的两倍；我国社会保障方面总体公共支出相当于 GDP 比重从 2008 年的 6.6% 增至 2015 年的 15%。第三，社保资金实行专户管理。根据规定，省级财政社会保障项目资金应及时纳入同级部门预算管理，做到先有预算安排、再有项目分配，发挥预算在财政项目资金分配活动中的基础性作用，避免预算安排和资金分配脱节。各级财政部门负责补助专户的开设，并按预算确保资金到位、拨付、使用管理、清算和监督，避免与其他预算资金相互挤占，确保社保资金的专款专用。第四，社保资金涉及人数众多。“十二五”时期，是我国社会保障制度改革力度最大、发展速度最快、惠及民生最广的时期，我国已经建立起世界上覆盖人群最多的社会保障计划。截至 2015 年，全国参加基本养老、基本医疗、失业保险、工伤保险、生育保险人数分别为 8.46 亿人、6.56 亿人、1.71 亿人、2.08 亿人、1.76 亿人。第五，不同资金性质迥异。不同用途的社保资金筹集渠道不同、筹资标准不同、分配方式不同、使用方法不同、管理模式不同，应分类采取标准定额、因素系数、竞争评审、一事一议等多元化分配方式和管理方式，保障项目资金的管理使用更加科学规范、公正合理，提高绩效。第六，不同资金管理运作方式差别很大。社会保险管理体制和运行机制城乡分割、地区分割现象仍普遍存在，城乡间、不同群体间社会保障待遇差距仍然较大，社会保险统筹水平和统筹层次还不高，社会保障基金可持续性也有待改善。为此，绩效评价指标的设立，要能够反映上述特点，更具有针对性。

（四）涵盖社会保障资金支出的领域范围

我国社会保障资金按支出性质，可以分为社会保险、社会救济、社会福利、社会优抚、社会互助和医疗卫生等几大类，具体又分为基本养老保险、基本医疗保险、失业保险、工伤保险、生育保险、最低生活保障、医疗救助、五保供养、孤儿保障、就业培训、基本公共卫生、重大公共卫生、优抚安置等针对不同人群、不同内容的社会保障资金。为此，我们按照不同社保资金的性质特点和不同管理部门的职责活动，分类建立了社保资金绩效评价指标体系。

（五）围绕社会保障资金评价实现的目标

构建社保保障资金绩效评价指标体系主要目标：一是有利于社保资金的分配和使用，提高社保资金使用绩效；二是有利于保障社保资金的安全和完整，加强对社保资金的监督管理；三是有利于实现社保资金的保值增值，促进资金管理机构逐步改善管理方式和运营环境，合理配置使用社保资金，防范资金管理风险。

二、社会保障资金绩效评价指标体系构成完成情况

2014 年我们研究建立了基本公共卫生服务资金、城乡低保资金、基本抽验经费、商贸流通产业资金、流浪乞讨人员补助资金和部门二级单位财务、县级财政综合绩效评价指标体系，2015 年探索建立新型农村合作医疗补助资金、城镇居民医疗保险资金、孤儿基本生活费补助资金的绩效评价指标体系，修订完善了商贸流通产业资金和部门二级单位财务综合绩效评价指标体系，2016 年探索建立了养老保险政策制定及管理、高技能人才的培养和管理、养老服务体系建设和计划生育奖励扶持政策的绩效评价指标体系，目前已经完成了 15 个专项资金绩效评价指标体系建设，覆盖河北省社会保障专项资金总量和项目的一半以上，对指导各级政府科学安排社会保障预算、提高社保资金绩效发挥了积极作用。2017 年，我们将继续修改完善现有指标体系，补充制定空白项目的绩效评价指标，努力构建完整的社会保障资金绩效评价指标体系。

为做好社会保障资金绩效评价工作，我们和业务管理部门一起组织成立了绩效评价工作领导小组，研究制定绩效评价工作实施方案，设计制定绩效评价指标体系及评价标准方法，规范了绩效评价工作流程和时间步骤，明确组织河北省各县（市、区）开展自评，并抽取部分县（市、区）进行实地核查评价和综合打分，得出综合评价结果。按照《河北省省级部门工作活动绩效评价指标框架体系》总体要求和相关性、重要性、可比性、系统性、经济性原则，根据项目资金绩效评价工作实施结果，我们 2016 年对绩效评价指标进行了进一步修订，并调整了部分指标项目的分值，使得整个评价指标更加通俗易懂、合理实用，努力做到信息可采集、执行可监控、绩效可评价，实现河北省同类活动、项目和资金绩效评价工作的横向可比较、纵向可分析。绩效评价的标准采用百分制评分法，满分 100 分。

（一）城乡养老保险绩效评价指标

城乡居民养老保险制度是由人社部门管理的为城乡居民提供基本养老服务的保险制度。绩效评价指标体系包含基金收支情况表和绩效评价指标表两部分内容，一是城乡居民

养老保险基本情况表，梳理汇总实际参保对象数量和基金收支情况，主要反映实际参保人数、实际缴费人数、本年度筹资情况（个人缴费、各级财政补助）、本年度基金支出、当年基金结余、累计基金结余等情况；二是绩效评价指标表，绩效评价指标的设立，按照养老保险政策绩效评价的相关性、重要性、可比性、系统性、经济性原则，紧密结合活动特点，研究制定了指标评价体系，设置4个一级指标、7个二级指标和26个三级指标。考虑城乡养老保险政策性强、管理链条长等特点，将一级指标的分值进行了适当调整，工作活动设置（20分）、工作活动管理（20分）、工作活动产出（20分）、工作活动效果（40分）。工作活动设置下设2个二级指标6个三级指标，包括组织建设（8分）和制度建设（12分）；工作活动产出下设1个二级指标4个三级指标，即过程控制（20分）；工作活动效果下设2个二级指标7个三级指标，包括项目绩效（30分）和群众满意度（10分）；工作活动管理下设2个二级指标9个三级指标，包括资金管理（14分）和财务管理（6分）。26个三级指标具体包括机构建设、岗位目标、机制建设、制度保障、技术保障、项目设立、实施方案、申报审批、监督检查、补助人数落实率、补助水平落实率、补助水平增长率、受益人群、群众满意度、上级补助资金到位率、本级补助资金到位率、补助资金到位及时性、资金分配科学性、资金管理使用、当年资金使用率、管理制度、财务核算、公开公示制度等。结合绩效预算编制情况，与政策执行管理和政策效果紧密联系，重点对养老保险参保率、养老保险缴费率、养老金发放率、养老金发放及时性、保险待遇到位率、受益人群增长率、补助资金到位率、补助资金到位及时性、基金使用率、群众满意度等效果指标进行绩效评价，保证了养老保险政策的贯彻落实、补助资金的及时到位和养老金的顺利发放，加强了资金安全管理，提高了经费使用效益 。

（二）城乡最低生活保障绩效评价指标

最低生活保障制度是指国家对家庭人均收入低于当地政府公告的最低生活标准（最低生活保障线，即贫困线）的人口给予一定现金资助，以保证该家庭成员基本生活所需的社会保障制度，包括城市最低生活保障和农村最低生活保障。低保资金由中央财政、省级财政和地方财政按规定比例分级负担。针对城乡低保资金的管理特点，设计了两个报表，一是财政资金分配使用情况表，梳理汇总实际低保对象数量和补助资金收支情况，具体包括年末保障人数、保障标准、补差金额、当年实际投入、上级补助情况、本级投入情况、资金支出情况和累计结余情况等信息的统计汇总；二是绩效评价指标表，设置4个一级指标、7个二级指标和27个三级指标。考虑到城乡最低生活保障政策性强、管理链条长等特点，将一级指标的分值进行了适当调整，工作活动设置（20分）、工作活动管理（20分）、工作活动产出（20分）、工作活动效果（40分）。工作活动设置下设2个二级指标6个三级指标，包括组织建设（8分）和制度建设（12分）；工作活动产出下设1个二级指标4个三级指标，即过程控制（20分）；工作活动效果下设2个二级指标7个三级指标，包括项目绩效（30分）和群众满意度（10分）；工作活动管理下设2个二级指标9个三级指标，包括资金管理（14分）和财务管理（6分）。27个三级指标具体包括机构建设、岗位目标、机制建设、制度保障、技术保障、项目设立、政策落实、申报审批、监督检查、补助人数落实率、补助水平落实率、受益人群、群众满意度、上级补助资金到位率、本级补助资金到位率、补助资金到位及时性、资金分配科学性、资金管理使用、当年资金使用率、管理制度、财务核算、公开公示制度等。结合绩效预算编制情况，与政策执行管理和政策效果紧密联系，重点对城乡居民低保保障率、低保对象核实率、低保金发放率、低保金发放及时性、低保待遇到位率、补助资金到位率、补助资金到位及时性、基金使用率、群众满意度等效果指标进行绩效评价，保证了低保政策的贯彻落实、补助资金的及时到位和养老金的顺利发放。

（三）城乡居民基本医疗保险绩效评价指标

城乡居民基本医疗保险制度是由人社部门（卫生部门）管理的为城乡居民提供基本医疗需求的医疗保险制度，包括原新型农村合作医疗保险制度和城镇居民基本医疗保险两部分内容。绩效评价指标包含基金收支情况表和绩效评价指标表，一是基金收支情况表，主要反映居民实际参保人数、补偿受益人数、次均住院费用、次均住院补偿费用、本年度筹资情况（个人缴费、各级财政补助、民政资助和其他收入）、本年度基金支出（住院补偿、门诊补偿和其他补偿、大病保险基金支出）、当年基金结余、累计基金结余、重复参保人数等基本情况；二是绩效评价指标表，绩效评价指标的设立，按照基本医疗保险政策绩效评价的相关性、重要性、可比性、系统性、经济性原则，紧密结合活动特点，研究制定了指标评价体系，设置 4 个一级指标、7 个二级指标和 26 个三级指标。考虑城乡医疗保险政策性强、涉及人群多等特点，将一级指标的分值进行了适当调整，工作活动设置（20 分）、工作活动管理（20 分）、工作活动产出（20 分）、工作活动效果（40 分）。工作活动设置下设 2 个二级指标 6 个三级指标，包括组织建设（8 分）和制度建设（12 分）；工作活动产出下设 1 个二级指标 4 个三级指标，即过程控制（20 分）；工作活动效果下设 2 个二级指标 7 个三级指标，包括项目绩效（30 分）和群众满意度（10 分）；工作活动管理下设 2 个二级指标 9 个三级指标，包括资金管理（14 分）和财务管理（6 分）。26 个三级指标具体包括机构建设、岗位目标、机制建设、制度保障、技术保障、项目设立、政策落实、申报审批、监督检查、补助人数落实率、补助水平落实率、补助水平增长率、受益人群、群众满意度、上级补助资金到位率、本级补助资金到位率、补助资金到位及时性、资金分配科学性、资金管理使用、当年资金使用率、管理制度、财务核算、公开公示制度。结合绩效预算编制情况，与政策执行管理和政策效果紧密联系，重点对城乡居民医疗保险参保率、医疗保险缴费率、医疗保险报销补偿率、医保报销及时性、住院报销起付线比例、保住院最高补偿限额比例、政策内普通门诊报销补偿水平、政策内住院费用报销补偿水平、补助资金到位率、补助资金到位及时性、资金分配科学性、基金使用率、群众满意度等效果指标进行绩效评价，保证了医疗保险政策的贯彻落实、补助资金的及时到位和顺利发放。

（四）基本公共卫生服务绩效评价指标

基本公共卫生服务资金是指由卫生和计划生育部门管理的省级财政在公共财政预算资金中安排的、专项用于为城乡居民开展基本公共卫生服务项目的资金。针对基本公共卫生服务资金的管理特点，设计了 2 个报表，一是财政资金分配使用情况表，财政资金分配使用情况表包括覆盖人口、人均标准、资金来源情况、资金使用情况和累计结余情况等信息的统计汇总；二是绩效评价指标表，绩效评价指标的设立，按照基本公共卫生服务政策绩效评价的相关性、重要性、可比性、系统性、经济性原则，紧密结合活动特点，研究制定了指标评价体系，设置4个一级指标、7个二级指标和55个三级指标。考虑基本公共卫生服务政策性强、涉及面广等特点，将一级指标的分值进行了适当调整，工作活动设置（20分）、工作活动管理（20分）、工作活动产出（20分）、工作活动效果（40分）。工作活动设置下设2个二级指标6个三级指标，包括组织建设（8分）和制度建设（12分）；工作活动产出下设8个二级指标20个三级指标，即居民档案管理、儿童健康管理、高血压患者健康管理、糖尿病患者健康管理、卫生监督协管服务等；工作活动效果下设2个二级指标20个三级指标，包括项目绩效（30分）和群众满意度（10分）；工作活动管理下设2个二级指标9个三级指标，包括资金管理（14分）和财务管理（6分）。55个三级指标具体包括机构建设、岗位目标、机制建设、制度保障、技术保障、项目设立、城乡居民健康档案建档率、儿童健康管理率、高血压患者健康管理率受益人群、群众满意度、上级补助资金到位率、本级补助资金到位率、补助资金到位及时性、资金分配科学性、资金管理使用、当年资金使用率、管理制度、财务核算、公开公示制度等。结合绩效预算编制情况，与政策执行管理和政策效果紧密联系，重点对城乡居民健康档案建档率、免费健康体检率、儿童健康管理率、健康检查受检率、体弱儿管理率、高血压患者健康管理率、糖尿病患者健康管理率、重性精神疾病患者健康管理率、突发公共卫生事件信息报告率、突发公共事件卫生应急处置率、疾病应急救助制度覆盖率、产前筛查率、住院分娩率、健康体检表完整率、0—3岁以下儿童系统管理率、管理人群血糖控制率、管理人群血压控制率、重性精神病患者稳定率、孕产妇死亡率、传染病疫情报告及时率、突发公共卫生事件报告及时率、突发公共卫生事件应急任务完成率、食品安全风险预警制度覆盖率、补助资金到位率、补助资金到位及时性、基金使用率、群众满意度等效果指标进行绩效评价。

（五）养老服务体系建设绩效评价指标

养老服务体系建设是由民政部门管理的为城乡居民提供基本养老服务体系建设而设立的专项资金。绩效评价指标包含资金使用情况表和绩效评价指标表两部分内容，一是资金使用情况表，主要反映养老机构和设施个数、床位数、收费标准、资金来源、资金使用、当年资金结余、累计资金结余等情况；二是绩效评价表，紧密结合养老服务体系建设活动特点，研究制定了三级指标评价体系，设置一级指标4个、二级指标7个，三级指标25个。一级指标包括工作活动设置、工作活动产生、工作活动效果、工作活动管理，分别占20分、20分、40分、20分。7个二级指标为组织建设（8分）、制度建设（12分）、过程控制（20分）、项目绩效（30分）、群众满意度（10分）、资金管理（14分）、财务管理（6分），分别与4个一级指标相对应。结合养老服务体系建设的管理特点，具体设计了25个三级指标，包括机构建设、岗位目标、机制建设、制度保障、技术保障、项目设立、实施方案、申报审批、监督检查、集中供养能力、贫困失能老人护理补贴发放率、农村互助幸福院建设奖补率、城乡居家养老服务中心建设奖补率、养老机构一次性建设和运营奖补率、受益人群、群众满意度、上级补助资金到位率、本级补助资金到位率、补助资金到位及时性、资金分配、资金管理使用、当年资金使用率、管理制度、财务核算、公开公示制度等，并按重要性原则设计了不同分值，在具体指标设定上细致、准确，与各级养老保险实际管理工作紧密结合，可操作性强。

（六）基本药物抽验经费绩效评价指标

基本药物抽验经费是指由食品药品监督部门管理的、省级财政在公共财政预算资金中安排的、专项用于开展基本药物抽样检验项目的资金。针对基本药物抽验经费的管理特点，设计了2个报表，一是财政资金分配使用情况表，包括抽验项目、抽验批次、平均抽验成本、资金下达情况、使用情况和结余情况等信息的统计汇总；二是绩效评价指标表，结合基本药物抽验经费管理活动特点，研究制定了指标评价体系，设置了4个一级指标、7个二级指标和25个三级指标，并将一级指标的分值进行了适当调整，工作活动设置（20分）、工作活动管理（20分）、工作活动产出（20分）、工作活动效果（40分）。工作活动设置下设2个二级指标6个三级指标，包括组织建设（8分）和制度建设（12分）；工作活动产出下设1个二级指标5个三级指标，即过程控制（20分）；工作活动效果下设2个二级指标5个三级指标，包括项目绩效（30分）和群众满意度（10分）；工作活动管理下设2个二级指标9个三级指标，包括资金管理（14分）和财务管理（6分）。结合绩效预算编制情况，与政策执行管理和政策效果紧密联系，25个三级指标具体包括机构建设、岗位目标、机制建设、制度保障、技术保障、项目设立、抽验程序合法、结果正确公正、报告格式规范、问题处理及时、监督检查、检测计划完成率、不合格药物处置率、基本药品抽验率、定期公布抽验结果、群众满意度、上级补助资金到位率、本级补助资金到位率、补助资金到位及时性、资金分配科学性、资金管理使用、当年资金使用率、管理制度、财务核算、公开公示制度等。评价实践中，采用目标预定与实施效果比较法，通过对凭证、账簿及样本实地查证、投入产出分析、指标量化评分等方法进行绩效评价。

（七）孤儿基本生活费绩效评价指标

孤儿基本生活费是由民政部门管理的对河北省符合条件的孤儿给予的基本生活费补助资金。针对孤儿基本生活费补助资金的管理特点，我们设计了2个报表，一是孤儿基本生活费补助资金调查统计表，主要梳理分析孤儿人数、救助标准、供养方式（集中供养和分散供养）、资金来源、资金使用、结余情况等；二是绩效评价指标表，研究制定了指标评价体系，设置4个一级指标、7个二级指标和28个三级指标，并将一级指标的分值进行了适当调整，工作活动设置（20分）、工作活动管理（20分）、工作活动产出（20分）、工作活动效果（40分）。工作活动设置下设2个二级指标6个三级指标，包括组织建设（8分）和制度建设（12分）；工作活动产出下设1个二级指标5个三级指标，即过程控制（20分）；工作活动效果下设2个二级指标8个三级指标，包括项目绩效（30分）和群众满意度（10分）；工作活动管理下设2个二级指标9个三级指标，包括资金管理（14分）和财务管理（6分）。结合绩效预算编制情况，与政策执行管理和政策效果紧密联系，28个三级指标具体包括机构建设、岗位目标、机制建设、制度保障、技术保障、项目设立、实施方案、申报审批、监督检查、补助人数落实率、补助水平落实率、人数核查准确率、孤儿基本生活保障率、残联儿童手术康复率、生活费发放及时性、福利待遇到位率、受益人群、群众满意度、上级补助资金到位率、本级补助资金到位率、补助资金到位及时性、资金分配科学性、资金管理使用、当年资金使用率、管理制度、财务核算、公开公示制度等。

（八）流浪乞讨救助绩效评价指标

流浪乞讨救助资金是指由民政部门管理的、省级财政在公共财政预算资金中安排的、专项用于救助安置流浪乞讨人员生活、医疗和返乡的资金。针对流浪乞讨救助资金的管理特点，我们设计了2个报表，一是流浪乞讨救助资金调查统计表，主要梳理分析救助人数、救助标准、资金来源、资金使用、结余情况等；二是绩效评价指标表，绩效评价指标的设立，按照养老保险政策绩效评价的相关性、重要性、可比性、系统性、经济性原则，紧密结合活动特点，研究制定了指标评价体系，设置4个一级指标、7个二级指标和26个三级指标，并将一级指标的分值进行了适当调整，工作活动设置（20分）、工作活动管理（20分）、工作活动产出（20分）、工作活动效果（40分）。工作活动设置下设2个二级指标6个三级指标，包括组织建设（8分）和制度建设（12分）；工作活动产出下设1个二级指标5个三级指标，即过程控制（20分）；工作活动效果下设2个二级指标6个三级指标，包括项目绩效（30分）和群众满意度（10分）；工作活动管理下设2个二级指标9个三级指标，包括资金管理（14分）和财务管理（6分）。结合绩效预算编制情况，与政策执行管理和政策效果紧密联系，26个三级指标具体包括机构建设、岗位目标、机制建设、制度保障、技术保障、项目设立、人员编制是否落实、管理制度是否健全、档案登记是否完备、技能培训是否组织、救助措施是否到位、流浪乞讨人员救助率、救助设施完好率、救助发放及时性、监督验收情况、受益人群、群众满意度、上级补助资金到位率、本级补助资金到位率、补助资金到位及时性、资金分配科学性、资金管理使用、当年资金使用率、管理制度、财务核算、公开公示制度等，保证了救助政策的贯彻落实、补助资金的及时到位和顺利发放，加强了资金安全管理，提高了经费使用效益。

（九）计划生育扶持绩效评价指标

农村部分计划生育家庭奖励扶助制度，是由卫生与计划生育部门管理的、中央和地方财政安排的专项资金给予奖励扶助的一项基本的计划生育奖励制度。农村独生子女和双女户父母年满60周岁后，按每人每月80元，年人均不低于960元的标准发放奖励扶助金，直到亡故为止。奖励扶助资金由中央、省、市、县分级负担。针对农村计划生育扶持资金的管理特点，我们设计了经费使用情况表和绩效评价指标表两个报表，一是农村计划生育扶持资金调查统计表，主要反映奖励扶助对象人数、标准、资金来源、当年支出、当年结余、累计结余等情况；二是绩效评价指标表，考虑计划生育奖励扶持政策性强、涉及面广等特点，设置4个一级指标、7个二级指标和23个三级指标，并将一级指标的分值进行了适当调整，工作活动设置（20分）、工作活动管理（20分）、工作活动产出（20分）、工作活动效果（40分）。工作活动设置下设2个二级指标6个三级指标，包括组织建设（8分）和制度建设（12分）；工作活动产出下设1个二级指标4个三级指标，即过程控制

（20 分）；工作活动效果下设 2 个二级指标 7 个三级指标，包括项目绩效（30 分）和群众满意度（10 分）；工作活动管理下设 2 个二级指标 9 个三级指标，包括资金管理（14 分）和财务管理（6 分）。23 个三级指标包括机构建设、岗位目标、机制建设、制度保障、技术保障、项目设立、实施方案、申报审批、监督检查、补助人数落实率、补助水平落实率、补助水平增长率、受益人群、群众满意度、上级补助资金到位率、本级补助资金到位率、补助资金到位及时性、资金分配科学性、资金管理使用、当年资金使用率、管理制度、财务核算、公开公示制度等。结合绩效预算编制情况和计划生育资金特点，重点对扶助对象确认准确率、奖扶资金发放率、扶助政策落实及时性、政策落实率和上级补助资金到位率、补助资金到位及时性、群众满意度进行绩效评价，与政策执行管理和政策效果紧密结合，保证了补助资金的及时到位和顺利发放，加强了资金安全管理，提高了经费使用效益。

（十）中职免学费绩效评价指标

为增强职业教育吸引力，引导更多青年学生接受职业教育，2007 年开始实施中等职业学校国家助学金政策，2009 年又出台了中等职业学校免学费政策，2012 年进一步扩大了享受免学费政策的对象范围并调整了助学金政策，初步建立完善了中等职业学校学生资助政策体系。绩效评价指标体系包含资金基本情况表和绩效评价指标表两部分内容，一是资金基本情况表，主要反映应补助人数、实际补助人数、生均建筑面积、生均仪器设备值、生均图书册数、资金来源、本年支出、当年结余、累计结余等情况；二是绩效评价指标表，绩效评价指标的设立，按照中等职业学校免学费政策绩效评价的相关性、重要性、可比性、系统性、经济性原则，紧密结合活动特点，研究制定了指标评价体系，设置 4 个一级指标、7 个二级指标和 23 个三级指标。一级指标 4 个，包括活动设置、工作活动管理、工作活动产出、工作活动效果，分别占 20 分、20 分、20 分、40 分。相对应 7 个二级指标，即组织建设（8 分）、制度建设（12 分）、过程控制（20 分）、项目绩效（30 分）、群众满意度（10 分）、资金管理（14 分）、财务管理（6 分）。结合绩效预算编制情况和资金管理特点，设置三级指标 23 个，包括机构建设、岗位目标、机制建设、制度保障、技术保障、项目设立、实施方案、申报审批、监督检查、补助人数落实率、补助水平落实率、补助水平增长率、受益人群、群众满意度、上级补助资金到位率、本级补助资金到位率、补助资金到位及时性、资金分配科学性、资金管理使用、当年资金使用率、管理制度、财务核算、公开公示制度等，使具体指标的设定体现了细致、准确，可操作性强的特点。

（十一）商贸流通发展绩效评价指标

商贸流通发展专项资金是指由省级财政在公共财政预算资金中安排的、专项用于商贸流通业发展的资金。支持对象主要是在河北省行政区域内依法登记注册、具有独立法人资格、经营状况良好的商贸企业或商贸流通服务机构。2014 年、2015 年两次对商贸流通发展专项资金进行了绩效评价。针对商贸流通发展专项资金的管理特点，设计了 2 个报表，一是财政资金分配使用情况表，主要用于省级资金下达情况、项目执行情况和项目效益情况等信息的统计汇总；二是绩效评价指标表，按照商贸流通发展专项资金绩效评价的相关性、重要性、可比性、系统性、经济性原则，紧密结合活动特点，研究制定了指标评价体系，设置4个一级指标、7个二级指标和32个三级指标，并将一级指标的分值进行了适当调整，工作活动设置（20分）、工作活动管理（20分）、工作活动产出（20分）、工作活动效果（40分）。工作活动设置下设2个二级指标8个三级指标，包括组织建设（8分）和制度建设（12分）；工作活动产出下设1个二级指标8个三级指标，即项目产出（20分）；工作活动效果下设2个二级指标7个三级指标，包括项目绩效（30分）和群众满意度（10分）；工作活动管理下设2个二级指标7个三级指标，包括市县下达资金管理（14分）和项目单位财务管理（6分）。结合绩效预算编制情况，与政策执行管理和政策效果紧密联系，32个三级指标具体包括机构建设、岗位目标、机制建设、制度保障、技术保障、项目设立、项目审批、项目验收、实际投资完成率、项目完工率、早快餐连锁店建设数量（家）、商贸物流配送中心建设数量（个）、投资农产品流通和农村市场体系项目数量（个）、投资农村电商项目数量（家）、自主信息发布平台数量（个）、参与促进消费活动企业数（家）、资金用途、拨付程序、支付方式、支付进度、资金使用、资金核算、核算手续、拉动投资、新增就业岗位、商贸商场安全运营率（%）、投资的农产品市场或农村市场销售额增长率（%）、社会消费品零售增长率、农村电商企业营业额增长率、电子商务交易增长额（亿元）、全国电子商务综合排名、公开公示制度等，促使部门加强资金安全管理，提高经费使用效益。

三、进一步完善社会保障资金绩效评价指标体系的思路

2017年，我们将继续贯彻落实厅党组“改革统揽、绩效导向、科学规范、善治有为”的改革思路，围绕全厅中心工作，做好促进就业政策等社会保障资金的绩效评价指标体系建设，为河北省开展绩效评价监督、编制绩效预算奠定坚实的基础。

（一）完善多维评价指标体系

目前，开展绩效评价，多是采取计划标准、行业标准，运用历史数据开展纵向评价和运用省内外数据开展横向评价。今后，绩效评价应向多维化评价方向发展。

（二）进一步细化评价评分标准

绩效评价是绩效预算改革的重要环节，当前由于一些预算项目、资金、活动的预算目标不具体、不明确，从而影响了评价指标的设立和细化。今后，随着绩效预算改革的不断深化，绩效目标将更加明确清晰，评价指标细化也需要与之适应、跟进。

（三）更加突出核心指标

社保资金评价涉及面广、涉及评价指标数量多。今后应更加注重反映部门资金、活动的核心指标，指标设立更加精准，围绕部门核心业务，同时增加评价分值的比重。

（四）改进评价满意度指标

对社保资金绩效评价，社会、群众满意度指标至关重要。今后，要在指标设计包括评价办法方面应做出改进。

（河北省财政厅　王伟　赵宏亮　曹春芳
石家庄市畜牧局　曹航）

唐山市城镇职工医疗保险基金运行情况调研报告

2016 年度河北省财政科研课题成果三等奖

唐山市 2001 年建立城镇职工基本医疗保险制度，2014 年基金实现了信息系统、经办流程的统一，大部分定点零售药店实现了联网，对于降低管理成本、方便群众就医购药发挥了重要作用。截至目前，唐山市参保职工达 154 万人，联网定点医院 567 家，定点零售药店 1729 家。近期，我们以近 5 年来唐山市城镇职工基本医疗保险基金运行数据为基础，对基金运行情况及存在问题进行了调研分析。

一、基本政策

（一）基金管理

城镇职工医保参保对象为机关事业单位、企业、社会团体及职工。城镇职工医保资金实行收支两条线管理，财政部门设财政专户，医保局设收入、支出户（收入户归集单位和个人上缴的保费，支出户用于与定点医疗机构和零售药店进行结算），月末医保局将收入户归集的单位及个人缴纳医疗保险费全额上缴财政专户，每月 15 日前社保局填报用款计划，财政部门将资金拨入社保局支出户，用于结算定点医保机构及定点药店医疗费用。

（二）缴费比例

参保单位按上年度职工工资总额及退休费用之和的 7% 缴费，职工个人按本人上年度工资收入 2% 缴费，退休人员个人不缴纳基本医疗保险费。

（三）基金构成

基金由参保单位和参保职工共同缴费构成，主要包括个人账户基金和统筹基金。

1. 个人账户基金。个人账户由三部分构成：一是在职职工个人缴纳的基本医疗保险费全部计入个人账户；二是单位缴纳的医疗保险费按职工年龄段划入一部分，即 45 周岁以下的按上年度本人工资收入的 1%，45 周岁以上的（含 45 周岁）按 1.5%，退休人员按本人上年度养老金的 4%；三是公务员医疗补助按职工年龄段划入一部分，即 45 周岁以下的以上年度本人工资收入的5.5%，45周岁以上（含45岁）6.5%，退休人员按本人上年度养老金的7%。

2. 统筹基金为单位缴纳部分。

（四）医疗费起付标准和最高支付限额

唐山市定点医疗机构起付标准分别为：三级医院600元，二级医院500元，一级医院400元，社区卫生服务中心300元，参保职工一个自然年度内多次住院的，在上述规定基础上依次降低100元。参保职工转往外地住院和异地急诊住院的起付标准为1000元。统筹金最高支付限额为7万元。

（五）大额补充医疗保险

唐山市建立了大额补充医疗保险制度，按参保职工每人每月11元缴纳保费。机关事业单位由公务员医疗补助中提取，其他人员由单位缴纳。医保中心统一向保险公司投保，保险公司按90%比例支付超过统筹基金最高支付限额7万元以上费用部分，每年最高支付33万元。

二、参保及享受待遇人员情况

表1　2011—2015年唐山市城镇职工医疗保险参保人数　单位：万人

年份	参保人员年末数			比上年增长%
	在职	退休	合计	
2011	96.4	44	140.4	3.9
2012	100.5	47.1	147.6	5.1
2013	101.4	49.3	150.7	2.1
2014	101.9	51.5	153.4	1.8
2015	100.8	53.3	154.1	0.5

截至2015年年底，唐山市城镇职工医疗保险参保人数为154.1万人，较2011年增加13.7万人。从参保人员构成情况看，在职人员变化不大，5年间增加4.4万人，基本保持稳定，退休人员变化较大，5年间增加9.3万人。随着缴费政策由“双基数”改为“单基数”，参保单位将不再为达到职工医保最低缴费年限的退休人员缴费，而退休人员照常享受医保待遇，对唐山市医保资金运行将产生一定影响。

表2　2011—2015年唐山市城镇职工医疗保险享受待遇人数　单位：万人

年份	门诊			住院			合计
	退休	在职	小计	退休	在职	小计	
2011	134.3	170.1	304.4	14	9.6	23.6	328
2012	144.8	183.7	328.5	16	10.7	26.7	355.2

续表

年份	门诊			住院			合计
	退休	在职	小计	退休	在职	小计	
2013	162	190.1	352.1	18	12.5	30.5	382.6
2014	170.7	205.4	376.1	17.5	11.4	28.9	405
2015	188.9	216.5	405.4	18	9.4	27.4	432.8

2015 年享受医疗保险待遇人员 432.8 万人，比 2011 年增加 104.8 万人，年均增长 7.1%。随着唐山市城镇职工医保制度的不断完善，享受待遇的人员增长较快，主要是享受门诊医疗待遇人员增加了 100 万人。

三、城镇职工医疗保险基金收支情况

表 3　　2011—2015 年职工医疗保险基金收支情况表　　单位：万元

年份	基金总收入			基金总支出			当期结余	累计结余
	统筹基金	个人账户基金	合计	统筹基金	个人账户基金	合计		
2011	184635	132386	317021	124655	104066	228721	88300	317622
2012	244548	167605	412153	153440	130094	283534	128618	446240
2013	265733	191898	457631	182864	161042	343906	113725	559565
2014	286850	206872	493722	188878	171913	360791	132931	692897
2015	310414	217400	527814	211518	179594	391112	136703	829599

（一）基金收入快速增长

2015 年职工医保基金总收入 527814 万元。其中：基本医疗保险费收入 509168 万元，利息收入 18146 万元，转移收入 183 万元，滞纳金收入 317 万元。总收入较 2011 年增加 210793 万元，年均增长 13.6%。基金收入快速增长的原因主要有三个方面：一是参保缴费人数增加了 13.7 万人；二是缴费基数增加了 2404439 万元；三是基金征缴率由 6.5% 提高到 7%，该政策 2016 年 1 月 1 日起实施，主要考虑缴费政策由“双基数”改为“单基数”引起的基金减收。

（二）基金支出快速增长

2015 年职工医疗保险基金总支出 391112 万元，较 2011 年增加 162391 万元，年均增长 14%。基金支出大幅增长的原因主要有两个方面：一是享受城镇职工医保待遇人数增加了 104.8 万人；二是保险待遇水平提高，统筹基金最高支付限额由每人每年 5.5 万元提高到 7 万元，大额补充医疗保险最高支付限额由每人每年 20.5 万元提高到 33 万元，职工医保“特检特治”个人自付比例由 20% 降低至 10%。

（三）基金结余规模持续增加

2015年基金累计结余为829599万元（市本级487726万元），其中：统筹基金结余520166万（市本级272754万元）元，个人账户结余309433万元（市本级214972万元）。基金累计结余比2011年增加511977万元，年均增长27%。基金结余持续增长的原因主要是当年收入大于支出所致。目前统筹基金结余能维持2.4年的支出。

四、基金运行中存在的问题

（一）未实现真正意义上的全市统筹

目前唐山市18个县（市）、区仅路南、路北、开平、古冶、高新五区基金收支由市级统一管理，实行“统收统支”，其他县（市）、区仅实现了基本信息系统的统一，基金收支仍自行核算。大量基金分散在各县（市）区管理，既不利于统筹使用，也不利于基金安全。另外，各县区间在医保缴费和待遇上也存在差异，不利于各县区间参保人员转入转出和异地结算，导致执行政策不平等。

（二）基金结算相对滞后

唐山市目前城镇职工基本医疗保险付费方式实行“总额预算制”，以定点医疗机构历史费用数据和医疗保险基金预算为基础，综合考虑医疗成本上涨、统筹基金和医疗服务变化等因素，确定各定点医疗机构总额预算。费用结算实行后付制，即在定点医疗机构发生的医疗费用，患者结算个人自费部分后，医保基金支付部分由医疗机构先行垫付，按月汇总报医保经办机构审核后予以拨付，年终决算通常在第二年下半年才能实施。由于医疗机构垫付资金较多，给日常运转带来很大压力。尽管2015年市本级实行了向定点医疗机构预付一个月医疗费用的制度，但多数医疗机构反映仍不能从根本上解决问题。

（三）基金使用效率不高

职工医疗保险基金遵循“以收定支、收支平衡、略有结余”的管理原则。目前全国各地基金结存量普遍偏大，唐山市基金备付能力远高于专家认定的15个月界限。80多亿元基金以活期或定期方式存放在银行，一方面缺乏必要的增值运作，另一方面不能满足职工的医疗待遇需求。特别是个人账户资金受支付范围限制，大部分处于闲置状态，未充分发挥其应有的作用。

（四）部分定点医疗单位存在违规问题

一些定点医疗机构和定点药店为追求利益最大化，滥开药、滥检查、乱收费现象仍时有发生，有的甚至将一些保健品和生活用品变通纳入医保范围，骗取医保资金，造成基金损失。

五、工作建议

（一）加快医保基金市级统筹改革进程

实现基金市级统筹管理是改革方向，也是上级要求。目前唐山市改革进程相对缓慢，实现全市基金管理“统收统支”还需要各部门加强协调配合，做好以下几方面工作：一是实现基金统一管理，将各县区基金结余统一上划市级财政专户，基金收支由市级统一核算；二是全市统一缴费基数、缴费比例标准，统一享受待遇，最低起付线和报销比例；三是全市范围内定点医疗机构和零售药店实现即时结算，方便广大职工就医购药。

（二）改进医保基金支付方式

目前，医药卫生体制改革已进入攻坚阶段，应充分发挥医保在改革中的核心杠杆作用，确保改革目标如期实现。公立医院取消药品加成之后，为保证其正常运转，应加快资金拨付进度，缩短基金结算周期。一是要结合市直公立医院落实绩效考核管理办法，改变医保基金支付方式，逐步实行按病种、按床日付费结算；二是及时审核汇总各定点医疗机构医保基金应负担的费用，并向财政部门提交用款计划；三是加快与定点医疗机构医保资金决算进度，力争上半年完成。

（三）提高医保基金使用效益

一是在政策允许的范围内，探索医保基金新的增值途径，进一步扩大基金规模；二是在保证基金正常运转的前提下，研究扩大医保支付范围，合理消化统筹基金存量。尤其是对于个人账户结余，试行将健身、锻炼、保健等有益于健康的消费纳入支付范围，把积极预防放在医疗治病的前面。

（四）完善医疗保险管理系统

医保基金支付面对上千家定点医疗机构和定点药店，业务量大、手续烦琐，靠人工管理和监督是远远不够的，必须发挥信息系统的技术支撑作用，完善参保人员医疗档案信息库，实现资源共享。当前重点是加快河北省统一开发的医疗审核智能监控系统建设，完善硬件设施，加大实施力度，实现基金监管由线下监管向线上监管转移，从事后监管向事中和事前监管转移，从审核支付环节监管向基金流转全环节转移，进一步提高工作的针对性和实效性。

（五）加强定点单位监督检查

医保、卫生、物价、食药监等相关部门协调联动，定期组织开展对定点医疗机构大处方、大检查、乱收费和定点药店售卖生活用品骗保的专项检查活动，发现问题公开曝光、及时处理，发挥从严查处的震慑作用，督促定点单位依法依规管理和运营。

（唐山市财政局　田云普　郑长杰　马荣江　齐琳）

大气污染防治政府与市场边界研究

2016年度河北省财政科研课题成果三等奖

大气污染防治事关人民群众根本利益，事关建设经济强省美丽河北。当前河北省大气环境形势严峻，环保部发布的2016年前三季度74个城市空气质量排名相对较差的后10位城市中，河北省占了6个（邢台、保定、邯郸、石家庄、唐山、衡水）。“十三五”时期，是河北省全面建成小康社会的决胜期，是推进工业化和城镇化的加速期。实现“PM2.5较2013年下降40%，污染严重城市退出全国空气质量后10位”的目标，需要持续增加资金投入。根据初步估算，2016年大气污染防治资金需求为722亿元。但在经济进入新常态的背景下，经济下行压力加大，财政收入增速放缓，政府可投入大气污染防治的资金规模与实际需求之间的矛盾越来越突出。面对供需矛盾，需要科学界定和正确划分大气污染防治政府与市场的边界，充分发挥市场决定性作用，完善政府投入体系，以更加科学合理的方式筹集大气污染防治资金。

一、大气污染防治的现状与问题

在艰巨的大气环境治污任务面前，河北省委、省政府积极贯彻落实国务院《大气污染防治行动计划》的战略部署，通过加大资金投入、创新投入机制等方式，较好地完成了各项工作任务，治理大气污染已取得阶段性成效。但与打赢环境治理攻坚战、建设美丽河北和人民群众的要求相比，还存在一些亟须解决的问题。

（一）现状分析

1. 大气污染有所缓解。河北省委、省政府将大气污染防治作为生态环境建设和经济社会发展全局的重中之重。通过努力，河北省大气污染有所缓解。2015年，河北省空气质量持续稳定好转，设区城市达标天数平均190天，同比增加38天；PM2.5平均浓度77微克/立方米，同比下降18.9%，降幅居京津冀及周边7省区市首位，比2013年下降28.7%，提前2年达到国家目标要求；PM10、二氧化硫、二氧化氮平均浓度同比分别下降17.6%、25.0%和3.6%。

2016年1—7月，河北省PM2.5平均浓度为62毫克/立方米，较2015年同期下降了18.4%；达标天数平均为120天（共计213天），占56.3%，较2015年同期增加20天；重度以上污染天数平均为11天，占5.2%，较2015年同期减少6天。

2. 防治投入逐渐加大。节能环保支出占 GDP 的比重和占财政支出的比重能够反映一个区域对环保事业的重视程度。河北省节能环保支出占 GDP 的比重从 2007 年的 0.32% 提高到 2014 年的 0.66%，在全国 31 个省、市、自治区的排名从 18 位上升到 15 位；节能环保支出占财政支出的比重，从 2011 年的 2.98% 增加到 2014 年的 4.14%，在全国 31 个省、市、自治区的排名由第 14 位跃升到第 4 位。

自国家环保部等六部委颁布《京津冀及周边地区落实大气污染防治行动计划实施细则》以来，河北省用于大气污染防治投入逐年增大。2013 年、2014 年，河北省大气污染防治总投资为 404 亿元。2015 年河北省共投入 540 亿元，其中财政投入 78.6 亿元，社会投入 461.4 亿元，撬动效果显著。在财政投入中，中央财政占近五成。2015 年省以上财政投入 53.6 亿元，包括中央财政投入 37 亿元、省级预算安排 8 亿元、北京市和天津市帮扶 8.6 亿元。各市县预算安排 25 亿元。

3. 协同治理水平提高。从大气污染来源看，治理大气污染主要有四个领域：优化能源结构、移动源污染防治、工业企业污染治理和面源污染治理。河北省各市的大气污染来源不同，如石家庄的燃煤排放是 PM2.5 的首要污染来源，扬尘是 PM10 的首要污染来源，工业排放是颗粒物的主要污染来源。廊坊的燃煤、扬尘、工业气溶胶、汽车和日常排放是主要的污染源，所占比例分别为 50%、20%、18%、12%。邢台的燃煤尘、工业尘等是本地 PM2.5 的主要来源。

治理这些排放源与河北省淘汰落后产能、节能减排、美丽农村建设等重点工作又紧密联系在一起，几者之间存在协同效应。例如，2016 年河北省农民按照《河北省美丽乡村民居设计方案》要求改造和新建民居的，原则上给予 1 万元至 4 万元奖补，表面上看起来这是提高农民居住条件的措施，但从另一个角度看，由于农民新房的保温性有了较大程度提高，在达到同样取暖的要求，绿色农房的耗煤量是普通的 1/3 左右，也就是说，大气污染也会大幅度地被降低。

总体上看，为了使财政投入治理大气污染的效果最大化，省级财政和各市加大了财政的协同投入力度。2016 年，河北省财政除安排大气污染防治专项资金 8 亿元以外，还安排其他与大气污染防治工作相关资金 5.2 亿元，节能减排专项资金 1.25 亿元、钢铁结构调整专项资金 2 亿元、淘汰落后产能资金 0.48 亿元、电力需求侧管理管理资金 0.92 亿元、建筑节能资金 0.55 亿元等。上述资金都以不同形式精准地发挥了与大气污染防治专项资金相同的治理作用。

4. 投资体制改革见效。针对治理大气污染在资金分配时，传统的项目法分配方法与地方市县具体情况相脱节的问题，2015 年将项目法为主调整为因素法为主。这种以因素法为主切块下达资金的方式，扩大了地方自主权，调动了市县的积极性，市县可以因地制宜，把钱花在真正需要、快速见效的地方，同时实现了市县政府责权利的统一。

针对大气治理资金支出慢、结存量大的问题，在资金监管机制方面，以加快财政资金支出进度为抓手，定期考核、发布各市县大气治理资金支出进度；对支出慢的，由河北省政府进行专项督导；对因自身原因不能按时完成支出任务的，由河北省或市通过财政结算方式收回，重新分配，并将之作为资金分配扣减因素，减少以后年度对其的资金支持；对因政策、客观原因导致的工作推动存在实际困难、短期又难以完成目标任务或项目已取消的结存资金，则由市县政府统筹调剂，用于大气污染防治急需的、短期内能够形成实际支出的其他大气污染防治项目。2015年，通过密集调度与监管，河北省大气治理资金支出进度明显加快，年度资金支出达95%，比2014年加快51个百分点。

（二）问题分析

《京津冀大气污染防治强化措施（2016—2017）》要求河北省2017年PM2.5年均浓度在超额完成国家“大气十条”目标任务的基础上再下降13%，达到67微克/立方米。面对较大的资金缺口，唯有积极解决以下问题，财政压力才能得到有效缓解。

1. 政府的越位与缺位同时存在。我国《大气污染防治法》明确规定“地方各级人民政府应当对本行政区域的大气环境质量负责”，对于已造成的污染，地方政府要“控制或者逐步削减大气污染物的排放量，使大气环境质量达到规定标准并逐步改善”。因此，防治大气污染、向全社会提供清洁空气的主体应是各级政府，但由于河北省造成大气污染的部分原因是与环境规制不符的市场行为，因此在防治大气污染主体应是多元化主体构成。

然而，治理大气污染的多元化主体在实践中却变成了财政投入起关键作用，客观上使造成大气污染的主体产生了“等、靠、要”的思想，不给政策不给钱，责任就无法不落实的境地。如在洁净型煤推广及散煤替代中，由于型煤与散煤价差悬殊（散煤价格平均400元/吨左右，型煤价格平均900元/吨左右），型煤推广工作只能依靠大量的政府补贴，没有了政府补贴，替代工作就难以为继。事实上，型煤的推广涉及发改部门、执法部门、工商管理等多个部门，在型煤推广效果不好的原因中（2014年推广目标200万吨，实际销售51万吨；2015年推广目标700万吨，实际完成233万吨，两年分别完成了目标任务的25.8%和33.3%），有些部门抱着“可承担与不承担的责任，就不承担；主要责任与次要责任之间，选次要责任”的态度，财政的越位与其他部门的缺位并存。财政投入在越位的同时，本应由其起主导作用的黄标车提前淘汰、实心黏土窑拆除、拔“烟筒”等补助资金却存在不足的问题，即又干了一些缺位工作，从而影响了工作推动与落实。

2. 市场防治污染的作用欠发挥。市场在防治大气污染中的作用体现为三方面：谁污染，谁治理；谁保护，谁受益；谁受益，谁投资。但在实践中，市场发挥的作用不理想。

实践中，“谁污染、谁治理”部分变成了“谁污染，罚谁款”，很多企业在雾霾治理上，习惯性的思维就是交罚款就可以排污，如果在偷排的过程中不被环保部门发现，罚款就变成了利润。如环保部对脱硫设施存在突出问题的19家企业罚脱硫电价款或追缴排污费合计4.1亿元，这些企业即便交了罚款，但对大气造成的污染已成事实。

由于有关大气污染物的交易市场的不健全，“谁保护，谁受益”在大气治理领域几乎没有效果，即使有些企业可以将大气污染的排放物降得更低，但由于缺乏有效的市场激励机制，这些企业的积极性也不高。

“谁受益，谁投资”也存在问题，公民在主张享受清洁空气权利的同时，也应担负治理大气污染的应有责任，如英国在治理大气污染的过程中，以法律的形式对此进行了确定。英国1956年的《清洁空气法》就明确在控烟区内改装炉灶的费用，30%自理，30%由地方政府解决，40%由国家补助，即政府与居民的责任是7∶3。河北省在农村推广新型燃气具时，由于没有全部补贴，部分村民存在观望态度。

二、大气污染防治中政府和市场的责任

党的十八届三中全会文件提出：市场要在资源配置中起决定性作用，同时要更好地发挥政府的作用。即“凡是市场机制能够充分发挥作用，政府就尽可能不予干预；凡是存在市场失灵，市场机制不能有效发挥作用的，政府就要积极干预”。据此，我们按照大气污染防治任务对政府和市场的责任进行了划分。

（一）政府和市场的责任划分

1. 政府责任。指由政府运用法律的、行政的、经济的乃至道德的手段从宏观上推动的大气污染防治任务，在防治中没有经济效益的纯公共事项。主要内容包括：一是行政管理，如工作协调部署、方案编制落实、执法能力建设、法律政策宣传、技能技术培训，等等；二是公共基础设施建设，即为控制和降低大气污染所实施的公共基础设施建设，如机关事业单位燃煤锅炉清洁能源替代改造、建筑节能改造，“煤改气”工程建设及推广运用，道路及城市扬尘治理设备的购置运营等；三是宏观调控，即政府引导责任主体实施污染防控，如企业技术改造及转型升级、战略新兴产业发展、新能源新技术开发利用、过剩产能化解以及合法黏土砖瓦窑拆除、黄标车提前淘汰、居民生活锅炉改造，等等。

2. 市场责任。是指企业的环境保护责任，具体就是企业因生产经营而承担的空气质量保护、治理、恢复、补偿等责任，体现了“谁污染、谁治理”“谁污染、谁付费”的基本理念。企业作为大气污染物的排放者，在产品设计、材料选购、工艺制造、产品出厂等各环节，都应严格执行国家排放标准，对于生产经营期间产生污染物的治理，如电力行业超低排放、四大行业减排、散煤替代、燃煤锅炉淘汰改造、挥发性有机物治理、淘汰落后产能等，无论从理论还是从法律角度讲，企业都应当且必须承担治理责任，其治理所发生的费用，按会计制度记入企业生产成本。

3. 政府和市场共有责任。即在政府的组织、引导下，引入市场化机制实施污染防治，暂且称作政府和市场共有责任。此类责任是政府通过市场化手段吸收社会资本，借用企业力量完成的大气污染防治任务，这类任务多为公共事业中带有经营特性的事项。通过引入社会资金和市场化的竞争机制，逐步消除公共事业全由政府所属机构垄断主导格局，从而促进政府职能转变，减轻政府支出压力。

考虑到当下河北省正处于大气污染防治的特殊时期，企业为减少污染排放，做出了诸多非责任范围内的贡献，承担了很多非常规性的应急任务，治污费用逐年攀升，生产包袱日趋沉重，部分企业甚至面临生存危机，单靠企业力量难以完成治理任务。为此，政府可在一定时期、一定范围发挥宏观调控作用，为企业排忧解难，一是发挥政府的引导作用，用有限的财力支持，推动和促进企业污染防治，鼓励企业提质提标，实现达标排放；二是在政府的引导和控制下，运用市场化机制推动企业污染治理和技术改造，从源头上根治企业污染排放。

根据2015年大气污染防治工作要点，对相关公共事项进行梳理审核，认定可引入社会资本的大气污染公共防治项目有：城市集中供暖设施改造与建设、“煤改气”工程建设

及推广运用、无主矿山的环境治理、扬尘污染治理等。

（二）正确处理政府与市场关系的思路

正确处理政府与市场关系，关键在于矫正政府错位、越位和缺位的问题，寻找市场与政府的最佳结合点，把政府能力与市场机制有机地结合在一起，各负其责，相互促进。

1. 根据责任主体确定投资主体。大气污染防治的责任主要有政府、市场两个主体，因而防治资金的投入也应分别由政府或市场承担，其中政府责任由政府承担，并确保承担到位。还要区分财政支持的层次性，采用先建后补、以奖代补、财政贴息等方式，放大资金使用效果。市场责任则交由企业承担，非必要的，政府不要干预，有必要干预的，也必须注意干预的方式方法和力度，为企业创造适度宽松的经营环境。政府的行政政策，如排放标准、环保制度要保持相对稳定，不能朝令夕改，在解决大气污染防治主要矛盾的同时，要充分兼顾企业利益，多从企业角度思考，帮助企业解决实际困难。

2. 控制和减少市场责任的政府干预。对于市场责任，应坚持发挥市场决定性作用的原则。在特定时期、对特定事项，政府也可根据历史背景和财力状况，以奖励或补助的方式给予企业一定的资金支持，其目的是为了更快、更好地推动、促进、引导大气污染防治。但政府的干预不能破坏和影响市场机制。

目前，在世行、亚行的支持下，河北省正在筹建大气污染防治基金，这是大气污染防治工作的一项重大创新举措，必将对大气污染防治发挥极其重要的促进作用。基金的设立，开创了市场化污染防治新局面，在此基础上，政府更需要全面检讨大气污染防治责任，对能够交由市场（基金）处理的事项，应尽快退出，以市场化模式推进污染防治。从目前看，能够交由基金处理的大气污染防治事项有：

（1）新能源产业项目。包括风电、太阳能、沼气发电厂，清洁能源替代及液态天然气储备站建设项目。

（2）节能减排项目。包括企业技术改造、城市集中供热、合同能源管理等项目。

（3）转型升级项目。包括高新制造业、服务业和装备制造业项目开发建设。

（4）企业污染防治项目。包括高耗能、高污染企业新能源替换、节能改造及脱硫、脱硝和除尘治理。

（5）矿山扬尘防治及环境治理。

3. 多渠道筹集大气污染防治资金。实践表明，单纯依靠政府、市场二元化的投资模式，很难满足社会对大气污染防治的资金需求，为此，需要解放思想，拓宽思路，创新机制，将政府管理与市场机制融为一体，多渠道筹措大气防治资金。对可以通过市场解决的大气污染治理项目，政府应通过适当的政策激励和约束机制，充分利用社会资源，用市场机制筹措更多的资金，发挥财政资金的杠杆撬动作用。

三、优化大气污染防治投资建议

大气污染防治资金要破除政府财政大包大揽的惯性思维，充分发挥政府财政资金的引导作用和价格机制调节作用，搭建投融资平台，发挥资本市场融资功能，多渠道引导企业、社会资本，支持第三方治理和政府与社会资本合作治理模式，多渠道筹措资金投入污染防治。

（一）政府方面：扩源提效

1. 积极争取中央资金支持。深入落实国家《大气污染防治行动计划》和《河北省大气污染防治行动计划实施方案》，对于列入大气污染防治计划的重点污染治理项目，加强项目组织和设计，提高项目实施可行性，所有项目都要落实到项目建议书和可行性研究报告深度，估算投入，按现有各级财政投入渠道，据实争取更多的中央资金。加强在大气污染防治方面的多科目资金投入。建议国家把大气污染防治作为中央财政专项转移支付重点，在中央大气污染防治专项资金分配上继续给予河北省倾斜支持。恳请中央以河北省2014年税收为基期，实行超基数增量部分加大一般性转移支付额度的办法，缓解大气污染防治工程实施期间地方财政困难，确保地方政府职能的正常发挥。

2. 改革完善环保制度设计。一是建议国家尽快完善现行环境保护税收政策，设立环境保护税，整合部分资源类税收，取消排污费等收费项目，将费改税，发挥税收在生态环境保护中的作用；二是改革排污费征缴制度。将目前超标排污费改为达标排污费，按照《环境保护法》的规定，对超标排放加倍收取排污费的同时，加以行政处罚或实行差别化政策，倒闭企业减排。

3. 争取京津横向支援补偿。按照“谁受益、谁补偿、生态共建、资源共享”的原则，继续推进北京市、天津市开展横向补偿；推动设立生态环境保护基金，重点支持生态建设和环境保护等重大生态环境保护工程建设；推动建立环境容量分担机制，对河北省承接京津产业转移项目或公共事业项目，按项目投资或利税分成分担能耗、煤耗和排污指标。

4. 参与国际机构合作贷款。加强与亚行、世行及清洁发展基金等机构合作，围绕京津冀生态治理组织实施项目，争取低息、长期贷款，减轻财政压力。

5. 加强部门资金统筹整合。本着统筹兼顾、合理分配、综合治理、注重效果的原则，优化财政支出结构，统筹整合来自发改、商务、工信、交通运输等部门的资金，强化硬性措施资金保障等方式。

6. 强化资金使用绩效管理。第一，调整资金分配方式。强化市县政府在生态环境保护中的主体责任，建立省级以因素法为主、市县以项目法为主的资金分配机制，优先保障国家和省委省政府确定的重点治理任务，提高资金支持的精准度。第二，实施监管问责。财政、环保部门要按季度报告专项资金预算执行情况，对专项资金支持的重点项目实施动态监管、追踪问效，避免出现“资金等项目”和长期闲置浪费等问题。第三，建立奖惩制度。采用奖金的形式鼓励资金使用管理规范、预算执行进度较快、资金安排保障重点任务等，对资金使用效果不好的扣减资金。

（二）政府购买服务：政府引导，市场主导

1. 引入第三方治理。

第一，营造公平竞争的市场环境。探索开展和推进政府采购服务，鼓励环境服务承接主体积极开展服务模式创新，促进环境服务业发展的政策机制试点。强化政府购买环境服

务的保障机制，把培育与扶持环境服务业作为支撑政府采购服务的重要工作。第二，推进市场化改革。在具备一定的收费基础的准公共物品特征明显的环境保护领域，通过特许经营制度引入社会资本进行投资、建设和运营，以BOT、TOT、ROT等多种方式，鼓励打破以项目为单位的分散运营模式，采取打捆方式引入环境服务公司进行整体式设计、模块化建设、一体化运营。第三，引入第三方治理。选择有条件地区的高污染、高环境风险行业，对因污染物超过排放标准或总量控制要求，被环境保护主管部门责令限制生产、停产整治且拒不自行治理污染的企业，列出企业清单向社会公布，探索开展以行政代执行方式将其治污设施交由具备资质的第三方专业机构运营。

目前来看，保定市雄县VOCs第三方治理模式值得借鉴推广。该项目采取第三方治理模式，由第三方环保公司统一进行溶剂回收装置的建设与运行，回收的混合溶剂归第三方环保公司所有，由第三方环保公司分离提纯后以优惠的价格返销给企业。同时，基于合理的投资回收期，企业向第三方环保公司缴纳减排服务费，以补偿第三方环保公司的设备投资和VOCs减排的环保公益效益。

2. 推进大气污染防治PPP。第一，对资源组合开发模式PPP项目，采取环境保护项目前置的方式，在社会资本实施资源开发项目之前，必须建成且保证环境PPP项目的正常运行。第二，环境PPP项目要着力构建基于绩效的付费机制，根据污染防治效果或环境效益进行付费，确保项目实施的环境效果。第三，定期开展PPP项目绩效评价，形成评价结果应用机制，根据评价结果，依据合同约定对价格或补贴等进行调整。绩效评价不应只对社会资本方，更要将政府履约纳入绩效评价体系，加强政府履责。第四，建立独立、透明、可问责、专业化的政府和社会资本合作项目监管体系，实行信息公开，鼓励公众参与，形成多方参与的监督机制。第五，探索建立基于绩效的动态补贴机制，设置绩效目标并加强后续绩效目标考核，以绩效考核带动资金监管。河北省露天矿山污染专项整治中，可以采用PPP模式开展矿山环境治理，突破财政资金不足的制约瓶颈，实现矿山环境治理与产业发展、环境保护、生态恢复共赢。

3. 构建环保绿色融资平台。第一，组建或委托现有投融资公司。利用省以下财政资金和政府相关资产、资源、产权等，以资本金注入方式，为金融资本、社会资本参与大气污染防治项目建设搭建平台，疏通渠道，在新的平台上，可将环保资金的投入扩大5—10倍。从总量上完成对大气污染对资金的需要，从结构上满足不同企业大气污染的资金需求。第二，政府购买服务。投融资公司独立经营，市场化运作，可通过资本、项目运作或设备、材料生产经营获取稳定收益，政府可通过后期购买服务等政策扶持，维系投融资公司正常运转、良性发展。第三，成立基金指导委员会。落实《河北省蓝天投资基金设立方案》和《河北省蓝天投资引导基金暂行管理办法》，筹建基金公司履行政府出资人职责；确定蓝天基金的投资原则、投资方向、投资领域以及投资规模等重大事项；审议确定蓝天基金各支母基金的组建方案，包括母基金整体规模、母基金管理人、社会资本合作机构、托管机构、具体投资方向、运作机制及风险管理机制，确定蓝天基金投资项目备选库。第四，制定基金管理章程。进一步完善基金设立方案，募集有限合伙人、选聘普通合伙人，选定基金管理公司和托管银行等；会同河北省发改委等有关部门着手建立河北省大气污染防治投资基金项目池，制定分阶段投资计划。

（三）市场：激发活力

1. 提供绿色金融服务。第一，开展金融租赁。积极推进环境金融租赁服务试点，支持重点领域建设项目开展金融租赁。对于政府投资的基础设施建设、设备购置等，应探讨发展和推广使用融资租赁业务，将一次性集中投入转化为递延式分期投入，缓解财政支出压力。政府通过安排政府采购预算，购买融资租赁服务。第二，推广绿色保险。鼓励保险公司开发相关环境保险产品，引导高污染、高风险企业投保。或者针对相关企业推行强制责任保险。第三，推进绿色债券发行，积极发挥企业债券融资对促进绿色发展、推动节能减排发展节能环保产业等支持作用，引导和鼓励社会投入，助力经济结构调整优化和发展方式加快转变，绿色债券所募集资金主要用于支持节能减排技术改造，包括燃煤电厂超低排放和节能改造，以及余热暖民等余热余压利用、燃煤锅炉节能环保提升改造、电机系统能效提升、企业能效综合提升、绿色照明等。第四，引导金融机构调整优化信贷结构。鼓励金融机构为相关项目提高授信额度、增进信用等级，加大对绿色环保企业和节能减排项目的支持力度，增强对环境违法违规企业的信贷约束。完善征信系统建设，按月采集录入环保行政处罚、行政许可等信息。创新信贷服务，支持开展排污权、收费权、购买服务协议质（抵）押等担保贷款业务，探索利用预期收益质押贷款，落实《河北省排污权抵押贷款管理办法》，扩大排污权抵押贷款业务范围，鼓励金融机构积极开办排污权抵押贷款。

2. 发行环保彩票。第一，设立发行比照福彩和体彩。环保部主管和发行，各地环保部门作为地方管理机构，按照“国家批准、地区试点、逐步推广”的方式，选择合适的发行销售区域，开展试点，取得经验后在全国推广发行。第二，使用现代化方式销售。在传统发行基础上充分利用网络销售，不断增加覆盖面，最大限度动员和募集社会资金支持环保。第三，适当提高返奖率。为调动公众购买积极性，在国家政策允许原则下，适当提高返奖率，调动公众购买积极性。第四，资助项目严格把关。公益金要用在环保建设的正当之处，根据国家法律和项目的轻重缓急程度进行审批的方式决定。

（河北省财政厅资源环境保护处　冯鸿雁　刘述通　刘姗）

第五部分
支持三农发展系列研究

河北省村集体经济发展问题研究

2016 年度河北省财政科研课题成果二等奖

发展集体经济一直是人民公社解体后农村经济发展的重要命题。特别是在 2006 年税费改革之后，村集体经济的发展面临极大的困境：村级组织所要承当的公共事务日益增多，而所能运用的集体资源越来越少。虽然各级政府对农业的反哺力度不断增大，但是分配并不平均，且反哺政策的实施主要针对个人，村庄在公共事务统筹能力上变得日益力不从心。

2016 年，中央对发展集体经济提出明确要求“发展农村集体经济，在明晰产权归属的基础上，激活农村各类生产要素潜能，尤其是土地再利用，探索赋予村集体更多财产权利，完善集体资产权能，建立符合市场经济要求的农村集体经济运营新机制”。发展壮大村级集体经济是加强基层组织建设，提高党的为民服务能力，巩固党的执政基础和执政地位的重要保证。认真研究新时期村级集体经济发展面临的新情况、新问题，探索有效的财政投入新机制，对于贯彻落实党的农村政策，维护农村改革、发展和稳定大局，具有重要的现实意义。

一、河北省村集体经济发展基本情况

近年来，河北省随着美丽乡村、农村面貌改造提升、扶贫攻坚等一系列农村改单的推进，农业综合生产能力显著提升，农民收入实现持续较快增长，9200 多个村庄面貌发生了历史性变化，建成了一批环境整洁、设施配套、各具特色、记得住乡愁的高水平的美丽乡村。扶贫攻坚取得明显成效，稳定脱贫人口数连年增加，贫困发生率逐年下降。农村发展活力进一步增强，全省土地确权登记颁证面积占全部耕地的 56%，有 74 个县建立了农村产权交易中心，土地经营权流转率达 27.7%，家庭农场、农民合作社入社成员占全省农户的 36.2%。农村社会治理体系不断完善。农村基层党组织的凝聚力战斗力强，村级民主管理不断加强，农村社会保持安定祥和的好局面。这一切，都为扶持村级集体经济发展奠定了良好基础。

2013 年开始，河北省就按照村级组织有能力、村级公共服务基础好、村级工作管理规范的原则，在深泽县、吴桥县、安新县、肥乡县、阜城县、威县、武强县、阳原县、柏乡县等 9 个县，选择村集体经济年收入少于 2 万元或无收入的 19 个集体经济薄弱村的 20 个项目先行自主试点，其中资产经营 14 个，资本经营 6 个，积极探索了新形势下发展壮大村级集体经济的有效机制和实现形式，到2015年，所有项目投入运营并取得了较好收益。此外，各地也大胆实践，勇于创新，结合当地实际积极探索发展村级集体经济，在经营模式、组织程序、分配方式和内部治理结构上都取得了一些有益的经验。

（一）经营模式的探索

1. 多种股份合作方式的探索

按照中央和省的政策要求，可以将新时期的村集体经济定义为村集体组织通过流转、外包、出租集体资产或领办、入股企业（合作社）等方式取得经营性、服务性收益的一种公有制经济。股份合作是村集体经济发展的主要形式，各地探索实践的有资产入股、资金入股、土地入股、宅基地入股、劳务入股等多种方式。河北省农村股份合作制经济组织已近3000家，其规模效应、示范作用日渐显现。

（1）资产入股。村集体（农户）以房屋、水电设施等资产作为股本，与企业共建经营主体，实现资本联合。村集体（农户）作为股东，享受利润分红，务工农户还可获得薪金收入和绩效提成。如张家口赤城上虎村，将政府支持弘基绿色循环产业园区的水、电、路等基础设施建设资金120万元，作为上虎村村集体的股金，采取股份制的形式与园区共同经营，村集体占20%股份，每年可获得股份分红20万元。

（2）资金入股。村集体（农户）以政府扶贫资金、行业部门整合资金或自筹资金作为股本，与企业（合作社）共建经营主体。企业（合作社）提供产前、产中、产后服务，农户负责生产，获得入股分红、土地租金和务工收入。张家口赤城龙门所申沟村成立种植专业合作社，开发建设申沟农业产业示范园区，合作社发起人出资181万元，占股72%，村委会整合产业发展专项扶贫资金45万元，募集资金26万元，折合28%股份参与经营，农户通过流转土地、入园打工、按股分红实现“三金”收入。赵各庄镇白涧村成立长毛兔养殖扶贫股份制合作社，利用政府扶贫资金建设长毛兔养殖产业园，政府投入资金量化为贫困人口的入社股金，每年享受合作社分红。

（3）土地入股。村集体（农户）以土地作为股本，与企业（合作社、科研院校）共同组建经营主体，实现资本联合。村集体（农户）作为股东，享受利润分红，务工农户还可获得薪金收入。张家口赤城雕鹗镇下虎村农户自发组织中药材种植合作社3家，吸纳520户农民以土地入股，形成3000亩种植规模，入社农户在基地务工，实现“股金+薪金”双重收入，年人均收入1.15万元。同时，带动42户自发种植中药材110亩。平山县岗南镇李家庄村将全村600亩耕地流转给平山县富通生态农业有限公司，由公司投资建设农业观光园，政府在水、电、路等配套设施方面给予扶持。企业按每亩1300元的保底价，每年给农户土地流转费。园区内属于村集体的土地、设施，以及政府投入给园区的扶持资金，都算作村集体股份，企业每年给村集体20%的经营收益，并实行保底增收政策，不论企业经营效益如何，都要保证村集体每年有最低数额的收益。

（4）宅基地入股。村集体（农户）以宅基地作为股本，与企业（合作社、科研院校）共同组建经营主体，实现资本联合。如涞水县野三坡的山南村，目前依然保留着抗日战争时期冀热察区党委、冀热察挺进军司令部、冀热察挺进剧社等多处旧址。很多革命旧址里住着村民，并且大部分住的是贫困村民。按照“公司+合作社+农户”的模式，涞水县县旅游局成立美丽乡村旅游扶贫发展有限公司，贫困村成立旅游扶贫股份合作社，贫困户100%入社，可以通过土地、山场、闲置农宅等资产入股，在合作社务工，获得资本、务工、分红三种收益。

如平山县李家庄村是中共中央统战部旧址所在地，2015年邀请天津市城市规划设计研究院制定了村庄发展规划。村庄发展定位为红色革命遗址+河北太行山水特色的具太行风情特色的旅游山村，主导产业红色旅游+休闲观光。2016年引进了廊坊荣盛集团进行投资。农户与荣盛集团签订合同，将农宅租赁给企业，由企业统一经营，农户按房间面积收取租金。除农户租金外，村集体每年提取经营企业10%的利润分成，并实行保底增收政策，不论企业经营效益如何，都要保证村集体每年有最低数额的收益。

（5）劳务入股。企业与合作社（农户）、合作社与农户签订劳务合作协议，商定分红比例，建立合作关系。企业（合作社）主导经营，合作社（农户）参与企业生产，享受股份分红。张家口赤城样田乡双山寨村农民将土地流转给公司，每亩收入600元租金，农民加入村级劳务合作社，由合作社统一管理，公司负责技术培训，根据企业订单到公司长期打工，年人均务工收入1.2万元。雕鹗镇黎家堡村组织65户农户组建劳务合作社，与昱彬蔬菜种植有限公司合作，发展设施蔬菜大棚，入社农户年均收入3.5万。

2. 多种经营方式的探索

村集体经济发展在实践中与扶贫、美丽乡村建设相结合形成了多种经营方式，根据资源禀赋、产业基础、贫困程度等因素，探索形成了政府主导带动型、专业合作主导型、农业园区拉动型、龙头企业带动型等多种模式。

（1）政府主导带动型。依托当地特色产业如旅游、蔬菜和食用菌等，由政府投资搭建扶贫资产收益平台，并将政府资金投入量化为扶贫对象股金，每个扶贫对象享有股权收益。

（2）专业合作主导型。如果当地有特色产业，农户又处于分散经营的状态，就可以考虑采取这种模式。如易县从2012年开始，开始谋划建设紫荆关食用菌产业片区项目。该片区涉及紫荆关、南城司、蔡家峪3个乡镇、52个村，总人口3.5万，其中贫困人口3.3万人。为确保食用菌产业健康快速发展，该县探索建立了“1+6“（合作组织+六大服务）股份合作经营模式，入社土地面积800多亩，入社农户136户。群众以土地、人工入股，由打工者变成了股东，使产业规模迅速扩大。六大服务项目即合作经济组织为所有股东提供的“统一建棚、统一制棒、统一管理、统一服务、统一收购、统一销售”一条龙服务，同时引进现代化生产设施，长期聘请专家教授进行技术指导。

（3）农业园区拉动型，就是当地成立合作社，通过整合扶贫资金、涉农专项资金及农村土地等不动产，引进民间工商资本，并吸纳农民以资金或土地、山场等不动产入股，如平山县绿舵现代农业科技园区，辐射带动12个村，目前这12个村的贫困人口已从2011年的2615户、9046人减少到180户、322人。鼓励参与土地流转的农户以土地入股，这样既能帮助农民脱贫，还使农民的利益与园区的利益捆绑在了一起，能激发他们的积极性与主动性，有利于园区持久稳定地发展。

（4）龙头企业带动型。如邯郸峰峰矿区李庄村通过土地流转，将全村5700亩荒山全部回租给河北峰峰众怡农业开发有限公司，以“龙头+农户+市场”为经营模式，共同开发集生态园林、乡土风情、农牧文化为一体的旅游休闲观光风景区，和北响堂风景区交相辉映、融为一体，既建设了绿美乡村，又增加了农民收入。

（二）管理运行机制的探索

目前，村集体经济发展形成的比较规范的管理运行机制可以概括如下：以形式最为普遍的土地入股为例，通过农民以土地承包权入股，村级以集体资产入股，工商资本以技术与特色服务入股，成立农民土地股份专业合作社。制定农民土地股份专业合作社章程，合作社推选社董事长、理事长、监事长各一人，村“双委”推选一名村主要领导为董事长，理事长根据股份推荐，监事长由村民代表中推荐。理事成员两人、合作社会员若干名，成员的选定要2/3以上的股民或股民代表同意。同时，做好合作社章程的修订，包括：农民土地股份专业社量资配股的比例，试点村以土地流转股金为一股折算，年底按股分红。在股金和股红的比例制定中，试点村最少要召开3次以上的会议才能协商成功。土地股份合作社村集体要占有合作社51%以上的股权，合作社章程还包括：经营方式、资金管理制度、仓储制度、分红制度等制度。建立健全公开透明的财务制度，实行独立核算，加强监督管理，严格执行收支预决算管理制度，对于没有列入预算的支出项目要及时召开股民代表会议进行修订，每一季度监事长要向全体股民公开合作社资金运行情况，及时征求股民意见和建议，确保股份合作社做大做强。在此框架下，很多地方也总结了一些各具特色的工作模式。

1. 承德市双滦区肖店村的“1238”工作模式

所谓“1238”工作模式，即坚持一个原则：公开、公平、公正；兼顾“两个”方面利益：集体与村民的利益；严把“三个关口”：股东界定、股权设置和股权量化；实施“八步推进工作法”：清产核资、入户调查、制定方案、股东界定、股权设置、股权量化、制定章程、注册登记。“八步工作法”的每个环节都做到依法合规，严格程序，对于股民资格界定和股权设置等关键环节采取“张榜公示，三榜定案”的方式，一榜公布初步结果，二榜公布核实结果，三榜公布最终结果，确保整个改革过程民主公开，科学实施，公正透明，最大限度的保障群众的知情权、参与权、决策权、监督权。

2. 邯郸市曲周县东刘庄村的管理模式

邯郸曲周县东刘庄村实践的是“党支部+合作社、整村土地流转、规模集中经营、发展高效种植、统筹三农问题”的土地整村流转模式。东刘庄村以村集体的名义注册了“东刘庄村新农民专业合作社”，注册资金100万元，以“农民入社、土地入股、合作社管理、公司化运作、利益共享、风险村担”为原则，整村流转土地，发展特色高效种植，实行规模化经营。

村民自愿将自己承包的土地入股合作社。1厘土地为一股，折价10元，按照“10元包干盈利不分红”和“10元保底多收多分红”两种方式，参加合作社，参股经营。

合作社注册后，形成了一个有总则、社员权利和义务、组织机构职能、财务制度和收益分配等条款的《东刘庄村新农民合作社章程》。按照《章程》要求，该村新农民合作社建立了“三会”制度。首先是社员代表大会，作为合作社最高权力决策机构，社员代表大会下设理事会、监事会作为常设机构。理事会、监事会人选在社员代表大会上直接选举产生。“三会”届期五年。

合作社独立建账，建立健全了议事制度、监督制度、用工制度、内部财务和分配制度。合作社从扣除经营成本和管理费开支后的净收益中，提取一定比例的公积金和公益金，用于合作社扩大再生产和村民公益事业。同时，健全完善合作社的民主管理和监督，保障收益分配和农民利益。年终进行财务决算和收益分配，经社员（代表）大会审议通过后执行。

二、河北省2016年扶持村集体经济政策及试点地区存在问题

2016年河北省被列入全国13个扶持村级集体经济发展试点省份。目前已采取竞争立项、网上申报、集中评审、择优试点的方式，从55个申报试点县、813个申报试点村中，择优确定了600个村（其中土地股份合作经营试点村575个）进行试点，其中2016年美丽乡村建设重点村和2016年实现脱贫目标的省建档立卡贫困村427个，占71.2％。中央和省级试点资金6亿元已经全部下达，与试点县资金相统筹，对每个试点村的财政资金支持可以达到200万元，将对试点村发展多种形式的农村集体经济，助推美丽乡村建设和脱贫攻坚任务的完成，提供较好的资金保障。

（一）各级政府高度重视，多方政策扶持

河北省省委、省政府对发展壮大农村集体经济非常重视，2016年初以“两办”名义印发了《关于发展壮大农村集体经济的若干政策措施》，从发展基础、发展路径、税费减免、财政支持几个方面提出了“规范村集体承包合同”“加强村级荒废土地开发”“盘活政府投资和社会帮扶到村形成的资产”“开展土地流转服务”“有序进行土地整理”“积极开展生产性服务”“大力发展股份合作经济”“引导发展物业经济”“加大财政金融支持力度”“建立健全考核激励机制”等十项政策措施。

2016年4月8日河北省省委省政府下发《关于鼓励支持农村股份合作制经济发展的指导意见》更明确提出，要改革支农资金、扶贫资金的使用方式，推进股份合作制经济组织的发展。2016年股份合作制经济组织覆盖60%的村，2017年全覆盖。从2016年起试点，每年认定100家省级农村股份合作制示范经济组织，2020年达到500家。“五位一体”（现代农业、扶贫开发、山区开发、乡村旅游、美丽乡村）都要以股份合作制经济为载体推进。在现代农业领域，在不改变土地承包权的前提下，引导村民把承包土地的经营权转化为股权，统一流转给现代农业园区、农业科技园区或入股农业产业化龙头企业、农民合作社等，按照量化股份获取一定比例的分红收益；在扶贫开发领域，鼓励支持贫困村成立股份合作制经济组织，将扶贫专项资金折股量化到贫困户，变资金到户为权益到户，由股份合作制经济组织统一经营或投资龙头企业等新型经营主体，由单户扶贫转变为组成利益联结共同体致富；在山区开发领域，支持将农村“四荒”（荒山、荒沟、荒丘、荒滩）等资产经营权，采取确地确股、确权确股等形式，与工商资本对接合作，组建股份合作制经济实体，提高农村资源有效开发利用力度；在乡村旅游领域，支持景区附近、城市周边、历史文化名村等有旅游资源的地方，以闲置农宅组建或入股企业成立股份合作制经济组

织，发展休闲、度假、文化、观光产业，释放村民更多的财产权和收益权；在美丽乡村建设领域，对美丽乡村建设中由各级财政资金、部门帮扶资金、社会捐助资金等形成的生产性设施和经营性资产，原则上划归集体所有，并可以折股参与合作经营。对中心村建设复垦出的耕地以及农村闲置宅基地整理、土地整治中新增的耕地，可以采取确权确股不确地的办法，组建股份合作制经济组织或入股其他市场主体进行合作经营，按照各自股份从每年经营收益中进行分红。

在实现形式上，第一，扎实发展土地合作，积极倡导农户以股份合作形式流转承包土地的经营权发展土地合作社，以土地、林地、山场为基础的各种形式合作，凡是享受财政投入或政策支持的承包经营者均成为股东方，并采取"保底收益 + 按股分红"等形式，切实保障土地经营权入股部分的收益。第二，要积极发展资金合作。鼓励农户与合作社、龙头企业相互参股，凡是投入到村、到户的有关支农项目资金可划转为村集体或农户所有的股金，与其他市场主体进行股份合作；还要引导发展农宅合作，探索农户以农房所有权入股发展农宅合作社，开展乡村旅游。在不改变农村集体土地所有权和村民宅基地使用权的前提下，鼓励农村居民与城镇居民合作建房、合作开展乡村旅游。有条件的村还可以以集体资源资产入股，与工商企业或社会资本组建股份合作制经济组织，合作进行资源开发、产业经营，实现集体资产保值增值。探索设立集体股，通过股权分配增加集体经济收入。应该说，这些政策的含金量都非常高，对发展村级集体经济在政策上给予了前所未有的支持。

（二）扶持村集体经济发展试点中存在的主要问题

试点地区既有各级政府政策、资金的扶持，又有各地发展集体经济中关于经营模式和管理运行机制的经验借鉴，普遍工作热情很高，干劲十足。但由于村集体经济是个新事物，目前在发展过程中也出现了不少问题，需要各级政府及有关部门高度重视，并切实加以解决。

1. 市场运营风险较高，持续增收难度大

目前村集体发展的项目相对单一，很多集中在蔬菜大棚、农家乐，也有部分兴建商业用房，存在产业结构趋同、较为低端、附加值不高、市场不稳定等问题。这些问题直接决定了从事这些项目的村集体收入是脆弱的和不稳定的。

大多数土地股份合作组织都采取的是"保底收益 + 分红"的利益分配模式，土地股份合作社一方面向入股农户承诺保底分红数额，一方面再与承租者签订出租协议。如果承租者出现亏损而无法支付租金，合作社将难以兑现保底分红。而且农业生产既有资产风险，又有市场风险，持续增收难度大，保底很多情况下是不可持续的。尤其是一些地方，合作社为吸引农民入股，保底收益高出土地流转的价格，给农民的"保底钱"可能 3 年内没问题，但是 5 年、8 年后还能不能落实，难度就比较大了。

2. 政社合一，存在治理结构风险

作为独立的企业法人，合作社需有独立的名称、住所、出资方式和数额，与村行政组织之间必须完全脱钩。但是，现实情况往往是大部分土地股份合作社都由村支书领办，村领导常常要兼顾合作社具体管理事务。这样的制度设计，一方面是考虑到土地股份合作需要能人带动的现实，另一方面也是对集体经济有效实现形式的一种探索。但从内部治理结构上说，合作社与村集体毕竟属于两个不同的组织，政社合一的运作模式是否影响合作效率的提升也值得研究。目前亟待解决的是要在现有合作社章程的基础上，优化合作社的内部治理结构、健全监督机制和利润分配机制，将社员表决权落到实处。

3. 配套政策、体制机制缺失

在改造实践过程中，还存在着许多体制机制、政策措施等方面的制约。

（1）部分村缺少改制的前提条件，导致全面推进有困难。如土地确权工作进度较慢。土地确权是成立合作组织的前提之一，也是界定农民占有股份多少的直接依据，涉及面较广，另外农民实际种植面积与承包面积以及原计税土地面积存在一定程度的不一致。基层农村土地问题千丝万缕，在很大程度上影响试点工作的进展。

（2）缺少对起步阶段股份经济合作组织的扶持政策。一方面是税收政策，对从事农、林、牧、渔等一产的农民股份经济合作社有免税政策，但是对于起步阶段的股份经济合作社除一产以外的其他产业没有相关优惠政策。因起步阶段股份经济合作社要起到示范带动作用，就要让大家拿到更多的红利才具有说服力，可起步阶段在仅有的赢利中还要上缴25%的企业所得税，20%的个人所得税，还有其他的税种，这样相对分红就更少，因而在一定程度上削弱了农村股份制改造的积极性；另一方面，在融资和产业等方面没有相应的扶持政策，致使起步阶段的股份经济合作组织运营困难。

（3）缺少农村集体经济股份合作制改造的内容、程序、股权（股东身份）界定和股权量化等方面指导性、规范性的文件，具体操作存在一定困难，进而影响了改造的推进。

（4）河北省工商、税务录入系统版本低，致使注册股份经济合作组织成员最多只能录入180人左右，对超过180人的股民不能全部录入，无法体现全体股民的股份。

4. 农户和村干部的思想认识都有待提高

农户对股份合作认识程度不够。在推行试点过程中很多农户认识程度不高，甚至存在误区，认为入股合作社会丧失对土地的承包经营权，收益会受到侵害，思想存在顾虑，入股积极性不高，部分农民宁可对土地流转租赁取得稳定收益，也不想入股经营获取分红的股利。

同时，村干部的素质也亟须提高。村领办的农民股份合作社经营的好坏是试点工作成败的关键，这对村干部素质提出了更高的要求，不仅有较高的政治素质更要有一定的驾驭经济的能力，就目前情况而言，大部分村干部素质偏低，不具备发展壮大村集体经济的能力，自身素质难以适应试点工作的开展。另外，由于实行土地股份经营，把农民变成了股东，合作社的主要资产是农民的土地承包权，涉及入社农民的切身利益，操作过程中稍有不慎，就可能引起基层矛盾，极易造成纠纷、上访等社会不稳定现象，无疑加重基层干部的工作负担，致使基层干部存在一定程度上的畏难情绪。

三、进一步扶持村集体经济发展的政策建议

（一）因地制宜，探索灵活多样的经营机制

经营机制是发展村级集体经济的重要环节。从之前的经验可以看出，因地制宜、灵活

多样的经营机制需要从五个方面下功夫：

第一，要以市场需求为导向。围绕特色产业，充分发挥优势，组建成立公司。要积极探索以专业合作社、种养大户为有效组织形式，以发展当地特色农业优势产业为平台，促进和带动村集体经济发展。要盘活新农村基础设施和农村集体的存量资产，发挥农村集体资产的运营效益。要整合农村剩余劳动力资源，鼓励成立劳务派遣公司，推进农民就业市场化运作。

第二，要充分利用好政府资金。深化村党组织与村级集体经济组织的合作，整合财政、扶贫、农业等相关涉农资金和党内下拨资金，在确保资金性质不变、投入投向不变、监管主体不变的前提下，按照股份制要求和“股权平等、利益共享、风险共担、积累共有”的原则，投资入股村集体经济组织生产经营，并吸引更多的社会资本投入。

第三，要选好产业。村级组织要围绕特色农业产业或优势产业带头创办领办种植、养殖、加工等经济发展项目，带头创办领办社会服务组织，把农民有序、合理地组织起来，形成规模优势进入市场，增强集体经济实力，增强服务群众能力。如依托城区区位优势，可以做大做强以贸易、物流、运输为主体的现代服务业等，在服务中增加集体经济收入。

第四，要盘活集体资产。要通过盘活现有资产，把资产变成资本，采取多种经营方式最大限度地获取资本增值。如要将非农建设用地、房屋、山场、水面、村部门面房等承租给招商企业或者合作社等，从中收取一定的租金和服务费等以壮大村集体经济实力。要立足优势资源，大力发展小水电、农产品基地、休闲观光农业、农家乐等产业，将自然资源优势转化为经济发展优势。

第五，要让异地置业发力。对一些位置偏远或受规划限制、村内资源匮乏、发展空间较小等就地发展经济有困难的村，要集中在县城、经济开发区、园区、集镇统一规划建设经济实体，如专业市场、商业门面、标准厂房、停车场等，建成后产权由乡（镇）统一管理，经营收益权归村集体，通过物业租赁方式稳定增加集体收入。

总之，要各打各的优势牌，各走各的特色路，因地制宜、灵活多样的经营机制才能不断发展壮大村级集体经济。

（二）细化政策扶持，创造良好外部环境

细化政策扶持，完善村级股份合作社在用地、税收、信贷、工商登记等方面的优惠政策，完善集体股在村级股份合作社中的法律地位，完善税收制度，对村级股份合作社承担农村社会公益事业部分的支出予以免税。完善金融支持体系，对村级股份合作社资金融通上给予规范和扶持。完善优惠扶持办法，在村级股份合作社发展中给予用地、项目等方面优先安排，为村级股份合作社发展营造良好的外部环境。完善农村基层民主自治机制，建立村级集体经济组织管理运营机制，健全农村集体资产监管、民主监督、债务监管和民主理财、财务公开、审计监督制度，严格规范农村集体资产的管理和使用。

（三）加强基层组织建设，选好带头人

要拓宽选人用人渠道，注重从文化程度高的经营大户、科技致富带头人中选任村党组织书记。同时要注重把事业心强、懂经营、会管理和开拓进取、群众公认的致富带头人选

进班子，做到选好书记带强班子，配好班子带强集体。要加强对村干部的教育培训，帮助他们转变观念，拓宽视野，掌握致富本领，提高他们在新形势下发展集体经济的能力。要强化培养激励，对发展村集体经济成效明显的干部，给予优先提拔使用；要加大村干部收入分配制度的改革力度，充分调动村干部发展集体经济的积极性和主动性。可以考虑允许各村按照当年村级集体经济纯收入新增部分的5%提取奖励资金，由村民会议集体讨论制定具体奖励办法，对村干部进行奖励。支持村支两委班子成员兼任村级集体经济组织领导职务，鼓励按村民集体协商制度拿年薪。

要将股份合作社的资产所有权和经营权分离，建立健全的法人治理结构，公开选聘职业化、市场化的经营能人，提升村级集体经济的经营水平、盈利能力与发展潜力。

（四）以村集体经济发展助力精准扶贫，推进美丽乡村建设

农村股份合作制经济组织是发展现代农业、壮大农村经济的重要途径，同时也是实现脱贫致富，让美丽乡村美起来、美下去的重要途径。这些年，各级政府对扶贫开发的投入力度不小，资金大多分散发放到各个贫困户，虽然确保了扶贫资金到人到户，但实际效果并不理想，甚至最后项目没了、资金也没了。而以村集体经济股份合作为载体，政府扶贫资金实现了由过去的直接到户，变为现在的项目到户、资本权益到户，利用股份合作等方式让农户得到分红等收益，实现长期增收、稳定增收。这一合作模式，采取农民最低保障收益与股份盈利分红相结合，在经营过程中低于最低保障收益时，企业按最低保障收益标准分配给农民，高于最低保障标准时，按实际股份利润分红，保证贫困户持续稳定增收，既保证了扶贫资金效益最大化，也保证了贫困群众增收持久化。此外，美丽乡村建设需要资金，管理维护更需要源源不断的资金。只有集体经济发展了，村集体有收入，有造血功能，才能长期提供美丽乡村的养护费用。同时，美丽乡村建设也需要产业为基础，建设资金也可以整合到村集体经济发展中。

产业发展是农村经济社会繁荣的根基，虽然扶持村集体经济、扶贫攻坚、美丽乡村建设等农村工作分属不同部门，但是，都应以村集体经济发展为载体，各部门整合资源，协调联动，才能真正实现脱贫攻坚、建设美丽乡村等多重目标。

（农业处（综改办）　贺志　刘好平　王晓晨　范奋伟）

关于加快农村土地小承包向大流转顺利转化的建议

2016 年度河北省财政科研课题成果二等奖

2015 年中央“一号文件”明确提出，在构建新型农业经营体系方面，要引导土地经营权规范有序流转，创新土地流转和规模经营方式，积极发展多种形式适度规模经营，提高农民组织化程度。2016 年中央“一号文件”又提出，在“发挥多种形式农业适度规模经营引领作用”方面，要健全县乡农村经营管理体系，加强对土地流转和规模经营的管理服务；在“深化农村集体产权制度改革”方面，要“依法推进土地经营权有序流转，鼓励和引导农户自愿互换承包地块实现连片耕种”。依据河北省省委、省政府出台的《关于加快转变农业发展方式推进农业现代化的实施意见》。《意见》提出，要按照落实集体所有权、稳定农户承包权、放活土地经营权的要求，进一步巩固和完善农村基本经营制度，积极探索农村土地集体所有的组织形式和实现方式，努力构建以农户家庭经营为基础、合作与联合为纽带、社会化服务为支撑的现代农业经营体系。

由此可见，积极稳妥推进农村土地承包经营权流转，对于加快农业、农村发展和形成城乡经济社会发展一体化新格局具有重要意义。

一、农村土地承包经营权流转基本情况

（一）国内情况

据 2013 年 12 月第二次全国土地调查数据显示，全国人均耕地为 1.52 亩，不到世界人均水平（3.38 亩）的一半；河北省人均耕地面积 1.4 亩，低于全国平均水平；唐山市人均耕地 1.23 亩，低于全国及河北省人均耕地水平。伴随工业化、城市化进程的加快，耕地仍在减少。况且，农田水利工程普遍存在老化失修、配套不足、效益衰减等问题。

伴随我国农村基本经营制度的变革，农业专业大户、家庭农场、农民合作社和龙头企业为代表的多元化新型农业经营主体快速发展。规模连片开发，既解决了一家一户想干又干不了的农业基础设施建设问题，又加快了现代农业经营体系建设步伐。截至 2015 年 6 月底，全国耕地流转面积占家庭承包面积比重已超过 30.4%，经营面积在 50 亩以上的农户超过 341 万户，全国工商登记的农民合作社已达到 141.2 万家。而且，农业部、财政部

正在不断加大对新型主体的扶持力度，实施新型职业农民培育工程和现代青年农场主计划。

（二）唐山情况

据调查，到2015年年底，唐山市756.43万亩家庭承包经营土地中共有177.65万亩耕地进行了流转，土地流转率达到23.5%。按流转去向分，流转入农户的99.36万亩，流转入专业合作社的22.72万亩，流转入农业企业的18.6万亩，流转入其他农业经营主体的36.97万亩。按流转用途分，流转土地用于粮食种植的81.19万亩，用于蔬菜种植的31.48万亩，用于养殖的9.17万亩，用于其他农业用途的55.81万亩。通过流转实现规模经营面积127.78万亩，土地规模流转率达到71.9%。据调查，唐山市农村土地流转平均价格在1086.7元左右。土地流转主要有互换、转包、出租、转让、入股等形式，流转范围以村内流转为主。

二、农村土地承包经营权流转中存在的问题

国内一些农村土地流转较早的地方，在农业现代化上迈出了较大步伐。但是，有的地方也出现农村土地所有权、农民承包权和农地性质改变的情况，带来了农民失地、农村稳定、粮食安全等方面的问题。一些农民及相关企业对流转土地的需求很大，但土地流转的成交量依然偏少。一些农村基层干部和农民反映，农村土地承包经营权流转还存在四大突出问题。

（一）农民对土地承包经营权流转仍存在模糊认识

土地是农民最基本的生产资料，也是农民最基本的生活保障。一些农民弄不清土地所有权、承包权和经营权之间的关系，害怕土地承包经营权流转后会失去了自己的承包地，因而不敢大胆参与流转。部分进城农民仍将其农村承包土地作为其生活保障的最后一道防线。43%的农户认为“自身是农民，就不能放弃土地”。同时，随着各种农业优惠政策的实施，土地收益水平逐步提升，部分失地者觉得种地有利可图，开始收回原有承包地自己耕种。另外，还有部分农民对土地流转政策心存误解，认为土地流转就是对承包地的重新调整，害怕转出土地不在“自己手”，会丧失享受国家农业优惠政策机会。

（二）缺乏统一规范的操作细则

农村土地流转以自发为主，部分流转程序不规范，自发性、随意性、分散性很大，很少报土地主管部门和合同管理机构备案。目前唐山市尽管建立了流转中介组织，但流转信息渠道不畅，真正按市场规则对土地承包经营权流转的不多。影响土地流转的问题主要在于需求的规模化与交易的零散性之间的矛盾。一些农业龙头加工企业和种植养殖大户需要大块土地搞规模经营，而挂牌交易的基本上是零散土地，大块土地少之又少。个别地方在土地流转过程中宣传解释工作不到位，存在以村民代表会议的形式集中土地，采取“反租倒包”等形式将土地流入经营大户或企业的现象，甚至存在由村干部决定发包对象和价

格，村委会直接暗箱操作土地流转的现象，侵犯了村民的知情权，违背了自愿流转原则。甚至有的地方在土地流转中存在冒进现象，为了招商引资，不惜损害农民利益，以集体征用名义，强行收回农民土地，低价入股争取项目资金，进行农业开发，搞形象工程。

（三）缺乏指导、扶持和监督措施

目前，个别地方承包合同签订不规范，经营权证发放不到户，农民缺乏对承包土地的安全感。流转合同没有考虑土地升值和物价上涨因素，容易产生纠纷。同时，由于缺乏对农村土地承包经营权流转的扶持政策，种植养殖大户贷款困难，也制约着农村土地承包经营权流转和规模经营。另外，现行土地承包政策的意图主要是满足小农经营，在土地承包及二轮延包工作中，各地基本采取以田块好坏搭配承包到户的方法。表面上看，土地的分配是公平的，但也使得相当多的农户面临着土地分散、条块经营，不利于土地的规模经营，无形中也加大了土地流转的难度，增加了交易费用。有的基层政府和村级组织能够有效提供流转服务的方式、方法还不够多，土地承包管理部门对土地承包经营权流转的管理和监督职能也没有完全发挥出来。个别受让方往往进行土地掠夺式经营，有的甚至取土挖沙、建砖厂、修建永久性固定设施，违背国家关于土地流转的相关政策。

（四）农民存在转移就业和社会保障后顾之忧

农村劳动力文化素质普遍偏低，就业竞争力不强。农民就业环境仍不宽松，在城市和企业打工取得比经营土地更高的收益，不是件容易做到事情。进城创业的农民还存在户籍、保险、就业、子女上学以及工资兑付等一系列问题，而且农民主要还依靠土地收入解决看病、上学、养老等问题，普遍把土地作为最基本的生活保障来看待，对于流转土地存在后顾之忧。特别是部分年龄较大的农民，虽然已经没有精力和能力经营好承包地，宁肯粗放经营，也不愿将土地流转出去。

三、加快农村土地承包经营权流转的建议

根据国家政策，结合唐山市土地流转实际情况，对强化我市农村土地流转工作提出以下建议：

（一）加大政策宣传力度，确保农民合法权益

土地问题是农民最核心的利益问题。在推进土地流转中，任何人都不能忽视农民的存在以及他们的利益诉求，尤其是弱势群体的利益诉求。一是要认真宣传国家和省、市关于加快推进农村土地流转的政策。重点宣传中央和河北省关于引导农村土地经营权有序流转、发展农业适度规模经营的实施意见；二是充分尊重农民意愿，不得以任何理由强行推动流转。凡是出现违背农民意愿的土地流转行为，必须坚决予以制止和纠正；三是要保障农民最大利益。土地流转的主要目的之一就是增加农民的财产性收入，必须通过学习培训、组织演练等方式，增强农民在土地流转谈判中的博弈能力，使其真正成为平等的参与主体；四是要高度重视农民利益诉求。要注意农村中特殊群体的特殊需求，如有些中老年

农民，已经习惯了传统的农业工作模式，对他们而言，土地不仅意味着收入来源，还意味着是一种生活方式和情感牵挂。对这些群体，不能仅仅从经济角度考虑，必须充分尊重其意愿；五是要让市场起决定性作用。土地流转是资源优化配置的过程，土地是否流转、价格如何确定、形式如何选择，均应由农户根据市场变化自主决定，任何组织和个人不能干预。不管采用何种方式流转土地，优先保障农民权益应成为“铁律”。

（二）强化管理和服务，依法引导农村土地经营权有序流转

第一，加强管理和服务。坚持依法自愿有偿，以支持粮食适度规模经营为重点，引导农村土地向家庭农场、专业大户、农民合作社、农业产业化龙头企业和现代农业园区等规模经营主体流转。土地是否流转、价格确定、形式选择，应由承包农户自主决定，流转收益归承包农户所有。创新规模经营方式，在引导土地资源适度集聚的同时，积极开展土地托管服务、土地股份合作，提升农业规模化经营水平。依托农村经营管理机构，完善县乡农村土地流转服务中心，开展信息发布、政策咨询和流转服务。发展多种形式的土地经营权流转市场，强化监管，规范市场运行。加强土地承包纠纷调解仲裁体系建设，健全调处机制，妥善化解流转纠纷，稳定承包关系。

第二，规范流转行为。流转双方须使用河北省农业厅制发的流转合同示范文本，签订规范的书面流转合同并报发包方和乡镇人民政府备案。没有农户的书面委托，农村基层组织无权以任何方式决定流转农户的承包地，更不能以少数服从多数的名义，将整村整组农户承包地集中对外招商经营。严禁通过定任务、下指标或将流转面积、流转比例纳入绩效考核等方式推动土地流转。

第三，履行法定义务。在落实农村土地集体所有权的基础上，稳定农户承包权、放活土地经营权，进一步明晰土地流转中相关方的权利义务关系。土地发包方应当监督承包方依照承包合同约定用途合理利用和保护土地，制止承包方损害承包地和农业资源的行为。土地经营者不得擅自改变土地的农业用途，不得撂荒土地。对于撂荒土地的，可停发粮食直接补贴、良种补贴、农资综合补贴，并督促其恢复耕种。以转包、出租方式取得土地经营权的流入方进行再流转，应取得原承包方同意。土地流入方抵押土地经营权，应当经发包方、原承包方书面同意，抵押期间未经发包方、原承包方、承贷机构同意，不得将抵押物再次抵押或流转。

第四，加强用途管制。实施最严格的耕地保护制度，切实保护基本农田。严格执行国土资源部、农业部有关规定，加强设施农用地管理，合理界定适用范围。严禁借土地流转之名违规搞非农建设，严禁在流转农地上建设或变相建设旅游度假村、高尔夫球场、别墅、私人会所等，严禁占用基本农田挖塘栽树及其他毁坏种植条件的行为，严禁破坏、污染、圈占闲置耕地和损毁农田基础设施。县级国土资源部门要加强日常执法巡查，坚决制止和查处通过“以租代征”违法违规进行非农建设的行为，依法查处擅自或者变相将设施农用地用于其他经营的行为，依法制止和查处农业生产建设中的土地违法违规行为，禁止擅自将耕地“非农化”。

第五，扶持粮食规模化生产。原有粮食直接补贴、良种补贴、农资综合补贴归属由承包农户与流入方协商确定，新增部分向粮食生产规模经营主体倾斜。建立由财政支持的农

业信贷担保体系，引导推动金融资本投入农业，重点支持粮食适度规模经营。

（三）加大对新型农业经营主体的扶持力度

第一，发展家庭经营和合作经营。开展示范家庭农场创建活动，重点培育以家庭成员为主要劳动力，以农业为主要收入来源，从事专业化、集约化生产的家庭农场，使之成为引领适度规模经营、发展现代农业的有生力量。同时，鼓励承包农户通过共同使用农业机械、开展联合营销等方式发展联户经营。引导发展农民专业合作社联合社，支持农民合作社开展农社对接。允许农民以承包经营权入股发展农业产业化经营。鼓励农业产业化龙头企业等涉农企业重点从事农产品加工流通和农业社会化服务，带动农户和农民合作社发展规模经营。

第二，落实配套辅助设施用地。支持设施农业和规模化粮食生产发展，设施农用地中生产设施、附属设施和配套设施用地按农用地管理。需按照建设用地管理的，各级根据实际可在年度建设用地指标中单列一定比例专门用于新型农业经营主体建设配套辅助设施，并按规定减免相关税费。

第三，强化金融服务。各级农业、金融管理部门和金融机构要建立常态化的协调沟通机制，通报新型农业经营主体名录，推荐优质农业项目，落实金融支持新型农业经营主体发展的政策措施。鼓励金融机构针对新型农业经营主体特点，开发专门金融信贷产品，创新特色化、差异化服务模式，提高服务水平，确保其合理信贷保险需求得到有效满足。鼓励融资担保机构为新型农业经营主体提供融资担保服务，通过设立融资担保专项资金、担保风险补偿基金等加大扶持力度。鼓励保险机构积极创新保险产品，开展特色优势农产品保险。落实和完善相关税收优惠政策，支持农民合作社发展农产品加工流通。

（四）建立健全新型农业社会化服务体系

第一，强化公益性服务。加强基础条件建设，明确公益性定位，分离经营性职能，提升区域性或乡镇农业（水利、林业）技术推广、动植物疫病防控、农产品质量安全监管公共服务机构的建设水平和服务能力。加快构建农产品市场流通网络建设，加强农业信息基础设施建设，为新型农业经营主体提供市场信息服务。

第二，培育多元化服务组织。支持合作社、专业服务公司、专业技术协会、涉农企业为农业生产和新型农业经营主体提供服务，积极发展良种种苗繁育、统防统治、测土配方施肥、农业废弃物处理等农业生产性服务业，大力发展农产品信息、电子商务、物流等现代服务业，支持建设粮食烘干、产地初加工、农机场库棚和储藏、保鲜、冷链等配套基础设施。

第三，鼓励集体经济组织开展服务。支持集体经济组织为承包农户开展物资、技术、植保、机械化耕种等多种形式的生产服务，降低生产成本，提高生产效率。

第四，创新农业社会化服务方式。鼓励以县为单位开展农业社会化服务示范创建活动。支持科研教育机构承担农技推广项目，加快农业科技创新和成果转化。开展农业生产全程社会化服务机制创新试点，重点支持为农户提供代耕代收、统防统治、烘干储藏等服务。推广土地托管服务模式，支持种粮大户、农机大户和农机合作社开展全程托管或主要生产环节托管，推进规模化生产。

第五，加强农民培训教育，扩大农民就业渠道。加大各类农村人才培养计划实施力度，扩大培训规模，提高培训能力。围绕提升产业技能和经营能力，以新型农业经营主体为重点，广泛开展新型职业农民培育，逐步壮大新型职业农民队伍。同时，大力发展农村非农产业，加强农村劳动力从事非农产业的技能培训，提高就业技能，拓宽就业门路。

（五）加快农村保障体制建设，消除农民后顾之忧

建立新型农村社会养老保险制度，可以采用个人、集体、政府三者分担的方式，解决农民的投保资金问题，扩大农民参保规模。同时，完善农村最低生活保障制度，使被征地农民生活有保障，最终实现被征地农民社会保障与城镇社会保障体系接轨。

规范引导土地流转，鼓励承包农户依法采取转包、出租、互换、转让、入股托管等形式流转土地经营权，发展多种形式适度规模经营是大势所趋。各级应在认真研读国家和省相关政策的前提下，既要坚定方向、积极推进又要谨慎稳妥、循序渐进；既要搞好引导、政策鼓励又要加强监管、规范运行；既要促进农业增效、农民增收、农村发展又要保障粮食安全、农民权益、农村稳定。

（唐山市财政局　马兰银　刘勇　李建平　赵晓辉）

涿州市农村公共服务运行维护长效机制研究

2016 年度河北省财政科研课题成果三等奖

一、引言

农村公共服务运行维护是继一事一议财政奖补后又一项顺民心得民意的惠民工程，弥补了一事一议财政奖补项目缺少维护和保养工作的缺陷，破解了村级公益事业设施维护难题，是深化农村综合改革、推进新农村建设的重要举措。

关于农村公共服务运行维护，傅士君（2013）指出石家庄灵寿县积极探索建立长效机制和保障机制，有效破解了农村公共服务设施“有人建，没钱管”的难题，推动了农村公共服务的长效化、稳定化。范宁（2013）认为这项工作是惠农财政与村民自治的有效结合。范选华（2014）指出江苏省扬中市针对农村公共服务长期存在的“三多三少”现象，对农村公共服务运行维护机制进行了“八位一体”的探索。龚永勇（2014）指出湖北省保康县通过“四个坚持”积极探索经验，“四个坚持”即坚持政府主导认识第一，坚持结合实际方案先行，坚持各司其职部门跟进，坚持依序推进群众认可。许明（2014）认为，农村公共服务运行维护机制建设试点需要从六个方面做工作：切实加强组织领导、建立运行维护队伍、明确运行维护范围、民主议事确定项目、落实基本保障标准、重视日常绩效考评。郝治中（2015）指出湖北省襄阳市通过多方筹措维护资金、加大涉农资金整合力度、建立公共服务标准体系、加强村级服务平台建设、健全绩效考核机制、推进职能部门简政放权、形成工作合力齐抓共管等七个方面对农村公共服务运行维护机制进行了探索。雷黎明（2015）根据投入总量及试点覆盖面偏小、补助标准偏低、基层工作有偏差等问题，认为应该政府重视主导、理清各方职能，统筹规划重点、分步有序推进，加大投入力度、加强指导监督。杨文军（2015）认为采取发放环境宣传资料、悬挂条幅、张贴标语等方式营造良好工作氛围，配置专人、专车、专用设备组建专业队伍，每月督查、分段划分、责任到人，形成常态化的农村公共服务运行维护工作。目幸（2015）总结四川省广汉县运行维护“标准化”建设，聘请省内外专家制定了《农作物秸秆禁烧与综合利用管理规范》和《村级绿化管护规范》，融入农业、旅游和服务业标准化等服务内容。承德市以典型带动，全面推开；因村制宜，量力而行；农户投劳为主，上级奖补为辅三个原则，

“以净为先、以绿为美”的工作理念着手开展建立农村环境卫生保洁和公共设施维护长效机制。目前，关于农村公共服务运行维护的研究多集中在现状、经验启示方面，理论研究少。本文在对涿州市农村公共服务运行维护机制现状进行总体把握的基础上，通过对运行维护中出现的问题进行分析，探索适合涿州市农村公共服务运行维护的长效机制。

二、涿州市农村公共服务运行维护机制现状

涿州市自 2013 年试点以来，各级财政累计投入资金 1690 万元，中央、省级资金 1352 万元，县级配套资金 338 万元，初步建立了多元化的资金投入机制、程序化的监督管理机制和规范化的运行维护体系。

（一）资金投入机制

资金投入方面，初步建立起了县、乡、村、户四级资金投入机制，采取县财政列支、乡村自筹、部门帮扶、社会捐助、向企业分摊和村民收取保洁费等方式多渠道筹集农村环境卫生管理经费。资金分配方面，大多数采取奖补资金平均分配的方式。例如涿州市按照河北省财政厅要求，每个试点村分配财政奖补资金 5 万元，其中省级资金 4 万元，县级资金 1 万元。资金管理方面，专项管理，专款专用。中央、省、市、县的财政资金均由县级财政部门统一进行专项管理，实行乡镇报账制，资料手续档案化管理。乡镇财政所给各个行政村分别建立专账，管护人员的薪资统一按季度填报村内用工表，修补和维护的材料费用开具正式发票，用工、材料支出全部经村务监督委员会审核，由村会计去乡镇财政所报账。

（二）监督管理机制

在项目管理上，由村委会根据本村实际情况制定项目实施方案，经村民代表大会表决、乡镇政府审核同意，确定项目承包单位或个人，签订合同、施工建设、考核验收，初步形成了一套程序化的公共服务运行维护项目管理制度。同时，实行组织、社会、监督员、群众四管齐下的监督机制，考核评价，共同管理。

（三）运行维护机制

第一，确定了农村公共服务中需优先保障的内容，包括农村生活垃圾收集、清运、街道照明等。第二，在维护了优先保障内容后再进行其他项目维护。同时，逐步出台了农村公共服务运行维护及农村环境卫生保洁长效机制的实施意见、农村环境卫生管护制度、农村环境卫生管护资金分配方案、农村保洁员管理办法、农村卫生保洁制度等。

（四）案例分析

通过在涿州市豆庄乡大庄村实地走访、驻村调研，充分了解到该村 2015 年农村公共服务运行维护项目的现状，并加以分析。

大庄村是以豆腐丝等豆制品加工闻名，但由于都是家庭小作坊式生产，在资金投入方

面，村集体没有对外承包土地和村集体企业，故没有其他资金投入来源，全部依靠 5 万元的财政奖补资金。在监督管理机制方面，由豆庄乡和大庄村村委会两级共同监督管理，按季度分级填写考核评分表。在运行维护机制方面，只是根据合同对清扫标准、范围、数量等加以限定，并没有因地制宜地制定适合本村的保洁管护制度。可以说，今后若没有财政资金投入，大庄村农村公共服务运行维护项目将不能继续开展。

三、涿州市农村公共服务运行维护机制存在问题

（一）资金投入机制不健全

第一，自筹资金少。一方面，对乡村村民收取部分建设项目费用极为困难，试点村多采取个人垫付或村集体垫付的形式代替村民筹资，村民参与度极低，主人翁意识淡薄；另一方面，由于缺乏村集体企业以及村集体土地流转资金，村级筹资匮乏。第二，资金来源渠道单一。农村公共服务运行维护的资金主要由中央和省级奖补、县级财政配套、乡村集体自筹、社会捐助构成。除上级奖补资金可以按时、足额保障到位外，其他几项资金来源都不能稳定的到位。特别是村级筹资难度很大，多数靠县乡帮扶和社会捐助，资金来源存在随意性和不稳定性。第三，资金分配与使用结构不合理。在资金分配方面，采用平均分配资金的办法，不符合各村实际情况。在资金使用方面，据随机抽样调查发现，目前农村公共服务运行维护资金的 67% 用于农村环境卫生方面，25% 用于基础设施，只有 5% 用于村内文体活动设施，3% 用于村级综合服务中心，使用情况不尽合理。

（二）监督管理机制不明晰

第一，监管主体职责不明确。试点项目从申报、审核，到立项、检查，再到资金的报账、拨付的各个环节的工作都由乡镇财政所负责。乡镇政府是项目一级管理机构，乡镇财政所是其下属部门，对上接受乡镇政府的领导，对下只能负责审核各村的账目、票据，对农村公共服务方面的监督工作力不能及。目前监管只是由村民和村监会监督，没有专门负责监督的部门。第二，管理手续烦琐。农村公共服务运行维护相关表格多，手续烦琐，许多项目村村会计年纪较大，对许多新政策和新理念不了解，填报表格极为困难。调查显示，97.2% 的项目村村干部均认为填报资料有困难。

（三）运行维护体系不完善

第一，政策不配套。农村公共服务运行维护试点实施过程中缺乏一套完整具体、操作细化的工作制度。特别是部分引入市场机制的试点地区，有很多做法需要以制度的形式加以规范和明确。这在一定程度上影响公共服务市场化运作的推广。第二，思想观念保守。在机制创新方面，各地处于观望状态，“徘徊不前”。同时，很多基层干部仍把工作重点放在基础设施的建设上，对已建成的基础设施的运行维护重视程度不够。在调查中，有 95% 的村干部选择拿有限的资金进行新建项目。

四、探索涿州市农村公共服务运行维护长效机制

（一）政府和社会资本合作（PPP）模式

农村公共服务运行维护项目适合采用政府和社会资本合作（PPP）模式。可以根据服务范围分成村内事务和村外事务两部分进行。

1. 村外事务。村外事务包括垃圾清运、垃圾池清理、村间道路两边环境整治、垃圾无害化处理等公共服务内容，可以采用政府和社会资本合作（PPP）模式中的建设—经营—转让（BOT）模式（如图1所示）。首先政府设立专门的投资运营公司，投资运营公司代表政府采用市场化运作形式，引入产业投资和财务投资因素，三方签署合作协议，共同组成一个新的项目联合体，由项目联合公司出面，与环卫局和乡镇政府三方签订合同，在特许经营期内利润由项目联合公司获取，当经营期到期之后项目设施无偿移交给政府。同时，项目公司作为融资抵押主体为本项目融资，可以把项目的预期收费权、建筑和设备的所有权、土地和设施经营使用权等抵押给银行，获取贷款支持来购买设备、建设垃圾处理厂等大型基础设施。政府部门则制订垃圾处理标准、规定收费标准和监督非政府部门对垃圾的处理效果。

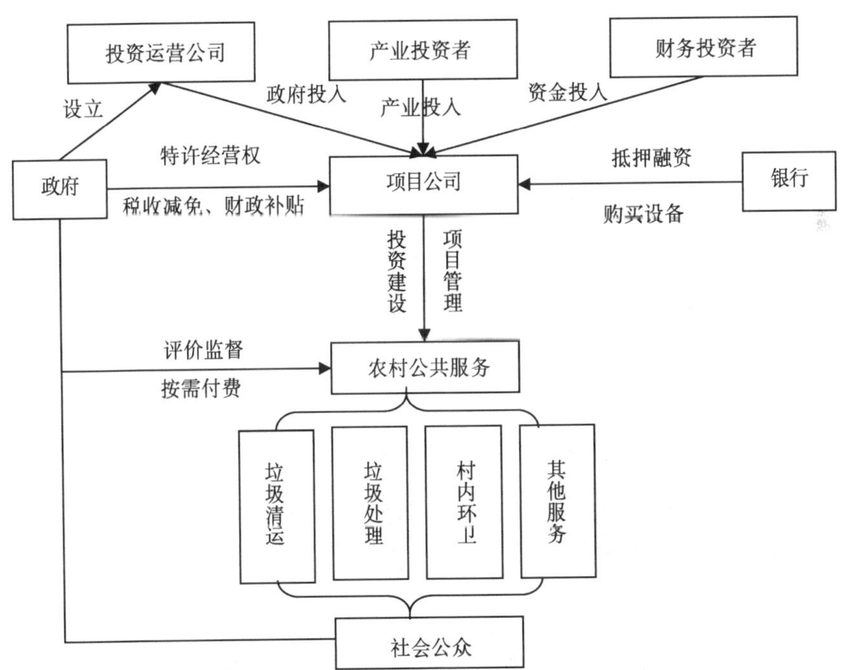

图1　村外事务建设—经营—转让（BOT）模式

2. 村内事务。对村内事务，可以按照传统模式的方式，从本村低保户、五保户中聘用保洁员，进行村内卫生保洁和村内公共设施维护。也可以经村民代表大会决议，雇佣在政府和社会资本合作（PPP）模式中产生的第三方项目公司。项目公司可以对采用公司保

洁队伍的项目村进行清运费用优惠，从而达到互惠互利的效果。

（二）政府购买服务模式

政府购买服务模式运作的主要框架为“乡镇直接监督，村划定范围，企业具体实施”，应分为全包和半包两种模式。

1. 全包模式。乡镇、各行政村将保洁服务全权交予企业，企业负责人员管理、清运车辆、清扫设备购置和维护以及农村保洁等所有工作。乡镇、各行政村只负责监督、检查，对不合格、不到位的工作予以通报、反馈。

2. 半包模式。将项目工程中的一部分工作对外承包出去。一种是乡镇负责购置维护清扫设备和车辆，以及检查监督和考核评价。企业只承担保洁人员管理及保洁工作；另一种是由企业负责购置垃圾清扫的设备和车辆、保洁人员管理和具体的保洁工作，县或乡镇负责每年车辆设备的折旧费以及检查监督和考核评价工作。

（三）以村为单位的部分承包方式

对村内垃圾清扫和保洁部分，各个试点村可以根据实际情况和地域需求，将垃圾清扫和保洁部分工作承包给村民，由村委会组织，在村内公开招聘保洁员，签订用工合同，专职、专岗、专门分区域地对村内垃圾进行清扫和保洁。对垃圾清运和垃圾堆清理方面，根据垃圾堆实际数量和范围，确定用车和用工数量，与专业的垃圾处理公司签订用工合同，由公司统一安排人员和车辆对村内垃圾进行清运和无害化处理。对道路维修、路灯照明等方面，保证村内环境卫生整治的基础上灵活安排资金预算，对村内破损道路进行修补，对损坏路灯进行更换，或增加路灯照明时间，支付电费开支。

（涿州市财政局　赵耀
河北农业大学　吕雅辉
河北农业大学　赵čž鑫
涿州市财政局　彭来福）

关于农业财政专项资金引入“第三方”参与管理试点工作的探索与研究

2016 年度河北省财政科研课题成果三等奖

随着财政收支规模日益扩大以及社会公众预算监督意识不断增强，财政支农资金的使用效益逐渐成为社会关注的焦点。为提高财政支出的公信力，承德市财政局充分发挥“第三方”独立、客观的优势，通过政府购买服务的方式，探索开展了引入“第三方”参与财政支农资金管理试点工作。

一、规范程序，科学选定“第三方”

首先是公正、公平、公开的选择“第三方”机构，通过公开招标的形式，选定第三方机构独立承担财政支农资金使用管理。主要包括：一是明确主体。“第三方”主体为具有法人资格、能独立承担民事责任，可委托依法行使查账权，具有一定资质的国内中介组织；二是确定招标需求。结合农业专项资金具体特点，市财政部门制定了详细的招标需求，在招标文件中明确对中介机构提交的“第三方”工作方案的完善程度、指标体系和标准的科学性、人员的专业性程度、保密纪律等方面的要求；三是实施动态管理。市财政部门组织财政支农资金政策法规知识的培训与业务指导，完善相关工作规范制度，对中介机构参与财政资金管理工作进行序时监督与考核等。

二、合理选定试点对象，优化选择试点内容

为体现参与财政资金管理试点的重要性、代表性和社会关注度，结合农业财政管理实际，本次农业财政专项资金引入“第三方”参与管理试点选定了承德市农牧局、市林业局及滦平县 2013—2014 年度市级以上支持农业财政专项资金，市移民办 2013—2014 年度水库移民后期扶持资金，实际评价 55 个项目，涉及资金 10350. 91 万元，具体情况见下表。

承德市财政部门会同“第三方”机构、资金主管部门，反复研究“第三方”参与管理的设计思路，确立了管理指标体系框架。指标体系涵盖了 3 个一级指标、7 个二级指标和适应项目特性的 17 个三级指标，全面反映了项目前期准备、资金使用管理、项目实施监管和项目实施后产生的经济性、效率性、效果性、社会效益及可持续性等使用情况。这

表 1

单位	项目数（个）	资金额（万元）	A 级（个）	B 级（个）	C 级（个）	D 级（个）
承德市农牧局	20	1196.47	3	14	1	2
承德市林业局	9	1748.89		1	8	
承德市移民办	2	376.4		1	1	
滦平县	16	7029.12	1	11	4	
合计	47	10350.9	4	27	14	2

些根据资金管理和使用的特点设置的管理指标体系，基本满足了全面参与管理资金使用效益的需要。

三、客观、公正、科学、规范地开展“第三方”管理

“第三方”机构遵循“客观、公正、科学、规范”的原则，独立完成参与农业专项资金管理工作，具体包括：参与对农业专项资金目标管理的重大项目的前期管理、对财政支出运行情况的跟踪管理和对财政支出完成结果的效益管理等。

单位开展自评。各级资金主管部门和资金使用单位对财政支农资金使用情况全面开展自评，并按要求统计、填报基础信息数据，提交自评报告及相关佐证材料。“第三方”机构运用描述统计方法，对资金使用单位提交的自评材料进行汇总分析，形成单位自评情况得分。

专家书面评审。“第三方”机构组织专业技术、财务管理等各类专家，依据佐证材料、自评材料、指标及标准等对各资金使用单位提交自评材料的完整性、规范性、内容有效性及项目实施效益情况进行审核、分析与评分。专家的书面评审主要采用目标对比法与效益分析法，重点考查项目实施的产出和效益，并与单位自评结果形成对照，从中发现差异与问题，为其实施现场重点核查提供依据。

实施现场核查。“第三方”机构根据项目属性、区域分布、资金多少、书面评审结果优劣等因素，按照一定比率随机选取项目资金分批进行现场核查，保障资金使用的真实效果。现场核查主要采取现场座谈会、答辩会以及核查与资金使用有关的资料，实地查看资金使用情况等方式进行。同时，还采取问卷调查的形式，对实际受益群体进行满意度调查，并将社会效益、受益人群满意度作为核查依据。

“第三方”综合考评。“第三方”机构采用目标预定与实施效果比较、定性与定量综合分析、信息技术和数理统计技术支撑等方法，对资金使用情况进行属地分类、指标分类等多维度分析，对前期准备、资金管理、组织实施和项目效益情况进行全面综合考评，并通过对自评得分、书面评审得分和现场核查得分三者间的对比分析后，综合认定各项资金的管理等级。

四、试点工作初见成效

一年来，通过探索引入“第三方”参与农业财政专项资金管理试点，对于建立健全财

政支农资金使用监管体系，提高财政支农资金使用效益，提升财政专项资金管理水平和促进预算信息的公开透明等方面产生了积极的推动作用。

第一，初步树立了效益理念。通过开展财政专项资金引入“第三方”参与管理试点，财政和部分预算部门管理理念开始转变，开始重视财政支出效益问题：由“重预算轻管理、重分配轻监督、重使用轻效益”观念向重支出责任、重产出和结果转变。以提高资金使用效益为目标、以结果为导向的管理理念正逐步形成。财政资金的配置运行更加合理高效，缓解了财政支出压力、推动了源头防腐和廉政建设。

第二，强化了部门和单位的责任意识。各部门普遍认识到财政专项资金使用效益的重要性，采取各种措施，提高工作质量和管理水平，加强资金使用效益将逐步成为部门的自觉行为。通过设定明确可衡量的效益目标，部门和单位更清楚地了解财政支出所要取得的社会效益和经济效益，其职能和目标得到进一步明确；通过“第三方”参与管理，考核部门和单位效益目标实际完成情况和取得的成效，并与下一年度预算安排挂钩，用财要问效，无效要问责，在一定程度上强化了部门和单位的自我约束意识和责任意识。如市林业局针对部分考评等次较低的项目资金，强化结果应用力度，严格督促相关项目单位整改落实到位，以组织开展考评结果整改落实情况“回头看”的形式，由财务科和相应业务科室组成检查工作小组，对整改情况“回头看”，掌握项目单位对存在问题的整改措施、整改进度、整改后的效果以及未整改的原因等情况，有力地促进了项目资金管理工作。

第三，增强了财政管理和决策的科学性。通过开展财政专项资金引入“第三方”参与管理试点，各部门更直接地了解到项目资金使用管理、项目实施等方面存在的问题及其形成原因，自觉加强内部资金使用的监督管理，完善内部管理制度和措施。财政部门可以及时发现部门资金使用存在的问题并提出相应建议，促进部门严格执行预算，把工作的重心放在项目的运作和管理上，从而形成一种自我约束、内部规范的项目管理机制，部门单位管理水平和理财水平普遍得到提高。如承德市农牧局2014年“促进农业产学研专项经费”，在市政府与河北科技师范学院建立全面科技合作协议框架下，该局加快项目实施，迅速启动政产学研联互动，共引进农业新品种260个和农业新技术20项，建设示范、成果转化及实验基地23个，全市农业科技普及率、科技贡献率和良种覆盖率分别达到98%、55%和99%，有效助推了农业产业发展。

第四，提高了财政资金的使用效益。财政专项资金引入“第三方”参与管理试点，将部门预算与部门发展规划和年度工作计划有机结合起来，并进行跟踪问效，有利于整合财政资金，优化财政支出结构，减少财政支出的随意性和盲目性。通过强化结果运用，对项目具体执行行为和有关部门实施有效制约和监督，督促各部门单位在专项资金管理使用中担起主体责任，使之切实端正态度、保障财政资金安全，最大限度地将有限资源配置到效益最佳的项目上。如滦平县2014年“现代蔬菜产业园省级资金”，该县根据县域发展规划和资金整合目标，加快项目实施和资金投入，该项目使当地465亩温室年产蔬菜900万公斤以上，产值3000万元，合作社纯利润700万元，社员户均纯收入达5万元以上。同时，通过产业园建设，有效减少水资源浪费，减少了化肥、农药对土壤、作物和水源的污染，起到涵养水源、净化生产环境、清洁生产的目的，社会和生态效益双丰收。

五、存在的问题

本次财政专项资金引入“第三方”参与管理试点范围包括部分市直农口部门和有关县2013 年度、2014 年度市级以上财政专项资金。从具体过程分析和效果来看，考评结果集中在“B”级和“C”级，通过总结归纳，发现存在着一些共性问题，主要有以下几个方面：

第一，是在项目管理方面。个别项目单位和负责人对项目管理重视程度不够，重立项轻考核，项目执行不严，有的项目未按流程办理；项目决策中效益意识、责任意识不强，政策的把握不够准确，导致部分项目实施缓慢。如承德市林业局拨付滦平县林业局森林植被恢复费 884800 元，应用于县城周围绿化苗木补助，实际用于小片开荒治理工程，涉及17 个乡镇；御道口林场利用森林抚育补贴资金应完成森林抚育面积 17000 亩，实际投资161. 5 万元，比批复资金多支付 48. 4 万元。变更项目实施地点、实施内容及增加投资均未取得上级主管部门的批复。

第二，是在资金管理方面。个别单位项目资金列支有不合理支出情况，把项目资金当作工作经费列支，没有严格执行资金管理制度；财务处理不规范，支付手续审核不严，项目剩余资金和滞留资金没有相应措施和解决方案。如“农产品质检中心运转费”，下达 30万元资金文件标注为工作经费，实际支出中含水电费、办公等费用 2. 081 万元，不合理资金使用占比 34. 36% 。出现这种现象，虽然存在预算安排运行费用较少的客观因素，但对专项资金的依法合规使用意识不强、对财政资金使用效益不重视有着很重要的关系。

第三，是在效益管理方面。个别项目没有及时组织实施或进度缓慢，影响了项目发挥效益；在项目完成后，没有充分可靠的理论、数据资料为评价提供内容支撑，不能充分体现项目的真正效果：有些项目存在政策的宣传、补贴申报程序、后期跟踪管理不到位的现象。如滦平县 2013 年度、2014 年度农机购置补贴下拨中央资金 454. 54 万元，共补助农机2145 台，补贴金额 351. 16 万元，剩余资金达到 103. 38 万元。致使部分农户因对政策了解不够，未能享受到支农政策带来的实惠，影响了财政资金的使用效益，项目实施过程中跟踪管理还存在一定差距。

六、积极稳妥推进，为提高财政资金使用效益创造条件

引入“第三方”参与财政支农资金管理试点工作，是推进财政管理科学化、精细化、规范化，提高资金使用效益的重要手段。下一步，将结合我市实际，以加强财政专项资金引入“第三方”参与管理为突破口，进一步强化财政专项资金监管，提升财政专项资金使用效益。

第一，健全财政专项资金管理制度。以建立健全“规范管理，目标明确、绩效优先，监管有力、严格追责”管理运行机制为有力抓手，对专项资金的设立、分配、审批、拨付、使用、监督、效益、信息公开等方面进行全链条规范，确保资金使用的规范化、透明化，力求“堵塞漏洞，确保资金安全”。

第二，规范财政专项资金使用管理。规范和完善专项资金管理，对不符合经济社会发展要求、没有合理设立审批依据、资金使用效益低下或在财政监督和审计监察中发现明显违规问题的资金支付，一律予以撤销。对部分使用方向类同、政策目标相近、资金分配和使用较为分散的专项资金进行清理整合，促进专项资金的使用“合理化、明确化、高效化”。

第三，提升财政专项资金的使用效益。注重财政专项资金“第三方”参与管理，根据各项目资金的考评等次，客观、公正地反映各财政专项资金项目使用效益和存在的主要问题，为有针对性地加强和改进财政资金分配、使用、管理提供了有益参考，有利于建立健全本地区财政专项资金监管体系，促进财政支出管理工作规范化、制度化，进一步切实有效地提高财政资金使用效益。

第四，强化财政专项资金管理结果应用。通过建立“第三方”参与财政专项资金管理结果反馈报告机制，拓展财政监督和资金信息公开渠道，促进问题及时有效整改。一方面，将专项资金管理结果通报给资金使用单位，通过“奖优惩劣”督促相关单位增强资金效益意识、规范资金效益管理、提升资金效益水平；另一方面，将专项资金使用情况报相关领导和部门，为领导、部门决策、管理提供参考借鉴。同时，积极推进专项资金清理整合，实行专项资金清单制度并向社会公布。

下一步，我们将结合实际，稳妥系统地进一步拓展“第三方”参与管理财政专项资金试点范围，逐步将试点范围从事后监督向涵盖预算编制、预算执行和预算监督等预算管理全过程转变，逐步从针对部分重点财政专项资金试点探索向逐步覆盖适宜于“第三方”参与管理的大部分财政专项资金转变，从市级试点逐步向全市覆盖转变，鼓励、引导县区、部门开展引入“第三方”参与财政管理工作。

（承德市财政局　赵宇）

关于推进农村产权抵押贷款工作的研究

2016 年度河北省财政科研课题成果三等奖

2016 年中央一号文件指出，在风险可控前提下，稳妥有序推进农村承包土地的经营权和农民住房财产权抵押贷款试点，积极发展林权抵押贷款。为加快金融支农和金融扶贫工作步伐，鼓励市县积极探索开展农村产权抵押贷款工作，完善确权登记颁证、流转平台搭建、风险补偿和抵押物处置机制等配套措施，解决农业经营主体融资难、融资贵问题，我们对农村产权抵押贷款工作进行了专题调查研究。

一、河北省农村产权抵押贷款工作基本情况

农业具有前期投入大、收益周期长、资金需求多的特点，土地经营权、林权、住房财产权是传统农业经营主体（农民）的三大财产权，流转的土地经营权、林权及地上生物资产、设施设备是新型农业经营主体（农业企业、农民合作社、家庭农场、专业大户）的四大财产权，用以抵押可获取大量信贷资金用于发展农业生产。

（一）开展农村产权抵押贷款的政策依据

《中国人民银行贷款通则》中规定：贷款方式包括信用贷款、担保贷款（保证贷款、抵押贷款、质押贷款）、票据贴现。实际上，贷款方式以保证贷款和抵押贷款为主，保证贷款又多以产权抵押作为反担保。

2015 年 8 月，国务院出台了《关于开展农村承包土地的经营权和农民住房财产权抵押贷款试点的指导意见》（国发〔2015〕45 号），加大对“三农”的金融支持力度，以落实农村土地的用益物权、赋予农民更多财产权利为出发点，深化农村金融改革创新，稳妥有序开展“两权”抵押贷款业务。

2016 年 3 月，中国人民银行、银监会、保监会、财政部、国土资源部、住房和城乡建设部等六部委出台了《农民住房财产权抵押贷款试点暂行办法》（银发〔2016〕78 号），中国人民银行、银监会、保监会、财政部、农业部等五部委出台了《农村承包土地的经营权抵押贷款试点暂行办法》（银发〔2016〕79 号），加大金融对“三农”的有效支持，保护借贷当事人合法权益。

河北省 2014 年一号文件中指出：让农村土地资源活起来，积极探索以承包土地经营权预期收益为质押。2014 年 10 月，河北省金融办、中国人民银行石家庄中心支行、河北

省委农工部、河北省农业厅出台了《河北省农村土地经营权抵押贷款管理暂行办法》（银石发〔2014〕315号），质押物覆盖了农村土地经营权、大型农机具、蔬菜大棚等农村资产。

2016年7月，河北省财政厅出台了《河北省农村产权抵押贷款风险补偿实施办法》（冀财金〔2016〕43号），河北省级财政设立专项资金，用于支持各级农村产权流转交易平台（中心）组织农村产权抵押贷款、鼓励金融机构发放农村产权抵押贷款和引导市县财政部门进行风险补偿。

（二）开展农村产权抵押贷款的必备条件

1. 农村产权要清晰。清晰的产权是农村抵押贷款工作顺利规范开展的必要前提。农户承包土地经营权应具有《农村土地承包经营权证》，经营权进行流转的还应具有《农村承包土地经营权流转合同》；农村林权（包括林地经营权、林木所有权或使用权）应具有《林权证》；农村集体建设用地使用权（包括建筑物）应具有《农村集体建设用地使用权证》，且随地上附着物（房屋所有权）一并抵押。

2. 要有农村产权交易市场。建立规范运转的农村产权交易平台（中心），农村产权才能真正地活起来。农村产权流转交易市场是为各类农村产权依法流转交易提供服务的平台。农村产权流转交易市场提供发布交易信息、受理交易咨询和申请、协助产权查询、组织交易、出具产权流转交易鉴证书，协助办理产权变更登记和资金结算手续等基本服务。同时，可以根据自身条件，开展资产评估、法律服务、产权经纪、项目推介、抵押融资等配套服务，还可以引入财会、法律、资产评估等中介服务组织以及银行、保险等金融机构和担保公司，为农村产权流转交易提供专业化服务。

3. 要有抵押登记机构。《农民住房财产权抵押贷款试点暂行办法》（银发〔2016〕78号）要求：在试点地区政府确定的不动产登记机构办理房屋所有权及宅基地使用权抵押登记；《农村承包土地的经营权抵押贷款试点暂行办法》（银发〔2016〕79号）要求：在试点地区农业主管部门或试点地区政府授权的农村产权流转交易平台办理承包土地的经营权抵押登记；《关于林权抵押贷款的实施意见》（银监发〔2013〕32号）要求：县级以上地方人民政府林业主管部门负责办理林权抵押登记；《河北省农村土地经营权抵押贷款管理暂行办法》（银石发〔2014〕315号）要求：农村土地经营权抵押实行登记制度。登记机构为县级农村土地承包管理部门或者县（市、区）政府指定的土地经营权抵押登记机构。

（三）河北省开展农村产权抵押贷款工作的优势

目前，河北省玉田、邱县、张北县、平乡县、威县、饶阳县等6个县被列入国家农村承包土地的经营权抵押贷款试点县。河北省开展农村产权抵押贷款工作的优势：

1. 建立农村产权确权颁证制度。河北省农村土地所有权确权颁证工作已完成100%，农村林权确权颁证工作已完成90%以上，农村土地承包经营权确权登记颁证工作将按计划于2018年年底基本完成。同时，农村宅基地使用权及房屋所有权确权颁证工作也在全面开展。随着农村产权确权颁证工作的加快推进，产权权属清晰正在加快实现，为农村产权抵押贷款工作顺利开展提供了必要的前提条件。

2. 形成农村产权交易市场体系。调研中了解，目前河北省农村产权交易平台（中心）的设立有两个途径。一是由县农工委牵头设立，属县农工委下属单位，独立运行。例如，邢台平乡县设立的农村产权交易平台（中心）的主管部门为县农工委。二是由河北省农村产权交易中心在市县设立。河北省人民政府办公厅关于印发《河北省农村产权交易中心组建方案》和《河北省农村产权交易管理办法（试行）》的通知（冀政办字〔2015〕33 号）中指出：河北省农村产权交易中心由省供销社牵头建设；省供销社注册成立河北省农村产权交易有限公司（挂“河北省农村产权交易中心”牌子）；省和县级农村产权流转服务平台，采取多种形式合作共建，实行一体化运营。经河北省人民政府批准，河北省农村产权交易中心已于 2015 年 4 月注册成立。目前，全省共建立了 1 个省级、8 个市级、95 个县级农村产权交易中心，形成了省、市、县三级市场体系。

3. 政府授权农村产权交易中心办理农村产权抵押登记。根据国务院办公厅《关于引导农村产权流转交易市场健康发展的意见》（国办发〔2014〕71 号）规定，农村产权交易中心具有组织交易、合同鉴证、抵押融资等功能，办理抵押登记业务更具优势。目前，阜平县、沙河市、磁县、饶阳县等 40 个县政府已指定当地农村产权交易中心为农村产权抵押登记机构，并明确了抵押登记程序和工作要求。抵押登记范围包括：农村土地承包经营权（含“四荒”使用权）、农村林权（含林地经营权、林木所有权或使用权）、农村集体建设用地使用权（包括建筑物）等。

二、开展农村产权抵押贷款工作过程中存在的难点和问题

（一）农村产权抵押需求不足且在农村产权流转中所占比例过小

调研中发现，目前农村产权抵押贷款多为小额贷款，资金额度有限，而且地方政府对抵押融资的宣传力度不够，办理程序也较为烦琐。因此，农户绝大多数人认为没有必要抵押贷款，而选择其他方式融资。据了解，某县农村产权流转服务中心自成立以来，共受理农村土地承包经营权出租、入股 650 宗，涉及面积 2 万亩，金额 3200 万元，而抵押融资仅 1 宗，涉及的面积也仅有 2.6 亩，金额 2 万元；农村房屋所有权抵押融资 4 宗，涉及面积 1540 平方米，金额 51 万元。

（二）银行业金融机构积极性不高

基层金融机构（市分行、县支行）认为农村产权抵押贷款是一项新业务，信贷产品的创新需要一级法人银行（省行）设立。省级银行对贷款发生逾期后的抵押物处置抱有悲观情绪，认为农村产权流转处置困难，甚至认为农村产权不能作为抵押物，开辟农村产权抵押贷款信贷产品的积极性不高。目前，只有少数银行具有农村产权抵押贷款的信贷产品，而且推进业务慢，放款总额低。同时，基层金融机构担心农村没有完整的房屋、土地流转体系，不愿意直接接受这类抵押物。大部分银行都会通过产权流转担保公司来担保。目前，少数银行做了一些林权抵押融资业务。商业银行的逐利性和农村产权抵押融资的风险太大之间存在很大的矛盾，农村产权的价值该如何确定以及产权的流转体系是否完备是商

业银行业最关心的问题。这些客观因素都严重影响了金融机构放贷的积极性。

（三）农村产权抵押存在法律风险

推进农村产权抵押贷款过程中可能遇到我国现行法律、法规尚无明确规定的真空地带。《物权法》第184条规定：耕地、宅基地、自留地、自留山等集体所有的土地使用权不得抵押，但法律规定可以抵押的除外。目前，尚未有法律规定以家庭承包的土地承包经营权可以抵押，这就意味着，耕地、草地、林地等以家庭承包方式取得的土地不能通过抵押方式流转。《担保法》第37条规定：耕地、宅基地、自留地、自留山等集体所有的土地使用权不得抵押。从政策角度看，目前国家对集体建设用地使用权、房屋所有权流转仍然没有放开，管理较严。目前，只有全国试点地区开展“两权”抵押贷款有法律依据。

（四）市县政府对推进农村产权抵押贷款工作还不够重视

第一，风险缓释及补偿机制还不够不健全。市县政府认为农村产权权属清晰有权证、产权交易有平台、抵押有他项权证，而且抵押物无敞口的覆盖了贷款风险，政府再出资设立风险补偿金提供担保的意愿不足。目前，河北省只有平乡县由财政出资设立了农村产权抵押贷款风险补偿金。第二，基层政府贴息积极性不高。市、县政府因财力不足，对农村产权抵押贷款贴息的积极性不高。目前，河北省只有邱县出台了农村产权抵押贷款贴息政策。

（五）借款人道德风险难以控制

道德风险具有潜在性、长期性、破坏性，对道德风险的控制很难。农村产权抵押贷款借款人的数量庞大，贷前审查和贷后管理任务繁重。

三、推进农村产权抵押贷款工作的意见建议

（一）建立农村产权抵押贷款风险补偿机制

为进一步深化农村金融改革创新，加大对“三农”的金融支持力度，试点地区应结合实际，采取利息补贴、发展政府支持的担保公司、利用农村土地产权交易平台提供担保、设立风险补偿基金等方式，建立“两权”抵押贷款风险缓释及补偿机制。建议省级建立农村产权抵押贷款风险补偿机制，发挥好财政资金的扶持引导作用，调动金融机构、农村产权交易平台（中心）和市县政府的积极性，推进农村土地经营权、农民住房财产权和农村林权抵押贷款工作。第一，对金融机构给予奖励，建立对贷款机构放贷的激励机制。第二，对市、县农村产权交易平台（中心）给予奖励，建立对交易平台的业务激励机制。第三，引导市县政府建立风险补偿机制，以设立风险补偿资金、贴息等方式为金融机构和农户分担风险。

（二）引入保险机制，发挥保险的经济补偿功能

金融机构发放贷款的最大顾虑就是风险太大，建议引入保险机制分散贷款风险，把银

行设定为保单的第一受益人，建立农村产权抵押贷款风险分散和共担机制。第一，借款人为抵押物购买保险，分担自然灾害等不可抗力因素造成的贷款损失。第二，借款人购买人身意外伤害保险，分担借款人意外伤害造成的贷款损失。

（三）建立健全土地金融制度，降低农村产权抵押金融风险

土地金融制度是农村金融体系的核心，利用农村土地产权作为抵押担保使农民获得融资，建立健全土地金融制度：第一，建立适合我国土地产权制度的农村土地银行。由于我国人均耕地偏少、农业产出效益较低、贷款风险大的实际情况，除了借助已经组建的农村产权流转担保股份有限公司，还可以建立农村产权抵押信用合作社与银行发生信贷关系，部分化解贷款风险，降低贷款成本。第二，控制风险。一方面，在贷款前期要严格控制筛选对象；另一方面，可采取互保模式，建立利益共同体。第三，提高农村产权抵押对农业投资和农民生活质量改进的拉动效应。金融机构以农村产权抵押为条件发行债权，再将集中的闲散资金以低利率贷给农民，从而使农民获得长期较低成本的信用支持，用以改善农业生产条件和个人生活条件。

（四）完善相关法律制度，规范农村产权抵押实现形式

建立健全相关法律制度，进一步为农村产权抵押贷款工作开展提供法律依据。第一，及时总结经验。在逐步扩大农村产权抵押客体范围的试点中及时总结经验，尤其是涉及农民生存生活的房屋所有权抵押和农村土地承包经营权抵押，完善相关法律制度。第二，建立抵押权人保护制度。如何保护抵押权人利益在相关文件中并未详细规定。保护质押权人利益，尤其是国家因公共利益征用农地导致农地使用权归于消灭或者发包方依法收回承包地，作为依附于农地使用权的主权利消灭而导致设置于其上的抵押权也随之消灭时。同时，集体土地使用权的特殊性及用途管制制度，规划农村产权抵押实现形式具体操作时也应视土地不同用途而采取不同方法。

（五）建立土地风险评估机制和土地价值评估机构

第一，科学设置农产产权抵押贷款的条件。具体来讲，就是对允许抵押的农村产权实行一定的限制。例如，规定接受抵押的土地的最小面积，最低剩余年限等，积极开展农地的分等定级工作，使每一块农地的位置、数量、等级、权属和价值等都有明确的记载，为农地抵押提供依据。第二，建立专门的农地价值评估机构。专业评估机构在评估过程中必须做到科学、公正、合理。土地资源有限，而且价值量较大，完善的价值评估机构可以市场化表现土地使用权，有助于推进农村土地流转和抵押，维护贷款权益者的利益。

（河北省财政厅金融处　冯建凯　武根启　岳静）

关于在河北省试点开展多灾种综合巨灾保险的建议

2016 年度河北省财政科研课题成果三等奖

党的十八届三中全会决议中提出“建立巨灾保险制度”，国务院《关于加快发展现代保险服务业的若干意见》中也要求“逐步形成财政支持下的多层次巨灾风险分散机制”。河北省是自然灾害多发省份，灾害种类多、分布广、频率高，特别是 2016 年 7.19 特大洪灾，给河北省人民群众生命财产造成巨大损失，对教育、交通、公共卫生、水利等基础设施也造成严重损坏，政府灾后救助和重建工作任务重、时间紧、资金需求量大，对各级财政预算安排的救灾资金造成巨大支出压力。

为破解救灾资金支出的不确定性与财政预算资金的刚性之间的矛盾，探索救灾资金市场化筹措渠道，引入保险机制分散巨灾风险，我们对国际、国内巨灾保险模式进行了研究，并借鉴了广东、黑龙江等省开展巨灾指数保险经验，提出如下建议：在河北省试点开展多灾种的综合巨灾保险，采取指数保险模式，由各设区市自主选择灾种、自愿投保，省级给予补贴，以政府作为投保人和被保险人，当灾害等级达到保险合同约定的临界值时，由保险公司将赔款赔付到相关市县政府，作为救灾资金的补充，由政府统筹使用。

一、河北省建立巨灾保险制度的必要性和可行性

（一）河北省面临多灾种巨灾风险威胁

河北省位于华北平原东北部，欧亚大陆东岸，东邻渤海，西依太行山，北靠蒙古高原，地势西北高、东南低，构造活动强烈，地形复杂多变，造成洪水、地震、雪灾、雹灾、旱灾、风灾等多种巨灾事件频繁发生，给人民群众的生产生活带来了巨大威胁。

自今年入夏以来，河北省多地遭遇百年不遇特大暴雨侵袭，造成重大人员伤亡和财产损失。据不完全统计，全省 11 个设区市的 149 个县（市、区）和定州市、辛集市受灾，受灾人口 904 万人，因灾死亡 114 人、失踪 111 人，倒塌房屋 5.29 万间，损坏房屋 15.5 万间，农作物受灾面积 723.5 千公顷，绝收面积 30 千公顷，因灾造成直接经济损失已达 163.68 亿元。

从历史数据来看，破坏性地震也对河北省构成严重威胁。新中国成立后，邢台、唐

山、张家口三次大地震破坏巨大、影响深远。以1998年张北6.2级地震为例，波及张北、尚义、康保、万全4县19个乡、200多个行政村，造成49人死亡、362人重伤、11077人轻伤，10多万间房屋倒塌，4.4万人无家可归，直接经济损失8.36亿元。

除此以外，省内部分地区风灾、雪灾、雹灾、旱灾也时有发生，其中个别年度灾害重大。如2015年7月中旬，石家庄、邯郸、张家口等地出现雷雨、大风、冰雹等强对流天气，局地冰雹最大直径达4厘米，致使树木被吹倒、蔬菜大棚受损。据不完全统计，有15个县（市、区）19.4万人受灾，1人失踪，农作物受灾面积27.3千公顷，绝收1.1千公顷，直接经济损失3亿元；2009年11月的暴雪灾害，致使石家庄、邢台、邯郸、保定、衡水等市的59个县（市、区）、251.6万人受灾，因灾死亡7人，农作物受灾面积71.6千公顷，因灾倒塌房屋1467间，损坏房屋4994间，倒塌农业大棚22517个，城市集贸市场等大量设施被毁，直接经济损失13亿元；2009年6—8月，张家口、承德地区遭遇持续高温，出现中等以上旱情，受灾人口473万人，农作物受灾面积94.2万公顷，其中绝收27.1万公顷，饮水困难人口49.2万人、牲畜9.8万只，造成直接经济损失18亿元。

（二）巨灾对政府救灾资金支出造成巨大压力

巨灾给人民群众生命财产带来巨大损失，也给各地的教育、交通、公共卫生、水利等基础设施造成严重损坏，及时开展灾害救援，重建公共基础设施，保障受灾群众的基本生活和受灾地区的稳定，都需要政府在短期内筹集大量资金来解决。仅2016年7.19洪灾，各级财政所需负担的灾后重建资金就达73.09亿元。其中，学校幼儿园重建资金3.14亿元，文化文物设施重建资金0.24亿元，受损农房重建资金4.1亿元，交通设施重建资金43.8亿元，医疗卫生机构重建资金1.08万元，农村饮水设施重建资金9.73亿元，水利设施灾后重建资金9.9亿元，产业灾后恢复资金1.1亿元。而预算安排的专项救灾资金在大量流动性资金需求面前往往杯水车薪，需要动用预算预备费和稳定调节基金。据统计表明，严重自然灾害引发的直接和间接经济损失，在灾难发生时高度影响各级政府的财政收支平衡，构成严重的财政风险。

（三）开展巨灾保险的意义

通过引入保险机制分散巨灾风险，是国际上通行的做法。在国际上，巨灾保险赔款一般能占到灾害损失的30%—40%，而我们国家还不到1%。以汶川大地震为例，直接经济损失是8451亿元，保险赔付占比仅有0.2%，如果建立了巨灾保险制度，即使按国际上的平均水平——整个损失的15%计算，保险业也能分担1270亿元，这样就可以大大减轻政府财政的负担。

建立巨灾保险制度是对现有灾害救助体系的丰富和补充。第一，巨灾保险制度建立了多方参与筹措的资金储备机制，有利于将无灾少灾之年的救灾资金积累起来，在巨灾发生时集中使用。第二，巨灾保险丰富了灾害损失的补偿渠道，以商业保险作为金融工具，放大财政资金杠杆效应，可以作为政府灾害处置体系的重要补充；灾后保险赔款的支持，可减轻政府承担灾害损失的压力，对加快灾害救助、灾后重建、迅速恢复正常的生活生产等有着积极的促进作用。第三，巨灾保险制度有利于发挥保险、再保险市场化机制的作用，分散转移巨灾风险，也有利于引导社会公众提高抵御自然灾害的意识和能力。

二、国内外巨灾保险经验参考

（一）国际巨灾保险实践

巨灾保险作为一种行之有效的巨灾风险管理手段，在美国、日本等发达国家得到了广泛的应用。目前国际上已有12个国家或地区建立了巨灾保险制度，由于所面临的自然灾害种类不同，侧重点也略有差异。日本、土耳其、美国加州都在环太平洋和欧亚地震带上，地震风险极高，这几个国家和地区均在政府主导下实施了强制性单项地震巨灾保险制度，而法国、西班牙和新西兰等国由于其各种灾害频度较低且均有发生，采用了综合性的巨灾保险体系，涵盖范围包括风暴、冰雹、雪灾、火山、洪水、地震、塌陷、滑坡，等等。

（二）国内巨灾保险实践

目前，国内已有广东、黑龙江省2个省份采取指数保险形式开展了综合巨灾保险试点，深圳、宁波、南京、苏州等地市也先期开展综合巨灾保险试点。云南、四川2省选择地震单项开展巨灾保险。

1. 广东省“财政风险巨灾指数保险”试点。2016年7月，湛江市政府率先签署了广东省第一单巨灾指数保险合同，汕头、韶关、梅州、茂名等其他9个地市的试点工作也正在稳步推进。试点地市根据当地灾害特点，从台风、强降雨、地震三种重点灾害中选择1—3种进行投保。承保公司针对试点地市政府需求，采用“一市一方案”的做法，设计保险方案，量身定制个性化的产品和费率。在地市承担25%保费的基础上，广东省级财政给予75%的保费补贴。广东省“财政风险巨灾指数保险”模式中，地方政府既是投保人也是被保险人，在灾害等级达到合同约定的临界值时，保险公司无需现场查勘定损，直接将保险赔款赔付给地方政府，再由政府统一安排救灾。通过政府转移支付，使保险赔付资金全面覆盖受灾地区，有效提高受灾地区整体抗风险能力。

2. 黑龙江省“农业财政巨灾指数保险”试点。2016年8月，黑龙江省启动了“农业财政巨灾指数保险”试点，省级财政出资向保险公司购买巨灾指数保险产品，首批为28个省级贫困县提供巨灾风险保障，选定干旱指数保险、降雨过多指数保险、低温指数保险、洪水淹没范围指数保险等四种主要的自然灾害为保险险种，总保费为1亿元，总保障程度为23.24亿元。当巨灾风险发生后，保险公司按照合同约定给予贫困地区财政救灾资金赔偿。黑龙江试点同样开创了财政巨灾指数保险制度安排的先河，以保险机制平滑财政年度资金预算，有效解决了财政救灾资金“无灾小灾花不出、大灾巨灾不够花”的问题。

3. 深圳、宁波、南京、苏州等地综合巨灾保险试点。与广东、黑龙江等省“政府既是投保人又是被保险人”模式不同，深圳、宁波、南京、苏州等地先行探索开展的综合巨灾保险，采取的是政府为居民统一投保、保险公司赔付居民个人的模式。自2014年起，深圳市政府每年出资3600万元向商业保险公司购买巨灾保险服务，提供最高限额25亿元的风险保障，用于暴风、暴雨、台风、地震、核事故灾害发生时所有在深人员的人身伤亡救助。同年，宁波市政府试点实施公共巨灾保险，为全市1000万名城乡居民及外来人口因台风、暴雨和洪水灾害造成的人身和财产损失提供风险保障。南京、苏州等地推出的自然灾害公众责任保险，由当地民政部门出资统一投保，保障市民因暴雨、台风、龙卷风等13种自然灾害及居家期间因火灾、爆炸等意外事件造成的人身伤亡损失。

4. 云南、四川地震巨灾保险试点。云南、四川两省于2015年就地震巨灾开展保险试点。云南省先期在大理州试点"震级触发型指数保险"，由省、州、县三级政府财政全额承担3215万元保费，为所辖12县（市）82.43万户农村房屋及356.92万大理州居民提供5亿元的地震风险保障。四川省采取"政府补贴的商业型保险"模式，由省、市、县财政拨付2000万元建立地震保险基金，首期选择乐山、宜宾、绵阳、甘孜4个试点地区开展居民自住用房地震保险，由城乡居民自行投保，政府给予60%的保费补贴。

三、政府统保统赔模式下综合巨灾指数保险的优势

（一）多灾种综合巨灾保险的优势

单一灾种的巨灾保险，由于其保障范围狭窄，适用于在该灾种风险高发的地区开展。而河北省各地气候、地形、地质结构差异较大，灾害发生频率各不相同。例如，坝上地区易发干旱、风灾、雪灾、雹灾、冻灾等灾害；燕山、太行山地丘陵地区易发洪涝、泥石流等灾害；中南部平原地区易发旱灾、风灾、洪涝、冰雹等灾害；燕山、太行山山前断裂带易发地震灾害。如只选择一种灾害发生风险高的灾种进行投保，不仅无法满足各地多灾种风险分散的需要，而且会因为高风险而造成保费金额负担高，此外也不符合保险的"大数法则"。因此，选择多灾种开展综合巨灾保险，符合河北省实际情况，有利于全面分散多种灾害风险，也契合巨灾保险的发展方向。

（二）指数保险的优势

指数保险的特点是标准透明、手续简便、理赔速度快。指数保险在预先设定的参数达到触发水平时，就可进行保险赔偿，而无需查勘定损。在相关指数正式确认公布后，保险公司及时按标准赔付，极大地缩短了巨灾保险的理赔时间。例如，在云南大理州震级触发型指数保险的实践过程中，两次震害发生后保险公司分别只用了9天和3天就完成了赔款全额划拨。而在宁波开展的传统保险模式下，由于保险理赔涉及面广、量大户多，仅一次台风带来的出险报案户数就高达10万户，琐碎理赔案件多如牛毛，仅靠保险公司力量，根本无力解决。一方面，给商业保险公司构成了较大的盈利压力，继而传导到续保年度的财政预算压力；另一方面，理赔中争议频频，社会反响也不好，最终还得依靠基层政府参与，这与巨灾保险的基本设计理念与目标相背离。

（三）政府统保统赔模式的优势

广东、黑龙江、云南等省开展的巨灾保险模式，均是采取政府统一投保，保险赔款统

一赔付给政府，由政府通过民政部门统筹使用的方式，其实质是“政府给自己买保险”。在目前的救灾体系框架下，民政部门拥有完整的制度、队伍、硬件，能快速、高效地调度和使用救灾资源，这是保险公司无法企及的。灾害发生后，若采用传统保险形式，保险公司按一般事故查勘定损，缺乏可操作性，且可能影响到政府救灾工作的统一开展。政府统保统赔的模式将保险赔款由民政部门统一调配，标准透明、公信力强、手续简便、应用灵活，能够最大程度地体现财政资金放大效应的作用。此外，由于是政府统一投保，不需要居民缴费，因此能够实现区域范围内全覆盖，体现出政策的普惠性。

四、河北省试点多灾种综合巨灾保险的建议

针对河北省多种的巨灾威胁，借鉴国内外综合巨灾保险的经验，建议：在河北省试点开展多灾种综合巨灾保险，采取指数保险的模式，选择洪灾、地震作为综合巨灾保险的普及型险种，部分地市可加保雪灾、风灾，旱灾、雹灾、冻灾等符合当地实际的险种，由设区市政府作为投保人和被保险人，自主选择灾种、自愿投保。当灾害等级达到保险合同约定的临界值时，由保险公司将赔款赔付到相关市县政府，作为救灾资金的补充，由当地政府统筹使用。在各设区市政府自愿投保的基础上，省级财政给予一定比例的保费补贴。

（河北省财政厅金融处　武根启　杜伟鹏）

第六部分
其他研究

管理会计工具在县级财政管理的应用刍议

2016 年度河北省财政科研课题成果一等奖

随着我国新常态下的经济转型，管理会计和管理会计工具在经济管理领域的应用日益受到重视。管理会计作为单位内部管理系统的组成部分，主要服务于单位内部管理。作为国家治理基础的财政部门，亦应根据财政经济工作实际，灵活运用管理会计方法和决策工具，多渠道、多角度获取经济社会数据信息源。围绕财政工作目标，履行财政收入预测、支出预算编审、财政政策规划、预算执行控制和绩效目标考核职能。

一、县级财政部门应用管理会计和管理会计工具的意义

在基层财政部门，尤其是在县级财政部门应用管理会计和管理会计工具服务财政管理业务具有重要的现实意义。

（一）县级财政在我国五级财政架构中所处的地位特殊而重要

从管理维度上看，县级财政是最接地气的财政。财政资金从预算、拨付到最终使用、形成真正意义上财政支出的管理幅度最为适中。资金从财政到预算部门和项目单位空间范围小，相对易于监控。项目和资金管理路径短，资金使用和绩效信息相对透明；从履行职能角度看，县级财政是职能较完整的基层财政。不同于职能趋于虚化的乡镇财政，县级财政在统筹县域经济社会发展方面具有职能优势；从财政资金来源角度看，县级财政收入更加多元，既有县级公共财政收入和政府性基金等安排的预算支出，又有中央和省市财政的一般转移支付、专项转移支付资金；从财政资金使用角度看，项目资金管理层级直接，最有利于财政资金整合和统筹使用，以发挥财政资金使用最大绩效。

（二）运用管理会计和管理会计工具服务县级财政管理，对提高县级财政管理水平，增强县域经济社会治理绩效具有重要意义

1. 县级财政部门灵活运用管理会计工具有利于提高预算决策建议水平。新修订的《中华人民共和国预算法》规定，县级预算草案由县级政府编制，由本级人民代表大会审查和批准。即县级财政预算草案的决策权在县级人民政府，最终批准权在县级人民代表大会。所以，县级财政部门的中心工作就是围绕预算草案的编制，科学预测年度财政收入，对部门提交的部门预算和财政投资项目进行测算、评审、比较、权衡，量入为出，代政府

编制收支平衡的预算草案建议供县政府决策。在部门预算评审过程中，依据部门所提供的部门预算有关资料和财政部门所掌握的信息，借助管理会计分析和决策工具，对财政预算支出项目进行确认、计量、归集、分析、编报、解释和提交，供政府领导决策和人民代表大会审查、批准。因此，县级财政在应用管理会计工具时，其会计主体不应拘泥于财政机关单位本身，而应定位于公共服务职能需要覆盖的整个辖区。将管理会计对象定位为财政资金在整个辖区的征缴和使用。县级财政预算编制灵活、正确地运用管理会计工具，有利于提高县级财政预算编制的可行性、科学性、准确性和绩效性。

2. 县级财政部门灵活运用管理会计工具有利于提高财政精细化管理水平。虽然管理会计工具应用的核心功能应是服务于县级项目支出预算编制决策，但对于年度财政收入预测、部门绩效预算评审、财政投融资决策、资金运行监控和支出绩效评价等，都可以灵活运用管理会计工具进行辅助决策，提高县级财政管理的精细化水平，使管理会计工具运用服务于财政管理全过程。

二、县级财政管理会计决策标准和工具的选择

（一）县级财政支出决策的特点

与县域企业投资决策相比，县级财政支出决策有自己的特点：第一，县级财政投资性支出的决策必须站在较为宏观的地位，从区域社会效益和区域社会成本角度进行分析，在微观利益分析上不应追求政府盈利。但要追求区域经济的整体效益和国民经济的整体利益。第二，县级财政投资主要在基础设施、基础产业、支柱产业和产业引领性强的高新产业领域发挥作用。一般不应介入市场配置资源的竞争性领域。第三，县级财政投资资金来源多元，决策要平衡好各投资方的目标利益。从财政内部层级上来看，一个项目往往需要中央、省、市、县、乡多级财政共同投资。从项目整体投资来看，既包括财政投资，还包括项目受益企业、农村集体和受益群众的投资，政府和社会合作项目还要引进追求利益回报的社会资本。财政投资决策要照顾不同主体的利益平衡。第四，县级财政投资决策还要考虑有利于招商引资的营商环境和财政贡献因素。在现行分税制财政体制下，创造优质的营商环境，增强招商引资效果，壮大县域经济，对一些吸引和引导社会资源落地配置的财政投资项目，县级财政在决策时理应予以足够重视。

（二）县级财政投资的决策标准

由于县级财政投资的特点，决定了县级财政投资的决策标准既不同于私人部门投资，也区别于中央财政的宏观决策，而是取决于县级政府在不同时期所要实现的政策目标。县级财政投资的决策标准，第一，要遵循资本—产出比率最小化标准。即财政在确定投资项目时，应当选择单位资本投入产出最大的投资项目。由于资源总是有限的，一定时期内的储蓄率也是既定的，而资本—产出比率是可变的，所以，在投资过程中，只要遵循资本—产出比率最小化标准，就可以以有限的资源实现产出的最大化，达到预期的经济增长目标。这也是各级财政投资和非政府投资决策的共性标准。第二，资本—劳动比率最大化标

准。这一标准是指财政投资应选择使边际人均投资额最大化的项目。资本—劳动比率越高，说明资本技术构成越高，劳动生产率越高，经济增长越快。这种标准是强调财政应着重投资于资本密集型项目。因此，这一标准对县级精准招商引资项目的营商环境投资决策评价尤为重要。第三，就业创造标准。就业是民生之本，这一标准是指县财政应选择单位投资额能动员最大数量劳动力的项目，增加县域群众就近就业机会。财政投资不仅要考虑支出的直接就业影响，还要考虑间接就业影响，即财政投资项目带动其他投资项目所增加的就业机会。第四，地方财政贡献率标准。这一标准是指财政在确定投资项目时，应优先选择有利于区域产业聚集，带动能力强、感应系数高、对地方税收贡献大的项目投资。尤其是县级财政产业股权投资基金要将该标准作为投资项目遴选的首要标准。第五，效率与效能标准。这一标准要求县级财政的公共项目投资支出，应有利于提高县级政府的行政效率，增加县政府部门的工作效能。

（三）县级财政投资性支出决策的管理会计工具

依据县级财政投资性支出决策特点，按照以上五个县级财政投资决策标准，在管理会计的投资决策工具选择上，财政部门不能直接使用管理会计企业投资决策工具。必须结合财政投资的特点和决策标准进行管理会计分析与决策工具创新。

1. 县级财政投资的绩效预测工具。财政投资决策在微观利益分析上不追求盈利，不是不考虑投资的产出效益。只是不必拘泥项目直接的现金流量分析。对财政投资的效益和成本进行定量分析仍是十分必要的。财政投资的产出不同于私人部门的投资，在于其产出不仅要考虑容易计量的经济效益，更应注重不容易计量的社会效益、生态效益。经济效益可以用投资后未来的财政现金流量进行分析，社会效益和生态效益的现金流量虽然不容易直接计量，但可以用社会利得的相关价值流量，或由于项目使相关组织因此增加的税收，以及区域社会因此降低的成本进行估算。只有动态上量化的经济效益、社会效益大于静态财政投资，才是绩效较好的投资。也只有动态上量化的经济效益、社会效益大于动态财政投资，才是绩效较好的投资。由于财政投资的公共利益站位，经济效益一般只计算因政府投资而使财政增加的直接经济效益。

（1）静态财政投资额。所谓静态财政投资额，即非贴现财政投资额，亦即预测年度拟列入预算的财政投资额。

（2）动态财政投资额。所谓动态财政投资额，即将项目建设期各年拟列入预算的财政投资额以及项目有效使用期内每年需财政安排的运行费和维护费预算按预定折现率折现的投资金额。

（3）经济效益定量分析。财政投资的直接经济效益，既包括项目投资本身的收益、财政贡献率、纳税额，还应包括因财政投资而增加关联企业因此增加的纳税额，或政府效率和部门效能提高而节约的政府运行成本。

（4）社会效益定量分析。社会效益的定量分析可以采用如群众、企业出行便捷度高而节省的出行成本和运输成本、就业增加而减少的政府人力资源管理成本、政府效率提高使公众和企业减少的办事成本，以及环境改善所增加经济效益和因此减少的环境治理成本。

（5）经济效益和社会效益量化的动态分析。所谓经济效益和社会效益量化的动态分析，就是对财政投资项目寿命期内经济效益和社会效益量化预测指标，按照预定的折现率计算效益量化现值。并与静态财政投资额比较，计算投资—产出比率。

例如，某县交通局拟投资2000万元，分别对县内两个工业园区的破损路网进行改造。A园区项目静态财政投资额1200万元，预计项目完成后可形成1200万元的优质公共资产，项目施工企业可缴纳税费收入36万元，并且带动当地水泥、石子等企业增加收入200万元，增加税收6万元，即政府经济效益约为1242万元。预计项目建成后，因交通条件改善使园区入驻企业每年节约成本100万元，路网设计使用年限为10年，若按10%的折现率计算，则社会效益现值为614.5万元。如果每年标准定额运行维护费为项目初始投资额的1%，则A园区项目运行费和维护费为每年10万元，若按10%的折现率计算，项目寿命期内运行费和维护费现值为61.45万元，即A园区路网改造的财政投资—产出比率为1.4717。

B园区项目静态财政投资额800万元，预计项目完成后可形成800万元的优质公共资产，项目施工企业可缴纳税费收入24万元，并且带动当地水泥、石子等企业增加收入140万元，增加税收4.2万元，即经济效益约为828.2万元。由于该园区投资强度大，土地利用率高，预计项目建成后，因交通条件改善使园区入驻企业每年节约成本也可达到100万元，路网设计使用年限为10年，若按10%的折现率计算，则社会效益现值也为614.5万元。如果每年标准定额运行维护费也为项目初始投资额的1%，则每年项目运行费和维护费为8万元，若按10%的折现率计算，项目寿命期内运行费和维护费现值为49.16万元。B园区路网改造的财政投资—产出比率可达到1.699，财政投资绩效相对更高。

2. 本量利分析在县级财政投资决策中的应用。本量利分析原本是将成本划分为固定成本和变动成本，并假定产销量一致的基础上，根据成本、业务量、利润三者之间的相互关系进行预测和决策分析的一种工具。我们可以将财政支出的项目建设投资视为固定成本。需要财政支出的年度运行费、维护费因与设施使用率密切相关，可视为变动成本。影响财政投资经济效益和社会效益量化净值的因素有四个：即财政投资形成的基础设施价值、设施使用率、项目初始投资额、项目运行费和维护费。他们中任何一个因素发生变化都会影响财政投资绩效的发挥。四因素之间的数量关系可表述为：

（1）财政投资量化绩效（包括经济效益和社会效益）＝财政投资形成的基础设施价值×设施使用率（设施设计的有效载荷为100%）。

（2）财政投资总成本＝项目初始投资额＋项目运行费和维护费。由于项目运行和维护费与设施使用率直接相关，财政投资总成本＝项目初始投资额＋标准定额运行维护费×设施使用率。

（3）财政投资绩效净值＝财政投资形成的基础设施价值＋政府直接经济效益＋社会效益现值－项目寿命年限内标准定额运行维护费现值－项目初始投资额。

我们还以某县工业园区的破损路网改造项目为例。

A园区项目财政投资形成的基础设施价值为1200万元。由于该园区投资强度小、土地利用率低，道路设施使用率为60%，则财政投资量化绩效为720万元；B园区项目财政投资形成的基础设施价值为800万元。由于该园区投资强度大、土地利用率高，道路设施使用率为80%，则财政投资量化绩效为640万元。由于项目运行和维护费与设施使用率直接相关，我们假定每年标准定额运行维护费为项目初始投资额的1%，则A园区项目运行费和维护费为每年10万元，B园区项目运行费和维护费为每年8万元。考虑B园区项目比A园区项目使用率高20%，其年均项目运行费和维护费相应提高为9.6万元。那么，A园区项目的财政投资总成本1100万元，B园区项目的财政投资总成本896万元。

A园区项目财政投资绩效净值为795.05万元（1200万元+242万元+614.5万元-10万元×6.145-1200万元），财政投资绩效净值率为66.25%；B园区项目财政投资绩效净值为565.7万元（800万元+28.2万元+614.5万元-9.6万元×6.145-800万元），财政投资绩效净值率为70.71%（注：6.145为10%折现率10年的年金现值系数）。

三、管理会计理念和工具应用应贯穿县级财政资金管理全过程

建立和完善现代财政制度，提高县级财政管理水平，要将管理会计理念和工具应用贯穿县级财政资金管理的全过程。

（一）牢固树立管理会计理念

全面推进管理会计体系建设是建立现代财政制度、推进国家治理体系和治理能力现代化的内在要求。财政是国家治理的基础和重要支柱，管理会计是加强财政管理提高预算绩效的一项基础性工作。管理会计和财务会计相互依存、相互补充，共同构成现代会计系统的有机整体。作为会计行业管理和财政资金管理的财政部门，要像重视财务会计一样重视管理会计工作，像重视记账、结账、报表那样重视管理会计工具应用。加强对财政资金支出的效益预测和成本分析，提高预算编制的科学化、绩效化水平，加强支出后的绩效评价工作。

（二）以管理会计理念和工具重塑县级财政资金管理流程

管理会计注重管理过程、结果对组织内部各方面人员在心理和行为方面的影响。要按照县级财政局工作目标，业务股室和工作人员各司其职，履行预测、决策、规划、控制和考核的职能。通过运用管理会计，把财政管理的各环节、各岗位相互衔接，相互制约，加强规则制定、流程控制，提高财政管理效能。

对于县级财政部门来说，由于受内设机构和人员编制的限制，业务股室职责分工普遍较粗。优势是便于工作协调，劣势是相互制衡不足。应将管理会计职能与财务会计职能并重，依据管理会计原理，结合单位机构设置实际，梳理并重塑财政资金管理流程，形成相互制约、相互补充、信息共享、精准预警的机制，提高县级财政管理水平。

1. 财政资金的财务会计职能应由财政国库部门牵总，按照财务会计原则合理确定各业务股室职责。

2. 财政资金的管理会计职能应由财政预算部门牵总，按照管理会计原则合理确定各业务股室职责。

3. 所有财政收入和支出管理股室依职责，履行内部计划、评价、控制、监督责任。

（三）对县级财政的投资性支出预算编制应强化管理会计工具利用

投资是县域经济增长的主要因素和主要动力。加强财政投资支出的预算绩效管理和评价工作，对提高县级财政管理水平尤为重要。管理会计信息跨越过去、现在、未来三个时态。对部门编制的项目预算要利用财政数据库信息进行鉴别，杜绝重复申报、重复投资、骗取财政资金行为。对投资支出预算绩效科学预测，多方搜集信息，使用管理会计工具，用公式和数据进行量化。

县级财政的投资性支出一般主要集中在基础设施和立县、立乡的基础产业、支柱产业上。

1. 要对基础设施投资的绩效进行定量分析。作为共同生产条件的基础设施，具有资金投入大、建设周期长、社会效益高的特点。财政部门应从项目投资绩效定量分析、评价角度对投资决策提出建议，对项目资金使用进行监控，对项目预算绩效进行评审。

2. 要对财政产业扶持资金的支持环节和预算绩效进行量化比较分析。在分税制财政体制下，县级财政的发展必须有立县、立乡的基础产业和支柱产业做支撑。但财政支持基础产业和支柱产业不意味直接投资经营企业，而是要选择产业发展的短板和感应度系数高的环节进行扶持、补贴。所以，产业扶持资金投资的社会效益分析，不仅包括接受补贴企业因此增加的税收和就业，还应包括关联企业因此增加的税收和就业，以及由此引进争取的上级财政资金补贴效应。

（邢台县财政局　闫聚陈）

在全面深化改革时期做好注册会计师行业服务研究

2016 年度河北省财政科研课题成果二等奖

一、供给侧改革的核心内容和任务

“供给侧”与“需求侧”相对应。“需求侧”有投资、消费、出口三驾马车，三驾马车决定短期经济增长率。而“供给侧”则有劳动力、土地、资本、创新四大要素，决定着中长期潜在经济增长率。而结构性改革旨在调整经济结构，使要素实现最优配置，提升经济增长的质量和数量。目前经济发展放缓的原因，从表面上看是需求不足。外需中，全球出口增速 2010 年见顶回落，过去三年持续零增长，中国较难独善其身，而低成本优势不再，令低端制造业向东南亚转移不可避免。内需中，2011 年人口结构出现拐点，2012 年人口抚养比见底回升，2013 年地产销量增速持续下行，工业化步入后期，投资增速持续下行。2015 年以来央行 5 次降息降准、发改委新批基建项目规模超过 2 万亿，但投资依然萎靡。而在消费领域中，则呈现出较为明显的供需错配：国内消费增速逐级而下，但中国居民在海外疯狂扫货，国内航空客运增速缓慢下行，但跨境出游却持续高增长。这意味着，当前中国经济面临的问题，并不在短期需求，而在中长期供给。我国经济存在着四降一升的问题，经济增长速度下降、工业品价格下降、企业利润下降、财政收入下降、金融和经济风险上升，其背后原因在于供给端，生产的产品不能满足消费者需求。钢铁、煤炭等产业产能严重过剩，房地产库存过高，而养老、文化、教育、体育等服务领域需求得不到满足。这其中又有企业自身技术问题和行业管理限制问题。

供给侧改革的核心内容是提高全要素生产率。习近平总书记指出，要打好推动经济结构改革的四个“歼灭战”，在劳动力、资本、创新、政府 4 条主线上推进供给侧改革，一要促进过剩产能有效化解，促进产业优化重组；二要降低成本，帮助企业保持竞争优势；三要化解房地产库存，促进房地产业持续发展；四要防范化解金融风险，加快形成功能健全的股票市场。中国政府希望通过改革实现经济结构的调整和优化，从而避免潜在增速的大幅下行，其实质是三中全会“全面深化改革”在要素领域的延续和聚焦。供给侧改革的任务就是五项，“三去一降一补”，即：去产能、去库存、去杠杆、降成本、补短板，以此稳定中国经济的增长。

二、重大经济改革方案对注册会计师行业的影响

（一）公司注册登记制度改革的影响

为加快政府职能转变、建设服务型政府，2014 年 2 月 7 日，国务院以国发〔2014〕7 号印发《注册资本登记制度改革方案》。通过改革公司注册资本及其他登记事项，进一步放松对市场主体准入的管制，降低准入门槛，优化营商环境，促进市场主体加快发展；通过改革监管制度，进一步转变监管方式，强化信用监管，促进协同监管，提高监管效能；通过加强市场主体信息公示，进一步扩大社会监督，促进社会共治，激发各类市场主体创造活力，增强经济发展内生动力。

此次注册资本登记制度改革的核心，就是公司注册资本由实缴登记制改为认缴登记制，并放宽注册资本登记条件。公司实收资本不再作为工商登记事项。公司登记时，无须提交验资报告。改革了年度检验验照制度，将企业年检制度改为企业年度报告公示制度，是企业监管制度的重大创新。

公司注册资本登记制度改革对行业的影响表现为：

1. 中小所的业务收入和业务结构明显改变。多年来，年检业务和验资业务是中小事务所业务收入构成的主要组成部分，因为业务技术含量较低加上客户为满足工商管理需要而走形式、出报告，事务所之间的低价竞争问题严重，执业质量问题也很突出。很多小所的争抢挤占了一些中型事务所的市场。逼迫中型事务所开拓新的业务领域，寻求转型发展。注册登记制度的改革造成大量中小事务所业务萎缩，收入下降。对小型所而言，人员开支困难，事务所开始裁减员工，并对生存和发展问题产生忧虑。而一些中型事务所因前期拓展新业务，业务结构发生变化，不再严重依赖年检验资业务，实现转型成功。

2. 改革带来红利。随着改革的不断推进，市场朝着良好方向发展。社会迸发出创新活力，新登记企业数量屡创新高，2015 年平均每天新登记企业 1.2 万户，比 2014 年提升 20%，远高于改革之前的 6900 家。虽然对注册公司的实缴资本数额和时限放宽要求，但出于求取市场合作方信赖的心理，企业更加重视验资报告的作用，新设验资和变更验资业务量逐步提升。工商行政管理机关通过抽查的方式对企业年度报告公示的内容进行监管，以信用监管方式取代行政处罚方式，达到引导企业规范经营的目的。对于经检查发现企业年度报告隐瞒真实情况、弄虚作假的和对未按规定报送公示年度报告而被载入经营异常名录或“黑名单”的企业，工商行政管理机关将企业法定代表人、负责人等信息通报公安、财政、海关、税务等有关部门，各有关部门采取相关信用约束措施，从而更有效地监管企业，促进其诚信守法经营。

传统的年检验资业务由形式性转变成实质性需要，企业财务报表审计也由形式上的年度检验审计转变为有真实需要的经营情况审计和经营效益审计。验资和年检业务由原来的被动型转换为主动型。行业服务需求上升，对注册会计师行业服务质量也提出了更高的要求。

（二）国有企业改革对行业的影响

长时期以来，国有企业存在诸多问题，如前几年的大规模扩张，造成企业产能过剩；资产负债率高，形成企业债务违约；内部治理问题突出，企业决策效率低下；主营业务收入和利润大幅度降低，其他业务如房地产和转贷业务收入增加。产品不能满足市场需要，市场竞争力差。2015 年 9 月，国务院印发了《深化国企改革指导意见》，确立了六大国企改革任务，分类推进国企改革，完善现代企业制度，完善国有资产管理体制，发展混合所有制经济，强化监督防止国有资产流失，加强和改进党对国企的领导。各级政府积极响应，迅速制定发布各省市的国企改革方案，在国有资本运营、公司股份制改革、企业员工和企业负责人薪酬改革等方面提出改革方案和意见，力争调动全员积极性，提高全员生产效率，提高企业国际国内竞争力。

国企改革对行业的影响表现为：

1. 客户类型和结构有所变化。推行公司股份制改革。国有企业会引进外资和民营资本、也可能会通过兼并重组成为民营企业股东，国企和民企实现你中有我，我中有你的资本混合制，国有股权比例会发生增减变化，国有股份性质有可能发生普通股变为优先股的变更。企业发展战略规划、企业投融资、企业资本量增减变化、企业合并重组等业务需求会大量增加。

2. 业务范围和性质有所改变。建立国有企业领导人员分类分层管理制度，建立业绩导向的市场化的差异化的薪酬制度。领导人的薪酬分为基本年薪、绩效年薪、任期激励收入三部分。将企业领导人的收入与经营业绩挂钩，则经济责任审计，企业绩效评价等较从前拓展了其应用价值，从对企业领导人的经济责任进行追责的一种手段延伸成为核定企业领导个人经济收入的最终依据。

3. 业务流程和工作重点有所改变。实行员工持股计划，会大大增强核心员工、科技人员工作积极性，加快科技成果转化，通过技术创新科技进步带动企业增收提效。企业内部管理者和员工激励机制的设计和全员薪酬核算成为注册会计师新兴业务之一。传统的财务会计不能满足企业现代管理需要，研究和运用管理会计手段帮助企业进行人员和业务管理，传统的业务流和资金流程序会被打破，取而代之的会是全面预算、全员绩效考核、细化的成本控制之下的会计核算和监督。这就要求事务所储备高端管理咨询人才以适应业务变化需要，为国企改革顺利进行做好服务。

4. 在国企改革方案推进过程中，来源于国企的业务会有提升。所有制形式的变化对注册会计师业务结构的影响在于国企年报审计减少而民营企业年报审计和专项审计上升；政府在加强企业、事业单位内部控制制度建设，提高内部控制制度执行的有效性方面做了大量工作，国企、民企、机关事业单位等内部控制制度设计、审计、评价等业务越来越多；企业兼并重组、企业破产案件也会增加。会计师事务所要积极参与企业改革方案设计，做好兼并重组、投融资决策、成本控制、破产管理人等项工作，发挥中介机构的鉴证作用、客观评价作用以及经济监督作用。

（三）投融资体制改革对行业的影响

2016 年 7 月，中共中央、国务院发布《关于深化投融资体制改革的意见》，进一步转变政府职能，深入推进简政放权、放管结合、优化服务改革。

改革意见确立了企业投资主体地位，坚持企业投资核准范围最小化，原则上由企业依法依规自主决策投资行为。建立投资项目“三个清单”管理制度，实行企业投资项目管理负面清单制度，建立企业投资项目管理权力清单制度，建立企业投资项目管理责任清单制度。优化管理流程，规范企业投资行为，要求各类企业要严格遵守城乡规划、土地管理、环境保护、安全生产等方面的法律法规，认真执行相关政策和标准规定，依法落实项目法人责任制、招标投标制、工程监理制和合同管理制，切实加强信用体系建设，自觉规范投资行为。

改革意见进一步明确了政府投资范围，政府投资资金只投向市场不能有效配置资源的社会公益服务、公共基础设施、农业农村、生态环境保护和修复、重大科技进步、社会管理、国家安全等公共领域的项目，以非经营性项目为主。规范政府投资管理，编制三年滚动政府投资计划和年度投资计划，建立政府投资项目库，建立项目信息平台。改进和规范政府投资项目审批制，采用直接投资和资本金注入方式的项目，要在咨询机构评估、公众参与、专家评议、风险评估等科学论证基础上，严格审批项目建议书、可行性研究报告、初步设计。

改革意见提出要加强政府投资事中事后监管。加强政府投资项目建设管理，严格投资概算、建设标准、建设工期等要求。严格按照项目建设进度下达投资计划，确保政府投资及时发挥效益。严格概算执行和造价控制，健全概算审批、调整等管理制度。完善政府投资监管机制，加强投资项目审计监督，强化重大项目稽查制度，完善竣工验收制度，建立后评价制度，健全政府投资责任追究制度。建立社会监督机制，推动政府投资信息公开，鼓励公众和媒体对政府投资进行监督。

在创新融资体制方面，改革意见提出要大力发展直接融资。依托多层次资本市场体系，拓宽投资项目融资渠道，支持有真实经济活动支撑的资产证券化，盘活存量资产，优化金融资源配置，更好地服务投资兴业。结合国有企业改革和混合所有制机制创新，优化能源、交通等领域投资项目的直接融资。加大对种子期、初创期企业投资项目的金融支持力度，有针对性地为“双创”项目提供股权、债权以及信用贷款等融资综合服务。加大创新力度，丰富债券品种，进一步发展企业债券、公司债券、非金融企业债务融资工具、项目收益债等，支持重点领域投资项目通过债券市场筹措资金。

投融资体制改革对行业的影响表现为：

1. 注册会计师在投资项目管理中的责任大大增加。一直以来，注册会计师在企业、政府投资项目管理中发挥着重要作用。在项目立项阶段撰写可行性研究报告和完成初步设计；在项目建设过程中监控资金投入到位与否，资金使用有无严格执行预算，有无贪污舞弊行为发生；在项目完工后出具竣工决算审计报告或者工程验收审计报告。注册会计师参与项目管理的形式不同，决定了其在投资项目管理责任担当有所不同。以咨询顾问、专家评议形式参与，受托起草项目申报书，可研报告，项目绩效评价报告等，为政府管理部门提供专家意见和建议，不构成投资项目管理责任主体。出具工程专项审计报告，独立签发验收审计报告等，明确了注册会计师对项目成本、收益、形成的资产和负债等价值认定的法律责任。随着政府管理体制和投融资体制改革的推进，政府部门管理者管理职责清晰化和追责制度建立，中介机构的职责担当越来越大，政府部门委托的评估、鉴证等事项，工作过程要科学、严密，结论要符合实际，客观公正。要坚持诚信为本，操守为重原则，杜绝出具虚假报告，损害行业利益。

2. 注册会计师的专业技术水平有待进一步提高。企业、政府投资项目遍布各个部门领域，公共基础设施、农业、医疗卫生、科技、教育，等等，注册会计师解决项目的财务问题得心应手，而项目的技术问题、架构问题、项目的专业认定等复杂多变。如土地治理、环境保护，其要件和标准都是什么，如何认定其是否符合治理要求？这就要求注册会计师加强学习相关专业知识并学会利用其他专家的工作，在聘请其他专家、采用其他专家意见等工作中建立科学的程序，要使自己的工作建立在可信赖的基础之上，按照规定程序，在专家意见基础上得出自己的结论。要结合实际，认真学习“中国注册会计师审计准则第 1421 号——利用专家的工作”，并进一步指导改进实践工作。

3. 会计师事务所和注册会计师在资本市场上的风险越来越大。提高直接融资比重，意味着更多的公司上市融资和上新三板挂牌融资。截至 2016 年 10 月，上海证券交易所上市公司 1150 家，总流通市值近 24 万亿元，深圳证券交易所上市公司 1834 家，总流通市值 16 万亿元。在全国中小企业股份转让公司系统亦即新三板挂牌交易的公司 9000 多家，年底将突破 10000 家。企业排队等待上市的审核批准，为达到上市融资目的，不惜采取虚假陈述、粉饰经营业绩等违规违法手段。为规范资本市场行为，打击欺诈发行和虚假信息披露，证监会加大了监管力度和处罚力度，会计师事务所和注册会计师执业风险加大。中国证监会对 IPO 欺诈发行及信息披露违法违规行为开展专项执法行动，对相关企业披露信息是否真实、准确、完整性进行深入调查，同时对保荐、审计评估和法律服务等中介机构的执业行为是否勤勉尽责进行全面核查，杜绝造假，反对欺诈，坚决打击信息披露违法违规问题。被列入立案调查的会计师事务所有些是全国综合排名前十的事务所，河北省某些总部在北京的河北分所也牵涉其中。因此，强调行业诚实守信发展原则，勤勉尽责工作态度，要时刻在行业内警钟长鸣，防止失信行为发生。

三、注册会计师行业的供给侧改革措施

综上所述，全面深化改革尤其是供给侧结构性改革的实施给注册会计师行业带来无限发展机遇和巨大挑战。行业本身存在着一些问题和矛盾，急需解决以适应改革发展需要，如供需错配问题，低端服务过剩，高端服务欠缺；结构性问题，有的事务所业务多得做不过来，而有些小型事务所则业务萎缩，面临生存危机。执业质量和收费问题，客户反映注册会计师素质低和执业水平差，质量检查也发现许多职业道德、业务质量问题；另外，业务量增多了，整体收入没有上去，注册会计师收入增长缓慢，又进一步造成人才流失问题。

坚持在以习近平总书记为核心的党的领导下，开展注册会计师行业供给侧改革，满足全社会机关、企业、事业单位在政治经济变革中的行业服务需求，是我们行业管理人员义不容辞的责任。我们要持续做好调结构，提收入；强监管，提质量；练内功，提效益；转观念，蓄人才的各项工作，把握好历史机遇，又快又好发展，为国家社会经济进步贡献

力量。

（一）继续做好业务结构调整工作，提高非鉴证类业务收入比例

中国注册会计师协会秘书长陈毓圭在行业发展规划中提出开拓新业务，提高非鉴证类业务收入比例，力争用 5 年的时间，将非鉴证类业务比例提高到占总业务收入的 50% 以上。河北省近几年行业发展势头迅猛，业务收入提升显著，2015 年行业收入 8.71 亿元，比 2014 年提高了 10.8%。非鉴证类业务比例也提高到了 20%，新业务不断涌现。上市公司内部控制制度审计、新三板挂牌业务、政府项目评审立项专项审计、财政预算支出绩效审计、医院学校基金会非营利组织专项审计、农村基层财务审计和财务会计培训以及惠农政策法规咨询等业务拓展范围非常广泛，业务经验和业务收入逐年增多。要保持良好发展势头，及时沟通总结经验和问题，在巩固和深化传统领域的审计业务、资本验证、涉税鉴证等业务服务的同时，积极开发承接企业社会责任报告、内部控制、节能减排、破产管理、司法会计、投资绩效评价、市场监督、体制改革、社会管理等新兴领域鉴证业务。积极拓展企事业单位内部控制、企业整体税负评价、企业税务筹划、战略管理、并购重组、资信调查、业绩评价、投资决策等咨询服务。行业协会带动全行业积极行动，抓住改革机遇，共享改革红利，实现业务结构调整目标。

（二）加强行业监管，创新管理模式，做好信息化管理和执业质量检查工作

要严格规范行业执业标准，高标准、高质量做好行业服务，创造行业附加值，提高行业信誉。第一，把规范市场竞争秩序作为行业监管的重中之重。进一步完善验资和审计报告电子防伪标识制度、规范审计收费等行之有效的监管措施。加大行业自律惩戒力度，对不遵守执业规则和职业道德开展业务的事务所予以严肃惩戒。探索建立中小事务所分类监管制度，对于执业质量差、职业道德水平低的事务所要缩短检查周期。第二，营造良好执业环境。开展行业市场指导价格形成机制的研究，制定良性发展价格引导措施，规范事务所收费行为。结合电子防伪报备系统，建立恶性低价竞争预警机制，强化对不正当低价竞争的日常监管。净化执业环境，维护执业秩序，树立良好的行业形象，促进行业诚信建设和社会公信力的不断提升。第三，规范执业标准，在大力宣讲行业执业规范的同时及时出台新业务的规范标准和规范程序技术指导，以高标准提升行业职业形象。引导事务所提高产品附加值，树立与客户共同成长的新思维理念，形成以做好服务带动客户成长，继而实现自身发展的新模式。

（三）探索适应发展需要的事务所组织体系，苦练内功，提高经济效益和社会效益

近年来，会计师事务所的组织形式发生了较大改变，由原来的“一枝独秀”有限责任公司制为主，变为特殊普通合伙制、普通合伙制和有限责任制三种组织形式共存的局面。

河北省普通合伙制的公司数量在 2010 年是 80 家，目前发展成 149 家，增长了 86%。仅有两个合伙人的普通合伙制公司，公司合伙人对所做业务引起的相关利益人的经济损失承担无限赔偿责任，这种组织形式会增强合伙人的风险意识，强化其责任担当，产生良好社会影响力。公司规模小的特点有利于事务所转型，对一些政府、社会需求能够及时跟

进。但是业务量小、面窄、人少又限制了它的发展空间。在行业管理中要积极引导小型事务所做好专项审计服务，苦练内功，做精做专；以市场需求为导向，开发中小企业公司秘书、信贷资信证明、代理公司注册、代理记账、代理报关、市场调查、农村财务公开等咨询业务领域。通过拓展业务增加收入，通过精细化服务达到专业、专门、品牌化效果，提高小型事务所收入和效益。

1999 年改制后的大中型有限责任公司都完成了新一轮改制，有的延续了有限责任制的领导权力集中，决策效率高的优势，实现稳步快速发展；有的则发展成特殊普通合伙制事务所的分所或大型有限公司制公司分所，主要是由于资质问题，客户资源、人力资源集中在北京等一线城市。大型国企，上市公司，新三板上市公司，金融企业等高端新型业务集中在总部和分所事务所，其业务收入和人员规模迅速扩大。特殊普通合伙公司发展初期在文化差异、内部治理、收入和风险关系等方面存在许多矛盾和问题，加之证券资本市场环境对事务所非常不利。一方面是客户趋利原因有较大违规冲动，另一方面是监管层对中介严格管控，打板子较多。因此，要及早解决总分所一体化问题，强化大中所的风险意识、质量控制意识，注重信誉，讲求诚实守信、勤勉尽责，在快速发展中要扎稳脚跟，处理好业务收入和风险控制的关系；要跟进企业国际化进程，积极走出去，占领国际服务市场，提高国际竞争力。

（四）转变观念，做好人才蓄积和培养工作

会计师事务所是人和公司，日常管理工作中更要突出“以人为本”理念。事务所领导只有树立以人为重，事业为重，社会和国家利益为重的发展理念，才能实现与社会经济共同发展的远大目标。事务所内部要形成吸引人才、培养人才、留住人才的长远规划，在薪酬制度上要倾向注册会计师，在职级晋升方面要建立激励机制和上升通道，给注册会计师创造良好的成长环境。行业要持续深化并落实行业人才培养战略，不断创新人才培养机制，加快培训信息化步伐，加大培训服务供给，不断优化人才结构，培养适应经济快速发展具有创新型、信息化水平高、具有国际视野的领军人才，更好地服务于京津冀一体化和事务所转型升级需求。

（注协秘书处　徐芳　庞英哲　闫晗　郭宏　池玉　张茜）

事业单位内部控制现状与思考

2016年度河北省财政科研课题成果三等奖

事业单位的内部控制主要是指事业单位为了履行职能、实现整体目标而设立的一个管理体系，也是自我约束和规范的过程。在目前事业单位管理过程中，内部控制有着不可或缺的作用，而内部控制中所存在的问题已影响了事业单位的工作效率。因此，完善事业单位内部控制具有重要的意义。

一、事业单位内部控制中存在的主要问题

（一）对内部控制重要性的认识不够

由于种种原因，一些单位的主要负责人和相关部门负责人对内部控制基本知识、重要性和必要性缺乏足够的认识和了解，不能很好地建立和执行事业单位内部控制制度，有些制度甚至脱离实际、流于形式，在其内部控制中不能很好地发挥作用，对事业单位经济平稳健康运行形成潜在的风险。有的单位认为已经建立了各项规章制度，每年编制部门预算，实施国库集中支付制度，根本不需要建立内部控制制度，认为建立和执行内部控制制度将会严重影响单位的工作效率。

（二）内部控制授权审批制度执行不严

授权审批是内部控制的重要方法，它要求单位在实施内部控制时要有明确的授权审批主体、授权审批金额权限和审批流程。但从实际情况看，许多单位都是长期实行主要负责人实质性“一支笔”审批制度，各项开支一把手说了算，这不仅影响财务控制的实际效果，使单位内部的财务监督检查流于形式，而且与省委、省纪委有关单位主要负责人不直接分管“人事、财务、基建、采购”制度背道而驰，这样做不仅违规，而且违纪，个人权力还没有真正关进制度的笼子里。

（三）内部控制业务审批流程体系不完善

有些经济事项没有明确的审批控制业务流程，或者没有科学合理的审批流程。例如，有的单位为工程项目购买的设备，在既无合同也无发票的情况下就已支付入账，工程完工之后也迟迟未能转为固定资产；有些经济事项的流程控制过于简单，仅仅局限在事后审批

上，缺乏事前控制程序，很多单位费用开支实行的都是事后“实报实销”的制度；流程控制的先后顺序不尽合理，有些事业单位的费用报销流程实际上采取“先审批后审核”的程序，严重影响了财务人员审核把关的效果。

（四）内部控制缺乏一定的执行力度

在事业单位中，要有效地实现内部控制是很困难的，一是因为制度的不完善，另一个重要的原因是执行力相对薄弱。而导致控制执行力不足的主要原因就是对工作人员的岗位分配不当，不相容职务未能依规有效分离，内部业务的处理工作过于交叉复杂，相互过于分离，缺乏联系和协调、从而致使各部门不能很好地进行相互制约和监督。如果在一个工作环节上出了问题或差错，那么交接到下一个部门的工作人员就不能对其进行及时的纠正，进而对单位带来严重的后果。

（五）部门预算管理控制薄弱

虽然事业单位实行了部门预算管理，但在部门预算编制和执行方面有待进一步加强，主要表现：一是预算编制随意性大，编制预算时，在业务部门没有共同参与的情况下，财务人员只是在当年预算的基础上增减，预算编制没有进行科学的论证，导致部门预算缺乏权威性，约束力低下；二是预算执行随意大，经费常常跨项目使用，没有完全按照预算批复安排各项支出；三是编制决算报表时按照预算调整账目，使得财务信息失真，不能反映单位真实的经费使用及财务状况。

（六）内部控制缺乏必要的监督机制

一些单位由于规模小、人员少，一人往往兼任多个岗位，没有独立的财务机构，更谈不上内部审计部门的建立。规模较大的单位虽然有独立的内部审计部门，但是内部审计人员一般由财务人员兼任，内部审计仅限于对财务控制的监督，缺乏对内部控制的设计和运行的有效性分析，以及做出客观公正的评价。而主管部门、财政、审计部门、会计师事务所等作为第三方外部监督机构，只是对一般经济事项进行监督，缺乏对内部控制建设和运行情况的监督评价。

（七）业务修养和职业道德有待提高

第一，无论是正规教育还是继续教育，内部控制的内容都没有被提到重要的位置，即便提到，所提及的内部控制的内容过于简单，导致财务人员对内部控制知识掌握的较少，缺乏对内部控制制度的深层次了解；第二，相当多的财务人员主动学习意识不强，忽视对新知识的学习和更新，对新形势下存在的风险缺乏应有的防范意识。个别人员的综合素质不高、职业道德缺失，甚至出现贪污、挪用公款等现象，个别单位私设小金库的现象依然存在，单位存在较大的财务风险。

二、完善行政事业单位内部控制的对策建议

（一）提高事业单位内部控制重要性的认识

规范事业单位内部控制，对提高事业单位内部管理水平，加强廉政风险防控机制建设等具有非常重要的意义。

第一，是保障国家财政资金的安全和完整。由于行政事业单位的性质，资金多为财政拨款，如何管好用好财政资金，减少或防止个人贪污、非法侵占国有资产，必须建立和有效实施内部控制制度，使得行政事业单位的经济活动按照制度有章可循，规范各类收支行为，确保收入及时入账，未设账外账，合理支出。避免财务工作的随意性，造成国有资产不正当流失，从源头上保障财政资金的安全完整。

第二，是合理保证财务信息的真实可靠。真实可靠的财务信息是反映一个单位在一定时期的财务状况，同时也是国家制定各种财政政策的依据。有效的内部控制制度，可以规范单位的工作流程，不相容岗位分离，相互牵制，杜绝单位内部人员做假账、弄虚作假，串通舞弊，进而保证财务信息的真实可靠。

第三，是维护单位正常运行，实现更好的发展。伴随着国家经济的高速发展，公益事业高歌猛进，国家对事业单位采取了一系列的改革措施，国库集中支付制度、事业单位分类、政府采购、公务卡制度，这些措施要求事业单位加强内部控制建设，规范单位正常运行，适应各项改革，实现单位发展战略。

第四，是有效预防腐败，提升公共服务的效能。在经济发展中，事业单位是社会公共服务的提供者和社会事务的监管者，能否有效地履行职责，关键在于是否具备较高的内部管理水平。而加强内部控制建设，是提高内部管理水平的重要保证。同时，科学的内部控制体系，可以降低经营活动风险，有效防范腐败现象的滋生和蔓延，从而提升公共服务的效能。

（二）建立事业单位风险评估机制和控制方法

事业单位内部控制建设的主要内容就是分析经济业务活动的风险，识别风险点，然后因地制宜设置控制方法并监督执行。

1. 建立风险评估工作机制。风险评估是单位及时识别、系统分析经济活动中与实现内部控制目标相关的风险，合理确定风险应对策略。单位开展经济活动风险评估应当成立风险评估工作小组，通常由单位分管财务工作的领导担任组长。风险评估工作小组可以设置在内控部门或者牵头部门。为及时发现风险，单位应当建立经济活动风险定期评估机制，对经济活动存在的风险进行全面、系统和客观评估。经济活动风险评估至少每年进行一次；外部环境、经济活动或管理要求等发生重大变化的，应及时对经济活动风险进行重估。经济活动风险评估结果应当形成书面报告并及时提交单位领导班子，作为完善内部控制的依据。

2. 制定完善的风险评估程序。风险评估可分为目标设定、风险识别、风险分析和风

险应对四个步骤：

第一，目标设定，是指单位采取恰当的程序去设定对于控制对象的控制目标，确认所选定的目标支持和切合单位的职责使命。每个控制对象的控制目标总体上是与内部控制的整体目标一致的，但是每个控制对象的控制目标又各有其侧重点，如货币资金的控制目标重点是保证货币资金的安全完整，而支出业务的控制目标重点是支出业务符合开支范围标准并经过适当的授权审批。

第二，风险识别，是对单位面临的各种不确定因素进行确认，如单位层面应关注经济活动的决策、执行、监督是否实现有效分离；权责是否对等；是否建立健全议事决策机制、岗位责任制、内部监督机制等；业务层面应关注预算管理情况、收支情况、政府采购情况、资产管理情况、建设项目管理情况、合同管理情况等。

第三，风险分析，是在风险识别的基础之上，运用定量和定性方法进一步分析风险发生的可能性和对单位目标实现的影响程度，并对风险的状况进行综合评价，以便为制定风险应对策略、选择应对措施提供依据。

第四，风险应对，是指在风险分析的基础之上，针对单位所存在的风险，提出各种风险解决方案，经过分析论证与评价从中选择最优方案并予以实施的过程。风险应对的策略一般有风险规避、风险降低、风险分担和风险承受四种。

3. 风险控制方法。在风险评估之后，单位应当采取相应的控制方法将风险控制在可承受程度之内。单位内部控制的控制方法一般包括 8 种：

第一，不相容岗位相互分离。合理设置内部控制关键岗位，明确划分职责权限，实施相应的分离措施，形成相互制约、相互监督的工作机制。

第二，内部授权审批控制。明确各岗位办理业务和事项的权限范围、审批程序和相关责任，建立重大事项集体决策和会签制度。相关工作人员应当在授权范围内行使职权、办理业务。

第三，归口管理。根据本单位实际情况，按照权责对等的原则，采取成立联合工作小组并确定牵头部门或牵头人员等方式，对有关经济活动实行统一管理。

第四，预算控制。强化对经济活动的预算约束，使预算管理贯穿于单位经济活动的全过程。

第五，财产保护控制。建立资产日常管理制度和定期清查机制，采取资产记录、实物保管、定期盘点、账实核对等措施，确保资产安全完整。

第六，会计控制。建立健全本单位财会管理制度，加强会计机构建设，提高会计人员业务水平，强化会计人员岗位责任制，规范会计基础工作，加强会计档案管理，明确会计凭证、会计账簿和财务会计报告处理程序。

第七，单据控制。要求单位根据国家有关规定和单位的经济活动业务流程，在内部管理制度中明确界定各项经济活动所涉及的表单和票据，要求相关工作人员按照规定填制、审核、归档、保管单据。

第八，信息内部公开。建立健全经济活动相关信息内部公开制度，根据国家有关规定和单位的实际情况，确定信息内部公开的内容、范围、方式和程序。

（三）加强预算编制，硬化预算约束

预算的科学性是事业单位内部控制的精髓，要充分发挥预算控制在内部控制中的重要作用。预算控制主要包括编制、审批、下达、执行、分析评价预算编制与执行的差异等环节。重视部门预算，增强预算业务控制，第一，在部门预算编制环节，现行事业单位预算编制按照全面性原则，包括基本支出预算、项目支出预算、非税收入预算三个部分，采用"二上二下"的形式进行编制。基本支出预算按照单位的基础信息和核定的标准编制，保证单位的正常运转。项目支出预算根据单位发展规划和年度计划，结合财政部门预算安排和资金来源情况，科学论证项目，细化项目，提高项目预算编制的可执行性。非税收入是行政事业单位除财政资金之外的其他收入，为保证预算管理的全面性，非税收入应全部纳入预算。第二，在预算执行方面，根据单位的业务开展情况，在财政部门批复的预算额度内，合理安排支出进度。如单位由于业务发展确实需要变更支出用途的，需通过一定的程序向财政部门申请调整预算，严禁自行随意调整，真正做到有预算才有支出。第三，在决算管理方面，对预算执行情况进行分析评价，并作为下一年度预算安排的重要依据。

（四）建立内部审计机构，发挥外部监督作用

有效的监督手段，是内部控制得以贯彻执行的保障机制。在事业单位建立一个相对独立的内部审计机构，对内部控制的建立和实施情况进行内部监督检查和自我评价。第一，单位需要通过多渠道组织内审人员培训，提升其专业知识水平。不断强化内审人员的责任意识，充分发挥内部审计的效用，避免内部审计流于形式。第二，内审人员通过内部审计发现内部控制的缺陷和管理漏洞，并提出建议，帮助决策者提高内部管理水平。财政、审计、主管部门等外部监督机构应与内部审计机构相互结合，采取专项监督的形式，至少每年开展一次内部控制的专项检查，针对发现的问题提出建议，并督促单位进行整改。另外，行政事业单位可以外聘会计师事务所对单位的内部控制设计和运行的有效性进行评价。

（五）建立事业单位领导人员内部控制考核评价机制

单位主要负责人是单位财务与会计工作的第一责任主体，对本单位财务会计报告的真实性、完整性以及内部控制制度的合理性、有效性负主要责任。由于一些单位的主要领导缺乏责任意识和担当意识，对建立健全单位内部控制的重要性和现实意义认识不够，不重视内部会计控制制度系统的建设，导致单位财务管理混乱、财务效率低下、腐败问题时有发生，因此，建立针对单位主要负责人和相关责任人的内部控制考核评价机制尤为重要。通过建立科学的评价指标，采取科学的评价方法，对单位内控情况做出客观公正的评价，并且把评价结果充分运用到工资薪酬、年终考核、职务调整工作中，确保事业单位内控科学有效、经济运行平稳健康。

（厅新闻中心　李存英　张国明）

京津冀科技资源共享的障碍及对策

2016 年度河北省财政科研课题成果三等奖

引言

科技资源是区域最为宝贵的资源，是创新的基础设施，是跨区域科技协同创新的能量基础。科技创新基础设施共建共享，包括大型仪器设备共享、科技情报信息资源共享和创新人才共享等。在一个具有经济学分析意义的大区域，从宏观上系统性建设这类创新基础设施是最经济的，进行创新资源的共建共享，可以在大的区域范围内优化配置创新资源，大大减少重复建设、节约资金。

京津冀协同发展已经上升为国家重大战略，科技资源整合共享、科技协同创新是京津冀协同发展的关键和核心内容之一，为京津冀协同发展提供创新驱动力。京津冀城市群在科技、市场、信息等诸多方面都具有独特优势，为协同创新提供了较好的资源基础。京津是中国科技教育资源最密集的地区，汇集了全国 1/4 以上的高等院校、1/3 的国际重点实验室和工程（技术）研究中心、2/3 以上的两院院士、1/4 的留学人员，聚集了成千上万的高科技公司，蕴藏着巨大的创新潜力。从国际上看，2009 年美国麻省理工学院（MIT）毕业生和教授创办的企业 GDP 总量相当于韩国当年的经济总量。高效配置这些科技资源，充分释放它们的活力，发挥其在创新驱动发展中的重要作用，必将对京津冀协同发展乃至整个国家的经济转型升级和创新驱动发展产生巨大影响。

一、京津冀科技资源共享的总体研判

（一）省（市）内仪器设备共享度明显提高，而省（市）际共享进展缓慢

随着创新驱动战略的实施与推进，科技资源共享和优化配置的需求更为强烈，区域内现有大型科学仪器资源的作用不断发挥，三省（市）内仪器设备的开机率、使用效率都有大幅度提高。然而，从省（市）际来看，京津冀仪器设备资源的共享进展缓慢，合作范围与合作程度有限，亟待深化与提高。

相对于津冀而言，北京是我国的政治、文化、科技中心，大型先进、精密仪器设备拥有量在全国遥遥领先，早在 2005 年北京科学仪器协作共用平台组建了北京地区大型仪器

协作共用网，截至2014年年底，共促进676个国家级、北京市级重点实验室、工程中心的3.84万台（套）、价值192亿元仪器设备、向社会开放共享，开放设备数量是2008年的9倍。天津也不断加快大型仪器开放共享，认定包括中央驻津院所、大学和市属科研机构在内的服务机构70家，695台（套）大型科学仪器，是2005年首批入网仪器数量的6倍。河北省在省科技厅组织下，由河北省出入境检验检疫局、河北省质量技术监督局、河北省疾病预防控制中心等21家单位组建的河北省大型科学仪器资源共享服务联盟。截至2014年，河北省对外开放共享的30万元以上大型仪器设备达到2388台套，仪器原值17.48亿元，是2008年的7倍。

表1　　京津冀的大型仪器设备共享

	北京	天津	河北
2008年	4676台	115台	345台
2014年	38400台	695台	2388台
增长	9倍	6倍	7倍

资料来源：根据北京、天津、河北科委或科技厅的公开资料整理。

尽管三省市内部共享程度有了很大提升，但是省际之间的共享进程缓慢。2013年由北京牵头组建了环渤海科技资源共享平台建设，联合了天津市、河北省、山东省、山西省、内蒙古自治区，整合了可开放的大型仪器资源3081台套信息；完成了六省市300台套50万元以上大型科学仪器协作共用网的组建工作，开展了跨区域的资源共享服务。从实际运行来看，共享仅限于搭建平台，实质性的进展不大。

（二）省（市）内和省（市）际的科技数据信息共享均不畅通

随着大数据时代的到来，科学信息和数据成为更为重要的基础性战略科技资源，而科学数据共享将在应用过程中发挥这一价值潜力，为经济增长、国家安全、政府重大决策提供决策依据。美国是世界上对科学数据共享介入最早的国家，也是其科技创新居于世界领先地位的重要原因，1975年，全国301个计算机可读数据库中，美国占59%，而到1998年美国在全球数据库所占比例上升为63%。

目前，京津冀三地均建立了各类、各层次信息网络平台和数据云，如北京的首都科技条件服务平台、天津的大数据云平台、河北的科技基础条件网络平台及石家庄大数据产业联盟。但是，科学数据资源尚缺乏有效的整理和建库，数据标准化和规范化方面存在的问题较多，阻碍了省（市）内的有效共享，也阻碍了科技数据的高效和高质量的使用。

对于省（市）际而言，尽管近年京津冀地区高校、科研机构和相关企业等一直在不断探索加强互联互通，科技合作不断加深，但科技数据共享进展不大。第一，是科技数据资源大多为部门所拥有，各部门之间缺乏相互交流与沟通，缺乏共享的氛围和意识。第二，三省市统一的技术规范尚未建立，数据管理、应用服务系统和分布式数据库网上管理与分发服务技术尚不成熟，在技术上科技文献共享也存在一定的难度。第三，是亟待建立信息安全体系的技术标准、规范、规章制度。

科技成果的跨区域转移、转化是京津冀科技资源流动的一种重要方式，但是从技术交易的数据来看，北京的技术资源流向天津、河北的比例不高。从表2可以看出，天津和河北都没有因为地理位置优势而从北京承接更多的技术转移，从在全国各省市排名中反映出其承接能力呈逐年下降趋势，河北、天津吸纳北京技术交易额，只占北京输出交易额的1%。

表2　　2011—2014年河北、天津吸纳北京技术情况

	吸纳北京技术合同成交额（亿元）			占北京输出外省市技术合同总额的比例（%）			在全国省市中的排名		
年份	2012	2013	2014	2012	2013	2014	2012	2013	2014
河北	58.1	32.4	36.6	4.2	2.0	1.17	7	21	23
天津	19.9	38.8	47.6	1.4	2.4	1.39	17	18	17

数据来源：《北京技术市场统计年报2015》。

（三）京津冀科技人才的共享进展明显，但与发展需求差距依然较大

京津冀三地在科技人才共享方面，无论从广度还是深度上来看都比较明显。主要表现在贯通人才市场与人才服务、人才评价互认互准、共建共享高层次人才信息库、加强高技能人才公务员人才交流培养、共建人才创新创业载体、建立相互包容的社会保障制度、加强人才政策互通等方面。特别是2016年，京津冀人才共享取得了诸多进展，如京津冀联办人才招聘会，成立京津冀地区首个跨区域众创联盟组织“京津冀众创联盟”等，三地推动的“通武廊人才一体化发展示范区”建设正式启动，北京通州、天津武清、河北廊坊三地将在区域人才评价互认、人才培养挂职交流、创新平台共享共用等方面加强合作，并将在推出“人才绿卡”、鼓励企事业单位间科研人员双向兼职、实施高端人才柔性引进政策等11个方面实施先行先试政策。

京津冀三地人才流动虽然呈现一些新变化，但从实际来看依然不能满足区域需求和京津冀协同发展的需求。北京由于房价居高不下、生活压力大等因素，常住外来人口增长明显放缓，从2013年3.7%的增速，降低到2014年的2%；天津的人才政策吸引力很大，走应届毕业生通道或拥有高学历或者中级以上职称的外地人都可以直接通过人才引进的方式落户；河北省委省政府出台《关于深化人才发展体制机制改革的实施意见》，对国家“千人计划”专家等高层次领军人才给予经费补贴、发放安家费等，拓展“名校英才入冀”计划，省市财政5年内为符合条件的英才每人每月发放1000元房租补助。随着京津冀协同发展的推进，北京市部分功能、产业将向河北、天津进行疏解、转移，这将会使京津冀地区劳动力流动进入活跃期，如何构建新的就业协作机制、实现人才一体化建设成为当前亟待解决的重要问题。

二、京津冀科技资源共享的主要障碍及成因

关于科技资源共享的研究，目前开放式创新资源共享模式占主要地位。国内外已有研究表明，开放式创新模式下创新资源的共享约束往往来自组织内部或外部因素，内部因素

主要有吸收能力、产品复杂性、管理风格、信息技术和创新文化等，而外部影响因素通常主要是国家政策环境、公共服务平台等。也有很多学者在研究知识转移或知识扩散的文献中，应用沟通理论来建立自己的分析框架，将多个创新主体之间的协同关系，归结为与知识流动的一致性。这些研究成果，为京津冀协同资源共享的研究提供了有益的借鉴。从京津冀协同创新的主体来看，其实主要指企业、大学、科研院所、政府等。这些创新主体对于创新资源共享发挥着不同的影响及其之间的逻辑关系理应成为关注的重点。

京津冀科技资源共享的障碍，已有研究成果较多地关注了政府。他们的观点是，开放条件下，企业、大学、科研机构等是遵循市场规则的，主要障碍在于三地政府。实质上，产业之间的断崖、认知和行为习惯在阻碍创新资源共享方面构成内在的因素，然而这些更容易被忽视。

（一）地方政府对创新资源共享的影响

行政壁垒造成优质要素资源在区域内流动不畅，三地各自为战，缺乏协同，成为制约京津冀科学资源共享的因素。通常，地方政府通过行政手段给予土地、投资、税收等方面的优惠政策，吸纳创新资源流向本区域同时尽力阻止创新要素外流，导致创新要素流动障碍，甚至造成恶性竞争。

地方政府对创新资源的阻碍有其深层次的原因：（1）地域分割的行政壁垒。由于目前的行政区域分割以及中国的“强政府”特点，地方政府追逐经济利益的动机较为强烈，对地方政府的业绩考核中，经济发展指标占据了相当的比重，因此地方政府操着政策工具或行政手段对当地经济社会发展发挥着引导、甚至主导作用，作为发展重要因素的创新资源自然成为争夺的对象。（2）“分灶吃饭”的财政体制。创新资源是高层次发展资源，它的流入流出直接关系到经济利益的多少、财政收入的多少，所以，在目前财政体制下，地方政府会极力阻止创新资源与要素的流出，而采取措施吸引创新资源、特别是高层次创新资源的流入。（3）协同创新软硬环境。不同创新环境对创新影响较大，创新环境包括专门人才、技术基础设施、教育培训、科技服务业等配套能力，促进创新的政策与体制，也包括通达能力、专业沙龙、相关论坛等。创新的软硬环境建设是政府的责任，更多是由政府来主导完成的。

在京津冀这样一个具有经济学分析意义的大区域，从宏观上系统性建设这类创新基础设施是最经济的，但由于行政体制分割重复建设了大量的创新基础设施，甚至在京津冀内部也建设了一批功能相似的机构。

（二）“经济断崖”依然存在，创新资源共享基础缺乏

资源共享应以经济关联为依托。京津冀经济发展水平差异大，导致三地之间经济联系松散，产业合理转移、协同发展的难度加大。从核心经济指标来看，2014年河北省人均GDP为39846元，不足北京、天津的一半，人均财政收入为5098元，不足北京的1/3、天津的1/5。从居民收入来看，河北省城镇居民可支配收入仅为京津的55%，农村居民收入仅为北京的一半、天津的60%，在冀北地区，更流传着“翻过一座山，收入翻三番”的说法。从单位土地产出来看，北京每平方千米每年产出是1.73万元，天津为1.2万元，

而河北仅为1500元。相比上海到苏南，产业之间的转移较为顺畅，因为处于合理的梯度范围内，“缓坡”顺势转移。而且，近年来河北省经济增速明显放缓，低于天津5个百分点左右，还第一次低于北京，未来经济发展差距进一步拉大的态势令人担忧（如表3所示）。

表3　　2011—2014年京津冀主要经济指标的差距

年份	人均GDP（元）			人均财政收入（元）			经济增速（%）			城镇居民人均可支配收入（元）			农民人均纯收入（元）		
	京	津	冀	京	津	冀	京	津	冀	京	津	冀	京	津	冀
2011	80511	83449	33859	14893	242827	4171	8.1	16.4	11.3	32903	32903	18292	14736	12321	7120
2012	86403	91242	36467	16015	258067	4774	7.7	13.9	9.6	36469	36469	20543	16476	14026	8081
2013	92210	97609	38597	17312	273881	4966	7.7	12.5	8.2	40321	40321	22580	18337	15841	9102
2014	99139	103655	39846	18717	289489	5098	7.3	10	6.5	43910	43910	24141	20226	17014	10186

造成经济断崖、科技资源难以共享的成因，是三地的产业落差。在长期的发展中，河北培育了钢铁、煤炭、水泥、化工等占优势地位的资源型重化产业结构，形成了一种封闭内循环的经济发展模式，对科技创新等缺乏需求。北京的高新技术成果在近邻的河北，找不到用武之地，因此在冀转化率仅有5%，而75%到江浙和广东转化。

（三）企业、地方政府的行为习惯和认知能力

科技资源共享的范围和效果，也要取决于创新主体的认知能力和行为习惯。京津冀三方中，河北处于经济发展的“洼地”，是创新资源的最大需求方。然而，多年来，河北企业家和地方政府已经习惯于在开矿、挖煤、炼钢、搞水泥、造玻璃上打转转，创新意识薄弱，创新驱动力不强，虽然近年转型升级力度加大，但更倾向于招现成的资金、技术，更倾向于现成的科技成果转化，而对京津创新资源共享不关注、不重视。第　，集中体现为创新投入少（表4），创新能力弱。河北R&D经费投入强度2014年仅为1.06%，在全国排名第20位，不仅与京津差距巨大，而且不及全国平均水平的六成。第二，京津冀引入合同数量不多。河北在北京输出外省市技术合同总额的比例呈现下降的态势，2014年仅为1.17%，在全国排名第23位。

表4　　2014年京津冀三地R&D经费投入强度及其全国排位

	R&D经费投入强度	排位
北京	5.95	1
天津	2.96	3
河北	1.06	20
全国平均	2.05	—

三、推进京津冀科技资源共享的思路与对策

加快京津冀科技资源共享，一方面需要京津冀科技资源协同创新机制的构建，另一方

面需要河北自身增强与京津科技资源共享的能力。

（一）推进顶层设计，加强以共享为核心的制度建设

京津冀科技资源不能够充分流动共享的原因之一是资源间的各种封闭和壁垒。因此，需要促进京津冀科技资源的外部化和社会化，促进资源开放、合作、共享。第一，京津冀区域的科技资源共享应建立以市场为基础、政府引导，通过体制机制创新保障实施的制度安排，纳入到京津冀科技协同创新规划中。第二，建立集公益性与市场化相结合的大型仪器设备、科技情报资源共享规则，形成稳定的服务于京津冀创新发展的统一网络化服务平台。由于资源的外部化、社会化是资源开放的前提，因此必须将体制内外、区域内外的各种资源全部对外开放，进行有信任的合作。而对于那些不便于传递的信息和知识，应该通过编码化等方式使其外显化，并成为可以传递、复制和使用的知识和信息。第三，建立由三方政府、企业、商会、民间组织等多方机构参与的科技资源共享联席会议制度。一是常设性联席会议，由参加联席会议的省市区各选派主管副省（市）长组成，下设联络小组，负责京津冀科技资源共享的年度目标、计划和实施情况的总体部署、联络和协调；二是专题性联席会议。根据合作项目成立相应的专题小组，提出制定项目执行方略，落实合作事项，并定期向联席议会办公室报告合作项目的落实情况，及时解决在大型仪器设备共享、科技信息资源共享、创新人才流动中出现的重大问题。

（二）聚焦国家重大战略需求，整合区域科技资源

京津冀三地应充分发挥科技资源优势，通过科研合作攻关，建立以利益共享为基础的科技资源开发与共享机制。要集成京津冀地区的人才和技术优势，主动聚焦国家重大战略需求，聚焦解决京津冀协同发展的重大问题。例如，大气污染联防联治，水源地保护和流域水环境综合治理等。要主动服务京津冀区域定位，在推动产业创新升级和高技术企业发展中发挥独特作用。例如，落实“互联网＋”行动计划和“中国制造 2025”规划纲要，通过创新产学研合作机制，把科技资源配置与京津冀区域发展定位结合好。应积极推动通过科研合作攻关项目，三地联合承担大型科研课题，把跨学科、跨地域科技资源集聚起来，实现资源利用的互补，获取科技资源的“乘数效应”。同时，鼓励民间各类产业协会或商会以各类形式相互交流，促进区域内产业的合作与发展。从调研情况来看，通过市场力量形成资源共享具有创新的倍增效应，创新成果的经济效益将进一步促进科技资源的创新与整合，从而形成良性循环。通过改革，推动京津冀创新创业，主动释放创新活力，鼓励创新资源的自由流动。

（三）建立有效的激励机制，提高资源共享效率

科技资源共享应建立以开放服务为主的运行模式，三地主要的科技资源以纯粹开放服务为主，采用内外有别的使用、计费和收费方式，来提高科技资源的使用效率，避免资源浪费与重购的弊端。以开放基金作为保障，提高大型仪器设备共享奖励补助力度，主要用于设备的运行维护和更新改造，提高设备的完好率和利用率。在人才激励方面，建设高、中、低的专业化梯形人才队伍，实施经济激励进行调节。举办培训班、技术讲座等形式，

实施相应岗位的技能培训，同时从运行补贴中提取部分费用，资助优秀人才参与国际交流，提高专业技术人员的业务素质，来激励科技人才积极投身于技术平台和技术支撑工作。

（四）运用互联网 +、大数据，创新科技资源共享模式

在京津冀区域内，北京具有突出的科研资源优势，天津的科技研发能力也很强，河北也有一些特色的科技资源，应通过有效渠道或积极创造条件实现共享。人类社会发展进入DT时代，运用互联网 +、大数据的思维、技术、模式、产品、服务等突破行政藩篱和区域界线，建立统一的公共数据共享和开放平台体系，推进京津冀大型仪器设备、科技信息、科技人才等资源共享公用，打造成国家级科技资源共享示范区。

1. 建立大型设备共享联盟。一方面，可以激活一些本地闲置但对其他企业、部门有需求的仪器设备和信息资源，使其复活，提升科技资源效率；另一方面，扩大科技资源的服务范围和使用频次，提升对企业创新发展和产业集群升级的支撑能力；尤其是未来科技资源购置方面，可以减少重复建设，大大降低社会成本。

2. 搭建京津冀“科技资源共享信息平台”。包括京津冀科技数据、科技专家服务网、京津冀网上技术市场等进一步推进面向京津冀企业、市县，以服务技术创新需求为重点，建立统一的科技信息和专家资源服务信息网络，优化配置京津冀区域信息和人才资源，提升创新人才支撑区域创新发展的能力。评选“科技资源共享示范单位”，将资源共享情况纳入科技单位考核。

3. 规划建设科技创新平台。京津冀区域相互开放国家级和省级重点实验室、工程技术研究中心、中试基地、科技经济基础数据和基础条件等，共同规划建设科技创新平台。

4. 统筹建设配套公共设施。对于影响科技要素流动的公共设施建设，如城际轨道交通、高速公路、园区建设等，要加强统筹，建立“京津冀一体化交通出行服务平台”。

（五）打破行政界限，构建以产业分工与合作为基础的科技资源共享和创新链条

从京津冀全局统筹科技创新，促进三地科技资源共享。根据京津冀的比较优势和产业特点，整合技术研发链条，从而形成合理的分工体系，推动产业布局的优化。加强科研与生产的联系和互动，将北京打造成为京津冀乃至全国自主创新策源地，以技术研发推动产业升级，提升京津冀现代制造业和战略性新兴产业的发展。北京应该发挥辐射带动作用，主动加强在京津冀范围内进行产业链布局的力度，主动疏解转移非首都功能，加快一般工业、批发业和物流业的转移，发挥好科技、人才、国际交往的优势，共同把创新这篇文章做好，形成协同创新，把新兴产业蛋糕做大。天津市要建设具有更多自主知识产权和品牌的现代制造业基地，重点发展电子信息产业、化工产业、面向国际市场的中高档轿车和具有自主品牌的环保经济型轿车、石油钢管和装备制造、现代医药产业基地。从长期来看，应把单纯制盐、纯碱、钢铁、一般机械制造和一般化工转移出去。河北的着力点，应放在北京、天津创新成果转化和产业化的基地。对于传统产业，应借力京津科技资源优势，加快转型升级，打造成国家新型工业化基地。以各类国家级、省级园区为平台，与中关村国家自主创新示范区和天津滨海新区合作，打造京津冀创新共同体。

（六）大力实施创新驱动战略，增强河北与京津科技资源共享的能力

大力实施创新驱动发展战略，加大全社会研发投入，尽快补上研发投入占 GDP 比重偏低的短板。围绕河北省新兴产业发展和传统产业改造，实施一批重大科技项目，突破一批共性关键技术。完善科技创新研发服务平台，加快产业技术创新联盟和技术交易市场建设，争取一批国家重点实验室、工程技术研究中心和重大科技基础设施布局河北省。实施知识产权“三优”培育工程，健全知识产权评估体系。强化企业创新主体地位，培育壮大高新技术企业，推动科技型中小企业裂变式增长。加强政策激励、金融支持和人才保障，健全以增加科技人员收入为核心的科技成果转化激励机制，建立从实验研究到生产的全过程科技创新融资模式，从京津引进或培养一批领军人才、企业家人才、高技能人才和创新团队。把大众创业、万众创新融入各领域各环节，营造统一透明、规范有序的创新创业环境，完善服务和政策支持体系，鼓励发展众创、众包、众扶、众筹新模式，使燕赵大地创新创业竞相迸发、充满活力。

（河北省财政厅会计人员服务中心　姜云生　焦杰　姜杉　靳素姣）

基层会计管理问题研究

2016 年度河北省财政科研课题成果三等奖

为加强基层会计管理，提升会计管理工作水平，近年来，各级财政部门在《会计法》宣传、执行，会计从业资格管理，会计人员继续教育以及会计信息化建设等方面做了大量工作，基层会计管理工作水平明显提升。但基层会计管理工作仍存在不少问题，现从实际出发，就基层会计管理工作进行研究分析，提出建议及对策。

一、现阶段基层会计管理工作中存在的主要问题

（一）人员多，分布广，整体业务素质偏低

宁晋县现有会计从业人员 2200 余人，其中具有中级会计资格的人不到会计从业人员的 1/10，具有高级会计师资格的仅有 3 人。这些会计从业人员分布于宁晋县各行各业，很多在行政事业单位、民营企业从事会计工作，业务量小，专业知识单一，实践工作经验少，有些并没有真正从事过会计工作，整体业务水平较低。

（二）会计从业人员两极分化

近年来，随着各级各部门对会计管理工作的重视程度的逐步增强，会计从业人员资格考试的网络化、规范化管理及严峻的就业形势，一批优质的高校毕业生充实到了基层会计队伍，他们接受新事物、新知识快，为基层会计队伍注入了新鲜血液，增添了活力，但这部分会计从业人员往往对现行政策及行业制度了解不深不透，缺乏实际工作经验；另外，当前的会计岗位还有一批从业时间长，年龄大的人员，受领导信任，实际工作经验丰富，但这部分人多数凭经验办事，对计算机网络不熟悉，接受新鲜事物慢。这种会计从业人员两极分化的状态，加大了基层会计管理工作难度。

（三）会计管理机构不健全，人员少，经验少

县级财政会计管理机构大多只有 2—3 人，有的县根本没有独立的会计管理机构，会计股和其他业务股室合署办公。很多会计管理人员只有基本的财务知识，缺乏行业管理经验，业务能力和管理水平达不到实际工作需要。在日常工作中，会计管理人员往往忙于安排会计人员日常培训、报名等工作，没有时间、精力提高自身业务水平，研究更深层次的

会计管理工作，达不到精确、细致的管理目的。

（四）会计执法检查力度不够

新《会计法》实施以来，县级财政每年开展会计执法检查，但效果并不明显，往往问题发现了，得不到很好的处理，很多事不了了之，导致被查单位出现违法违规问题根本不在乎，会计管理水平没有实质性改变。尤其到一些中小企业会计执法检查经常找不到人，有的虽然找到人了，却是一问三不知，根本做不了主。通知难，执法难，处罚难，阻碍了当前会计管理工作的开展。

（五）信息化推广缓慢

现在这个信息化已经普及的时代，很多基层单位仍停留在手工记账阶段，有的虽然实行了电子记账，但也只是停留在简单的软件记账阶段，没有充分运用现代信息化管理手段实现联网统一化管理，没有做到会计监管、信息提取、数据分析、评价等会计管理工作信息化。

二、存在问题的原因剖析

（一）领导重视力度不够

很多单位领导意识不到会计岗位的重要性，缺乏与时俱进的管理理念，认为会计人员只是报报票，记记账，不用有很高业务水平，只要肯学，谁都能胜任。其实随着时代变迁，很多会计人员肩负管理职责，许多单位会计兼有预算、监管、分析等管理职能，要求兼有法律、会计、管理等各方面的知识，还要随时了解最新法律法规、政策动向，对领导决策起到参谋作用，对单位或企业未来管理方向起着至关重要的作用。

（二）会计人员自身能力制约

有的会计人员不积极主动接受新知识，新政策，遇到事情不去想、不去学，采取拖、推、躲的态度对待问题，不思进取，得过且过，靠拉着、拽着被动向前移。有的会计人员由于单位和业务的局限，虽积极主动学习新知识、新业务，但没有方向，缺乏目标，达不到管理的成效。有的做事丢三落四，根本不适合会计岗位。所有这些都制约了会计管理工作的开展。

（三）技术人员匮乏，资金短缺

基层会计管理工作现代化、信息化，需要大批技术人员和资金。而基层专业计算机、网络类技术人员匮乏，硬件设施、应用软件配备需要大量资金，而且软件更新升级、维护管理是一项长期工程，每年都需要资金投入，而基层往往没有自己的专业团队，信息化管理可望而不可即。

三、加强基层会计管理工作的建议及对策

（一）加强业务指导，提供组织保障

上级财政部门要积极宣传基层会计管理的先进经验和做法，营造良好的氛围，加强对基层会计管理人员的业务指导，专题培训。基层财政部门要高度重视会计管理工作，设立独立的会计管理机构，配备专业会计管理人员、为其工作开展提供足够的经费保障。

（二）建立能上能下、能进能出的会计岗位管理机制

每年对会计岗位人员进行包括法律法规、财会知识、计算机网络应用等知识在内的综合业务能力考核，实行优胜劣汰。同时，开通渠道，广纳人才，将具有综合素质人员调配到会计岗位，参与单位经营管理，政策制定等，逐步优化会计队伍结构。

（三）加强培训，培养综合性会计人员及会计管理人员

培养会计及会计管理人员主动学习能力。针对不同的人群，进行分层次、分类别培训。对会计人员除加强业务培训外，还要加强法律法规培训，使其主动依法办事。对会计管理人员除加强专业培训，还要就管理方法和管理理念进行培训，提高其综合管理能力。同时，对具有计算机网络等其他专业知识的人才进行财会、法规培训，达到人员、知识的相互交流，融会贯通。培训形式多样化，采用网络、实地多种培训方式相结合，对培训结果进行考核。

（四）全面推行会计信息化工作

从上到下，由内到外，全面推行会计信息化管理。宁晋县 2015 年在全县行政事业单位及乡镇全面推行会计电算化，使很多单位摆脱了手工记账的烦恼，且在全部县直机关事业单位和乡镇初步实现了利用会计信息提取分析数据，但对基层企业信息化管理还处于真空阶段。建议优化、整合各种会计软件、信息化管理系统，利用现有人力资源和条件实现企业会计信息联网，逐步实现会计管理信息化。

（五）加强会计工作监管力度

分步实现联网监管，在信息化系统加入监控预警机制，并让监管部门参与其中，实时动态监控会计核算、信息处理等情况。加大会计执法处理处罚力度，对违反《会计法》的行为坚决依法依规处理处罚，该移交司法部门的移交司法部门。

（宁晋县财政局　曹君枫）

如何帮助中小企业拓宽融资渠道

2016 年度河北省财政科研课题成果三等奖

我国中小企业具有较强的独立性、竞争性和较强的求生存谋发展意识，更富有机制灵活、敢于创新的特点。中小企业是我国国民经济发展的重要组成部分，但中小企业所获得的金融资源却十分匮乏，融资难问题已经成为严重制约我国中小企业进一步发展的最大瓶颈。

一、当前我国中小企业融资现状

企业融资的主要方式有：一是通过募集股份（内部集资），二是通过民间借贷，三是通过占用客户资金。大多数中小企业融资主要通过投资人经营积累，企业发展资金绝大部分来源于自有资本和内部收益留存，近年来比例一直保持在 80% 以上。职工集资是中小企业的主要融资手段。由于企业在开办初期很难得到金融机构的支持，所以大多数中小企业采用职工集资的方式筹集资金。入股是改制企业和股份制企业的重要融资方式，大多数已经占总资产的 10%。

中小企业贷款难的问题非常突出，除少部分规模较大、经济效益较好的中小企业较易获得银行贷款外，大部分中小企业很难获得足够的银行贷款。据统计，银行贷款占中小企业全部资金来源的比例不到 10%，中小企业获得的银行贷款占全部银行贷款的比例也不到 10%。

二、我国中小企业融资困境探析

（一）内在原因

中小企业实力较弱，资信程度不高，缺乏有效的抵押和担保，这是形成中小企业融资困境的最根本原因；中小企业内部管理不规范，许多中小企业内部管理混乱，不具科学性和规范性，特别在财务管理方面，刻意编制多套财务报表，“假凭证、假账簿、假报表”的三假现象普遍存在，使得会计信息严重失真，银行很难获得真实会计信息和经营状况，考虑到资金的安全性不敢轻易放贷；中小企业信用观念淡薄，部分中小企业以种种方式悬空、逃避银行债务，严重影响中小企业的整体信用形象。

1. 缺乏有效的抵押和担保。第一，中小企业可抵押物少，抵押物的折扣率高。目前抵押贷款的抵押率，土地、房地产的抵押率一般为70%，机器设备为50%，动产为25%—30%，专用设备为10%。第二，中小企业难以找到合适的担保人。效益好的企业既不愿意给别人作担保，也不愿意请人为自己作担保，效益一般的企业，银行又不允许作担保人。而且企业之间相互担保，往往是一家企业出了问题会连累一批企业，这通常又被认为是社会稳定所难以承受的，使担保常常变得有名无实。因此，从东部到西部，各家银行担保贷款比重在下降，抵押贷款比重呈上升趋势。第三，抵押担保费用高及资产评估服务不规范。由于企业资产评估登记要涉及土地、房产、机动车、工商行政以及公证等众多管理部门，而且各个部门都要收费，如果再加上贷款利息，所需费用几乎与民间借贷成本相近，普通中小企业难以承受。

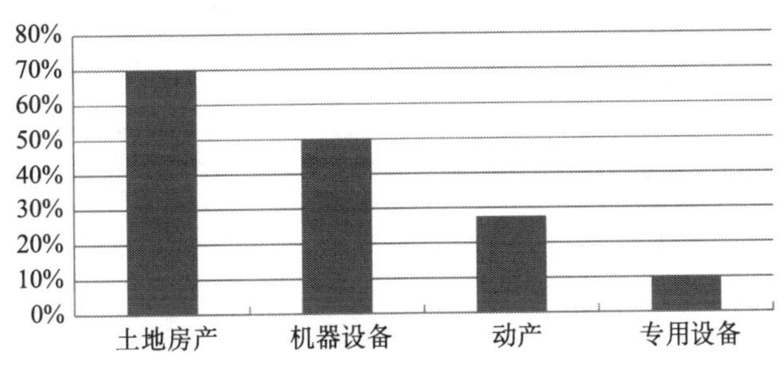

图1　目前可抵押物抵押贷款的抵押率

2. 规模小、资本技术密度低、技术装备水平落后。我国的中小企业，数量巨多，但大多仍处于小规模运转状态。另外，中小企业技术装备水平包括设备的新旧程度、技术状况、自动化程度等。总体上讲，我国国有企业比世界发达国家落后，私有中小企业比国有企业落后，相当一部分乡镇中小企业是用城市企业淘汰下来的设备。我国工业普查资料说明，我国主要工业企业的设备技术状况是：属于20世纪七八十年代国际一般水平的占12.9%，国内先进水平的占21.8%，国内一般水平的占47%，国内落后水平的占18.3%。而世行研究报告显示，按国际水平要求，我国国有企业设备技术水平属于国际20世纪二三十年代水平的占20%，仍可使用的占20%—25%，应予淘汰的占55%—60%，与国际技术装备水平相差20—30年。因此，我国的国有企业和中小企业的技术装备是十分落后的。

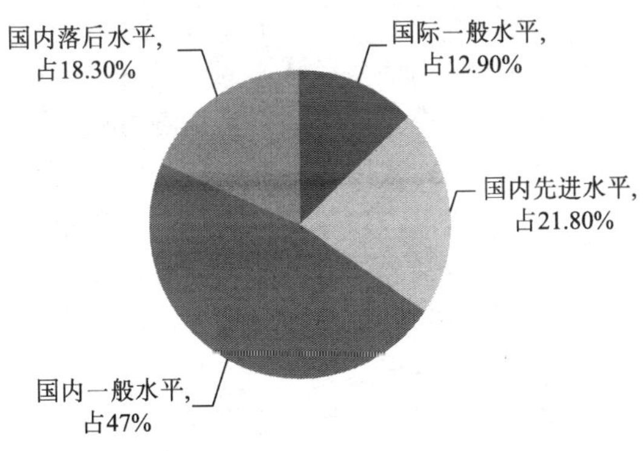

图2　我国工业企业设备技术状况

3. 人才缺乏、管理落后。由于我国缺乏必要的社会保障制度，使得中小企业难以吸引到所需人才。这有从业人员社会观念的原因，也有中小企业主自身素质的因素，不重视人才，许多甚至根本没有具有专业技术职称的技术人员。同时，因为缺乏技术和人才，中小企业业务经营能力差，且一般都缺乏中长远规划目标，又难以引进和采用先进生产技术，造成在市场上缺乏竞争能力，处于市场上的弱势状态。还有相当一部分中小企业负责人及其一般管理者还停留在家庭式管理状态，不能适应现代市场经济的要求。较为大量而严重地表现为管理中存在决策简单化、主观专断现象，会计制度不健全、财务管理混乱。

4. 产品质量可信度低、信用观念淡薄、缺乏信誉。一方面，中小企业由于技术落后，人才缺乏，管理上的落后，其产品的质量很难保证，市场上的假冒伪劣商品来自中小企业的不在少数，致使人们对中小企业产品很难认同；另一方面，中小企业信用观念淡薄，这是中小企业融资难的又一要因。信用是一种资源，是企业的无形资产，在市场经济中，信用已成为市场交易的基本准则。而在我国，信用不足已成为中小企业中存在的普遍现象。银行等金融机构为了其资金的安全性，只能设置更高的要求以及更严格的贷款审批程序，使得中小企业的贷款申请更加难以满足。

（二）外在原因

1. 融资的法律环境不健全。我国融资的法律环境不健全是导致中小企业融资渠道不畅和融资方式单一的主要原因。由于法律、法规对银行支持中小企业融资的相关法律制度不完善，现在银行对支持中小企业发展的意见大多数是宏观指导性的意见，缺乏相关法规的配套、衔接，使中小企业和商业银行都缺乏参与市场公平竞争的法律保证。加之由于人为因素的原因，一些地方默许甚至纵容企业逃废银行债务，法院对银行债权的保护能力低，银行在维护金融债权的过程中“赢了官司，输了钱”的现象也多次发生，加剧了银行“恐贷”心理，从而也造成“企业贷款难，银行难贷款”的局面。

2. 金融机构不健全。国有商业银行对中小企业贷款意识不强，在强化约束机制的同时缺乏激励机制，在机构设置、信用评级、内部管理等方面，不能完全适应中小企业对金融服务的需要，金融支持体系不健全。这是造成中小企业融资难的重要原因。

目前，我国金融业的主角中、工、农、建四行还背有相当沉重的历史包袱，其他众多中小商业银行无不以争抢和保持大客户为开拓重点，金融改革不到位，人为因素还突出。国有大中型企业欠款难还，毫无疑问，对于本来信誉良好的中小企业贷款份额造成挤出效应，使中小企业贷款更加困难。受长期计划经济影响，目前我国银行业的服务意识、忧患意识、生存意识均比较薄弱，拓展中小企业贷款市场缺乏内在积极性。

我国金融改革力度的加大，使以四大国有商业银行为代表的商业银行实行了信贷收缩和信贷集中的策略，银行加强了信贷风险的控制，责任风险管理责任制度日益强化，并且大部分实行了终身责任追究，银行贷款的门槛在不自觉中抬高，大部分银行对中小企业的资信认定主要是以大企业的指标作参照，用大企业的标准评定中小企业的信用等级，大部分中小企业也就很难达到发放贷款的条件。

商业银行经营的首要原则是营利性，管理目标是实现所有者权益的最大化，因此盈利为其主要目标。提高盈利水平，就要在保持资金的流动性和安全性的前提下，在扩大负债规模的基础上扩大资产规模，合理安排资产结构，提高生息性资产比重；同时，在满足贷款和投资需求的前提下，合理安排负债结构，降低筹资资本，减少不必要的成本开支。中小企业尽管借款数额小，期限短，但在银行的每笔业务流程完全相同，而对中小企业提供贷款与向国有大中型企业提供贷款的手续完全一样。这说明，银行向中小企业发放贷款成本高而收益低。与此同时，中小企业本身一些固有的缺陷，使银行对其贷款存在抵押担保难、跟踪监督难和债权维护难。银行风险大、成本高、收益低，中小企业申贷无门，实在是事出有因。

3. 政府支持不足。我国的政策环境在总体上对中小企业持歧视态度，中小企业所处的政策环境恶劣，这也是造成中小企业融资难的重要原因。

我国现行的金融体系是建立于改革开放初期，基本上是与大企业为主的国有经济相配备，随着改革的深入与经济结构的调整，却未能相应的建立起专门为中小企业服务的金融机构。不仅如此，一些原先定位于为中小企业服务的城市信用合作社也纷纷并成合作银行和地方商业银行，其服务对象也发生了改变，致使中小企业信贷渠道愈发变窄。一些中小企业只好转向民间渠道融资，民间融资比例呈现逐年上升趋势。这样不仅扰乱了我国的金融秩序，而且还时常发生经济纠纷。民间融资问题的解决已不能简单地靠行政手段，必须积极地建立中小企业金融机构，拓宽中小企业融资的渠道，才能使该问题从根本上得以解决。

三、解决中小企业融资困境的对策

解决中小企业融资困境，需要企业、国家、金融部门、地方政府和全社会共同努力，必须采取综合措施。

（一）提高中小企业整体实力

1. 深化产权制度改革，规范内部管理，开展技术创新，提高中小企业的整体实力。中小企业要想解脱融资困境，必须从自身做起，重塑良好形象，提高资信程度。第一，要深化产权制度改革。通过改组、联合、兼并、租赁承包经营、股份合作制、出售等多种形式推动中小企业改革，使其获得最大的自主权，真正成为自主经营，自负盈亏的法人实体和市场竞争的主体。第二，要强化内部管理。建立健全中小企业内部管理制度，推行科学化管理和规范化管理。特别是要规范中小企业的财务制度，提高财务管理水平，防止会计信息失真。第三，要大力开展技术创新，提升中小企业的整体实力，要充分利用其灵活的优势，提高科技含量，使中小企业从依靠量的扩大转变为质的扩张。

2. 提高信誉，改善融资环境。中小企业在加快发展的同时，要不断提高社会信誉，增强重合同、守信用的自我约束意识，要充分认识到诚信的重要性，坚持信誉第一的原则，不做假账，保证会计信息真实可靠，提高自身的信用程度，从根本上改善企业的形象，增强银行贷款的信心，创造良好的融资环境，拓展融资渠道。

3. 实行灵活的经营战略、提升竞争能力。中小企业要实行机动灵活、市场适应性强、拾遗补阙的经营战略，避开行业内大企业、大公司所关注的热点项目，选择他们易于忽视而又有一定经济效益的“缝隙”产品或配套产品，用有限的资金，采用“小而专”“小而精”“小而新”的发展模式，在大企业的夹缝中求得生存和发展；或是选择在某一个行业中处于支配地位的大企业，实行强弱联合，采取依附协作的经营战略和生产方式，充分利用大企业的资金、技术优势，形成“小而联”的企业发展结构，突破中小企业自身在资金、技术等方面的局限性。

4. 建立现代管理制度。中小企业自身要加快制度创新和企业文化建设的步伐，要完善经营管理制度和法人治理结构，增加透明度，保证对外提供资料的真实性，增强信誉，积累信用，建立起一套适合和有利于企业发展的现代管理制度。

（二）建立多元化金融体系，创新借贷机制

1. 建立健全中小企业信贷服务的组织体系。商业银行应建立专门为中小企业服务的信贷部门，把培育和发展中小企业作为一项重要的发展战略。对银行来说，向大量中小企业贷款，可以分散金融经营风险，降低成本，防止贷款过度向大企业集中而潜伏信贷风险。

2. 建立中小企业信用担保体系，改善中小企业的融资环境。中小企业贷款难，首先难在担保上，建立中小企业信用担保体系，可以从根本上解决中小企业贷款时的担保问题，从而保证贷款的顺利进行。

要充分认识和重视中小企业信用担保体系的作用，要按市场经济发展的要求，建立起多层次、多结构、多种所有制并行的中小企业信用担保机构和再担保机构；完善和推动中小企业信用担保体系的规范发展，保证中小企业担保基金的运作符合市场经济规律的要求，避免中小企业信用担保基金成为企业转嫁风险的避风港。各类型的银行金融机构要与信用担保机构建立平等的业务联系，银行对有信用担保机构担保的中小企业实行有差别的贷款利率和扶持措施。

3. 适当下放中小企业流动资金贷款审批权限。商业银行要根据不同地区的实际情况以及各分支行信贷管理水平和风险控制能力，合理落实各级银行的贷款审批权。对中小企业流动资金贷款的审批权，各商业银行应适当下放。

4. 促进其他金融机构的发展。要促进其他金融机构的发展，如民营金融机构和外资机构。出于对金融风险的考虑，这两种金融机构的建立和发展一直受到广大的争议，但是，事实证明，只要加以正确的引导和监督，他们是可以为解决我国中小企业融资难问题贡献力量的。可以从以下几点着手：第一，依据我国现实经济情况，进一步放开民营资本和外国资本进入金融行业的门槛，即通过政策法规进一步放宽民营资本和外国资本进入中小金融机构的限制；第二，对于民营资本和外国资本进入金融行业投资，要改变传统的行政命令式的干预方式，而应当把重点放在政策监督、法律规范和政策引导上。

（三）转变政府职能，为中小企业融资提供有效服务

地方政府应该充分发挥其职能，通过政策设计和引导，调动金融部门的积极性和社会各方面的力量积极为中小企业融资提供帮助。通过招商引资，为中小企业引进外资，搭建好舞台。在招商引资过程中要扮演好组织者和促进者的角色，当好企业的参谋，不搞行政指定，把决定权留给企业，从而真正帮助中小企业拓宽融资渠道。

（晋州市财政局　陈文丽）

如何提升会计师事务所财务管理水平

2016 年度河北省财政科研课题成果三等奖

一、会计师事务所财务管理工作的发展历程及现状

我国注册会计师行业恢复重建于 20 世纪 80 年代初，经历了挂靠到脱钩独立，再到创新与国际接轨的发展历程，会计师事务所的财务管理模式也相应地经历了无实体恢复阶段（1980—1991 年）、规范发展阶段（1991—1998 年）、独立创新阶段（1998—2004 年）、国际化接轨阶段（2005—至今）。自 1999 年会计师事务所完成脱钩改制工作以来，财务管理工作由原挂靠单位对会计师事务所人、财、物的管理，真正转变成由会计师事务所自己管理自己的财务管理模式。经过这十多年的摸索与发展，我国会计师事务所的财务管理制度也在不断健全，为事务所科学运营资金，降低成本费用，提高经济效益发挥了重要作用。大型事务所对全所范围内的会计核算、资金使用、业务收支和收益分配等进行统一管理，进一步加强对分所财务的集中控制，切实做到一体化管理，避免会计师事务所内部财务管理各自为政。中小事务所结合经营特点和管理要求，优化业务流程，加大信息技术应用，进一步整合财务和业务信息管理系统，不断提高财务管理效能。但是在取得成绩的同时，我们也要清醒地看到，一些事务所，特别是中小所和新建所存在财务基础工作不到位、会计核算不规范、记账不及时、会计凭证不装订、无票收入入账、财务人员水平不高等问题，必须引起高度重视。为适应未来注册会计师行业的发展，有必要对现行的会计核算和财务管理工作进行改进和完善，以有效防范财务风险，完善内控制度，增强会计师事务所的资源配置能力和监控能力，规范事务所财务一体化管理，促进会计师事务所持续稳定健康发展。

二、会计师事务所财务管理工作中存在的问题

根据河北省注协 2016 年工作安排，本年度对会计师事务所财务管理状况进行了规范性检查，分析当前事务所面临的问题，通过实地调研，了解到事务所的财务一体化规范管理在具体推进过程中面临一些瓶颈问题，并具有普遍性和代表性。

（一）财务基础工作薄弱

自《会计师事务所财务管理暂行办法》发布以来，虽然大多数事务所认真贯彻执行此

办法，会计基础工作逐步加强，财务管理工作逐步规范，为事务所实现经营目标奠定了坚实基础。但是仍然有部分事务所内部存在“分账核算、各自为政、各行其是”的问题，还有些所未设立独立的财会部门或未在相关部门内指定专职财会人员，在财务管理上仍搞“一言堂”“一家亲”，甚至部分事务所存在会计核算不规范、记账不及时、虚假会计报表等基础问题，严重制约和阻碍了事务所的健康发展。

（二）管理会计的职能发挥不到位

党的十八届三中全会对全面深化改革做出了总体部署，在会计领域贯彻落实全面深化改革要求，非常重要的一项内容就是要大力加强管理会计工作。管理会计工作有利于提高注册会计师行业服务领域的广度和深度，尤其是管理会计咨询，为事务所业务和管理的转型升级提供了重要契机。但是，河北省大多数事务所不重视管理会计，在搞好成本分析、提出管理建议、强化事务所一体化管理方面仍有些差距。其主要原因是管理会计的意识不强，主动参谋角色作用没有找准，未能将管理会计的发展应用于注册会计师行业实际，从而造成管理会计职能未能充分发挥。

（三）事务所内部控制制度的健全与执行力度不足

在建立社会主义市场经济体制和深化会计改革过程中，企业在遵守会计准则的基础上，应以本单位会计工作实际出发，建立健全和强化自身合理的会计政策和会计控制制度。我国企业内控制度经过较长时间的发展，已经逐渐完善，但通过调研发现河北省部分较大事务所存在制度相对健全，但执行力方面弱化的问题；中小型事务所则因为人员较少、业务单一等现状，还存在制度不完善的问题。外部监管力度不足。有效的监督机制是工作的长久动力，不论是注协，还是其他监管部门一般都只侧重对事务所执业质量和职业道德方面的检查，对事务所的财务专项检查未能制定出系统规范的方案，未能对事务所财务管理与会计工作规范执行情况进行考核，间接地导致了会计师事务所自身财务基础工作的混乱。

（四）事务所财务管理信息化建设有待加强

当前注册会计师行业信息化建设与社会信息技术发展水平相比，仍有一定差距。凸显在财务管理方面就是有些事务所在财务收支上没有实质性统一管理，大型事务所的分所数量、合伙人数量较多，在利益分配上有不小的困难，而真正的从业务收支、会计核算、利益分配、资金调度等方面形成统一管理模式，既是监管部门对事务所的要求，也是大型事务所稳定发展的保障。为了完成财务管理的统一，必须以信息化管理一体化的技术手段作支撑。

（五）对财务管理认识不到位，甚至部分事务所缺乏独立的专职会计或财会部门

财务管理是事务所经营决策，快速发展的重要参考依据。但是，个别人没有把财务管理作为科学决策的基础和重要支撑，甚至人为调节和支配收入，故意隐瞒收入，制造虚假财务报表，这种现象发生在财务专家型的注册会计师行业，可谓是诚信和道德的缺失，严

重损坏行业形象。还有的事务所只注重业务的发展和收入的增长，忽略自身财务管理体制建设，没有明确相关部门和人员的职能权限，或者专管人员本身能力不足，参与财务管理相关培训也较少，对如何制定符合事务所规范的财务制度经验和能力不足。

三、提升会计师事务所财务管理水平的几点建议

就注册会计师行业而言，其财务工作具有得天独厚的人力资源优势，对如何提升会计师事务所财务工作水平，提出以下几点建议：

（一）推动事务所建立健全财务管理制度

《会计师事务所财务管理暂行条例》明确提出，“会计师事务所应当根据《中华人民共和国会计法》等国家有关法规制度和暂行办法，综合合伙人协议、事务所章程等，建立内部财务管理体制和相应的财务管理制度。”会计师事务所应构建内部财务管理制度，及时了解现代内部控制概念及方法，不断提升财务管理水平。同时，事务所要加强一体化管理，对会计核算资金使用、业务收支和收益分配等进行统一管理，避免财务管理各自为政。

（二）积极推动事务所建立绩效评价体系

对财务预算方案能够科学合理地进行评价审核是内部财务管理制度严格执行的根本保障，因此，会计师事务所还应建立有效的评价考核体系，传统的评价考核体系较为简单，缺乏一定的科学性和合理性。会计师事务所管理者应依据自身实际状况，结合现代财务预算评价考核体系的新思想以及企事业单位推行的绩效考评体系，完善传统的评价考核体系，使事务所的财务预算方案和长期发展规划更具协调性，确保事务所财务预算方案的准确合理性，实行业务能力与绩效指标系数大小挂钩，从我国事务所发展的现状来看，普遍存在绩效评价体系不科学、绩效指标不能量化、绩效重结果轻过程管理等缺陷。所以，有必要建立一套行之合理的绩效评价体系才能提高我国会计师事务所的竞争力。对于有条件的事务所应建立员工绩效管理制度，可行的绩效管理制度可以调动员工的积极性、主动性和创造性，提高个人和团队的绩效，为事务所的可持续发展提供保障，并且可以强化事务所内部财务管理的绩效指标，形成具体的“文档指南”。关于建立绩效评价体系有多种方法，比如 KPI（关键绩效指标法）、平衡计分卡等，事务所可以根据自己实际发展情况构建科学合理的绩效指标评价体系。

（三）推动事务所财务管理人才队伍建设和培训选拔工作

当今世界是一个竞争的世界，竞争归根结底是人才的竞争。《国家中长期人才发展规划纲要（2010—2020）》中提出了我国现代化建设中长期人才发展各行业的计划，其中就将注册会计师等高素质财会人才作为国家近十年紧缺型人才培养规划，规划纲要指出在未来的十年里要培养出 2600 余名具有国际资质的会计师人才队伍。会计师事务所作为财会领域专业人员的集聚地，更应该及时更新学习国家财会政策、法规制度、准则培训，走在行业发展的前沿。事务所要高度重视财务管理工作，必须配备经验丰富、业务熟练、原则

性强的人员担任财务负责人，把好财务关。要加强对行业财务人员的业务培训，不定期开展国家财会政策、法规制度、审计准则以及职业道德等方面的培训，让其掌握了解有关内容，提高财务人员的业务能力、理论水平和道德素质。要加强对财务人员的管理，要求财务人员必须取得会计证，并监督财务人员执行财务制度情况。随着信息化的发展，加强财务人员计算机能力的培训，从而不断适用新形势下的新要求。注协等监管培训部门也应定期对财务专员、财务管理者、事务所负责人等从不同层面的财务相关人员进行各有侧重的培训，比如对于事务所财务管理工作者要着重提高其自身的财务预算和把控能力，累积财务预算工作的经验，提高会计师事务所的资金使用效率，确保收支合理，提高会计师事务所的经济效益。会计师事务所财务管理者应充分实现会计事务所现有资源价值的最大化，并和会计师事务所长期的发展战略结合起来，及时向事务所负责人反馈各种信息，使负责人的决策更加科学合理。

（四）推动事务所财务管理工作的外部监管

注协应定期对各会计师事务所执行《会计基础工作规范》情况进行检查、考核、评比和奖罚，以外力促使会计师事务所对自身财务工作重视起来，规范其财务工作，以符合行业地位。对于业绩良好、制度规范的事务所加以激励，对内部制度不健全，财务管理功能缺失的事务所加以通报批评，实行奖罚分明的监察制度，促使事务所意识到财务规范管理的重要性。对于还未健全内部控制制度中小型事务所，使他们认识到内部管控制度的完善和规范的财务管理制度对事务所做强做大的重要性，并帮助其根据事务所主营业务范围、人员配比、现行财务制度等实际情况来科学规范，从而规范其财务工作，提高经营管理水平。

（五）推动会计师事务所财务管理信息化建设

随着经济社会信息化水平的不断提高，会计师事务所已经处在信息化的业务环境之中。较大型的事务所应在运行的办公信息系统中加入财务管理模块，使财务数据资源共享，同时由总机构会计人员对分支机构的会计资料进行审核，建立统一的会计核算方法，增强报表各科目的真实性，也切实提升工作效率。但事务所现行财务管理所涉及的主要是内部资源，只与事务所内部和分所的数据和资源归集相关，还很少涉及外部的数据和资源的收集与分析挖掘，因此，事务所迫切需要构建“互联网+”时代下的财务管理模式，让财务管理数据和资源能够富集起来，可以从外部广泛收集和挖掘，包括行业、竞争对手、主管部门等单位，还可以进行网上及时收集与汇总财务大数据、在线更新和补充、在线服务支持、在线分析、在线咨询等，解决财务管理数据不够完整和主要来自内部资源的问题。

合理有效的财务管理制度对会计师事务所的发展十分重要。在制定财务管理制度时，必须以事务所自身特点及发展规划为基础，结合内部管理需要和市场经济现状，从根本上解决事务所在财务管理制度建立中存在的各项问题，从而提高事务所的财务管理水平，促进其有效发展。

（河北省注册会计师协会秘书处　王拥军　程哨杰　刘菲　庞英哲　宋怀东　石静　池玉）

如何不断提升财务会计管理水平研究结题报告

2016 年度河北省财政科研课题成果三等奖

引言

河北省平山县财政局研究探讨的《如何不断提升财务会计管理水平的研究》这一课题，是根据《河北省财政厅关于申报 2016 年度财政科研课题的通知》和《石家庄市财政科研课题管理办法》要求，全面贯彻党的十八届五中全会、河北省委八届十二次全会和市委九届七次全会精神，深入落实全国财政工作会议和河北省经济工作会议相关部署，牢固树立五大发展理念，坚持协同发展、转型升级、又好又快的工作主基调，主动适应经济发展新常态，继续实施积极财政政策，加快推进财税体制改革，加大资金统筹使用力度，优化支出结构，创新投入方式，防范财政运行风险，为加快转型升级、跨越赶超、建设幸福石家庄步伐，努力打造京津冀城市群"第三极"，确保率先在河北省全面建成小康社会提供更加坚实的支撑。河北省平山县财政局课题的研究，旨在针对财务会计的现状，结合河北省平山县实际情况，构建财务会计学习平台，并通过提高财务会计人员的业务能力水平，探索一条适合河北省平山县财务人员的模式。

一、课题的核心概念

"财务会计"：财务会计是指以货币为计量单位，运用专门的方法对企业经营过程中发生的资金活动进行全面、系统的核算，并对其进行有效监督，从而以财务报告的形式为投资人、债权人和政府有关部门提供有用的经济信息进行的一系列活动。财务会计是现代企业的一项重要基础性工作，通过一系列会计程序，提供决策有用的信息，并积极参与经营管理决策，提高企业经济效益，服务于市场经济的健康有序发展。

"不断"：（1）保持或继续，常以没有停顿、没有终止和不间断的方式。（2）没干扰或阻碍的。（3）继续但时有停顿的。（4）不绝，接连不断。

"提升"：（1）使位置、程度、水平、数量、质量等方面比原来高。如提高职位、等级等。（2）向高处运送。如增加提升设备；提升黄沙。（3）提高。如户外休闲，提升身心品质，提升民众文化生活层面。

“管理”：是指以管理主体，有效组织并利用其各个要素（人、财、物、信息和时空），借助管理手段，完成该组织目标的过程。

“水平”：（1）平行于水面的。（2）在某一专业方面所达到的高度。

二、课题研究的背景和意义

（一）课题研究的背景

1. 财务管理基础薄弱。在我国，私营企业在企业中所占的比例较大，且大多是公司所有者自己经营，会计制度并不是很健全，在制定方针政策或重大事项决策时经常带有主观色彩，加上资金规模有限，为降低成本没有聘请资深财务人员，即使有会计人员，其综合素质较低，因此他们在进行专业核算和处理会计问题时存在很多问题，对企业的成本没有进行准确分析和控制，使企业的发展受到局限。总之，从整体来看，我国企业财务管理基础还相当薄弱。

2. 内部控制缺乏措施。企业的管理模式会受管理层主管意识的影响，如果没有规范的财务控制方法，就会导致企业资金出现闲置或其他问题，尤其对应收账款的管理，如果周转过慢，催款不及时，有能及时兑现，企业对存货控制就会大大降低，使现有资金得不到及时周转，不利于企业资金的有效配置，对企业的正常经营产生重大影响。

3. 专业人才缺乏，财务会计人员素质相对较低。目前，企业之间的竞争归根结底是人才的竞争，企业要想获得长远发展，离不开人才的支持。而许多企业的财务会计岗位上缺乏专业的会计人员，很多企业为节约成本只找一些没有资格证或者“身兼多职”的人员，这些人员在具体会计工作中由于缺乏专业知识和技能，再加上综合素质普遍较低，对现有知识更新不及时，容易犯一些原则性错误，且没有充分利用计算机技术，依然使用手工记账，严重阻碍企业的长远发展。

4. 知识更新不及时，财务报告数据严重失真。由于部分单位会计人员不及时参加继续教育学习，知识陈旧，不适应最新会计准则规定，在对需要合并填报的报表及现金流量表填报中数据严重失误，误导报表使用者，不利于企业的长足发展。

（二）课题研究的意义

随着社会的不断发展进步，市场经济有了更深入的发展，在这样的大背景下，企业之间的竞争越来越激烈，企业想要在市场中立足，并保持自身的竞争地位，就应不断加强自身的管理，财务方面的管理对整个企业的发展起着至关重要的作用，因此应当重视。我国很多企业由于各方面的原因，在财务会计方面存在很多的问题和缺陷，严重阻碍企业自身的发展，对国民经济的发展也十分不利，因此有必要对财务会计进行研究。

三、课题研究的理论依据

财务会计要严格按照国家最新出台的会计法或会计准则进行科学记账。行政事业单位按照新《预算法》、《政府采购实施条例》及相关政策讲解、政府与社会资本合作（PPP）模式政策解读，《关于全面推进管理会计体系建设的指导意见》及其系列解读，《行政事业单位内部控制规范（试行）》，国有资产管理及《地方行政单位国有资产处置管理暂行办法》解读，《行政单位会计制度》及有关衔接问题的处理规定、《事业单位会计制度》及有关衔接问题的处理规定、《高等学校会计制度》及有关衔接问题的处理规定、《科学事业单位会计制度》及有关衔接问题的处理规定、《医院会计制度》及有关衔接问题的处理规定等。企业会计要按照《企业会计准则》及相关指南、讲解和解释，《小企业会计准则》、《小企业执行〈小企业会计准则〉有关问题衔接规定》，《政府采购实施条例》及相关政策讲解、政府与社会资本合作（PPP）模式政策解读，《企业会计信息化工作规范》、XBRL 及企业会计准则通用分类标准有关内容讲解，《企业产品成本核算制度（试行）》和税政政策规定及相关会计处理等。

四、课题研究的对象与方法

（一）课题组的研究对象

经过课题组成员的研究，初步确定在在职部分财务会计人员和事业单位“平山县职业教育中心”和企业单位“河北西柏坡第二发电有限责任公司”作为研究对象。

（二）课题组的研究方法

本课题组采用案例分析的方法，对财务会计人员进行研究，针对他们近几年的培训、继续教育学习进行跟踪调查，并对他们取得的成绩予以汇总。对所选两个单位，是在财务人员进行制度制定、落实方面，以点带面进行更深一层的剖析和探讨。

五、课题研究的内容及主要成果

（一）课题组研究的主要内容

平山县财政局领导十分重视对全县财务会计的培训，会计股每年都要组织针对行政、事业、企业财务人员的培训。聘请平山县职业教育中心财会专业老师对初入职场的会计人员进行手把手做账实战演练，加强对会计人员继续教育工作的管理和协调。近几年平山县所有财务会计全部参加网上继续教育培训人员达 1200 名之多，合格率达 100%。制定激励措施鼓励行政事业单位、企业财务会计参加会计职称考试，在报考职称学习的人员外出学习期间正常考勤并报销往返的车费及住宿费，对考取的人员年终评优评先进给予优先考虑。近几年，平山县考取中级、高级会计职称、注册会计师的人数与日俱增，同时这部分人员在单位充分发挥自己的专业优势，利用学到的知识对单位的财务收支、应收账款、库存商品、固定资产管理等方面做了更详细、更细致科学的划分，对单位的管理工作打下坚实基础，平山县财政局对参加继续教育学习财务会计人员进行后续的跟踪调查，确保学以致用。

（二）课题组研究的主要成果

1. 作为研究对象的财务会计人员取得证书一览表（如表 1 所示）。

表 1　　平山县课题组研究对象财务会计取得证书一览表

姓名	出生年月	性别	取得时间	中级职称	取得时间	高级职称	注册会计师
封美平	1966. 9	女			2008. 3. 30	高级会计师	
郭莉莉	1973. 7	女	2002. 5	会计师			
韩慧莉	1973. 6	女	2008. 9	会计师			
韩晓丽	1980. 7	女	2008. 9	会计师			
韩学芝	1967. 6	女	2003. 9	会计师			
韩彦卿	1973. 11	女	2005. 5	会计师			
贾小英	1981. 11	女	2015. 9	会计师			
康志英	1969. 10	女	2008. 11	经济师	2015. 7. 31	高级经济师	
李红梅	1969. 7	女	2002. 5	会计师	2009. 12. 7	高级经济师	
李细梅	1975. 12	女	2005. 5	会计师			
李细平	1973. 11	女	2004. 5	会计师	2012. 12	高级统计师	
刘爱民	1974. 10	男	2004. 5	会计师			
刘喜平	1977. 5	女	2013. 1	会计师			
刘晓辉	1970. 12	女	2008. 9	会计师			
刘晓君	1979. 1	女	2006. 5	会计师			
孟月敏	1973. 2	女	2006. 5	会计师			
孙伟霞	1985. 4	女	2013. 1	会计师			
王国英	1974. 12	女	2006. 5	会计师			注册会计师
闫志国	1984. 7	男	2014. 1	会计师			
杨林风	1965. 2	女	2004. 5	会计师			
杨海丽	1977. 11	女	2004. 5	会计师	2015. 11	高级会计师	
张莲弟	1984. 11	女	2015. 9	会计师			
张小鹏	1984. 1	女	2013. 10	会计师			
赵庆刚	1979. 3	男	2006. 5	会计师			
郑丽平	1970. 10	女	2007. 5	会计师	2009. 12. 7	高级经济师	
郜泽龙	1975. 9	男	2008. 11	经济师	2015. 7. 31	高级经济师	

2. 本课题中平山县职业教育中心康志英于 2015 年 12 月 2 日投稿并发表于国家级刊物《中外企业家》中的论文《学校固定资产管理中存在的问题及对策》。

六、课题组成员

组长：康志英

组员：郜泽龙 李伟 付小丽 杨志梅

七、课题研究结果

经过课题组成员的研究探索，初步认识到平山县在接受研究的财务会计人员中，他们不论年龄大小都有一颗积极上进的心，激励着他们在各自的岗位上持之以恒学习进取，他们中有近几年取得的中、高级职称，有不断学习提升从会计师到注册会计师，研究表明，只有不断加强财务会计的业务学习，提高自身的业务水平，紧跟时代潮流，适应新形势，用新的理论知识武装自己，才能提升管理水平为单位的发展出谋划策。

八、课题研究分析与讨论

下面就以事业单位国家级示范学校“平山职教中心”和河北省河北西柏坡第二发电有限责任公司为例，进一步阐述财务会计是如何提升自己管理水平的。

平山县职业教育中心是一所国办全日制中等职业学校。学校成立于1996年5月，2004年被确定为河北省重点中等职业学校，2006年被确定为国家级重点中等职业学校，2015年被教育部、人力资源和社会保障部、财政部确定为“国家中等职业教育改革发展示范学校”。

学校设有电子技术应用、农业机械使用与维护、旅游服务与管理、计算机应用、汽车运用与维修、果蔬花卉生产技术、畜牧兽医、会计、钢铁冶炼、学前教育等10个专业，在校生5000余人。

随着学校办学规模的扩大和办学层次的提高，学校财务管理工作要有与之相应的提高，学校财务工作人员在做好本职工作的基础上，按照平山县财政局的要求每年按质按量完成会计继续教育培训工作，进修学习最新的财务软件应用，在财务管理、固定资产等方面都制定了岗位制度并责任落实到人，层层有人签字把关，在各个岗位制定了制度责任到人。学校财务会计针对各处室、各专业部制定了严格管理制度，例如，《平山县职业教育中心财产管理员岗位职责》、《平山县职业教育中心公物管理及损坏赔偿制度》、《平山县职业教育中心关于学校财产管理及节约能源的有关规定》、《平山县职业教育中心食堂管理员岗位职责》、《平山县职业教育中心食堂管理制度》、《平山县职业教育中心物品领用制度》、《平山县职业教育中心物资入库验收制度》、《平山县职业教育中心学生宿舍管理制度》、《平山县职业教育中心物资采购制度》、《平山县职业教育中心钢铁冶炼专业实训室管理制度》、《平山县职业教育中心钢铁冶炼专业校内实训基地管理制度》、《平山县职业教育中心电子技术应用专业校内实训基地管理制度》、《平山职教中心果蔬花卉生产技术专业实训室管理规章制度》、《平山县职业教育中心计算机实训室管理制度》、《平山县职业教育中心酒店服务与管理专业校内实训基地管理制度》、《平山县职业教育中心图书室使用制度》等制度措施，渗透到学校管理的方方面面，做到了事前预测（年初做计划）、为学校的发展筑就了坚实的堤坝。

学校通过制定严格的财产管理制度，如日常班级的清扫工具管理，制定了以旧换新制度，减少和杜绝了学校低值易耗品的浪费和丢失。各个处室在每年年初把本处室活动计划、花销经费报财务室备案，专业部购置设备前做计划报财务室，计划经教育局审批后由学校领导、财务人员、处室或专业部组成三人采购组，经过对比挑选出质优价廉的商品，这样降低采购的成本，为学校节省经费最大限度的利用有限的资金做最好的方案，职教中心会计人员不是单纯的报好账、记好账，而是渗透到学校财务管理的各个方面，杜绝漏洞、厉行节约为学校节省经费开支，当好学校领导的好助手、好参谋，学校的会计在每年的继续教育学习和县局组织的会计培训学习中学到的会计管理知识，充分运用到了日常的工作学习中，在管理中求生存、在管理中出效益、在管理中求发展，真正把有限的资金用在了刀刃上，财务会计的管理水平在学校得到进一步提高。平山县职业教育中心作为事业单位会计提升管理水平的代表，由点到面，面面俱到，正是因为财务会计的管理水平的提升，资金紧跟到位，使平山职教职中心顺利晋级国家级示范学校行列。

平山县财政局所选的河北西柏坡第二发电有限责任公司原名称为西柏坡电力始建于1991年12月，按照国家电力体制改革总体要求，企业于1998年6月改制为有限责任公司，目前总装机容量为2520MW，为河北建投能源投资股份有限公司控股，是河北南网主力发电厂和上市公司建投能源的核心资产。一、二期工程4×330MW亚临界燃煤发电机组分别为国家“八五”、河北省“九五”重点建设项目，四台机组于1999年10月前全部投产发电。三期工程2×600MW超临界燃煤发电机组为国家“十一五”重点建设项目，两台机组于2006年实现一年双投。截至2014年6月，西柏坡电力累计发电1783亿千瓦时，为经济社会发展做出了重要贡献。

河北西柏坡第二发电有限责任公司的财务管理制度是以《会计法》、《公司法》、《企业会计准则》、《会计基础工作规范》等法律法规作为依据，结合公司的具体情况建立的。在制订这些财务制度时，我们主要考虑以下原则：（1）合法性原则；（2）整体性原则；（3）针对性原则；（4）一贯性原则；（5）适应性原则；（6）经济性原则；（7）适用性原则；（8）发展性原则。财务制度的制定做到了有法可依，有据可循。并在此的基础上，制定了财务制度。

河北西柏坡第二发电有限责任公司的财务管理制度从27个方面近6万字的表述对公司涉及财务方面做了甚为详尽的说明，公司经营运作的最终收益就是获得利润、公司价值最大化，要使公司价值最大，就要从平时的管理要效益，降低成本减少费用开支，公司的财务制度是财务会计的心血，它相当于公司的根本大法，一切经济活动都要围绕着根本大法开展。公司财务制度从内部管理如货币资金内部管理、采购与付款内部控制管理、预算管理、资金审批管理、现金管理、银行存款管理、职工借款管理做了合理又详细规定；又从成本的控制方面如材料核算管理办法、燃料核算管理办法做了具体规定；在资产管理方面如固定资产管理办法、无形资产管理办法做了规定；在成本费用控制方面如成本费用管理办法、差旅费报销办法、福利费管理办法、教育经费管理办法做了具体规定；公司同税务局频繁打交道的对涉税方面也做了专门的规定如税金发票管理办法；在财产减值管理方面制定了专门制度，如资产减值管理办法，制定了针对固定资产和无形资产、在建工程减值的规定，对应收、预付、长期应收款项按采用个别认定与账龄分析相结合的方法计提坏账准备科学规范；往来账管理办法加强了与客户之间的业务关系的协调，加快资金周转，防范资金风险；财产清查管理办法保证账证、账账、账实相符确保会计核算资料的真实可靠，从而提高会计信息的质量，避免公司财产的流失；会计工作内部稽核管理办法保证了财务会计营私舞弊弄虚作假，保证会计信息、会计报表的真实可靠；财务原始付款凭证使用管理办法、会计档案管理办法规范了凭证使用和档案管理的法律期限；财产保险理赔管理办法使公司的财产防患于未然，有力保证了公司的财产受损失时损失额降低到最小；会计电算化的应用提高财务管理和会计核算水平，确保会计信息的全面、详细、正确和及时传递，保证会计档案资料的安全、完整和可靠，按授权分工层层把关；财务人员工作交接办法规范了财务人员交接手续，保证会计资料的真实性、完整性、连续性，加强财务管理，提高会计基础工作质量；会计档案管理办法保证档案的安全性和完整性；财务印鉴管理办法确保公司财产安全。

河北西柏坡第二发电有限责任公司所取得的成绩，和公司严密规范的财务制度是分不开的，公司领导大力支持公司财务部工作人员进修深造学习、会计职称考证学习，财务部拥有注册会计师、高级会计师、会计师，财务部队伍精干、业务过硬、管理水平一流，为公司的发展出谋划策，通过本公司的充实详尽的制度说明了财务会计只有通过不断学习专业知识，并在工作中学以致用，才能提升管理水平，不断开创河北西柏坡第二发电有限责任公司各项工作新局面，努力打造行业一流企业，以更加优良的业绩阔步迈向美好的明天！

九、课题研究结论

课题组通过以上对财务会计人员继续教育学习的跟踪和事业单位代表“国家级示范学校”平山县职业教育中心及“省级重点单位”河北西柏坡第二发电有限责任公司的财务制度案例，它们的共性是单位领导重视财务会计业务学习，加强继续教育学习管理，鼓励财务会计考证、进修、深造学习，两个单位的财务会计针对本单位的具体情况，从不同方面、不同角度制定了适合本单位发展的制度，并严加落实。两个单位虽然性质不同，但在管理上都体现了“制度全”“制度严”“重落实”。使财务会计在熟悉操作业务，做好本职工作前提下，进一步提高管理水平，杜绝财务漏洞，防范、转移财务风险，使财务会计真正成为领导的好帮手，为单位的发展出谋划策，真正提升了财务会计的管理水平，使财务会计人员的人生价值得到升华。

（河北省平山县财政局课题组）